Integrierte Informationsverarbeitung 1

Peter Mertens

Integrierte Informationsverarbeitung 1

Operative Systeme in der Industrie

18., überarbeitete und aktualisierte Auflage

Springer Gabler

Prof. Dr. Peter Mertens
Universität Erlangen-Nürnberg
Nürnberg, Deutschland

ISBN 978-3-8349-4394-1   ISBN 978-3-8349-4395-8 (eBook)
DOI 10.1007/978-3-8349-4395-8

Die Deutsche Nationalbibliothek verzeichnet diese Publikation in der Deutschen Nationalbibliografie; detaillierte bibliografische Daten sind im Internet über http://dnb.d-nb.de abrufbar.

Springer Gabler
© Springer Fachmedien Wiesbaden 1969, …2005, 2007, 2009, 2013
Das Werk einschließlich aller seiner Teile ist urheberrechtlich geschützt. Jede Verwertung, die nicht ausdrücklich vom Urheberrechtsgesetz zugelassen ist, bedarf der vorherigen Zustimmung des Verlags. Das gilt insbesondere für Vervielfältigungen, Bearbeitungen, Übersetzungen, Mikroverfilmungen und die Einspeicherung und Verarbeitung in elektronischen Systemen.

Die Wiedergabe von Gebrauchsnamen, Handelsnamen, Warenbezeichnungen usw. in diesem Werk berechtigt auch ohne besondere Kennzeichnung nicht zu der Annahme, dass solche Namen im Sinne der Warenzeichen und Markenschutz-Gesetzgebung als frei zu betrachten wären und daher von jedermann benutzt werden dürften.

Gedruckt auf säurefreiem und chlorfrei gebleichtem Papier

Springer Gabler ist eine Marke von Springer DE. Springer DE ist Teil der Fachverlagsgruppe Springer Science+Business Media
www.springer-gabler.de

Vorwort zur 18. Auflage

Bei der Bearbeitung der 18. Auflage erwies sich das Grundgerüst des Buches in Gestalt eines hierarchischen Funktionsmodells als tragfähig genug, um einige neuere Gegenstände aufzunehmen. Bemerkenswerte Fortschritte in der betrieblichen Praxis, denen auch in der Neuauflage dieses Buches Rechnung getragen wurde, erkennt man in den Sektoren Produkt- und Prozessentwicklung, z. B. beim Einbezug von Äußerungen, Aktionen und Reaktionen der Kunden (mit Integrationsbeziehungen zum Vertrieb, zur Fertigung einschließlich Qualitätssicherung und zum Produkt-Lebenszyklus-Management), beim Kundendienst einschließlich Rückverfolgung der eingekauften Materialien und Rückrufaktionen. Dabei macht sich auch ein gewisser Technologiedruck durch moderne Formen der Betriebs-, Maschinen- und Prozessdatenerfassung, z. B. über Funketiketten (RFID), bemerkbar, der besonders rasche Reaktionen in Richtung auf den sogenannten Echtzeitbetrieb erlaubt. Weitere technische Entwicklungen, die zu den Anwendungssystemen ausstrahlen, sind die nach wie vor wachsende Bedeutung des Internet und der mobilen Informationsverarbeitung. In den letzten Jahren sind Fortschritte vor allem im Vorfeld der Produktentwicklung (z. B. „Open Innovation") und bei der Datenerfassung über mobile Geräte erzielt worden.

Das Hauptaugenmerk musste den rund 80 praktischen Beispielen gelten. Bei deren Überprüfung zeigte sich leider erneut, dass sich einige vielversprechende Entwicklungen auf der Methodenseite wie intelligente Softwareagenten oder genetische Algorithmen zwar den Weg in die Praxis der Industrie- und Logistikbetriebe bahnen konnten, die zugehörigen Anwendungssysteme aber nicht nachhaltig eingesetzt werden.

Für die 18. Auflage haben zahlreiche Damen und Herren aus der Industrie und aus anderen Betrieben wichtige und zum Teil sehr detaillierte Hinweise gegeben, die es mir erlaubten, die praktischen Beispiele zu ergänzen oder zu aktualisieren. Es sind dies die Damen U. Bauer (Eurest Deutschland GmbH), I. Eckel (BCD Travel Germany GmbH), B. Ederer (Siemens AG), S. Engelhardt (Faurecia Exteriors GmbH), C. Hackbarth (Festo AG & Co. KG), E. Käppel (Hilti Deutschland GmbH), B. Koch (Karl Höll GmbH & Co. KG), E. Müftahi (DS Datentechnik und Softwareentwicklung Müftahi GmbH), J. Nübel (MTU Friedrichshafen GmbH), M. Rousseau (Beiersdorf AG) und E. Walraf (Rieter Management AG) sowie die Herren G. Bachbauer (Leoni AG), J. Bamberg (BMW Group), J. Böttcher (CeramTec AG), J.-St. Breuker (SAP AG), J.T. Dickersbach (Wassermann AG), R. Ebert (DIEHL Informatik GmbH), E. Edenharter (AUDI AG), G. Endres (Schaeffler Technologies GmbH & Co. KG), W. Faisst (SAP AG), E. Fleisch (Auto-ID-Lab der ETH Zürich und der Universität St. Gallen), J.M. Friedrich (Robert Bosch GmbH), T. Graf (Bizerba GmbH & Co. KG), H. Guist (AVON Cosmetics GmbH), M. Hackl (AVON Cosmetics GmbH), W. Heller (INDEX-Werke GmbH & Co. KG Hahn & Tessky), O. Höll (Karl Höll GmbH & Co. KG), M. Hoppe (SAP AG), T. Kaufmann (Leoni AG), P. Kersten (JDC GmbH & Co. KG), F. Klingenberg (METRO Group Köln), R. Krämer (Autohaus Friedrich GmbH), T. Kuffler (Gabor Shoes AG), B. Lauterbach (SAP AG), R. Lehmann (Fujitsu Technology Solutions GmbH), W. Lehmann (Bosch Thermotechnik GmbH), J. Maidl (BMW Group), J. Menk (Demag Cranes AG), H. Meyer (Quelle GmbH), J. Ohannessian (adidas AG), M. Pötke (Capgemini Deutschland GmbH), J. Schacht (Open Text Document Technologies GmbH), R. Schimpf (Beiersdorf AG), J. Schüttler (Bayer AG), M. Stürken (Schaeffler Technologies GmbH & Co. KG), W. Terwiel (Bayer AG), H. Waldvogel (Pfizer Manufacturing Deutschland GmbH), B. Warnick (Küchen Quelle GmbH), T. Wedel (IBM Deutschland GmbH), R. Wichmann (Kennametal Technologies GmbH), C. Wolpert (adidas Group), P. Zencke (SAP AG) und W. Zwerger (SAP AG).

Die 18. Auflage von Band 1 ist mit der 2009 erschienenen 10. Auflage von Band 2 „Planungs- und Kontrollsysteme" abgestimmt.

Frau Marga Stein und vor allem Frau Dr. Dina Barbian haben mich bei den nicht einfachen Recherchen, den Korrekturen und bei den schwierigen technischen Arbeiten tatkräftig unterstützt. So war es möglich, das Buch kostengünstig zu produzieren. Dieses Ziel habe ich mir nicht zuletzt mit Blick auf die studentischen Leserinnen und Leser gesteckt.

Peter Mertens

# Inhaltsverzeichnis

Vorwort zur 18. Auflage 5

1	**Wesen der Integrierten Informationsverarbeitung** 13
1.1	Ausprägungen der Integrierten Informationsverarbeitung....................13
1.2	Ziele der Integrierten Informationsverarbeitung 23
1.3	Besondere Probleme der Integrierten Informationsverarbeitung...........25
1.4	Teilsysteme der Integrierten Informationsverarbeitung 27
1.4.1	Operative Systeme...27
1.4.1.1	Administrationssysteme..27
1.4.1.2	Dispositionssysteme..27
1.4.2	Planungssysteme..28
1.4.3	Kontrollsysteme...29
1.5	Methodische Hilfsmittel der Integrierten Informationsverarbeitung 29
1.5.1	Workflow-Management-Systeme 29
1.5.2	Rücklaufdokument..30
1.5.3	Hilfsmittel zur Führungsinformation 30
1.6	Beiträge der Integrierten Informationsverarbeitung zur Unternehmensmission 31
1.7	Anmerkungen zu Kapitel 1..32

2	**Integrationsmodelle und Informationsarchitekturen**............................37
2.1	Integrationsmodelle 37
2.2	Informationsarchitekturen 38
2.3	Referenzmodell der Integrierten Informationsverarbeitung in der Industrie.......39
2.3.1	Verarbeitungslogische Datentypisierung 39
2.3.2	Funktionsmodellierung...41
2.3.3	Prozessmodellierung..43
2.3.4	Modelldarstellung..45
2.4	Anmerkungen zu Kapitel 2..45

3	**Funktionen und Prozesse in den Bereichen des Industriebetriebs**......49
3.1	Sektor Forschung sowie Produkt- und Prozess-Entwicklung 49
3.1.1	Überblick..49
3.1.2	Forschungs- und Entwicklungsveranlassung 50
3.1.3	Entwurf und Konstruktion (CAD/CAE) 51
3.1.4	Erstellung von Arbeitsplänen und Steuerprogrammen (CAP) 61
3.1.5	Forschungs- und Entwicklungskontrolle..65
3.1.5.1	Forschungs- und Entwicklungsfortschrittskontrolle 65
3.1.5.2	Qualitätskontrolle beim Produktentwurf 66
3.1.6	Verwaltung von Schutzrechten 68

3.1.7	Labormanagement	69
3.1.8	Anmerkungen zu Abschnitt 3.1	70
3.2	Vertriebssektor	76
3.2.1	Überblick	76
3.2.2	Unterstützung des Kundenkontakts	77
3.2.2.1	Planung des Kundenkontakts	78
3.2.2.2	Vorbereitung des Kundenkontakts	81
3.2.2.3	Durchführung des Kundenkontakts	82
3.2.2.4	Nachbereitung des Kundenkontakts	94
3.2.3	Angebotsüberwachung	94
3.2.4	Auftragserfassung und -prüfung	95
3.2.5	Anmerkungen zu Abschnitt 3.2	100
3.3	Beschaffungssektor	106
3.3.1	Überblick	106
3.3.2	Bestelldisposition	107
3.3.2.1	Lagerabgangsprognose	110
3.3.2.2	Ermittlung der Bestellgrenze bzw. des Bestelltermins	112
3.3.2.2.1	Eilbestellungen	117
3.3.2.2.2	Umdisposition	117
3.3.2.3	Ermittlung der Bestellmenge (Losgröße)	118
3.3.2.4	Bezugsquellensuche und Angebotseinholung	122
3.3.2.5	Lieferantenauswahl	122
3.3.3	Bestelladministration	128
3.3.3.1	Grundsätzliche Lösungen	128
3.3.3.2	Abstimmung von Kunden- und Lieferantenbeziehungen	130
3.3.3.3	Zollabwicklung	135
3.3.4	Lieferüberwachung	137
3.3.5	Wareneingangsprüfung	138
3.3.6	Anmerkungen zu Abschnitt 3.3	142
3.4	Lagerhaltungssektor	147
3.4.1	Überblick	147
3.4.2	Materialbewertung	149
3.4.3	Lagerbestandsführung	151
3.4.4	Inventur	155
3.4.5	Lagersteuerung	158
3.4.5.1	Lagerhaussteuerung	158
3.4.5.2	Materialflusssteuerung	160
3.4.6	Anmerkungen zu Abschnitt 3.4	160
3.5	Produktionssektor	163
3.5.1	Überblick	163
3.5.1.1	Begriffsvereinbarungen	163
3.5.1.2	Optimierungsprobleme	163
3.5.2	Produktionsplanung und -steuerung	167
3.5.2.1	Gültigkeitsbereiche der PPS	167

3.5.2.2	Übersicht über PPS	167
3.5.2.3	Grunddatenerzeugung und -verwaltung	171
3.5.2.4	Primärbedarfsplanung	175
3.5.2.5	Materialbedarfsplanung (MRP I)	180
3.5.2.5.1	Auflösung von Stücklisten	180
3.5.2.5.2	Vorlaufverschiebung	182
3.5.2.5.3	Ermittlung der Bruttobedarfe	183
3.5.2.5.4	Ermittlung der Nettobedarfe	183
3.5.2.5.5	Bündelung der Nettobedarfe	186
3.5.2.5.6	Vernetzung von Produktionsaufträgen	191
3.5.2.6	Fertigungsterminplanung	191
3.5.2.6.1	Durchlaufterminierung	191
3.5.2.6.2	Kapazitätsausgleich	198
3.5.2.6.3	Verfügbarkeitsprüfung	201
3.5.2.6.4	Auftragsfreigabe	203
3.5.2.7	Werkstattsteuerung	205
3.5.2.7.1	Aufgaben der Werkstattsteuerung	206
3.5.2.7.2	Formen der Werkstattsteuerung	207
3.5.2.7.3	Methoden und Modelle der Werkstattsteuerung	210
3.5.2.7.4	Administrative Abwicklung	221
3.5.2.8	Fertigung (CAM)	222
3.5.2.9	Kontrolle in der Produktion	229
3.5.2.9.1	Voraussetzungen für die Kontrolle – Betriebsdatenerfassung	229
3.5.2.9.2	Produktionsfortschrittskontrolle	230
3.5.2.9.3	Produktionsqualitätskontrolle (CAQ)	232
3.5.3	Anlageninstandhaltung	235
3.5.3.1	Instandhaltungsterminierung	235
3.5.3.2	Instandhaltungsablaufsteuerung	237
3.5.3.3	Instandhaltungs- und Betriebszustandskontrolle	238
3.5.4	Anmerkungen zu Abschnitt 3.5	239
3.6	Versandsektor	251
3.6.1	Überblick	251
3.6.2	Zuteilung	252
3.6.3	Kommissionierung	255
3.6.4	Lieferfreigabe	256
3.6.5	Versandlogistik	258
3.6.6	Fakturierung	265
3.6.7	Gutschriftenerteilung	267
3.6.8	Packmittelverfolgung	268
3.6.9	Anmerkungen zu Abschnitt 3.6	269
3.7	Kundendienstsektor	272
3.7.1	Überblick	272
3.7.2	Produktbeschreibungen	272

3.7.3	Kundendienstauftrags- und Reparaturdienstunterstützung, Reklamationsmanagement	274
3.7.4	Entsorgung	280
3.7.5	Anmerkungen zu Abschnitt 3.7	283
3.8	Finanzsektor	285
3.8.1	Überblick	285
3.8.2	Finanz- und Liquiditätsdisposition/Cash Management	286
3.8.3	Währungsmanagement/Geld- und Devisenhandel	291
3.8.4	Administration von Hauptversammlungen	292
3.8.5	Anmerkungen zu Abschnitt 3.8	293
3.9	Sektor Rechnungswesen	295
3.9.1	Überblick	295
3.9.2	Kosten- und Leistungsrechnung	297
3.9.2.1	Vorbemerkung	297
3.9.2.2	Kostenstellenrechnung	297
3.9.2.3	Kostenträgerrechnung	298
3.9.2.3.1	Vorkalkulation	298
3.9.2.3.2	Nachkalkulation	303
3.9.2.4	Betriebsergebnisrechnung	306
3.9.3	Lieferantenrechnungskontrolle	308
3.9.4	Hauptbuchhaltung	309
3.9.5	Nebenbuchhaltung	312
3.9.5.1	Debitorenbuchhaltung	312
3.9.5.2	Kreditorenbuchhaltung	315
3.9.5.3	Anlagenbuchhaltung	317
3.9.6	Anmerkungen zu Abschnitt 3.9	319
3.10	Personalsektor	323
3.10.1	Überblick	323
3.10.2	Personalanwerbung, -einstellung und -freistellung	324
3.10.3	Arbeitszeitverwaltung und Personal-Aufgaben-Zuordnung	326
3.10.4	Abrechnung für Entgelt und Renten	329
3.10.4.1	Entgeltabrechnung	329
3.10.4.2	Rentenabrechnung	331
3.10.5	Meldungen	332
3.10.6	Personalpflege	332
3.10.6.1	Steuerung von Maßnahmen	332
3.10.6.2	Aus- und Weiterbildung	333
3.10.7	Betriebliches Vorschlagswesen	335
3.10.8	Geschäftsreisemanagement	336
3.10.9	Anmerkungen zu Abschnitt 3.10	338
3.11	Sektor Anlagenmanagement	341
3.11.1	Überblick	341
3.11.2	Besuchsverwaltung	341
3.11.3	Anlagenverwaltung	342

3.11.4	Kantinenmanagement	344
3.11.5	Anmerkungen zu Abschnitt 3.11	345
4	**Funktionsbereich- und Prozessübergreifende Integrationskomplexe**	**347**
4.1	Produkt-Lebenszyklus-Management (PLM)	347
4.2	Kundenbeziehungsmanagement (CRM)	349
4.3	Computerintegrierte Fertigung (CIM)	352
4.4	Lieferkettenmanagement (SCM)	355
4.5	Anmerkungen zu Kapitel 4	365

Stichwortverzeichnis 371

1 Wesen der Integrierten Informationsverarbeitung

Das Wort „Integration" beinhaltet die „Wiederherstellung eines Ganzen" (abgeleitet von integrare = heil, unversehrt machen, wiederherstellen, ergänzen). In der Wirtschaftsinformatik ist Integration als Verknüpfung von Menschen, Aufgaben und Technik zu einer Einheit [HEI 89], [FIS 99/HEI 04/ROS 99] zu verstehen. Insbesondere sind die folgenden Kategorien von **Anwendungssystemen (AS)** miteinander zu verbinden (vgl. Abschnitt 1.4):

1. Administrationssysteme } auch als Operationssysteme bezeichnet
2. Dispositionssysteme
3. Planungssysteme   } Planungs- und Kontrollsysteme (PuK-Systeme)
4. Kontrollsysteme

In der angelsächsischen Fachwelt entspricht der Integrierten Informationsverarbeitung (IIV) weitgehend der Begriff **Enterprise Application Integration (EAI).**

1.1 Ausprägungen der Integrierten Informationsverarbeitung

Durch Weiterentwicklung eines Schemas von Schumann [SCHU 92] gelangt man zu Abbildung 1.1/1, deren Positionen im Folgenden kommentiert werden:

1 Gegenstand einer IIV können Daten, Funktionen, Prozesse/Vorgänge, Methoden und Programme sein.

   1.1 Die **Datenintegration** führt Daten logisch zusammen [HEI 99].

      1.1.1 In der einfachsten Form übergeben Teilsysteme Daten **automatisch** an andere. Mindestens zwei Programme müssen so aufeinander abgestimmt sein, dass das Daten empfangende Programm die vom liefernden Teilsystem abgesandten Daten ordnungsgemäß interpretieren kann. Beispielsweise muss ein Programm, das Vertriebsstatistiken erstellt, die von der Fakturierung übermittelten Rechnungssummenzeilen auswerten können (siehe Abbildung 1.1/2 a).

      1.1.2 In ausgeprägteren Formen werden die Daten in mehreren oder allen Programmen **gemeinsamen Datenbanken** gehalten. Das Fakturierprogramm legt die Informationen aus der Rechnungssummenzeile in dieser Datenbank ab. Bei Bedarf können andere Programme, wie z. B. die Vertriebserfolgsrechnung, die Debitorenbuchhaltung oder die Gutschriftenerteilung, darauf zugreifen (siehe Abbildung 1.1/2 b) [HEI 99].

1.2 Die Integration von **Funktionen** besagt, dass diese informationstechnisch miteinander verknüpft werden (siehe Abbildung 1.1/2 c und vgl. Abschnitt 2.3.2). Ein Beispiel ist die Verbindung von computergestützter Konstruktion und Kalkulation.

1.3 **Prozess-/Vorgangsintegration** bedeutet, dass einzelne Prozesse oder Vorgänge miteinander verbunden werden (vgl. Abschnitt 2.3.3). Beispielsweise muss ein integriertes IV-System den Prozess der Kundenauftragsbearbeitung und die Materialflusssteuerung zusammenführen.

1.4 **Methodenintegration** heißt, dass die benutzten Methoden zu kombinieren und als „Paket" zu sehen sind. Zum Beispiel drohen unnötig hohe Lagerkosten, wenn die Algorithmen der Absatzprognose nicht mit denen zur Dimensionierung der Sicherheitsbestände und zur Losgrößenbestimmung harmonieren oder wenn in Liefernetzen die Verfahren zur unternehmensübergreifenden Bedarfsplanung nicht abgestimmt sind (vgl. Abschnitt 4.4).

Abbildung 1.1/1   Ausprägungen der Integrierten Informationsverarbeitung

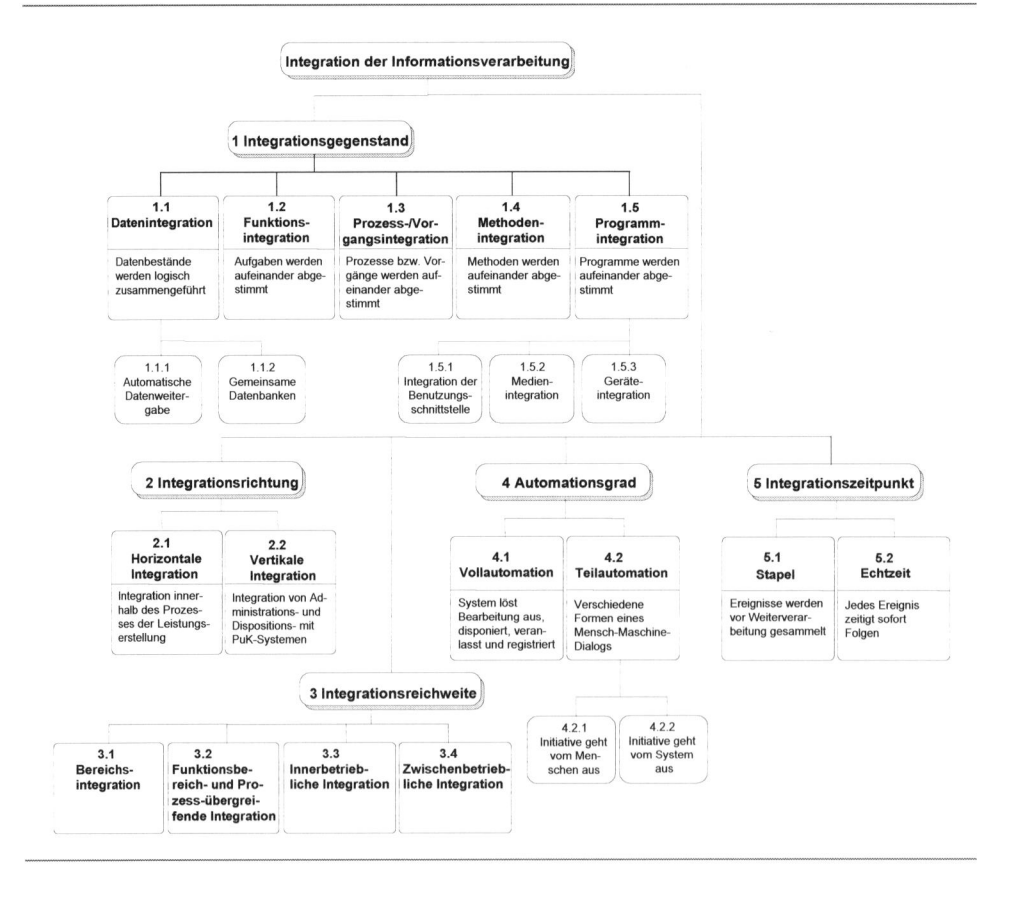

Ausprägungen der Integrierten Informationsverarbeitung

Abbildung 1.1/2 Daten- und Funktionsintegration

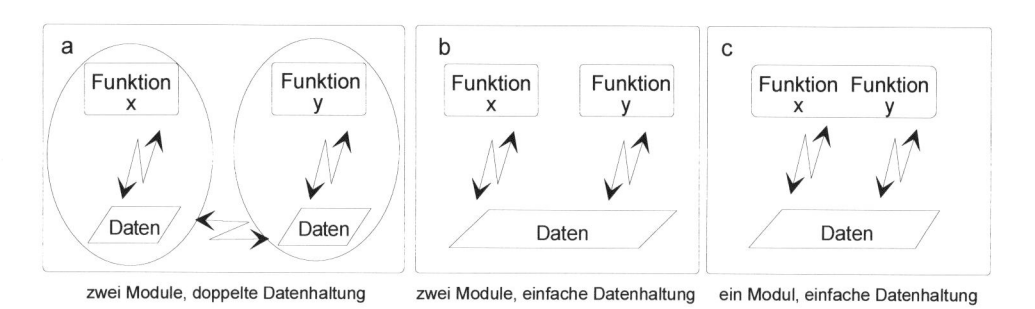

a	b	c
Funktion x, Funktion y, Daten/Daten	Funktion x, Funktion y, Daten	Funktion x, Funktion y, Daten
zwei Module, doppelte Datenhaltung	zwei Module, einfache Datenhaltung	ein Modul, einfache Datenhaltung

1.5 Die **Programmintegration** stellt auf die Abstimmung einzelner Programme, begriffen als Softwarebausteine, im Rahmen eines integrierten Systems ab. Während die Funktions- und die Prozess-/Vorgangsintegration das fachlich-inhaltliche Geschehen im Unternehmen abbilden, ist das Ziel der Programmintegration die IV-technische Realisierung der verschiedenen Komponenten. In einer Taxonomie von Irani und anderen findet sich die Ausprägung „Integration von fremdbezogener Standardsoftware mit eigenentwickelten Programmen" [IRA 03] (vgl. auch [EDW 00/RUH 00]).

Den einzelnen Komponenten sind Detailfunktionen **arbeitsteilig** zuzuweisen. So ist darüber zu befinden, ob die Umlage eines Rabatts, der für eine aus mehreren Artikeln zusammengesetzte Bestellung gewährt wird, auf die einzelnen Produkte für die Zwecke der Artikelerfolgsrechnung innerhalb der Fakturierung oder von einem Anwendungsbaustein vorgenommen wird, der die Vertriebsleitung über die Artikelerfolge informiert.

Teilfunktionen sollen nach Möglichkeit so in Komponenten abgebildet werden, dass diese in mehreren Programmkomplexen (wieder)verwendbar sind. Man bezeichnet dies – vor allem in Zusammenhang mit der objektorientierten Programmierung – auch als „Componentware" oder „Component Reuse" [SAM 97, S. 186]. Für eher prozedural entwickelte Systeme benutzt Becker den Begriff „Modulintegration" [BEC 91]. Ein Beispiel für die Wiederverwendung gebündelter Teilfunktionen sind adaptive Stichprobenverfahren (vgl. Abschnitt 3.3.5), die sowohl zur Qualitätsüberwachung im Wareneingang und in der Produktion als auch zur Lieferantenrechnungskontrolle herangezogen werden können. Der Zugriff auf Komponenten erfolgt über ihre Schnittstellen, die in integrierten Konzepten unterschiedlichen sprachlichen und inhaltlichen Normen genügen müssen [TUR 01].

Als eine Weiterentwicklung des Componentware-Gedankens ist die sogenannte **Service-orientierte Architektur (SOA)** zu sehen. Hierunter kann allgemein „der Aufbau von Softwaresystemen aus lose gekoppelten Funktionsbausteinen (Services) mit klar umrissenen Aufgaben" verstanden werden. Die Services kapseln Daten und Anwendungslogik und tauschen Nachrichten über eine standardisierte Schnittstelle aus [MAR 06], [SPE 05], [WOO 06]. Ein Beispiel ist die Transportplanung für ein Lieferfahrzeug unter Berücksichtigung der aktuellen Verkehrslage im Rahmen der Versandlogistik [SPE 05, vgl. Abschnitt 3.6.5]. Der Erfahrungsschatz mit SOA ist eher klein [REI 07, hier S. 13.], [DUR 07, S. 18]. Ein Spezialfall sind die Web Services. Mithilfe von Standards will man ermöglichen, dass Softwarebausteine unterschiedlicher Anbieter über das Internet aufzufinden und in eigenen Programmen verwendbar sind. Das Wesen soll an folgendem Beispiel verdeutlicht werden (vgl. Abbildung 1.1/3).

Das in der Glasindustrie tätige Unternehmen A benötigt Zugriff auf einen Algorithmus zur Minimierung des Verschnitts, den Unternehmen B liefern kann (B wird in der Regel ein Softwarehaus sein, welches den Dienst gegen Bezahlung anbietet; denkbar ist aber ebenso gut, dass ein Industriebetrieb B seinem Kunden A mit dem Programmbaustein einen unentgeltlichen Zusatznutzen offeriert). Nach dem Entwickeln und Austesten des Dienstes kann Unternehmen B (Service Provider) dessen Funktionsbeschreibung in Form einer **W**eb-**S**ervice-**D**escription-**L**anguage (**WSDL**)-Datei sowie allgemeiner Informationen über sich, wie Kontakt- und Branchenangaben, in einem öffentlich zugänglichen **U**niversal-**D**escription-**D**iscovery-and-**I**ntegration (**DUDI**)-Verzeichnis hinterlegen (publish) (1). Unternehmen A (Service Consumer) oder andere Betriebe mit den gleichen Verschnittproblemen haben nun die Möglichkeit Suchanfragen zu starten, um so den für sie relevanten Dienst aufzuspüren (find) (2). Aufgrund der Spezifikation des Web Service (3) kann das System von A an den Rechner des Diensteanbieters B die gewünschte Verschnittanfrage richten. B wird dann auf seinem Rechner das optimale Verschnittprogramm ermitteln und das Resultat an das System des anfordernden Unternehmens A senden, welches diese Daten in die eigene Produktionsplanung und -steuerung (PPS) einbindet (bind) (4), ohne dass eine zeitaufwendige Abstimmung zwischen den Beteiligten nötig wäre.

Abbildung 1.1/3   Idealtypischer Ablauf beim Einsatz von Web Services

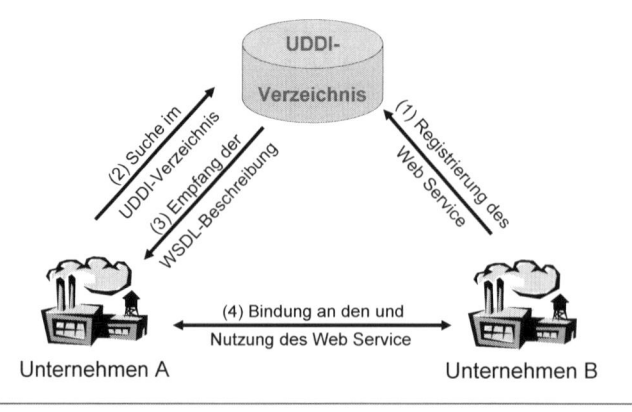

Besondere Aufmerksamkeit ist der **Laufreihenfolge** von Komponentendiensten zu widmen. Es muss etwa entschieden werden, ob ein Baustein, der die Termine der vorbeugenden Instandhaltung plant, zuerst läuft und ein anschließendes Teilsystem zur Terminierung der Produktionsaufträge die Instandhaltungstermine ausspart oder umgekehrt das Instandhaltungsterminierungsprogramm die Lücken im Terminkalender sucht, in denen eine zu inspizierende Fertigungsanlage durch Produktionsaufträge nur schwach ausgelastet ist.

In Verbindung mit der Laufreihenfolge ist die **Laufhäufigkeit** von Diensten zu sehen. Es macht beispielsweise keinen Sinn, eine Transaktion, die Umsatzinformationen für den Vertriebsleiter bereitstellt, häufiger aufzurufen als den Fakturierbaustein, welcher die Datengrundlage dazu schafft.

1.5.1 Heilmann [HEI 89] unterscheidet weiter die organisatorische Integration der **Benutzungsschnittstelle**. Diese ist vor allem dann sehr wichtig, wenn Programme, die von mehreren Softwareentwicklern erarbeitet wurden, Informationen einheitlich auf dem Bildschirm wiedergeben sollen. Der Benutzer erhält dadurch den Eindruck, als arbeite er mit einem einzigen Anwendungssystem, obwohl er Teilsysteme (darunter „Altsysteme") aufrufen mag, die auf mehreren Großrechnern und PCs laufen (auch als **Präsentationsintegration** bekannt [KAI 04, S. 62-63]). Mit anderen Worten: Die Integration der Benutzungsschnittstelle ist ein Prinzip guter Softwareergonomie. Dazu zählen einheitliche Bildschirmmasken, Listen-Layouts, Kommandos, Funktionstastenbelegungen (z. B. F1 = „Hilfe") oder Fehlermeldungen. Wegen der weiten Verbreitung und der damit einhergehenden großen Wahrscheinlichkeit, dass die Benutzer besonders geschult und erfahren sind, bietet es sich oft an, unterschiedliche Anwendungssysteme von **Microsoft**-Oberflächen aus aufzurufen. Durch die Standards **Object Linking and Embedding (OLE)** und **Open Database Connectivity (ODBC)** wird diese Spielart der Integration erleichtert. Im Internet wurde als Mensch-Maschine-Schnittstelle das **Portal** entwickelt. Auf ihm bietet das System Informationen (verbale Berichte, einzelne Zahlen, Statistiken usw.) an, aber auch Masken und Dialogsequenzen zur Informationseingabe, Verweise (Links) zu anderen Knoten im Netz und oft auch die Möglichkeit, Entscheidungshilfen (Methoden) aufzurufen, wobei diese Angebote aus unterschiedlichen Quellen (z. B. Anwendungssystem, externer Informationsdienstleister) stammen mögen [CHR 03]. Häufig werden Prozessportale von Wissensportalen unterschieden: Über ein Prozessportal soll der Anwender, vor allem auch der Kunde, alle Funktionen aufrufen können, die er für Geschäftsvorfälle (z. B. für den Kontakt mit einem Lieferanten) benötigt. Der Zweck eines Wissensportals besteht in der Bereitstellung von Wissen für verschiedene Nutzergruppen (z. B. Mitarbeiter, Kunden oder andere Partner des Unternehmens). Ein Beispiel für eine hoch entwickelte Integration der Benutzungsschnittstelle ist das **SAP NetWeaver Portal**, das in der Art eines Web-Portals den Zugriff auf interne Systeme mit dem Internet vereint.

1.5.2 Verwandt damit ist die **Medienintegration**: Texte, Tabellen, Grafiken, stehende und bewegte Bilder, Sprache und andere Lautfolgen können vom Rechner im gleichen Dokument verbunden und dem Benutzer dargeboten werden. Die zugehörige Hardware-Software-Kombination sind Hypermediasysteme, die über entsprechende Ein- und Ausgabegeräte (z. B. DVD-Recorder, Lautsprecher) verfügen.

1.5.3 Die Entsprechung zur Medienintegration ist die **Geräteintegration**: Es wird das Ziel verfolgt, unterschiedliche IV-technische Hilfsmittel, wie z. B. Telefon, Telefax, Computer, Diktiergerät, Kamera, in einem einzigen sogenannten multifunktionalen Terminal oder einen Persönlichen Digitalen Assistenten (PDA) bzw. Smartphone zusammenzufassen [MER 10].

2 Nach der **Integrationsrichtung** in der Pyramide, die die Aufbauorganisation des Unternehmens wiedergibt (Abbildung 1.1/4), kann man zwischen horizontaler und vertikaler Integration differenzieren.

2.1 Die **horizontale Integration** bezieht sich vor allem auf die Verbindung der Teilsysteme in der betrieblichen Wertschöpfungskette. Im Industriebetrieb ist hauptsächlich die Vorgangsfolge bei der Abwicklung von Kundenaufträgen, beginnend mit der Angebotsbearbeitung bis zur Verbuchung der Kundenzahlung, in der IV abzubilden. Es gibt aber auch horizontale Integration in höheren Schichten der Pyramide, z. B. bei der Abstimmung der Ertrags-, Absatz- und Produktionsplanung.

2.2 Unter **vertikaler Integration** hat man sich in erster Linie die Datenversorgung der Planungs- und Kontrollsysteme (PuK-Systeme, sie werden in Band 2 behandelt) aus den operativen Systemen heraus vorzustellen.

Diese Datenversorgung kann zeitecht („real time") aus den operativen Systemen erfolgen oder es wird ein **Datenlager (Data Warehouse, Business Information Warehouse)** zwischengeschaltet, in dem man die operativen Daten systematisch „stapelt".

Eine strenge Betrachtung nach Abteilungen, Funktionsbereichen, Sektoren o. Ä. beinhaltet die Gefahr, dass Geschäftsprozesse gedanklich bei der Analyse und Modellierung sowie schließlich bei der Ausführung in ungeeigneter Weise unterbrochen werden. An mehreren Stellen des Buches werden die **prozessualen Zusammenhänge** stark hervorgehoben (vgl. Abschnitt 2.3.3). Auch die vertikale Integration umfasst Vorgangsketten, und zwar informationelle, beispielsweise die Versorgung von Fach- und Führungskräften auf verschiedenen Ebenen mit zunehmend verdichteten Informationen (vgl. dazu Band 2). Schließlich laufen Prozesse, welche die Grenzen von Funktionsbereichen überschreiten, in der Unternehmensplanung ab. Man vergegenwärtige sich z. B. die Kette Ergebnis- → Absatz- → Produktionskapazitäts- → Investitions- → Finanzplanung. Abbildung 1.1/4 lässt derartige Zusammenhänge erkennen. Aus Gründen der Übersichtlichkeit werden dort nur ausgewählte Prozesse angedeutet.

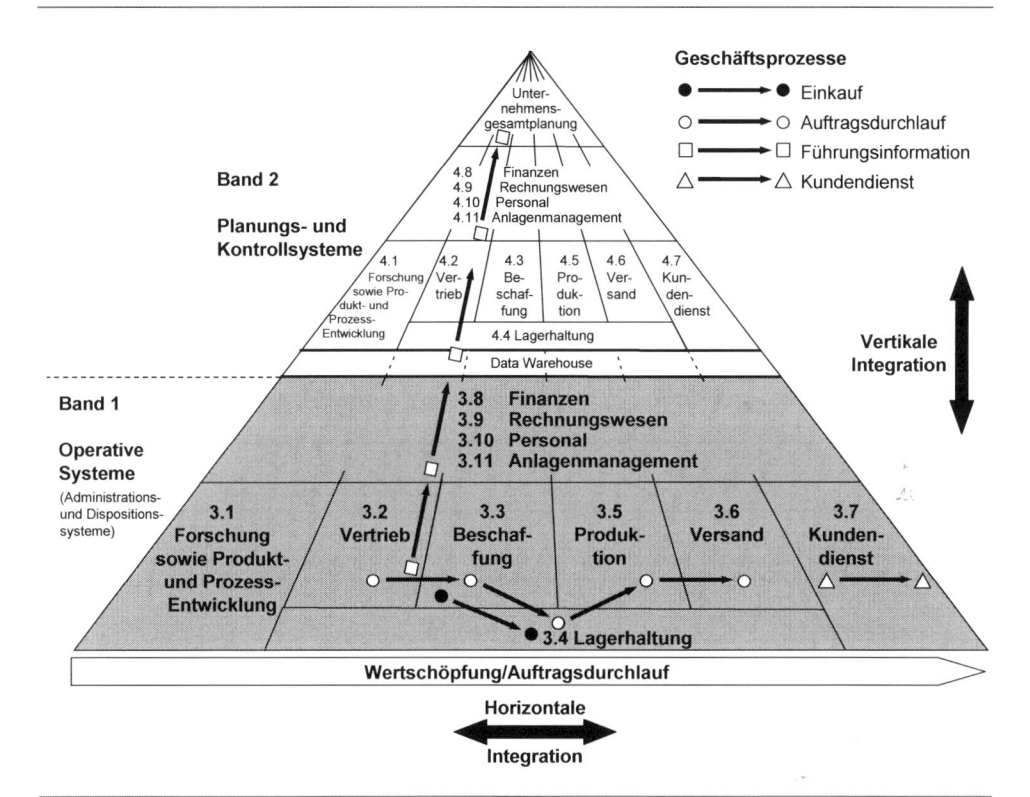

Abbildung 1.1/4 Gesamtkonzeption der Integrierten Informationsverarbeitung

3 Nach der **Integrationsreichweite** ist in die Bereichsintegration, in die bereichsübergreifende Integration, in die (totale) innerbetriebliche und in die zwischenbetriebliche Integration (**B**usiness-**t**o-**B**usiness, **B2B**) zu unterscheiden.

3.1 Die **Bereichsintegration** umfasst die Daten-, Funktions- und gegebenenfalls die Prozessintegration innerhalb eines Unternehmenssektors oder -prozesses. So sind die Funktionen der Produktionsplanung und -steuerung im Produktionssektor von den Daten der Instandhaltungsplanung abhängig, und umgekehrt basiert die Instandhaltungsplanung auf den PPS-Daten.

3.2 Nachdem einerseits die Totalintegration oft zu kompliziert und zu änderungsanfällig ist, andererseits die auf Funktionsbereiche oder Prozesse begrenzte Verbindung neue Schnittstellen schafft, haben sich dazwischen größere **Funktionsbereich- und Prozess-übergreifende Integrationskomplexe** bzw. -cluster ausgeprägt (Abbildung 1.1/5). **Product Lifecycle Management (PLM)** begleitet das Produkt durch alle Sektoren des Industriebetriebs. Das **Customer Relationship Management (CRM)** verbindet meist Anwendungssysteme aus den Sektoren Marketing/Vertrieb und Kundendienst, eventuell auch der Produktion. **Computer Integrated Manufacturing (CIM)** bezeichnet eine sehr enge Abstimmung von betriebswirtschaftlicher und technischer IV im Fertigungssektor, hat aber auch Bezüge zu Produkt- und Prozess-Entwicklung, Vertrieb, Versand und Rechnungswesen. Das **Supply Chain Management (SCM)** integriert die Felder Forschung/Entwicklung und Produktgestaltung, Vertrieb, Beschaffung, Lagerhaltung, Produktion und Versand. Dabei werden die Unternehmensgrenzen in den zwischenbetrieblichen Bereich (siehe unten) überschritten.

Abbildung 1.1/5   Funktionsbereich- und Prozess-übergreifende Integrationskomplexe

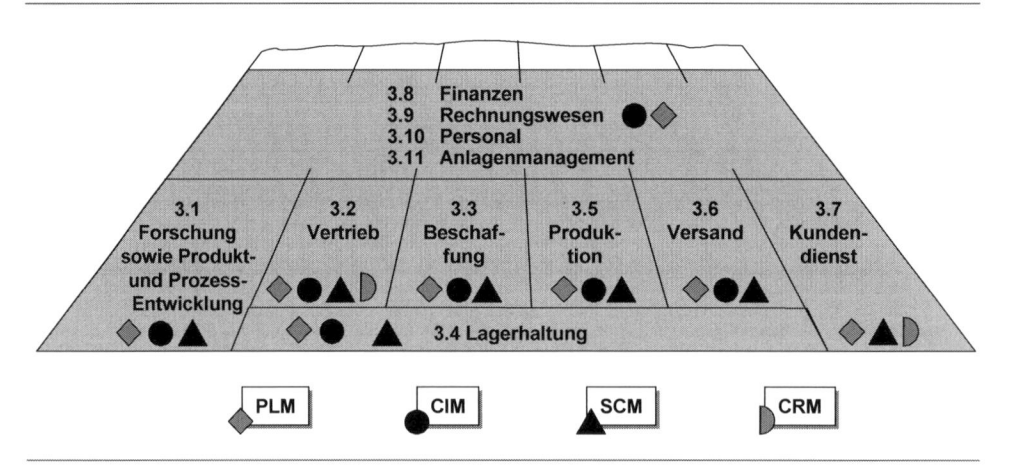

3.3   Unter **innerbetrieblicher Integration** ist in diesem Zusammenhang die Bereichs- und Prozess-übergreifende Verbindung in einem Unternehmen zu verstehen.

3.4   Wenn aus hoch automatisierten Systemen der innerbetrieblichen Integration Daten in andere hoch automatisierte Systeme fließen, die sendenden Systeme jedoch nicht mit den empfangenden abgestimmt sind, ergeben sich Übergangsschwierigkeiten, die einen großen Teil der positiven Effekte einer innerbetrieblichen Integration wieder zunichte machen können. Daher ist die folgerichtige Weiterentwicklung die **zwischenbetriebliche Integration**, bei der die IV-Systeme von zwei oder mehr Unternehmen so aufeinander abgestimmt sind, dass die Daten des zwischenbetrieblichen Verkehrs (z. B. Angebotsaufforderungen, Angebote, Aufträge, Auftragsbestätigungen, Lieferscheine, Rechnungen, Buchungsanzeigen) in maschinell lesbarer Form ausgetauscht werden können („Interorganisationssysteme"). Die technischen Voraussetzungen hierfür werden durch Fortschritte zum einen bei der Kommunikationstechnik – vor allem über das Internet – und zum anderen bei den Normungsbemühungen stetig verbessert. Insbesondere sind hier **EDIFACT** (**E**lectronic **D**ata **I**nterchange **f**or **A**dministration, **C**ommerce and **T**ransport, vgl. Abschnitt 3.3.3.2), **XBRL** (e**X**tensible **B**usiness **R**eporting **L**anguage, vgl. Abschnitt 3.9.4) und **XML** (**E**xtensible **M**arkup **L**anguage) zu nennen. Wegen der einheitlichen Willensbildung ist es oft einfacher, die Integration zwischen Betrieben eines Konzerns („Group Integration") zu erreichen als die zwischen nicht verbundenen Unternehmen. Sehr differenzierte Beschreibungen findet man in [FRI 08].

Für das sogenannte **E-Business (Electronic Business)** ist nach weit verbreitetem Verständnis zwischenbetriebliche Integration unabdingbar. Andere Autoren verstehen unter E-Business nur jene zwischenbetriebliche Integration, bei der das Internet genutzt wird.

4 Nach dem **Automationsgrad** bzw. der Arbeitsteilung zwischen Mensch und Maschine trennt man in vollautomatische und teilautomatische Verkettung von Modulen.

    4.1 **Vollautomatische** Verkettung liegt z. B. dann vor, wenn ein IV-System zur Maschinendatenerfassung (vgl. Abschnitt 3.5.2.9.1) die Messdaten interpretiert und bei signifikanten Soll-Ist-Abweichungen ein anderes Programm anstößt, das dann eine Diagnose erstellt und eine geeignete Abhilfemaßnahme („Therapie") (beispielsweise eine Umdisposition) veranlasst (vgl. auch unten Punkt 5.2).

    4.2 Bei **teilautomatischen** Lösungen wirken Mensch und Maschine im Dialog zusammen. Es ist wiederum danach zu differenzieren, wer eine Aktion auslöst („triggert"):

        4.2.1 Im Regelfall ergreift ein **Disponent** die Initiative (Benutzersteuerung). Beispielsweise liest er Daten auf einem Fertigungsleitstand, erkennt eine Soll-Ist-Abweichung und versucht, diese durch eine Umdisposition zu korrigieren.

        4.2.2 Gibt das **IV-System** den Anstoß, so spricht man auch von **A**ktions**o**rientierter **D**aten**v**erarbeitung (**AODV**). In unserem Beispiel würde das IV-System in der Fertigung eine gravierende Soll-Ist-Abweichung registrieren und einen Disponenten veranlassen, korrigierend einzugreifen. Es ist möglich, dass das System den Mitarbeiter mahnt, wenn er seinen Auftrag nicht fristgemäß erledigt, oder eine elektronische Nachricht an den Vorgesetzten sendet („Eskalation"). Über den bloßen Anstoß hinaus geht die Steuerung aufeinander folgender Vorgänge durch das IV-System (Systemsteuerung). Die AODV geht hier in Vorgangssteuerungssysteme oder **Workflow-Management-Systeme (WMS)** über (vgl. Abschnitt 1.5.1). Nachdem das System von der Maßnahme des Disponenten Kenntnis erlangt hat, wird es unter Umständen eine weitere Aktion „triggern", z. B. die Aufforderung an einen Einkaufssachbearbeiter, den Lieferanten eines von der Umdispositionsmaßnahme betroffenen Fremdbezugteils darum zu bitten, eine Lieferung zu verschieben [HOF 88]. WMS mag man als weitere, spezielle Erscheinungsform des Mensch-Maschine-Dialogs in Organisationen begreifen, wobei diesmal ein System und mehrere Menschen in Korrespondenz treten (vgl. dazu [GAB 03]).

Zwischen den beiden Extremen „voll benutzergesteuerter Dialog" und „voll systemgesteuerter Dialog" gibt es eine Reihe von Zwischenstufen, von denen hier die folgenden herausgegriffen werden sollen (eine detailliertere Klassifikation findet man bei [MER 94]):

Kritiksysteme Computer → Mensch

Der Mensch dirigiert den Dialog, das IV-System „schaut ihm dabei über die Schulter" und kritisiert ungünstige Dispositionen, z. B. eine Einkaufsmenge, die zu klein ist, sodass Bestandsunterdeckungen drohen.

Filter- und Navigationshilfen

Sie dienen vor allem der Suche in umfangreichen Datenbeständen. Ein Beispiel ist die Diagnose ungünstiger Einflüsse auf Betriebsergebnisse, wobei diverse Verdichtungshierarchien bzw. -bäume „zu durchklettern" sind. Hierauf wird in Verbindung mit Kontrollsystemen in Band 2 eingegangen.

Kritiksysteme Mensch → Computer

Hier dominiert die Maschine das „Gespräch". Ist der menschliche Partner jedoch mit den Ausgaben des Systems nicht zufrieden, so bringt er dies zum Ausdruck. Er meldet dann z. B. zurück, dass er mit den Ergebnissen einer maschinellen Recherche in einer Literaturdatenbank wenig anfangen kann.

Die Techniken zur Integration der verschiedenen Teilsysteme werden häufig unter dem Sammelbegriff **Middleware** zusammengefasst (vgl. [KAI 04, S. 109-118]). Man will damit zum Ausdruck bringen, dass Bausteine eines integrierten Systems oft nachträglich gekoppelt werden müssen, da sie zu unterschiedlichen Zeiten an unterschiedlichen Stellen mit unterschiedlichen Programmiersprachen entwickelt worden waren. Insbesondere müssen die Transformationen und die Weiterleitung von Daten in und zwischen Unternehmen ermöglicht werden.

> **PRAKTISCHES BEISPIEL**
>
> Bei der Fluggesellschaft **Delta Airlines** liefen die Systeme auf 30 unterschiedlichen Plattformen. Sie umfassten ca. 60 Millionen Codezeilen. Ein „Neubau" während des laufenden Betriebs war ausgeschlossen. Über Middleware gelang es der Fluglinie, ihre einzelnen Systeme zum sogenannten Delta Nervous System zu verbinden und kontinuierlich veraltete Software gegen neue Techniken auszutauschen, wodurch sich die einschlägigen Kosten um 30 Prozent senken ließen [FEL 04].

Die Palette reicht von einfachen Message Brokern oder Integration Brokern (vgl. [KAI 04, S. 135-140], die nur die Umwandlung der jeweiligen Daten erlauben, über den Werkzeugkasten der „Processware", die der Funktions- und Prozessintegration dient, z. B. um für eine geordnete Reihenfolge zu sorgen, bis hin zu Workflow-Management-Systemen (siehe oben), die auch Interaktionen zwischen Mensch und Maschine berücksichtigen [LIE 01/DAN 02]. Die großen Softwarehersteller bündeln viele dieser Werkzeuge und bieten sie als sogenannte Integrationsplattformen an, so etwa das Produkt **WebSphere** von **IBM** oder den **Netweaver** der **SAP AG** [DOR 04]. In Letzterem wird beispielsweise zwischen der „People Integration" über Portale, der „Information Integration" über Daten- und Wissensbanken, der „Process Integration" und einer sogenannten Applikationsplattform mit Zugriff über das Internet unterschieden [KUR 10].

5 Nach dem **Integrationszeitpunkt** kann man Stapelverarbeitung von Ereignisorientierung unterscheiden.

    5.1 Bei der **Stapelverarbeitung** landen neue Daten zunächst in einem „Sammellager" und werden in Losen verteilt, z. B. alle Auftragsstornierungen der letzten 24 Stunden.

    5.2 **Echtzeit-** bzw. **Ereignisorientierung** („Event orientation") bedeutet, dass ein Ereignis („event") ohne Zeitverzug Veränderungen in allen betroffenen Datenbanken und – wie bei einer AODV oder einem WFM (siehe oben) – Folgemaßnahmen auslöst. Im engeren Sinn wird von einem Event nur gesprochen, wenn dabei nicht vorhersagbare Daten anfallen, wie etwa bei besonderen Kundenbeschwerden, oder wenn bestimmte Ereignisse kombiniert auftreten, wie Reklamationen und Auftragsstornierungen. Die Daten müssen dann mit Regeln klassifiziert werden; die Aktion ist vom Klassifikationsergebnis abhängig. Beispielsweise mag in unserem Beispiel die Absatzprognose für das betroffene Produkt gesenkt werden. Eine durchgängige Ereignisorientierung führt zum **Echtzeitunternehmen** bzw. **Real-Time-Enterprise** [ALT 04/KUH 05/SCHE 03]. Das Prinzip kann sogar in den überbetrieblichen Bereich (etwa in ein Liefernetz, vgl. Abschnitt 4.4) ausgedehnt werden, sodass z. B. die Lieferanten von Vormaterialien in dem Augenblick verständigt werden, wo ein Großauftrag eintrifft. Der Vorteil der raschen Reaktion, z. B. ein Anruf beim unzufriedenen Kunden, ist gegen den Nachteil des größeren Aufwands und wenig konzentrierter Arbeit (Hektik, Hin und Her) abzuwägen. Beispielsweise würde im obigen Beispiel eine Stornierung zu einer Reduktion der Absatzvorhersage führen, ein später am gleichen Tag eintreffender Eilauftrag aber wieder zur Erhöhung, und das Prognosemodell wäre zweimal durchgerechnet worden.

Noch weiter als hier angestrebt differenziert Fischer Wesen und Typen der IIV [FIS 08].

1.2 Ziele der Integrierten Informationsverarbeitung

1. Die vom Standpunkt des gesamten Unternehmensgeschehens aus mehr oder weniger künstlichen Grenzen zwischen Abteilungen, Funktionsbereichen und Prozessen sollen in ihren negativen Auswirkungen zurückgedrängt werden. Der Informationsfluss wird dadurch ein natürliches Abbild der tatsächlichen Geschäftsprozesse im Unternehmen (so wie in kleinen Unternehmen alle wesentlichen Zusammenhänge in der Denkwelt

des Unternehmers „integriert" sind und bei allen Maßnahmen beachtet werden). Beispielsweise führt eine Änderung von Verrechnungspreisen in der Kostenrechnung zu einer Umbewertung der Lagerbestände und diese wiederum zu einer Buchung in den Finanzbuchführungsprogrammen.

2. Die Entsprechung im zwischenbetrieblichen Geschäftsverkehr ist das **„Extended Enterprise"** bzw. **„Extraprise":** Juristische Grenzen des Unternehmens werden durchbrochen, wenn gemeinsame Funktionen und Prozesse zum beiderseitigen Vorteil IV-technisch integriert werden und so im strategischen Sinne eine „Win-win-Situation" entsteht.

3. Der personelle Eingabeaufwand kann auf ein Minimum reduziert werden, weil sich im Rahmen einer integrierten Konzeption die einzelnen Programme den größten Teil der Daten in maschinell lesbarer Form zuliefern. So erhält das Buchführungssystem aus der Entgeltabrechnung die Lohndaten, aus der Materialbewertung die bewerteten Materialbewegungen, aus der Fakturierung die Debitorenzugänge, aus der Lieferantenrechnungskontrolle die Kreditorenbewegungen und aus den Kostenrechnungsprogrammen die Anschlussstellen zur Kostenrechnung. In **CADCAM-Konzepten** (vgl. Abschnitte 3.1.4 und 3.5.2.8) werden Daten, die während der Konstruktion eines Erzeugnisses am Bildschirm (**CAD**, **C**omputer **A**ided **D**esign, vgl. Abschnitt 3.1.3) anfallen, unter anderem zum Aufbau der Stücklisten und Arbeitspläne, zur Steuerung von Werkzeugmaschinen (**CAM**, **C**omputer **A**ided **M**anufacturing) und zur Produktion von technischen Handbüchern benutzt. Das Anliegen der IIV wird besonders deutlich, wenn man sich einmal die nicht integrierte Arbeitsweise vor Augen führt: Dabei stehen die Programme isoliert nebeneinander und sind nicht abgestimmt; beispielsweise mögen bei der Rechnungsschreibung umfangreiche Listen über die ausgehenden Fakturen gedruckt werden. Wollte man nun eine Vertriebsstatistik maschinell erstellen, so müsste ein Datentypist die Daten aus diesen Listen erneut eingeben. Sinnvoller aber ist es, die Rechnungspositionen im Speicher zur Verfügung zu halten und von dort durch das Statistikprogramm abzurufen.

4. Durch die erhebliche Verminderung des Eingabeaufwands wird es möglich, moderne betriebswirtschaftliche Konzeptionen zu realisieren. So kommt z. B. die elektronische Kostenplanung (sie wird im zweiten Band behandelt) vorwiegend mit solchen Daten aus, die ohnehin gespeichert sind, insbesondere mit den Vergangenheitswerten der Kostenarten innerhalb der Kostenstellen und mit Prognosen über Umsatz, Auftragseingang und Kapazitätsauslastung. Eine personelle Planung von Kosten pro Kostenart innerhalb einer Kostenstelle kann dagegen nur selten verwirklicht und durchgehalten werden.

5. Durch die Reduzierung der personellen Eingaben bei der IIV vermindert sich die Gefahr der Erfassungsfehler.

6. Eine weitere Fehlerursache im betrieblichen Geschehen verliert bei der IIV an Bedeutung: Da die Folgemaßnahmen einer Aktion bzw. ganze Prozessketten fest programmiert sind, ihre Durchführung also automatisiert ist, wird nichts „vergessen". So kann es z. B. nicht vorkommen, dass ein bestätigter Kundenauftrag der Fertigungsplanung nicht gemeldet wird.

7. Wenn Datenredundanz vermieden wird, sinken Speicher- und Dokumentationsaufwand.

8. Falls inkorrekte Daten gespeichert sind, entdeckt man sie mit besonders großer Wahrscheinlichkeit bald, weil die Daten vielfach verwendet werden. Dient eine Stückliste sowohl der Produktionsplanung als auch der Kalkulation und der Kapazitätsdisposition, so wird ein eventueller Fehler bei einer der Verwendungen wohl rasch bemerkt.

9. Die IIV bildet den Rahmen, in den integrierte Vorhersage-, Planungs- und Optimierungsmodelle eingebettet werden können, mit deren Hilfe man lokale Suboptima vermeidet.

Die Nutzeffekte beim Übergang von nicht integrierten Teilsystemen zu einer stärkeren Integration lassen sich vor allem dadurch analysieren, dass man die Wirkung einer Automationsmaßnahme auf andere Funktionen und Prozesse verfolgt (Wirkungskettenanalyse) [LIN 95].

1.3 Besondere Probleme der Integrierten Informationsverarbeitung

1. Ein eingegebenes Datum wird im Regelfall in sehr vielen Programmen verarbeitet; daher ziehen fehlerhafte Eingaben zahlreiche Konsequenzen nach sich. Es ist deshalb eine besonders sorgfältige Eingabedatenprüfung vorzusehen. Wegen der Kettenreaktionen, die einmal aufgetretene Fehler in integrierten Systemen auslösen, ist maximale nicht mit optimaler Integration gleichzusetzen. Ähnlich wie man beispielsweise Forstgebiete durch Schneisen voneinander trennt, um die Ausbreitung von Waldbränden zu begrenzen, oder zwischen den einzelnen Komponenten einer Brücke Spalte lässt, damit sich die Verformung eines Brückenabschnitts nicht auf das ganze Bauwerk auswirkt, muss auch bei den Informationsarchitekturen an Stellen gedacht werden, an denen die Fehlerfortpflanzung endet. Es mangelt jedoch noch an theoretischen Überlegungen hierzu.

2. Um der notwendigen Vollständigkeit in einem integrierten System willen müssen auch solche Vorgänge eingespeichert und automatisch bearbeitet werden, für die wegen der kleinen Zahl oder wegen vieler Ausnahmeregelungen bei isolierten Programmen eine Automation nicht wirtschaftlich wäre. So wird man z. B. oft bei nicht integrierter IV die Kundengutschriften personell behandeln; in der IIV müssen sie aber dem Anwendungssystem zugeführt werden, weil Folgewirkungen auf die Führungsinformation im Vertriebssektor oder auf die Finanzbuchhaltung zu beachten sind. Personell und ohne Unterstützung durch das IT-System getätigte Einkäufe sind wegen der Führung von Vormerkspeichern zum Zweck der Lagerdisposition oder wegen der Finanz- und Liquiditätsplanung einzugeben.

3. Softwaretests in integrierten Lösungen, insbesondere aber auch Programmmodifikationen, sind wegen der vielfältigen Wechselwirkungen sehr kompliziert. Dies führt dazu, dass man die einzelnen Elemente nicht ausschließlich auf die zur Zeit der Planung vor-

gefundenen Ist-Zustände abstellen darf. Beispielsweise sind in den Nummernkreisen Reserven zu halten und an vielen Stellen flexible Parameter oder Wahlmöglichkeiten vorzusehen.

4. Ein gewisses Problem liegt für viele Unternehmen, die integrierte Konzepte verwirklichen wollen, in der Rekrutierung der Systemplaner. Von diesen Mitarbeitern muss ein umfassendes betriebswirtschaftliches und gutes technisches Wissen ebenso gefordert werden wie die Fähigkeit, mathematische Dispositionsmodelle zu entwickeln. Schließlich ist es besonders für die Entwicklung von Führungsinformationssystemen notwendig, dass der Systemplaner alle Informationsbedürfnisse der Führungskräfte beurteilen kann. Die Heranbildung derartiger Mitarbeiter ist deshalb besonders schwierig, weil aus dem Wesen der IIV heraus eine Spezialisierung nur sehr begrenzt möglich und Vielseitigkeit unabdingbar ist. (Hier liegt eine der großen Herausforderungen bei der Ausbildung von Wirtschaftsinformatikern.)

5. Es fällt nicht leicht, integrierte Lösungen aus zugekauften Softwareprodukten verschiedener Anbieter zusammenzusetzen. Entscheidet man sich für die Erzeugnisse eines Softwarehauses, die untereinander integriert sind (oft etwas unglücklich als „**Enterprise-Resource-Planning-Systeme**" (**ERP-Systeme**) bezeichnet), so ist in Kauf zu nehmen, dass nicht alle Teilsysteme die besten am Softwaremarkt sind. (Man erreicht nicht die sogenannte **Best-of-breed-Solution**.) Die Anpassung an die Ziele und Nebenbedingungen des Anwenderunternehmens (**Customizing, Parametrisierung**) ist in der Regel recht aufwendig [DIT 09], [THO 96].

6. Je weiter die Informationsverarbeitung in den Betrieben fortgeschritten ist, desto intensiver stellt sich die Frage, wie sogenannte Altsysteme („Legacy Systems") **nachträglich** integriert werden („Ex-post-Integration", „Post-Merger-Integration", vgl. [KAI 04, S. 20-22] und [MER 11]). Ein typischer Anlass dazu ist der Zukauf eines neuen Geschäftsgebiets bzw. Tochterunternehmens oder eine Fusion. Wenn die Integration ohne ein grundlegendes Konzept fallweise geschieht, entstehen rasch schwer überschaubare Lösungen („Spaghetti-Integration"). Der in Abschnitt 1 erwähnte Begriff EAI bezeichnet zum Teil einen Ansatz, mithilfe spezieller Methoden und Werkzeuge dem entgegenzuwirken (vgl. das praktische Beispiel auf Seite 9).

7. Die Konzeption und Realisierung einer IIV ist eine Investition großen Ausmaßes, deren Nutzeffekte sich erst nach einigen Jahren einstellen. Gerade die lange Realisierungszeit verführt immer wieder dazu, einzelne Programme ohne Rücksicht auf die Integration rasch fertig zu stellen und damit die Verwirklichung der integrierten Konzeption empfindlich zu stören oder gar unmöglich zu machen.

1.4 Teilsysteme der Integrierten Informationsverarbeitung

1.4.1 Operative Systeme

Die operativen Systeme lassen sich nach Ziel und Wesen in Administrations- und Dispositionssysteme teilen.

1.4.1.1 Administrationssysteme

Administrationssysteme zielen auf die Rationalisierung der Massendatenverarbeitung und damit auf Rationalisierungsnutzen (insbesondere Kostensenkung und Entlastung des Personals von Routineaufgaben), aber auch auf die Beschleunigung von Prozessen bzw. auf Durchlaufzeitverkürzung.

1.4.1.2 Dispositionssysteme

Über die reine Administration hinaus haben Dispositionssysteme die Aufgabe, entweder menschliche Entscheidungen vorzubereiten oder diese zu erübrigen, indem die Rechenanlage sie selbst trifft.

Bei der automatischen Entscheidung kann man wieder zwei Zielsetzungen sehen:

1. Die automatische Entscheidung soll **besser** sein als die des Menschen.
2. Man ist zufrieden, wenn das IV-System Entscheidungen findet, die denen des Menschen **gleichwertig** sind. Ziel ist hier die Rationalisierung des Entscheidungsprozesses. Der menschliche Entscheidungsträger wird entlastet, wenn ihm das IV-System programmierbare Routineentscheidungen abnimmt, und vor allem brauchen automatische Abläufe nicht unterbrochen zu werden, um den Menschen einzuschalten. Wir wollen als Beispiel die Vorgangskette des Einkaufs wählen: Angenommen, ein Programm „Bestelldisposition" ermittelt, dass gewisse Teile geordert werden müssen, erstellt die Einkaufsdokumente und überwacht die pünktliche und bestellmengengetreue Lieferung. Kann jetzt das System mithilfe eines Dispositionsmodells auch die Losgröße und den günstigsten Lieferanten bestimmen, so ist der Routineeinkaufsvorgang voll automatisierbar. Müsste hingegen zur Vorgabe einer Bestellmenge ein Einkaufsdisponent herangezogen werden, so entstünde eine „Automationslücke", der Ablauf würde schwerfälliger und stärker von der Verfügbarkeit des Sachbearbeiters abhängig.

Die Dispositionsentscheidungen werden durch Einbau von **Operations-Research-Modellen** und Methoden der **Künstlichen Intelligenz** in die IIV vorbereitet bzw. erzeugt. Dabei ergibt sich freilich ein kompliziertes Problem:

Zu einer IIV gehört eine integrierte Optimierungsrechnung, durch die Suboptima vermieden werden. Nun geraten Optimierungsmodelle rasch sehr komplex, wenn man umfassendere Bedingungen gleichzeitig berücksichtigt, sodass exakte Lösungen nicht möglich sind. Als weitere Einflussgrößen wirken der Genauigkeitsgrad der Inputdaten und die Wahrscheinlichkeit, mit der nach Ermittlung des Optimums eine Änderung in den ursprünglich zugrunde gelegten Daten eintritt. Nach einer derartigen Änderung wird oft personell und unter Verzicht auf das mit erheblichem Aufwand errechnete Optimum disponiert, weil ein neuer Programmlauf nicht sofort möglich ist (dieser Fall spielt vor allem bei der Konzeption von Fertigungsablaufplanungsmodellen oder in der Logistik eine bedeutende Rolle).

Hanssmann [HAN 62] gelangt zu der Feststellung: „... the notation of an exact optimum does not appear to be very meaningful anyway in the light of the crudeness of data and concepts."

Stahlknecht [STA 78] schreibt: „Eine schnelle Näherungslösung ist besser als ein langwierig gewonnenes Optimum, das ohnehin nur das Optimum des Modells und nicht das der erwarteten Realität ist."

Soweit Dispositionssysteme primär nicht innerbetrieblich wirken, sondern gegenüber Kunden, kann man auch von einem **Beratungssystem** sprechen. Ein Beispiel ist die Ausarbeitung eines ausgefeilten Finanzierungsvorschlags, den ein Anlagenbauer im Rahmen seines Kundenkontakts (vgl. Abschnitt 3.2.2.3) als Mehrwertdienst unterbreitet.

Aus der Sicht der Wirtschaftsinformatik ist wichtig: Während bei Administrationssystemen oft die Überlegenheit des IV-Systems allein schon wegen der Bewältigung großer Transaktionszahlen leicht nachzuweisen ist, wie etwa in dem Teilprozess „Fakturierung – Debitorenbuchung – Kundenzahlung – Debitorenbuchung", muss bei Dispositionssystemen immer wieder neu untersucht werden, ob eine personelle oder eine maschinelle Disposition besser ist. Die Bearbeitung großer Modelle des Operations Research im Hauptspeicher ohne teilweise Auslagerung auf Sekundärspeicher („In-Memory-Computing") wird immer leistungsfähigere maschinelle Dispositionsverfahren ermöglichen [PLA 11].

1.4.2 Planungssysteme

Geht man davon aus, dass in einer integrierten Konzeption sowohl die Administrations- als auch die Dispositionssysteme realisiert sind, dann besteht die konsequente Weiterentwicklung der industriellen Informationsverarbeitung darin, das System und insbesondere seine Daten für die Planung heranzuziehen.

Hierzu werden Planungssysteme (vgl. Band 2) entwickelt, die man als Fortsetzung der in die Informationsverarbeitung eingebetteten Dispositionsmodelle auffassen kann. Jedoch bestehen die folgenden Unterschiede:

1. Die mithilfe von Dispositionsmodellen vorgeschlagenen oder vom IV-System getroffenen Entscheidungen lösen vor allem gut strukturierte Probleme, die Planungsmodelle hingegen schlecht strukturierte.

2. Die Dispositionsmodelle dienen der Entscheidungsfindung bei Massen- und Routineproblemen, die meist **in kürzeren Abständen** periodisch auftreten (wie z. B. die Produktionsablaufplanung für bestimmte Perioden), während die Planungssysteme in der Regel für Entscheidungsprobleme verwandt werden, die nur **in größeren Zeitabständen** und zum Teil auch unregelmäßig anfallen (wie z. B. Planungen von Investitionen oder des Produktionsprogramms).

3. Tendenziell betreffen die Dispositionssysteme eher den Aufgabenbereich **mittlerer Manager**, wohingegen die Planungsmodelle für die **Unternehmensführung** entwickelt werden.

4. Operative Systeme arbeiten mit Datenbanken zusammen, in welchen alle Veränderungen detailliert und zeitnah gespeichert werden. Hingegen bauen Planungssysteme vielfach auf Data Warehouses auf, in welchen man verdichtete und etwas länger konstant gehaltene Informationen festhält.

5. Während bei den Dispositionssystemen eine **Vollautomation** oft möglich ist (man denke etwa an die Materialdisposition), wird für Planungssysteme der Mensch stärker eingebunden werden müssen, sodass man meist **Mensch-Computer-Dialoge** wählt. Die Einschaltung des Menschen bei Planungsmodellen ist vor allem notwendig, damit der unternehmerische Wille eingebracht werden kann, um Entwicklungen zu korrigieren, die sich einstellen würden, wenn das Geschehen (wie z. B. der Lebenszyklus eines Produkts) sich selbst überlassen bliebe.

1.4.3 Kontrollsysteme

Kontrollsysteme (siehe Band 2) sind das Pendant zu Planungssystemen. Sie dienen dazu, die Einhaltung von Plänen zu überwachen, und geben Hinweise darauf, ob korrigierende Maßnahmen eingeleitet werden müssen. In günstigen Fällen funktionieren sie ähnlich wie medizinische Prozesse mit der Abfolge „Symptomerkennung – Diagnose – Therapievorschlag – Therapieprognose".

1.5 Methodische Hilfsmittel der Integrierten Informationsverarbeitung

1.5.1 Workflow-Management-Systeme

Das Anwendungsfeld von WMS erstreckt sich übergangslos von streng standardisierten Prozessen bis zu reinen Ad-hoc-Vorgängen: Detailgenau vorgeschriebene Abläufe, wie z. B. Geschäftsreise- oder Beschaffungsanträge, werden meist als sogenannte „Production Workflows", oft auch „Transactional Workflows", implementiert. Das WMS transportiert den Vorgang von Arbeitsplatz zu Arbeitsplatz, wenn die festgelegten Ein- und Ausgangsbedingungen erfüllt sind (z. B. muss der Leiter einer Fachabteilung den Beschaffungsantrag erst unterschrieben haben, bevor der Einkauf Angebote einholt) [JAB 96]. Organisatorisch komplizierter sind teilstrukturierte Vorgänge („Administrative Workflows"), wie z. B. die Auftragsabwicklung oder die Reklamationsbearbeitung (siehe Abschnitt 3.7). Hier muss das WMS die Möglichkeit bieten, Vorgangsspezifikationen im laufenden Betrieb zu ändern [WAR 97] bzw. die „passenden" Bearbeiter für den nächsten Vorgangsschritt, z. B. mithilfe einer Organisationsdatenbank [RUP 92] oder durch den Einsatz von Wissensbasen [LUT 91], flexibel auszuwählen. Bei völlig freien, ungeplanten Vorgängen („Ad-hoc-Workflows") leiten die Bearbeiter die Informationen personell an die nachfolgenden Instanzen. Die Aufgaben des WMS beschränken sich auf den Transport und die Protokollierung der Vorgänge.

WMS auf Basis von **Dokumenten-Management-Systemen** (**DMS**) sollen helfen, zwei separate Informationsstränge – papiergestützte Dokumente und formatierte Daten – zu vermeiden und zu einer engen Integration von Daten- und Dokumentenverarbeitung zu gelangen. So erlauben z. B. sogenannte „Links" zwischen einer gescannten Lieferantenrechnung und dem entsprechenden Eintrag in der Lieferantenrechnungsdatei, dass bei der Anzeige des formatierten Datensatzes gleichzeitig das Rechnungsdokument am Bildschirm erscheint.

1.5.2   Rücklaufdokument

Zur Verminderung des Eingabeaufwands und zur Herstellung von Verbindungen zwischen den Programmen dient das Prinzip des **Rücklaufdokuments**: Ein von einem Programm in maschinell lesbarer Form ausgegebener Beleg kehrt nach dem Geschäftsvorfall zur Rechenanlage zurück und wird in demselben oder in einem anderen Programm verarbeitet. Beispielsweise gibt das Teilsystem Kommissionierung (vgl. Abschnitt 3.6.3) Entnahmedokumente in Form von magnetisch bzw. optisch erkennbaren Etiketten aus, die nach der Entnahme der Artikel aus den Regalen wieder eingelesen werden. Das physische Rücklaufdokument kann durch eine Art „logischen Beleg" in Form einer Bildschirmmaske ersetzt werden. Zum Beispiel wird auf dem Bildschirm im Lager die Berechtigung zur Entnahme einer gewissen Anzahl eines bestimmten Teils für einen Fertigungsauftrag gezeigt, wenn der Transporteur mit dem Materialentnahmeschein vorspricht und der Lagerverwalter die Nummer des Zettels in das Gerät einscannt. Der Verwalter bringt dem System den Entnahmevorgang durch Eingabe weniger zusätzlicher Zeichen zur Kenntnis. Das Papier-Dokument kann ganz vermieden werden, wenn der Mensch ein mobiles Gerät, z. B. einen PDA (Persönlichen Digitalen Assistenten) mitführt (vgl. z. B. die Anwendung durch Service-Mitarbeiter in Abschnitt 3.7.3).

1.5.3   Hilfsmittel zur Führungsinformation

Zu den methodischen Hilfsmitteln kann man auch einige Techniken zählen, die speziell der Ableitung von Managementinformationen und deren Präsentation dienen. Diese werden in Band 2 behandelt.

1.6 Beiträge der Integrierten Informationsverarbeitung zur Unternehmensmission

Abbildung 1.6/1 zeigt, wie Informationsverarbeitung die Mission des Industrieunternehmens unterstützen kann.

Abbildung 1.6/1   Beiträge der IV zur Erfüllung der Unternehmensmission

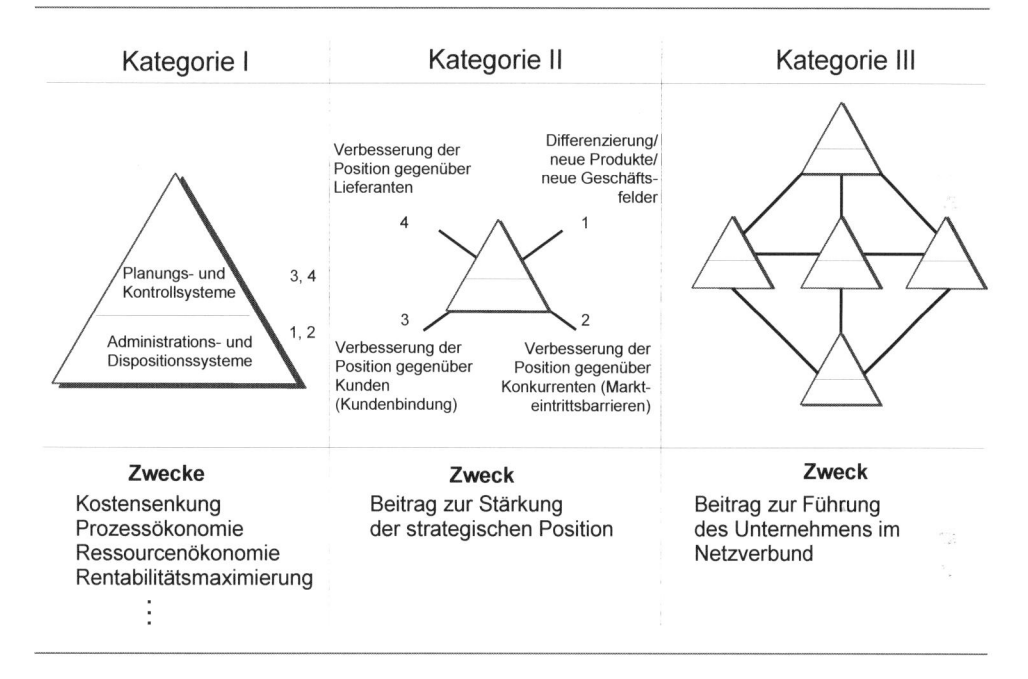

Kategorie I

Planungs- und Kontrollsysteme   3, 4
Administrations- und Dispositionssysteme   1, 2

Zwecke
Kostensenkung
Prozessökonomie
Ressourcenökonomie
Rentabilitätsmaximierung
⋮

Kategorie II

4   Verbesserung der Position gegenüber Lieferanten
1   Differenzierung/ neue Produkte/ neue Geschäftsfelder
3   Verbesserung der Position gegenüber Kunden (Kundenbindung)
2   Verbesserung der Position gegenüber Konkurrenten (Markteintrittsbarrieren)

Zweck
Beitrag zur Stärkung der strategischen Position

Kategorie III

Zweck
Beitrag zur Führung des Unternehmens im Netzverbund

Diese Aufgabenpakete sind so gereiht, dass von links nach rechts die Herausforderung zunimmt, unkonventionelle, innovative Anwendungssysteme zu entwickeln. Gleichzeitig setzt die Einführung solcher Systeme eine gewisse Reife des Informationsmanagements im Betrieb voraus; daher mag man in erster Näherung davon ausgehen, dass sich die IV über der Zeitachse von Kategorie I zu Kategorie III entwickelt. Ausnahmen hiervon sind denkbar. So kann ein Unternehmen ein strategisch wichtiges, isoliertes System haben, im Übrigen aber schwache operative Systeme. Abbildung 1.6/2 bringt Beispiele für AS in den einzelnen Kategorien, wobei darauf Wert gelegt wurde, die Integrationsaspekte zumindest anzudeuten.

Abbildung 1.6/2 Beispiele für Anwendungssysteme zur Unterstützung von Aufgaben im Industriebetrieb

Kategorie	Beispiel
I1	Lohnabrechnung in Verbindung mit automatischer Betriebsdatenerfassung
I2	Integrierte Feinsteuerung der Montage und der Versandlogistik
I3	Rechnergestützte kombinierte Planung des Absatzes und der Produktionskapazität
I4	Schwachstellenanalyse des Betriebsergebnisses
II1	Verkauf von Werkzeugmaschinen mit selbsttätiger Diagnose von Abnutzungserscheinungen und multimedialem Wartungshandbuch („embedded systems", „intelligente Produkte")
II2	Aufstellung von Kiosksystemen in Handelsbetrieben, die die Endverbraucher besonders auf die Erzeugnisse des Industriebetriebs aufmerksam machen und mit Angebots- und Lagerbevorratungssystemen integriert sind
II3	Verstärkte Kundenbindung dadurch, dass das Einkaufssystem des Kundenbetriebs mit dem Verkaufssystem des Lieferantenbetriebs automatisch kommuniziert und „verhandelt", z. B. über das Internet
II4	Integration der Produktionsplanungs- und -steuerungssysteme von Kunden und Lieferanten (will der Lieferant aus den Verträgen „ausbrechen", so entstehen ihm besonders hohe Transaktionskosten für den Systemwechsel), Einkaufsauktionen („reverse auctions") über Elektronische Marktplätze, die die Lieferanten veranlassen, einander im Preis zu unterbieten (vgl. Abschnitt 3.3.2.5)
III	Systeme zum Lieferkettenmanagement (Supply Chain Management, vgl. Abschnitt 4.4)

1.7 Anmerkungen zu Kapitel 1

[ALT 04/KUH 05/ SCHE 03]   Alt, R. und Österle, H., Real-time Business, Berlin 2004; Kuhlin, B. und Thielmann, H. (Hrsg.), The Practical Real-Time Enterprise, Berlin-Heidelberg-New York 2005; Scheer, A. W., Abolhassan, F. und Bosch, W. (Hrsg.), Real-Time Enterprise, Berlin 2003.

[BEC 91]   Becker, J., CIM-Integrationsmodell, Berlin u.a. 1991, S. 173-180.

[CHR 03]   Christ, O., Content-Management in der Praxis, Berlin u.a. 2003, S. 11.

[DIT 09]　　　　　　Dittrich, J., Mertens, P., Hau, M. und Hufgard, A., Dispositionsparameter in der Produktionsplanung mit SAP, 5. Aufl., Braunschweig-Wiesbaden 2009.

[DOR 04]　　　　　　Dorda, C., Steiert, H.-P. und Sellentin, J., Modellbasierter Ansatz zur Anwendungsintegration, Information Technology 46 (2004) 4, S. 200-210.

[DUR 07]　　　　　　Durst, M. und Daum, M., Erfolgsfaktoren serviceorientierter Architekturen, HMD 44 (2007) 253, S. 18-27.

[EDW 00/RUH 00]　　Edwards, P. und Newing, R., Application Integration for e-Business, Business Intelligence 2000, London 2000; Ruh, W., Maginnis, F. und Brown, W., Enterprise Application Integration: A Wiley Tech Brief, New York 2000.

[FEL 04]　　　　　　Feld, C.S. und Stoddard, D.B., Getting IT Right, Harvard Business Review 82 (2004) 2, S. 72-79.

[FIS 08]　　　　　　Fischer, D., Unternehmensübergreifende Integration von Informationssystemen, Wiesbaden 2008, vor allem Abschnitte 2.1 und 3.3.

[FIS 99/HEI 04/ROS 99]　Fischer, J., Informationswirtschaft: Anwendungsmanagement, München-Wien 1999; Heinrich, L.J., Heinzl, A. und Roithmayr, F., Wirtschaftsinformatik-Lexikon, 7. Aufl., München-Wien 2004, S. XII-XIII; Rosemann, M., Gegenstand und Aufgaben des Integrationsmanagements, in: Scheer, A.-W., Rosemann, M. und Schütte, R. (Hrsg.), Integrationsmanagement, Arbeitsbericht Nr. 65 des Instituts für Wirtschaftsinformatik der Universität Münster, Münster 1999.

[FRI 08]　　　　　　Fricke, B., Flexible B2B-Integrationsarchitekturen, Lohmar/Köln 2008.

[GAB 03]　　　　　　Gabriel, R. und Beyer, D., Informationsmanagement in Organisationen, Stuttgart 2003, Kap. 7.

[HAN 62]　　　　　　Hanssmann, F., Operations Research in Production and Inventory Control, New York-London 1962, S. 5.

[HEI 89]　　　　　　Heilmann, H., Integration: Ein zentraler Begriff der Wirtschaftsinformatik im Wandel der Zeit, HMD 26 (1989) 150, S. 46-58, insbes. S. 51.

[HEI 99]　　　　　　Bei Heine findet man vertiefende Ausführungen zur Datenintegration unter Verwendung moderner Werkzeuge wie Repositories oder Data Warehouses, Data Marts oder objektorientierter Model-

	lierung der Datenlogistik (Heine, P., Unternehmensweite Datenintegration, Stuttgart-Leipzig 1999).
[HOF 88]	Hofmann, J., Aktionsorientierte Datenverarbeitung im Fertigungsbereich, Berlin u.a. 1988.
[IRA 03]	Irani, Z., Themistocleous, M. und Love, P., The Impact of Enterprise Application Integration on Information System Life-cycles, Information & Management 41 (2003) 2, S. 177-187.
[JAB 96]	Jablonski, S. und Bußler, C., Workflow Management – Modeling Concepts, Architecture and Implementation, London u.a. 1996, S. 49-52.
[KAI 04]	Kaib, M., Enterprise Application Integration – Grundlagen, Integrationsprodukte, Anwendungsbeispiele, Wiesbaden 2004.
[KUR 10]	Kurbel, K., Enterprise Resource Planning und Supply Chain Management in der Industrie, 7. Aufl., München 2010.
[LIE 01/DAN 02]	Ließmann, H., Enterprise Application Integration (EAI), in: Mertens, P. u.a. (Hrsg.), Lexikon der Wirtschaftsinformatik, 4. Aufl., Berlin u.a. 2001, S. 180-181; Dangelmaier, W., Buhl, L., Christ, J., Pape, U. und Rüther, M., Systementscheidung Enterprise Application Integration, in: Meyer, M. (Hrsg.), CRM-Systeme mit EAI, Wiesbaden 2002, S. 231-254.
[LIN 95]	Linß, H., Integrationsabhängige Nutzeffekte der Informationsverarbeitung, Wiesbaden 1995.
[LUT 91]	Lutze, R. und Kohl, A. (Hrsg.), Wissensbasierte Systeme im Büro, München-Wien 1991.
[MAR 06]	Marks, E. und Bell, M., Service-Oriented Architecture – A Planning and Implementation Guide for Business and Technology, Hoboken 2006, S. 34.
[MER 94]	Mertens, P., Neuere Entwicklungen des Mensch-Computer-Dialogs in Berichts- und Beratungssystemen, Zeitschrift für Betriebswirtschaft 64 (1994) 1, S. 35-56.
[MER 10]	Mertens, P., Bodendorf, F., König, W., Picot, A., Schumann, M. und Hess, T., Grundzüge der Wirtschaftsinformatik, 10. Aufl., Berlin u.a. 2010.
[MER 11]	Mertens, P. und Pagel, P., Ein Best-of-Breed-Ansatz erzeugt eine nicht beherrschbare Komplexität, Wirtschaftsinformatik und Management 3/2011, S. 10.

[PLA 11]   Plattner, H. und Zeier, A., In-Memory Data Management: An Inflection Point for Enterprise Applications, Berlin u.a. 2011.

[REI 07]   Reinheimer, S., Lang, F., Purucker, J. und Brügmann, H., 10 Antworten zu SOA, HMD 44 (2007) 253, S. 7-17.

[RUP 92]   Rupietta, W., Organisationsmodellierung zur Unterstützung kooperativer Vorgangsbearbeitung, WIRTSCHAFTSINFORMATIK 34 (1992) 1, S. 26-37.

[SAM 97]   Sametinger, J., Software Engineering with Reusable Components, Berlin u.a. 1997.

[SCHU 92]   Schumann, M., Betriebliche Nutzeffekte und Strategiebeiträge der großintegrierten Informationsverarbeitung, Berlin u.a. 1992, S. 6-52.

[SPE 05]   Speyerer, J., Flexible Integration der Informationsverarbeitung im Supply Chain Management mit Web Services unter besonderer Berücksichtigung von Logistikdienstleistern, Berlin 2005, S. 72-77.

[STA 78]   Stahlknecht, P., Strategien zur Implementierung von OR-gestützten Planungsmodellen in der Praxis, Die Betriebswirtschaft 38 (1978) 1, S. 39-50.

[THO 96]   Thome, R. und Hufgard, A., Continuous System Engineering – Entdeckung der Standardsoftware als Organisator, Würzburg 1996.

[TUR 01]   Turowski, K., Fachkomponenten – Komponentenbasierte betriebliche Anwendungssysteme, Habilitationsschrift, Magdeburg 2001.

[WAR 97]   Wargitsch, C. und Wewers, T., FLEXWARE: Fallorientiertes Konfigurieren, in: Müller, M., Schumann O. und Schumann, S. (Hrsg.), Beiträge zum 11. Workshop „Planen und Konfigurieren" im Rahmen der 4. Deutschen Tagung „Wissensbasierte Systeme" (XPS-97), Erlangen 1997, S. 45-55.

2 Integrationsmodelle und Informationsarchitekturen

2.1 Integrationsmodelle

Integrationsmodelle sollen helfen, einen strukturierten Rahmen für die Anwendungsentwicklung zu schaffen. Sie begünstigen die planvolle Entstehung von Anwendungssystemen, weil damit redundante Bausteine (Programme oder Daten) und Lücken in der Informationsstruktur eines Unternehmens erkannt werden können.

Integrationsmodelle lassen sich nach mehreren Kriterien gliedern. Eine Aufteilung orientiert sich teilweise an der Typologie Integrierter Informationsverarbeitung (IIV) (vgl. Abschnitt 1.1). Je nachdem, ob die Datenintegration oder die Funktionsintegration im Vordergrund steht, kann man **Unternehmensdaten-** und **Unternehmensfunktionsmodelle** unterscheiden. Will man die zeitlichen Abläufe stärker betonen, so ist ein **Prozessmodell** zu entwickeln.

Es sind weitere Ergänzungen möglich, z. B. die Verknüpfung von Funktionen mit **organisatorischen Einheiten** (vgl. dazu die ARIS-Architektur in [SCHE 01], [SCHE 02]) oder **Rollen** [WAL 05]. Diese sind Aufgaben, die alternativ mehrere Mitarbeiter ausfüllen können (so wie z. B. mehrere Schauspieler bei unterschiedlichen Aufführungen die Rolle einer Person der Handlung übernehmen). Rollen sind vor allem bei Workflow-Management-Systemen (vgl. Abschnitt 1.5.1) oder bei Führungsinformationssystemen (Band 2) wichtig. Eine große, noch nicht befriedigend gelöste Herausforderung besteht darin, bei den Instanzen des Organisationsplans und bei den Rollen die verfügbaren Kapazitäten abzuspeichern und zu verwalten.

Nach der Integrationsreichweite bzw. dem Geltungsbereich lassen sich Modelle für Unternehmen von solchen unterscheiden, die **Wirtschaftszweige**, **Branchen** oder **zwischenbetriebliche Integrationsbeziehungen** abbilden.

Wenn die Abbildung nur grundlegende Konzepte zum systematischen Aufbau betrieblicher Anwendungssysteme repräsentiert, spricht Scholz-Reiter von einem **konzeptionellen Modell** [SCHO 90]. Dieses stellt ein abstraktes Schema dar, das betriebliche Anwendungssysteme unternehmens- und branchenunabhängig beschreibt. Ein Abbild, auf das mehrere Unternehmen mit vergleichbaren Gegebenheiten Bezug nehmen können, wird als **Referenzmodell** bezeichnet [BEC 99], [SCHO 90]. Alle diese Modelle lassen sich um ein **Vorgehensmodell** ergänzen, das die Schritte zur Modellverwirklichung beschreibt.

Eine weitere Systematik ergibt sich, wenn man die **Abbildungshilfen** bzw. **Beschreibungsmittel** des Integrationsmodells sieht. Man kann danach unterscheiden, ob formale (ähnlich Programmiersprachen), grafische, verbale oder tabellarische Darstellungen überwiegen, ferner danach, ob zur Darstellung rechnergestützte Werkzeuge, wie z. B. Datenbanken, Methodenbanken oder Data Dictionaries (vgl. Band 2), herangezogen werden. Übersichten der Werkzeuge zur **Integrationsmodellierung** und zur Darstellung von **Informationsarchitekturen** (siehe unten) findet man bei [BER 06], [DEL 07], [LAN 05]. Die Wahl der Beschreibungsmittel hängt stark vom Integrationsgegenstand ab. So eignet sich z. B. für Unternehmensdatenmodelle die Entity-Relationship-Methode; hingegen kommen für funktions- oder prozessorientierte Modelle eher Funktionsbäume bzw. -übersichten oder Datenflusspläne in Verbindung mit tabellarischen Übersichten in Betracht. Dadurch wird es erleichtert, die Reihenfolge der Prozessschritte und den zeitlichen Ablauf zu demonstrieren. In diesem Werk dominiert die Funktionsorientierung; daher wurden auch die letztgenannten Darstellungstechniken benutzt.

2.2 Informationsarchitekturen

Im Folgenden werden unter der Architektur eines Systems dessen Bauplan in Form einer Beschreibung seiner Komponenten und ihrer Beziehungen unter allen relevanten Blickwinkeln sowie die dem Bauplan zugrunde liegenden Konstruktionsprinzipien verstanden [SIN 02] (vgl. auch [BER 06], [WAL 96, S. 26-46]). In der Fachliteratur werden zahlreiche Architekturbegriffe und -formen unterschieden [ACK 06], [BIE 06], [KEL 07], [WIN 06], [WOO 06]. Wir beschränken uns hier auf folgende drei:

1. Eine „Anwendungsarchitektur" als stark verdichtete Sicht auf die Anordnung von Vorgängen bzw. Prozessen und Anwendungssystemen,

2. eine „Informationstechnikarchitektur", welche die unterschiedlichen Hardware-Bausteine umfasst, und

3. eine „Sicherheitsarchitektur", die unter anderem die Fragen beantwortet, welche Rollenträger auf welche Daten zugreifen dürfen [ITI 03], [FER 01] oder zwischen welchen Teilsystemen kein Datenaustausch stattfinden soll („Firewall") (vgl. [WHI 05]).

Weitere Architekturvarianten diskutiert beispielsweise Krcmar [KRC 05].

Ein Beispiel für eine Informationsarchitektur als Zusammenspiel aus den Punkten 1. und 2. ist in Abbildung 3.5.2.8/3 dargestellt.

Eine grundlegende architektonische Alternative liegt darin, ob man große Programmkomplexe mit umfangreichen Funktionen oder kleinere, intensiv miteinander kooperierende („Modulbauweise") schafft. Die Module lassen sich mehr „in der Fläche" oder mehr „in der Höhe" anordnen. Beispielsweise kann man ein Produktionsplanungssystem so zu konstruieren versuchen, dass es die Aufträge bis zu kleinsten Arbeitsschritten hin disponiert. Im Gegensatz dazu steht die hierarchische Produktionsplanung, bei der jeweils eine übergeordnete Komponente, ähnlich wie der Vorgesetzte in einer Führungspyramide, den untergeordneten Programmbausteinen einen Rahmenauftrag, z. B. eine Produktionsmenge samt Terminen, vorgibt und die Detaildisposition dem untergeordneten Teilsystem überlässt (vgl. Abschnitt 3.5.2.2).

Darüber hinaus wurden zur inner- und zwischenbetrieblichen Integration diverse Kopplungsarchitekturen entworfen. Man kann drei Erscheinungsformen unterscheiden [SCHI 02].

1. Eine ereignisorientierte Kopplungsarchitektur („Event-driven Architecture") dient der Anzeige von Ereignissen und der Übertragung der zugehörigen Daten zwischen Anwendungssystemen durch Austausch von Nachrichten (lose Kopplung) [FER 08]. Dabei müssen die verwendeten Nachrichtenformate und Kommunikationsprotokolle definiert werden. Unter anderem sind Reihenfolgen festzulegen, mit denen Aufgaben bearbeitet werden (vgl. auch Punkt 5 in Abbildung 1.1/1).

2. Datenorientierte Kopplungsarchitekturen bezwecken die Manipulation gemeinsamer Daten mehrerer Anwendungssysteme. Die auf den Daten operierenden Funktionen sind zu verbinden, damit die Programme den gemeinsamen Datenspeicher nach einheitlichen Vorschriften füllen und ändern (enge Kopplung) [FER 08].

3. Funktionsorientierte Kopplungsarchitekturen ermöglichen die gemeinsame Nutzung von Funktionen und gegebenenfalls zugehöriger Daten durch mehrere Anwendungssysteme. Beispielsweise ist bei zwischenbetrieblicher Integration festzulegen, ob man Programmmodule, welche Funktionen realisieren, die in zwei oder mehreren Unternehmen benutzt werden, in allen Betrieben oder nur in einem hält.

Zur Entwicklung, Veränderung und Beschreibung sind zahlreiche formale Methoden bzw. Werkzeuge verfügbar. Bei Leist-Galanos sowie Leist und Zellner findet man Vergleiche [LEI 06a], [LEI 06b].

Zwischen Informationsarchitekturen und Integrationsmodellen bestehen Beziehungen, die sowohl in der Wissenschaft als auch in der Praxis unterschiedlich gesehen werden. Beispielsweise kann man Einzelheiten einer im Übrigen groben Architektur in detaillierten Integrationsmodellen abbilden.

2.3 Referenzmodell der Integrierten Informationsverarbeitung in der Industrie

2.3.1 Verarbeitungslogische Datentypisierung

Die in diesem Buch beschriebene Konzeption ist im Sinne von Abschnitt 2.1 als sehr allgemeines bzw. grobes Referenzmodell zu sehen. Ihr liegt die Typologie der Datenbestände gemäß Abbildung 2.3.1/1 zugrunde.

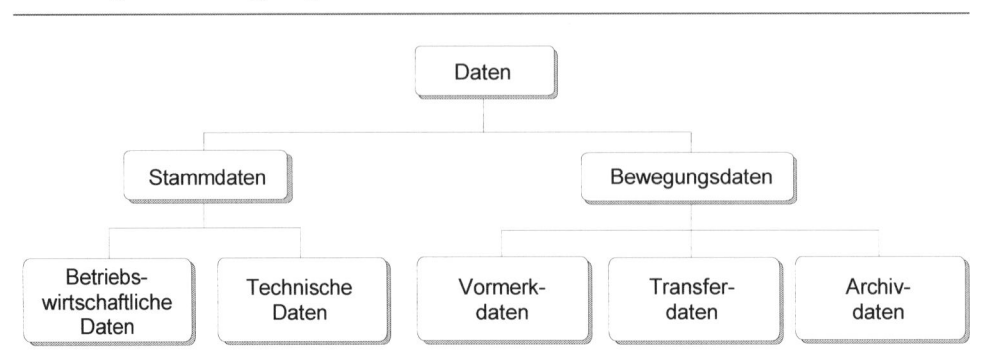

Abbildung 2.3.1/1   Typologie der Datenbestände

```
                          Daten
                 ┌──────────┴──────────┐
             Stammdaten           Bewegungsdaten
             ┌─────┴─────┐      ┌──────┼──────┐
       Betriebs-    Technische  Vormerk-  Transfer-  Archiv-
       wirtschaftliche  Daten   daten     daten      daten
       Daten
```

1. **Stammdaten**

   Es handelt sich hierbei um all jene Datenbestände, die nur im Ausnahmefall verändert werden. Die wichtigsten Stammdaten einer IIV sind: Kunden, Lieferanten von Erzeugnissen und Dienstleistungen (z. B. Verkehrsträger), Material – unter dieser Bezeichnung sollen Roh-, Hilfs- und Betriebsstoffe sowie Halb- und Fertigfabrikate zusammengefasst werden –, Stücklisten (Erzeugnisstrukturen), Arbeitspläne (Fertigungsvorschriften), Betriebsmittel, Kostenstellen und Personal.

   Stammdaten kann man in **betriebswirtschaftliche** und **technische** unterteilen. Zu den technischen Daten gehören insbesondere solche, die geometrische und physikalische Eigenschaften (z. B. Durchmesser eines Drehteils, Oberflächengüte, Härte eines Werkstoffs, chemische Zusammensetzung eines pharmazeutischen Erzeugnisses) beschreiben. Innerhalb von modernen integrierten IV-Systemen verwischt sich allerdings diese Unterscheidung; beispielsweise benötigt man technische Daten für die Vorkalkulation oder für Angebotssysteme (Produktpräsentation und -konfiguration, vgl. Abschnitt 3.2.2).

2. **Bewegungsdaten**

   Die Bewegungsdaten lassen sich in die Vormerkdaten, die Transferdaten und die Archivdaten untergliedern.

   Vormerkdatenbestände (Offene Posten) sind dadurch charakterisiert, dass sie nur vorübergehend benötigt werden und ein geplanter Zeitpunkt oder ein zu erwartender Vorgang existiert, bei dessen Eintreffen sie gelöscht werden. Die wichtigsten Vormerkbestände sind: eröffnete Angebote, erfasste, aber noch nicht abgerechnete Kundenaufträge, Offene Posten Kreditoren, Offene Posten Debitoren, veranlasste, aber noch nicht gemeldete Inventuren, veranlasste, aber noch nicht abgeschlossene Fertigungs- und Instandhaltungsaufträge, abgesandte Lagerüberweisungen, für die der Eingang im empfangenden Lager der Rechenanlage noch nicht gemeldet wurde, Wareneingänge, für die noch die Lieferantenrechnung aussteht, und offene Bestellungen an Lieferanten.

Mit Vormerkdaten verfolgt man zwei Ziele: Zum einen enthalten sie **Erwartungswerte**, die bei zukunftsorientierten Dispositionen in Rechnung gestellt werden müssen. Beispielsweise berücksichtigt das Programm Finanz- und Liquiditätsdisposition/Cash Management (vgl. Abschnitt 3.8.2) die zu erwartenden Verbindlichkeiten aus Bestellungen und liest diese aus dem Vormerkspeicher Bestellungen. Zum anderen werden Vormerkdaten **periodisch von Überwachungssystemen benutzt** und unterstützen dadurch pünktliche Veranlassungen. So dienen z. B. die Offenen Posten Debitoren zur Anmahnung überfälliger Zahlungen.

Transferdatenbestände bezeichnen solche Daten, die von einem Programm generiert oder bearbeitet wurden und nun einem anderen geliefert werden. Beispielsweise stellt das Programm Entgeltabrechnung die für die Hauptbuchhaltung wichtigen Daten in einem Transferspeicher zur Verfügung (vgl. Punkt 5.2 in Abbildung 1.1/1).

Als **Archivdaten** bezeichnet man abgespeicherte Vergangenheitswerte, insbesondere Zeitreihen und historische Aktionen. Beispiele sind Messwerte in der Qualitätskontrolle oder Ausfälle, Inspektionsergebnisse und Reparaturen bei einem Betriebsmittel.

In dem Maße, in dem Kunden und andere Geschäftspartner in die Datenbestände eines Betriebs (z. B. Produktkataloge, Lagervorräte, Stand einer Reklamationsbearbeitung) Einsicht nehmen können, ist zusätzlich zwischen extern zugänglichen und rein internen Informationen zu trennen (vgl. dazu z. B. die Abschnitte 3.3.3.2 über Quick Response oder 4.4 über Supply Chain Management).

Die hier eingeführte Unterscheidung verschiedener Datentypen ist eine logische. Physisch können mehrere Typen eine Einheit bilden. Zum Beispiel kann man die Lagerabgänge, die vom Programm Lagerbestandsführung (vgl. Abschnitt 3.4.3) mithilfe eines Transferspeichers dem Programm Lagerabgangsprognose (vgl. Abschnitt 3.3.2.1) zur Verfügung gestellt werden, ebenso wie die Zeitreihe der historischen Lagerentnahmen, in gesonderten Feldern der Materialstammsätze bzw. -relationen festhalten. Umgekehrt mögen logisch zusammengehörige Informationen physisch verteilt gespeichert sein.

2.3.2 Funktionsmodellierung

Unter einer Funktion begreifen wir eine Tätigkeit, die auf die Zustands- oder Lageveränderung eines Objekts ohne Raum- und Zeitbezug abzielt. Eine Funktionsbezeichnung besteht aus zwei Komponenten, einem Verb (Verrichtung) und einem Substantiv (Objekt), auf das sich dieses Verb bezieht (z. B. „Bestellgrenze ermitteln").

Primäres Ziel der Funktionsmodellierung in diesem Werk ist, einen Überblick über das „Was" in der IIV zu vermitteln. Daran schließen sich die Fragen nach dem „Wie" (der Methodik) und dem „Wann" (der Reihenfolge) an. In einem „reinen Funktionsmodell" haben beide Betrachtungsweisen keinen Platz; jedoch würde ein solches Modell nur als erweiterte Checkliste dienen können, während in einem Lehrbuch auch methodische Alternativen (z. B. zur Ermittlung von Bestellpunkten in der Lagerwirtschaft) oder Reihenfolgeprobleme (Produktionsplanung vor oder nach der Instandhaltungsplanung?) aufgezeigt werden müssen. Insofern sind für unsere Darstellung Konzessionen notwendig.

Für ein ideales Funktionsmodell gelten unter anderem folgende Grundsätze [LUD 92]:

1. **Prinzip der einheitlichen Dekomposition**

   Bei der Zerlegung von Funktionen innerhalb der Hierarchien kann man sich an **Objekten** (z. B. Qualitätskontrolle bei Eigenfertigungs- und bei Fremdbezugsteilen) oder wieder an **Funktionen** (Mengen-, Termin- und Qualitätskontrolle als Bestandteile der Produktionsüberwachung) orientieren. In unserer Darstellung dominiert die funktionsorientierte Dekomposition. Eine konsequente Einhaltung dieses Prinzips hätte allerdings dazu geführt, dass nahezu selbstverständliche oder gar triviale Teilfunktionen zu beschreiben wären, während andere reizvolle Aspekte keinen Platz fänden. An solchen Stellen wurde das Prinzip der einheitlichen Dekomposition zugunsten didaktischer Vorteile bewusst verletzt.

2. **Prinzip der Vollständigkeit**

   Dieses bedingt vor allem die Darstellung der Hierarchien bis zu den Elementarfunktionen. Spang [SPA 91] definiert diese als „aus betriebswirtschaftlicher Sicht nicht weiter sinnvoll aufteilbare Vorgänge". Die Elementarfunktion kann als Übergang zur IV-technischen Implementierung gesehen werden. Sie ist oft nicht deutlich zu isolieren. Vor allem aber muss schon aus pragmatischen Gründen bei der Modellierung auf höheren Hierarchieebenen abgebrochen werden, wie die folgende rechnerische Überlegung zeigt: Mit je fünf Unterfunktionen pro Funktion ergeben sich bei fünf Hierarchien $5^4 = 625$ Elementarfunktionen und $1 + 5^1 + 5^2 + 5^3 + 5^4 = 781$ Funktionen insgesamt. Macht man die Hierarchien flach, so sind pro Funktion mehr Unterfunktionen vorzusehen. Abgesehen davon, dass man so unter Umständen die Wirklichkeit „vergewaltigt", leidet die Übersicht.

Im Sinne der Modellierungstheorie [MER 92] kann man dem vorliegenden Modell folgende Merkmale zuordnen:

1. **Abbildungsmerkmale**

   a. Modellreichweite: Industriebetrieb, innerbetrieblich, dazu verschiedene Hinweise auf zwischenbetriebliche Integration

   b. Behandelte Teilbereiche: alle Funktionalbereiche und Kernprozesse

2. **Verkürzungsmerkmale**

   a. Integrationsgegenstand: Funktion

   b. Modellangleichung an die Realität: Referenzmodell

   c. Abbildungshilfen: verbal – tabellarisch – grafisch

3. **Pragmatische Merkmale**

   a. Zweck: Funktionsintegration, darüber hinaus Ausgangspunkt für Programmintegration, Methodenintegration, Prozessintegration und Datenintegration

b. Nutzung in den Entwicklungsphasen von Anwendungssystemen: Rahmenplanung, Ist-Analyse (Checkliste), Bewertung und Auswahl von Standardsoftware

2.3.3 Prozessmodellierung

Eng verwandt mit dem Begriff Funktion ist der des **Prozesses**. Ein Prozess entsteht aus einer Folge von einzelnen Funktionen (Funktionsablauf) und weist einen definierten Anfangspunkt (Auslöser des Prozesses) sowie Endpunkt (Endzustand) auf. Umgekehrt setzt das Erfüllen einer komplexen Funktion (z. B. Personalwirtschaft, Anlagenmanagement, Controlling) viele einzelne Prozesse voraus.

Mit der detaillierteren Berücksichtigung von Reihenfolgen bzw. Ablaufbeziehungen würde man den Übergang zu einem **Prozessmodell** vollziehen. Prozessmodelle sind weit weniger generalisierbar als Funktionsmodelle, weil die Kombinatorik durch Wahlmöglichkeiten, z. B. bei der Reihenfolge von Schritten, stark wächst. Daher wird die Darstellung eines Prozessmodells hier primär nicht angestrebt. Sinnvoll ist eine solche Betrachtung überall dort, wo logistische Prozesse ablaufen und durch entsprechende Informationsflüsse unterstützt werden. Weniger zweckmäßig ist eine Prozessbetrachtung bei Querschnittsfunktionen wie Personal, Finanzen, Rechnungswesen oder Anlagenmanagement (vgl. Abbildung 1.1/4).

Im Folgenden sind die für einen Industriebetrieb wesentlichen Geschäftsprozesse (Vorgangsketten) in Anlehnung an Scheer [SCHE 97] und Wildemann [WIL 93] überblicksartig abgegrenzt. Unternehmen mit auftrags- bzw. kundenwunschorientierter Fertigung stehen im Vordergrund; die abgegrenzten Geschäftsprozesse ergeben sich – mit Ausnahme der Anfrage-/Angebotsabwicklung – auch grundsätzlich bei Vorratsfertigung (siehe Abbildung 2.3.3/1, die Zahlen lassen die zugehörigen Abschnitte in diesem Buch erkennen).

1. **Forschung sowie Produkt- und Prozess-Entwicklung („idea-to-product")**

    Sie umfasst die technischen Aktivitäten von der Produktidee bis zur Produktausreifung für die Fertigung.

2. **Anfrage-/Angebotsabwicklung („customer-to-order")**

    Bei kundenwunschorientierter Fertigung gehen den in der Produktion umzusetzenden Aufträgen in der sogenannten Pre-Sales-Phase Kundenanfragen und Angebote voraus.

3. **Auftragsabwicklung im engeren Sinn („quote-to-cash")**

    Dieser Geschäftsprozess soll die dem Produktionssektor unmittelbar vor- und nachgelagerten Prozessschritte, die sich direkt auf den Auftrag beziehen, umfassen.

4. **Materialbeschaffung („demand-to-warehause")**

    Der Beschaffungsprozess beinhaltet die für Bestellungen von Zulieferteilen (Roh-, Hilfs-, Betriebsstoffe, Einzelteile sowie Halb-/Fertigfabrikate) maßgebenden Aktivitäten und enthält wie die Anfrage-/Angebots- und Auftragsabwicklung eine Schnittstelle zu unternehmensexternen Stellen.

5. Produktion („order-to-product")

Im Zusammenhang dieses Buches interessieren vor allem die Planung und Steuerung der Fertigung, jedoch lassen sich diese Vorgänge vor allem in hoch automatisierten Betrieben kaum noch von der Durchsetzung trennen. Beispielsweise wachsen die Werkstatt- und die Maschinensteuerung oder die Betriebs- und die Prozessdatenerfassung im Sinne einer Funktionsintegration so eng zusammen, dass eine separate Analyse gekünstelt sein müsste.

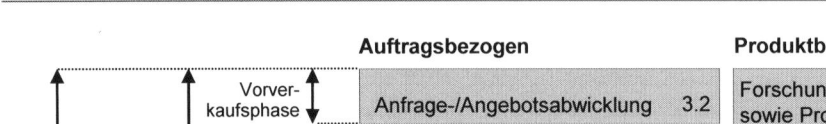

Abbildung 2.3.3/1   Zusammenhang zwischen den Geschäftsprozessen

		Auftragsbezogen		Produktbezogen
Auftragsabwicklung i. w. S.	der Produktion vorgelagerte Phasen / Vorverkaufsphase	Anfrage-/Angebotsabwicklung	3.2	Forschung 3.1 sowie Produkt- und Prozess-Entwicklung
		Auftragsabwicklung i. e. S.	3.2	
		Materialbeschaffung	3.3	
		Produktion	3.5	
	der Produktion nachgelagerte Phasen	Versand	3.6	
	Nachverkaufsphase	Reklamationsbearbeitung	3.7	

6. Versand („product-to-customer")

Hierhin gehören alle Vorgänge von der Auslösung eines Warenversands über die Entnahme aus dem Lager und die Verpackung bis zum Abtransport aus dem Werk. Verlängerungen der Prozesskette zu Partnerbetrieben bieten sich oft an.

7. Reklamationsbearbeitung („failure-to-invoice")

Der Geschäftsprozess Reklamationsbearbeitung bezieht sich auf die Aktivitäten, die durch Beschwerden von Kunden über eine unsachgemäße Auftragserfüllung ausgelöst werden, und ist somit der Nachverkaufsphase des Kundenbedienzyklus zuzuordnen.

Die so abgegrenzten Geschäftsprozesse sind natürlich nicht isoliert zu sehen. Abbildung 2.3.3/1 verdeutlicht den Zusammenhang. Fertigt ein Unternehmen ausschließlich kundenwunschorientiert, so ergibt sich die große Vorgangskette Auftragsabwicklung im weiteren Sinne, in der die Produktentwicklung und Materialbeschaffung wie auch die Produktionsplanung und -steuerung eines Auftrags vollständig einbezogen sind. Die Auftragsabwicklung wird vom Markt angestoßen. Hierbei stellen die Produktionsplanung und -steuerung die auftragsbezogene und die Produktentwicklung die produktbezogene Sichtweise des Vorgangs dar (vgl. Abbildung 4.3/1). Der Vorratsfertigung für einen anonymen Markt liegen keine konkreten Kundenaufträge zugrunde, sodass die einzelnen Geschäftsprozesse weitgehend eigenständig gesehen werden können. Die Auftragsabwicklung wird durch das Produktionsprogramm angestoßen. Produktentwicklung, Materialbeschaffung und Produktion begründen sich aber immer aus dem Absatz, d. h. letztlich aus Käufen der Kunden.

2.3.4 Modelldarstellung

Für das Referenz- bzw. Funktionsmodell liefern wir neben der verbalen Beschreibung zwei weitere Darstellungsformen:

1. Zu Beginn jedes Sektors erscheint ein Überblick über seine Teilfunktionen in einem entsprechenden Funktionsbaum. Die hierarchische Stellung der einzelnen Kapitel wird jeweils durch einen Ausschnitt aus dem Teilfunktionsmodell verdeutlicht.

2. In den einzelnen Abschnitten zeigen wir in je einer Tabelle die Aufgaben der Anwendungssysteme mehr aus der Sicht des Benutzers in der Fachabteilung (wichtigste Eingaben, wichtigste Anzeigen und Ausdrucke, wichtigste Dialogfunktionen und Nutzeffekte). Unter „Wichtigste Dialogfunktionen" werden nicht einfache Bildschirmeingaben oder reine Abfragen aus der Datenbank aufgeführt, sondern nur solche Vorgänge, bei denen Folgen von Ein- und Ausgaben, also Dialoge im engeren Sinn, zustandekommen.

2.4 Anmerkungen zu Kapitel 2

[ACK 06]   Ackermann, U., Eicker, S., Neuhaus, S. und Schuler, P.M., Das EPA-Modell – Ein Referenzmodell für prozessorientierte, dienstbasierte Unternehmensarchitekturen, in: Lehner, F., Nösekabel, H. und Kleinschmidt, P. (Hrsg.), Multikonferenz Wirtschaftsinformatik 2006, Band 2, Berlin 2006, S. 183-197.

[BEC 99]   Becker, J., Rosemann, M. und Schütte, R. (Hrsg.), Referenzmodellierung, Heidelberg 1999.

[BER 06]   Bernus, P. und Schmidt, G., Architectures of Information Systems, in: Bernus, P., Mertins, K. und Schmidt, G. (Hrsg.), Handbook on Architectures of Information Systems, 2. Aufl., Berlin u.a. 2006, S. 1-9.

[BIE 06]   Bieberstein, N., Bose, S. und Fiammante, M., Service Oriented Architecture (SOA) Compass, Upper Saddle River 2006, S. 22-24.

[DEL 07]   Delfmann, P. und Knackstedt, R., Konfiguration von Informationsmodellen, in: Oberweis, A., Weinhardt, C.und Gimpel, H. (Hrsg.), eOrganisation, Band 2, Karlsruhe 2007, S. 127-144.

[FER 01]   Ferraiolo, D.F., Sandhu, R., Gavrila, S., Kuhn, R.D. und Chandramouli, R., A proposed standard for role based access control, ACM Transactions on Information and System Security 4 (2001) 3, S. 224-274.

[FER 08]   Ferstl, O.K. und Sinz, E.J., Grundlagen der Wirtschaftsinformatik, 6. Aufl., München 2008.

[ITI 03]   Information Technology Industry Council: American National Standard for Information Technology – Role Based Access Control, 04.04.2003, http://csrc.nist.gov/rbac/rbac-std-ncits.pdf, Abruf am 30.09.2011.

[KEL 07]   Keller, W., IT-Unternehmensarchitektur, Heidelberg 2007.

[KRC 05]   Krcmar, H., Informationsmanagement, 4. Aufl., Berlin u.a. 2005, S. 41-45 und S. 193-196.

[LAN 05]   Lankhorst, M. (Hrsg.), Enterprise Architecture at Work, Berlin u.a. 2005.

[LEI 06a] Leist-Galanos, S., Methoden zur Unternehmensmodellierung, Berlin 2006.

[LEI 06b] Leist, S. und Zellner, G., Architektur-Frameworks im Vergleich, WISU 35 (2006) 5, S. 681-687.

[LUD 92]   Ludwig, P., Unternehmensweite Funktionsmodellierung als Werkzeug der integrierten Informationsverarbeitung im Industriebetrieb, Diplomarbeit, Nürnberg 1992, S. 16-23.

[MER 92]   Mertens, P. und Holzner, J., Eine Gegenüberstellung von Integrationsansätzen der Wirtschaftsinformatik, WIRTSCHAFTSINFORMATIK 34 (1992) 1, S. 5-25.

[SCHE 97] Scheer, A.-W., Wirtschaftsinformatik – Referenzmodelle für industrielle Geschäftsprozesse, 7. Aufl., Berlin u.a. 1997.

[SCHE 01] Scheer, A.-W., ARIS – Modellierungsmethoden, Metamodelle, Anwendungen, 4. Aufl., Berlin u.a. 2001.

[SCHE 02] Scheer, A.-W., ARIS – Vom Geschäftsprozess zum Anwendungssystem, 4. Aufl., Berlin u.a. 2002.

[SCHI 02] Schissler, M., Mantel, S., Ferstl, O.K. und Sinz, E.J., Kopplungsarchitekturen zur überbetrieblichen Integration von Anwendungssystemen und ihre Realisierung mit SAP R/3, WIRTSCHAFTSINFORMATIK 44 (2002) 5, S. 459-468.

[SCHO 90] Scholz-Reiter, B., CIM – Informations- und Kommunikationssysteme, München-Wien 1990, S. 30-31.

[SIN 02]   Sinz, E.J., Architektur von Informationssystemen, in: Rechenberg, P. und Pomberger, G. (Hrsg.), Informatik-Handbuch, 3. Aufl., München 2002, S. 1055-1068.

[SPA 91]   Spang, S., Ein integrierter Ansatz zur Unternehmensmodellierung, in: Scheibl, H.-J. (Hrsg.), Software-Entwicklungs-Systeme und -Werkzeuge, Esslingen 1991, S. 3.2.-1-3.2.-15, insbes. S. 3.2.-3.

[WAL 96]   Wall, F., Organisation und betriebliche Informationssysteme, Wiesbaden 1996.

[WAL 05]   Walther, I., Rollen- und Situationsmodellierung bei betrieblichen Dispositions- und Planungssystemen, Dissertation, Nürnberg 2005.

[WHI 05]   Whittle, R. und Myrick, C.B., Enterprise Business Architecture – The formal Link between Strategy and Results, Boca Raton 2005.

[WIL 93]   Wildemann, H., Modulare Unternehmensstrukturen und schlanke Geschäftsprozesse als Voraussetzung für einen effizienten EDV-Einsatz, in: Ploenzke AG (Hrsg.), Tagungsband „EDM", Frankfurt 1993, S. 14-36.

[WIN 06]   Winter, R., Ein Modell zur Visualisierung der Anwendungslandschaft als Grundlage der Informationssystemarchitekturplanung, in: Schelp, J. und Winter, R. (Hrsg.), Integrationsmanagement, Berlin u.a. 2006, S. 1-29.

[WOO 06]   Woods, D. und Mattern, T., Enterprise SOA – Designing IT for Business Innovation, Sebastopol 2006, S. 92.

3 Funktionen und Prozesse in den Bereichen des Industriebetriebs

3.1 Sektor Forschung sowie Produkt- und Prozess-Entwicklung

3.1.1 Überblick

Im Sektor Forschung sowie Produkt- und Prozess-Entwicklung („F&E") begegnet man interessanten und ausbaufähigen Verbindungen zwischen der IV-Unterstützung von Experimenten und Analysen, die sich naturwissenschaftlicher Methoden bedienen, und technischen sowie betriebswirtschaftlichen Vorgängen.

Da die Forschungs- und Entwicklungsplanung mit IV im zweiten Band behandelt wird, wollen wir annehmen, dass das Ergebnis dieser Planung, die einzelnen Aktivitäten im Rahmen der Forschungs- und Entwicklungsprojekte mit ihren Netzplanterminen, den notwendigen Materialien (Teilen) und den zugehörigen Kapazitätseinheiten (diese werden im Forschungs- und Entwicklungssektor meist Personenstunden bzw. Arbeitsplätze sein), gespeichert ist.

Abbildung 3.1.1/1   Teilfunktionsmodell Sektor Forschung sowie Produkt- und Prozess-Entwicklung

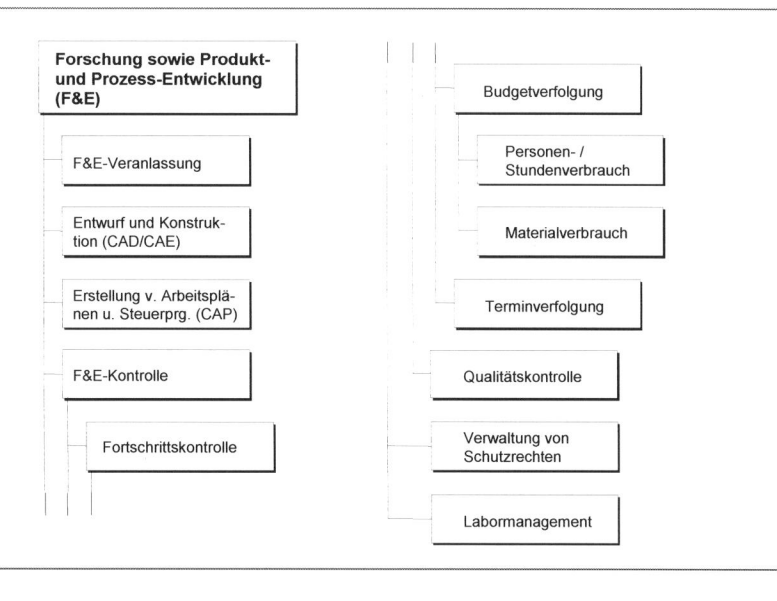

3.1.2 Forschungs- und Entwicklungsveranlassung

So, wie sich an die Produktionsplanung die automatische Bereitstellung von Fertigungsdurchführungsdokumenten anschließt, kann man an die Forschungsplanung ein einfaches Programm anbinden, das vor dem Beginn der Aktivitäten Hinweise gibt. In diesen Hinweisen sollen die einschlägigen Netzplandaten (z. B. frühestmöglicher und spätestzulässiger Beginn sowie frühestmögliches und spätestzulässiges Ende) und die ursprünglichen Schätzungen enthalten sein. Ferner werden Materialentnahmescheine sowie Beendigungs- und Verzögerungsmeldungen in Gestalt von Rücklaufdokumenten ausgegeben.

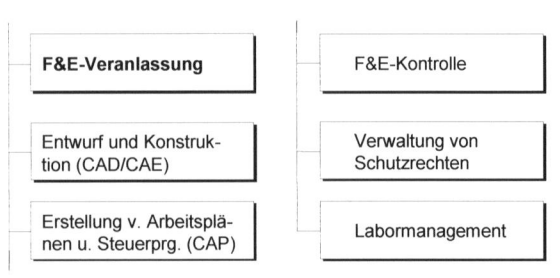

Die aus den Forschungs- und Entwicklungsabteilungen zurückgekehrten Dokumente liefern dem Programm Forschungs- und Entwicklungsfortschrittskontrolle (vgl. Abschnitt 3.1.5.1) die Daten zur Überwachung der Termin- und Kostensituation der Projekte. Die prozessbegleitende Dokumentation der Forschungs- und Entwicklungsaktivitäten, z. B. in der **Pharmaindustrie**, beschreibt Fischer [FIS 94].

Abbildung 3.1.2/1   Forschungs- und Entwicklungsveranlassung

Wichtigste Eingaben:	
Wichtigste Anzeigen und Ausdrucke:	Forschungs- und Entwicklungsanweisungsdokumente, Materialentnahmescheine, Stundenmeldungen, Verzögerungsmeldungen, Beendigungsmeldungen (als Rücklaufdokumente)
Wichtigste Dialogfunktionen:	
Nutzeffekte:	In Verbindung mit den angrenzenden Programmen Rationalisierung der Verwaltung von Forschung und Entwicklung

3.1.3 Entwurf und Konstruktion (CAD/CAE)

Bei der computergestützten Konstruktion (**C**omputer **A**ided **D**esign, **CAD**) lassen sich mehrere Ausbaustufen unterscheiden:

1. Im engeren Sinn versteht man unter CAD IV-Systeme zur Unterstützung des Konstruktionszeichnens. Der Konstrukteur kann bei seiner Arbeit am Bildschirm („intelligentes Zeichenbrett") die Eigenschaften grafischer Systeme ausnutzen, etwa um Kreise und andere geometrische Figuren durch Eingabe weniger Parameter (z. B. beim Kreis: Koordinaten des Mittelpunkts und Radius; bei der Geraden: Koordinaten zweier Punkte) zeichnen zu lassen, verdeckte Kanten auszublenden, Schraffuren zu erstellen und vieles andere mehr. Insbesondere die rechnerinterne Darstellung von dreidimensionalen (3D-) Modellen erlaubt eine reizvolle Funktionsintegration im Grenzgebiet zwischen den Aufgabenbereichen von Betriebswirten, Informatikern, Ingenieuren und Wirtschaftsinformatikern, z. B. beim fertigungs- oder vertriebsgerechten Konstruieren. In der **Textil- und Schuhindustrie** ist es wichtig, mit Bildschirmgrafik erzeugte Flächen maßstabsgerecht in andere Größen zu überführen. So unterstützt z. B. der Damenschuhhersteller **Gabor Shoes AG** seine Modelleure beim Konstruieren aller für den Schuhschaft nötigen Obermaterial-, Futter- und Verstärkungsteile [KUF 11].

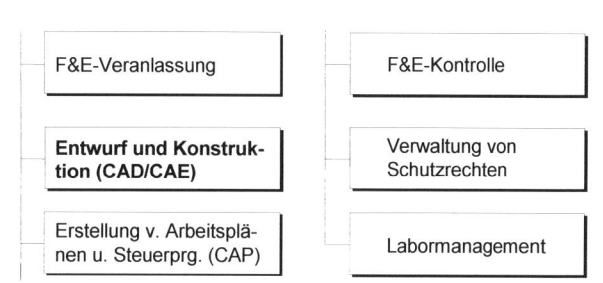

2. Elegantere Versionen, sogenannte **CAE**-Systeme (**C**omputer **A**ided **E**ngineering), beinhalten auch die Simulation mithilfe von Modellen des zu entwerfenden Erzeugnisses. Beispielsweise kann so beim Design einer Limousine abgeschätzt werden, wie sich eine stärkere Neigung der Windschutzscheibe auf den Luftwiderstandsbeiwert c_W und damit auf Höchstgeschwindigkeit, Benzinverbrauch und CO_2-Ausstoß sowie auf die Aufheizung des Fahrgastraums auswirkt [KLO 80]. Andere Simulationen erstrecken sich auf das Strömungs-, Vibrations- und Schwingungsverhalten oder auf die Effekte von Gewalteinwirkung („Crash-Verhalten") [STA 11]. In diesem Verständnis ist CAE eine Weiterentwicklung von CAD und ihm – zeitlich gesehen – nachgelagert. In einer anderen Deutung liegt CAE vor CAD. Man versteht dann darunter einen Grobentwurf, den ein Designer am Bildschirm vornimmt. Das Resultat geht anschließend zur Detailkonstruktion an den CAD-Arbeitsplatz. Mit der Konstruktion verbundene Berechnungen werden dem Computer übertragen, der einen Vorrat an Formeln, Algorithmen und Tabellen (Methodenbank, siehe auch Band 2) nutzt. Diese IV-Aufgaben sind den Ingenieurdisziplinen zuzurechnen und werden hier nicht behandelt.

3. Im weiteren Sinne ist unter CAD ein umfassendes Konstruktionsinformationssystem zu verstehen, das starke Bezüge zur betriebswirtschaftlichen Informationsverarbeitung hat. Ein Funktionsbaum für den Konstruktionsprozess mit sehr feiner Gliederung findet sich bei [SCHE 97].

- Neben die konstruktiven Berechnungen treten Kalkulations- und weitere Bewertungstechniken, insbesondere Nutzwertanalysen, mit denen man die Konstruktionsvarianten auf Wirtschaftlichkeit und Vorteilhaftigkeit untersucht. Bei dem erwähnten Damenschuhhersteller **Gabor Shoes AG** kann der Modelleur z. B. sofort erfahren, welche Mehrkosten eine zusätzliche Ziernaht verursachen würde. Wenn die ausführliche Rechnung, etwa eine Zuschlagskalkulation, während des Konstruktionsprozesses zu aufwendig ist, kommen Schnellkalkulationsverfahren in Betracht, wie sie in Abschnitt 3.9.2.3 skizziert sind (vgl. auch [HOR 07]).
- Beim **Target Costing** (Zielkostenrechnung) ist die Wirkungskette nicht: „Technische Realisierung → Kosten → Preisuntergrenze", sondern „Preisvorstellung → Kostenobergrenze → Technische Realisierung". Will man diese Beziehungen am Entwurfsarbeitsplatz berücksichtigen, so kann ein Informationssystem im einfachsten Fall die vom Konstrukteur ins Auge gefassten Alternativen mit Kosten bewerten. Es lässt sich so parallel zum Entwurfsprozess feststellen, ob ein Kostenziel für das Erzeugnis oder daraus abgeleitet für eine Komponente überschritten wird („aufbauendes Verfahren").

  Eine zweite Methode, die die Denkweise von Konstrukteuren und oft auch praktische Gegebenheiten widerspiegelt, geht von einer den ursprünglichen Vorstellungen entsprechenden Konstruktion bzw. von einem schon existierenden Produkt aus, das das Kostenziel überschreitet. Dieses Produkt wird dann Schritt für Schritt „verschlankt". Das Anwendungssystem muss nun aufzeigen, ob die Kostenobergrenze erreicht oder unterschritten wird („abbauendes Verfahren"). Diese Methode kommt vor allem bei Variantenfertigung in Betracht.

  Probleme ergeben sich aus den technischen Verbundbeziehungen. Bei Verzicht auf eine Reihe von elektrischen Sonderausstattungen kommt das Fahrzeug mit einer schwächeren Stromversorgung aus. Da solche Relationen in Konfiguratoren abgebildet werden können (vgl. Abschnitt 3.2.2.3), mag sich die Kombination entsprechender Module mit Verfahren der Schnellkalkulation zu produkt- bzw. branchenspezifischen Entwurfshilfen empfehlen (vgl. [BOC 90]). Eine erste Einführung in das Anliegen des Target Costing bzw. des Zielkostenmanagements erhält man bei [HOR 11].

- Aus verschiedenen Datenbanken kann der Ingenieur Informationen über ähnliche Konstruktionsobjekte, verfügbare Teile, insbesondere Normteile, und über deren Verwendung in anderen Erzeugnissen abrufen. Dadurch will man schon in der Konstruktionsphase dazu beitragen, dass die Zahl der im Betrieb vorkommenden und damit in der Materialwirtschaft zu verwaltenden Teile nicht zu stark wächst, weil der Konstrukteur im Zweifel bereits vorhandene Bauelemente („Wiederholteile") verwendet (vgl. dazu Band 2). Auch sollen nach Möglichkeit Teile eingebaut werden, die vorrätig sind (eventuell sogar zu stark bevorratet), und nicht solche, die erst beschafft werden müssten. Ist der Fremdbezug nicht zu vermeiden, so interessieren die Lieferzeiten.

PRAKTISCHE BEISPIELE

1. Ein Mercedes-LKW hat mehr als 10.000 Teile. Im **Daimler-Konzern** entwickelte man den „cvdPartFinder". Das System gibt Antwort auf Fragen wie: „Wer im Konzern verwendet das gleiche oder hat ein ähnliches Teil?" oder „Wer hat für ein derartiges Teil den günstigsten Lieferanten?" [UNG 05].

2. In Industriekonzernen, die sich immer wieder umstrukturieren, oder in virtuellen Unternehmen sind oft die Schlüssel und die Beschreibungen der Materialien nicht hinreichend vereinheitlicht. Hier versprechen Suchmaschinen, die dreidimensionale Formen miteinander vergleichen können, einen Fortschritt. Der IT-Anbieter **Capgemini** hat ein System **Geolus Search** entwickelt, das von jedem 3D-Modell einen „geometrischen Fingerabdruck" erzeugt, mit dessen Hilfe ähnliche Bauteile gefunden werden können [KRI 03]. **Geolus Search** wird beispielsweise von dem LKW-Produzenten **Mitsubishi Fuso Truck & Bus Corporation**, dem Druckmaschinenhersteller **Koenig & Bauer AG** eingesetzt, und der **Bizerba GmbH & Co. KG**, einem Hersteller von Wägesystemen, genutzt [GÖT 07/PÖT 11]. Ein solches System kann auch zur Vorkalkulation von Baugruppen und Endprodukten dienen (vgl. Abschnitt 3.9.2.3.1).

Neben internen Quellen kommen auch solche infrage, die im Internet abgerufen werden können (Beispiele: http://www.mcmaster.com/, http://www.amp.com/). Soweit die Internet-Datenbanken mit elektronischen Marktplätzen verbunden sind, besteht sogar die Chance, bereits während der Konstruktion jene Teile zu präferieren, die aktuell am günstigsten eingekauft werden können (vgl. Abschnitt 3.3.2.5).

— Es ist denkbar, dass ähnlich wie die Verfügbarkeit von Teilen auch die von Betriebsmitteln oder von Steuerungsprogrammen für Maschinen abgefragt wird.
— In gleicher Weise mag der Konstrukteur Recherchen in der Fachliteratur bzw. im Internet anstellen, z. B. um Informationen über das Verhalten eines Werkstoffs in einer bestimmten Umgebung zu gewinnen (darauf wird in Band 2 ebenfalls eingegangen). Auch Normvorschriften und technische Regelwerke kann er mittlerweile über das Internet beziehen (http://www.beuth.de/).
— Verwandt mit den Datenbanken zu Konstruktionsobjekten, Normen usw. sind solche mit Informationen zum betrieblichen Sicherheits- und Umweltmanagement. Sie helfen dem Konstrukteur etwa beim Einhalten von Vorschriften zum Umweltschutz. **SAP** bietet hierzu das Modul „Environment, Health & Safety" an [HAR 04, S. 521-527].
— In enger Verbindung mit dem Konstruktionsvorgang werden Stücklisten und gegebenenfalls Arbeitspläne in einer solchen Form erzeugt, dass sie in der zugehörigen Datenbasis abgespeichert und für die Produktionsplanung zur Verfügung gestellt werden können.
— Durch Kombination eines CAD-Systems mit einem Desktop-Publishing-System wird es möglich, die Konstruktion mit der Erstellung der technischen Dokumentationen, Handbücher, Bedienungsanleitungen und Werbematerialien zu integrieren (vgl. Abschnitt 3.7.2). So wird z. B. verhindert, dass man ein neues Fabrikat freigibt, obwohl die Betriebsanleitung noch aussteht [SEN 05, S. 166-167].

> **PRAKTISCHES BEISPIEL**
>
> Eine integrierte Zeichnungsverwaltung und -bereitstellung hat die **MTU Friedrichshafen GmbH** realisiert. MTU steht weltweit für effiziente und umweltschonende Dieselmotoren und komplette Antriebssysteme für Schiffe, schwere Land- und Schienenfahrzeuge sowie Industrieantriebe. Besonderes Ziel ist die Minimierung des Kraftstoffverbrauchs. Für die Steuerung und Überwachung der Motoren und Antriebsanlagen werden maßgeschneiderte Elektroniksysteme hergestellt. Der Vertrieb erfolgt über eigene Vertriebs- und Service-Organisationen weltweit oder teilweise über eigene Servicegesellschaften.
>
> Die ca. 500.000 Zeichnungen werden außerhalb der Entwicklung und Konstruktion unter anderem von den Abteilungen Arbeitsvorbereitung, Einkauf, Produktion, Fertigung, Qualitätssicherung und Kundendienst gebraucht. Auch unternehmensexterne Partner, wie z. B. Lizenznehmer oder öffentliche Auftraggeber, benötigen einzelne Zeichnungen. Es wurde eine eigene Datenbank konzipiert, die unter anderem folgende Informationen enthält: Zeichnungsnummer, -datum, letzter Änderungsstand, interner und externer Verteiler. Freigegebene Zeichnungen können auf Anforderung online eingesehen bzw. angefordert werden, andere werden nach der Freigabe in einem Standardverteiler versandt, wiederum andere aktionsorientiert in Abhängigkeit von bestimmten Phasen der Produktionsplanung und -steuerung, z. B. wenn man sie beim Durchlauf eines Auftrags in der Fertigung benutzt [NÜB 11].

Eine Zukunftsaufgabe liegt darin, auch die Datenvoraussetzungen für elektronische Produktkataloge (vgl. Abschnitt 3.2.2.3) und für Konfiguratoren schon in der Produkt- und Prozess-Entwicklungsphase zu schaffen (**C**omputer **A**ided **D**esign – **C**omputer **A**ided **S**elling, **CADCAS** [STÜ 01a]). Ziel ist es generell, neben dem eigentlichen Erzeugnis auch das sonstige zum Zeitpunkt des Verkaufs bzw. des Versands benötigte Zubehör in Gestalt von Produktbeschreibungen, Benutzungsanleitungen, Zulassungszertifikaten, Zolldokumenten usw. rasch und gleichzeitig zur Verfügung zu haben. In global operierenden Unternehmen muss die Produktdokumentation in zahlreichen Sprachen verfasst werden. In Anbetracht der Fortschritte bei der maschinellen Sprachübersetzung, zumal bei Texten mit hohem Anteil an spezieller Fachterminologie, die mithilfe branchenbezogener Thesauri bearbeitet werden können, sind hier noch beträchtliche Automationsschritte zu erwarten [RUD 10].

4. Im Sinne eines **Kritiksystems** warnt der Rechner, wenn gegen faktisch begründete oder vom Betrieb mit dem Ziel der Standardisierung erlassene Konstruktionsrichtlinien verstoßen wird.

5. Unter günstigen Voraussetzungen ist es möglich, den Entwurfsvorgang noch stärker zu automatisieren und den Computer das Produkt weitgehend allein konstruieren zu lassen. Hierzu verwendet man auch wissensbasierte Systeme bzw. Expertensysteme (**XPS**).

PRAKTISCHE BEISPIELE

1. **Kennametal** ist einer der weltweit führenden Hersteller für Werkzeuge für die **Metallzerspanung**, z. B. Fräser, Bohrer und Drehwerkzeuge. Die Kunden des Unternehmens sind unter anderem Betriebe aus der Automobilbranche, der Luftfahrtindustrie, dem Maschinenbau oder der Schwerindustrie. Für den Sonderwerkzeugbau hat man das Expertensystem **TESS** (**T**ool **E**xpert **S**oftware **S**ystem) geschaffen. In seiner Wissensbasis sind die Erfahrungen aus mehreren tausend Bohrversuchen, das konstruktive Know-how von Werkzeugentwicklern aus mehr als 10.000 Bearbeitungsfällen und die Produktionsprämissen für diese Werkzeuge „geronnen". Die zugehörige Datenbasis enthält unter anderem Informationen über mehr als 900 Werkstoffe, z. B. zu den Zerspanungseigenschaften, und über das komplette Schneidkörperportfolio des Unternehmens mit mehr als 12.000 Wendeschneidplatten (Inserts) und Bohreinsätzen.

   Die vom Kunden gewünschten Merkmale des Werkzeugs, z. B. seine Kontur bzw. Geometrie einschließlich der Maßtoleranzen oder der Verlauf des Kühlstroms im Werkzeug, fragt das System in einer Folge von Menüs vom Auftragsbearbeiter ab, ebenso, in welche Werkzeugmaschine beim Kundenbetrieb das Kennametal-Erzeugnis eingespannt werden soll. Das wissensbasierte System liefert unter anderem eine Zeichnung für den Abnehmer, ein Kalkulationsblatt zur Vorbereitung der Preisentscheidung, die Auswahl der geeigneten Fertigungszellen, das NC-Programm, ein 3D-CAD-Modell sowie die Daten für die Qualitätssicherung und eingesetzter Messmaschinen. Erstmals ist es auch gelungen, eine Automatisierung der Schleifprogrammerstellung für Vollhartmetall(VHM)-Bohrwerkzeuge umzusetzen.

   Im Bereich Bohr- und Senkwerkzeuge wurden im Jahr 2010 mehr als 33.000 Werkzeuge konstruiert und weitere 75.000 Werkzeuge wurden automatisch auf den aktuellen Stand des Designs und der Produktion gebracht. Das **XPS** braucht je nach Komplexität der Bearbeitungsaufgabe zwischen 5 und 20 Minuten pro Werkzeug und wird an mehr als 28 Standorten weltweit eingesetzt. Die personelle Konstruktion ohne TESS hätte mehr als 260.000 Arbeitsstunden benötigt. Da mehr als 90 Prozent dieser Werkzeuge mit TESS (oder TESS-Unterstützung) konstruiert werden können, sinkt der Wert auf rund 20.000 Stunden. Vor allem aber reduziert sich die Durchlaufzeit für die Angebotsbearbeitung auf einen Tag [WIC 11].

2. Die **Demag Cranes AG** bietet Systeme für den industriellen Materialfluss an. Eine Reihe von nach und nach entwickelten wissensbasierten Produktkonfiguratoren (vgl. Abschnitt 3.2.2.3) wurden vereinheitlicht und in den Vertriebsprozess integriert. Das gesamte Produktwissen ist damit in einem System gebündelt. Die Konfiguratoren sind in einem Internet-Shop aufrufbar, sodass z. B. Ingenieure des Kundenbetriebes, die eine neue Halle ausstatten wollen, Hebevorrichtungen selbst konfigurieren. Sie erhalten dann auch Zeichnungen und andere technische Unterlagen. Im Kundenbetrieb kann die Konfiguration gleich an den Einkauf weitergeleitet werden, wo man nach Einloggen in den Demag-Shop ein Angebot erhält [MEN 11/SCHA 11].

Bei ausgeprägter kundenindividueller Variantenfertigung wird die Kombinatorik so groß, dass man nicht für alle Varianten Stücklisten vorrätig halten kann. Schönsleben hat das für ein zunächst relativ einfach anmutendes Erzeugnis wie Brandschutzklappen demonstriert [SCHÖ 89]. Daher strebt man an, die Stücklisten erst dann computergestützt zu generieren, wenn der Kundenauftrag eindeutig beschrieben werden kann.

Der Konstrukteur sieht sich in der Regel einem komplizierten Zielgemisch, verbunden mit erheblichen Zielkonflikten, gegenüber, das man mit **"Design for X"** bezeichnet. Beispiele für X sind [HUA 96]: Produktion/Montage, Kosten, leichte Inspektion und Wartung, Logistik, Supply Chain Management (vgl. Abschnitt 4.4), einfache Lagerung, Robustheit, Kombinierbarkeit, Modulstruktur, Umwelt/Recycling. In der Theorie des Maschinenbaus wird versucht, Algorithmen und Dialogsysteme zu entwickeln, die es erlauben, den Menschen beim Produktentwurf so zu beraten, dass das Erzeugnis einen möglichst hohen Zielwert erreicht.

In verschiedenen Branchen haben sich interessante Varianten von CAD ausgeprägt:

1. Besondere Möglichkeiten, die der rechnergestützte Entwurf in der **Textilindustrie**, vor allem in der modischen **Textilindustrie**, bietet, sind unter anderem [DEC 92]:

   - Dessin-Umcolorierung: Der Designer kann am Bildschirm verschiedene Variationen der Farbgebung sehen. Er erspart sich das frühere manuelle Zeichnen von Bildern oder Folien, eventuell auch das Herstellen von Mustern, die der Stofflieferant erst anfertigen müsste.
   - Entwicklung von Varianten eines Dessins, z. B. mit dem Ziel, ein Exklusivdessin für einen einzelnen Kunden zu schaffen.
   - Anfertigung von Stoffcollagen, Produktkatalogen (vgl. Abschnitt 3.2.2.3) und anderen Verkaufsunterlagen; gezeigt werden Eindrücke, die ein Kollektionsthema vermitteln soll. Beispielsweise werden Collagen auf verschiedene Größen projiziert, sodass man Displays für Ausstellungsräume leicht anfertigen kann.

2. Auch in der **Elektro- und Elektronikindustrie** hat CAD einige spezielle Aufgaben, insbesondere die Stromlaufplan-Erstellung und -Dokumentation [SCHÄ 99]. Als Pendant zur Bezeichnung **M-CAD** für das klassische **M**aschinenbau-**CAD** hat sich hierfür auch der Begriff **E-CAD** (als Kürzel für **E**lektro-**CAD**-Systeme) herausgebildet.

3. In der **Chemieindustrie** entspricht dem CAD das **CASP** (**C**omputer **A**ssisted **S**ynthesis **P**lanning). Es werden Reaktionswege und Vorprodukte ermittelt, die für ein Enderzeugnis mit gewünschten Eigenschaften infrage kommen. Ähnlich wie man in der **Maschinenbauindustrie** Teile oder Baugruppen als Materialstammdaten speichert, können in der **Chemieindustrie** Vorprodukte in **Molekulardatenbanken** gesucht werden. Dort wird festgestellt, ob ein solches Vorprodukt bereits im eigenen Unternehmen vorhanden ist, gekauft werden kann oder neu synthetisiert werden muss [WOL 86]. So wie im Zusammenhang mit CAD denkt man auch bei CASP an den Einsatz von wissensbasierten Systemen, die helfen sollen, Ähnlichkeitsbeziehungen zwischen Substanzen zu nutzen, um die Entwicklung völlig neuer Stoffe zu vermeiden.

Verwandt mit CASP sind **CAMD** (**C**omputer **A**ided **M**olecular **D**esign) und **CAGE** (**C**omputer **A**ided **G**enetic **E**ngineering) [HER 89]. CAMD unterstützt den Forscher bei der Suche nach neuen Molekülen durch Visualisierungen. Weiterhin können automatisch gewisse physikalische und chemische Eigenschaften ermittelt werden. Als Nutzeffekte dieser Systeme gibt Leutenegger vor allem die Zeiteinsparung im Forschungsprozess an [LEU 94].

> **PRAKTISCHES BEISPIEL**
>
> In mehreren Großunternehmen in Deutschland und in der Schweiz übernimmt ein an der Stanford University entwickeltes Expertensystem CASP-Aufgaben.
>
> Einzugeben ist das vom Chemiker gewünschte Zielmolekül in grafischer Form. Anschließend errechnet das System mögliche Eingangsmoleküle und chemische Reaktionen, aus denen sich das Zielmolekül synthetisieren lässt. Der Benutzer wählt dann eines der Eingangsmoleküle erneut als Zielmolekül und lässt wieder neue Eingangsmoleküle und chemische Reaktionen berechnen. Er setzt diesen Prozess so lange fort, bis er zu einem Basismolekül gelangt. Die so „errechnete" Synthese wird danach im Labor getestet.

4. CAD-Systeme im Bereich **Bauwesen/Architektur** (dieses Anwendungsfeld wird auch als **AEC** für „**A**rchitecture, **E**ngineering and **C**onstruction" bezeichnet [SAN 99]) profitieren einerseits davon, dass man es hier mit relativ einfachen Geometrien zu tun hat (verglichen etwa mit komplexen Flächenmodellen für die Außenhüllen von Fahrzeugen). Andererseits sollen aber schon während des Konstruktionsvorganges Bau- und Sicherheitsvorschriften geprüft werden. Beispielsweise interveniert das System, sobald beim Einfügen einer Treppe in ein Gebäude deren Stufenhöhe, -länge oder -breite eine Vorschrift verletzt. Hinzu kommen besondere Integrationsnotwendigkeiten (vgl. etwa die Verwendung von CAD beim Anlagenmanagement in Abschnitt 3.11.3).

Wenn die Konstruktion eine Zeichnung freigegeben hat, muss diese für zahlreiche Aktionsstellen im Unternehmen vorrätig gehalten und bei Bedarf übermittelt werden. Hier bietet sich ein WMS (vgl. Abschnitt 1.5.1) an.

Vor allem bei der Kleinserienfertigung sollte es ein Ziel sein, gleichzeitig mit der Produkt- und Prozess-Entwicklung notwendige Betriebsmittel (z. B. spezielle Vorrichtungen) zu konstruieren und gegebenenfalls Produkt und Betriebsmittel aufeinander abzustimmen. Auf diese Weise wird maßgeblich zur Reduzierung der Durchlaufzeit im Entwicklungsbereich beigetragen. Ansätze in diese Richtung bezeichnet man als **Simultaneous Engineering**.

Im Interesse einer rationellen Bereitstellung der Eingabedaten gilt es, möglichst schon während des Verkaufsgesprächs die Kundenspezifikationen im Rechner (Laptop oder Tablet) zu erfassen bzw. in einer Form festzuhalten, die die rasche Erstellung eines maschineninternen Dokuments gestattet. Die Vorlage dazu kann vom System selbst unter Berücksichtigung der neuesten Entwicklungen hinsichtlich der Teilelogik und der Kosten aufbereitet werden. Verwandt damit ist die sukzessive Abfrage der gewünschten wahlfreien Komponenten im Bildschirmdialog. Der Rechner wird nach jeder Eingabe prüfen, ob die Kombination der Merkmale zulässig ist.

Engineering-Data-Management- bzw. **Produkt-Daten-Management-Systeme** (**EDMS** bzw. **PDMS**; vgl. auch [IND 00], [SCHI 02]) agieren als Integrationsplattformen, die CAD-Systeme mit anderen datenerzeugenden Anwendungssystemen – wie z. B. CAE-, CAM- (vgl. Abschnitt 3.5.2.8) oder PPS-Systemen (vgl. Abschnitt 3.5.2) – über Schnittstellen zu einem Gesamtsystem verbinden („Mittler zu den unterschiedlichen CAx-Welten"). Im Wesentlichen verwalten, konfigurieren und verteilen sie alle produktdefinierenden Daten (z. B. zum Generieren von Zeichnungen, Stücklisten, NC-Programmen, Bedienungsanleitungen).

Die Produktdaten können in Nutzdaten (z. B. Testergebnisse) und Metadaten, das sind die Nutzdaten beschreibenden Daten (z. B. Zugriffsrechte), untergliedert werden. All diese Informationen werden als Produktmodell gespeichert, auf das alle Teilsysteme zugreifen. PDMS bilden über diese Produkteigenschaften hinaus auch Prozessschritte wie die zur Freigabe oder Änderung eines neuen Erzeugnisses ab [STÜ 01b]. In vielen Betrieben arbeitet man an zusätzlichen Funktionalitäten und Schnittstellen zu weiteren Systemen, etwa Vorkalkulation, Ersatzteilkatalogen oder Einkauf.

Es zeigen sich Überschneidungen zwischen EDMS/PDMS und dem in Abschnitt 4.1 behandelten Produkt-Lebenszyklus-Management (vgl. die Skizze zum Produkt-Lebenszyklus-Management bei der **Schaeffler KG** [STÜ 05]).

Besonders leistungsfähige PDM-Systeme benötigt die **Flugzeugindustrie** (vgl. auch [WIR 01]). Ursächlich dafür sind zum einen die Sicherheitsanforderungen; beispielsweise müssen nach Unfällen Details der Produktentwicklung und der Fertigung genau rekonstruierbar sein. Zum anderen haben die heutigen Flugzeuge eine Lebensdauer von ca. 40 Jahren. Während dieser Zeitspanne ändern sich Organisation und Personal der Herstellerbetriebe immer wieder, sodass man besonders darauf angewiesen ist, einen wohl geordneten zentralen Speicher zu haben. Weiter ist die Anzahl der Teile eines Flugzeuges extrem groß. Rieckmann gibt sie für den Airbus A340 mit ca. 2 Mio. an [RIE 01].

Abbildung 3.1.3/1   Entwurf und Konstruktion (CAD/CAE)

Wichtigste Eingaben:	Beschreibung von Kundenanfragen bzw. -aufträgen
Wichtigste Anzeigen und Ausdrucke:	Untersuchung von Konstruktionsalternativen, Teilebeschreibungen und -verwendungen, Produktbeschreibungen/Bedienungsanleitungen, Zeichnungen, Stücklisten, Grobkalkulation, Nutzwertanalysen
Wichtigste Dialogfunktionen:	Suche nach Materialien/Normen, Änderung von Kalkulationsansätzen mit Anzeige der Gesamtkosten, Analyse von Konstruktionsalternativen
Nutzeffekte:	Rationalisierung der Konstruktion und Angebotsbearbeitung, Verkürzung der Durchlaufzeit von Aufträgen und kürzere „Time-to-Market", Beschränkung des Änderungsdienstes auf verhältnismäßig wenige Grunddaten, Beschränkung des Teilespektrums, gute Alternativenwahl

Unternehmen, die schon bei der Konstruktion eines Erzeugnisses eng kooperieren, wie z. B. **Hersteller von Automobilen und Lenkungen**, können die Konstruktionsdaten in maschinell lesbarer Form austauschen. Ähnliches gilt in Branchen, in denen kurze Produktlebenszyklen üblich sind und als Folge Neuentwicklungen sehr rasch auf den Markt kommen müssen („Time-to-Market-Problematik"). Hier sind mehrere Entwicklungsteams fast simultan einzusetzen (**Concurrent Engineering**). Sie können IT-Werkzeuge zur Gruppenarbeit verwenden, wie z. B. **Computer Supported Cooperative Work** (**CSCW**) [KLE 02/MAA 02]. Besonders wichtig ist der Einsatz solcher Werkzeuge, wenn in international tätigen Unternehmen Spezialisten auf mehreren Kontinenten kooperieren und so auch in einem Entwicklungslabor gearbeitet wird, während in einem anderen Nacht ist („Follow-the-sun-Strategy"). Die personelle Abstimmung über den Austausch von Dateien mit Konstruktionszeichnungen, über E-Post, Fax und Telefon würde den Prozess um Wochen verzögern. Eine Lösung liegt im „Desktop Sharing" oder im „Web Conferencing". Der Moderator lässt die anderen Teilnehmer direkt auf seinen Bildschirm blicken. So kann man z. B. komplizierte Konstruktionszeichnungen Punkt für Punkt durchsprechen. Mit modernen Softwarewerkzeugen ist es auch möglich, die 3D-Modelle sofort im CAD-System zu ändern. Die **Behr Industry**, ein Hersteller von **Kühl- und Klimatisierungssystemen** für Fahrzeuge, beschreitet diesen Weg [RUO 07]. Für den zwischenbetrieblichen Konstruktionsdatenaustausch wurden verschiedene Normen, wie z. B. der **IGES**-Standard (**I**nitial **G**raphics **E**xchange **S**pecification), die **VDA-Flächenschnittstelle** oder die internationale Norm **STEP** (**St**andard for the **E**xchange of **P**roduct Model Data), entwickelt [ABE 97/GRA 93/PRO 11].

Wenn nach der Entwicklung auch die Produktion kompletter Fahrzeuge an große Zulieferer fremdvergeben oder in Zusammenarbeit mit anderen Herstellern vollzogen wird, nähert man sich virtuellen Unternehmen mit den entsprechenden IT-Problemen [MER 98].

> **PRAKTISCHES BEISPIEL**
>
> Ein Beispiel ist die Entwicklung und Produktion des BMW X3, bei der die **BMW Group** mit der **Magna Steyr Fahrzeugtechnik Österreich (MSF)** kooperiert (vgl. [MAI 05/MAI 11]). MSF verantwortet die Gesamtintegration der Serienentwicklung, die Freigabe, die Integration der Serienentwicklung in die Produktion sowie die Einhaltung der Qualitätsvorgaben. Das Design des Fahrzeugs, die Vorentwicklung, die Erprobung, der Einkauf, der Vertrieb und der Kundendienst liegen weiterhin bei der **BMW Group** in München. Das Geschäftsmodell wurde über eine sogenannte Leistungsschnittstellenvereinbarung vertraglich geregelt. Das Vorhaben setzt ein teilweise gemeinsames Produktdatenmanagement einschließlich gemeinsamer Stücklisten und einheitlichem Änderungsmanagement sowie eine kooperative Primärbedarfsplanung (vgl. Abschnitt 3.5.2.4) voraus.

Wenn im Zuge des Entwurfsprozesses Produktideen und/oder Zwischenstadien von mehreren Instanzen (z. B. Produktionsplanung, Einkauf, Marketing, Schutzrechtsabteilung) beurteilt werden müssen, bietet es sich an, diese Entwürfe per E-Mail zu verteilen, den Fach- oder Führungskräften am Bildschirm Masken zu präsentieren, in denen sie ihr Urteil in qualitativer oder auch in Form von Punktwerten eintragen können, und vom IV-System eine Art Urteilsspiegel generieren zu lassen. Diese Übersicht dient den Produktentwicklern als Orientierung für die weiteren Arbeiten. Ein Beispiel für **Büro- und Kosmetikprodukte** findet sich bei Kaczmarek u.a. [KAC 85]. Bei Salo und Käkölä [SAL 05] ist beschrieben, wie in der weltweiten Organisation des **Nokia-Konzerns** mittels Groupware die Anforderungen an ein neues Produkt zusammengetragen werden können. Müßig u.a. [MÜS 88] deuten an, wie derartige Systeme mit in Japan üblichen Prozeduren zur Konsensbildung verbunden werden können.

Vor allem das Internet und dort die Sozialen Netzwerke, aber auch die Ausreifung von IT-Systemen zum Management von Liefernetzen (Supply Chain Management, vgl. Abschnitt 4.4) haben dazu geführt, dass verstärkt Partner der Unternehmen (vor allem Mitarbeiter, Kunden, Lieferanten) an der Produktentwicklung mitwirken, und zwar direkt durch Vorschläge oder indirekt durch kritische Äußerungen zu bisherigen Erzeugnissen und Lücken im Produktionsprogramm („Open Innovation"). Mittel dazu sind gelegentliche oder permanente Recherchen in Sozialen Netzwerken nach Äußerungen zum Unternehmen oder zu einem von seinen Produkten (Kommentare, Bewertungen, Schilderungen von Pannen), die Nutzung von Daten aus dem Beschwerdemanagement und der Garantieabwicklung (Abschnitt 3.7.3), die Überwachung von Online-Patentdatenbanken, die Beobachtung, wie Kunden in Produktkonfiguratoren navigieren (nach welchen Sonderausstattungen wird oft gesucht?), oder die Einrichtung von Portalen, an denen Mitarbeiter und Externe Ideen „abgeben" können („Virtuelle Zettelkästen") [MÖS 10]. Hierzu hat sich eine Vielfalt von Erscheinungsformen entwickelt. In [SPA 10] sind diese anhand eines Morphologischen Kastens geordnet.

> **PRAKTISCHES BEISPIEL**
>
> Die **Hewlett-Packard GmbH**, ein Produzent von **IT-Hardware- und Software**, bietet einen webbasierten Dienst, das „**Open Innovation Office**" [WEL 08], an, über den Kunden und eigene Techniker in frühe Stadien der Technologieentwicklung einbezogen werden. Auch Hochschulen werden zu gemeinsamen Forschungsaktivitäten eingeladen. Ein Beispiel ist eine Testumgebung für das **Cloud Computing** [SEL 08].
>
> In manchen Branchen, z. B. in der **Automobilindustrie**, ist es wünschenswert, Mitgliedern der Unternehmensleitung, des Verkaufs bzw. der Händlerschaft oder auch Kunden, die als Versuchspersonen dienen, möglichst realistische Eindrücke der alternativen Produktentwürfe zu vermitteln, ohne dass ein physikalischer Prototyp gebaut werden muss. Die Designer der **Ford-Werke** benutzen hierzu leistungsstarke Grafik-Computer und „Designer-freundliche" Gestaltungssoftware, die es erlaubt, sowohl digitale Skizzen als auch dreidimensionale Konzeptmodelle effizient zu erstellen. Die Entwurfsvarianten werden mithilfe von sogenannter **Real Time Rendering Software** auf Großbildprojektionen in voller Größe erfahrbar. Fahrzeug-Entwickler und Testkunden können sich selbst hinter das „virtuelle Lenkrad" setzen und die Eigenschaften des Fahrzeug-Innenraums in der stereoskopischen Live-Darstellung bewerten [GRE 05].

Im Designstudio der **Porsche AG** werden Varianten der geplanten neuen Fahrzeugtypen mit leistungsfähigen digitalen Visualisierungstechniken nebeneinander angeordnet, dies unter Berücksichtigung von virtuellen Umgebungen, z. B. Reflexion bei unterschiedlichem Lichteinfall [STR 10].

3.1.4 Erstellung von Arbeitsplänen und Steuerprogrammen (CAP)

Mit **CAP** (**C**omputer **A**ided **P**lanning), zum Teil auch als Process Engineering bezeichnet, wird der Übergang vom Entwurf des Erzeugnisses zur Produktion vorbereitet, und zwar sowohl was die Planung der Arbeitsschritte als auch was die physische Steuerung der Maschinen angeht. Ergebnis ist der Arbeitsplan bzw. die Fertigungsvorschrift. In der Chemie- und Pharmaindustrie benutzt man oft die Bezeichnung Rezept.

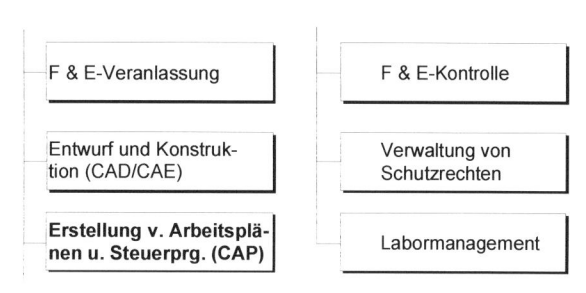

Mit der rechnergestützten Ableitung der Arbeitspläne und Steuerprogramme aus den Merkmalen des Erzeugnisses will man nicht nur Kosten für die Arbeitsplaner sparen; vielmehr soll vor allem bei kundenindividueller Fertigung die Zeitspanne zwischen Entwurf/Konstruktion und Produktionsbeginn verkürzt werden. Schließlich würde es bei variantenreichem Produktionsprogramm sehr viel Pflegeaufwand und Speicherplatz erfordern, für jede Variante einen Arbeitsplan vorrätig zu halten.

Man unterscheidet drei Arten von CAP:

1. Im einfachsten Fall der **Wiederholplanung**, auch **Ähnlichteilplanung** genannt, werden meist in Datenbanken gespeicherte Arbeitspläne möglichst weitgehend wiederverwendet.

2. Bei der **Variantenplanung** erstellt man vorab für genau spezifizierte Werkstückgruppen (sogenannte Teilefamilien wie z. B. Zahnräder) Variantenarbeitspläne. Der Arbeitsplan für ein konkretes Teil entsteht dann vollautomatisch durch die Eingabe teilespezifischer Parameter. Variantenarbeitspläne sind nicht einfach darzustellen. Sie kommen für fertigungstechnisch und geometrisch ähnliche Teile in Betracht. Grundlage ist ein Standardarbeitsplan. Die Variabilität kann sich beziehen auf: Zahlenwerte für Variable (z. B. Rüst- und Stückzeiten), Arbeitsgangtexte, Arbeitsgangfolgen, Kann-/Muss- und Alternativarbeitsgänge. Es gibt zahlreiche Versuche und auch praktische Systeme, bei denen geeignete Arbeitsschritte mithilfe von Entscheidungstabellen oder wissensbasierten Systemen aus einer Übermenge ausgewählt werden [DAN 01].

3. Bei der **Neuplanung** oder auch **generativen Arbeitsplanung** entwickelt eine Entscheidungslogik den Arbeitsplan aus der Interpretation des CAD-Werkstückmodells. Während die Wiederholplanung und die Variantenplanung Stand in der Industriepraxis sind, befindet sich die generative Arbeitsplanung noch weitgehend im Forschungsstadium.

Ein erster Schritt besteht darin, die Erstellung und Pflege von Arbeitsplänen am Bildschirm zu rationalisieren. Beispiele sind:

1. Eine Fertigungsvorschrift wird dadurch erzeugt, dass der Bearbeiter durch Manipulationen am Bildschirm den Arbeitsplan für ein ähnliches Produkt soweit als möglich kopiert und nur einzelne Bestandteile ändert. Es darf auch der Befehl gegeben werden, in einer großen Zahl von Produktionsvorschriften jeweils die gleiche Änderung durchzuführen, z. B. ein Werkzeug gegen ein neues auszutauschen oder einen Prüfvorgang zu löschen.

2. Das Programm legt für die in den Arbeitsplänen vorkommenden Maschinen, Werkzeuge, Vorrichtungen und Materialien Verzeichnisse (Sekundärindizes) an, die angezeigt werden. So mag der Sachbearbeiter z. B. bei der Erstellung neuer Arbeitspläne das Ziel verfolgen, möglichst schon vorhandene und vielfach verwendete Vorrichtungen zu benutzen.

Es ist auch denkbar, dass in einer einfachen **Methodenbank** Hilfsmittel für die Bearbeitung von Fertigungsvorschriften bereitgehalten werden, wie z. B. Tabellen und Formeln (etwa Regressionsfunktionen), die den Zusammenhang zwischen den Maßen eines Werkstücks und den Bearbeitungszeiten herstellen.

Bei CAP in der **Prozessindustrie** stehen die Steuerung des Materialflusses, die Austaktung der Fließstraßen (die Zwischenprodukte sind oft nur sehr begrenzt lagerbar) und die Reihenfolgeoptimierung unter Beachtung der gerade in diesen Branchen wichtigen Rüst- und Reinigungszeiten im Vordergrund.

> **PRAKTISCHES BEISPIEL**
>
> Bei der **Beiersdorf AG**, einem Unternehmen der **Kosmetikindustrie**, schließt sich an die Entwicklung des Rezepts („Laborformel") zunächst die verfahrenstechnische Entwicklung im sogenannten Technikumsmaßstab an. Daraus entsteht im dritten Schritt eine „finale Herstellanweisung", die auf die Besonderheiten der Produktionsstätte ausgerichtet ist. Bei Beiersdorf wird die Technikumsphase, die kleiner skalierte und/oder vereinfachte Geräte (unter anderem Mischer, Homogenisatoren, Rührwerke, Kühlgeräte) benutzt, wie ein rechnergestützter Produktionsprozess (z. B. Prozessführung, Prozessdatenverarbeitung (vgl. Abschnitt 3.5.2.9.1)) gesteuert und kontrolliert. Die zugehörigen Arbeitspläne erzeugt man interaktiv, wobei das System bereits gespeicherte Anweisungen oder Merkmale der Betriebsmittel bereitstellt [SCHI 11/SCHÖ 99].

Bei der Produktion von gedruckten Schaltungen in der **Elektronik** führen oft geringe Modifikationen des Erzeugnisses dazu, dass die Produktionsanlage mit hohen Kosten angepasst werden muss; wegen der kurzen Produktlebenszyklen ist dies sehr häufig. Eine Alternative besteht darin, mit alten Anlagen nicht optimal zu produzieren, oder man verzichtet auf die Verbesserung des Erzeugnisses. Teng und Garimella zeigen für die **Autotrol Corporation**, wie man dieses Problem mit einem Gleichungsmodell behandeln kann [TEN 98].

Eine wichtige Integrationsbeziehung besteht zwischen CAD (vgl. Abschnitt 3.1.3), CAP (vgl. diesen Abschnitt) und CAM (vgl. Abschnitt 3.5.2.8). Im Idealfall werden aus den Geometrie-, Werkstoff- und anderen Daten des Erzeugnisses automatisch NC-Programme abgeleitet und diese in die DNC- bzw. CNC-Maschinen geladen. Für die **Roboterprogrammierung** gibt es Simulationspakete, die mit einem dreidimensionalen Umweltmodell operieren. Dieses Modell wird mithilfe von CAD-Systemen generiert [MEN 90]. Derartige Konzepte bezeichnet man auch als **CADCAM**. Einen systematischen Überblick über Varianten der CAD/ NC-Kopplung geben Mesina [MES 90] und Grabowski [GRA 94].

Bisher sind wir davon ausgegangen, dass CAP einsetzt, wenn das Produkt bereits konstruiert ist. Es können sich aber Rückkopplungen oder gar Schleifen ergeben, sobald sich bei der Planung der Fertigung herausstellt, dass das Erzeugnis nicht fertigungsgerecht ist. Besonders weitreichend sind neuere Systeme, bei denen die Konstruktion, der Fertigungsablauf und die Fabrik gleichzeitig IT-gestützt im Wege des „Digital Mock-up" entwickelt werden. Anspruchsvolle Simulationen der Handgriffe bei der Montage im Rahmen einer Digitalen bzw. Virtuellen Fabrik (Digital Manufacturing) [WEN 05] zeigen z. B., dass sich ein Montagearbeiter sehr schwer tut, eine zu wenig kompakt gestaltete Cockpit-Einheit in die Karosserie eines PKW einzubauen, oder dass Baugruppen zu eng gedrängt im Motorraum liegen und bei Montage und Gebrauch Kollisionen drohen.

Die Verfeinerungsstufen kann man sich so vorstellen (vgl. auch [SEN 09]):

1. Konstruktion von Komponenten eines Erzeugnisses
2. Simulation des Zusammenspiels der Komponenten, auch unter Fremdeinwirkung, z. B. Prüfung auf Kollisionen
3. Simulation der Kinematik im Zusammenbau, z. B. durch Arme von Menschen und/oder von Robotern
4. Simulation ganzer Montagelinien

Beträchtliche Fortschritte wurden in Großunternehmen der Automobil- und der Luftfahrtindustrie erreicht. Im **Daimler-Konzern** experimentiert man mit einem derartigen System und kann auf ermutigende Ergebnisse (z. B. Einsparen von 30 Prozent der Montagezeit) verweisen [OV 07], [UNG 05].

Im Werk Leipzig der **BMW AG** prüft man mit „Augmented Reality (AR)", ob geöffnete Fahrzeugtüren auf dem Montageband irgendwo anstoßen. (Unter AR versteht man die visuelle Ergänzung der Wirklichkeit um virtuelle Gegenstände; z. B. platziert ein AR-System eine bisher nicht vorhandene geöffnete Tür in eine Fahrzeug-Rohkarosserie.)

Auch das Passagierflugzeug **Boeing 777 („Dreamliner")** wurde in der Frühphase der Entwicklung vollständig digital und dreidimensional beschrieben. So konnten unter anderem die Zahl der Änderungen und die Entwicklungszeiten reduziert werden [OV 07].

PRAKTISCHES BEISPIEL

Bei der **Audi AG** plant man Produktionsprozesse und die zugehörigen Anlagen und Werkzeuge ausgehend von der Fertigungslinie rückwärts (Line-Back-Planning). Ausgehend vom Arbeitsplatz werden alle vorgelagerten Stufen wie Materialabruf, Wareneingang und der externe Transport bis zurück zum Lieferanten unter Zuhilfenahme von Instrumenten der Digitalen Fabrik untersucht.

Die Behälter, aus denen der Monteur mit seinen Arbeitsmaterialien versorgt wird, sollen ergonomisch möglichst günstig im Griffbereich des Mitarbeiters angeordnet werden. Hierzu verfügt der Fertigungsplaner über ein „3D-Materialbereitstellungslayout". Die von der Logistik den Bauteilen zugeordneten Behälter werden in diesem Layout der jeweiligen Produktionsanlage automatisch als 3D-Objekt mit den exakten Abmessungen zugewiesen. Der Fertigungsplaner muss sie dann in seinem System nur noch durch Verschieben an die am besten geeignete Stelle bringen.

Das System erlaubt nicht nur die Darstellung umfassender Vernetzungen in digitalen Modellen und die 3D-Visualisierung, sondern auch Simulationen. Der Planungsprozess wird im Allgemeinen in mehreren Wiederholungsschleifen durchlaufen, bis ein gut abgestimmtes Planungsergebnis feststeht [SCHN 07].

Mit sinkender Wertschöpfungstiefe im Industriebetrieb wird es wichtiger, 3D-Darstellungen auch den Lieferanten und den Kunden zugänglich zu machen. Daher muss versucht werden, diese Funktionalität in Groupware, wie z. B. **Lotus Notes**, einzubauen. Der **VDMA** (**V**erband **D**eutscher **M**aschinen und **A**nlagenbau) strebt einen Standard **Mumasy** (**Mu**ltimediales **Ma**schineninformations**sy**stem) an.

Abbildung 3.1.4/1 Erstellung von Arbeitsplänen und Steuerprogrammen (CAP)

Wichtigste Eingaben:	
Wichtigste Anzeigen und Ausdrucke:	Ausweicharbeitsplätze, Arbeitspläne, Betriebsmittelverwendungsnachweis
Wichtigste Dialogfunktionen:	Auswahl von Ausweicharbeitsplätzen nach Anzeige der aktuellen Kapazitätsauslastung und der Kosten, selektives Kopieren von Arbeitsgängen in Arbeitspläne, Auswahl von ähnlichen Arbeitsgängen
Nutzeffekte:	Einsparung von Arbeiten zur Gewinnung und Pflege von Stammdaten, Verkürzung der Durchlaufzeit von Kundenaufträgen, Einsparung von Speicherplatz zur Stammdatenspeicherung, Beschleunigung der Angebotsabgabe

Auch im Rahmen des Concurrent Engineering (vgl. Abschnitt 3.1.3) werden bereits Kombinationen aus CAD und Digitaler Fabrik eingesetzt.

PRAKTISCHES BEISPIEL

Mehr als zwei Dutzend Unternehmen in sieben Ländern simulierten das von dem französischen Luftfahrtkonzern **Dassault** produzierte Flugzeug Falcon 7X anhand eines digitalen Modells. Alle 40.000 Bauteile werden bei **Dassault** in Paris in einer Datenbank gehalten. Das System ahmt z. B. auch die Presse nach, wie sie das Flügelblech formt, und den Roboter, wie er es später am Flügel befestigt. In das System sind Elemente der Künstlichen Intelligenz integriert: Wollen beispielsweise die Ingenieure die Reichweite erhöhen, so werden automatisch das zusätzliche Treibstoffgewicht, die Spannweite der Flügel sowie Zahl und Gestalt von Streben errechnet [DWO 05].

Zuweilen entstehen Details der Fertigungsvorschriften erst in dem Moment, zu dem die Betriebsmittel gerüstet werden.

PRAKTISCHES BEISPIEL

Die **Sprimag Spritzmaschinen GmbH & Co. KG** bietet **Automobilherstellern** Lackiergeräte an. Zu Beginn jedes Lackiervorgangs wählt der Bediener an einem Bildschirm Grundeinstellungen, wie z. B. die Art des Lacks, die Farbchargen-Nummer oder die Winkel der Spritzdüsen. Alle wichtigen Qualitätsdaten werden mit protokolliert und in einer Datenbank abgelegt, sodass man bei Reklamationen und Anspruch auf Produkthaftung eine genaue Ursachenanalyse durchführen kann (vgl. auch die Ausführungen zur Rückverfolgung von Fehlern in Abschnitt 3.7.3) [HAM 04].

3.1.5 Forschungs- und Entwicklungskontrolle

3.1.5.1 Forschungs- und Entwicklungsfortschrittskontrolle

Unter dem Begriff „Forschungs- und Entwicklungsfortschrittskontrolle" wollen wir die Budget- und die Terminverfolgung zusammenfassen.

Die **Budgetverfolgung** erstreckt sich üblicherweise zum einen auf den Personen-/Stundenaufwand und zum anderen auf den Verbrauch von Material (Materialkosten). Die Daten über die benötigten Stunden erhält das Teilsystem über die in Forschungs- und Entwicklungsabteilungen üblichen Stundenaufzeichnungen, in denen die Mitarbeiter angeben, wie sich ihre Tages- oder Wochenarbeitszeit auf die einzelnen Projekte verteilte.

Den für einen Forschungs- und Entwicklungsauftrag entstandenen Materialverbrauch erfährt das Fortschrittskontroll- vom Materialbewertungsprogramm (vgl. Abschnitt 3.4.2). Die offenen Bestellungen (Bestellobligo für die Forschung und Entwicklung) können dem Vormerkspeicher Bestellungen entnommen werden, die bereits getätigten Zahlungen werden vom Kreditorenbuchhaltungsprogramm (vgl. Abschnitt 3.9.5.2) gemeldet.

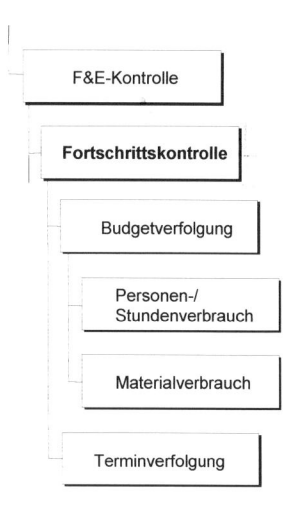

Die Akkumulation der geleisteten Stunden und Kosten kann bei den Vormerkdaten des Forschungs- und Entwicklungsauftrags geschehen.

Das Programm mahnt, wenn das Stunden- und/oder Kostenbudget überschritten ist, jedoch mag man auch Erinnerungen vorsehen, die der Computer ausgibt, sobald ein bestimmter Prozentsatz des jeweiligen Stunden- oder Materialkostenbudgets erreicht wird oder sich eine ungünstige Relation zwischen Termin- und Budgetfortschritt einstellt.

Zur **Terminverfolgung** werden dem Fortschrittskontrollprogramm – gegebenenfalls als Rücklaufdatenträger gestaltete – Beendigungs- und eventuell auch Verzögerungsmeldungen für die einzelnen Aktivitäten zugeführt. Verzögerungsmeldungen können im (hier nicht behandelten) Teilsystem Forschungs- und Entwicklungsplanung (vgl. Band 2) Umterminierungen auslösen, etwa wenn Aktivitäten auf dem kritischen Pfad des Projektplans zu spät abgeschlossen werden.

Abbildung 3.1.5/1 Forschungs- und Entwicklungsfortschrittskontrolle

Wichtigste Eingaben:	Stundenmeldungen, Beendigungsmeldungen, Verzögerungsmeldungen
Wichtigste Anzeigen und Ausdrucke:	Terminmahnungen, Budgetmahnungen, Erinnerungen, Übersichten über den Projektstand
Wichtigste Dialogfunktionen:	Suche nach Ursachen von Plan-Ist-Abweichungen
Nutzeffekte:	Sichere Termin- und Budgetkontrolle, rechtzeitiges Einleiten von Umdispositionen

3.1.5.2 Qualitätskontrolle beim Produktentwurf

Erkenntnisse aus Branchen bzw. Zweigen der Technik, in denen Fehler besonders schlimme Konsequenzen haben (z. B. **Kern-, Medizin-, Weltraum-** oder **Umwelttechnik**), spektakuläre Rückrufaktionen in der **Automobilindustrie**, aber auch das Produkthaftungsgesetz haben eine Reihe von Methoden zur Qualitätssicherung im Produktentwurf hervorgebracht, die zumindest teilweise formalisierbar und mithin der Rechnerunterstützung zugänglich sind.

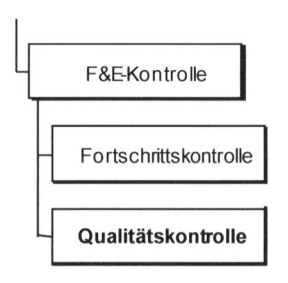

Die Methode **FMEA** (Failure Mode and Effects Analysis, „Fehlermöglichkeits- und Einflussanalyse") (vgl. Abbildung 3.1.5.2/1) stellt eine systematische Zusammenfassung der Gedankengänge dar, die ein qualitätsbewusster Konstrukteur durchläuft, wenn er sich vorstellt, welche Fehler auftreten und welche Konsequenzen sie haben können. Hilfsmittel sind unter anderem umfangreiche Checklisten [SCHU 91].

Abbildung 3.1.5/2 Module der FMEA

1) Es ist jeder potenzielle Fehler (z. B. Leistungsabfall, Kurzschluss, Farbunterschied, Vibration, Wassereintritt) aufzulisten. Hierzu kann das IV-System Auswahlmenüs und statistische Beobachtungen anbieten.

2) Man beschreibt die Folgen des Fehlers in der Weise, wie der Kunde sie bemerkt oder empfindet (z. B. Geräusche, übermäßiger Kraftaufwand erforderlich, Geruchsbelästigung, Fahrzeug außer Kontrolle). Das IV-System kann auf der Grundlage von gespeicherten Zuordnungen und Strukturen zu jedem typischen Fehler die potenziellen Folgen anzeigen.

3) Es sind jede denkbare Fehlerursache und die eventuell verantwortlichen Instanzen aufzuführen (z. B. unzureichende Schmierung, Materialverunreinigung, Verformungsrisse, schlechte Schweißnaht, Überbeanspruchung, Einzelteil vergessen). Auch hierzu mag das System Verknüpfungen liefern, die die Ursache an den typischen Fehler binden.

4) Alle derzeitigen Kontrollmaßnahmen, die dazu dienen, Fehlerursachen bzw. Fehler zu entdecken, sind aufzulisten. Grundlage hierfür sind im Anwendungssystem hinterlegte Qualitätsspezifikationen.

5) Die Wahrscheinlichkeit für das Auftreten der potenziellen Fehlerursache wird geschätzt und anhand einer von 1 bis 10 reichenden Skala bewertet. Dabei werden umso mehr Bewertungspunkte vergeben, je wahrscheinlicher es ist, dass ein Fehler auftritt.

6) Die Bedeutung der Folgen eines Fehlers für den Kunden wird ebenfalls anhand einer Skala von 1 bis 10 bewertet.

7) Anhand einer weiteren Skala von 1 bis 10 ist die Wahrscheinlichkeit zu schätzen, dass ein Fehler nicht entdeckt wird, bevor das Teil oder das Aggregat den Kunden erreicht.

8) Das System multipliziert die Bewertungspunkte gemäß 5) bis 7) und gelangt so zu einer Risiko-Prioritäts-Zahl **RPN** (**R**isk **P**riority **N**umber). Für Ursachen mit der höchsten RPN sind vorrangig Abstellmaßnahmen einzuleiten. An dieser Stelle kann ein Vormerkspeicher eröffnet werden. Es ist denkbar, dass die an der Abstellung des potenziellen Fehlers beteiligten Instanzen im Wege des Workflow-Managements eingeschaltet werden.

Die kommerziellen Softwarepakete zu FMEA enthalten darüber hinaus Strukturbäume mit Ereignissen und Abläufen bei Fehlern und auch Elemente eines WMS (vgl. Abschnitt 1.5.1), mit denen zur Qualitätsanalyse fehlende Informationen eingeholt werden können. Beispiele hierzu finden sich bei [PAU 94].

3.1.6 Verwaltung von Schutzrechten

In Unternehmen mit lebhafter Produkt- und Prozess-Entwicklung und internationaler Orientierung fallen bei der Anmeldung und Pflege der Schutzrechte vielfältige Verwaltungsarbeiten und Dispositionen an.

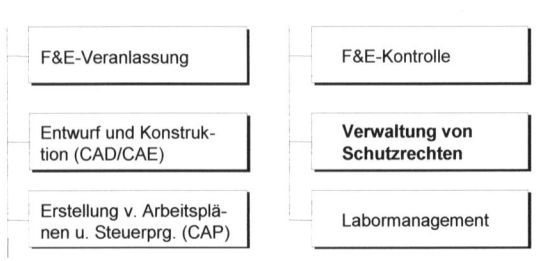

- PRAKTISCHES BEISPIEL
- Der Sportartikelhersteller **adidas Group** benutzt zur Administration und Disposition seiner internationalen Schutzrechte das **Anwendungssystem PATRICIA** der Firma **PATRIX**, die auf die IT-Unterstützung der Verwaltung von geistigem Eigentum (IP = Intellectual Property) spezialisiert ist. Man hat Zugang zu einer Datenbank, die unter anderem einschlägige Gesetze und Verwaltungsvorschriften, Gerichtsverfahren, Standardformulare und Gebührentabellen enthält.
- Auf dieser Grundlage können z. B. Prozessketten zwischen mehreren inner- und überbetrieblichen Instanzen organisiert, Dokumente einschließlich elektronischen Briefen zum gleichen Sachverhalt zusammengeführt oder Termine von Verfahren zur Beantragung oder Verlängerung von Schutzrechten überwacht werden [PAT 11/WOL 11].

Das Patentwesen ist auch ein Beispiel für zwischenbetriebliche Integration. Beispielsweise nehmen das **Europäische und das Deutsche Patentamt** elektronisch Anmeldungen entgegen und versenden per E-Mail Empfangsbescheinigungen. Auch das **Bundespatentgericht** plant den mit digitaler Signatur gesicherten Rechtsverkehr. Es ist abzusehen, dass die Patentabteilungen der Industriebetriebe und Anwaltskanzleien einen integrierten Workflow mit einer durchgehenden elektronischen Akte anstreben. Die Patentämter bieten im Internet weitreichende Recherchemöglichkeiten an, die es den Erfindern erlauben, den Stand der Technik zu ermitteln und Erfindungen gut zu beurteilen.

Abbildung 3.1.6/1 Verwaltung von Schutzrechten

Wichtigste Eingaben:	Informationen über Warenzeichen/Geschmacksmuster/Gebrauchsmuster/Patente, Termine
Wichtigste Anzeigen und Ausdrucke:	Schutzrechte, Terminübersichten, Durchschnittskosten (Erfahrungswerte), Merkmalsbeschreibungen, Standardbriefe/Formulare für Patentämter, Anwälte
Wichtigste Dialogfunktionen:	Variable Recherchen, Bewertung von Rechten

Nutzeffekte:	Rationalisierung der Schutzrechtsverwaltung, Entscheidungsunterstützung bei der Schutzrechtsanmeldung bzw. -pflege, reduzierte Gefahr von Terminüberschreitungen

3.1.7 Labormanagement

Labormanagement-Systeme, auch als Labor-Informations- oder Labor-Informations-Management-Systeme **LIMS**) bezeichnet, unterstützen die Administration von Versuchen, z. B. in der **Chemie-, Nahrungsmittel-** oder **Metallindustrie**. Die Versuche müssen nicht nur im Rahmen der Forschung bzw. der Produkt- und Prozess-Entwicklung stattfinden. Vielmehr können sie auch Bestandteil der Qualitätsprüfung in Wareneingang, Produktion und Warenausgang oder auch des Reklamationsprozesses sein [PAC 96].

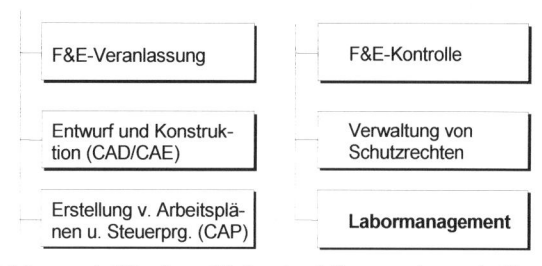

Der Auftrag für eine Laboruntersuchung kann automatisch erteilt werden, etwa wenn ein System zur Wareneingangskontrolle (vgl. Abschnitt 3.3.5) die Stichproben bestimmt, die aus einer Fremdlieferung gezogen werden sollen. Abbildung 3.1.7/1 enthält typische Module eines Labormanagement-Systems und zeigt deren chronologische Folge.

Abbildung 3.1.7/1   Module und Ablauf in einem Labormanagement-System

1) Eröffnen eines Vormerkspeichers „Offene Laboraufträge"

2) Gewinnen eines Arbeitsplans; bei Routineaufträgen sind nur die Vorgabezeiten aus der Stichprobengröße abzuleiten; schwieriger ist das Generieren von Arbeitsplänen, wenn es sich um Varianten bisheriger Untersuchungen handelt. Hier kommen Algorithmen in Anlehnung an die Variantenplanung bei der Generierung von Fertigungsvorschriften in Betracht (vgl. Abschnitt 3.1.4)

3) Statistische Versuchsplanung. Hierfür sind zahlreiche Modelle entwickelt worden. Mit ihrer Hilfe soll der Versuchsumfang minimiert werden, ohne dass man vorgegebene Zuverlässigkeitsgrenzen der Ergebnisse verletzt. Das System kann solche Modelle in einer Methodenbank (Band 2) vorrätig halten und in Abhängigkeit von der Versuchssituation anbieten

4) Anstoß von automatischen Prozessen, z. B. zur Mischung von Substanzen oder zur Messung physikalischer Parameter

5) Messen von Ergebnissen

6) Statistische Behandlung der Ergebnisse, z. B. Diskriminanzanalysen oder Hochrechnung der Stichproben, gegebenenfalls Auslösen von Folgestichproben, wenn aus den bisherigen Resultaten keine genügend signifikanten Schlüsse gezogen werden können

7) Dokumentation der Ergebnisse, z. B. Feststellen von Abweichungen zu früheren Befunden, Soll-Ist-Vergleiche, Generieren von Grafiken oder Expertisen (Band 2)

8) Ermitteln des Versuchsaufwands für die innerbetriebliche Leistungsverrechnung und Schließen des Vormerkspeichers

Abbildung 3.1.7/2   Labormanagement

Wichtigste Eingaben:	Zu prüfende Lose/Stichproben (z. B. identifiziert über die Materialnummer), statistische Parameter
Wichtigste Anzeigen und Ausdrucke:	Vorschriften („Arbeitspläne") für die Durchführung von Versuchen/Analysen, NC-Programmierung, z. B. für Mischer, Messergebnisse, statistische Auswertungen, Expertisen
Wichtigste Dialogfunktionen:	Aufbau einer Dokumentation von Messergebnissen („Messhistorie"), Stichprobenplanung in Abhängigkeit der Messergebnisse
Nutzeffekte:	Rationalisierung der Versuchsabwicklung, Durchlaufzeitreduzierung von Laboraufträgen, Senkung von Prüfkosten, Fehlervermeidung (geringere Fehlerrate, weniger Verwechslungen)

3.1.8   Anmerkungen zu Abschnitt 3.1

[ABE 97/GRA 93/ PRO 11]   Abeln, O., Innovationspotentiale in der Produktentwicklung, Das CAD-Referenzmodell in der Praxis, Stuttgart 1997; Grabowski, H., Anderl, R. und Polly, A., Integriertes Produktmodell, Berlin u.a. 1993; ProSTEP iViP Verein (Hrsg.), ProSTEP iViP Association – Was ist STEP?, http://www.prostep.org/de/, Abruf am 30.09.2011.

[BOC 90]   Bock, M. und Bock, R., Konzeption einer Expertensystemshell zur konstruktionsbegleitenden Kalkulation, in: Ehrenberg, D., Krallmann, H. und Rieger, B. (Hrsg.), Wissensbasierte Systeme in der Betriebswirtschaft, Berlin 1990, S. 133-149.

[DAN 01]   Dangelmaier, W., Fertigungsplanung, 2. Aufl., Berlin u.a. 2001, Kap. 7.3.

[DEC 92]   Decker, B., Einführung und Einsatz eines Design-Systems, in: VDI-Gesellschaft Textil und Bekleidung (Hrsg.), Informationssysteme für die Bekleidungsindustrie, Düsseldorf 1992, S. 79-93.

[DWO 05]	Dworschak, M., Flieger aus dem Netz, 15.08.2005, http://www.spiegel.de/ spiegel/0,1518,369565,00.html, Abruf am 30.09.2011.
[FIS 94]	Fischer, J. und Möcklinghoff, M., Computerunterstützung kooperativen Arbeitens im Forschungs- und Entwicklungsbereich, Information Management 9 (1994) 1, S. 46-52.
[GÖT 07/PÖT 11]	Götsch, N., BIZERBA wählt UGS PLM Lösung mit der neuen Suchmaschine Geolus Search für die geometrische Suche von 3D-Daten, innovations report vom 27.02.2007; persönliche Auskunft von Herrn M. Pötke, Capgemini Deutschland GmbH.
[GRA 94]	Grabowski, H., CAD/CAM-Kopplung, in: Corsten H. (Hrsg.), Handbuch Produktionsmanagement, Wiesbaden 1994, S. 639-660.
[GRE 05]	Persönliche Auskunft von Herrn B. Gregory, Ford-Werke AG.
[HAM 04]	Hammer, S. und Kaiser, T., Mehr als bloße Anlagendarstellung, IT&Production (2004) 3, S. 32-33.
[HAR 04]	Hartmann, G. und Schmidt, U., mySAP Product Lifecycle Management, 2. Aufl., Bonn 2004.
[HER 89]	Hermanni, S., CIM in der Prozeßindustrie, CIM-Management 5 (1989) 5, S. 10-14; weitere Übersichtsbeiträge und Hinweise auf Einsätze in der Praxis findet der Leser in diesem Schwerpunktheft.
[HOR 11]	Horváth, P., Controlling, 12. Aufl., München 2011.
[HOR 07]	Horváth, P. und Möller, K., Konstruktionsbegleitende Kalkulation – Methoden und IT-Unterstützung, in: Hausladen, I. (Hrsg.), Management am Puls der Zeit, Band 2, München 2007, S. 1245-1270.
[HUA 96]	Huang, G.Q. (Hrsg.), Design for X, London u.a. 1996.
[IND 00]	Industrie Management 16 (2000) 2 ist ein Schwerpunktheft zum PDM.
[KAC 85]	Kaczmarek, H., Plattfaut, E., Scheuch, N. und Schumann, M., Rechnergestützte Auswahl von Produktideen mit dem Bürokommunikationssystem EMS 5800, Office Management 33 (1985) 10, S. 1036-1046.
[KLE 02/MAA 02]	Klein, M., Sayama, H., Faratin, P. und Bar-Yam, Y., A Complex Systems Perspective on Computer-Supported Collaborative Design Technology, Communications of the ACM 45 (2002) 11, S. 27-31; Maamar, Z. und Shen, W., Computer-Supported Cooperative Work in Design, Communications of the ACM 45 (2002) 11, S. 25-26.

[KLO 80]　　　　　Klosterman, A.L., Lemon, J.R. und Tolani, S.K., Integration and Implementation of Computer-Aided Engineering and Related Manufacturing Capabilities into the Mechanical Product Development Process, in: Wilhelm, R. (Hrsg.), CAD-Fachgespräche, London 1980, S. 161-183.

[KRI 03]　　　　　Kriegel, H.-P., Kröger, P., Mashael, Z., Pfeifle, M., Pötke, M. und Seid, T., Effective Similarity Search on Voxelized CAD Objects, Proceedings 8th International Conference on Database Systems for Advanced Applications (DASFAA'03), Kyoto 2003; interne Unterlagen der Firma sd&m AG.

[KUF 11]　　　　　Persönliche Auskunft von Herrn T. Kuffler, Gabor Shoes AG.

[LEU 94]　　　　　Leutenegger, J.-M., Wettbewerbsorientierte Informationssysteme in der Schweizer Pharma-Branche, Bern u.a. 1994, S. 203-204.

[MAI 05/MAI 11]　　Maidl, J., Axtner, H. und Arlt, M., Virtualisierung in der Automobilindustrie, HMD 42 (2005) 242, S. 84-92; persönliche Auskunft von Herrn J. Maidl, BMW Group.

[MEN 90]　　　　　Menges, R., Rechnergestützte Robotereinsatzplanung, in: Mesina, M., Bartz, W.J. und Wippler, E. (Hrsg.), CIM-Einführung, Ehningen 1990, S. 119-133.

[MEN 11/Scha 11]　Persönliche Auskunft von Herrn J. Menk, Demag Cranes AG; Schau, A., Der Kran aus dem Shop, Computerwoche Nr. 12 vom 21.03.2011.

[MER 98]　　　　　Mertens, P., Ehrenberg, D. und Griese, J. (Hrsg.), Virtuelle Unternehmen und Informationsverarbeitung, Berlin-Heidelberg 1998.

[MES 90]　　　　　Mesina, M., Die Kopplung der CA-Komponenten am Beispiel des CAD/NC-Datentransfers, in: Mesina, M., Bartz, W.J. und Wippler, E. (Hrsg.), CIM-Einführung, Ehningen 1990, S. 172-186.

[MÖS 10]　　　　　Möslein, K.M., Haller, J. und Bullinger, A.C., Open Evaluation: ein IT-basierter Ansatz für die Bewertung innovativer Konzepte, HMD 47 (2010) 272, S. 21-34, vor allem S. 23.

[MÜS 88]　　　　　Müßig, M., Nußpickel, M. und Thome, R., Kreativität und Computer, Office Management 36 (1988) 9, S. 46-52.

[NÜB 11]　　　　　Persönliche Auskunft von Frau J. Nübel, MTU Friedrichshafen GmbH.

[OV 07]　　　　　O.V., Computergestützte Automobil-Entwicklung, HEITEC Kundeninformation, Januar 2007, S. 9.

[PAC 96]	Packowski, J., Betriebsführungssysteme in der Chemischen Industrie – Informationsmodellierung und Fachkonzeption einer dezentralen Produktionsplanung und -steuerung, Dissertation, Wiesbaden 1996.
[PAT 11/WOL 11]	http://www.patrix.com, Abruf am 29.07.2011; persönliche Auskunft von Herrn C. Wolpert, adidas Group.
[PAU 94]	Paulic, R.P. und Starke, A.G., Rechnergestützte Fehlermöglichkeits- und Einflußanalyse (FMEA) – Methodik und Softwaremarkt, Frankfurt u.a. 1994.
[RIE 01]	Rieckmann, W., Airbus Concurrent Engineering, Virtuelle Produktentwicklung am Beispiel Airbus, in: Buhl, H.U., Huther, A. und Reitwiesner, B. (Hrsg.), Information Age Economy, Heidelberg 2001, S. 897-904, hier S. 897.
[RUD 10]	Rudisch, C., Produktentwicklung und Dokumentation verzahnen, Eine Milliarde Dollar für Übersetzungen, IT&Production (2010) 7+8, S. 30-31.
[RUO 07]	Ruoff, S., Online am Prototyp feilen, IT-Director (2007) 12, S. 46-47.
[SAL 05]	Salo, A. und Käkölä, T.K., Groupware Support for Requirements Management in New Product Development, Journal of Organizational Computing and Electronic Commerce 15 (2005) 4, S. 253-284.
[SAN 99]	Sandhop, J., Byte-Entwurf statt Holzmodell – Architektur-CAD im Bauprozeß, CAD World o.Jg. (1999) 1, S. 48-51.
[SCHÄ 99]	Schäfer, D. und Roller, D., Elektro-CAD am Wendepunkt – Stand der Technik im ECAD, CAD World o.Jg. (1999) 5, S. 36-38.
[SCHE 97]	Scheer, A.-W., Wirtschaftsinformatik – Referenzmodelle für industrielle Geschäftsprozesse, 7. Aufl., Berlin u.a. 1997, S. 554.
[SCHI 02]	Schichtel, M., Produktdatenmodellierung in der Praxis, München u.a. 2002.
[SCHI 11/SCHÖ 99]	Persönliche Auskunft von Herrn R. Schimpf, Beiersdorf AG; Schöllhorn, M. und Müller, U., Integrierte computergestützte Verfahrensentwicklung in der Kosmetikindustrie – Von der Rezeptur zur fertigen Herstellanweisung, atp 41 (1999) 2, S. 49-51.
[SCHN 07]	Schneider, M., Planen in 3D, LOG (2007) 5, S. 26-28.

[SCHÖ 89]   Schönsleben, P., Product Configuration with many Variants Using Expert System Techniques, in: Roubellat, F. (Hrsg.), Advanced Information Processing in CIM, Proceedings of Esprits CIM – CIM Europe SIG 2 Workshop vom 20.09.1989 bis 22.09.1989 in Bremen.

[SCHU 91]   Schuler, W., FMEA: Das „Geheimnis" der ersten beiden Spalten, Qualität und Zuverlässigkeit 36 (1991) 8, S. 474-479.

[SEL 08]   Selbach, D., Kritiker an Bord, blue line (2008) 3, S. 13-15.

[SEN 05]   Sendler, U. und Wawer, V., CAD und PDM: Prozessoptimierung durch Integration, München-Wien 2005.

[SEN 09]   Sendler, U., Das PLM-Kompendium, Heidelberg/London/New York 2009, vor allem Kap. 3.

[SPA 10]   Spath, D., Heubach, D., und Ardilio, A., Unterstützung des Innovationsmanagements durch IT-Systeme, HMD 47 (2010) 273, S. 6-20.

[STA 11]   Stark, R., Hayka, H., Israel, J.H., Kim, M., Müller, P. und Völlinger, U., Virtuelle Produktentstehung in der Automobilindustrie, Informatik Spektrum 34 (2011) 1, S. 20-28.

[STR 10]   Striedacher, R., Virtueller Feinschliff bei Porsche, IT&Production (2010) 7+8, S. 48-49.

[STÜ 01a]   Stürken, M., Möglichkeiten und Grenzen der Integration von computergestützten Konstruktions- und Verkaufssystemen (CADCAS), Berlin 2001.

[STÜ 01b]   Stürken, M., Produkdatenmanagement, in: Mertens, P. u.a. (Hrsg.), Lexikon der Wirtschaftsinformatik, 4. Aufl., Berlin u.a. 2001, S. 376-377.

[STÜ 05]   Stürken, M., Product Lifecycle Management (PLM): Beispiel INA-Schaeffler KG, in: Scheer, A.-W., Boczanski, M., Muth, M., Schmitz, W.-G. und Segelbacher, U. (Hrsg.), Prozessorientiertes Product Lifecycle Management, Berlin u.a. 2005, S. 147-151.

[TEN 98]   Teng, S.-H.G. und Garimella, S.S., Manufacturing Cost Modeling in Printed Wiring Board Assembly, Journal of Manufacturing Systems 17 (1998) 2, S. 87-96.

[UNG 05]   Unger, S., DaimlerChrysler – der Weg zum Echtzeitunternehmen, in: Kuhlin, B. und Thielmann, H. (Hrsg.), Real-Time Enterprise in der Praxis, Berlin 2005, S. 81-89.

[WEL 08]	Welte, B., Open Innovation: HP Labs öffnen sich akademischer Forschung, 15.05.2008, http://h41131.www4.hp.com/ch/de/press/open-innovation--hp-labs--ffnen-sich-akademischer-forschung-.html, Abruf am 30.09.2011.
[WEN 05]	Wenzel, S., Die Digitale Fabrik – Wirtschaftliche Notwendigkeit und wissenschaftliche Faszination, in: Mönch, L. und Beyer, J. (Hrsg.), Aspekte der Wirtschaftsinformatik, San Diego-Erlangen 2005, S. 205-222.
[WIC 11]	Persönliche Auskunft von Herrn R. Wichmann, Kennametal Technologies GmbH.
[WIR 01]	Wirtz, J., Ein Referenzmodell zur integrationsgerechten Konzeption von Produktdatenmanagement, München 2001, S. 210-212.
[WOL 86]	Wolf, T. und Unkelbach, H.D., Informationsmanagement in Chemie und Pharma, Stuttgart 1986, S. 19-20.

3.2 Vertriebssektor

3.2.1 Überblick

Abbildung 3.2.1/1 Teilfunktionsmodell im Sektor Vertrieb

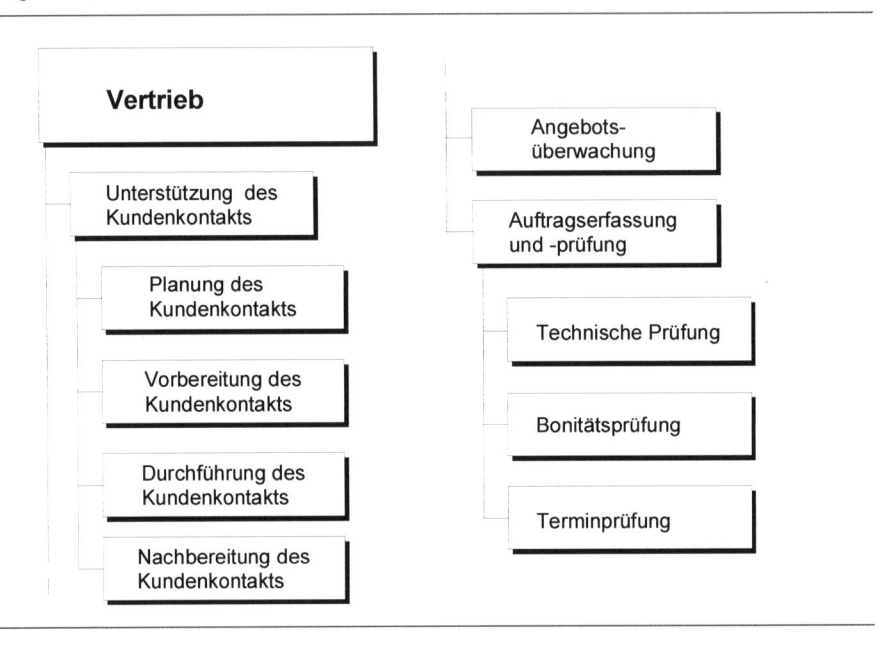

```
Vertrieb
├── Unterstützung des Kundenkontakts
├── Planung des Kundenkontakts
├── Vorbereitung des Kundenkontakts
├── Durchführung des Kundenkontakts
├── Nachbereitung des Kundenkontakts
├── Angebotsüberwachung
├── Auftragserfassung und -prüfung
├── Technische Prüfung
├── Bonitätsprüfung
└── Terminprüfung
```

Für die folgende Betrachtung eines typischen Geschäftsprozesses im Verkaufssektor ist zunächst angenommen, dass der Betrieb stark kundenwunschorientiert fertigt:

1. Eine Vielzahl von Anwendungssystemen unterstützt die Vertriebs- bzw. Außendienstmitarbeiter (ADM) bei der Planung, Vorbereitung, Durchführung und Nachbereitung der Kundenkontakte. Resultat ist in der Regel ein Angebot. Die Angebotsüberwachung sorgt durch Ausgabe entsprechender Hinweise dafür, dass die Angebote „gepflegt" werden. Man verwendet in diesem Zusammenhang auch den Begriff **CAS** (**C**omputer **A**ided **S**elling) [WIN 04].

2. Das Modul Auftragserfassung und -prüfung liest den Kundenauftrag ein und prüft, ob er angenommen werden kann oder abgelehnt werden muss. Letzteres kann der Fall sein, weil technische Probleme auftreten, der Kunde nicht kreditwürdig ist, der vom Kunden gewünschte Liefertermin nicht eingehalten werden kann oder ein Verlust entstehen würde. Für die akzeptierten Aufträge gibt das Anwendungssystem Auftragsbestätigungen aus und baut Vormerkdatenbestände auf.

Es gibt jedoch gerade im Vertriebsbereich zahlreiche Konzeptionen, die von der oben geschilderten abweichen. Die zweckmäßigste Kombination von AS hängt vor allem davon ab, inwieweit Kundenwunsch- oder Vorratsfertigung vorliegt. Bei reiner Vorratsfertigung genügen in der Regel die Auftragserfassung und -prüfung sowie die Verkäufereinsatzsteuerung, wohingegen die Kundenanfrage- und Angebotsbearbeitung sowie die Angebotsüberwachung wegfallen.

Dem Sektor Marketing und Verkauf ließe sich auch ein AS „Zollabwicklung" zuordnen. Ein entsprechendes System wird spiegelbildlich im Beschaffungssektor skizziert (vgl. Abschnitt 3.3.3.3).

3.2.2 Unterstützung des Kundenkontakts

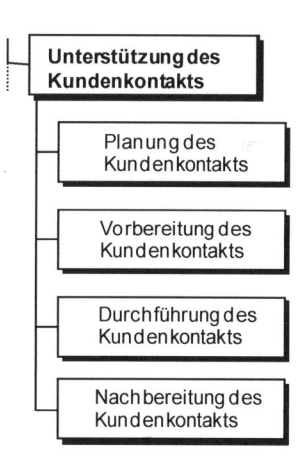

Die Unterstützung des Vertriebsmitarbeiters beginnt bei der Planung des Kundenkontakts, wobei die Auswahl der zu besuchenden Kunden im Mittelpunkt steht. Mit der Selektion der zu präsentierenden Produkte geht der Prozess in die nächste Stufe, die Vorbereitung des Kundenkontakts, über. Zu diesem Zeitpunkt sind dem ADM detaillierte Informationen über den Kunden, bisherige Angebote und Wettbewerber bereitzustellen sowie Reiserouten auszuarbeiten. Bei der eigentlichen Durchführung des Kundenkontakts unterstützt ein Angebotssystem den ADM, damit möglichst schon beim ersten Besuch des Vertriebsmitarbeiters ein konsistentes Angebot entsteht. In der letzten Phase helfen AS bei der Nachbereitung und schließen den Informationskreis (vgl. Abbildung 3.2.2/1). Die gesamte Pflege der Kundenbeziehungen, insbesondere soweit IV-Systeme hierfür eingesetzt werden, welche alle Phasen der Abbildung 3.2.2/1 umfassen, bilden auch einen wichtigen Bestandteil des **Customer Relationship Management (CRM)**. Dieses beinhaltet allerdings eine erheblich größere Funktionalität als CAS (Abschnitt 4.2).

Abbildung 3.2.2/1   Phasen im Verkaufsaußendienst

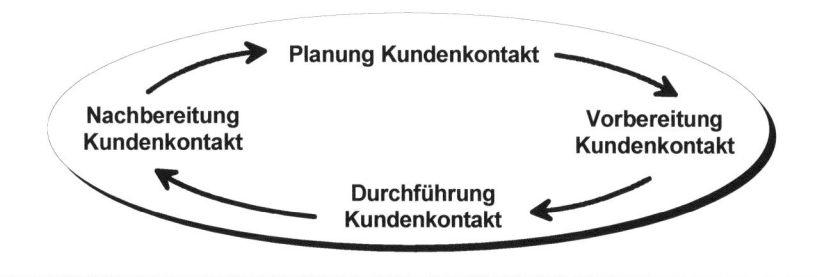

Abbildung 3.2.2/2 Unterstützung des Kundenkontakts

Wichtigste Eingaben:	Kunde, Beschreibung von Kundenanfragen, Parameter für Angebots- und Sonderaktionen, „Lost Orders"
Wichtigste Anzeigen und Ausdrucke:	Angebotsinformationen (Checklisten zur Angebotsauswahl, individuelle Angebote, selektiv gestreute Massenangebote, Angebotsentwürfe, Kundenportfolios, Einsatzanweisungen an die Verkäufer), Produktinformationen (Textbausteine und (multimediale) Produktbeschreibungen, Wirtschaftlichkeitsrechnungen, technische Verfahrensvergleiche, Alternativprodukte), Kundeninformationen (Unternehmensgröße, Marktstellung, bereits installierte Infrastruktur, bisherige Angebote, bisherige Aufträge, Lost-Order-Statistiken, Ablehnungsgründe), Finanzierungsinformationen (Subventionsmöglichkeiten, Finanzierungsvorschläge), Wettbewerberinformationen (Produktspektrum, Preise)
Wichtigste Dialogfunktionen:	Änderung der Parameter von Angebotsaktionen mit Anzeige der resultierenden Zahl der Angebote, Bewertung von Checklistenpositionen, Auswahl von Kunden für Sonderaktionen nach Anzeige von Kundenstammdaten, Verkäuferstammdaten und Fertigungskapazitäten
Nutzeffekte:	Beschleunigung der Angebotsabgabe, größere Übereinstimmung zwischen Kundenwunsch und Angebot, Vermeiden personeller Schreib- und Rechenarbeiten, automatische Erfassung der Angebotsaktionen für die Zwecke der Führungsinformation und Prognose, verbesserte Ausschöpfung des Marktpotenzials, verbesserte Auslastung der Produktionskapazität, verbesserte Auslastung der Vertriebskapazität, Senkung der Vertriebskosten

3.2.2.1 Planung des Kundenkontakts

Kundenkontakte kommen in der Regel durch die Anfrage eines Kunden oder ein unaufgefordertes Angebot (z. B. durch das Database-Marketing gesteuert, vgl. Band 2) zustande. Die Aufnahme einer Kundenanfrage- und Angebotsbearbeitung (Angebotsschreibung) in die IIV ist dann sinnvoll, wenn eine sehr große Anzahl von Kundenanfragen und Angeboten bearbeitet werden muss (z. B. wenn öfter Angebotsaktionen durchgeführt werden oder in der Branche üblicherweise auf einen Auftrag sehr viele Anfragen und Angebote entfallen) und/oder die Kundenanfragen und Angebote im Hinblick auf die Produktspezifikationen und auf die Angebotskalkulation aus weitgehend stan-

- Planung des Kundenkontakts
- Vorbereitung des Kundenkontakts
- Durchführung des Kundenkontakts
- Nachbereitung des Kundenkontakts

dardisierten Elementen (Bausteinen) konfiguriert werden können (vgl. Abschnitt 3.1.3). In solchen Fällen genügt die Eingabe dieser Spezifikationen, damit das Programm aus Tabellen oder Datenbanken die Bauelemente entnehmen, sie nach vorgegebenen Regeln zusammensetzen und das so definierte Produkt kalkulieren kann. Vielfach bietet man Mehrwertdienste an, so etwa die Abschätzung der Folgekosten einer Investition im Kundenbetrieb.

Sehr schwierig, aber auch sehr wichtig ist es, die Entscheidung zu unterstützen, **ob** ein Kunde überhaupt auf seine Anfrage hin ein Angebot erhalten soll (**Angebotsauswahl**). Gerade bei stark kundenwunschorientierter Produktion verlangt das einzelne Angebot einen hohen Aufwand, sodass die Ressourcen der beteiligten Instanzen, etwa der Konstruktionsabteilung, sorgfältig zugeteilt werden müssen. Es gilt, Informationen über solche Abnehmer bereitzustellen, die in der Vergangenheit immer wieder angefragt und Angebote erhalten, aber keine Aufträge erteilt haben.

In manchen Großunternehmen gibt es Checklisten, die „durchzugehen" sind, bevor ein Angebot gestellt wird. Sie enthalten Kriterien wie z. B., ob eine Haftungsbegrenzung erforderlich ist, ob der Kunde eine Finanzierung fordert, inwieweit der Lieferumfang standardisiert ist oder wie hoch das Marktpreisniveau liegt. Solche Checklisten können am Bildschirm abgearbeitet werden.

Wenn ein Angebot das Interesse des Kunden findet, schließt sich gegebenenfalls ein ADM-Besuch an. Verschiedentlich wird vorgeschlagen, die Kundenbesuche der Verkäufer rechnergestützt zu terminieren und zu disponieren. Es stellt sich die Frage, welche Kunden in welcher Planperiode besucht werden sollen. Dazu lassen sich folgende programmierbare Entscheidungsregeln formulieren: Auszuwählen sind jene Kunden,

1. die im Vergleich zu einer entsprechenden Vergangenheitsperiode (z. B. bis zur gleichen Woche des Vorjahrs) und/oder zum Branchendurchschnitt wenig angefragt oder geordert haben und/oder

2. die seit einem bestimmten Zeitpunkt nicht mehr besucht worden sind bzw. nicht geordert haben und/oder

3. bei denen man einen besonders geringen Anteil am durch die Marktforschung ermittelten bzw. geschätzten Einkaufsvolumen hat und/oder

4. von denen zu vermuten ist, dass sie solche Produkte abnehmen werden, deren Absatz aus Produktlebenszyklus-, Lager- oder Kapazitätsauslastungsgründen erwünscht ist bzw. für die gerade Angebots-Schwerpunkt-Aktionen laufen und/oder

5. die aufgrund eines vordefinierten Zyklus an der Reihe sind und/oder

6. bei denen ein Angebot nachzufassen ist und/oder

7. bei denen sich ein Grund für den Besuch („Türöffner") leicht finden lässt. Die IIV erleichtert individualisierte Angebote an Kunden, z. B. wenn er von sich aus an den Lieferanten mit einer technischen Anfrage oder einer Reparaturanforderung zu einem bereits gekauften Erzeugnis herantritt. Umgekehrt ist ein „kalter Kontakt" („Cold Call") meist

vergebens [FRE 10]. Daher ist die Integration der Angebotssysteme mit solchen des Kundendienstes (vgl. Abschnitt 3.7) vordringlich (siehe dazu auch den Abschnitt 4.2 über Customer Relationship Management). Polko [POL 10] skizziert, wie sogar natürlichsprachlich formulierte Kundenanfragen für derartige Zwecke maschinell ausgewertet werden können.

Eine andere Chance, den Kunden aufgrund gespeicherter Daten anzusprechen, stellt sich ein, wenn zu einem an diesen Kunden bereits gelieferten Produkt eine modernere Komponente auf den Markt gebracht wird. In [BAL 10] wird gezeigt, wie der Fernsehgerätehersteller **Loewe AG** diese Chance nutzt, wenn für eine Produktlinie ein neuer Lautsprecher entwickelt wurde.

Bei Kriterium 1) kann ein IV-System auf der Basis von Vergangenheitsdaten ermitteln, in welchem zeitlichen Vorlauf kunden- oder produktbezogen welcher Anfragewert vorhanden sein muss, damit wahrscheinlich ein definierter Auftragsbestand oder ein gewünschtes Wachstum zu realisieren ist.

Für die Regeln 2) und 5) muss in einer einmaligen Untersuchung eine geeignete Soll-Besuchsfrequenz für jeden Kunden ermittelt werden. Im Fall 5) ist aus dieser Besuchsfrequenz darüber hinaus ein Zyklus zusammenzustellen, wie es etwa für Verkaufsfahrer in der **Lebensmittelbranche** üblich ist. Dieser Zyklus wird in der Regel personell festgelegt; es ist jedoch vorstellbar, dass man die Eignung verschiedener alternativer Zyklen mithilfe von Simulationsmodellen überprüft, in die dann auch einige jener Gesichtspunkte aufgenommen werden können, die wir anschließend andeuten.

Eine rationelle Form, Kundenkontakte zu knüpfen, bietet die sogenannte **C**omputer **T**elephony **I**ntegration (**CTI**). Am PC kann eine Liste von Telefonnummern (Distributionsliste) angewählt und eine Folge von Verbindungen hergestellt werden. Werden dem Mitarbeiter zuvor Name und Adresse des Anzurufenden angezeigt, mit der Option, diesen anzuwählen oder abzulehnen, so spricht man von **Preview Dialing**. Gleichzeitig können Informationen über Inhalte aus dem Vormerkspeicher Angebote und Aufträge, frühere Geschäftsverbindungen, Zahlungsbedingungen, spezielle Rabatte oder bisherige Präferenzen zur Verfügung gestellt werden [BLI 01/HAM 97].

In stark divisionalisierten Unternehmen stellt sich das Problem, dass ein Kunde womöglich binnen kurzer Zeit unkoordiniert von mehreren Außendienstmitarbeitern besucht wird. Eine einfache Lösung besteht in einem reinen Informationssystem: Die ADM melden ihre personell ausgearbeiteten Besuchspläne an einen zentralen Rechner. Dieser stellt solche Überschneidungen fest und übermittelt sie auf die mobilen Geräte der ADM. So könnte sich z. B. in einem Unternehmen der **Sportartikelindustrie** ein Reisender für Sporttextilien mit dem für Sportschuhe abstimmen, wenn beide ein Sportgeschäft besuchen wollen.

Unter Umständen ist bei der Besuchsplanung eine Reihe von terminlichen Restriktionen zu beachten. So gibt es z. B. Kunden, die Vertreter nur an bestimmten Tagen („Windows") empfangen, oder die Besuchstermine dürfen sich nicht mit Verkaufsmessen, Schlussverkäufen und Ähnlichem überschneiden (blockierte Termine). Verschiedene Standardsoftware-Pakete gestatten die Formulierung derartiger Nebenbedingungen [ALQ 97].

Aktuelle Kommunikationstechnik, etwa die Integration von Internet und Mobiltelefonie, erlaubt es, Außendienstmitarbeiter rasch und aktiv zu informieren, wenn kurzfristig umdisponiert werden muss. Hat beispielsweise ein Kunde per E-Mail einen Besuch erbeten, so erhält der Vertreter, der sich in der Nähe befindet, einen Terminhinweis mit Informationen aus den Kundenstammsätzen und aus den Auftrags-Vormerkspeichern (vgl. auch [OV 97]).

3.2.2.2 Vorbereitung des Kundenkontakts

Nachdem die zu besuchenden Kunden feststehen, kann sich der ADM mithilfe von Kunden-, Angebots- und Marktdatenbanken anhand detaillierter Informationen über den Kunden, historische Angebote und Wettbewerber auf den Besuch vorbereiten.

Sofern die anzubietenden Erzeugnisse nicht schon durch eine Anfrage oder in der Planungsphase bestimmt wurden, dürften vor allem diejenigen Produkte zu beachten sein, die überbevorratet oder geeignet sind, die unterbelasteten Kapazitäten bei maximalem Deckungsbeitrag zu füllen. Um diese Artikel herauszufinden, bestehen grundsätzlich zwei Möglichkeiten:

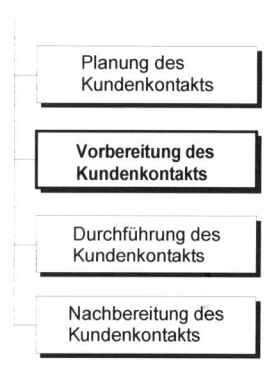

| Planung des Kundenkontakts |
| **Vorbereitung des Kundenkontakts** |
| Durchführung des Kundenkontakts |
| Nachbereitung des Kundenkontakts |

1. In einfacheren Fällen stellt ein Programm durch Konsultation der gespeicherten Arbeitspläne (Fertigungsvorschriften) fest, welche Produkte auf den ungenutzten Kapazitäten bearbeitet werden.
2. Die vereinfachte Lösung gemäß 1) birgt jedoch die Gefahr, dass die so gefundenen Erzeugnisse zwar die unterbelasteten Kapazitäten nutzen, jedoch gleichzeitig auch solche Maschinen beanspruchen, die bereits voll ausgelastet sind. Will man diese Schwierigkeit vermeiden, so kann man mithilfe der linearen Programmierung das optimale Ergänzungsprogramm bestimmen. In die Nebenbedingungen dieses Ansatzes gehen als Kapazitätsschranken die Differenzen zwischen der insgesamt verfügbaren Kapazität und der Kapazität ein, die bereits durch die vorhandenen Kundenaufträge genutzt ist.

Als weitere Kriterien zur Auswahl von Produkten, die in Verkaufsgesprächen bevorzugt werden sollten, kommen infrage:

1. Solche, die der Kunde in der Vorperiode stärker, in der laufenden Periode jedoch noch nicht oder nur schwach geordert hat
2. Solche, die der Kunde seit längerer Zeit nicht mehr gekauft hat

SAP offeriert im Rahmen von **SAP CRM Sales** eine „**mobile App**", um die ADM zu unterstützen: Zur Vorbereitung des Kundenkontakts kann der Verkäufer auf seinem mobilen Endgerät Informationen über den Kunden (unter anderem Anfragen, Aufträge, Reklamationen, Kontostände, Hinweise zur Kreditwürdigkeit, Öffnungszeiten etc.) anlegen, abrufen sowie bearbeiten und andere aktuelle Informationen, wie z. B. jüngste Preissenkungen, erhalten [FAI 11]. Dazu kann auch ein wissensbasiertes System [BRE 11] aufgerufen werden.

Schließlich ermittelt ein Modul einen geeigneten Rundreiseweg. Dazu stehen die Algorithmen zum sogenannten „Handelsreisendenproblem" [NEU 02] zur Verfügung. Zwar sind für größere Datenmengen brauchbare exakte analytische Lösungsmöglichkeiten noch nicht vorhanden, jedoch führen die bekannten und zum Teil einfachen Näherungsmethoden in der Regel zu sehr guten Ergebnissen.

Bei der Detailkonzeption von derartigen Modellen ist zunächst festzulegen, welche Ziele verfolgt werden sollen [KIE 94]. Dabei dürfte die Hauptschwierigkeit in der Kombination und Gewichtung der Einzelkriterien liegen. Vor allem aber ist zu beachten, dass die beschriebene sequenzielle Vorgehensweise theoretisch nicht exakt ist, weil Wechselbeziehungen zwischen den einzelnen Stufen bestehen. Beispielsweise möge ein bestimmter Kunde in der ersten Stufe nicht ausgewählt werden, weil nach den Auswahlkriterien der Besuch anderer Abnehmer dringlicher ist. Dieser Kunde wird demnach in der zweiten Stufe gar nicht beachtet, obwohl er vielleicht an einer Reiseroute liegt. Es sind uns keine Optimierungsmodelle bekannt, die dieses Problem lösen können.

3.2.2.3 Durchführung des Kundenkontakts

Eine Herausforderung für die IV liegt darin, das Gespräch von Mitarbeitern des Außendienstes mit dem Kunden in der Angebotsphase wirksam zu unterstützen. Vor allem bei stark erklärungsbedürftigen Produkten, wie sie für die **Investitionsgüterindustrie** im weitesten Sinne typisch sind, sitzt der Außendienstmitarbeiter oft einer Gruppe von Spezialisten („Buying Front") gegenüber und erreicht bald seine Kompetenzgrenzen. Üblicherweise muss dann der Kundenkontakt unterbrochen werden, damit der Verkäufer sich im eigenen Hause Rat holen und gegebenenfalls einen weiteren Besuch zusammen mit Experten vereinbaren kann. Besonders unvorteilhaft ist ein solcher Prozess im internationalen Vertrieb, aber auch im Inlandsverkauf wirken sich die so ausgelöste Verlängerung der Gesamtdurchlaufzeit eines Auftrages und die wiederholten Rüstzeiten nachteilig aus.

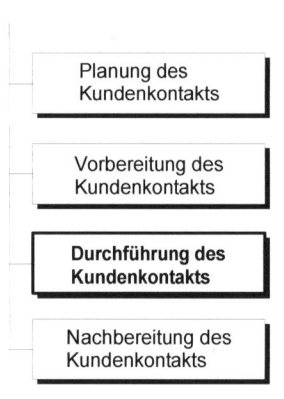

Planung des Kundenkontakts

Vorbereitung des Kundenkontakts

Durchführung des Kundenkontakts

Nachbereitung des Kundenkontakts

Prinzipiell sind zwei Formen der IV-Unterstützung möglich:

1. Der Mitarbeiter im Vertriebsaußendienst holt sich über E-Mail Rat aus der Zentrale oder ruft den Inhalt von Datenbanken ab (z. B. Know-how-Datenbanken, Informationen über dem gleichen Kunden früher gewährte Rabatte oder Listenpreise von Wettbewerbern, vgl. Band 2). Von der Datenbankorganisation her ist es oft nicht einfach, die strukturierten Informationen (z. B. Umsätze mit dem Kunden, Zahl der Mahnungen) mit den unstrukturierten (z. B. Schriftwechsel über E-Post im Rahmen einer Reklamation, Schriftsatz zu einem Schadensfall) zusammenzubringen. Hier bieten sich Portale an, auf denen der Mitarbeiter auch neue Informationen, etwa in Gestalt von Gesprächsnotizen, festhalten kann [OV 08].

2. Dem Mitarbeiter werden verkaufsunterstützende Systeme, auch Angebotssysteme genannt, zur Verfügung gestellt.

Die Funktionen eines gut ausgebauten Angebotssystems zeigt Abbildung 3.2.2.3/1.

Wählt der Kunde nur Produkte aus einem Katalog, vor allem im Internet-Kontext, so spricht man auch von „Click & Buy" [GÜN 01]. Stehen eine Vielzahl von Komponenten mit hinterlegten Beziehungen und Kombinationsregeln zur Verfügung, die schrittweise und über Parameter zu einem individuellen Produkt montiert werden, so handelt es sich um **Konfiguration** („Configure & Buy"). Der Lösungsraum kann extrem groß sein. Das Verfahren muss Konsistenz oder gar Optimalität einer erarbeiteten Lösung sicherstellen (vgl. auch [WOL 06]).

Abbildung 3.2.2.3/1   Funktionen eines Angebotssystems

---

1) Präsentation des Produkts, und zwar entweder in einer Schemaskizze oder anhand von ruhenden und bewegten Bildern, fotografischen Aufnahmen, Videos usw.

2) Selektion von Bauteilen, Extras usw.

3) Konfiguration

4) Kalkulation (vgl. Schnellkalkulationsverfahren in Abschnitt 3.9.2.3.1)

5) Ermittlung eines Angebotspreises (z. B. unter Berücksichtigung von Sonderrabatten oder Ideen des Yield-Managements (vgl. unten))

6) Nachweis und Analyse von möglichen Subventionen, die der Kunde beim Kauf des Wirtschaftsguts in Anspruch nehmen könnte

7) Ausarbeitung eines Finanzierungsvorschlags (Financial Engineering), in dem eine eventuelle Subvention, Eigenmittel, Kredite und ein Leasing-Vertrag gemischt sind; dabei stellt die Wahl einer Leasing-Variante zusammen mit ihrer Parametrisierung ein eigenes Konfigurationsproblem dar

8) Abschätzung der Folgekosten oder gar der Rentabilität oder Wirtschaftlichkeit des Investitionsguts im Kundenbetrieb (siehe unten)

9) Vorschläge zu das Hauptangebot ergänzenden Produkten und Komponenten („Cross-Selling", „Up-Selling")

10) Erfassung von Angeboten bzw. Aufträgen

Präsentationsoberfläche eines Angebotssystems bei komplexeren Erzeugnissen kann ein **elektronischer Produktkatalog (EPK)** sein [TIM 99]. Er tritt an die Stelle dicker Papierkataloge oder Loseblattwerke, in denen sich der Benutzer nicht mehr zurechtfindet. Besonders elegante Möglichkeiten eröffnen hierzu Multimedia- bzw. Hypermediasysteme (so etwa die Kombination von Text, Grafik, Videobildern und Sprachausgabe). Der Vertriebsmitarbeiter oder der Kunde führt die Merkmale des gewünschten Erzeugnisses zu, z. B. Maße, Bruchfestigkeit, Korrosionsbeständigkeit bei bestimmten Umgebungsbedingungen, Preisobergrenzen. Das System sucht dann in der Datenbank passende Fabrikate. In solchen Konfiguratoren, die mit Entscheidungsbäumen und Beschränkungen (Constraints) arbeiten, müssen die Merkmale nicht in einem Zug eingegeben werden; vielmehr erhält der Benutzer Vorschläge zu weiteren Merkmalen, wenn das System das vorher Eingegebene verarbeitet hat. Beispiel: Wählt ein Benutzer die Leistung aus, die ein Steckverbinder maximal „vertragen" kann, so werden ihm für die Auswahl des nächsten Merkmals „Leitungsquerschnitt" nur noch die Produkte angeboten, die das Kriterium der maximalen Leistung erfüllen [HAH 03]. EPKs zeigen eine gewisse Verwandtschaft zu den in Band 2 beschriebenen Know-how-Datenbanken. Sie sind jedoch weniger auf bisherige Angebote bzw. Problemlösungen bei einzelnen Kunden und Sonderanfertigungen bezogen, sondern mehr auf Standarderzeugnisse. Der elektronische Katalog der **Festo AG & Co. KG** kann auch von chinesischen Kunden in Mandarin abgerufen werden.

Bei der Arbeitsteilung zwischen Mensch und Maschine in einem interaktiven Konfigurator lassen sich die in Abbildung 3.2.2.3/2 skizzierten vier Varianten unterscheiden.

Abbildung 3.2.2.3/3 enthält ausgewählte Funktionalitäten fortschrittlicher Konfiguratoren, die über die bloßen Konfigurationsvorschläge hinausreichen [HÜL 03], [KUR 10].

Bei der Gestaltung dürfen nicht einseitig technische Gesichtspunkte (z. B. die Ordnung der Varianten in der Variantenstückliste) dominieren, sondern auf betriebswirtschaftliche und entscheidungstheoretische Erkenntnisse ist Rücksicht zu nehmen. So werden deckungsbeitragsstarke „Extras" in einer frühen Phase des Navigationsprozesses offeriert; weniger wichtige Auswahloptionen, die viele Klicks abverlangen, sollten nicht am Anfang stehen, weil sonst Ermüdungserscheinungen beim Interessenten eintreten und die Kaufwahrscheinlichkeit sinkt. Herrmann u.a. [HER 07] verdeutlichen derartige Konstruktionsregeln am Beispiel des Audi-A4-Car-Konfigurators.

Das Konfigurationswissen kann in Gestalt von Regelwerken bzw. ähnlichen Wissensbasen oder als Modell hinterlegt sein. Bei Letzterem speichert man zu jedem Produkt-Baustein seine Eigenschaften und die Beziehungen zu anderen Komponenten (z. B. „A setzt B voraus"; „C und D dürfen nicht zusammen vorkommen"). Ein anderes Hilfsmittel ist eine Priorisierungsmatrix [HEL 10, S. 204-208]: In den Spalten stehen die möglichen Kundenanforderungen, in den Zeilen die Produktcharakteristika und in den Zellen Werte, wie gut das Produktmerkmal den Kundenwunsch abbildet. (Beispiel: Ein spezieller Winterreifen bietet bei glatter Fahrbahn mehr Sicherheit als ein Ganzjahresreifen.) Möglicherweise können vom Außendienst eingespeiste Erfahrungen (z. B. „Kunde verirrt sich in mehrstufigen Bedien-Menus") teilautomatisch zur Anpassung der Faktoren in den Zellen herangezogen werden. Auch die Suche nach ähnlichen, bewährten Konfigurationen aus früheren Aufträgen im Wege des **C**ase-**B**ased **R**easoning (**CBR**, Fallbasiertes Schließen) mag helfen [BLE 05], [BUT 05].

Abbildung 3.2.2.3/2 Varianten von Konfiguratoren

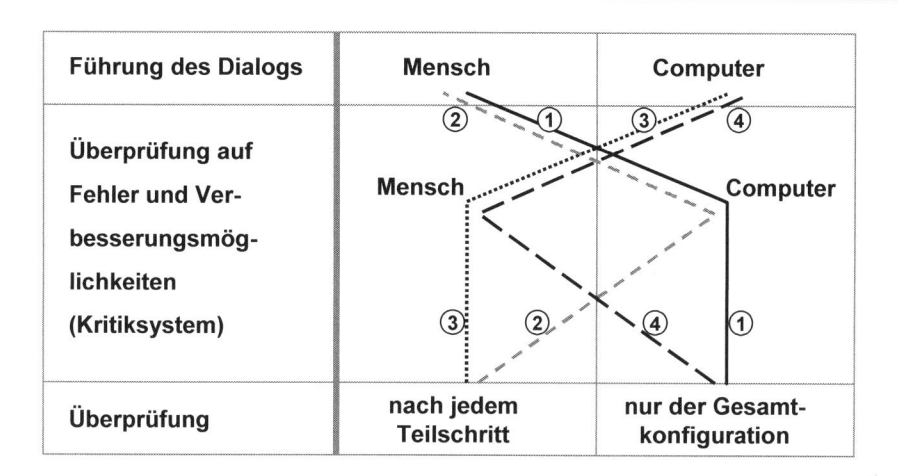

Führung des Dialogs	Mensch	Computer
Überprüfung auf Fehler und Verbesserungsmöglichkeiten (Kritiksystem)	Mensch	Computer
Überprüfung	nach jedem Teilschritt	nur der Gesamtkonfiguration

Bei sehr komplexen Produkten, die aus wählbaren Komponenten montiert werden, stößt man wegen der „kombinatorischen Explosion" oft an Grenzen. Mit Blick auf den Speicherbedarf des Produktmodells und die begrenzten Konfigurationskenntnisse des Kunden werden sogenannte Punch-Out-Modelle vorgeschlagen: Nur ein Teil der produktbeschreibenden Daten wird den Kunden überlassen. Diese Daten dienen dazu, die Produkte innerhalb eines Produktkatalogs zu finden und so zu beschreiben, dass der Partner in geeigneter Form seine Wünsche an den Lieferanten übermitteln kann. Dort mag ein besonders „intelligenter" Konfigurator für die endgültige Konfiguration zur Verfügung stehen [DOR 02].

Abbildung 3.2.2.3/3 Ausgewählte Funktionalitäten von Konfiguratoren

1) Automatische Erklärung von Fehlern und Widersprüchen

2) Grafische Darstellung des konfigurierten Produkts, Manipulation direkt in der Grafik

3) Integrierte technische Berechnungen

4) Automatische Generierung des Angebotstexts einschließlich Geschäftsbedingungen

5) Prüfung der Verfügbarkeit und des Liefertermins über eine Schnittstelle zum Lagerhaltungssektor bzw. mit einer ATP-Logik (vgl. Abschnitt 4.4)

PRAKTISCHE BEISPIELE

1. Der Geschäftsbereich **Chassis Systems Control** der **Robert Bosch GmbH** entwickelt und vertreibt Anti-Blockier-Bremssysteme (ABS), Antischlupfregelungen (ASR) und Elektronische Stabilitäts-Programme (ESP) für die Erstausrüstung von Pkws. Kunden sind Automobilhersteller. Die Systeme besitzen bis zu 200 konfigurierbare Parameter. Um dieser Komplexität Herr zu werden, definierten die Entwicklungsabteilungen einen Elektronischen Produktkatalog; in ihm wird festgelegt, welche Produktkonfigurationen überhaupt technisch machbar sind und wie hoch die voraussichtlichen Entwicklungs- und Stückkosten liegen würden. Die Verkäufer benutzen den Katalog, um auf dieser Grundlage Angebote zu schreiben. Sie sind dazu gezwungen, da die Entwicklungsabteilungen keine Kundenprojekte mehr annehmen, die nicht mit dem Katalog erstellt worden sind. Um das neue Produkt dem Kunden und dem auszurüstenden Fahrzeug anzupassen, werden die Kunden meist nach Innovationsneigung und die Fahrzeuge nach der Zielregion, in der sie verkauft werden sollen, eingeteilt. Außerdem will man die Wiederverwendbarkeit von Bauteilen fördern, um Skaleneffekte zu erreichen. Im Durchschnitt werden ca. 50 Angebotsvarianten erstellt, bevor man einen Kundenauftrag gewinnt. Der Angebotsprozess wird mit dem **System CSIS** (**C**hassis **S**ystems **I**nformation **S**ystem) abgewickelt. **CSIS** enthält neben dem Angebotssystem im engeren Sinn eine Datenbank, in der man sowohl abgelehnte als auch durchgeführte Kundenprojekte ablegt (die Gründe für die Ablehnung werden festgehalten (z. B.: zu teuer, zu lange Entwicklungszeit, fehlende Kapazitäten bei Bosch)). Ferner gehören zu **CSIS** auch Module für das Projektmanagement und ein WMS, welches verschiedene Instanzen zu Prüfungen auffordert, ob sie die erforderlichen Kapazitäten besitzen, den Terminplan einhalten können und welche Kosten entstehen [FRI 11].

2. Der Sportartikelproduzent **adidas AG** entwickelte das System „miadidas", über das in einem 3-stufigen Prozess ein kundenindividueller Schuh mit idealem Sitz für den jeweiligen Fuß herstellbar ist. Auf Marketing-Veranstaltungen im Einzelhandel (z. B. in Sportgeschäften) bekommt der Endverbraucher die Möglichkeit, den adidas-Artikel seinen eigenen Wünschen und Bedürfnissen anzupassen. Mithilfe einer Vermessung und eines Fuß-Scans werden Größe und Druckverteilung ermittelt. Aus der Kombination der beiden Messwerte bestimmt „miadidas", welche Unterstützung der Fuß für die perfekte Passform benötigt. Das Aussehen, die Farbe und eine individuelle Stickerei kann der Kunde selbst festlegen. Das System ist mit oder ohne Fuß-Scan und Vermessung bei über tausend Partnern weltweit im Einsatz [REI 08/OHA 11].

3. Unter http://www.bmw.de/de/de/general/configurations_center/configurator.html stößt man auf den „**BMW Konfigurator**" und darf sich seinen „Traum-BMW" zusammenstellen. Das Werkzeug richtet sich betont an den Laien. Er kann Tipps zur Bedienung aufrufen. Ferner erhält er Erläuterungen, z. B. zur CO_2-Emission.

Die Selbstkonfiguration im Internet wird dem Kunden erleichtert, wenn das System prüft, welche Wahl andere Kunden mit ähnlichem Bedarf und/oder ähnlichen persönlichen Merkmalen getroffen hatten (Empfehlungssysteme, Recommender Systems, Collaborative Filtering) [BLE 05], [KLA 09], [SCHW 97].

Nach einer entsprechenden Verbesserung des Preis-Leistungs-Verhältnisses der Hard- und Software mag es in ausgewählten Branchen reizvoll sein, sich im Angebotsprozess der Virtual-Reality-Technik (VR) zu bedienen.

PRAKTISCHES BEISPIEL

Der Küchenspezialist **Küchen Quelle GmbH** hat ein mit einigen VR-Elementen angereichertes Programm für den Küchenverkauf im Direktvertrieb im Einsatz. Dieses erlaubt es dem Verkäufer, gemeinsam mit seinem Kunden eine Küche zu konfigurieren. Der Kunde kann die Anordnung der Küchenelemente, die Ausstattung und den verbliebenen Platz im Raum sehen („Fotorealismus"). Der Laie vermag die konstruierte fotorealistische Abbildung im PC nicht mehr von einem echten Foto zu unterscheiden. Videosequenzen veranschaulichen z. B. Staurräume. Teilanimationen erlauben es dem Kunden, einzelne Schränke zu öffnen und deren „Innenleben" anzusehen. Ein Regelwerk weist den Planenden etwa darauf hin, wie groß ein Unterschrank beim Einbau eines Drehbodens sein muss. Hieraus lassen sich ein CAD-Plan für den Teilezulieferer und ein Installationsplan für den Wasser- und Stromanschluss ableiten. Man kann auch die Küche vom heimischen PC aus (vor)planen, dann allerdings mit reduzierten Funktionen [GRÜ 03/WAR 11].

Haben Kunden noch keine präzisen Vorstellungen von den benötigten Produkten, so ist es sinnvoll, mithilfe einer vorgelagerten Bedarfsanalyse das Produktspektrum einzugrenzen. Eine **Produktberatungskomponente (PBK)** hilft, die oft beträchtliche Lücke zwischen Kundenbedarf und Produktangebot zu überbrücken, indem sie zuerst Methoden zur Problemlösung und später die dafür benötigten Produkte aus dem Sortiment aussucht [ROS 01].

PRAKTISCHES BEISPIEL

In einem Kooperationsprojekt zwischen einem **Büromaschinenhersteller** und dem **FORWISS** (Bayerisches Forschungszentrum für Wissensbasierte Systeme) entstand ein vielseitiges prototypisches System zur Angebotsunterstützung (vgl. Abbildung 3.2.2.3/4) mit dem Namen Verkaufs-Assistent. Das Programm bietet umfassende Hilfe bei der Erstellung von Angeboten für Hilfsmittel der Büroautomation (Hardware und Software) sowie für deren Finanzierung [LÖD 94].

Zur Ermittlung der Kundenanforderungen (Bedarfsanalyse) betrachtet das System unter anderem die Branche, den Beruf oder die betriebliche Funktion des Kunden. Mittels gespeicherter **Anwenderstereotypen** (z. B. „Freier Handelsvertreter" = „Mobiler Standard-User mit geringem Erweiterungsbedarf") schließt es z. B. darauf, ob ein angebotener PC tragbar sein muss, und gibt Empfehlungen für mögliche Anwendungen (Branchenpakete und/oder Standardsoftware zur Büroautomation). Beides kann vom potenziellen Kunden noch verfeinert werden. Hieraus resultieren je nach Beratungsdauer mehr oder weniger genaue Werte für die Leistungsanforderungen (Prozessortyp, Hauptspeicherbedarf etc.) des vorzuschlagenden Computers.

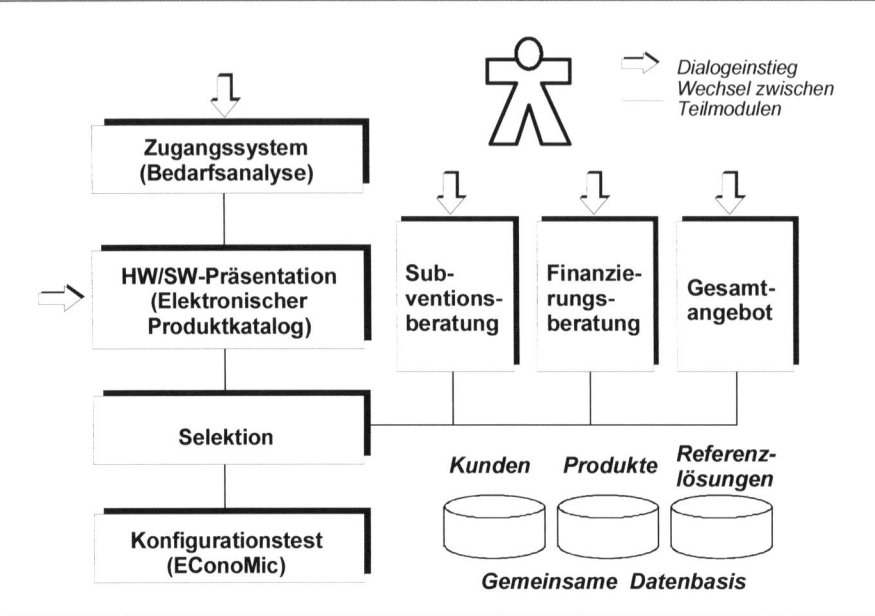

Abbildung 3.2.2.3/4   Gesamtarchitektur Verkaufs-Assistent

Mit dem Ergebnis der Beratungskomponente wird zur Vorstellung der gewünschten Produkte eine Sequenz von Seiten aus den entsprechenden Kapiteln eines multimedialen EPKs generiert, die auf den Benutzer zugeschnitten ist. Hierzu verwendet das Beratungssystem unter anderem zusätzlich den kognitiven Typ (schneller Generalist, langsamer Spezialist) und die Kompetenz des Kunden (Laie, Könner oder Profi). Um den Kunden in dieser Hinsicht einstufen zu können, baut es durch Beobachtung des Dialogverhaltens ein Benutzermodell (vgl. Band 2) auf.

Der EPK dient der Präsentation des Sortiments. Neben technischen Produktdaten über Eigenschaften, Optionen und Zubehör werden auch Marketing- und Vertriebsinformationen angeboten. Dazu gehören unter anderem ein Werbefilm zur Vorstellung neuer Produkte oder eine Tabelle, die überblicksartig die Einsatzschwerpunkte der unterschiedlichen Rechner zeigt.

In der Selektion generiert der Kunde ein Angebot mit allen Preisen und Bestellnummern. Während der Auswahl kontrolliert das Modul Konfigurationstest, ob die vom Benutzer ausgewählten Produkte zu den bereits selektierten passen.

Die Subventionsberatung überprüft den Anspruch des Kunden auf staatliche Fördermittel und gibt sie an das Modul zur Finanzierungsberatung („Financial Engineering") weiter. Mit diesem vergleicht der Interessent verschiedene Finanzierungsformen (Kauf, Mietkauf und mehrere Leasingvarianten) und „schnürt ein Finanzierungspaket".

> Die Gesamtlösung, bestehend aus den einzelnen Hardware-/Software-Produkten und einer maßgeschneiderten Finanzierung, bereitet das Modul Gesamtangebot sowohl für den Kunden als auch für die betriebsinterne Weiterverwendung auf.

In einigen Branchen verspüren Kunden vor dem Kaufentscheid das Bedürfnis, sich mit den vielfältigen Merkmalen eines Erzeugnisses ein wenig vertraut zu machen. Ein Beispiel sind Persönliche Digitale Assistenten („Smartphones"), wo sich die Interessenten fragen: „Ist das vielleicht zu kompliziert für mich, passende „Apps" aufzufinden, sie zu kaufen, auf mein Gerät zu laden und damit umzugehen?". Hier ist das „Customer Focused E-Learning" bzw. das „Just-in-Time-E-Learning" erwägenswert: In Verbindung mit dem Konfigurator kann der Interessent kleine Lernsequenzen aufrufen, die letztlich didaktisch gut aufbereitete Handbuch-Passagen darstellen [GÖT 10].

Weitergehend sind Werkzeuge bzw. Werkzeugsätze („Toolkits"), die es Abnehmern erlauben, Erzeugnisse nach ihrem Bedarf bzw. Geschmack nicht nur auf der Grundlage vordefinierter Bausteine zu konfigurieren, sondern individuell zu konstruieren („Guest Engineering", „User Engineering") [BRO 05], [REI 06]. Gelingt dies, so ist diese Kommunikation zwischen Anbieter und Abnehmer oft zuverlässiger als wenn im Rahmen der Marktforschung nach Kundenwünschen gefragt wird [FRA 03], [LIN 06]. Diese Werkzeuge sind freilich schlecht zu verallgemeinern und stark branchenabhängig. Die Beispiele reichen von Softwareprodukten über integrierte Schaltkreise, individualisierte Telefon-Anrufbeantworter, Werkzeugmaschinen bis zu Nahrungsmitteln (z. B. Pizzen oder Saucen bei der **Nestlé USA Food Services Division** [HIP 02, S. 828]). Zu den Instrumenten zählen Programme, die es dem Kunden gestatten, eine vom Lieferanten vorgegebene Konstruktionszeichnung zu modifizieren, Software umzuschreiben oder Schaltkreise zu entwerfen. Zuweilen handelt es sich um besonders benutzungsfreundliche Varianten von Entwurfshilfen, wie sie auch Außendienstmitarbeitern oder anderen Kundenbetreuern (etwa Ingenieuren in Niederlassungen von Industriebetrieben) zur Verfügung gestellt werden. Wichtige Elemente können Hilfsmittel sein, mit denen der Kunde die Funktionsfähigkeit seines Entwurfs simuliert (z. B. Schaltkreis-Simulation, Abschätzung, ob eine Weiterleitungsfunktion im Telefon Engpässe erzeugt) oder Modulbibliotheken aufruft, um die Bausteine in seinen Entwurf zu integrieren. Im Allgemeinen sollen sich in den vom Abnehmer benutzten Werkzeugen nur die Kundenwünsche im Rahmen seiner Freiheitsgrade niederschlagen. Beispielsweise möge er einem Elektrowerkzeug eine neue äußere Form geben wollen, jedoch darf er den Motortyp nur aus einem Katalog auswählen und nicht neu konstruieren. Aus der Sicht der zwischenbetrieblichen Integration besteht ähnlich wie bei Konfiguratoren eine Herausforderung darin, das Resultat des Kundenentwurfs dem Kundenauftragserfassungssystem des Lieferanten so zur Verfügung zu stellen, dass dort möglichst ohne menschliche Intervention die Fertigung eingeleitet werden kann („User Manufacturing") [HIP 02].

Elektronische Verkaufshilfen sind eine wichtige Voraussetzung für die sogenannte **Mass Customization** („Massen-Maßfertigung", „Individualisierte Massenfertigung"). Hierunter versteht man eine Synthese aus Massenproduktion einerseits und der Befriedigung individueller Kundenbedürfnisse durch Produkte und Dienstleistungen, die der Abnehmer nach seinem Wunsch gestaltet, andererseits. Weitere Merkmale sind: Die Kosten der Erzeugnisse sollen in etwa denen einer massenhaften Fertigung eines Standardprodukts entsprechen und die Lieferung soll rasch erfolgen [DIE 05/PIL 06]. Man geht davon aus, dass im Anschluss an die vom Kunden vorgenommene Konfiguration ein „machbares" Erzeugnis definiert ist. Der Kundenwunsch wird in der Regel per Internet oder andere elektronische Kommunikationswege in den Fertigungsbetrieb gesandt und löst dort sofort die Produktion aus (**assemble-to-order**). IV-Systeme zur Unterstützung des Einkaufs und des Transports von Komponenten, insbesondere auch von fremdbezogenen, sorgen dafür, dass möglichst rasch die benötigten Teile in der Fertigung eintreffen [PIL 05/PIL 06/REI 03].

Die vom Kunden bezogene Variante muss bei den Kundenstammdaten gespeichert bleiben, damit bei Serviceanforderungen an den Innendienst („Help Desk") oder Außendienst (Abschnitt 3.7) die zur Konfiguration passenden Ratschläge erteilt werden können. Beispielsweise wird so rasch erkannt, dass wegen zu vieler elektronischer „Extras" Speicherengpässe entstehen [HEL 10].

Mass Customization kommt vor allem infrage, wenn die Kernleistungen stark digitalisierbar sind (z. B. Kfz-Armaturen) und der Abnehmer ausreichende Produktkenntnisse hat, sodass er nur in Ausnahmefällen mit dem Produzenten in Interaktion treten muss (z. B. Armbanduhren).

Der Nutzen der Mass Customization ist nicht unumstritten. Franke u.a. konnten aber zeigen, dass sich die Kauf- bzw. Zahlungsbereitschaft durch Mass Customization steigern lässt, vorausgesetzt dass sich die Kunden über ihre eigenen Präferenzen im Klaren sind und diese auch deutlich artikulieren können [FRA 09].

PRAKTISCHE BEISPIELE

1. 1997 wurde von der **tecmath AG**, einem Hersteller von 2D-Body-Scannern, zusammen mit dem Herrenbekleidungshersteller **Bernhardt** das Joint Venture **M-Plus** gegründet und in Mainz ein Pilotgeschäft eröffnet. Es war dies das erste Geschäft in Deutschland, welches Maßkonfektion über berührungslose Vermessung anbot. Die Fertigung der Anzüge und der Hemden erfolgt in zwei Werken von Bernhardt [MPL 11/SEI 01].

2. Der indische **Softwarekonzern INFOSYS** hat einen Kosmetikspiegel entwickelt, der zugleich als Bildschirm fungieren und mit einem „Funk-Lippenstift" bedient werden kann. Das Gerät erkennt spezielle Merkmale des Gesichts und empfiehlt in Abhängigkeit davon kosmetische Produkte [SHE 08].

Für die Entscheidung des Kunden ist es wichtig, den Preis seiner „Sonderanfertigung" noch während der Konfiguration im Mensch-Maschine-Dialog zu erfahren. Hierzu bieten sich je nach Produkttyp und Branche unterschiedliche Schnellkalkulationsverfahren an, wie sie in Abschnitt 3.9.2.3.1 aufgeführt sind.

Soweit wegen stark kundenwunschorientierter Fertigung Listenpreise allein nicht benutzt und die Preisangebote auch nicht durch Vorkalkulation unter Einbezug eines Gewinnzuschlags gewonnen werden können, sondern Markteinflüsse stark wirken, kann sich ein Anwendungssystem empfehlen, das das auszuarbeitende Angebot in Relation zu früheren an den gleichen oder ähnliche Kunden setzt.

Ein solches System ist der Prototyp **PREBEX** [SCHO 92]. Das System sucht in einer Datenbank historischer Angebote nach Vergleichsfällen, die als Anhaltspunkt dienen können, so etwa, ob es einen Preis findet, der dem gleichen Kunden für den gleichen Artikel mitgeteilt wurde. Ist dies nicht der Fall, so recherchiert es nach einem Angebot an den gleichen Kunden, aber für ein verwandtes Erzeugnis, dehnt dann die Recherche auf einen Preis aus, der für dasselbe Produkt einem vergleichbaren Abnehmer gestellt wurde, usw.

In Industriebetrieben noch kaum verbreitet, jedoch in Branchen mit nicht lagerfähigen oder verderblichen Gütern (vor allem **Energieversorgung, modische Textilien** oder **Nahrungsmittel**) erwägenswert, ist das sogenannte **Yield-Management**. Es wurde für Dienstleistungsbetriebe entwickelt, die immer wieder vor der Frage stehen, ob sie Kapazitäten (etwa Hotelbetten oder Plätze auf einem Charterflug), die ungenutzt zu bleiben drohen, „in letzter Minute" besonders preiswert, d. h. mit sehr geringen Deckungsbeiträgen, abgeben sollen [BOD 99]. Dabei müssen zunächst durch ein Prognosemodul Informationen darüber verfügbar gemacht werden, mit welcher Wahrscheinlichkeit in welchem Zeitabschnitt vor dem Verfall der Kapazitäten bzw. dem Verderb der Produkte welche Aufträge kommen. Diese Wahrscheinlichkeiten lassen sich unter Umständen aus Aufzeichnungen der Ankunftsraten vergangener Aufträge, Auftragsstornierungen und historischen Kapazitätsauslastungen ableiten. Das IV-System wird diese Wahrscheinlichkeiten, die noch nicht vergebenen Kapazitäten bzw. die gefährdeten Vorräte, Kostendaten (Leerkosten, Grenzkosten) sowie die Kundenanfragen anzeigen, um die Entscheidung des Vertriebs über Sonderangebote zu fundieren. Denkbar ist auch die Programmierung von Entscheidungsregeln, mit denen Richtlinien der Unternehmensleitung Rechnung getragen wird [KRÜ 90].

Bei regem Datenaustausch von Industriebetrieben mit ihren Kunden ist zu prüfen, ob kurzfristig gültige Sonderangebote unmittelbar dem Kundenrechner übermittelt werden sollen. Die Möglichkeiten der DFÜ bzw. der elektronischen Post begegnen hier dem Yield-Management. Beispiele findet man bei [BRE 86]. Allerdings wäre im Rahmen der zwischenbetrieblichen Integration dafür zu sorgen, dass dieses Angebot nicht einfach im Materialstamm abgespeichert und dann bei der Lieferantenauswahl (vgl. Abschnitt 3.3.2.5) berücksichtigt wird; vielmehr müsste der Einkäufer von seinem Rechner auf das eingetroffene Sonderangebot sofort hingewiesen werden, sodass er unter Umständen eine außerplanmäßige Bestellung veranlassen könnte.

In vielen Fällen kann man durch das Angebot von Mehrwertdiensten entscheidende Wettbewerbsvorteile erzielen. Neben den bereits im Beispiel Verkaufs-Assistent geschilderten Subventions- und Finanzierungsberatungen lassen sich durch die IV vor allem technische Verfahrens- und Kostenvergleiche gut unterstützen.

> **PRAKTISCHES BEISPIEL**
>
> Besondere Probleme bei der Angebotsbearbeitung stellen sich der **Maschinenfabrik Rieter AG** in Winterthur, die unter anderem Spinnmaschinen herstellt. Es ist branchenüblich, dass der Maschinenlieferant den Käufer der Spinnmaschine sehr intensiv berät. Diese Beratung erstreckt sich bis zur Ermittlung der Produktionskosten (Garnherstellkosten), die im Käuferbetrieb anfallen werden. Gerade dadurch ist die Angebotsabgabe mit erheblichen Rechenarbeiten verbunden, sodass sich Nutzeffekte eines Computereinsatzes von vornherein vermuten lassen.
>
> Ausgangspunkt für die Berechnung einer Anlage ist der Spinnplan. Entsprechend der gewünschten Garnnummer, der Rohmaterialqualität und der vorgesehenen Maschinenkombination werden für die einzelnen Maschinen Auslaufnummer, Doublierung, Verzug, Abgänge usw. festgelegt. Diese textiltechnologischen Daten bilden die Basis für die Berechnung der effektiven Produktion pro Betriebsmittel und damit der benötigten Anzahl von Maschinen. Für die Auswahlentscheidungen, z. B. bei der Ermittlung der günstigsten Spindelzahl, werden auch Optimierungsmodelle benutzt. Die so gewonnenen Daten der Betriebsmittel sind die Basis für die Errechnung der Angebotspreise der Firma Rieter und die Bestimmung der im Kundenbetrieb anfallenden Kosten, wie z. B. Personal-, Energie-, Raum-, Wartungs-, Ersatzteil- sowie Kapitalkosten für Maschinen, Zubehör und Gebäude. Dabei werden teilweise statistische Daten und Relationen, z. B. über das Verhältnis von Ersatzteilkosten zum Kaufpreis der Maschinen, herangezogen, die in mehreren anderen Betrieben empirisch ermittelt wurden. Die Ausgabe des Programms enthält die technischen Spezifikationen, die Offertpreise, den Betriebsaufwand sowie die daraus resultierenden Fertigungskosten.
>
> Das Programm ist PC-lauffähig und vor Ort einsetzbar. Unter Berücksichtigung administrativer Nebenarbeiten ist es möglich, einem Kunden eine halbe Stunde, nachdem er seine Wünsche vorgebracht hat, die kompletten Unterlagen zu überreichen. Die personelle Berechnung erfordert hingegen rund zwei Personenwochen. Ganz besondere Nutzeffekte ergeben sich, wenn mehrere Varianten eines Kundenwunschs kalkuliert werden sollen [WAL 11].

In Unternehmen, in denen die Kommunikation zwischen Sachbearbeitern und Kunden vielfach mithilfe von Zeichnungen geschieht, kann sich die Archivierung der Zeichnungen (z. B. Kunden-, Bestell-, Angebotszeichnungen) auf optischen Platten lohnen. Eingesetzt werden dazu meist Dokumenten-Management- oder Content-Management-Systeme, die das Archivieren und Wiederauffinden elektronischer Dokumente ermöglichen.

> **PRAKTISCHES BEISPIEL**
>
> Die **Schaeffler Technologies GmbH & Co. KG** verwaltet einen Großteil ihrer Dokumente im **SAP-System** zum Produkt-Lebenszyklus-Management **(SAP-PLM)** (vgl. Abschnitt 4.1). Circa neun Millionen Zeichnungen (unter anderem Kunden-, Fertigungs- und Angebotszeichnungen), Normen (Werksnormen, DIN-Normen usw.), elektronische Formulare (z. B. Datenblätter, Kalkulationshinweise) und andere Dokumente, wie Versuchs- und Kundenbesuchsberichte, Patente, FMEAs (vgl. Abschnitt 3.1.5.2) oder Ar-

beitssicherheitsdokumente, können gesucht, angezeigt und ausgedruckt werden. Im Gesamtkonzern existiert eine zentrale Ordnerverwaltung mit dem Namen **ECM-Cockpit** (**ECM** = **E**ngineering **C**hange **M**anagement). Sie erlaubt die strukturierte Darstellung aller Informationsobjekte in einer Sicht: dem Ordner. Auf ihn greift man z. B. während des Vollzugs einer technischen Änderung zu. Sowohl technische Funktionsbereiche (Anwendungstechnik, Konstruktion, Arbeitsvorbereitung und Qualitätssicherung) als auch kaufmännische, etwa der Vertrieb, nutzen die weltweite Verfügbarkeit dieser elektronischen Dokumente unter anderem bei Kundenanfragen, welche man als Projekte führt. Freilich sind nicht alle Mitarbeiter berechtigt, auf alle Dokumente zuzugreifen. Dies bedingt eine maschinelle Verwaltung von Zugriffsrechten.

Bei Sonderprojekten, in denen nach Kundenwunsch Varianten oder vollständige Neuentwicklungen angeboten werden, ist der Workflow umfangreicher als bei Standardprojekten. So sind vor der Kalkulation die Herstellbarkeit und die Funktionserfüllung besonders zu prüfen. Weiterhin werden das kaufmännische, das technische Risiko bei der Anwendung und das technische Risiko für die Produktion abgeschätzt (**R**isk **L**evel **A**ssessment, **RLA**). Ergebnis des Prozesses ist entweder ein kundenindividuelles Angebot, eine Ablehnung der Anfrage oder auch ein Alternativvorschlag, falls das Risiko zu hoch erschien [MER 94/STÜ 11]. Ein Projektsystem steuert den Geschäftsprozess für diese Produkte. Im **SAP-PS-System** werden Netzpläne für die einzelnen Projekte angelegt und diesen elektronische Dokumentenmappen zugeordnet, welche alle notwendigen Unterlagen enthalten. Für die Durchführung der einzelnen Aktivitäten sind verschiedene Anwendungssysteme der **SAP AG** integriert, unter anderem für den Vertrieb (**SD**, **S**ales & **D**istribution), das **P**rodukt**d**aten**m**anagement (**PDM**), die Materialwirtschaft (**MM**, **M**aterial **M**anagement), die Produktionsplanung und -steuerung (**PP**, **P**roduction **P**lanning) sowie für den Änderungsdienst (**ECM**), das **Q**ualitäts**m**anagement (**QM**), für **C**ontrolling und **F**inanzen (**CO FI**).

Wenn im Rahmen von Angebotsabgaben ein möglicher Liefertermin oder ein spätestnotwendiger Auftragseingangstermin genannt werden muss, ist das Problem zu lösen, dass nicht bekannt ist, wie die Kapazitätssituation beim Eintreffen des Auftrags aussehen wird, weil vorher noch andere Aufträge erteilt werden können. Obwohl Heuristiken hierfür vorgeschlagen wurden [BRA 73/BRA 03/OPI 70], wird man es im Allgemeinen bei einem einfachen Mensch-Maschine-Dialog mit einer Datenbankabfrage zur gegenwärtigen Kapazitätssituation und zu den übrigen offenen Angeboten belassen. Eventuell kann man zur schon vorhandenen Kapazitätsauslastung einen Erfahrungswert über die durchschnittliche Ausbeute aus den Angeboten addieren. Führt z. B. im Mittel jedes zehnte Angebot zum Auftrag, so wäre dieser Erfahrungswert ein Zehntel der Kapazitätsbeanspruchung, die sich aus der Summe aller offenen Angebote ergibt. Es ist denkbar, für unterbreitete Angebote eine bestimmte Zeit lang automatisch Produktionskapazität zu reservieren, jedoch führt dies zu sehr komplizierten Lösungen. Intermediäre nutzen das Internet offensiv, um sich zwischen Hersteller und Käufer zu platzieren.

> **PRAKTISCHES BEISPIEL**
>
> Das Angebot von **Autobytel** (http://www.autobytel.com/) an potenzielle Käufer von Automobilen umfasst unabhängige Testberichte, die Möglichkeit, den niedrigsten Preis ermitteln zu lassen, Produktinformationen für alle wichtigen Automarken, eine umfangreiche Leasing- und Kaufberatung inklusive der Kalkulation monatlicher Belastungen, Bilder, Finanzierungs- und Versicherungsanträge und Produktkonfiguratoren. Zusätzlich wird der Kunde zu dem am nächsten gelegenen Händler verwiesen, der wiederum gehalten ist, den niedrigsten Preis anzubieten [STR 99].

Abschließend stellt das Programm Kundenanfrage- und Angebotsbearbeitung die Angebote in den Vormerkdaten für das Programm Angebotsüberwachung bereit.

3.2.2.4 Nachbereitung des Kundenkontakts

Um das Besuchsberichtswesen für den Außendienstmitarbeiter rationell und gleichzeitig zuverlässiger zu machen, ist zu erwägen, ein spezielles Modul an die Auftragserfassung anzuschließen: Der Rechner stellt situationsspezifische Fragen (Branche und Größe des Kunden, Zeitreihe der bisherigen Verkäufe bzw. „Nicht-Verkäufe" von einzelnen Produkten, aktuelle Werbemaßnahmen), wobei nach Möglichkeit die Auswahl in einem Menü von Antworten genügen sollte. Die Antworten können dann in der Vertriebsleitung bzw. Hauptverwaltung auf elektronischem Weg in die Postkörbe der betroffenen Instanzen verteilt werden.

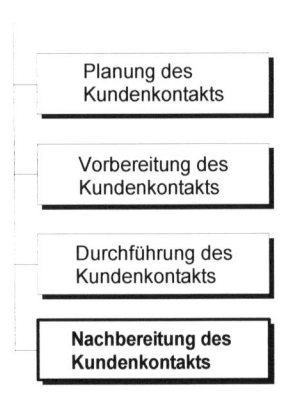

Aufgrund der Rückmeldungen vom Außendienst entsteht eine inhaltsreiche Vertriebsdatenbasis, die vom Computer für periodische Berichte, Ausnahmemeldungen sowie Sonderauswertungen genutzt wird (vgl. Band 2) und auch eine Grundlage für das Kundenbeziehungsmanagement (Abschnitt 4.2) bildet.

3.2.3 Angebotsüberwachung

Dieses Programm überprüft die von der Kundenkontaktunterstützung bereitgestellten Angebote und gibt periodisch Angebotserinnerungen an die Sachbearbeiter aus. Solche Erinnerungen führen dazu, dass der Sachbearbeiter beim Kunden „nachfasst" oder das Angebot löscht.

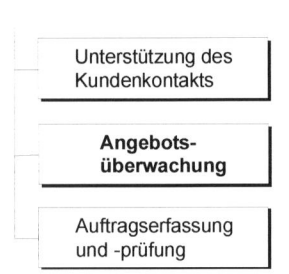

Abbildung 3.2.3/1 Angebotsüberwachung

Wichtigste Eingaben:	Löschanweisungen
Wichtigste Anzeigen und Ausdrucke:	Anzeige von offenen Angeboten, Angebotserinnerungen
Wichtigste Dialogfunktionen:	Auswahl von Angeboten/Kunden
Nutzeffekte:	Unterstützung des Vertriebs bei der Angebotsüberwachung, Sicherstellen des Nachfassens

3.2.4 Auftragserfassung und -prüfung

Die Auftragserfassung ist ein wichtiger Eingangskanal von externen Daten in die IIV. Es muss daher versucht werden, die Daten möglichst effizient zu erfassen.

Prinzipiell existieren folgende Möglichkeiten:

1. Offline-Eingabe über maschinell lesbare Markierungs- bzw. Klarschriftdokumente.

2. Online-Eingabe über Bildschirme. Soweit die Kundenaufträge telefonisch entgegengenommen und unmittelbar in ein Terminal eingegeben werden, können Verbindungen von Telefonanlage und IV-System sinnvoll sein (vgl. zur CTI Abschnitt 3.2.2.1).

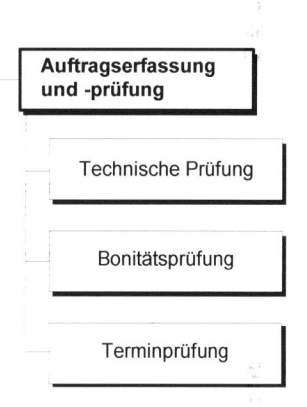

   In der **Arzneimittelbranche** ist folgende Lösung bekannt: Ein Telefoncomputer wählt nach einer Vorschrift die Stammkunden an und überträgt zunächst per maschineller Sprachausgabe neue Meldungen, z. B. über ein neues Produkt. Dann wird der Abnehmer aufgefordert, seine Routinebestellungen in sein Bestellterminal einzugeben. Schließlich kann für Sonderfälle eine Sprachverbindung zwischen einem Vertriebssachbearbeiter und dem Kunden hergestellt werden, wobei der Sachbearbeiter während des Telefonats einschlägige Informationen am Bildschirm erhält. Eine solche Konzeption ist dort sinnvoll, wo zyklisch Bestellungen erwartet werden, wie z. B. in der **Lebensmittelindustrie**, oder wo der Kunde an Abnahmeverpflichtungen erinnert werden muss, wie sie **Brauereien** mit **Gastwirten** vereinbaren.

3. Fernübertragung der Auftragsdaten, die von Mitarbeitern des Vertriebs mithilfe von mobilen Terminals oder Heimterminals erfasst werden. In Sonderfällen (z. B. stark standardisierbare Aufträge von Vertragshändlern) kommt die Eingabe über Tastaturtelefone in Verbindung mit elektronischer Spracheingabe infrage. Auch das Internet kann ge-

nutzt werden. Der Vertriebsmitarbeiter verwendet hierzu einen beliebigen Internet-Zugang, ruft die WWW-Adresse des Unternehmens auf und gibt die Daten über passwortgeschützte Eingabeformulare ein.

4. Organisation des Datenflusses von der IV des Kunden zur eigenen Auftragserfassung dergestalt, dass die Kundenbestellungen bereits in einer technischen Form vorliegen, die die unmittelbare maschinelle Verarbeitung gestattet (zwischenbetriebliche Integration, vgl. Abschnitt 3.3.3.2).

Soweit Kundenaufträge als Abrufe, die wiederum Teil eines Rahmenvertrags sind, eintreffen, kann geprüft werden, ob die Bedingungen des Abrufs mit denen des Rahmenkontrakts harmonieren [SCHÖ 07]. Das liefernde Unternehmen wird durch das Modul darauf aufmerksam gemacht, dass die vereinbarte Menge überschritten oder wahrscheinlich nicht ausgeschöpft wird.

PRAKTISCHES BEISPIEL

Die Kommunikation zwischen der Industrie und den Zentralregulierern im Handel geschieht vorwiegend mithilfe des internationalen Standards EANCOM, der einen auf die Konsumgüterwirtschaft zugeschnittenen Auszug (Subset) aus der internationalen EDIFACT-Norm (vgl. Abschnitt 3.3.3.2) darstellt. Es existieren unter EANCOM rund 50 der wichtigsten Nachrichtentypen (wie z. B. Rechnungen, Bestellungen) für den überbetrieblichen Geschäftsdatenaustausch.

Zum Transfer der Geschäftsdaten bedienen sich die Anwender der verschiedensten Netzwerke, die alle untereinander verbunden sind. Die Daten werden dem Mailbox-System des jeweiligen Netzes übergeben, dort auf die Empfänger-Mailboxen verteilt und können dann bedarfsgerecht „rund um die Uhr" von den Adressaten abgerufen werden.

Eine besondere Ergänzung ist die Übergabe von **Artikelstammdaten** durch die Lieferanten an den Abnehmer in maschinenlesbarer Form. Der von der **SINFOS GmbH** betriebene SINFOS-Datenpool zählte 2008 über 2.000 Teilnehmer und enthielt Daten zu rund 2.000.000 Artikeln. Solche Daten sind beispielsweise Voraussetzung für das Scanning an der Kasse des Handelsgeschäfts [SIN 11].

Abbildung 3.2.4/1 Auftragserfassung und -prüfung

Wichtigste Eingaben:	Matchcodes, Kundenaufträge, Stornierungen von Kundenaufträgen, Versandangaben
Wichtigste Anzeigen und Ausdrucke:	Kundenstammdaten, Tabellen zu Preisen und Konditionen, abzulehnende Kundenaufträge, Auftragsbestätigungen, Auftragsstornierungen, Rückstandslisten („wartende Aufträge"), Stand der Abrufe bei Rahmenaufträgen
Wichtigste Dialogfunktionen:	Suchen von Kunden- und Teilstammdaten nach Matchcodeeingabe, Umreservierungen nach Anzeige von Reservierungen für andere Kunden

Nutzeffekte:	Entlastung von Schreib-, Prüf- und Überwachungsarbeiten, Vermeiden von Verlusten durch zukünftige Zahlungsausfälle, Ablehnung nicht kostendeckender Aufträge

Bevor ein Auftrag angenommen und abgespeichert wird, müssen neben den üblichen Eingabedatenkontrollen eine Reihe von **Prüfungen** vorgenommen werden. Diese können allerdings dann entfallen, wenn sich der Auftrag auf ein kürzlich übermitteltes Angebot bezieht, die Kontrollen in der Angebotsphase durchgeführt wurden und anzunehmen ist, dass seither keine wesentlichen Änderungen eintraten.

1. Technische Prüfung

   Soweit das zu liefernde Produkt kein Standarderzeugnis ist, sondern eine kundenwunschabhängige Variante, muss gewährleistet sein, dass diese Variante geliefert werden kann. Diese Prüfung erstreckt sich z. B. auf ungewöhnliche Abmessungen, Toleranzen, Leistungswerte oder auf seltene Merkmalskombinationen. In Betrieben mit raschem Produktwechsel, wie z. B. in der **Textil- oder Möbelindustrie**, ist sicherzustellen, dass keine ausgelaufenen Modelle geordert werden können. Wegen der unterschiedlichen Umweltgesetzgebung mag es in der **Chemieindustrie** erforderlich werden, vor Annahme eines Exportauftrags zu prüfen, ob das Produkt eine Substanz oder eine Mischung von Substanzen enthält, die im Land des Kunden verboten ist. Programmtechnisch kann diese Prüfung mithilfe von Tabellen, insbesondere Entscheidungstabellen, erfolgen.

2. Bonitätsprüfung

   In der Regel speichert man im Kundenstammsatz ein Limit für die Summe aus den Forderungen und dem Wert der noch nicht fakturierten Aufträge, das nicht überschritten werden darf. Diese statische Betrachtungsweise genügt jedoch vielen Ansprüchen nicht, denn es ist denkbar, dass der Kunde bis zu dem Zeitpunkt, zu dem der Auftrag ausgeliefert wird, durch Zahlungen die Kreditinanspruchnahme wesentlich reduziert haben wird. In einer integrierten Konzeption hat man die Möglichkeit, mithilfe des Verfahrens der Verweilzeitverteilungen [LAN 12] eine „dynamische" Prüfung vorzunehmen; dabei stellt das Programm für die Zeitspanne bis zur Bezahlung des gerade zu prüfenden Auftrags fest, ob die Kreditgrenze voraussichtlich irgendwann überschritten wird. Zu diesem Zweck muss das Debitorenprogramm bei jedem Zahlungsvorgang die Zeit berechnen, die zwischen dem Rechnungsstellungsdatum und dem Zahlungsdatum verstrichen ist. Dieser Zeitwert wird einer Glättungsrechnung unterzogen und der so ermittelte neue Erwartungswert der Zielinanspruchnahme durch den Kunden im Kundenstammsatz gespeichert. Der Wert dient nun im Bonitätsprüfungsmodul dazu, Zeitpunkte von Zahlungseingängen zu prognostizieren.

   Nunmehr kann das Teilsystem aus der Kenntnis

   a. der laufenden Forderungen an den Kunden,
   b. des Erwartungswerts für das in Anspruch genommene Zahlungsziel,

c. der bereits von einem Kunden hereingenommenen Auftragswerte und der zugehörigen Liefer- bzw. Fakturierzeitpunkte sowie
d. des voraussichtlichen Auslieferungstermins des infrage stehenden Auftrags

herausfinden, ob wahrscheinlich zu irgendeinem Zeitpunkt in der gesamten Laufzeit eines gerade geprüften Auftrags das Kreditlimit überschritten wird.

Bei größeren, risikobehafteten Geschäften mag eine verfeinerte Kreditwürdigkeitsprüfung unter Nutzung von Informationen aus dem Internet erwägenswert sein. Hinweise dazu findet man bei Schumann [SCHU 02].

3. Terminprüfung

Aufgabe des Terminprüfungsmoduls im Rahmen des Programms Auftragserfassung und -prüfung ist es, festzustellen, ob der im Auftrag angegebene Kunden-Wunschtermin eingehalten werden kann. Dazu ist zunächst die Beständesituation, startend mit den Fertigfabrikaten über die Zwischenfabrikate bis zum Fremdbezugsmaterial, abzufragen. Falls sofort vom Fertiglager geliefert werden kann, erübrigt sich eine weitere Terminprüfung (jedoch muss man unter Umständen Richtlinien der Reservierungspolitik beachten, vgl. Abschnitt 3.4.3). Im anderen Fall sind Produktionswege, ausgehend vom reifsten verfügbaren Zwischenprodukt bis zur Fertigstellung, zu durchlaufen, im Extremfall reiner Kundenauftragsfertigung also alle Arbeitsgänge, beginnend mit der ersten Bearbeitung des Rohstoffs. Es ist gegebenenfalls die Zeit zur Beschaffung von Fremdbezugsteilen zu berücksichtigen. Dabei ist das Auftragsvolumen, das sich bei Annahme des fraglichen Auftrags ergeben würde, der jeweiligen Produktions- und eventuell der Versandkapazität gegenüberzustellen, um so die möglichen Liefertermine zu ermitteln. Streng genommen müsste der vollständige Fertigungsablauf einschließlich aller Losbildungen unter Einschluss des fraglichen Auftrags durchgerechnet sein, bevor über die Einhaltung eines Kunden-Wunschtermins geurteilt werden kann. Diese Lösung ist jedoch nicht praktikabel.

In der Folge werden einige vereinfachte Verfahren der Terminprüfung skizziert:

a. Es werden die Verfügbarkeit von Rohstoffen oder Zwischenprodukten und die Kapazitäten von **Engpassbetriebsmitteln** abgefragt. Das Programm rechnet mithilfe der in den Fertigungsvorschriften gespeicherten Durchlaufzeiten durch Rückwärtsterminierung (vgl. Abschnitt 3.5.2.6.1) aus, wann ein Auftrag die kritische Anlage **spätestens belegen muss**, um den Kunden-Wunschtermin zu halten, und durch Vorwärtsterminierung, wann er **frühestens** dort bearbeitet werden **kann**. Ist in der so ermittelten Periode Kapazität frei, so wird der Termin akzeptiert. Diese Prozedur ist nur sinnvoll, wenn jeder Auftrag auf nicht mehr als zwei, höchstens drei seriöse Engpässe treffen kann. In vielen Betrieben ist diese Voraussetzung erfüllt, da im Zuge der Automation wenige der automatisierten, hoch ausgelasteten und nur schwer auf eine größere Leistung umzustellenden Anlagen das Termingeschehen bestimmen.

b. Eine sehr einfache Lösung besteht darin, für bestimmte Produktgruppen die mittlere Durchlaufzeit vom Beginn der Fertigung bis zum Versand fortzuschreiben (z. B. mit dem Verfahren der exponentiellen Glättung erster Ordnung) und anhand dieser Werte die Terminprüfung vorzunehmen. Die Hilfsgröße Durchlaufzeit kann im Rahmen der IIV gemessen werden, z. B. indem bei den Vormerkdaten des Kundenauftrags zu Beginn des ersten zugehörigen Betriebsauftrags und bei Versand der Ware ein Kennzeichen mit Datum gesetzt wird. Vor der Löschung des Vormerkspeichers wird die so festgehaltene Durchlaufzeit in den Stammsatz der Produktgruppe gebracht.

c. Wenn die einzelnen Aufträge sehr unterschiedlich sind und daher die Verfolgung einer mittleren Durchlaufzeit pro Produktgruppe aufgrund von Ex-post-Betrachtungen der Aufträge statistisch zu ungenau wäre, ist in Erwägung zu ziehen, die Durchlaufzeit vor der Fertigung eines Auftrags durch Summation der in den Fertigungsvorschriften zu findenden Rüst- und Stückzeiten genauer zu ermitteln. Die ungewissen Liegezeiten des Auftrags, Wartezeiten auf Vormaterial usw. müssen dann durch Zuschläge berücksichtigt werden.

d. Sind solche starken Vereinfachungen, wie sie die Varianten gemäß a) bis c) verlangen, nicht zulässig, so mag sich folgendes Verfahren empfehlen: Man gruppiert die Kapazitäten zu möglichst wenigen Kapazitätsgruppen und schreibt deren Ausnutzung fort. Die im Produktionsprogramm des Unternehmens vorkommenden Aufträge werden in ein Raster typisierter fiktiver Aufträge eingeordnet. Für jeden typisierten Auftrag ist der Bedarf der Kapazität in den einzelnen Kapazitätsgruppen (errechnet als gewichteter Mittelwert aus dem Bedarf der zugeordneten Aufträge, wobei die Gewichtung an den Planumsatzmengen erfolgt) gespeichert. Dann werden nur die für den typisierten Auftrag gültigen typisierten Kapazitätseinheiten in der Reihenfolge der Bearbeitung abgefragt und die Aufträge terminiert. Zur Bildung solcher Auftragsgruppen kann die Clusteranalyse herangezogen werden. Anregungen zur Aggregation der benötigten Detail-Dateien erhält man bei Wittemann [WIT 85].

Dieses Verfahren versagt, sobald die Reihenfolgen der Aufträge auf den Maschinen stark schwanken und/oder Prioritätsregeln angewandt werden, die wesentlich andere Sequenzen als „first come – first served" bewirken (vgl. Abschnitt 3.5.2.7.3.1).

Genügt wegen der auftretenden Ungenauigkeiten keines der angegebenen vier Verfahren den Ansprüchen, so ist zum Zweck der Terminprüfung eine vollständige Terminierung erforderlich (vgl. Abschnitt 3.5.2.6.1).

In Branchen mit teuren Kapazitäten, etwa solchen mit **Prozessfertigung**, kann die Frage, ob ein Kundenauftrag in einer Produktionsperiode zu bearbeiten ist, sogar von der aktuellen Feinplanung (vgl. Abschnitt 3.5.2.7) abhängen: Sind bereits Betriebsaufträge mit einem passenden Rüstzustand der Aggregate disponiert, so lässt sich eventuell der neue Auftrag problemlos „anhängen". Wären aber beträchtliche Umrüstoperationen erforderlich, so reichte die Kapazität nicht. Theoretische Überlegungen hierzu trägt Kate [KAT 94] vor.

Ergibt sich ein voraussichtlicher Auslieferungstermin, der nach dem Kunden-Wunschtermin liegt, so wird der Auftrag zur Entscheidung an den Vertrieb gegeben. Sämtliche

Fälle mangelnder Lieferbereitschaft sollten in Rückstandslisten oder Ähnlichem sorgfältig dokumentiert werden.

Soweit noch kompliziertere Alternativen, wie etwa die Querlieferung aus anderen Lagern und/oder Fertigungsstätten, Zukauf statt Eigenfertigung und/oder Umreservierungen, zu berücksichtigen sind, ist der Einsatz der sogenannten ATP-Logik (vgl. Abschnitt 4.4) erwägenswert.

Ein Kundenauftrag, der alle Prüfungen passiert hat, ohne an einen Sachbearbeiter zurückverwiesen worden zu sein, wird bestätigt und anschließend in einem Vormerkspeicher bereitgehalten.

Eine interessante Variante ist die Belieferung von Stammkunden, ohne dass diese einen Auftrag erteilen müssen. Ein IV-System des Produzenten tauscht mit dem des Abnehmers Daten aus und kennt so die dortige Bestandssituation. Ist die Bestellgrenze erreicht, so werden die Artikel automatisch ausgeliefert (**VMI**, **V**endor-**M**anaged **I**nventory, bzw. **SMI**, **S**upplier-**M**anaged **I**nventory). In Lägern des Geschäftsbereichs **Siemens Medical Solutions** sind Web-Kameras installiert, sodass der Lieferant die Lagerbestände optisch erkennen kann.

> **PRAKTISCHES BEISPIEL**
>
> Die **Leoni AG**, ein Hersteller von Drähten, Kabeln und Bordnetzen, teilt sich mit ihren weltweiten Lieferanten die Verantwortung für die Bestände („Collaborative Managed Inventory"). Historische Daten (Verbräuche der letzten 20 Tage) und Grobabrufe der Leoni-Kunden sind die Grundlage zum Abschätzen des künftigen Verbrauchs. Den Lieferanten wird wöchentlich eine Vorschau übermittelt. Auf statistischen Grundlagen werden die Bestandsgrenzen an die jeweils neue Entwicklung angepasst: Wenn die Lagerentnahme-Geschwindigkeit und/oder die Schwankungen zunehmen, setzt das System die Grenzen höher und umgekehrt. Die Lieferanten bevorraten die Leoni-Lager. Das System überwacht, wie oft die Zulieferer diese Bestandsgrenzen überschreiten (Lieferantenbewertung, siehe Band 2; vgl. auch Abschnitt 4.4/6) [SCHA 08/RET 09].

3.2.5 Anmerkungen zu Abschnitt 3.2

[ALQ 97]   D'Alquen, K., Software für Marketing, Vertrieb und Außendienst, Renningen-Malmsheim 1997, insbes. S. 40-41.

[BAL 10]   Bald, T., Dolle, R. und Mayer, R., Mit CRM Excellence und Effizienz von Kundenprozessen erreichen – dargestellt am Beispiel Loewe, Information Management & Consulting 25 (2010) 2, S. 58-64.

[BLE 05]   Blecker, T., Friedrich, G., Kaluza, B., Abdelkafi, N. und Kreutler, G., Information and Management Systems for Product Customization, New York 2005, Chapter 5.

[BLI 01/HAM 97]   Bliedung, H. und Schwartz, M., Computer Telephony Integration (CTI), in: Mertens, P. u.a. (Hrsg.), Lexikon der Wirtschaftsinformatik, 4. Aufl., Berlin u.a. 2001, S. 114-115; Hampe, J.F. und Schönert, S., Computer Telephony Integration, WIRTSCHAFTSINFORMATIK 39 (1997) 3, S. 269-278, hier S. 275.

[BOD 99]   Bodendorf, F., Wirtschaftsinformatik im Dienstleistungsbereich, Berlin u.a. 1999, Abschnitt 4.2.2.

[BRA 73/BRA 03/OPI 70] Brankamp, K., Terminplanungssystem für Unternehmen der Einzel- und Serienfertigung, 2. Aufl., Würzburg-Wien 1973, S. 44-53; persönliche Auskunft von Herrn K. Brankamp, Prof. Dr.-Ing. K. Brankamp Unternehmensberatung GmbH; Opitz, H., Brankamp, K. und Arlt, J., Untersuchung über die Einsatzmöglichkeiten elektronischer Datenverarbeitungsanlagen in der Produktionsterminplanung, Köln-Opladen 1970, S. 52.

[BRO 05]   Brockhoff, K., Konflikte bei der Einbeziehung von Kunden in die Produktentwicklung, Zeitschrift für Betriebswirtschaft 75 (2005) 9, S. 859-877.

[BRE 86]   Breath, C.M. und Ives, B., Competitive Information Systems in Support of Pricing, MIS Quarterly o.Jg. (1986) 1, S. 85-96.

[BRE 11]   Persönliche Auskunft von Herrn J.-St. Breuker, SAP AG.

[BUT 05]   Butterwegge, G., Informationsverarbeitung in den Phasen von Markttransaktionen mit konfigurierbaren Gütern, Aachen 2005, vor allem Kapitel 4.

[DIE 05/PIL 06]   Dietrich, A.J. und Kirn, S., Flexible Wertschöpfungsnetzwerke in der kundenindividuellen Massenfertigung, in: Ferstl, O.K., Sinz, E.J., Eckert, S. und Isselhorst, T. (Hrsg.), Wirtschaftsinformatik 2005, Heidelberg 2005, S. 23-42; Piller, F.T., Mass Customization – Ein wettbewerbsstrategisches Konzept im Informationszeitalter, 4. Aufl., Wiesbaden 2006.

[DOR 02]   Dorloff, F.-D., Leukel, J. und Schmitz, V., Produktmodelle in elektronischen Katalogen, Das Wirtschaftsstudium 31 (2002) 12, S. 1557-1563.

[FAI 11]   Persönliche Auskunft von Herrn W. Faisst, SAP AG.

[FRA 03]   Franke, N., Toolkits for User Innovation, in: Hoffmann, W.H. (Hrsg.), Die Gestaltung der Organisationsdynamik, Konfiguration und Evolution, Festschrift für Oskar Grün, Stuttgart 2003, S. 357-381.

[FRA 09]	Franke, N., Keinz, P. und Steger, C.J., Testing the Value of Customization: When do Customers Really Prefer Products Taylored to Their Preferences?, Journal of Marketing 73 (2009) 5, S. 103-121.

[FRE 10]	Frei, W., CRM mit Realtime Decisioning erhöht Cross-Selling-Potenzial, Information Management & Consulting 25 (2010) 1, S. 23-26.

[FRI 11]	Persönliche Auskunft von Herrn J.M. Friedrich, Robert Bosch GmbH.

[GÖT 10]	Götzelt, K.U., Customer Focused E-Learning, Lohmar/Köln 2010.

[GRÜ 03/WAR 11]	Grünig, F.-J. und Meyer, H., Direktvertriebssystem Küchen Quelle, unveröffentlichtes Manuskript, Nürnberg 2003; persönliche Auskunft von Herrn B. Warnick, Küchen Quelle GmbH.

[GÜN 01]	Günter, A., Hollmann, O., Ranze, K.-C. und Wagner, T., Wissensbasierte Konfiguration von komplexen variantenreichen Produkten in internetbasierten Vetriebsszenarien, Künstliche Intelligenz 15 (2001) 1, S. 33-36.

[HAH 03]	Hahn, A., Integriertes Produktkatalog- und Konfigurationsmanagement, Industrie Management 19 (2003) 1, S. 29-32, hier S. 31.

[HEL 10]	Helferich, A., Software Mass Customization, Lohmar/Köln 2010.

[HER 07]	Herrmann, A., Heitmann, M., Brandenberg, A. und Tomczak, T., Automobilwahl online – Gestaltung des Car-Konfigurators unter Berücksichtigung individuellen Entscheidungsverhaltens, Zeitschrift für betriebswirtschaftliche Forschung 59 (2007) 5, S. 390-412.

[HIP 02]	Von Hippel, E. und Katz, R., Shifting Innovation to Users via Toolkits, Management Science 48 (2002) 7, S. 821-833.

[HÜL 03]	Hüllenkremer, M., Erfolgreiche Unternehmen arbeiten mit Produktkonfiguratoren, Industrie Management 19 (2003) 1, S. 37-40.

[KAT 94]	Kate, H.A. ten, Towards a Better Understanding of Order Acceptance, International Journal of Production Economics 37 (1994) 1, S. 139-152.

[KIE 94]	Kieliszek, K., Computer Aided Selling – Unternehmenstypologische Marktanalyse, Wiesbaden 1994, insbes. S. 136-167.

[KLA 09]	Klahold, A., Empfehlungssysteme, Wiesbaden 2009.

[KRÜ 90]   Krüger, L., Yield Management, Controlling 2 (1990) 5, S. 240-251.

[KUR 10]   Kurbel, K., Enterprise Resource Planning und Supply Chain Management in der Industrie, 7. Aufl., München u.a. 2010.

[LAN 12]   Langen, H. und Weinthaler, F., Prognose mithilfe von Verweilzeitverteilungen, in: Mertens, P. und Rässler, S. (Hrsg.), Prognoserechnung, 7. Aufl., Heidelberg 2012, Kapitel 7.

[LIN 06]   Lindemann, U., Reichwald, R. und Zäh, M.F. (Hrsg.), Individualisierte Produkte, Berlin-Heidelberg 2006.

[LÖD 94]   Lödel, D., Produktberatung in einem Angebotssystem unter besonderer Berücksichtigung der Kundentypologie, Dissertation, Nürnberg 1994.

[MER 94/STÜ 11]   Mertens, P. und Morschheuser, S., Stufen der Integration von Daten- und Dokumentenverarbeitung – dargestellt am Beispiel eines Maschinenbauunternehmens, WIRTSCHAFTSINFORMATIK 36 (1994) 5, S. 444-454; persönliche Auskunft von Herrn M. Stürken, Schaeffler Technologies GmbH & Co. KG.

[MPL 11/SEI 01]   Mplus, Die Technologie von Mplus, http://www.galerie-pictor.de/mplus/index.php?area=technologie, Abruf am 30.09.2011; Seidl, A., Wauer, G. und Kirchdörfer, E., Industrielle Umsetzungen im Bekleidungsbereich und erste Erfahrungen, in: Seidl, A., Mecheels, St. und Wauer, G. (Hrsg.), Zukunft Maßkonfektion, Frankfurt 2001, S. 222-232.

[NEU 02]   Neumann, K. und Morlock, M., Operations Research, 2. Aufl., München-Wien 2002, S. 438-474.

[OV 97]   O.V., Mobile Sales Teams Access Real-time Customer Data, Expert Systems Applications 13 (1997) 10, S. 9.

[OV 08]   O.V., Portallösung ergänzt ERP-Systeme, IT&Production (2008) 12, S. 9.

[PIL 05/PIL 06/REI 03]   Piller, F.T., Schubert, P., Koch, M. und Möslein, K., Overcoming mass confusion: Collaborative customer co-design in online communities, Journal of Computer-Mediated Communication 10 (2005) 4, article 8; Piller, F.T., Mass Customization – Ein wettbewerbsstrategisches Konzept im Informationszeitalter, 4. Aufl., Wiesbaden 2006; Reichwald, R. und Piller, F.T., Von Massenproduktion zu Co-Produktion, Kunden als Wertschöpfungspartner, WIRTSCHAFTSINFORMATIK 45 (2003) 5, S. 515-519.

[POL 10]   Polko, G., 360° Kundenkommunikation durch moderne E-Service-Systeme, Information Management & Consulting 25 (2010) 1, S. 27-29.

[REI 06]   Reichwald, R. und Piller, F.T., Interaktive Wertschöpfung, Wiesbaden 2006.

[REI 08/OHA 11] Reichwald, R., Möslein, K., Kölling, M. und Neyer, A.-K., Services made in Germany – ein Reiseführer, Leipzig 2008, S. 65-69; persönliche Auskunft von Herrn J. Ohannessian, adidas AG.

[ROS 01]   Rosewitz, M., PBK-Editor: Ein Werkzeug zur Erstellung von WWW-gestützten Produktberatungskomponenten, Dissertation, Nürnberg 2001.

[SCHA 08/RET 09] Schausten, J., Kabelhersteller nimmt seine Lieferanten in die Verantwortung, Computer-Zeitung Nr. 47 vom 17.11.2008, S.15; persönliche Auskunft von Herrn R. Rettberg, LEONI Bordnetz-Systeme GmbH.

[SCHÖ 07]   Schönsleben, P., Integrales Logistikmanagement, 5. Aufl., Berlin u.a. 2007, S. 261-263.

[SCHO 92]   Schorr, G., Computergestützte Planungs- und Kontrollsysteme für das Branchen- und Produktmanagement im Komponentengeschäft, Dissertation, Nürnberg 1992.

[SCHU 02]   Schumann, M., Bonitätsbeurteilungen und Kreditprüfungen im Electronic Business, in: Gabriel, R. und Hoppe, U. (Hrsg.), Electronic Business, Heidelberg 2002, S. 413-427.

[SCHW 97]   Schwerpunktheft der Communications of the ACM 40 (1997) 3.

[SHE 08]   Sheth, N., For India's Tech Titans, Growth Is Waning, Wall Street Journal vom 20.08.2008, S. A.1.

[SIN 11]   SINFOS GmbH (Hrsg.), Kennzahlen Allgemein, http://www.sinfosweb.de/serviceDE/Default.aspx?tabindex=0&tabid=142, Abruf am 30.09.2011.

[STR 99]   Strauß, R.E., Erfolgsfaktoren und Strategien für E-Commerce im europäischen Automobil-Handel, Information Management & Consulting 14 (1999) Sonderausgabe, S. 51-59, hier S. 52.

[TIM 99]   Timm, U.J., Beiträge zum Einsatz von Benutzermodellen in der Elektronischen Produktberatung, Dissertation, Nürnberg 1999.

[WAL 11]   Persönliche Auskunft von Frau E. Walraf, Rieter Management AG.

[WIN 04]	Winkelmann, P., Sales Automation – Grundlagen des Computer Aided Selling, in: Hippner, H. und Wilde, K.D. (Hrsg.), IT-Systeme im CRM, Wiesbaden 2004, S. 301-332.
[WIT 85]	Wittemann, N., Produktionsplanung mit verdichteten Daten, Berlin u.a. 1985.
[WOL 06]	Wolter, K., Hotz, L. und Krebs, T., Model-based Configuration Support for Software Product Families, in: Blecker, T. und Friedrich, G. (Hrsg.), Mass Customization, New York 2006, S. 43-61.

3.3 Beschaffungssektor

3.3.1 Überblick

Abbildung 3.3.1/1 Teilfunktionsmodell im Beschaffungssektor

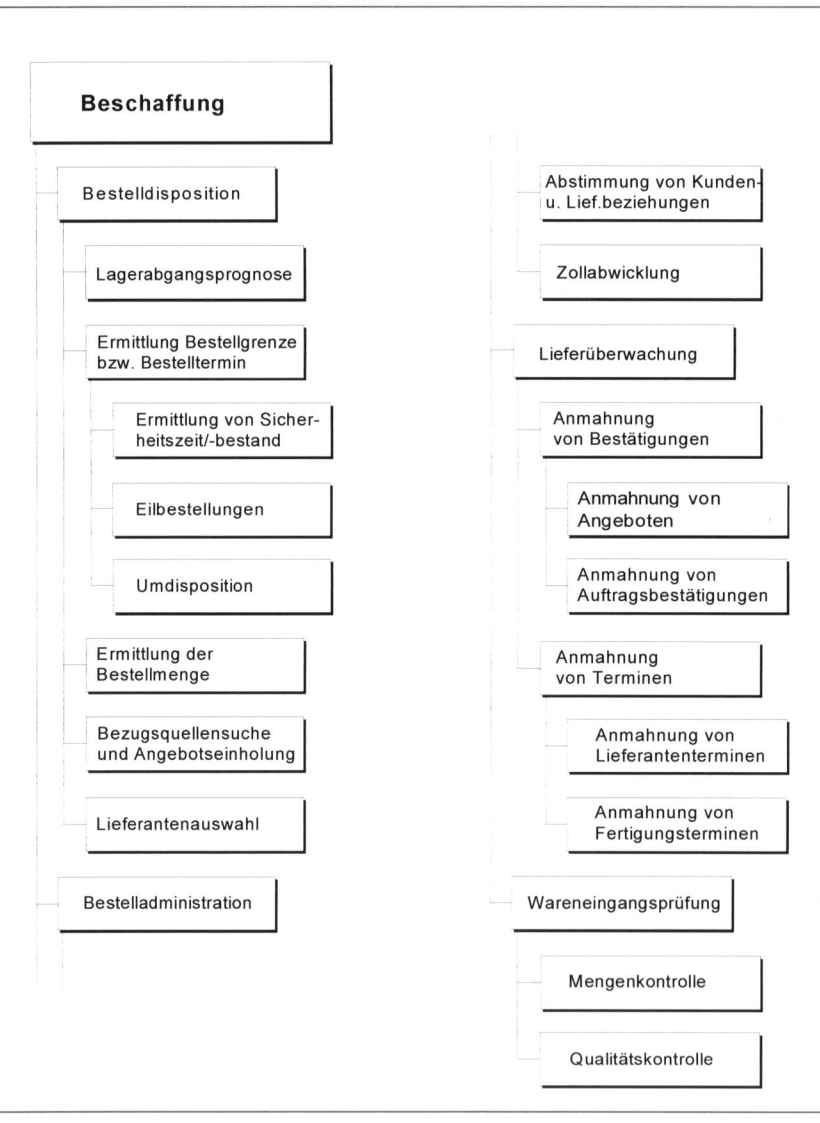

- Beschaffung
  - Bestelldisposition
    - Lagerabgangsprognose
    - Ermittlung Bestellgrenze bzw. Bestelltermin
      - Ermittlung von Sicherheitszeit/-bestand
      - Eilbestellungen
      - Umdisposition
    - Ermittlung der Bestellmenge
    - Bezugsquellensuche und Angebotseinholung
    - Lieferantenauswahl
  - Bestelladministration
  - Abstimmung von Kunden- u. Lief.beziehungen
  - Zollabwicklung
  - Lieferüberwachung
    - Anmahnung von Bestätigungen
      - Anmahnung von Angeboten
      - Anmahnung von Auftragsbestätigungen
    - Anmahnung von Terminen
      - Anmahnung von Lieferantenterminen
      - Anmahnung von Fertigungsterminen
  - Wareneingangsprüfung
    - Mengenkontrolle
    - Qualitätskontrolle

Der erste Schritt im Beschaffungsprozess ist die **Bedarfsermittlung**. Das Modul Lagerabgangsprognose schätzt die Zahl der Materialien, die wahrscheinlich in den einzelnen Planungsperioden das Lager verlassen werden.

Von diesen Bedarfsverläufen muss dann der Übergang zu **Bestellungen** (entweder bei der eigenen Fertigung oder bei Lieferanten) vollzogen werden. Dafür ist zunächst eine **Bestellgrenze** (Bestellpunkt) zu bestimmen, wozu auch die Ermittlung des Sicherheitsbestands gehört. Wenn nach entsprechenden Lagerabgängen die Bestellgrenze erreicht oder unterschritten wurde, ermittelt ein weiterer Programmkomplex eine günstige **Bestellmenge** (Losgröße) und zuweilen auch einen geeigneten Lieferanten. Jetzt werden **Bestellvorschläge** oder Bestellungen ausgegeben und letztere als offene Bestellungen vorgemerkt.

Das Lieferüberwachungsprogramm überprüft die offenen Bestellungen und generiert gegebenenfalls **Mahnungen**. Nach dem Zugang von Waren werden mithilfe des Programms Wareneingangsprüfung Menge und Qualität der Lieferungen kontrolliert. Im Zuge der Internationalisierung mag sich eine rechnergestützte **Zollabwicklung** lohnen.

Der traditionelle Beschaffungsprozess verläuft so, dass die Abteilung, welche den Bedarf verursacht, diesen dem Einkauf anzeigt. Der Einkauf wählt den Lieferanten, befindet über die Losgröße, bestellt und verfolgt die Bestellung. Beim sogenannten **Desktop Purchasing** (vgl. Abschnitt 3.3.3) wird die Vorgangskette entscheidend verkürzt. An die Stelle des Einkaufs tritt ein IV-System, in dem Routine-Dispositionen der Beschaffung in Form von Regeln abgebildet sind.

3.3.2 Bestelldisposition

Man unterscheidet folgende Arten der Bedarfsermittlung und -disposition:

1. Rein verbrauchsgesteuerte (stochastische) Disposition (diese wird im nächsten Abschnitt behandelt).
2. Rein programm-, plan- bzw. bedarfsgesteuerte (deterministische) Disposition. Der Bedarf wird durch Stücklistenauflösung ermittelt (vgl. Abschnitt 3.5.2.5.1).
3. Verschiedene Mischformen zwischen bedarfs- und verbrauchsgesteuerter Bedarfsermittlung:
   a. Auf den oberen Fertigungsstufen erfolgt eine bedarfsgesteuerte Disposition, auf den unteren eine verbrauchsgesteuerte (z. B. bei Schrauben).
   b. Man führt grundsätzlich eine bedarfsgesteuerte Disposition durch, einige Nebenlager (z. B. Ersatzteillager) sind verbrauchsgesteuert; in den Neben-

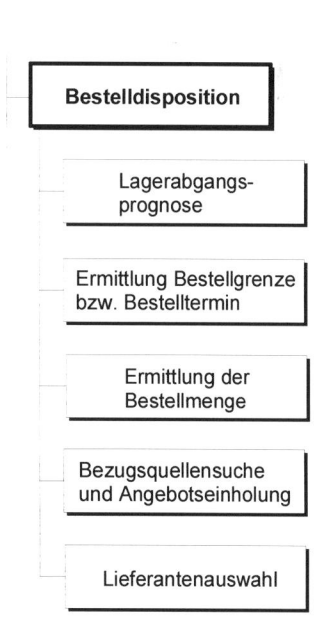

Bestelldisposition
- Lagerabgangsprognose
- Ermittlung Bestellgrenze bzw. Bestelltermin
- Ermittlung der Bestellmenge
- Bezugsquellensuche und Angebotseinholung
- Lieferantenauswahl

lagern werden die Bruttobedarfe den Beständen gegenübergestellt; es resultiert ein Nettobedarf, der bei der programmgesteuerten Bedarfsermittlung addiert wird.
c. Grundsätzlich wird bedarfsgesteuert, ein kleiner Teil der Erzeugnisse jedoch nach Verbrauch disponiert (z. B. weil noch keine Stücklisten existieren), wobei nur einheitliche Lager gegeben sind. Aus diesem Grund ermittelt das System für die verbrauchsgesteuerten Produkte keine Nettobedarfe, sondern nur Bruttobedarfe; diese werden zu den bedarfsgesteuerten Teilen addiert und dann erst mit den Beständen abgeglichen (vgl. dazu Abschnitt 3.5.2.5.4).
d. Grundsätzlich wird verbrauchsgesteuert disponiert, daneben ein geringer Teil der Produkte bedarfsgesteuert.

SAP verfeinert diese grobe Gliederung wie in Abbildung 3.3.2/1 gezeigt.

Wegen des mit computerunterstützten Lagerdispositionsmodellen verbundenen Aufwands werden oft die zu disponierenden Materialien mithilfe einer am wert- bzw. mengenmäßigen Umsatz oder am Lagerwert orientierten **ABC-Analyse** in drei Klassen eingeteilt. Die Teile mit hohem Umsatzanteil (A-Teile) disponiert das System dann mit genaueren Verfahren als die mit mittlerem Umsatz (B-Teile) oder gar die mit kleinem Umsatzanteil (C-Teile). Beispielsweise nimmt man die Bruttobedarfsvorhersage bei A-Teilen monatlich, bei B-Teilen nur vierteljährlich und bei C-Teilen sogar nur jährlich vor. Zur Vorbereitung der Entscheidung, inwieweit man ein Teil vollautomatisch, im Mensch-Maschine-Dialog oder personell disponiert, lässt sich auch die **XYZ-Analyse** heranziehen. Bei X-Teilen handelt es sich um solche, deren Verbrauch recht zuverlässig vorherzusehen ist, während Z-Teile in ihrem Bedarf stark schwanken. Y-Teile liegen zwischen diesen beiden Extrem-Ausprägungen. Abbildung 3.3.2/2 bringt in Form eines Struktogramms Empfehlungen zur Auswahl eines Dispositionsverfahrens für das **SAP**-System. Grundlage ist, dass die Disposition umso mehr dem Sachbearbeiter obliegen soll, je diffiziler die Prognose ist. (Das Lieferrisiko beinhaltet, dass der Lieferant seine Zusage nicht einhält; das Verbrauchsrisiko, dass, z. B. wegen Fehlchargen, der tatsächliche Verbrauch vom geplanten abweicht.)

Abbildung 3.3.2/1 Dispositionsverfahren in SAP ERP [DIT 09]

PD: Deterministische Disposition mit der Möglichkeit, die ungeplanten Bedarfe über eine Prognose zu ermitteln

VB: Verbrauchsgesteuerte Disposition nach dem Bestellpunktverfahren mit personeller Festlegung des Meldebestands

VM: Verbrauchsgesteuerte Disposition nach dem Bestellpunktverfahren mit maschineller Ermittlung des Melde- und Sicherheitsbestands

VV: Verbrauchsgesteuerte Disposition durch Prognose der künftigen Periodenbedarfe ohne Trennung von Brutto- und Nettobedarfen

Abbildung 3.3.2/2 Kombination einer ABC- und einer XYZ-Analyse [DIT 09]

	A	B	C
X	PD	PD/VM/VB	VM/VV/VB
Y	PD	PD/VM/VB	VM/VV/VB
Z	PD	PD	VB

Fehlmengenfolgen hoch? J / N
Lieferrisiko hoch? J / N
Verbrauchsrisiko: hoch / mittel / gering
VB | VB | VM | VV

Für den in diesem Buch dargestellten Prozess bzw. für unser Funktionsmodell wollen wir folgende Vereinbarungen treffen:

1. Die Programme der verbrauchsgesteuerten Disposition beziehen sich auf separate Lager.
2. Die ermittelten Bedarfe an Fremdbezugsteilen verarbeitet das Programm Bestelldisposition zu Bestellungen an die Lieferanten weiter.
3. Bei Eigenfertigungsteilen übergibt das Programm Bestelldisposition die Bedarfe an das (von uns im Abschnitt über Produktionsplanung zu behandelnde) Programm Stücklistenauflösung (Abschnitt 3.5.2.5.1). Diese Vorgehensweise empfiehlt sich, weil eigengefertigte Baugruppen dort weiter in Unterbaugruppen bzw. Einzelteile aufgelöst werden können. Bei der Ableitung von Nettobedarfen im Programm Nettobedarfsermittlung des Produktionssektors werden die Bestände auf den mit verbrauchsgesteuerter Disposition verwalteten Lagern nicht ein zweites Mal berücksichtigt.

Abbildung 3.3.2/3 Bestelldisposition

Wichtigste Eingaben:	Parameter für Aktionen zur Angebotseinholung, Abänderung von Bestellungen, Auftragsbestätigungen, Zusatztexte
Wichtigste Anzeigen und Ausdrucke:	Nettobedarfe (Bestellanforderungen), offene Bestellungen, infrage kommende Lieferanten („Bezugsquellen"), deren Konditionen und historisches Lieferverhalten, Arbeitsvorrat von Disponenten, Aufforderungen zu Angeboten, Anfragen bei Lieferanten, Angebotszusammenstellungen, Bestellungen bzw. Bestellempfehlungen für Fremdbezugsteile, Bestellobligo, Nettobedarfsliste für Eigenfertigungsteile, Wareneingangsscheine (als Rücklaufdokument), Lieferantenanfragen, Abrufe im Rahmen von Blockaufträgen, Hinweise auf Fälligkeit von Abrufen, Absageschreiben, Hinweise auf erreichbare Boni, Abwicklungsstand von Beschaffungsvorgängen („Lebenslaufakte"), Textbausteine für Anschreiben

Wichtigste Dialogfunktionen:	Simulation von Änderungen des Bestellpunkts mit Anzeige der Folgen für Lieferbereitschaft und Kapitalbindung, Korrektur der Bestellmengen mit Anzeige des Bestellobligos
Nutzeffekte:	Optimierungseffekte im Bestellwesen (insbesondere günstigeres Verhältnis von Lagerbestand und Lieferbereitschaft, Ausnutzung von Konditionen), Rationalisierung des Einkaufs, Überwachung der Angebotseinholung und der Lieferantenwahl, aktuelle Angebotsdateien

3.3.2.1 Lagerabgangsprognose

Für die Vorhersage von Lagerabgängen sind sehr viele Methoden entwickelt worden. Man unterscheidet unter anderem

a. nach dem Objekt (Rohteil, Halbfabrikat, Enderzeugnis),

b. nach den benötigten Vergangenheitsdaten,

c. nach den mathematisch-statistischen Grundlagen,

d. nach der Leistungsfähigkeit bei der Berücksichtigung von besonderen Einflussfaktoren, wie etwa Saisonkonturen, Marktwiderständen bei der Einführung neuer Produkte oder Werbeaktionen.

Hier können nur zwei Methoden herausgegriffen werden [MER 12]:

1. Prognose des Lagerabgangs aufgrund des in der Vergangenheit beobachteten Verbrauchs mithilfe einer Zeitreihenprognose, z. B. mit der exponentiellen Glättung. Das einfache exponentielle Glätten erster Ordnung geschieht nach der Formel:

$$M^*_i = M^*_{i-1} + \alpha \, (M_{i-1} - M^*_{i-1})$$

Darin bedeuten:

M^*_i = Vorhergesagter Bedarf für die Periode i

M^*_{i-1} = Vorhergesagter Bedarf für die Periode i-1

M_{i-1} = Tatsächlicher Bedarf in der Periode i-1

α = Glättungsparameter ($0 \leq \alpha \leq 1$)

Der in der Periode i-1 für die Periode i „neu" vorhergesagte Bedarf errechnet sich also, indem man zum „alten" Vorhersagewert für die Periode i-1 einen Bruchteil α des letzten Vorhersagefehlers addiert. Wählt man α groß, so reagiert der Prognoseprozess relativ sensibel auf die jüngsten Beobachtungen. Setzt man α klein, so werden die Vergangenheitswerte stärker berücksichtigt.

Bei trendförmigen Verläufen der Bedarfe eilen die mit dem Verfahren der exponentiellen Glättung zweiter Ordnung gewonnenen Prognosewerte den Ist-Werten weniger nach als die mit exponentiellem Glätten erster Ordnung berechneten.

Die Formel für den Glättungswert zweiter Ordnung lautet:

$$M^{*2}_i = M^{*2}_{i-1} + \alpha\,(M^{*1}_i - M^{*2}_{i-1})$$

In dieser Beziehung spielt der wie oben ermittelte Glättungswert erster Ordnung M^{*1}_i jene Rolle, die die beobachteten Lagerabgänge M_{i-1} in der Formel zur Berechnung des Glättungswerts erster Ordnung übernehmen. (Zur Unterscheidung wurden die Glättungswerte erster und zweiter Ordnung mit den hochgestellten Indizes 1 bzw. 2 versehen.) Man kann sich die Glättung zweiter Ordnung als eine „Glättung der Glättungswerte erster Ordnung" vorstellen.

Zeigen die Lagerentnahmen einen charakteristischen **Saisonverlauf**, so sind die Glättungswerte einer Korrektur zu unterziehen, die z. B. durch Multiplikation eines Grundwertes mit einem Saisonfaktor f erfolgen kann. Der Grundwert stellt den saisonbereinigten Lagerabgang dar und wird mit exponentieller Glättung erster Ordnung fortgeschrieben. Liegt etwa der Lagerabgang im Juli 30 Prozent über, im August 20 Prozent über und im Januar 25 Prozent unter dem Jahresmittel, so wird man den Grundwert für den Juli mit f = 1,30, den für August mit f = 1,20 und den für Januar mit f = 0,75 multiplizieren. Da sich das Saisonprofil allmählich verschieben kann, z. B. weil ein bisher vorwiegend als „Durstlöscher" konsumiertes Getränk nicht mehr allein im Sommer, sondern als Mixgetränk auch im Winter gekauft wird, kann man den Saisonfaktor seinerseits glätten. Das bekannteste Verfahren dieser Kategorie ist das von Winters.

Die Theorie der exponentiellen Glättung und anderer Prognoseverfahren ist inzwischen verhältnismäßig weit entwickelt, sodass man bei der Konzeption individueller Systeme auf zahlreiche Vorschläge in der Literatur zurückgreifen kann [MER 12].

2. Ableitungen aus den Vergangenheitsabsatzmengen der Enderzeugnisse. Diese Form der Bedarfsermittlung kommt vor allem bei der Bedarfsprognose von Ersatzteilen vor. Aus einmaligen, vielleicht auch aus vom System laufend geführten Statistiken lässt sich mithilfe von Verweilzeitverteilungen [LAN 12] schätzen, in welchem zeitlichen Nachlauf welche und wie viele Ersatzteile angefordert werden, wenn zu einem gegebenen Zeitpunkt eine bestimmte Zahl von Enderzeugnissen abgesetzt wurde. Stellt man dem Programm Lagerabgangsprognose verdichtete Aufzeichnungen über die Vergangenheitsumsätze zur Verfügung, so kann es daraus den Bedarf an Ersatzteilen vorhersagen.

Unter Umständen prognostiziert das Programm dieselbe Lagerposition nach mehreren Verfahren, z. B. wenn ein Fremdbezugsteil in ein Enderzeugnis eingeht, als Ersatzteil vertrieben wird und außerdem Verbrauchsmaterial für die innerbetriebliche Instandhaltung ist. In diesem Fall werden die Ergebnisse der Prognoserechnungen addiert.

Im Sinne der idealisierten „Sägezahnlinie" (Abbildung 3.3.2.2/1) bestimmt die durch die Lagerabgangsprognose geschätzte Entnahmegeschwindigkeit den Winkel γ.

Abbildung 3.3.2/1 Lagerabgangsprognose

Wichtigste Eingaben:	Prognoseparameter, Zusatzbedarfe
Wichtigste Anzeigen und Ausdrucke:	Abgangsprognose, Sicherheitsbestandsunterschreitungen, Vergangenheitsverbräuche, Absatzindikatoren
Wichtigste Dialogfunktionen:	Auswahl von Prognoseverfahren und Parameterversorgung
Nutzeffekte:	Optimierungseffekte in der Lagerhaltung

3.3.2.2 Ermittlung der Bestellgrenze bzw. des Bestelltermins

Zur Beschreibung der nächsten Schritte im Bestellprozess wollen wir uns weitgehend auf die sogenannte **(s,Q)-Politik** beschränken, die für die meisten computerunterstützten Lagerhaltungssysteme gut geeignet ist.

Dabei wird nach jeder Entnahme von der IV geprüft, ob die Bestellgrenze s (auch Meldebestand genannt) unterschritten ist. Wenn ja, ordert man ein Los der Größe Q. Damit stellt sich die Aufgabe, Verfahren zu finden, mit denen sowohl die Frage „Wann wird eine Bestellung eingeleitet?" (Bestimmung der Bestellgrenze s; siehe unten) als auch die Frage „Wie viel wird bestellt?" (Bestimmung der Losgröße Q; siehe Abschnitt 3.3.2.3) jeweils in Abhängigkeit von den jüngsten Prognosen und Kostendaten beantwortet werden.

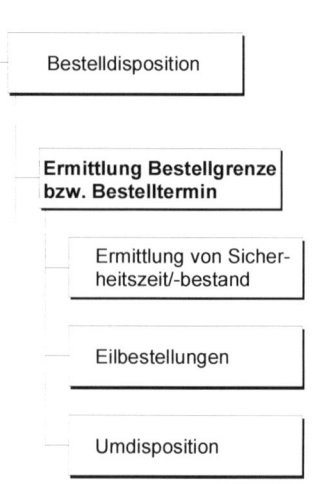

Bestelldisposition

Ermittlung Bestellgrenze bzw. Bestelltermin

Ermittlung von Sicherheitszeit/-bestand

Eilbestellungen

Umdisposition

Dieses Programmmodul soll die Entscheidung vorbereiten bzw. fällen, **wann** ein Bestellvorgang einzuleiten ist. Die grundsätzliche Antwort lautet: „Die Bestellung muss so frühzeitig erfolgen, dass der vorhandene (verfügbare) Lagerbestand zur Deckung des Bedarfs, der in der Zeitstrecke bis zur Verfügbarkeit der zu bestellenden Teile anfällt, ausreicht, ohne dass ein eventuell vorhandener Sicherheitsbestand angetastet wird."

Die Zeit, die von der Aufgabe einer Bestellung bis zur Verfügbarkeit der daraus resultierenden Lieferung vergeht, bezeichnet man meist als Wiederbeschaffungszeit. Darin sind in der Regel die Lieferzeit sowie alle Zeiten, die mit der Auftragsbearbeitung zusammenhängen, enthalten.

Zur Errechnung der Wiederbeschaffungszeit t_W dient unter Zugrundelegung einer (s,Q)-Politik folgende Formel:

$$t_W = t_v + t_l + t_e$$

Darin bedeuten:

t_v = Vorbereitungszeit für die Bestellung. Diese Zeitspanne wird z. B. für menschliche Entscheidungen über die Bestellmenge oder über den Lieferanten sowie zur Ausfertigung der Bestellunterlagen benötigt.

t_l = Lieferzeit bei Fremdbezug bzw. Durchlaufzeit bei Eigenfertigung.

t_e = Einlagerungszeit. Diese Zeitstrecke vergeht von der Warenannahme bis zu dem Zeitpunkt, an dem die Teile (z. B. nach Mengen- und Qualitätsprüfung) vom Lager entnommen werden können.

In manchen Systemen wird zur Wiederbeschaffungszeit eine Komponente t_S (Sicherheitszeit) addiert, die Überschreitungen in der Lieferzeit abfangen soll.

Der **Bestelltermin** T_B errechnet sich dann im einfachsten Fall in der Weise, dass ausgehend vom Zeitpunkt T_{netto}, zu dem voraussichtlich der Lagerbestand auf den Sicherheitsbestand sinkt, die Wiederbeschaffungszeit t_W subtrahiert wird:

$$T_B = T_{netto} - t_W$$

Den Wunsch-Ablieferungstermin T_W, der dem Lieferanten bzw. der eigenen Produktionsplanung anzugeben ist, erhält das Programm aus folgender Beziehung:

$$T_W = T_{netto} - t_e$$

Statt der dargestellten terminlichen Betrachtung ist es auch möglich, den Bestelltermin mit dem verfügbaren Lagerbestand in Zusammenhang zu bringen. Zu diesem Zweck wird die rein zeitliche Komponente t_W in einen mengenmäßigen Bestand (Bedarf während der Wiederbeschaffungszeit $M_{tw} = M_{tg} * t_W = t_W * \tan \gamma$) transformiert. Dabei ist M_{tg} der Bedarf pro Zeiteinheit (z. B. Tag). Unter Beachtung der eingangs gestellten Forderung „Lieferbereitschaft auch in der Wiederbeschaffungszeit" erhält man dann die mengenmäßige **Bestellgrenze** s durch folgende Formel:

$$s = M_{tw} + e$$

Darin ist e der Sicherheitsbestand.

Der Vorteil dieser Methode liegt darin, dass s bei den Materialstammdaten gespeichert ist und nach jedem Lagerabgang geprüft werden kann, ob die Bestellgrenze unterschritten wurde. Ist dies der Fall, so wird sofort ein Bestellvorgang veranlasst (siehe Abbildung 3.3.2.2/1).

Abbildung 3.3.2.2/1   Zusammenhänge zwischen Lagerabgangsgeschwindigkeit γ, Sicherheitsbestand e, Sicherheitszeit t_S, Bedarf M_{tw} während der Wiederbeschaffungszeit t_W, Bestellgrenze s, Bestelltermin T_B und Bestellmenge Q

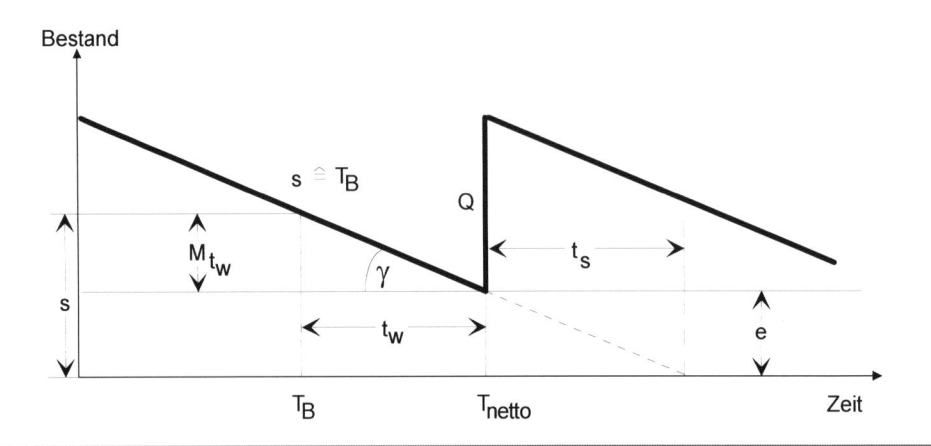

Treten nicht allzu große Bedarfsschwankungen auf, so ist es vertretbar, eine einmal ermittelte Bestellgrenze s über längere Zeit beizubehalten und nur gelegentlich Korrekturen aufgrund der unten erwähnten Überlegungen durchzuführen.

Nehmen jedoch die Bedarfsschwankungen zu, so birgt dieses Verfahren die Gefahr erhöhter Lagerbestände bzw. von Fehlmengen in sich. Um diese Nachteile zu vermeiden, muss s in jeder Periode neu berechnet werden.

Die Abbildung 3.3.2.2/1 ist stark idealisiert. Einerseits verläuft in der Praxis der Lagerabgang nicht auf einer Geraden, sondern stufenförmig. Zum anderen sind die einzelnen Punkte mit Unsicherheiten behaftet.

Der Sicherheitsbestand e dient zur Abdeckung von Vorhersagefehlern (Bedarfsabweichungen), Bestandsabweichungen, Abweichungen der Liefermenge und Lieferverzögerungen. In einfacheren Versionen gibt ein Sachbearbeiter dem Programm als Parameter an, wie hoch der Sicherheitsbestand absolut sein darf, um welchen Prozentsatz die Bestellmenge zu Sicherheitszwecken aufgestockt wird oder für wie viele Tage t_S der Sicherheitsbestand reichen soll; im letztgenannten Fall ermittelt das Anwendungssystem zunächst den durchschnittlichen Abgang pro Tag, entweder für den gesamten Planungszeitraum oder aber für jede einzelne Periode innerhalb des Planungszeitraums, mithilfe folgender Formel:

$$\frac{M_v}{n \cdot t_p} = M_{tg} \quad \text{bzw.} \quad \frac{M_i}{t_p} = M_{tg}$$

Darin bedeuten:

M_V = Prognostizierter Gesamtbedarf im Planungszeitraum

M_{tg} = Bedarf pro Tag

n = Anzahl der Perioden im Planungszeitraum

t_P = Anzahl der Tage pro Periode

M_i = Bedarf der Periode

Den Sicherheitsbestand e erhält man dann mit der Formel:

$$e = M_{tg} \cdot t_S$$

In anspruchsvollen Lösungen macht man den Sicherheitsbestand e und damit die Sicherheitszeit t_S abhängig von den Prognoseabweichungen der Vergangenheit.

Der Sicherheitsbestand wird dabei vielfach als eine Funktion des Lieferbereitschaftsgrads angesehen. Der Lieferbereitschaftsgrad kann z. B. als Prozentsatz derjenigen Lagerabrufvorgänge gemessen werden, bei denen sich keine Unterdeckung (Lieferunfähigkeit) ergab. In verschiedenen Systemen ist er etwas anders, und zwar als Verhältnis

$$\frac{\text{Wert der Lieferungen/Jahr}}{\text{Wert der Lagerabrufe/Jahr}} \cdot 100$$

definiert.

In der Festsetzung

$$\text{Sicherheitsbestand e} = \text{Standardabweichung } \sigma \cdot \text{Sicherheitsfaktor f}$$

gibt der Sicherheitsfaktor f die Anzahl der Standardabweichungen an, die für einen bestimmten Lieferbereitschaftsgrad erforderlich ist. Dabei ist die Standardabweichung:

$$\sigma = \sqrt{\frac{1}{n}\sum_{i=1}^{n}(M_i - M_i^*)^2}$$

M_i^* = Vorhergesagter Bedarf für die Periode i (i = 1, 2, ..., n)

M_i = Tatsächlicher Bedarf in der Periode i

Geht man davon aus, dass die Abweichungen zwischen dem vorhergesagten und dem tatsächlich beobachteten Bedarf normalverteilt sind, so entspricht einem Lieferbereitschaftsgrad von 84,13 Prozent ein Sicherheitsfaktor von f = 1, einem Lieferbereitschaftsgrad von 97,72 Prozent ein Faktor f = 2 und einem Lieferbereitschaftsgrad von 99,87 Prozent ein Faktor von f = 3. Daraus wird schon ersichtlich, dass mit steigendem Lieferbereitschaftsgrad auch die Sicherheitsbestände und damit die Lagerkosten überproportional zunehmen. Es gilt daher, im Rahmen unternehmenspolitischer Entscheidungen verschiedenen Situationen entsprechende Lieferbereitschaftsgrade zuzuordnen. Allerdings ist die Annahme einer Normalverteilung nicht völlig unproblematisch, sodass dann, wenn in einem Industriebetrieb falsch parametrierte Sicherheitsbestände erhebliche Folgefehler bedingen, von Zeit zu Zeit statistische Tests angeraten sind [KEM 11].

Oft verwendet man, um die rechenzeitaufwendige Radizierung zu vermeiden, statt der Standardabweichung vereinfachend die mittlere absolute Abweichung

$$MAD = \frac{1}{n}\sum_{i=1}^{n}\left|M_i - M_i^*\right|$$

unter Benutzung des Zusammenhangs $\sigma = 1{,}25 \cdot MAD$, wobei der MAD-Wert unter Umständen mithilfe eines Verfahrens der exponentiellen Glättung fortgeschrieben werden kann. Dann ergibt sich der Sicherheitsbestand e zu

$$e = \frac{1{,}25}{n}\sum_{i=1}^{n}\left|M_i - M_i^*\right| \cdot f$$

und die Sicherheitszeit t_S zu

$$t_s = \frac{e}{M_{tg}}$$

Bei der bisherigen Darstellung blieb außer Betracht, dass eine hohe Bestellmenge ihrerseits eine gewisse Sicherheit gewährleistet. Bestellt man einen Jahresbedarf von 12.000 Stück in 12 Losen zu je 1.000 Stück, so ist der durchschnittliche Lagerbestand während des Jahres 0,5 x 1.000 = 500 Stück. Plötzliche Bedarfsschübe in der Größenordnung von mehreren hundert Stück bedingen dann mit hoher Wahrscheinlichkeit, dass keine ausreichende Lieferbereitschaft besteht. Entscheidet man sich hingegen dafür, den Jahresbedarf mit zwei Bestellungen zu je 6.000 Stück zu decken, so beträgt der durchschnittliche Lagerbestand während des Jahres 0,5 x 6.000 = 3.000 Stück. Bedarfsschübe von mehreren hundert Einheiten führen nun mit viel geringerer Wahrscheinlichkeit (nur kurz vor den Bestellterminen, wenn das Lager schon weitgehend geräumt ist) zu Unterdeckungen. In verschiedenen Systemen ist eine sogenannte Service-Funktion vorgesehen, durch die neben der gewünschten Lieferbereitschaft und der Prognoseunsicherheit auch die Bestellmenge bei der Dimensionierung der Sicherheitsbestände berücksichtigt wird.

3.3.2.2.1 Eilbestellungen

Sollte das Bestelldispositionsprogramm nur in größeren Zeitintervallen T laufen, dann ist es möglich, dass folgende Ungleichung eintritt:

$$T_W < T_X + t_v + t_l - t_k \text{, mit}$$

T_W = Wunsch-Liefertermin

T_X = Tag des Programmlaufs

t_v = Bestellvorbereitungszeit

t_l = Lieferzeit

t_k = Individuell festzulegende Zeitkonstante

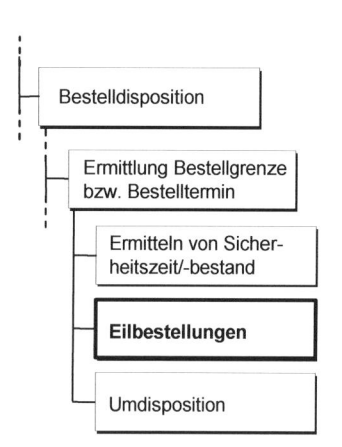

Der Wunsch-Liefertermin kann also nicht mehr erreicht werden. Daher muss das Programm eine Eilbestellung empfehlen; der Disponent wird z. B. die Bestellempfehlung beschleunigt bearbeiten und eine Verkürzung der Lieferzeit beim Lieferanten zu erreichen versuchen. Eilbestellungen sind – auch bei computerunterstützter Disposition – vor allem dann nicht auszuschließen, wenn vom Markt her überraschende Bedarfsänderungen kommen.

3.3.2.2.2 Umdisposition

Angenommen, es existiere für ein Teil ein Vormerkspeicher Bestellung mit einem Wunsch-Liefertermin T_W. Der neueste Lauf des Lagerbestandsprognoseprogramms (siehe Abschnitt 3.4.3) habe aber erbracht, dass die Teile schon zum Termin T' (T' < T_W) benötigt werden, da der Bedarf gegenüber der letzten Prognose unerwartet zugenommen hat. Dann muss umdisponiert werden. Um zu entscheiden, ob man sich beim Lieferanten um eine Vorverlegung des Liefertermins bemühen soll, wird vom Programm festgestellt, welcher Bruchteil b des Sicherheitsbestands e angegriffen wird, falls es beim alten Liefertermin bleibt. Ist b größer als eine vom Unternehmer bzw. Disponenten abgesteckte Toleranzgröße b^+, so gibt das Programm einen Hinweis mit der Aufforderung aus, die Vorverlegung zu versuchen.

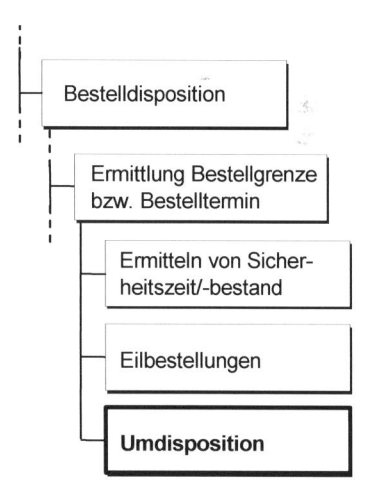

3.3.2.3 Ermittlung der Bestellmenge (Losgröße)

Ist geklärt, **wann** bestellt werden soll, dann bleibt noch die Frage zu beantworten, **wie viel** zu bestellen ist, d. h., wie groß die Lose werden sollen. Um uns in späteren Abschnitten redundante Ausführungen zu ersparen, wollen wir bei der folgenden Betrachtung zwischen Bestellungen bei Fremdlieferanten und solchen, die bei der eigenen Fertigung erfolgen, nicht unterscheiden. Die verschiedenen Formeln gelten nach entsprechender Interpretation sowohl für Fremdbezugsmengen als auch für die im Rahmen der eigenen Fertigungsplanung mengenmäßig festzulegenden Fertigungsaufträge. Auf spezielle Unterschiede wollen wir in jenen Abschnitten, in denen diese auftreten, näher eingehen.

```
Bestelldisposition
├── Lagerabgangsprognose
├── Ermittlung Bestellgrenze bzw. Bestelltermin
├── **Ermittlung der Bestellmenge**
├── Bezugsquellensuche und Angebotseinholung
└── Lieferantenauswahl
```

Die Zusammenfassung der Bedarfe zu Losen hat den Zweck, die je Los (Bestellung) fest anfallenden (losgrößenfixen) Kosten – bei Bestellung an die eigene Fertigung in der Hauptsache Rüstkosten, bei Fremdbezug fixe Beschaffungskosten – auf eine möglichst große Stückzahl zu verteilen. Dieser Tendenz zu möglichst großen Losen stehen mit steigender Vorratsbildung die wachsenden Lagerhaltungskosten entgegen. Unter Berücksichtigung der fixen Kosten je Bestellung und der Lagerhaltungskosten lässt sich die optimale (kostenminimale) Losgröße ermitteln.

Pragmatische Lösungen bestehen darin, dass der Disponent die Zahl der Perioden (Tage, Wochen, Monate) in Gestalt eines Parameters vorgibt, deren Bedarfe zu einem Los zusammengefasst werden sollen, das stets auf einen fixen Höchststand aufgefüllt wird, oder dass man einfach Losgrößen personell bestimmt.

Das bekannteste analytische Optimierungsmodell wird auf die **Losgrößenformel von Harris und Andler** zurückgeführt (zu Details vgl. z. B. [THO 05]).

Wegen der vielen aus Sicht der Praxis problematischen Prämissen, die der Herleitung dieser Formel zugrunde liegen (unter anderem konstanter Bedarf über einen längeren Zeitraum, kontinuierliche Lagerentnahme), enthalten viele betriebliche Systeme bzw. Standardsoftware-Pakete auch andere Losgrößenverfahren (vgl. [SCHN 05, S. 46-88]). Diese tragen der Tatsache Rechnung, dass moderne Anwendungssysteme die Bedarfe für eng definierte Perioden (Wochen- oder gar Tagesgenauigkeit) vorgeben (vgl. Abbildung 3.3.2.3/1).

Abbildung 3.3.2.3/1 Beispiel eines diskreten Nettobedarfsverlaufs

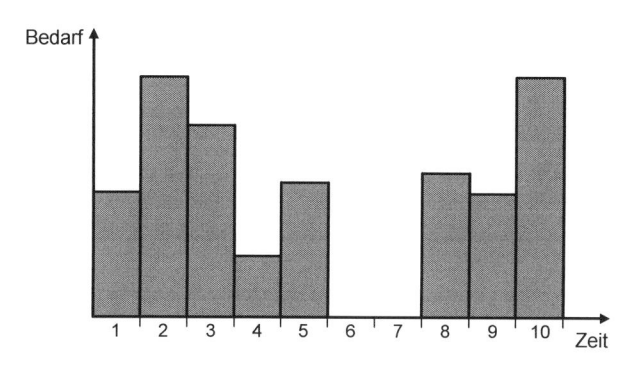

Ein auf diese deterministischen Periodenbedarfe zugeschnittenes Verfahren ist das der **gleitenden wirtschaftlichen Losgröße**. Es läuft wie folgt ab:

Man errechnet als Hilfsgröße die Lagerkosten K_e für eine Einheit des Produkts (Teils) pro Periode:

$$K_e = \frac{W \cdot z}{100 \cdot n}$$

Darin bedeuten:

W = Einkaufspreis bei Fremdbezug bzw. Herstellkosten bei Eigenfertigung je Mengeneinheit

z = Lagerhaltungskostensatz bezogen auf das im Lager gebundene Kapital in Prozent (unter anderem Zinsen, Schwund, Versicherung)

n = Anzahl der Perioden pro Jahr

Geht man davon aus, dass Lieferungen und Entnahmen jeweils zu Beginn einer Periode erfolgen, so lagert eine Menge, die in Periode i dem Lager zugeführt und in der Periode h ($i \leq h \leq j$) verbraucht wird, durchschnittlich $t_h = (h - i)$ Perioden.

Für eine bestimmte Menge M_h, die in der Periode h benötigt wird, ergeben sich folgende Lagerkosten:

$$K_{M_h} = K_e \cdot M_h \cdot (h - i)$$

Wird nun in einem Los der Bedarf bis einschließlich Periode j gefertigt (bestellt) und eingelagert, so erhält man die gesamten Lagerkosten $K_{i,j}$ durch Addition der einzelnen Periodenkosten:

$$K_{i,j} = \sum_{h=i}^{j} K_{M_h} = K_e \cdot \sum_{h=i}^{j} M_h \cdot (h-i)$$

Um die beeinflussbaren Gesamtkosten $K_{gi,j}$ zu berechnen, werden die Auflagekosten A addiert:

$$K_{gi,j} = A + K_{i,j}$$

Daraufhin ermittelt man die durchschnittlichen Kosten $k_{i,j}$ je Stück, indem man die Gesamtkosten durch die bis zur Periode j anfallende Nachfragemenge teilt:

$$k_{i,j} = \frac{K_{gi,j}}{\sum_{h=i}^{j} M_h} = \frac{A + K_e \cdot \sum_{h=i}^{j} M_h \cdot (h-j)}{\sum_{h=i}^{j} M_h}$$

Da man annimmt, dass die optimale Losgröße dort liegt, wo die Stückkosten ein Minimum erreichen, erhöht das Verfahren j nacheinander um jeweils 1 (im Extremfall bis w, wobei w die maximale Periodenzahl angibt, bis zu der die Berechnung durchgeführt werden soll) und vergleicht nach jeder Erhöhung $k_{i,j}$ mit $k_{i,j-1}$. Ist $k_{i,j} < k_{i,j-1}$, so lassen sich die Stückkosten noch reduzieren und es wird eine weitere Periode j in die Berechnung einbezogen. Ist jedoch $k_{i,j} > k_{i,j-1}$, so gibt j-1 die Periode an, bis zu der die Bedarfe M_h (h = i bis j) für das in Periode i zu bestellende Los zusammengefasst werden sollen.

In einer IIV werden die notwendigen Informationen für die Formel aus folgenden Quellen gewonnen:

1. Den groben Bedarf an Erzeugnissen, Baugruppen und Einzelteilen erhält man meist aus der Materialbedarfsplanung (vgl. Abschnitt 3.5.2.5).

2. Die fixen Rüstkosten A kann sich das Programm durch Bewerten der Rüstzeit gemäß gespeicherter Fertigungsvorschrift mit den für die Kostenstelle gültigen Kosten pro Zeiteinheit errechnen. Dieser Wert wird vom Kostenstellenrechnungsprogramm gepflegt und in der Regel im Kostenstellenstammsatz gespeichert. Die fixen Bestellkosten bei Fremdbezug können als Programm-Parameter geführt werden.

3. Der variable Lagerhaltungskostensatz K_e lässt sich meist ebenfalls als Parameter eingeben. Es ist aber auch denkbar, ihn jeweils im Kostenstellenrechnungsprogramm zu überprüfen und fortzuschreiben.

4. Der Wert des Produkts W ist bei Fremdbezugsteilen meist als Preis und bei Eigenfertigung als Summe der Fertigungskosten bei den Teilestammdaten gespeichert. Die Fertigungskosten gehen wieder aus der Kostenträgerrechnung (Nachkalkulation) hervor.

Während sowohl die Andler-Formel als auch die gleitende wirtschaftliche Losgröße in der Praxis, z. B. in käuflicher Standardsoftware, verbreitet sind, konnte in theoretischen Untersuchungen [KNO 85] für Bedarfe, die um einen konstanten Mittelwert schwanken (also z. B. nicht für an- oder auslaufende Teile), gezeigt werden, dass eine von **Silver und Meal** angegebene, allerdings recht komplizierte und deshalb hier nicht beschriebene Heuristik [SIL 73] durchschnittlich bessere Ergebnisse bringt. Ziel ist nicht wie bei der gleitenden wirtschaftlichen Losgröße die Minimierung der Kosten pro bestelltem Stück, sondern die der Kosten pro Zeiteinheit.

Es gibt jedoch Fälle, in denen die skizzierten heuristischen Rechenverfahren dadurch, dass sie jeweils nur einen Bestellvorgang disponieren, das anzustrebende Gesamtoptimum verfehlen. Eine kritische Analyse findet man bei Steiner [STE 77]. Zwar sind exaktere Methoden, wie z. B. der **Wagner-Whitin-Algorithmus**, entwickelt worden [WAG 59], jedoch haben sie sich bisher in der Praxis kaum durchsetzen können und finden sich in nur wenigen Standardsoftware-Paketen [FAN 01].

Es kann theoretisch bewiesen werden, dass die Mehrkosten bei kleineren Abweichungen vom Losgrößenoptimum relativ gering sind, wobei sich Aufrundungen um eine bestimmte Menge über das theoretische Optimum hinaus weniger gravierend auswirken als Abrundungen in gleicher Höhe.

Verschiedentlich wird die Bestelldisposition durch besondere **Lieferantenkonditionen** beeinflusst. In solchen Fällen sind Programme zu konzipieren, die folgende Aufgaben lösen können:

1. Das System muss prüfen, ob aufgrund der Preisbedingungen des Lieferanten eine größere Bestellmenge angebracht ist, weil so ein Sprung in einer Preisstaffel erreicht wird. Das Programm kann die optimale Bestellmenge innerhalb jedes Intervalls der Preistabelle des Lieferanten ermitteln und dann durch Vergleich der Teiloptima die kostenminimale Losgröße finden. Einige Algorithmen zur Losgrößenbestimmung bei Rabattgewährung findet man in [MÜL 63] sowie [ZEI 70].

2. Wenn nur in Mengen bestellt werden kann, die das Vielfache von Verpackungseinheiten sind, muss bei der Ermittlung der Bestellmengen in entsprechenden Schrittgrößen vorgegangen werden. Eine andere Möglichkeit besteht darin, die ohne Berücksichtigung von Verpackungsbedingungen ermittelten Mengen auf das nächstgrößere Vielfache der Verpackungsgröße aufzurunden.

3. Wenn Lieferanten bestimmte Mindestmengen vorschreiben, ist die Bestellgröße auf diese Mindestmenge hochzusetzen.

4. Bieten Lieferanten Rabatte für Bestellungen an, die insgesamt ein gewisses Volumen erreichen, wobei diese Bestellgröße durch Zusammenfassung mehrerer Teile zustandekommen darf, so ist das Problem der **Verbundbestellungen (Sammelbestellungen)** zu lösen. Eine solche Verbunddisposition kann z. B. erforderlich sein, wenn bestimmte Teile aus technischen Gründen immer zusammen gefertigt werden oder wenn die gemeinsamen Bestellungen verschiedener Teile wirtschaftliche Vorteile mit sich bringen,

wie z. B. optimale Auslastung der Transportmittel. Eine ausführliche Diskussion von Rechenverfahren zur Verbunddisposition im Rahmen einer IIV findet sich bei Trux [TRU 72]. Eine pragmatische Lösung besteht darin, in den Materialstammsätzen Hinweise auf andere Teile zu speichern, die einen Verbund bilden können, und bei der interaktiven Beschaffungsdisposition Daten, insbesondere Bestand und Lagerabgangsprognose, dieser anderen Teile am Bildschirm anzuzeigen.

3.3.2.4 Bezugsquellensuche und Angebotseinholung

Damit die Möglichkeiten der computergestützten Lieferantenauswahl (vgl. Abschnitt 3.3.2.5) voll genutzt werden können, muss eine Vielfalt von Dispositionsalternativen zur Verfügung stehen. Dies wird erreicht, indem man stets eine größere Zahl von Angeboten einholt und so die Datenbasis anreichert. Voraussetzung ist, dass man eine gute Übersicht über die Bezugsquellen besitzt. Hierzu kann das System in öffentlichen Datenbanken und im Internet recherchieren.

Um jene dafür notwendige menschliche Routinetätigkeit in Grenzen zu halten, die vor allem darin besteht, die Fälligkeit periodischer Anfrageaktionen zu überwachen, die anzuschreibenden potenziellen Lieferanten auszuwählen und die Briefe zu verfassen, mag sich die computergestützte Angebotseinholung empfehlen. Meist genügt ein relativ kleines Zusatzmodul zu dem Programm, das die Bestellungen schreibt, weil die Struktur der Angebotseinholung der der Bestellung ähnlich ist („Bestellung von Angeboten").

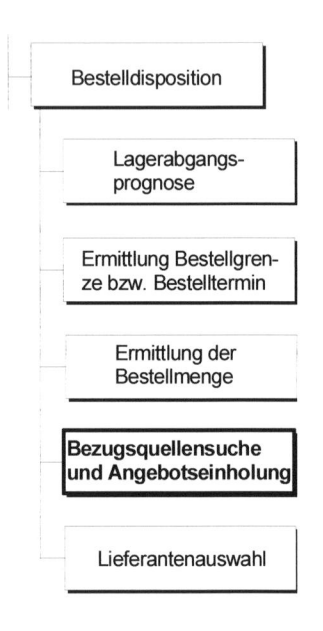

```
Bestelldisposition
        │
Lagerabgangs-
prognose
        │
Ermittlung Bestellgren-
ze bzw. Bestelltermin
        │
Ermittlung der
Bestellmenge
        │
**Bezugsquellensuche
und Angebotseinholung**
        │
Lieferantenauswahl
```

Hierzu werden auch an der ABC-Klassifizierung ausgerichtete Regeln in das Programm eingebaut, z. B.: „Für A-Teile müssen mindestens sechs Angebote, die jünger als sechs Monate sind, für B-Teile mindestens vier Angebote jünger als zwölf Monate gespeichert sein." Das Eintreffen der Angebote wird man ähnlich wie das der Auftragsbestätigungen oder Warenlieferungen überwachen und gegebenenfalls anmahnen. In dem Maße, wie Lieferquellen durch Suche, Ausschreibungen oder Auktionen im Internet aufgefunden werden (siehe unten), verliert die „Bestellung von Angeboten" etwas an Bedeutung.

3.3.2.5 Lieferantenauswahl

Wenn zu einem Fremdbezugsmaterial mehrere alternative Lieferanten vorhanden sind, stellt sich das Problem, den in der jeweiligen Situation günstigsten auszuwählen. Bei IIV können hierzu auch Daten über das bisherige Lieferverhalten herangezogen werden, die von den Modulen Lieferüberwachung (Abschnitt 3.3.4), Wareneingangsprüfung (Abschnitt 3.3.5) und Lieferantenrechnungskontrolle (Abschnitt 3.9.3) eingespeichert wurden. Auf dem virtuellen Einkaufsmarkt der **Atos Origin** (http://de.atos.net/de-de/) können Lieferanten online die Bewertungsergebnisse des Atos-Lieferantenmanagement-Systems einsehen.

Konzeptionelle Überlegungen zur Gestaltung eines Modells der automatischen Lieferantenauswahl mögen allgemeinen einkaufspolitischen Richtlinien Rechnung tragen, wie es z. B. bei den folgenden programmierbaren Entscheidungsregeln der Fall ist:

1. Das Programm berücksichtigt alle Lieferanten in einem bestimmten, von außen einzugebenden Verhältnis, im Grenzfall zu gleichen Teilen.

2. Es wird zunächst nur der zuverlässigste Lieferant oder der mit den niedrigsten Preisen ausgewählt, jedoch in begrenztem Umfang auch ein zweiter.

3. Nur der zuverlässigste Lieferant wird beauftragt oder der mit den niedrigsten Preisen, solange das Bestellvolumen bei ihm eine vorgegebene Grenze nicht überschreitet.

4. Wenn ein Lieferant einen günstigen Gesamtumsatzrabatt auf Bestellungen innerhalb eines bestimmten Zeitraumes gewährt, wird zum Periodenende dieser Lieferant bevorzugt, bis die Rabattschwelle erreicht ist.

5. In verschiedenen Zweigen des **Maschinenbaus** müssen die Lieferanten Sonderwerkzeuge (z. B. Schablonen) entwickeln und bereitstellen, um einen Auftrag ausführen zu können. Der Abnehmer verpflichtet sich, mit jedem abgenommenen Stück einen Beitrag zur Amortisation dieser Sonderwerkzeuge zu zahlen. Die Lieferverträge sehen häufig vor, dass der Kunde eine Abschlusszahlung leistet, wenn das Teil von ihm nicht mehr benötigt wird und bis dahin die Spezialwerkzeuge noch nicht amortisiert sind. Um diese Abschlusszahlung zu vermeiden, sollte das IV-System Bestelldisposition im Zweifel solche Lieferanten bevorzugen.

6. Das Modul MM der **SAP AG** untergliedert für die Lieferantenbeurteilung in vier Hauptbewertungskriterien (Preis, Qualität, Lieferung und Service). Jedes Hauptkriterium umfasst mehrere Teilkriterien. Die Noten für die Teilkriterien entstehen automatisch (z. B. Preisniveau, Preisverhalten, terminliche und mengenmäßige Zuverlässigkeit), teilautomatisch (Einkäufer erfasst Einzelnoten für wichtige Materialien, aus denen das System dann die übergeordnete Note bildet) oder personell (z. B. Umweltfreundlichkeit der Verpackung). Alle Einflussfaktoren kann der Anwender nach seinen Vorstellungen gewichten [LAR 01].

Insgesamt sind die Möglichkeiten einer vollautomatischen Lieferantenauswahl recht begrenzt, sodass in den meisten Unternehmen eine interaktive Lösung vorgezogen werden sollte, bei der die IT-Anlage nur Daten über die alternativen Lieferanten anbietet (z. B. Kennzahlen über die Terminpünktlichkeit, Entfernung zu einer Bonusgrenze, Ergebnisse der Wareneingangsprüfung), jedoch der menschliche Disponent die Entscheidung trifft.

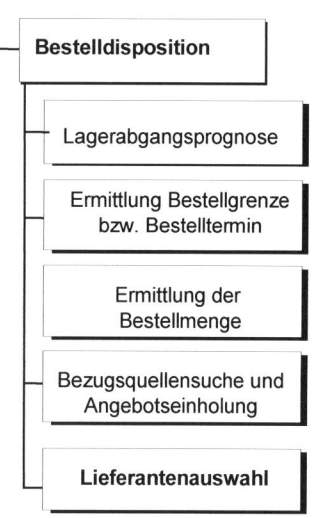

Zur Unterstützung besonders komplizierter Lieferantenauswahl-Entscheidungen bieten sich Expertensysteme oder das Data Mining (Band 2) an.

Die Einkaufs- bzw. als Pendant die Verkaufsfunktion erfahren durch das **Internet** eine besonders starke Veränderung [ÖST 00]. Man spricht auch von **Electronic Procurement** (E-Procurement). Einen systematischen Überblick über Formen und Nutzen des elektronischen Handels (E-Commerce) bringen [DÖR 05], [YEN 03].

Es lassen sich verschiedene Stufen unterscheiden:

1. *Informationssammlung aus WWW-Präsentationen und Kommunikationsplattformen:* Der Einkäufer kann sich im Internet die neuesten Produktbeschreibungen/-preise und Referenzen besorgen. Suchmaschinen erlauben es ihm, nach neuen Lieferanten zu recherchieren, an die auf den Startseiten („Homepages") aufgeführten Ansprechpartner gleich eine E-Mail abzusetzen und Ähnliches. Das Internet ist damit vor allem eine Informationsquelle, die z. B. die Suche in papierbasierten Branchenverzeichnissen oder Gelben Seiten erspart. Der Beschaffungsprozess selbst ändert sich nicht – der Einkäufer fragt weiterhin Waren an und wickelt das Geschäft auf konventionellem Wege ab oder bedient sich des „Desktop Purchasing" (siehe Abschnitt 3.3.3.1). Der nachfragende Industriebetrieb mag die Angebote in einem Multilieferantenkatalog zusammenführen [WEI 07].

   > **PRAKTISCHES BEISPIEL**
   >
   > In der Firma **Roche Diagnostics GmbH** verfügen alle Einkäufer über einen Internet-Zugang, der zur Suche nach Produkten, Unternehmen und auch für die Marktbeobachtung benutzt wird. Speziell im Rohstoff-Einkauf werden Recherchen zu Chemikalien, Biochemikalien und biologischen Materialien durchgeführt. Dabei stößt man auch auf Besonderheiten, die in keiner der konventionellen Informationsquellen entdeckt werden, beispielsweise eine Hochschule in England, die ein seltenes Antibiotikum synthetisieren konnte [SIP 99/WEH 05].

2. *Internet-Shops:* Einkäufer besuchen Internet-Shops und deren Verkaufskataloge (vgl. Abschnitt 3.2.2.3), wie sie z. B. von **Cisco** (Netzwerk-Ausrüstung) und **Dell** (PCs) bereitgestellt werden. Bei dieser Lösung hat der Einkäufer die Möglichkeit, direkt über das Internet zu ordern, kann aber Produkte und Preise verschiedener Lieferanten nicht vergleichen. Stattdessen muss er sich bei jedem einzelnen Anbieter informieren und nach der besten Gelegenheit recherchieren.

3. *Internet-Shopping-Malls:* Internet-Shopping-Malls führen mehrere Internet-Shops in einem Portal zusammen. Der Einkäufer kann so gleichzeitig die Verfügbarkeit und die Konditionen bei einer Vielzahl potenzieller Lieferanten abfragen.

4. *Beteiligung an Internet-Verkaufsauktionen:* Internet-Verkaufsauktionen stärken vor allem den Verkäufer, beispielsweise dadurch, dass er den höchstmöglichen Preis erzielt. Sie widersprechen damit nicht nur den Interessen der Einkäufer (indem sie ihnen die Verhandlungsmacht rauben), sondern auch den Charakteristika des sogenannten Business-to-Business-Handels (meist Käufermärkte).

5. *Internet-Ausschreibungen:* Der Ausgangspunkt bei Internet-Ausschreibungen ist die Anfrage eines registrierten Kunden. Ohne die potenziellen Hersteller genau kennen zu müssen, hat der Einkäufer hier die Möglichkeit, sich eine Fülle von Angeboten verschiedener Unternehmen vorlegen zu lassen. Damit senkt er zum einen seine Kosten der Anfrageerstellung und Angebotseinholung, zum anderen hat er auch die Gewissheit, immer den „besten" Lieferanten in einer gegebenen Situation bestimmen zu können.

6. *Internet-Marktplätze:* Eine Weiterentwicklung der Internet-Ausschreibungen sind Internet-Warenbörsen. Genauso wie bei jenen richtet der Einkäufer seine Anfrage an die am Marktplatz registrierten Unternehmen, er kann aber gleichzeitig einen Zeitpunkt angeben, bis zu dem die Anfrage beantwortet sein muss. Der wesentliche Unterschied liegt darin, dass die potenziellen Lieferanten nach der Ausschreibung die Möglichkeit haben, die Angebote der Mitbewerber einzusehen und ihre eigenen ohne Einwirken des Betreibers zugunsten des Abnehmers nachzubessern (Beschaffungsauktion). Das Ergebnis ist der im gegebenen Moment günstigste auf dem Markt erzielbare Preis, kombiniert mit den für den Käufer besten Konditionen.

Auf derartigen Plattformen werden zuweilen nicht nur Ausschreibungs- und Auktionsfunktionalitäten angeboten, sondern auch die traditionellen Operationssysteme beim Einkauf, wie z. B. Katalogverwaltung. Bogaschewsky nennt sie „hybride Systeme" [BOG 02].

Da die Abnehmer oft eine Kaufentscheidung treffen müssen, ohne das Produkt physisch begutachtet zu haben, setzen Transaktionen auf Elektronischen Marktplätzen leistungsfähige Werkzeuge zur Produktbeschreibung, wie z. B. differenzierte und überbetrieblich genormte elektronische Produktkataloge (vgl. Abschnitt 3.2.2.3), voraus [SCHI 05/VOI 03]. Auf der Grundlage von Produkt-Dokumentationen kann in der **Lebensmittelindustrie** teilautomatisch oder automatisch geprüft werden, ob Angaben von Lieferanten den im System hinterlegten Vorschriften von Gesundheitsbehörden wie der US-amerikanischen FDA (Food and Drug Administration) oder z. B. jüdischen oder muslimischen religiösen Speisegesetzen entsprechen.

Manche Betreiber von Internet-Marktplätzen organisieren auch sogenanntes „**Powerbuying**". Damit bezeichnet man Ansätze, die Bedarfe mehrerer Nachfrager über das Internet bündeln. Die Aufträge, die aus solchen Sammelbestellungen entstehen, beziehen sich dann auf größere Mengen, welche die Anbieter in Form von Preisnachlässen honorieren.

Reizvolle Dispositionsaufgaben ergeben sich, wenn der Marktplatzbetreiber logistische Funktionalitäten übernimmt. Beispielsweise stellt er die LKW-Touren zum Abholen der verkauften, zum Anliefern der gekauften Güter sowie zum Rückholen von Verpackung und Rezyklaten zusammen. Bei [LEJ 04] findet man praktische Beispiel aus der **Möbelindustrie** zusammen mit den Algorithmen und Nutzeffekten.

Hinsichtlich der auf den Warenbörsen gehandelten Güter zeichnen sich zwei Richtungen ab: Horizontale Marktplätze spezialisieren sich auf funktionale Produkte, wie etwa Software, Hardware, oder auch auf Personal (vgl. Abschnitt 3.10.3). Ein Beispiel ist der Auktionsanbieter **Atrada Trading Network AG** (http://www.atrada.net/). Eine andere

Lösung sind stark spezialisierte Warenportale (vertikale Marktplätze). Portale wie **eSteel.com** (Stahl) oder **solvadis.de** (Chemierohstoffe) handeln nur mit einer Güterkategorie und richten sich ausschließlich an das Fachpublikum, zurzeit noch eher an Großunternehmen. Die Benutzungsschnittstelle ist an das gehandelte Produkt angepasst, erlaubt also eine sehr genaue Spezifikation.

> **PRAKTISCHES BEISPIEL**
>
> Die **SupplyOn AG** wurde von der **Robert Bosch GmbH**, der **Continental AG**, der **Schaeffler Gruppe**, der **SAP AG** sowie der **ZF Friedrichshafen AG** als elektronischer Marktplatz für europäische **Automobilzulieferer** und deren Lieferanten gegründet. Schwerpunkte des Marktplatzes sind die Bereiche Einkauf (z. B. elektronische Verhandlungen, elektronische Angebotsanfrage), Qualität (z. B. Bereitstellung von Normen, Austausch von Zeichnungen mit Komponentenlieferanten) und Logistik bzw. Supply Chain Management (z. B. Vendor-Managed Inventory, vgl. Abschnitte 3.2.4 und 3.3.3.2) [ECK 03/FRI 11/SUP 11].

Die teilweise konkurrierenden **Flugzeugkonzerne Airbus/EADS**, **Dassault**, **Safran** und **Thales** bauen unter dem Namen BoostAeroSpace eine gemeinsame Einkaufsplattform auf, in die mittelfristig mehrere Tausend Zulieferbetriebe eingebunden werden sollen [HEG 11].

Reizvoll ist auch eine Art „Clearing" von Bedarfen und Überbeständen zwischen Industriebetrieben. Hat ein solcher z. B. durch ungünstige Parametrisierung seines Prognoseverfahrens (vgl. Abschnitt 3.3.2.1) einen Bestand mit zu großer Reichweite, so wird er ihn über eine spezielle Plattform anderen Betrieben, die raschen Nachschub beim gleichen Material benötigen, in einer Auktion anbieten.

Zunehmende Bedeutung bei den Internet-Marktplätzen mögen in der Zukunft Software-Agenten erlangen, die komplexe elektronische Verhandlungsmechanismen abbilden. Beispielsweise könnte ein Einkaufsagent bei Vorliegen einer Bedarfsspezifikation automatisch die Ware auf einem Marktplatz ausschreiben und anschließend auf die Rückmeldung von Verkaufsagenten der Hersteller warten. Diese würden dann ihr Angebot erstellen, das der Einkaufsagent mit seinen Vorgaben (Regelbasis) vergleicht. Ist eine Offerte akzeptabel, so kommt das Geschäft zustande, andernfalls unterbreitet der Einkaufsagent einen Gegenvorschlag, den wiederum der Verkaufsagent zu prüfen hat. Der Mensch wird schließlich nur eingeschaltet, wenn sich die „Unterhändler" nicht einigen können [ZAR 99].

Die bisher beschriebenen Formen der Beschaffung setzen voraus, dass es sich um Güter handelt, über die sich der Kunde und der Lieferant (oder deren IV-Systeme) ohne weitere Verhandlungen, Begriffs-, Bemessungs-, Qualitätsvereinbarung und Ähnliches verständigen können. Das trifft vor allem für C- und Normteile zu. Ihre Klassifikation basiert häufig auf den gemeinsam von **Dun & Bradstreet** und den Vereinten Nationen erarbeiteten **Standard Product and Services Codes (UN/SPSC)** [OTT 01]. Aber auch zahlreiche andere Normen zur Identifikation von Artikeln (z. B. die Europäische Artikelnummer) und zu Datenstrukturen (z. B. BME cat) wurden in die Praxis überführt [STO 07].

Ein Ziel muss sein, kombinierte Kataloge zu schaffen, bei denen die Produktangebote verschiedener Lieferanten („externe Kataloge") mit den Materialstammsätzen („interner Katalog") des einkaufenden Betriebes abgestimmt sind (Abbildung 3.3.2.5/1) [HOS 01].

Abbildung 3.3.2.5/1 Kombinierte Kataloge

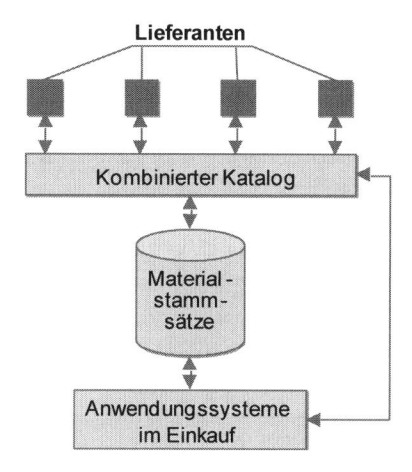

PRAKTISCHES BEISPIEL

Die **BASF AG** hat sich mit anderen Industrieunternehmen, wie **Merck KGaA**, **Henkel KGaA** und **Veba AG**, auf eine einheitliche Produktklassifikation namens **eClass** geeinigt, die auf acht Ziffern langen Nummerncodes basiert. Die zugehörige Datenbank (vgl. auch http:// www.eclass.de/) verfügt über ein Schlagwortregister mit rund 75.000 Begriffen sowie über Attribute, die die Materialien und Dienstleistungen beschreiben. Die teilnehmenden Betriebe erstellen mit dem Werkzeug Produktkataloge für ihre Einkaufsabteilungen. Anhand der Materialklassifikation lassen sich Angebote im Internet leichter finden und vergleichen: Statt einer Produktbezeichnung gibt man die eindeutige Nummer in die Suchmaschine ein [OV 00a/ECL 11].

Bei der Integration der Beschaffung über Marktplätze mit den innerbetrieblichen operativen Systemen ergeben sich viele Einzelprobleme, was die Verfügbarkeit, den Speicherbedarf und die Zugriffszeiten angeht. In [DAN 03/KAU 00] findet man sehr detaillierte Überlegungen zu den Ausprägungsformen und ihren informationstechnischen Konsequenzen.

Sehr viel schwieriger und in der Praxis noch kaum erprobt ist die Situation beim Einkauf von B-Teilen: Die frühzeitige Beschaffung mit den damit verbundenen Kapitalbindungs-, Lagerungs-, Verderb- und Veralterungskosten ist immer dann gegen die Vorteile der Bündelung abzuwägen, wenn der Bedarf der einkaufenden Betriebe nicht zur gleichen Zeit anfällt. Einige Kooperationspartner bringen dann das Opfer, früher zu ordern als notwendig. Hier hat man es mit einem Losgrößenproblem (vgl. Abschnitt 3.3.2.3) zu tun.

3.3.3 Bestelladministration

3.3.3.1 Grundsätzliche Lösungen

Das Ergebnis des Programmkomplexes Bestelldisposition sind ausgedruckte Anfragen bei den Lieferanten, Empfehlungen für Bestellungen oder Abrufe im Rahmen von Blockaufträgen, die, vom Bestelldisponenten unterschrieben, unmittelbar an den Lieferanten bzw. an die eigene Fertigungsplanung gesandt werden können. Die Bestellungen lassen sich auch in Fremdsprachen schreiben. Es ist möglich, dass die IT-Anlage unmittelbar ein Fax, eine EDIFACT-Nachricht (vgl. Abschnitt 3.3.3.2) oder eine in XML formatierte E-Mail generiert. Ist zu erwarten, dass die Sachbearbeiter in der größten Zahl der Fälle den Vorschlägen des Modells folgen, so legt man das Bestelldispositionsprogramm derart an, dass sofort ein Vormerkspeicher über die Bestellung eröffnet wird. In diesem Fall hat der Disponent nur zu reagieren, wenn er die Einkaufsempfehlung nicht unverändert als Bestellung weiterleitet. Sind jedoch häufige Änderungen durch den Menschen anzunehmen, so lässt man das Programm eine Empfehlung mit möglichst vielen für die Entscheidung wichtigen Daten (z. B. Vergangenheitsverbräuche, prognostizierte Bedarfe, zeitliche Reichweite des Restbestands, Lieferantenkonditionen) auf dem Bildschirm anzeigen. Der Sachbearbeiter meldet seine Dispositionen an den Computer, der nunmehr die vollständige Order ausgibt. Bei dieser Variante wird erst jetzt der Vormerkspeicher eröffnet. Wenn noch eine andere Bestellung an den Lieferanten gespeichert, aber noch nicht ausgegeben ist, sollte das System am Bildschirm die Zusammenfassung anregen. Oft wird man das Programm die als logische oder physische Rücklaufdokumente (vgl. Abschnitt 1.5.2) zu gestaltenden Wareneingangsmeldungen ausgeben lassen. Zusätzlich muss vorgesehen werden, dass man auch Bestellungen über nicht von der IV administrierte Gegenstände einspeichern kann. Dieser Fall ist vor allem bei der Bestellung von Positionen des Anlagevermögens wichtig.

Das Bestreben, durch genauere Disposition sowohl die eigenen Lagervorräte als auch die des Lieferanten möglichst gering zu halten, führt dazu, dass einerseits mehr als früher **Rahmenvereinbarungen** mit Lieferanten getroffen und andererseits auf dieser Grundlage sehr kurzfristige **Abrufe** erteilt werden. Von daher wird die Verwaltung der Rahmenpläne (sie können als Sonderform der Vormerkspeicher Bestellungen geführt werden) zu einem separaten Modul der Beschaffungssysteme. Beispielsweise macht das System rechtzeitig auf fällige Liefereinteilungen aufmerksam.

Die nachfolgend skizzierte Organisation ist ein Beispiel für ein WMS, bei dem Verantwortliche verschiedener Abteilungen am Beschaffungsprozess mitwirken. Nachrichten zwischen diesen Abteilungen werden über ein Rechnernetz ausgetauscht. Die Sachbearbeiter können sich sowohl zentraler als auch dezentraler (verteilter) Datenbanken bedienen.

In einer Fachabteilung, z. B. einem Lager, gibt man eine Bestellanforderung über ein benötigtes Teil in ein Terminal ein. Die Anforderung wird dann in den elektronischen Postkorb des Einkaufsdisponenten gestellt. Dieser hat die Aufgabe, aus der Anforderung eine Bestellung zu machen. Zu diesem Zweck kann er aus dem System verschiedene Hilfen abrufen, z. B. Materialstammdaten mit gespeicherten Lagerbeständen und Losgrößenempfehlungen, Lieferantenstammdaten mit den Konditionen der Lieferanten, Texte und Daten von Angeboten der Zulieferer, Vormerksätze mit laufenden Bestellungen oder Daten von historischen Einkäufen, die zum computerunterstützten Abfassen von Briefen benötigt werden. Besondere Masken, z. B. für das Erstellen eines Abrufs im Zusammenhang mit einem Rahmenauftrag, zur Änderung einer bereits abgesandten Order oder zum Eintasten der Modifikationen, die sich aus der Auftragsbestätigung des Lieferanten ergeben, können die Arbeit des Einkäufers rationalisieren. Nachdem der Einkaufssachbearbeiter seine Dispositionen getroffen hat, druckt der Computer die Bestellung oder übermittelt sie auf elektronischem Weg an den Lieferanten (vgl. Abschnitt 3.3.3.2). Der Vormerkspeicher der Bestellungen kann in der Abteilung Wareneingang am Terminal abgerufen werden, wenn die Teile eintreffen. Der Sachbearbeiter im Wareneingang vergleicht die Bestell- mit den Wareneingangsdaten und gibt den Befund (z. B. Überlieferungen, fehlende Mengen) in das System ein. Diesem Befund entsprechend wird eine besondere Aktion (z. B. Rücksendung) veranlasst und anderen Instanzen mitgeteilt, z. B. der Einkaufsdisposition. Dem Disponenten wird diese Information an sein Terminal gesendet. Gegebenenfalls ruft man im Wareneingang ein Formular oder ein Etikett ab, das die Lieferung im Betrieb begleitet, beispielsweise zur Qualitätskontrolle oder zum anfordernden Lager.

In Großunternehmen beziehen sich bis zu 80 Prozent der Einkaufstransaktionen auf C-Teile, wobei die Prozesskosten oft 100 € und mehr pro Vorgang betragen, den Warenwert also sogar gelegentlich übersteigen [INT 98], [NET 98], [OV 00b]. Das folgende Zahlenbeispiel vermittelt einen Eindruck, dass sich elegante Anwendungssysteme rasch amortisieren mögen:

In einem Industriebetrieb sind 50 Prozent der Kosten (bezogen auf den Umsatz) solche des Fremdbezugs. Das Unternehmen habe eine Umsatzrentabilität von 4 Prozent. Um 1 Prozent Gewinnsteigerung zu erreichen, muss es entweder den Umsatz um 25 Prozent steigern oder die Fremdbezugskosten um 2 Prozent senken, was regelmäßig weit einfacher sein dürfte. Diese ungünstige Relation zwischen den Transaktionskosten und dem Wert der Materialien führt zu Anstrengungen, den Beschaffungsprozess – oft unter Nutzung des Internet – radikal zu vereinfachen.

Ein Ausfluss dieser Überlegungen ist das sogenannte **Desktop Purchasing**. Es kommt vor allem für C-Teile bzw. für sogenannte **MRO** (**M**aintenance, **R**epair, **O**perations)-Teile infrage. Die Geschäftsregeln des Einkaufs („Wer darf Artikel bis zu welcher Wertgrenze ordern?", „Wo darf bestellt werden?", „Wo ist bevorzugt zu ordern?" (z. B. um Gesamtumsatzrabatte auszunutzen), „Welches Einkaufsbudget ist verabschiedet?") werden im IV-System abgelegt [HAR 99]. Die Einhaltung der Rahmenordnung wird vom System kontrolliert. In diesem Rahmen bestellen Mitarbeiter der Fachabteilungen von ihrem PC-Arbeitsplatz ohne Einschaltung der Einkaufsabteilung. Zu ihr wird nur im Ausnahmefall ein Workflow ausgelöst, d. h. bei Verletzung des Regelwerks.

Zuweilen benötigt der Kundenbetrieb aus dem Produktkatalog seines Lieferanten Daten zum Aufbau von Präsentationsgrafiken. Bei [MÜL 96] ist ein Pilotprojekt für **Damen- und Kinder-Strickmoden** beschrieben: Die Einkäufer nehmen im Lieferanten-Betrieb die Artikel mit einer Kamera auf. Die so gewonnenen Abbildungen werden in einer Bilddatenbank des Käuferunternehmens gespeichert und stehen für die Warenwirtschaft bereit.

Nach Möglichkeit soll die bestellende Abteilung im System den Status der Bestellung abfragen können. Im Idealfall kooperiert das Desktop-Purchasing-System mit dem PPS- und Versandlogistiksystem des Lieferanten, sodass der Durchlauf der Order beim Partnerunternehmen verfolgt werden kann (vgl. Abschnitte 3.5.2 und 3.6).

> **PRAKTISCHES BEISPIEL**
>
> Der Dienstleister **DIEHL Informatik GmbH** aus Nürnberg arbeitet vor allem für die DIEHL-Gruppe, die in den Bereichen **Metall, Controls, Defence, Aerosystems** und **Metering** (Verbrauchsmessgeräte) tätig ist. Die DIEHL Informatik GmbH bietet unter anderem auf Basis der Software „Impact Ordering" von **veenion** eine Desktop-Purchasing-Lösung für interne und externe Kunden an. Die Kataloginhalte werden von ausgewählten Lieferanten bereitgestellt. Zugriffe über das **Open Catalog Interface (OCI;** siehe http://www.attsuppliers.com/ downloads/OCI_40_EN20030611.pdf) sind möglich und werden insbesondere bei Printmedien und IT-Zubehör genutzt. In der Software werden die Genehmigungsverfahren, die bei der Beschaffung zu durchlaufen sind, als Workflow abgebildet. Um den Einkauf zu entlasten, werden über mehrstufige Genehmigungsverfahren die Bestellungen automatisiert erstellt und über EDI(Electronic-Data-Interchange)-Drehscheiben an die Lieferanten direkt übermittelt [EBE 02/EBE 11].

3.3.3.2 Abstimmung von Kunden- und Lieferantenbeziehungen

Die engen Verbindungen zwischen großen Produktions- und ihren Zulieferbetrieben führen zunehmend auch zur Vereinbarung abgestimmter Verwaltungsvorgänge, oft unter Nutzung moderner Datenübertragungstechniken wie dem Internet. Voraussetzung hierfür sind standardisierte Schnittstellen für den zwischenbetrieblichen Datenaustausch sowie organisatorische Maßnahmen zur betriebswirtschaftlichen Abstimmung der Unternehmen.

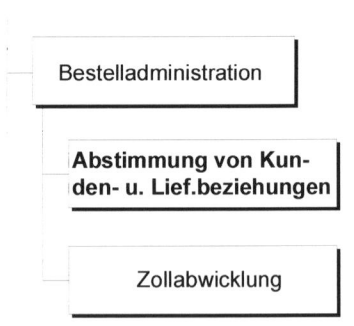

Bestelladministration
Abstimmung von Kunden- u. Lief.beziehungen
Zollabwicklung

In einfacheren Fällen trifft man im Rahmen der zwischenbetrieblichen Integration nur Vereinbarungen über Datenschnittstellen bzw. Protokolle, sodass Anwendungssysteme verschiedener Unternehmen Informationen austauschen können.

Für die einschlägige globale Norm EDIFACT haben sich weltweit Entwicklungsgruppen gebildet, die in EDIFACT sogenannte Subsets (Untermengen) für Anwendungen definieren, teilweise aus schon bestehenden Standards heraus, z. B. CEFIC in der **Chemieindustrie**, EDIFICE in der **Elektroindustrie** oder EANCOM im **Handel** (vgl. Abschnitt 3.2.4).

EDIFACT hat eine tief gegliederte hierarchische Struktur mit den Grundbausteinen Datenelement (z. B. Wohnort), Datenelementgruppe (z. B. Namens- und Adresszeile), Segment (z. B. Name und Adresse), Nachricht (z. B. Bestellung, Stornierung) und Nachrichtengruppe (z. B. mehrere Bestellungen an den gleichen Lieferanten).

Der Arbeitskreis Vordruckwesen/Datenaustausch im **Verband der Automobilindustrie** (VDA-AKVD) hat Empfehlungen für den Datenaustausch beim Lieferabruf erarbeitet; auf dieser Basis praktiziert z. B. die **Volkswagen AG** den Übertragungsverkehr mit einer großen Zahl ihrer Lieferanten. Der Lieferabruf, der als Bestandteil eines Rahmenvertrags zustandekommt, enthält unter anderem Fortschrittszahlen (siehe unten). Der Zulieferer kann aus den ihm übermittelten Datensätzen das hierzu genormte Formular (das ausgetauscht wird, wenn keine Datenfernübertragung eingerichtet ist) rekonstruieren und ausdrucken oder auch die Informationen auf dem Bildschirm seines Disponenten sichtbar machen. Auch die einzelnen Rechnungsinformationen werden per DFÜ übermittelt; der Lieferant druckt jedoch aus rechtlichen Gründen einmal monatlich die Daten auf ein Rechnungsdeckblatt, mit dem auf die einzelnen elektronischen Lieferabrufe Bezug genommen wird.

In eleganteren Versionen sind – vergleichbar der Methodenintegration der innerbetrieblichen IIV (vgl. Abschnitt 1.1) – Geschäftsprozesse und Algorithmen aufeinander abgestimmt. Beispielsweise vereinbart man Liefermengen, die als Kompromiss zwischen der optimalen Bestelllosgröße des Käufers und der optimalen Fertigungslosgröße des Lieferanten zustandekommen (vgl. auch Teilkapitel 4.4 zum Lieferkettenmanagement und das CPFR-Verfahren in Band 2).

PRAKTISCHE BEISPIELE

1. Die **Faurecia Exteriors GmbH** (**Faurecia**) in Weißenburg verkauft lackierte Kunststoff-Stoßfängermodule für die **Automobilindustrie**. Ein großer Teil dieser Stoßfänger wird sequenzgenau an die Produktion unterschiedlicher Fahrzeughersteller geliefert. Es gilt, ein extrem variantenreiches Produktspektrum in engen Zeitfenstern (z. B. 250 Minuten) als fertig montiertes Modul zur Endmontage des Kunden zu bringen.

   Zur Versorgung des Kunden wurde gemeinsam mit einem Logistiksystemdienstleister direkt in Kundennähe ein sogenanntes Systemzentrum aufgebaut. Dort werden aus den Stoßfängerkomponenten die unterschiedlichen Varianten montiert.

   Abbildung 3.3.3.2/1 zeigt die datentechnische Verknüpfung der drei Partner und die Rolle der Normen des Verbands der Automobilindustrie. Der Kunde übermittelt seine Lieferabrufe (wochenweise) und seine Feinabrufe (tageweise) mittels DFÜ an die Faurecia. Für die gelieferten Waren werden die entsprechenden Gutschriften per DFÜ ausgetauscht. Das Systemzentrum erhält vom Kunden die Sequenzabrufe (produktionssynchrone Abrufe), woraufhin dort die entsprechenden Montageschritte durchgeführt und die Stoßfänger beim Kunden angeliefert werden. Bei Problemen in der Datenübertragung des Sequenzabrufs wird der sogenannte Not-PAB (Produktionsabruf) herangezogen, den man täglich an den Dienstleister übermittelt. Der Not-PAB beinhaltet das geplante Produktionsprogramm des Kunden mit Fahrzeugkenn-

und Teilenummern. Der Lieferschein wird vom Systemzentrum ebenfalls per DFÜ übermittelt. Auch zwischen Systemzentrum und der Faurecia findet ein intensiver Datenaustausch statt. Jeder Transport von Faurecia an das Systemzentrum wird avisiert. Nach der Anlieferung der Waren im Systemzentrum ist eine Wareneingangsbestätigung zu senden. Ferner überträgt man einmal täglich einen Tagessammellieferschein an Faurecia. Lediglich der Warenbegleitschein wird noch zwischen Lieferant und Systemzentrum physisch ausgetauscht [KRI 96/ENG 11].

2. Auch das in Abschnitt 3.2.4 skizzierte Beispiel des „Collaborative Managed Inventory" bei der **Leoni AG** könnte hier eingeordnet werden.

Unternehmen mit Großserienfertigung koordinieren verschiedentlich Teilbereiche ihrer Logistik mithilfe der **Fortschrittszahlensystematik**. Fortschrittszahlen (**FZ**) stellen kumulierte Werte über die seit einem Stichtag produzierten Fertigteile, ausgelieferten Fertigteile, vom Kunden abgerufenen Produkte, gelieferten Produkte, vom Vorlieferanten übersandten Teile usw. dar. Die Fortschrittszahlen werden in einem Koordinatensystem aufgetragen; so ist es möglich, jederzeit einen Überblick über die Entwicklung der Abrufe, des Fertigungsstands, der Einkaufsdisposition und der Auslieferung zu gewinnen.

Abbildung 3.3.3.2/1   Datentechnische Verbindung zwischen Faurecia, Systemzentrum und den Kundenbetrieben

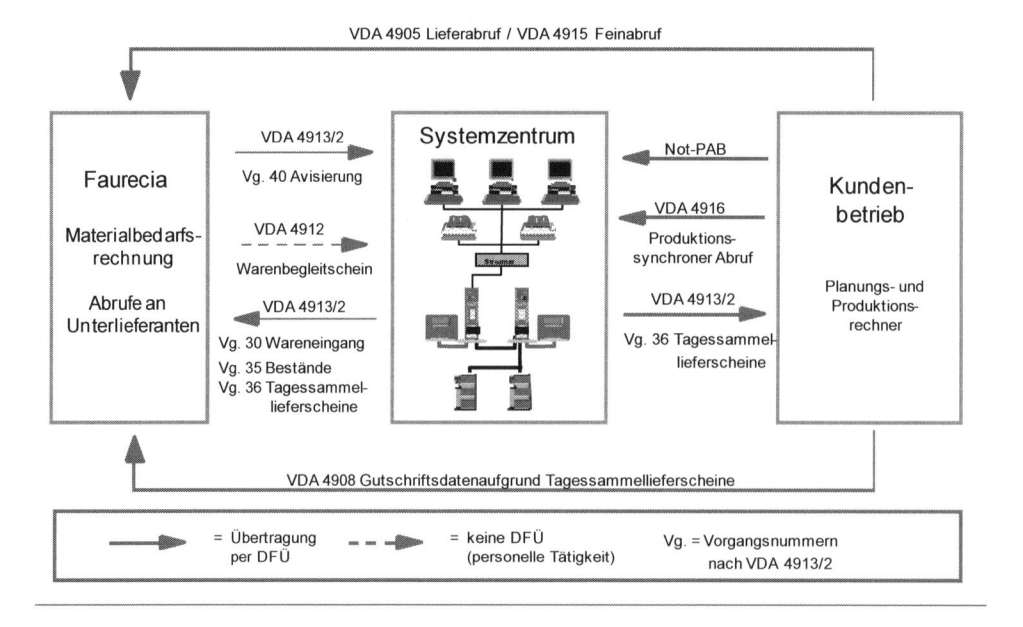

Beschaffungssektor 133

In Abbildung 3.3.3.2/2 bedeuten die **Kunden-FZ** (auch **Abruf-Fortschrittszahl** genannt) die Summe der innerhalb eines Rahmenauftrags abgerufenen Produkte und die **Eingangs-FZ** Fertigerzeugnisse die kumulierte Anzahl der produzierten und am Versandlager bereitstehenden Fabrikate.

Man erkennt, dass sich an den Tagen 311 und 321 ein Lieferrückstand von je 5.000 Stück ergibt. Daher muss eine Vorverlagerung des Montage-Endtermins um jeweils mindestens einen Tag angestrebt werden. In das gleiche Diagramm lassen sich nun auch die Linien einzeichnen, die über das Eintreffen der Zulieferteile informieren.

Sind verschiedene Materialien zu beschaffen, die in einen Montageprozess einmünden, und werden dazu die Zulieferteile nicht gleichzeitig benötigt, so gestaltet sich die Berechnung der Soll-Linie des Wareneingangs relativ kompliziert [ZÄP 98].

Der Kundenbetrieb ruft mit der **Kunden-FZ** ab, der Lieferant kommuniziert dem Abnehmer seine **Liefer-FZ**; die Differenzen sind Unter- oder Überlieferungen, die in den Folgeperioden ausgeglichen werden müssen.

Abbildung 3.3.3.2/2 Gegenüberstellung von Fortschrittszahlen

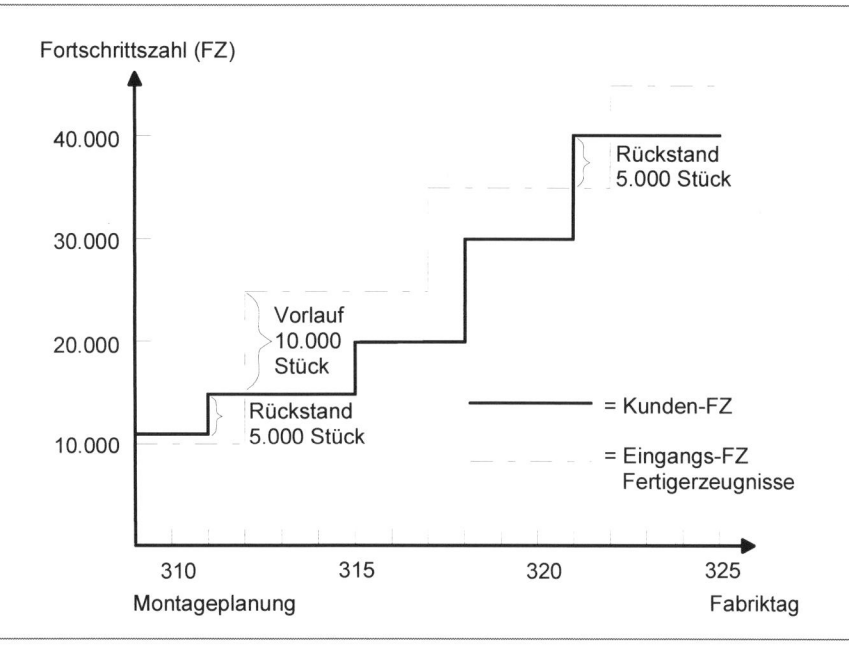

Die Fortschrittszahlen können zwischen den IV-Systemen von Kunden- und Lieferunternehmen ausgetauscht werden, wodurch sich die zwischenbetriebliche Kommunikation auf wenige Daten konzentriert.

Die Fortschrittszahlentechnik eignet sich nicht nur für die Abstimmung der Disposition zwischen selbstständigen Unternehmen; vielmehr ist sie auch verwendbar, wenn in Verbindung mit dezentraler Produktionslenkung interne Kunden-Lieferanten-Beziehungen zwischen den am Fertigungsprozess beteiligten Werkstätten organisiert werden [LOH 96].

> **PRAKTISCHES BEISPIEL**
>
> Die **LEONI Bordnetz-Systeme GmbH** - eine Division der **Leoni AG** - ist auf dem Gebiet der **Fahrzeug-Elektronik** tätig. Mehr als 80 Prozent der Wertschöpfung werden von den Auslandstöchtern erbracht. Diese internationale Arbeitsteilung erfordert einen reibungslosen Informationsfluss. Ein redundant ausgelegtes Kommunikationsnetzwerk sichert den Datenverkehr zwischen allen Fertigungsstätten und der Nürnberger Zentrale. Eingesetzt wird das Logistiksystem **FORS**, das auf dem Fortschrittszahlen-Konzept basiert. Das System generiert ständig Soll/Ist-Vergleiche über den gesamten Auftragsabwicklungs-Prozess. So kann ein Disponent jederzeit erkennen, ob ein Werk – bezogen auf einen Lieferabruf – im Rückstand oder im Vorlauf ist. Dabei kommt es auf hohe Genauigkeit an, denn Lieferverzögerungen, die zu einem Produktionsstopp von wenigen Stunden führen, haben unmittelbare Auswirkungen auf die Zusammenarbeit mit dem Automobilhersteller [BAC 11].

In japanischen Großunternehmen ist es nicht unüblich, dass die Lagerhaltungssysteme auch Informationen über die Bestände der Einkaufsteile bei den Lieferanten enthalten und fortschreiben. Bei komplizierteren Systemen geht man so weit, dass durch Stücklistenauflösung darauf geschlossen wird, welche Vormaterialien ein Lager beim Zulieferer verlassen haben müssen, wenn eine Baugruppe angeliefert worden ist. Freilich setzen derartige Verfahren periodische Abstimmungen, verbunden mit Inventuren, zwischen den Partnerbetrieben voraus.

Die Möglichkeiten der zwischenbetrieblichen Integration in der Logistikkette erkennt man auch gut an dem **Quick-Response-Konzept** der **Textilindustrie** [HEN 91]. Ein Einzelhandelskunde ist mit seinem Rechner an das IV-System seines Konfektionärs angeschlossen. So sieht der Einzelhändler, welche frei verfügbaren Mengen der Zulieferer am Lager oder in der Produktion hat. Er kann rasch ordern und ist sich relativ sicher, dass die Ware in der Zwischenzeit nicht an einen anderen Händler verkauft wird. Der Konfektionär fragt umgekehrt z. B. täglich die Abverkäufe seiner Kleider nach Modell, Stoffart und Größe beim Händler ab. Solche Abverkaufsinformationen zeigen ihm Umfang und in der Zeitreihe auch Verlauf der Nachfrage nach Kleidern in einzelnen Kategorien. Dies erlaubt dem Konfektionär frühzeitige Dispositionen ohne formelle Bestellung durch den Händler.

> **PRAKTISCHES BEISPIEL**
>
> Im Rahmen seines Partnerprogramms stellt der **Textilproduzent IBENA GmbH** seinen Kunden einen fertig eingerichteten, bereits mit Produkten gefüllten Online-Shop zur Verfügung, mit dem der Händler selbst einen Online-Vertrieb aufbauen kann. Der Shop wird zentral von IBENA administriert und immer aktuell gehalten. Technik- oder Internet-Kenntnisse benötigt der Händler nicht. Wenn der Vertriebspartner Ware nicht auf

Lager hat, springt IBENA ein und liefert sie im Namen des Händlers aus. Im Online-Vertriebscenter von IBENA (http://www.heimtex.ibena.de/Kontakt/Bestellen/bestellen.html) können autorisierte Händler unter anderem einfach bestellen, Lieferzeiten und Verfügbarkeit in Echtzeit abfragen sowie den Auftragsstatus abrufen und Sendungen verfolgen.

Zwischen dem Konfektionär und seinem Stofflieferanten verläuft die Kommunikation entsprechend, aber in einer höheren Verdichtungsstufe. Der Stofflieferant erkennt wiederum, wie der Konfektionär in den für ihn relevanten Qualitäten, Dessins und Farben disponiert.

Quick-Response-Konzepte implizieren neben informationstechnischen Elementen (maschinenlesbare **Produktkodierung**, DFÜ) eine Reihe weiterer Absprachen über Normen; z. B. verlangen übereinstimmende Aussagen bei der Farbmusterung einheitliche Lichtquellen.

Die zwischenbetriebliche Integration ist auch mit ausgesprochenen Kleinbetrieben, etwa beim Einkauf von Dienstleistungen, realisierbar.

3.3.3.3 Zollabwicklung

In Unternehmen mit starken internationalen Lieferverflechtungen und entsprechendem Import von Teilen und Handelswaren kann sich die Rechnerunterstützung der Zollabwicklung empfehlen. Das System verlangt verschiedene Eingaben, wie z. B. die Kategorisierung in EU-Waren, Drittlandswaren, besondere Verkehre (z. B. Waren zur Veredelung) und Zolllagerwaren. Ein Teil der Informationen wird von anderen Modulen (z. B. Materialbewertung) angeliefert.

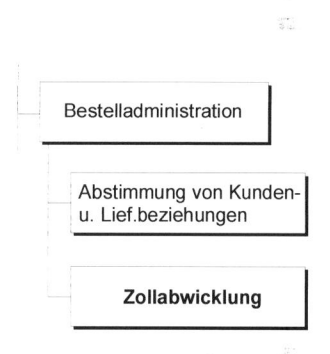

Wegen der unterschiedlichen landesspezifischen Zollvorschriften und ihrer Änderungshäufigkeit ist es auch für Spezialisten kaum noch möglich, alle Details zu beherrschen. Ein IV-System muss daher die Verwaltung und Pflege umfangreicher Tabellen und Regelwerke unterstützen, z. B. durch entsprechende Konsistenzprüfungen.

Mithilfe von Tabellen werden die infrage kommenden Zolltarife gefunden und auf den Warenwert angewandt. Das System generiert dann die Zollanmeldung an das Hauptzollamt, Zollpapiere an die für die einzelnen Importe zuständigen Zollämter und Meldungen an das Statistische Bundesamt.

Ein spiegelbildliches System kann im Versandsektor (vgl. Abschnitt 3.6) die Zollabwicklung für den Export unterstützen. Im Zuge des sogenannten **E-Government** gibt es starke Bestrebungen, die Kommunikation auf Papierbasis durch Datenaustausch zu ersetzen.

Neben Administrationssystemen kommen auch Dispositionssysteme in Betracht.

PRAKTISCHE BEISPIELE

1. Der japanische **Elektronikhersteller Matsushita** hat seine Zollabwicklung für die Staaten der Europäischen Union in Hamburg zentralisiert. Der gesamte westeuropäische Zollverkehr des Unternehmens wird über die Software **MIC** gesteuert. Jede Ware wird auf der jeweils günstigsten Route zu ihrem Bestimmungsort geschleust. So mögen z. B. **Video-Leinwände** nicht komplett, sondern als getrennte Einzelteile verschifft werden. Die **Leuchtelemente** kommen dann in einem Container, die **Steuerelektronik** gelangt in einem anderen nach Europa, weil für die vollständigen Video-Wände ein hoher Zoll fällig geworden wäre, die Steuerelektronik aber einem weit niedrigeren Zollsatz unterliegt und einzelne Leuchtelemente sogar zollfrei sind. Wichtig ist auch, dass die verschiedenen Teile nicht mit demselben Flugzeug oder Schiff eintreffen, weil sie sonst als Komplett-Geräte eingestuft würden. Im Fall von Flachbildschirmen verlangt der holländische Zoll den hohen Satz für Unterhaltungselektronik, weil man damit auch Videofilme anschauen kann, während Deutschland die Geräte als Computerzubehör einstuft und damit als Informationstechnik vom Einfuhrzoll befreit. Innerhalb der Europäischen Union dürfen dann die Objekte die Ländergrenzen zollfrei passieren. Freilich muss jeweils sorgfältig beobachtet werden, ob nationale Zollverwaltungen auf derartige Optimierungslösungen mit geänderten Regeln reagieren [UEH 06].

2. Im **Bayer-Konzern** wird das **SAP-System GTS (Global Trade Services)** zur Unterstützung der Import- und Exportabwicklung eingesetzt.

   Mithilfe des Systems überwacht man im Rahmen der Exportkontrolle jede grenzüberschreitende Warenbewegung. GTS ist dafür mit den Warenwirtschaftssystemen integriert. Am Produktstamm von GTS sind Waren klassifiziert, die einer Exportgenehmigung bedürfen, beispielsweise resultierend aus der EG-Dual-Use Verordnung. Hierzu werden die Genehmigungsdaten im GTS erfasst. Bei der Exportabwicklung wird dann geprüft, ob eine Genehmigung zugeordnet werden kann und ob diese noch gültig ist. Das System prüft, ob Bewilligungsrahmen nach Menge und Wert noch nicht ausgeschöpft sind. Die zentrale Exportkontrollstelle stellt sicher, dass die einschlägigen Vorschriften eingehalten werden.

   GTS bietet darüber hinaus auch die Möglichkeit, Zollanmeldungen für Import und Export zu erstellen, und nimmt den Datenaustausch mit den Zollbehörden vor [TER 11].

Beschaffungssektor 137

Abbildung 3.3.3.3/1   Zollabwicklung

Wichtigste Eingaben:	Warenkategorie, Zollbehandlungscodes, Devisenkurse (zur Berechnung des Warenwerts), Herkunfts-/Versendungs-/Empfangsland, Zollsätze, Prozentsätze für Luftfracht
Wichtigste Anzeigen und Ausdrucke:	Zollpapiere (Sammelzollanmeldungen), Meldungen für das Statistische Bundesamt
Wichtigste Dialogfunktionen:	
Nutzeffekte:	Rationalisierung der Abwicklung, Verkürzung der Durchlaufzeiten der Zollabwicklung

3.3.4 Lieferüberwachung

Das Programm Lieferüberwachung überprüft periodisch den vom Programm Bestelldisposition eröffneten Vormerkspeicher Bestellungen und gibt **Mahnungen** an Lieferanten und die Werkstattsteuerung aus, wenn Liefertermine überschritten werden, gegebenenfalls auch wenn Auftragsbestätigungen fehlen oder einer Aufforderung zur Angebotsabgabe nicht gefolgt wurde.

Jede anfallende Mahnung wird im Lieferantenstammsatz registriert und kann beim nächsten Dispositionslauf die Lieferantenauswahl beeinflussen.

Bei Materialpositionen, deren verspätetes Eintreffen besonders weitreichende Folgen hat, sollte ein solches Programm **Liefererinnerungen** bereits einige Tage vor dem Liefertermin ausgeben.

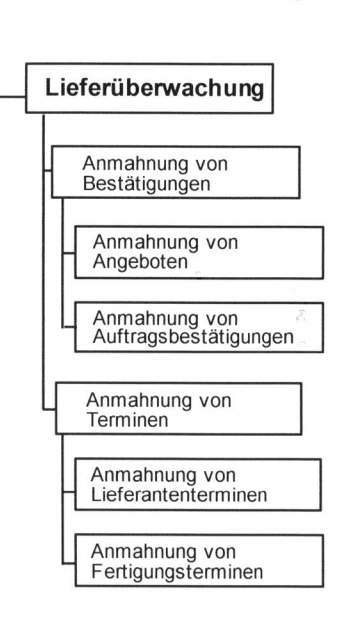

Lieferüberwachung
- Anmahnung von Bestätigungen
- Anmahnung von Angeboten
- Anmahnung von Auftragsbestätigungen
- Anmahnung von Terminen
- Anmahnung von Lieferantenterminen
- Anmahnung von Fertigungsterminen

Abbildung 3.3.4/1 Lieferüberwachung

Wichtigste Eingaben:	
Wichtigste Anzeigen und Ausdrucke:	Angemahnte Bestellungen zusammen mit Restbeständen des Materials, Mahnungen an Lieferanten oder Fertigungssteuerung, Liefererinnerungen, Erinnerungen an fehlende Auftragsbestätigungen, Arbeitsvorrat von Terminverfolgern
Wichtigste Dialogfunktionen:	
Nutzeffekte:	Sicherstellen der Materialabgabebereitschaft der Lager, Senken der Sicherheitsbestände, da mit weniger verspäteten Lieferungen zu rechnen ist; Gewinnen von Daten zur Lieferantenbeurteilung

3.3.5 Wareneingangsprüfung

Die Wareneingangsprüfung umfasst eine Mengen- und eine Qualitätskontrolle. Dem Programm werden die von der Bestelldisposition aufbereiteten Wareneingangsinformationen zugeführt. Hierzu müssen das Eingangsdatum und bei Differenzen zwischen der gelieferten und der bestellten Menge diese Abweichungen nachgetragen werden. Das Teilsystem löscht im Normalfall den Vormerkspeicher Bestellung, verbucht den Wareneingang in dem neu errichteten Vormerkspeicher Wareneingang und stellt die komplettierten Wareneingangsdaten auf diese Weise der Lieferantenrechnungskontrolle und eventuell der Liquiditätsdisposition zur Verfügung. Der Wareneingang wird dem Programm Materialbewertung bzw. bei Investitionsgütern dem Programm Anlagenbuchhaltung gemeldet. Das Anwendungssystem prüft, ob ein Wareneingang besonders dringlich erwartet wird, und benachrichtigt die an dem Eintreffen der Sendung interessierten innerbetrieblichen Stellen. In **IBM**-Werken existiert für dringend erwartete Teile die computergestützte Fehlteilesteuerung [WED 11]. Die Zuordnung der Wareneingangsmenge zu den wartenden Fertigungsaufträgen kann automatisch erfolgen. Es wird im Wareneingang ein Entnahmebeleg erstellt und die Teile können ohne körperliche Einlagerung und Entnahme dem Empfänger zugeleitet werden.

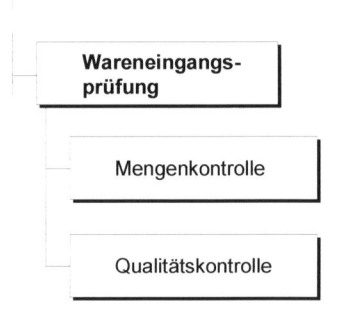

Trifft überraschend eine **Teillieferung** ein, so wird in den vorgemerkten Bestellungen die noch offen stehende Restlieferung gebucht; für die nächste Lieferung werden neue Wareneingangsinformationen bereitgestellt.

Bei Abweichungen zwischen Bestell- und Liefermenge kann man verschiedene Varianten vorsehen, z. B.:

1. Bei geringfügiger Unter- oder Überlieferung wird der Wareneingang normal weiterverarbeitet, aber eine Meldung an einen Einkaufssachbearbeiter gesandt.

2. Überschreitet die Differenz zwischen Bestell- und Liefermenge eine vorgegebene Grenze, so wird der Wareneingang nur im Vormerkspeicher Wareneingang festgehalten, jedoch nicht weiterverarbeitet. Es wird eine Nachricht an den Sachbearbeiter generiert, dessen Rückmeldung abgewartet und erst dann der Eingang an die Materialbewertung transferiert.

3. Im Gegensatz zu 2) wird der Wareneingang überhaupt nicht gespeichert, sondern nur der Sachbearbeiter benachrichtigt.

Neben der Mengenprüfung kann auch die Qualitätsprüfung mithilfe der IV rationalisiert und verfeinert werden. Diese Möglichkeit bietet sich vor allem dann an, wenn man „**dynamische Stichprobenverfahren**" verwendet:

1. Man steuert im Echtzeit-Betrieb nach einem Verfahren der mathematischen Statistik den Prüfprozess als solchen, wobei das Programm in Abhängigkeit von den Kontrollergebnissen bei den ersten Teilen der Lieferung Anweisungen ausgibt, wie viele weitere Teile geprüft werden sollen. Die Logik eines derartigen Prüfplans ist in Abbildung 3.3.5/1 [FIN 70] dargestellt. Diese Methode lässt sich bei komplizierteren Teilen dahin verfeinern, dass sich die Anweisungen auch auf Toleranzen oder auf die einzelnen Prüfmerkmale erstrecken.

2. Die Lieferungen eines Teils und/oder eines Lieferanten werden umso intensiver geprüft, je mehr Fehler und nachträgliche Beanstandungen bei den vergangenen Lieferungen festgestellt wurden (dynamische Wareneingangsprüfung). Diese Strategie mag man umgekehrt dahin ausweiten, dass bei entsprechender bisheriger Zuverlässigkeit des Lieferanten ganze Lieferungen von der Qualitätsprüfung befreit werden.

Bedient man sich der IV bei der qualitativen Wareneingangskontrolle, so ist eine Prüfvorschrift zu führen, die der Fertigungsvorschrift vergleichbar ist. Ferner müssen Prüfergebnissätze gespeichert werden, welche die für die dynamische Prüfung notwendigen historischen Prüfdaten enthalten. Diese Sätze sind entweder pro Teil oder pro Kombination Teil/Lieferant (wenn ein Teil von mehreren Lieferanten bezogen wird) anzulegen. Darüber hinaus hält das System globale Prüfergebnisdaten in den Lieferantenstämmen fest, wo sie der computerunterstützten Lieferantenauswahl und der Management-Information dienen (vgl. Band 2).

Abbildung 3.3.5/1 Logik eines Stichprobenplans

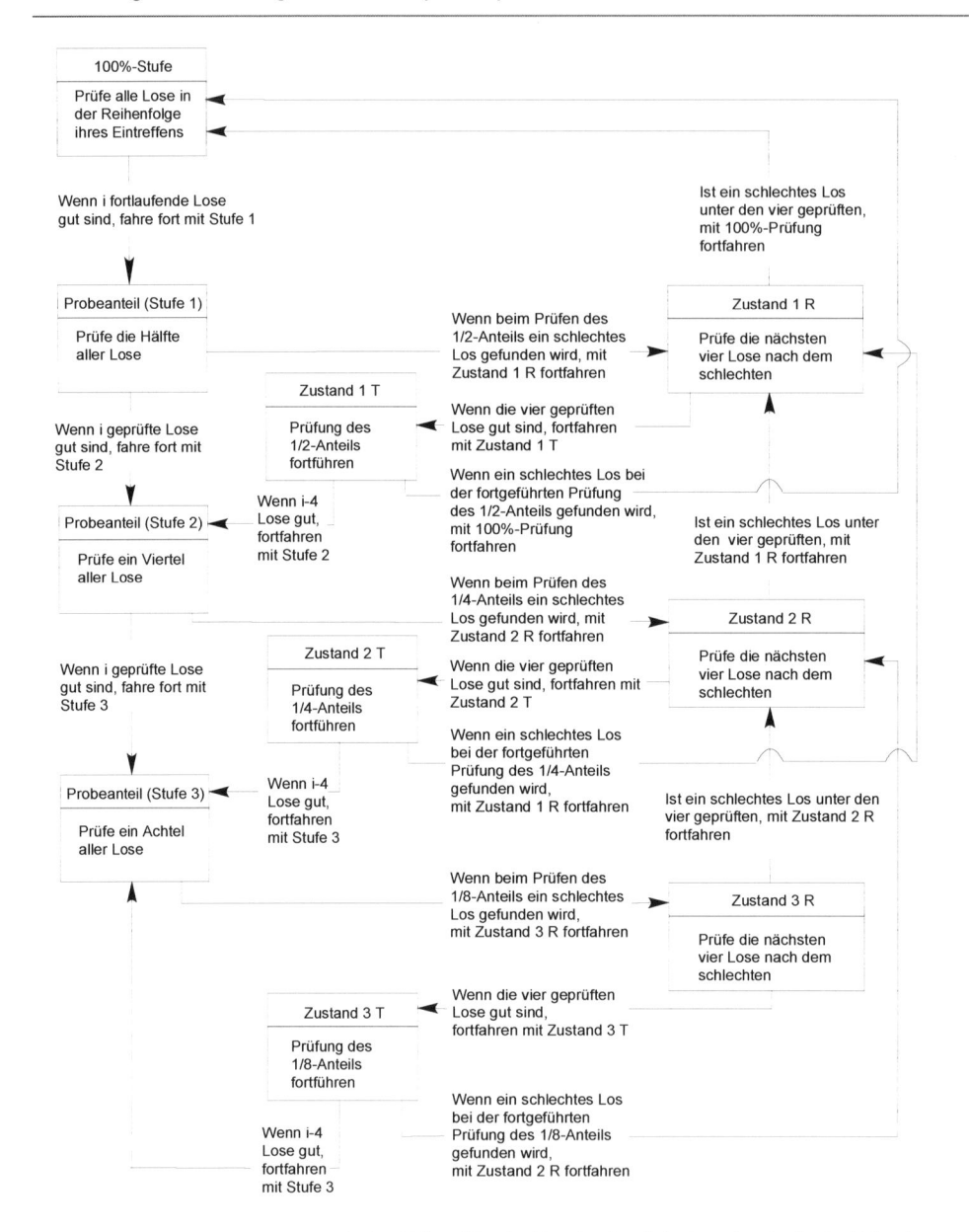

```
┌─────────────────────┐
│ 100%-Stufe          │
│ Prüfe alle Lose in  │◄──────────────────────┐
│ der Reihenfolge     │◄──────────────────┐   │
│ ihres Eintreffens   │                   │   │
└─────────────────────┘                   │   │
           │                              │   │
  Wenn i fortlaufende Lose        Ist ein schlechtes Los
  gut sind, fahre fort mit Stufe 1   unter den vier geprüften,
           │                         mit 100%-Prüfung
           ▼                         fortfahren
┌─────────────────────┐     Wenn beim Prüfen des      ┌─────────────────────┐
│ Probeanteil (Stufe 1)│    1/2-Anteils ein schlechtes │ Zustand 1 R         │
│ Prüfe die Hälfte    │    Los gefunden wird, mit      │ Prüfe die nächsten  │
│ aller Lose          │    Zustand 1 R fortfahren      │ vier Lose nach dem  │
└─────────────────────┘                                │ schlechten          │
           │         ┌─────────────────┐               └─────────────────────┘
           │         │ Zustand 1 T     │    Wenn die vier geprüften      ▲
           │         │ Prüfung des     │◄── Lose gut sind, fortfahren ───┘
           │         │ 1/2-Anteils     │    mit Zustand 1 T
           │         │ fortführen      │
           │         └─────────────────┘    Wenn ein schlechtes Los bei
  Wenn i geprüfte Lose                      der fortgeführten Prüfung
  gut sind, fahre fort mit    Wenn i-4      des 1/2-Anteils gefunden wird,
  Stufe 2                     Lose gut,     mit 100%-Prüfung
           │                  fortfahren    fortfahren
           │                  mit Stufe 2
           ▼                                Wenn beim Prüfen des
┌─────────────────────┐                     1/4-Anteils ein schlechtes    ┌─────────────────────┐
│ Probeanteil (Stufe 2)│◄──                 Los gefunden wird, mit ──────►│ Zustand 2 R         │
│ Prüfe ein Viertel   │                     Zustand 2 R fortfahren        │ Prüfe die nächsten  │
│ aller Lose          │                                                   │ vier Lose nach dem  │
└─────────────────────┘    ┌─────────────────┐                            │ schlechten          │
           │               │ Zustand 2 T     │    Wenn die vier geprüften └─────────────────────┘
           │               │ Prüfung des     │◄── Lose gut sind, fortfahren mit
           │               │ 1/4-Anteils     │    Zustand 2 T
           │               │ fortführen      │
           │               └─────────────────┘    Wenn ein schlechtes Los
  Wenn i geprüfte Lose                            bei der fortgeführten
  gut sind, fahre fort mit     Wenn i-4           Prüfung des 1/4-Anteils
  Stufe 3                      Lose gut,          gefunden wird,
           │                   fortfahren         mit Zustand 1 R fortfahren
           │                   mit Stufe 3
           ▼
┌─────────────────────┐                     Wenn beim Prüfen des
│ Probeanteil (Stufe 3)│                    1/8-Anteils ein schlechtes    ┌─────────────────────┐
│ Prüfe ein Achtel    │                     Los gefunden wird, ──────────►│ Zustand 3 R         │
│ aller Lose          │                     mit Zustand 3 R fortfahren    │ Prüfe die nächsten  │
└─────────────────────┘                                                   │ vier Lose nach dem  │
                           ┌─────────────────┐                            │ schlechten          │
                           │ Zustand 3 T     │    Wenn die vier geprüften └─────────────────────┘
                           │ Prüfung des     │◄── Lose gut sind,
                           │ 1/8-Anteils     │    fortfahren mit Zustand 3 T
                           │ fortführen      │
                           └─────────────────┘    Wenn ein schlechtes Los
                              Wenn i-4            bei der fortgeführten
                              Lose gut,           Prüfung des 1/8-Anteils
                              fortfahren          gefunden wird,
                              mit Stufe 3         mit Zustand 2 R fortfahren
```

i = Anzahl der aufeinander folgenden akzeptierten Lose eines bestimmten Lieferanten

Die Zeitspanne zwischen zwei hintereinander kommenden Eingängen darf bei normalem Ablauf nicht länger als 26 Wochen betragen. Bei einer größeren Zeitspanne muss das Los auf jeden Fall geprüft werden. Ist es gut, so wird der normale Prüfrhythmus fortgesetzt, andernfalls erfolgt eine Rückstufung auf den Zustand R der nächstniedrigeren Stufe.

PRAKTISCHES BEISPIEL

1. In verschiedenen Werken der **IBM** ist das **SAP-System SAP R/3-QM** eingeführt [WED 11]. Dieses System operiert unter Verwendung verschiedener Regeln und Daten:

   Die Dynamisierungsregel enthält Prüfstufen (Verschärft – Normal – Reduziert – Skip (siehe unten)) und die Bedingungen für den Wechsel zwischen ihnen. Diese Wechsel erfolgen in Abhängigkeit von den Prüfergebnissen zu den einzelnen Prüflosen und von der Annahme-/Rückweisungs-Entscheidung. Die Regeln bestimmen, ob der Prüfungsumfang reduziert oder erhöht (engere oder weitere Maschen des Stichprobennetzes) bzw. bei wie vielen Fehlern das Los abgelehnt wird. Beispielsweise wechselt das System von reduzierter zu normaler Kontrolle, sobald ihm in einem Los von vier Einheiten einer Stichprobe ein fehlerhaftes Teil gemeldet wird.

   Die Regeln können für ein Merkmal oder für ein Material gelten.

2. Die Qualitätslage ist ein Datensatz, den das System aktualisiert, indem es die Bedingungen für einen Stufenwechsel abfragt und gegebenenfalls unter Beachtung der Dynamisierungsregel eine neue Prüfstufe anordnet. Diese bestimmt, welche Stichprobe für die nächste Kontrolle gilt. In der Qualitätslage sind die Anzahl der Prüfungen, die seit dem letzten Stufenwechsel stattgefunden haben, und jene davon, die nicht in Ordnung waren, festgehalten. Es kann dabei nach unterschiedlichen Kriterien verdichtet werden, z. B. über mehrere Materialien des gleichen Lieferanten hinweg.

Abhängig von den gespeicherten Regeln und Daten dynamisiert **SAP R/3-QM** den Stichprobenumfang zwischen 100 Prozent und 0 Prozent (Prüfverzicht, Skip). Skip bedeutet, dass eine bestimmte Anzahl von Losen oder Merkmalen nicht geprüft wird.

Im Sinne eines „Kontinuierlichen Verbesserungsprozesses" sollte auf die Dokumentation der erkannten Liefermängel großer Wert gelegt werden. Das Modul **QM** (**Q**uality **M**anagement) von **SAP ERP** kann teilautomatisch eine Mängelrüge an den Lieferanten erstellen.

Es stellt sich die Frage, ob derartige hoch automatisierte Qualitätskontrollsysteme sowohl im Warenausgangskanal des Lieferanten als auch im Wareneingangskanal des Kunden installiert sein müssen. Beispielsweise dokumentiert man in der **Chemie- und Pharmaindustrie** maschinell Ergebnisse der Qualitätskontrolle in Analysezertifikaten und fügt diese den Lieferscheinen oder Rechnungen bei [WOL 86].

Abbildung 3.3.5/2 Wareneingangsprüfung

Wichtigste Eingaben:	Wareneingänge (als Rücklaufdokument), Parameter für die Wareneingangsprüfung einschließlich Reihenfolgebestimmung, Annahme-/Ablehnungs-/Nacharbeitsentscheidung
Wichtigste Anzeigen und Ausdrucke:	Bestellpositionen, noch zu prüfende Wareneingänge, Arbeitsvorräte der Prüfer, Zählkarten, Begleitkarten mit Einlagerungshinweisen, Prüfvorschriften, Etiketten, neue Rücklaufdokumente bei Teillieferungen, Meldungen bei Abweichungen zwischen Bestellungen und Lieferungen
Wichtigste Dialogfunktionen:	Änderung des Prüfumfangs durch Parametervariation mit Anzeige von Prüfkosten und statistischen Sicherheiten
Nutzeffekte:	Unterstützung der Qualitätssicherung, Gewinnung von Daten zur Lieferantenbeurteilung, Senkung der Prüfkosten, Vermeiden von Störungen in der Fertigung, die durch fehlerhafte Fremdbezugsmaterialien ausgelöst werden

3.3.6 Anmerkungen zu Abschnitt 3.3

[BAC 11] Persönliche Auskunft von Herrn G. Bachbauer, Leoni AG.

[BOG 02] Bogaschewsky, R., Electronic Procurement – Katalog-basierte Beschaffung, Marktplätze, B2B-Netzwerke, in: Gabriel, R. und Hoppe, U. (Hrsg.), Electronic Business, Heidelberg 2002, S. 23-43.

[DAN 03/KAU 00] Dangelmaier, W., Produktion und Information, Berlin u.a. 2003, S. 161-175; Kaufmann, T., Entwurf eines Marktplatzes für heterogene Komponenten betrieblicher Anwendungssysteme, Berlin 2000.

[DIT 09] Dittrich, J., Mertens, P., Hau, M. und Hufgard, A., Dispositionsparameter in der Produktionsplanung mit SAP, 5. Aufl., Braunschweig-Wiesbaden 2009.

[DÖR 05] Dörflein, M., Electronic Procurement: Effizientere Beschaffung durch integrierte Prozesse, in: Thome, R., Schinzer, H. und Hepp, M. (Hrsg.), Electronic Commerce und Electronic Business – Mehrwert durch Integration und Automation, 3. Aufl., München 2005, S. 101-134.

[ECK 03/FRI 11/SUP 11] Eckert, S., Schissler, M., Mantel, S. und Schäffner, C., Entwicklung von Kopplungsarchitekturen – Evaluierung einer Methodik anhand eines Beispiels aus der Automobilzulieferindustrie, in: Sinz, E.J., Plaha, M. und Neckel, P. (Hrsg.), Modellierung betrieblicher Informationssysteme – MobIS 2003, Bonn 2003, S. 87-107; persönliche Auskunft von Herrn J.M. Friedrich, Robert Bosch GmbH; SupplyOn AG (Hrsg.), Wir über uns, http://www.supplyon.com/start.html, Abruf am 04.10.2011.

[EBE 02/EBE 11] Ebert, R., E-Procurement-Lösung der DIEHL Informatik GmbH, unveröffentlichtes Manuskript, Nürnberg 2002; persönliche Auskunft von Herrn R. Ebert, DIEHL Informatik GmbH.

[FAN 01] Fandel, G. und François, P., IT-gestützte Entscheidungen bei der Einführung von PPS-Systemen, in: Jahnke, B. und Wall, F. (Hrsg.), IT-gestützte betriebswirtschaftliche Entscheidungsprozesse, Wiesbaden 2001, S. 271-293, hier S. 284.

[FIN 70] Finck, W.D., Konzept eines Informations- und Datenverarbeitungssystems in der Qualitätssicherung, IBM-Form 81 579, Sindelfingen 1970.

[HAR 99] Hartmann, D., Wettbewerbsvorteile durch Electronic Procurement, in: Bogaschewsky, R. (Hrsg.), Elektronischer Einkauf, Gernsbach 1999, S. 41-55, insbes. S. 49.

[HEG 11] Hegmann, G., Europas Flugzeugkonzerne vernetzen sich, Financial Times Deutschland vom 28.06.2011.

[HEN 91] Hensche, H.H., Zeitwettbewerb in der Textilwirtschaft: Das Quick Response-Konzept, in: Zentes, J. (Hrsg.), Moderne Distributionskonzepte in der Konsumgüterwirtschaft, Stuttgart 1991, S. 275-308.

[HOS 01] Hosseini-Khorassani, H., Internet Selling im Kontext von E-Commerce, in: e-SAP.de Consulting Team (Hrsg.), Internet Selling, Bonn 2001, S. 69.

[INT 98] Intersearch Corp. (Hrsg.), National Purchasing Organisations User Survey Group, Palo Alto 1998.

[KEM 11] Kemmner, G.-A., Lagerbestände und Durchlaufzeiten verringern, http://www.ak-online.de/2004-07/ps2004-4/), Abruf am 26.09.2011.

[KNO 85] Knolmayer, G., Ein Vergleich von 30 „praxisnahen" Lagerhaltungsheuristiken, in: Ohse, D., Esprester, A.C. und Küpper, H.U. (Hrsg.), Operations-Research-Proceedings 1984, Berlin 1985, S. 223-230.

[KRI 96/ENG 11]   Krill, O., EDI – eine Voraussetzung für eine sequenzgerechte Belieferung der Automobilindustrie, Industrie Management 12 (1996) 6, S. 47-50; persönliche Auskunft von Frau S. Engelhardt, Faurecia Exteriors GmbH.

[LAN 12]   Langen, H. und Weinthaler, F., Prognose mithilfe von Verweilzeitverteilungen, in: Mertens, P. und Rässler, S. (Hrsg.), Prognoserechnung, 7. Aufl., Heidelberg 2012, Kapitel 7.

[LAR 01]   Laroque, P., SAP R/3 – Materialwirtschaft, München 2001, S. 257-258.

[LEJ 04]   Lejmi, H., Verbindung von Electronic Commerce und Logistik über virtuelle B2B-Marktplätze, Dissertation, Nürnberg 2004.

[LOH 96]   Lohr, D., Fortschrittszahlen als Steuerungsmethode für die Serienfertigung, Industrie Management 12 (1996) 5, S. 44-46.

[MER 12]   Mertens, P. und Rässler, S. (Hrsg.), Prognoserechnung, 7. Aufl., Heidelberg 2012.

[MÜL 63]   Müller-Merbach, H., Optimale Einkaufsmengen, Ablauf- und Planungsforschung 4 (1963) o.A., S. 226-237.

[MÜL 96]   Mülder, W. und Weis, H.C., Computerintegriertes Marketing, Ludwigshafen 1996, S. 326.

[NET 98]   Netscape Corp. (Hrsg.), Netscape BuyerXpert – An Internet Commerce Application for Enterprise Purchasing, Whitepaper, Mountain View 1998.

[ÖST 00]   Österle, H., Fleisch, E. und Alt, R., Business Networking: Shaping Enterprise Relationships on the Internet, Berlin 2000, insbes. S. 3-4.

[OTT 01]   Otto, B. und Beckmann, H., Klassifizierung und Austausch von Produktdaten auf elektronischen Marktplätzen, WIRTSCHAFTSINFORMATIK 43 (2001) 4, S. 351-361.

[OV 00a/ECL 11]   O.V., Gemeinsame Sprache für das E-Procurement, InformationWeek o.Jg. (2000) 1, S. 10; eClass (Hrsg.), eCl@ss – Internationaler Standard zur Klassifizierung und Beschreibung von Produkten und Dienstleistungen, http://www.eclass.eu/eclasscontent/index.html.de, Abruf am 04.10.2011.

[OV 00b]   O.V., Das Internet kann die Einkaufskosten um 80 Prozent senken, Frankfurter Allgemeine Zeitung vom 20.01.2000.

[SCHI 05/VOI 03]   Schinzer, H., Integration und Organisation mit und von elektronischen Marktplätzen, in: Thome, R., Schinzer, H. und Hepp, M. (Hrsg.), Electronic Commerce und Electronic Business – Mehrwert durch Integration und Automation, 3. Aufl., München 2005, S. 81-99; Voigt, K.-I., Landwehr, S. und Zech, A., Elektronische Marktplätze, Heidelberg 2003, S. 87-96.

[SCHN 05]   Schneider, H.M., Buzacott, J.A. und Rücker, T., Operative Produktionsplanung und -steuerung, München-Wien 2005.

[SIL 73]   Silver, E.A. und Meal, H.C., A Heuristic for Selecting Lot Size Quantities for the Case of a Deterministic Timevarying Demand Rate and Discrete Opportunities for Replenishment, Production and Inventory Management 14 (1973) 2, S. 64-74.

[SIP 99/WEH 05]   Sipos, W., Lieferanten-/Produktsuche und Informationsbeschaffung über das Internet – Ein Erfahrungsbericht, in: Bogaschewsky, R. (Hrsg.), Elektronischer Einkauf, Gernsbach 1999, S. 97-110; persönliche Auskunft von Herrn U. Wehnes, Roche Diagnostics GmbH.

[STE 77]   Steiner, J., Lagerhaltungsmodelle bei variablem Periodenbedarf: Eine kritische Analyse und Erweiterungen praktisch eingesetzter Verfahren, Angewandte Informatik 19 (1977) o.A., S. 415-421.

[STO 07]   Stoll, P.P., E-Procurement, Wiesbaden 2007, Kapitel 4.

[TER 11]   Persönliche Auskunft von Herrn W. Terwiel und Herrn J. Schüttler, Bayer AG.

[THO 05]   Thonemann, U., Operations Management, München 2005, S. 200-208.

[TRU 72]   Trux, W., Einkauf und Lagerdisposition mit Datenverarbeitung, 2. Aufl., München 1972, S. 366-373.

[UEH 06]   Uehlecke, J., Katz und Maus, McK Wissen 5 (2006) 16, S. 64-69.

[WAG 59]   Wagner, H.M. und Whitin, T.M., Dynamic Version of the Economic Lot Size Model, Management Science 5 (1959) o.A., S. 89-96.

[WED 11]   Persönliche Auskunft von Herrn T. Wedel, IBM Deutschland GmbH.

[WEI 07]   Weiber, R., Mühlhaus, D. und Egner-Duppich, C., Instrumente des E-Procurement, WISU 36 (2007) 11, S. 1449-1454.

[WOL 86]   Wolf, T. und Unkelbach, H.D., Informationsmanagement in Chemie und Pharma, Stuttgart 1986, S. 68.

[YEN 03]   Yen, B. und Ng, E., The Impact of Electronic Commerce on Procurement, Journal of Organizational Computing and Electronic Commerce 13 (2003) 3/4, S. 167-189.

[ZÄP 98]   Zäpfel, G., Grundlagen und Möglichkeiten der Gestaltung dezentraler PPS-Systeme, in: Corsten, H. und Gössinger, R. (Hrsg.), Dezentrale Produktionsplanungs- und -steuerungs-Systeme, Stuttgart u.a. 1998, S. 13-53, insbes. S. 45-48.

[ZAR 99]   Zarnekow, R., Softwareagenten und elektronische Kaufprozesse: Referenzmodelle zur Integration, Wiesbaden 1999, insbes. S. 179-183.

[ZEI 70]   Zeigermann, J.R., Elektronische Datenverarbeitung in der Materialwirtschaft, Stuttgart 1970, S. 130-138.

3.4 Lagerhaltungssektor

3.4.1 Überblick

Abbildung 3.4.1/1 Teilfunktionsmodell im Lagerhaltungssektor

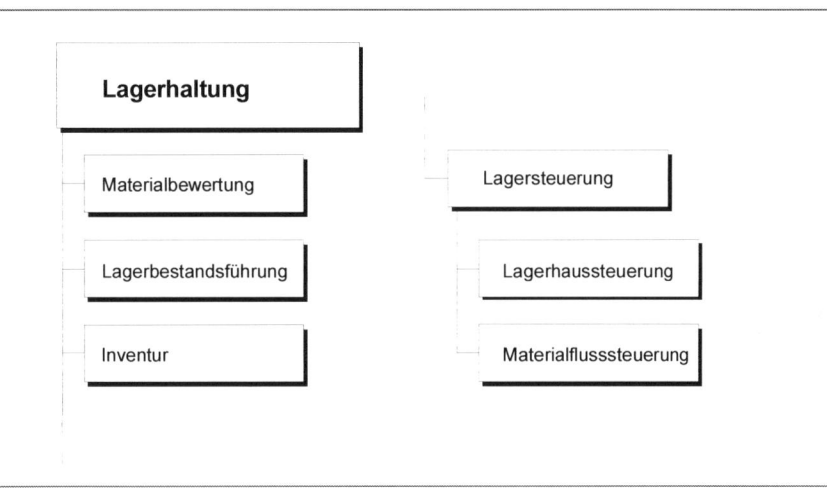

```
Lagerhaltung
├── Materialbewertung          ├── Lagersteuerung
├── Lagerbestandsführung       ├── Lagerhaussteuerung
└── Inventur                   └── Materialflusssteuerung
```

Wenn ein Teil eingelagert oder aus dem Lager entnommen wird, muss es einen Wert erhalten, damit neben der mengenmäßigen auch eine **wertmäßige Bestandsführung** erfolgen kann und eine Wertgrundlage für die Kostenrechnung (Materialkosten) vorhanden ist. Dieser Wert wird vom Programm **Materialbewertung** vergeben. Das **Lagerbestandsführungsprogramm** verwaltet dann die Bestände nach Menge und Wert. Durch ein **Inventurprogramm** wird sichergestellt, dass die elektronisch fortgeschriebenen Bestände mit den effektiven übereinstimmen. Schließlich steuert vielfach die IV auch die betriebswirtschaftlichen und technischen **Abläufe** bei der Warenein- und -auslagerung sowie den **Materialfluss** zwischen Produktion, Lagern, insbesondere auch Hochregallagern, und Versand. In der angelsächsischen Fachliteratur sind die angeführten Funktionen unter **„Warehouse Management"** zusammengefasst.

Dem Materialbewertungs- und Lagerbestandsführungsprogramm werden alle Materialbewegungen eines Betriebs (Abgänge an Kunden, Kundenretouren, Lieferantenzugänge und zugehörige Retouren an die Lieferanten, Bewegungen zwischen den betrieblichen Lagern einerseits und den Fertigungsstätten andererseits) sowie Inventurmeldungen zugeführt. Hinzu kommen gegebenenfalls Überweisungen zwischen verschiedenen Lagern.

Abbildung 3.4.1/2 zeigt, wie in der IIV die Eingabedaten zu den Materialbewegungen entstehen können.

Ist die Erfassung der effektiven Verbräuche aus organisatorischen oder Kostengründen nicht zweckmäßig, so kann man auf die Aufnahme der aktuellen Lagerentnahmen verzichten und diese zu einem bestimmten Stichtag aus der Anzahl fertiggestellter Produktionsaufträge ermitteln („retrograde Entnahme"). Die dabei auftretenden Ungenauigkeiten werden bewusst in Kauf genommen [SCHE 97].

Es ist darauf zu achten, dass bei allen Lagerentnahmen auch jene Fälle erfasst und dem System zugeführt werden, bei denen nur teilweise oder überhaupt nicht geliefert werden konnte, denn diese Fälle sind sowohl für die Lagerdisposition als auch für die Management-Information wichtig.

Ähnlich wie die **„papierarme Werkstatt"** (vgl. Abschnitt 3.5.2.7.4) wird auch ein papierarmes bzw. papierloses Lager angestrebt.

Abbildung 3.4.1/2   Entstehung von Eingabedaten zu Materialbewegungen

1) Lieferungen an Kunden: Gemeldet von den Programmen Versandlogistik oder Fakturierung

2) Kundenretouren: Gemeldet vom Programm Gutschriftenerteilung

3) Lieferungen von Lieferanten: Gemeldet vom Programm Wareneingangsprüfung

4) Lieferantenzugangsretouren: Personell ausgefertigte Lagerabgangsscheine, Terminaleingaben

5) Zu- und Abgänge in den Werkstätten: Vom Programm Werkstattsteuerung ausgegebene Materialbewegungspapiere/Terminaleingaben. Diese sind meist als Rücklaufdatenträger gestaltet und werden via Betriebsdatenerfassung in das Programm Produktionsfortschrittskontrolle eingelesen, das die Daten schließlich an das Materialbewertungsprogramm weiterleitet. Die entsprechenden Gegenbewegungen (Retouren) meldet man durch von Hand ausgestellte Scheine/Terminaleingaben.

Die in der Aufstellung genannten Papiere lassen sich vermeiden, wenn durch maschinenlesbare Etiketten, z. B. Balkencodes oder Funketiketten (vgl. Abschnitt 3.4.5.2), gekennzeichnete Materialien von Lesestationen gescannt werden, denen man auch maschinenlesbare Werksausweise und gegebenenfalls Dokumente, die den zugehörigen Betriebsauftrag identifizieren, zuführt. Ein geeignetes Einsatzfeld sind z. B. Werkzeuglager.

6) Inventurdifferenzen: Vom Inventurprogramm gemeldet

7) Lagerüberweisungen: Personell ausgefertigte Lagerüberweisungsscheine (Ablieferung und Empfang) und Terminaleingaben

3.4.2 Materialbewertung

Nach der Eingabedatenprüfung stehen die eingelesenen Sätze bewegter Materialien den entsprechenden Modulen des Materialbewertungsprogramms zur Verfügung. Grundsätzlich sind alle üblichen Bewertungsverfahren programmierbar, wie Wertrechnung

- mit extern eingegebenen Preisen, vor allem den Einkaufspreisen der zugebuchten Lieferung,
- mit gespeicherten Bestellpreisen,
- mit gespeicherten festen Verrechnungspreisen,
- mit laufenden gleitenden bzw. gewichteten Durchschnitten (bei jedem Zugang erfolgt eine Durchschnittspreisermittlung),
- mithilfe der **Fifo**-Regel (der Wert des jeweils ältesten Materials wird bei Abgängen als Bewertungsbasis gewählt),
- mithilfe der **Lifo**-Regel (der Wert des jeweils zuletzt eingelagerten Materials wird bei Abgängen als Bewertungsbasis genommen),
- mit den neuesten Kosten aus der Nachkalkulation.

Häufig wird man mehrere Bewertungsverfahren vorsehen und die entsprechenden Programmteile in Abhängigkeit von einem Kennzeichen in den Stammdaten des Materials ansteuern.

Es ist auch möglich, den Bewertungsverfahren Prioritäten zuzuordnen, z. B.: „Trägt eine Lagereingangsmeldung über einen Zugang vom Lieferanten eine Preisangabe, so wird diese zur Bewertung des Zugangs herangezogen. Ist das Preisfeld leer, so sucht das Programm im Vormerkposten Bestellung nach einem Bestellpreis. Ist dort keiner verzeichnet, so wird dem Teilestammsatz ein fester Verrechnungspreis entnommen und zur Bewertung verwendet."

Feste Verrechnungspreise müssen unter Umständen überwacht werden. Bei Fremdbezugsmaterialien wird zu diesem Zweck der Preis einer Lieferung in den Stammdaten des Produkts festgehalten. In gleicher Weise kann das Nachkalkulationsprogramm den aktuellen Nachkalkulationswert (z. B. der Herstellkosten) von eigengefertigten Teilen bereitstellen. Ein besonderes Modul wird den jeweils gültigen Verrechnungspreis mit dem Inhalt des Stammsatzes vergleichen und den Verrechnungspreis nach bestimmten Regeln ändern, z. B. wenn dreimal hintereinander ein Nachkalkulationswert um mehr als eine vorgegebene Toleranzgrenze vom Verrechnungspreis in einer Richtung abweicht. Im **SAP-System** werden bei Bewertung mit festen Verrechnungspreisen die gleitenden Durchschnitte der Einstandspreise mitgeführt. So lässt sich erkennen, ob eine Modifikation der Standardpreise notwendig wird [MAA 06].

Lifo- und Fifo-Bewertungsverfahren führen in der IV gegenüber den anderen genannten Bewertungsmethoden zu erhöhtem Speicherbedarf und Bearbeitungsaufwand, weil alle Zugänge mit Menge und Wert getrennt in der Reihenfolge ihres Eintreffens gespeichert werden müssen und bei jedem Abgang die entsprechenden Zugangsdaten aufzusuchen sind. Diese Verfahren wird man daher nur dort einsetzen, wo erhebliche Unruhen in den Wertansätzen auftreten und die Bewertungsmethode auch mit den körperlichen Vorgängen bei der Einlagerung und Entnahme der Einheiten aus den Lagern korrespondiert.

Bei solchen Bewertungsverfahren, bei denen die effektiven Preise von eingelagerten Waren bekannt sein müssen (wie z. B. bei Lifo), tritt oft das Problem auf, dass die Lieferantenrechnungen erst geraume Zeit nach dem zugehörigen Wareneingang eintreffen und daher die Monatsabschlüsse oder Führungsunterlagen nicht rechtzeitig vom Computer erstellt werden können. Besteht diese Gefahr, so wird man vor dem Monatsabschluss mit dem Bewertungsansatz zweiter Priorität (z. B. Bestellpreis, Durchschnittspreis, fester Verrechnungspreis) rechnen. Bis dahin entsteht eine „Warteschlange" der noch nicht bewerteten Bewegungen. Es sind wiederum zwei Varianten zu unterscheiden: Bei der ersten bleibt die Bewertung mit dem Ersatzpreis endgültig; bei der zweiten Variante dient sie nur der Erstellung der Periodenschlussdokumente und wird danach wieder aufgehoben, d. h., die Warteschlange wird wieder aufgestellt.

Wenn die endgültigen Wertansätze eintreffen, z. B. in Gestalt geprüfter Lieferantenrechnungen, kann man in den Beständen Wertkorrekturen durchführen. Jedoch ist vorher elektronisch zu prüfen, ob die noch vorhandenen Bestände groß genug sind, die Korrekturen aufzunehmen. Hat von den provisorisch bewerteten Beständen ein großer Teil bereits die Lager wieder verlassen, so wird unter Umständen eine größere Wertkorrektur nur den wenigen Stücken des Restbestands, im Extremfall einem Stück, zugeordnet. Daraus können unzulässig hohe oder niedrige Bewertungspreise resultieren, z. B. 5.000 € pro Karton Muttern. Im Programm **MM** der **SAP AG** wird die Differenz nur so weit auf der Ware gebucht, wie die Lieferung mengenanteilig noch vorhanden ist. Die restliche Differenz geht auf ein Konto „Aufwand aus Preisdifferenzen" des Gesamtunternehmens [LAR 01].

Wegen Störungen beim Informationsfluss aus den Lagern bzw. Vertriebs- und Verwaltungsabteilungen werden nicht selten Lagerabgänge **vor** den entsprechenden Lagerzugängen gemeldet. In solchen Fällen entstehen unter Umständen buchmäßige Minusbestände. Man kann bei der Konzeption von Lagerbestandsführungsprogrammen zwischen folgenden Alternativen wählen:

1. Verwerfung von Bewegungsmeldungen, deren Verbuchung zu Minusbeständen führen würde, unter gleichzeitiger Ausgabe einer Meldung an den Sachbearbeiter. Diese Lösung ist dann gefährlich, wenn in der Grundorganisation nicht absolut sichergestellt ist, dass die zurückgewiesenen Belege wieder dem System zugeführt werden, sobald die Zugangsmeldung eintrifft.

2. Verbuchung der zu einem Minusbestand führenden Bewegungen. In diesem Fall sind im Bewertungsprogramm Vorkehrungen gegen unsinnige Bewertungsansätze für Bestände in der Nähe des Nullpunkts zu treffen.

BEISPIEL

Ein Bestand von 100 Stück ist mit 10 € pro Stück bewertet, der Gesamtwert des Bestands ist also 10 € x 100 = 1.000 €. Ein Abgang von 110 Stück ist ebenfalls mit 10 € pro Stück anzusetzen (Gesamtabgangswert -1.100 €) und führt zu einem Bestand von -10 Stück mit einem Bestandswert von +1.000 € - 1.100 € = -100 €. Anschließend wird ein Zugang von 11 Stück gemeldet, wobei das Stück mit einem Wertansatz von 11 € pro Stück belegt sein möge (Gesamtzugangswert 11 € x 11 = 121 €). Die Fortschreibung der Menge liefert einen neuen Bestand von - 10 + 11 = + 1 Stück. Die Fortschreibung der Werte ergibt - 100 € + 121 € = +21 €. Das eine Stück des neuen Bestands repräsentiert nun einen Wert von 21 €, der weit außerhalb aller bisher gültigen Bewertungsansätze liegt.

Im Lagerhaltungssektor wird sich der Systemplaner vorzugsweise für die Wertfortschreibung entscheiden, bei der sich die Mengen und Werte durch eine lückenlose Kette von Additionen bzw. Subtraktionen von Bestands- und Bewegungswerten ergeben. Im Zweifel muss man daher die Bewertungspreise pro Einheit manipulieren. Jede andere Lösung führt infolge von Rundungsfehlern zu Schwierigkeiten bei der Abstimmung der Lagerbuchführung mit der Finanzbuchführung, weil die Wertfortschreibung unterbrochen ist.

Abbildung 3.4.2/1 Materialbewertung

Wichtigste Eingaben:	Personell angefertigte Materialentnahme- und -ablieferungsscheine, Wertkorrekturen
Wichtigste Anzeigen und Ausdrucke:	Umbewertungsmeldungen, Materialentnahmescheine (als Rücklaufdokument)
Wichtigste Dialogfunktionen:	Feststellung der Auswirkung von Umbewertungen
Nutzeffekte:	Rationelle und exakte Bewertung, Herstellung der Verbindung von Mengenbewegungen und Wertverfolgung

3.4.3 Lagerbestandsführung

Nach der Bewertung bucht das integrierte System die Bewegungen nach Menge und Wert in den einzelnen Materialstamm- bzw. -bewegungssätzen. Die verschiedenen Lagerbestandsführungssysteme lassen sich in erster Linie danach unterscheiden, wie das den Betrieb durchlaufende Material gespeichert wird.

Im einfachsten Fall werden nur die tatsächlichen Bestände (z. B. eines Endprodukts) in einem **fiktiven Gesamtlager**

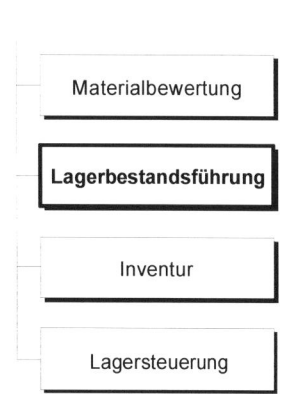

summarisch geführt. So erlaubt das **SAP-System** die Zusammenfassung von mehreren Standorten in einem standortübergreifenden „Werk". Die Produktionsplanung und -steuerung baut auf dieser aggregierten Größe auf. Umgekehrt kann man im **SAP-System** auch mehrere „Werke" je Standort definieren, ein „Werk" mit mehreren Lagerorten einrichten und anderes mehr. Einzelheiten enthält [DIT 09]. Sind dagegen mehrere, nicht unmittelbar benachbarte Lagerstellen vorhanden, so wird man in der Regel die Bestände für jedes einzelne Lager getrennt buchen.

Im **SAP**-Modul „Warehouse Management" (**SAP WM**) können sogenannte **Handling Units** (**HU**) definiert werden. In ihnen sind die zu verpackenden Artikel und das Verpackungsmaterial verknüpft.

Während bei Enderzeugnissen vielfach eine reine Lagerbestandsrechnung ausreicht, gilt das für untergeordnete Baugruppen und Teile nicht. Hier muss man meist auch **Werkstattbestände** an Materialien berücksichtigen, die sich zur Weiterverarbeitung in den Produktionsstätten der übergeordneten Komponenten befinden, weil sonst folgende Probleme entstehen: Verzichtet man auf eine separate Führung von Werkstattbeständen, so müssen für verschiedene Zwecke, etwa die rechnerunterstützte Management-Information, die für einen bestimmten Fertigungsauftrag entnommenen Komponenten so lange als im Entnahmelager liegend angesehen werden, bis das weiter bearbeitete Werkstück am nächstreiferen Lager angelangt ist, weil diese Teile sonst vorübergehend in der Buchhaltung nicht erfasst sind. Für die Disposition des Entnahmelagers wäre es dagegen erforderlich, den entnommenen Bestand so früh wie möglich abzubuchen, um keine Fehlsteuerungen zu riskieren.

Aus Gründen des Gesundheits- und Umweltschutzes ebenso wie zur Prüfung von Gewährleistungsansprüchen (Produkthaftung) müssen viele Unternehmen die detaillierte Zusammensetzung von Rohstoffen, Zwischenprodukten und Enderzeugnissen nicht nur permanent nachweisen, sondern auch nachträglich rekonstruieren können. Dazu sind Lagerbewegungen besonders sorgfältig aufzuzeichnen und diese Aufzeichnungen zu archivieren. Nähere Hinweise findet man bei [SCHÖ 07]. Beispielsweise muss ein **Hersteller von Sicherheitsgurten** über viele Jahre hinweg dokumentieren können, aus welchen Teilen die von ihm gefertigten Rückhaltesysteme für Automobile bestehen und von welchen Lieferanten sie bezogen wurden. Besondere Bedeutung kommt dem bei Rückrufaktionen von Autos einer bestimmten Baureihe zu. Daher werden die Testprotokolle, Materialspezifikationen und Dokumentationen ebenso wie die im IV-System erzeugten Lagerbewegungssätze gespeichert. Über ein Archivierungssystem können die festgehaltenen Daten auch nach längerer Zeit wieder gefunden und abgefragt werden [OV 86] (vgl. auch Abschnitt 3.7.3). Das Standardprogramm **PP** der **SAP AG** bietet die Möglichkeit, Materialbestände auf einer dem Lagerort untergeordneten Stufe, der **Charge**, zu führen. So lassen sich Teilmengen eines Materials getrennt von anderen Teilmengen desselben Materials sehen. Wesentliche Kategorien dabei sind Lieferantensonderbestände, z. B. Konsignationsmaterial vom Lieferanten (bei Kommissionsgeschäften, siehe unten), Kundensonderbestände, z. B. Leergut beim Kunden, und vorgangsbezogene Sonderbestände, z. B. Kundenauftragsbestand bei Kundenauftragsfertigung [SAP 11a].

Eine weitere Verfeinerung ergibt sich durch die Berücksichtigung von **Reservierungen** (das sind Bestände, die bereits einem Kunden- oder Fertigungsauftrag zugeteilt wurden, sich jedoch noch körperlich auf Lager befinden), oder von solchen Wareneingangsbeständen, die noch eine Qualitätskontrolle absolvieren müssen. Die Ware ist dann vorerst gesperrt („in Quarantäne") (vgl. [HOM 10], [ROH 78]). Die Reservierungen können im Rahmen einer IIV erfolgen, wenn durch die Kundenauftragserfassung oder durch den Programmkomplex Bedarfsplanung und -terminierung Vormerkdaten für Kundenaufträge oder für geplante Fertigungsaufträge aufgebaut werden. Aus der Auflösung der Aufträge entstehen die zu reservierenden untergeordneten Baugruppen und Teile.

Eine andere Differenzierung der Bestandsführungssysteme kommt durch die Berücksichtigung von **Bestellungen** (an die eigene Fertigung oder an Fremdlieferanten) und von **Lagerüberweisungen** (Umlagerungen) zustande, die als Vormerkdaten registriert werden. Der Vormerkspeicher Bestellungen wird bei der Aufgabe der Bestellungen eröffnet und dient unter anderem den Programmen Lieferüberwachung und Wareneingangsprüfung (siehe Abschnitte 3.3.4 und 3.3.5) als Datengrundlage [BEC 00].

Im **SAP**-Modul **MM** bucht das abgebende Werk den Warenausgang und stellt die entnommene Menge in einem „Transitbestand" der empfangenden Fabrik zur Verfügung. **SAP-MM** kennt als weitere Besonderheit das Konsignationsmaterial [GRO 04]. Es wird im eigenen Werk gelagert, bleibt jedoch im Eigentum des Lieferanten. Erst mit der Entnahme für die Fertigung wird das Material bewertet und eine Kreditorenbuchung generiert.

Eine separate Behandlung erfahren auch Bestände, die nur zur Bearbeitung überlassen wurden (Lohnbearbeitung, „verlängerte Werkbank"). Will man Standardsoftware einsetzen, ohne besondere Programmteile zu entwickeln, so muss man „Tricklösungen" benutzen. Dazu kann das den Auftrag gebende Werk die zu bearbeitenden Materialien (z. B. Metallteile, die „außer Haus" verchromt werden) wie Verkäufe behandeln und das veredelte Material „zurückkaufen". In anderen Fällen empfehlen sich Konsignationsbestände. Arbeitet der veredelnde Betrieb fast ausschließlich für einen Auftraggeber, so mag dieser den Lohnarbeitsbetrieb als fiktive Kostenstelle führen und sogar die zugehörigen Kapazitäten in seinem PPS-System disponieren. Die alternativen Konzeptionen sind sorgfältig darauf abzuprüfen, welche Auswirkungen sie auf die Eigentumsrechte, die Betriebsergebnisrechnung, die Bilanz und die Besteuerung haben. Letzteres ist dann schwierig, wenn die beteiligten Betriebe in verschiedenen Ländern residieren. Die **DATEV eG** hat hierfür z. B. das aufwendige Expertensystem **EG-Umsatzsteuer** [DAT 11] geschaffen.

Zur Kontrolle **ungeplanter Entnahmen** (z. B. bei erhöhtem Ausschuss), die die verfügbaren Bestände im Einzelfall erheblich beeinträchtigen können, wird man in das Bestandsführungsprogramm zusätzlich eine Komponente einbauen, die die tatsächlichen ungeplanten Entnahmen mit den aufgrund von Verbrauchsstatistiken vorhergesagten vergleicht (siehe dazu auch Abschnitt 3.5.2.5.4). Überschreiten die ungeplanten Entnahmen in einer Periode die vorgegebene Grenze, so löst das Bestandsführungsprogramm für den Materialdisponenten eine entsprechende Meldung aus. Aufgrund dieser kann er den Ursachen nachgehen und/oder Parameter modifizieren.

Das Lagerbestandsführungsprogramm meldet Daten der Abgänge an die Fertigung und die der Ablieferungen aus der Fertigung an die Programme der Kosten- und Leistungsrechnung.

Wo der Lagerraum knapp ist, mag der Einsatz der IV für das Einspeichern und Wiederauffinden von Teilen nützlich sein. Neu hinzukommende Gegenstände werden an jenen Stellen abgelegt, wo sie geometrisch am besten passen (**Random-Lagerung**, auch als freie oder chaotische Lagerung [PFO 09] bezeichnet). Das Lager wird im Speicher des Rechners abgebildet („**Lagerspiegel**"). Im Rahmen der Versandunterstützung nennt ein Programm auf den Versandanweisungen die Fundstellen der zu versendenden Artikel. In einer verfeinerten Variante kann das Programm die Positionen in einer solchen Reihenfolge auf die Versandanweisungen schreiben, dass damit schon der kürzeste Weg des Kommissionierers beim Entnahmevorgang aufgezeigt ist (vgl. dazu auch die Abschnitte 3.4.5 über Lagersteuerung und 3.6.3 über Kommissionierung). Die Versandanweisungen in Papierform können entfallen, wenn Nachrichten per Funk auf Displays im Kommissionierbereich gesendet werden.

Abbildung 3.4.3/1 Lagerbestandsführung

Wichtigste Eingaben:	Änderung der Reservierung
Wichtigste Anzeigen und Ausdrucke:	Lagerbestands- und -bewegungsübersichten, Unterwegsbestände, Anmahnung verspäteter Lagerüberweisungen, Meldungen über zu hohe ungeplante Entnahmen, Maximalbestandsüberschreitungen, Reservierungen, Verfallzeitpunkte
Wichtigste Dialogfunktionen:	Veranlassung von Umlagerungen nach Anzeige von Leerplätzen
Nutzeffekte:	Rationalisierung der Bestandsführung, Ordnungseffekte im Lagerwesen, Abbau von Sicherheitsbeständen

3.4.4 Inventur

Die Inventur hat zum Ziel, die Übereinstimmung zwischen den effektiven und den in der elektronischen Buchhaltung geführten Beständen sicherzustellen. Man unterscheidet die Stichtags- von der permanenten Inventur. Bei Letzterer ist es möglich, die Bestandsaufnahmen durch das IV-System auszulösen. Es sind folgende Gestaltungsformen denkbar:

- Materialbewertung
- Lagerbestandsführung
- Inventur
- Lagersteuerung

1. Ein Sachbearbeiter veranlasst eine Inventur. Hierzu gibt er der IV den Lagerort und die Lagerposition oder die Gruppe von zu inventarisierenden Lagerpositionen an.

2. Es treten besondere Merkmale in den Beständen auf, die eine Inventur ratsam erscheinen lassen. Diese wird dann automatisch ausgelöst. Beispiele sind:

   – Überschreitung von vorgegebenen Höchstbestandsgrenzen.
   – Unterschreitung einer Mindestbestandsgrenze (es empfiehlt sich, die Inventur vorzunehmen, wenn wenig Teile am Lager sind, weil dann der Zählaufwand geringer ist).
   – Entstehung von Buchbeständen unter Null.
   – Bei einer Teileart hat eine bestimmte Anzahl von Bewegungen stattgefunden. Damit ist eine gewisse Wahrscheinlichkeit gegeben, dass sich bei der Verbuchung ein Fehler eingeschlichen hat.
   – Bei der Teileart ist seit sehr langer Zeit keine Bewegung mehr vorgekommen (möglicherweise gibt es die Position gar nicht mehr).

3. In das Inventursystem ist ein Ablaufschema einprogrammiert, nach dem es die planmäßige Bestandsaufnahme steuert (z. B. eine sinnvolle Reihenfolge der Lager). Ein mögliches Ablaufschema verknüpft die Zahl der Inventuraufnahmen pro Jahr mit der ABC-Analyse (vgl. Abschnitt 3.3.2) so, dass umsatzstärkere Teile öfter gezählt werden. Klein zeigt, wie man das Schema weiter verfeinern kann, z. B. indem man die Inventurdifferenzen in der Vergangenheit berücksichtigt [KLE 75].

4. In das Inventursystem ist ein Zufallsmechanismus eingebettet, mit dem es im Rahmen einer permanenten Inventur die nächste Position auswählt.

Sowohl bei der Stichtags- als auch bei der permanenten Inventur ist es nach § 241 HGB erlaubt, die Zählung auf Stichproben zu begrenzen. Dabei werden im Durchschnitt nur ca. fünf bis zehn Prozent der Teile körperlich aufgenommen. Im Allgemeinen arbeitet man mit geschichteten Stichproben [BRE 82/SCHE 81].

Das System druckt Listen oder Einzelbelege aus, in denen die Inventur-Sachbearbeiter Eintragungen vornehmen und die dann wieder dem Inventurprogramm zugeführt werden. Auch die Verwendung tragbarer Geräte (Mobilkommunikation mit dem Zentralrechner) mag Vorteile bringen. Dabei sind die in Abbildung 3.4.4/2 aufgezeigten Varianten möglich.

Vielfach wird dafür plädiert, die Soll(= Buch)-Bestände zum Stich-Zeitpunkt dem Inventurpersonal nicht bekannt zu geben, weil sonst die Gefahr bestehe, dass diese Bestände ohne körperliche Prüfung als „in Ordnung" bestätigt werden. Sofern das Unternehmen über zuverlässiges Inventurpersonal verfügt, empfiehlt sich jedoch die andere Variante; denn es ist zu bedenken, dass ohnehin personell einfache Rückrechnungen gemacht werden müssen, weil der vom IV-System angegebene Stich-Zeitpunkt und der Moment der körperlichen Aufnahme oft um Stunden oder Tage auseinander liegen werden.

Abbildung 3.4.4/1 Inventur

Wichtigste Eingaben:	Inventurparameter, Inventuraufnahmen, personelle Inventurveranlassungen, Ist-Bestand
Wichtigste Anzeigen und Ausdrucke:	Maschinelle Inventurveranlassungen (Inventurlisten), Abweichungsanalysen, in Inventur befindliche Teile
Wichtigste Dialogfunktionen:	Änderung des Inventurumfangs durch Parametervariation mit Anzeige von statistischen Sicherheiten
Nutzeffekte:	Ordnungseffekte im Lagerwesen, Sicherstellen der ordnungsmäßigen Bestandsführung und Disposition, Rationalisierung der Inventur

Abbildung 3.4.4/2 Varianten bei der computergestützten Inventur

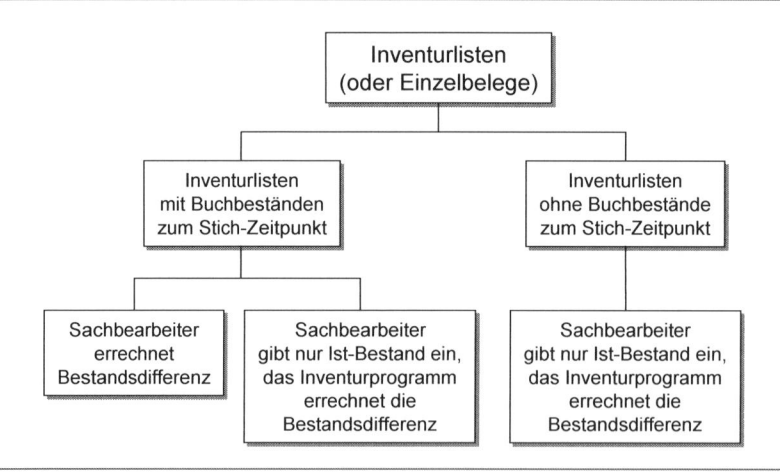

```
                    Inventurlisten
                  (oder Einzelbelege)
                   /              \
        Inventurlisten          Inventurlisten
        mit Buchbeständen       ohne Buchbestände
        zum Stich-Zeitpunkt     zum Stich-Zeitpunkt
         /         \                    |
   Sachbearbeiter  Sachbearbeiter    Sachbearbeiter
   errechnet       gibt nur Ist-     gibt nur Ist-
   Bestandsdiffe-  Bestand ein,      Bestand ein,
   renz            das Inventur-     das Inventur-
                   programm          programm
                   errechnet die     errechnet die
                   Bestandsdifferenz Bestandsdifferenz
```

Sofern zu befürchten ist, dass die Inventurveranlassungen nicht unverzüglich ausgeführt werden, kann man vorsehen, dass das Programm Inventurvormerkungen speichert, gegebenenfalls **Mahnungen** ausgibt und somit die Durchführung der Inventur sicherstellt.

Inventurdifferenzen werden zum Materialbewertungsprogramm übertragen und dort wie andere Zu- und Abgänge verarbeitet.

Interessante Weiterentwicklungen der Lagerbestandsführung und vor allem der Inventur erlaubt die Funketiketten- oder RFID-Technik (Radio Frequency Identification). Im Zentrum dieser Technologie stehen die E-Tags. Dies sind kleinste Computer, die wegen der extrem großen Zahl außerordentlich günstig hergestellt werden können (im Jahr 2011 tendierten die Kosten je nach technischen Merkmalen gegen 4 bis 6 Cent pro Stück) [FLE 11]. Über die reine Speicherung von Produktinformationen hinaus können auch variable Daten hinzugefügt werden, z. B. ein Code, der den Absender oder Eigentümer identifiziert. Anders als Strichcodes müssen die Tags nicht berührt werden, die Sichtstrecke zwischen dem Lesegerät und dem mit dem Tag ausgezeichneten Produkt kann, abgesehen von bestimmten Ausnahmen (Verfälschungen der Signale durch Metalle oder Flüssigkeiten), durch ein „Hindernis" verstellt sein und die Erkennungssysteme können gleichzeitig mit hunderten von Tags kommunizieren [SMI 03]. Die Etiketten lassen sich selbst auf bewegten Transportbändern mit einer Geschwindigkeit von 200 bis 500 Stück pro Sekunde (Stand 2011) ablesen. Die für eine weltweite Kennzeichnung von Produkten erforderliche und auf die RFID-Technik abgestimmte Standardisierung der Produktcodes dürfte in den kommenden Jahren fortschreiten.

> **PRAKTISCHES BEISPIEL**
>
> Bei der **CINRAM GmbH**, einem Hersteller von **CDs, DVDs** und **VHS-Kassetten**, sind zwei Tore im Lagereingang mit RFID-Lesern ausgerüstet. Das Warenwirtschaftssystem erfasst die Lieferdaten automatisch, d. h. ohne manuelles Scannen, und vergleicht mit den vorher elektronisch übermittelten Lieferscheindaten [OV 06].

Die Umlagerung eines Materials, z. B. von einem verwalteten Lager zu einem Montageband, muss nicht mehr an einem Terminal oder an einem Scanner mit manueller Bedienung gebucht werden; vielmehr kann das System jederzeit lokalisieren, **wo** sich die Teile befinden, auch wenn sich diese rasch durch verschiedene Lager- und Produktionsstätten bewegen. Bei Erzeugnissen oder Komponenten, die ein Kunde im Rahmen einer Reklamation (vgl. Abschnitt 3.7.3) zurückgesandt hat, ist es darüber hinaus denkbar, dass ohne eine entsprechende Eingangsprüfung automatisch festgestellt wird, ob das Teil auch von dem empfangenden Industriebetrieb geliefert wurde. Droht Verderb durch Zeitablauf oder physikalische Einflüsse (z. B. vorübergehend sehr hohe Temperatur im Lager), so warnt die Materialposition von sich aus. Derartige Formen der Lagerbestandsführung bezeichnet man auch als „Real Time Inventory" [SMI 03].

3.4.5 Lagersteuerung

3.4.5.1 Lagerhaussteuerung

In modernen Konzeptionen kann die Materialwirtschaft unmittelbar mit der Prozesssteuerung der Lager- und Fördergeräte integriert sein.

Hierzu sind eine Ein- und eine Auslagerungsstrategie vorzugeben. Beispiele für Einlagerungsregeln sind: Personelle Platzzuweisung, Festplatz (im Materialstammsatz gespeichert), Zulagerung (die Ware gelangt an einen Ort, an dem bereits die gleiche Materialposition lagert) oder Transport zum nächsten freien Lagerplatz. Das **SAP-System** erlaubt eine Art Kapazitätsüberprüfung; so lässt sich z. B. verhindern, dass ein maximales Gewicht pro Lagerplatz überschritten wird.

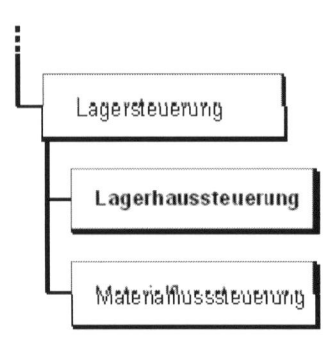

In einem **Walzwerk** sind die Brammen, die gemäß Walzprogramm als Erstes weiter bearbeitet werden, oben auf die Stapel zu legen. In der **Kunststoffindustrie** ist die getrennte Behandlung von feuergefährlichen, explosiven oder temperaturempfindlichen Stoffen angezeigt.

Mögliche Auslagerungsstrategien (vgl. Abschnitt 3.4.2) sind Fifo, Lifo, die bevorzugte Entnahme angebrochener Packeinheiten oder – als elegante Version – die Auswahl der Lagerorte so, dass die Transporteinrichtungen (z. B. Regalförderzeuge) gleichmäßig ausgelastet sind [HOM 10].

> **PRAKTISCHEs BEISPIEL**
>
> Ein weitgehend automatisches Lager- und Versandzentrum betreibt die **Fa. Schaeffler Technologies GmbH & Co. KG** in Schweinfurt [NEF 85/END 11]. Es nimmt die Produktion der Muttergesellschaft und der produzierenden Töchter auf und beliefert die Tochtergesellschaften sowie die in- und ausländischen Kunden. In diesem Zentrum wirken ein **LVS** (**L**ager**v**erwaltungs**s**ystem) und mehrere dezentrale Steuerungen für das Hochregallager, das Kastenlager, Förderanlagen und ein **FTS** (**F**ahrerloses **T**ransport**s**ystem) zusammen.
>
> Bestände werden je nach Bestandsumfang, Produktformat und Umschlaghäufigkeit in einem Kasten- oder Hochregallager (HRL) untergebracht. Die Zuweisung eines Lagerplatzes erfolgt nach speziellen Einlagerungsstrategien. Die Einlagerung wird durch das Lesen eines an der Ladeeinheit (Palette oder Kasten) angebrachten Barcode-Belegs angestoßen.
>
> Bei der Warenauslagerung unterscheidet man zwischen Eil- und Normalauslieferungen. Erstere werden stündlich an das LVS übermittelt, letztere mehrmals pro Tag innerhalb vereinbarter Zeitfenster. Die Auslagerung geschieht in den folgenden Schritten:

a. Die Auslagerungsposition wird freien Kommissionierplätzen zugeordnet.

b. Die Auswahl der auszulagernden Ladeeinheit (z. B. Palette) erfolgt nach dem Fifo-Prinzip, wenn die Transportgeräte des Lagers (Lagermaschinen) frei sind, sonst nach einem sogenannten erweiterten Fifo-Prinzip, bei dem Kapazitätsengpässe der Lagermaschinen berücksichtigt werden.

c. Das LVS beauftragt die Lagersteuerung, die Ladeeinheit auszulagern.

d. Die Auslagerung und die Rückmeldung an das LVS werden durch die Lagersteuerung durchgeführt. Die aus dem Lager entnommene Ladeeinheit gelangt an einen Kommissionierplatz. Dort zeigt das LVS auf dem Bildschirm Entnahmeanweisungen. Wenn z. B. nur ein kleiner Teil der auf einer Palette gelagerten Kartons bestellt ist, werden diese Kartons von der aus dem Lager kommenden Ladeeinheit auf eine Auftragspalette übertragen. Ist aber ein hoher Prozentsatz der Kartons zu entnehmen, so erscheint am Bildschirm die Anweisung, nur die Differenzmenge auf eine Palette zu legen, die wieder eingelagert wird, und die aus dem Lager kommende Palette nun als Auftragspalette zu verwenden („negative Kommissionierung"). Zusätzlich werden Ladeeinheiten, die mit ihrer Gesamtmenge benötigt werden, an den Kommissionierplätzen vorbei über sogenannte Ganzauslagerungsstrecken ausgelagert.

e. Die Auftrags-Ladeeinheit wird aus dem Hochregallager per FTS und über eine Förderanlage (aus dem Kastenlager über eine Förderanlage ohne FTS) zur Auftragszusammenstellung transportiert.

f. Die zu einem Auftrag gehörenden Positionen stellt man personell zu Verpackungseinheiten zusammen, welche dann entsprechend den Kundenanforderungen verpackt werden.

g. Das LVS vergleicht die Mengen der Pack- mit den Entnahmepositionen der Auslagerung und zeigt gegebenenfalls Abweichungen an.

h. Die Packdaten werden online am Packplatz im LVS erfasst (z. B. Art und Größe des Packmittels, Gewichtsangaben, Menge der verpackten Auftragspositionen).

i. Die Paketaufkleber und Versanddokumente werden ausgedruckt.

j. Nach Rückmeldung der letzten Position eines Auftrags veranlasst das Modul Speditionsdisposition die Verladung und Versendung. Hierzu beauftragt es mittels Datenfernübertragung den Hauptspediteur, Frachtbriefe und Ladelisten für Nebenspediteure auszudrucken.

k. Das LVS sendet eine Rückmeldung über den Auftragsstatus an die SAP-R/3-/Enterprise-Portal-Systeme der jeweiligen FAG-Gesellschaft.

In vielen Lagern wechseln sich Zeitabschnitte mit großer Belastung mit solchen ab, in denen wenig zu tun ist. Daher ist es vorteilhaft, wenn aus der Fertigungsfortschrittskontrolle (vgl. Abschnitt 3.5.2.9.2), den Teilsystemen aus dem Einkauf und denen aus dem Verkauf rechtzeitig Meldungen über die demnächst ein- oder auszulagernden Positionen kommen.

In geeigneter Form (z. B. nach Lagerabschnitten, Produkten, Lager- und Versandeinrichtungen, Rampen) verdichtet, erlauben sie den Disponenten eine verhältnismäßig präzise Personaldisposition (beispielsweise Einbestellung von Teilzeit- oder Reservekräften). Im **SAP WM** ist es möglich, Belastungsverläufe über der Zeit abhängig von Mengen, Gewichten und Vorgabezeiten zu berechnen [SAP 11b].

3.4.5.2 Materialflusssteuerung

Die im vorigen Abschnitt skizzierte Verbindung der IV mit der Steuerung von Hochregallagern und Fahrerlosen Transportsystemen wird oft als Anfang einer Entwicklung gesehen, die im Laufe der Zeit zu integrierten Materialflusssteuerungssystemen (interne Logistik) führen kann, wobei diese Materialflusssteuerungssysteme wiederum mit der Produktionslenkung und der Qualitätskontrolle verbunden sind (vgl. dazu auch Abschnitte 3.5.2.8 und 3.5.2.9.3).

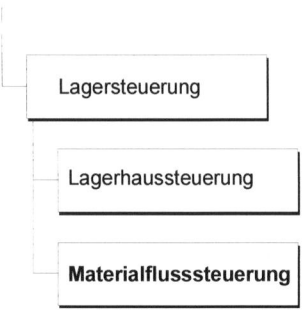

- Lagersteuerung
- Lagerhaussteuerung
- **Materialflusssteuerung**

Voraussetzung leistungsfähiger Materialflusssteuerung ist, dass über Balkencodes, Transponder und maschinelle Mustererkennung die Materialien zuverlässig identifiziert und vom IV-System lokalisiert werden.

In vielen Industriebetrieben wird angestrebt, die Materialflusssteuerung und die Produktionsfeinplanung so gut abzustimmen, dass Fremdbezugsteile sofort an die Stationen im Produktionsprozess gelangen, wo sie gebraucht werden, ohne dass Zwischenlager entstehen („lagerlose Fertigung", „**Bypass-Verfahren**") (vgl. auch die Fehlteilesteuerung in **IBM**-Werken in Abschnitt 3.3.5).

Visionen beinhalten, dass im Lager Einheiten (Fahrzeuge, Behälter) unterwegs sein werden, die mit kleinen Computern und Software-Agenten ausgestattet sind. Diese Objekte sollen (vor allem via Funksensorik) ihre Umgebung erkennen, lernen untereinander zu kommunizieren („Internet der Dinge") und so den Materialfluss ad hoc organisieren (vgl. Abschnitt 3.5.2.7.3.7) [BEN 07].

3.4.6 Anmerkungen zu Abschnitt 3.4

[BEC 00]   Becker, J., Uhr, W. und Vering, O., Integrierte Informationssysteme in Handelsunternehmen auf der Basis von SAP-Systemen, Berlin u.a. 2000.

[BEN 07]   Bennühr, S., Der RFID-Boom schwächelt, LOG (2007) 2, S. 51.

[BRE 82/SCHE 81]   Einige Hinweise zu organisatorischen Sonderproblemen bei der Stichprobeninventur, wie sie z. B. durch Veränderungen der Lagerstruktur zwischen dem Zeitpunkt der Planung des Stichprobenumfangs und dem Aufnahmezeitpunkt entstehen, erhält man bei: Bren-

	del, H.J., Programmsysteme zur Stichprobeninventur mit und ohne Bestandsfortschreibung, in: Stahlknecht, P. (Hrsg.), EDV-Systeme im Finanz- und Rechnungswesen, Berlin u.a. 1982, S. 380-392; Scherrer, G. und Obermeier, I., Stichprobeninventur, München 1981.
[DAT 11]	DATEV eG (Hrsg.), Umsatzsteuer-Expertisen, http://www.datev.de/portal/ShowPage.do?pid=dpi&nid=115704, Abruf am 04.10.2011.
[DIT 09]	Dittrich, J., Mertens, P., Hau, M. und Hufgard, A., Dispositionsparameter in der Produktionsplanung mit SAP, 5. Aufl., Braunschweig-Wiesbaden 2009.
[FLE 11]	Persönliche Auskunft von Herrn E. Fleisch, Auto-ID-Lab der ETH Zürich und der Universität St. Gallen.
[GRO 04]	Gronau, N., Enterprise Resource Planning und Supply Chain Management, München-Wien 2004, insbes. S. 42-43.
[HOM 10]	ten Hompel, M. und Schmidt, T., Warehouse Management – Organisation und Steuerung von Lager- und Kommissioniersystemen, 4. Aufl., Berlin u.a. 2010.
[KLE 75]	Klein, H., Elektronische Datenverarbeitung im Vertrieb, Stuttgart-Wiesbaden 1975, S. 108-110.
[LAR 01]	Laroque, P., SAP R/3 – Materialwirtschaft, München 2001, S. 399-430.
[MAA 06]	Maassen, A., Schoenen, M., Frick, D. und Gadatsch, A., Grundkurs SAP R/3, 4. Aufl., Wiesbaden 2006.
[NEF 85/END 11]	Neff, M. und Sommerfeld, H., Computergestützte Logistiksysteme als Instrumente einer modernen Distributionspolitik am Beispiel von FAG Kugelfischer, in: Diruf, G. (Hrsg.), Logistische Informatik für Güterverkehrsbetriebe und Verlader, Berlin 1985, S. 167-181; persönliche Auskunft von Herrn G. Endres, Schaeffler Technologies GmbH & Co. KG.
[OV 86]	O.V., Hersteller und Zulieferer – eng verbunden, IBM Nachrichten 36 (1986) 283, S. 50-52.
[OV 06]	O.V., RFID – Funkender Erkennungsdienst, VDMA Nachrichten Nr. 1 (2006), S. 40-42.
[PFO 09]	Pfohl, H.-C., Logistiksysteme, 8. Aufl., Berlin u.a. 2009.
[ROH 78]	Rohmer, M. und Söldenwagner, F., Qualitätskontrolle in einem Unternehmen der pharmazeutischen und chemischen Industrie, IBM Nachrichten 28 (1978) 241, S. 210-218.

[SAP 11a]   SAP AG (Hrsg.), SAP-Bibliothek – Chargenverwaltung (LO-BM), http://help.sap.com/printdocu/core/Print46c/de/data/pdf/LOBM/LOBM.pdf, Abruf am 04.10.2011.

[SAP 11b]   SAP AG (Hrsg.), SAP Functions in Detail – Warehouse Management with mySAP Supply Chain Management, http://www.sap.com/solutions/business-suite/scm/pdf/BWP_WM_LES.pdf, Abruf am 04.10.2011.

[SCHE 97]   Scheer, A.-W., Wirtschaftsinformatik - Referenzmodelle für industrielle Geschäftsprozesse, 7. Aufl., Berlin u.a. 1997, S. 155-156.

[SCHÖ 07]   Schönsleben, P., Integrales Logistikmanagement, 5. Aufl., Berlin u.a. 2007, insbes. Abschnitte 7.1.3 und 7.2.3.

[SMI 03]   Smith, H.A. und Konsynski, B., Developments in Practice X: Radio Frequency Identification (RFID) – An Internet for Physical Objects, Communications of the AIS 12 (2003), S. 301-311.

3.5 Produktionssektor

3.5.1 Überblick

3.5.1.1 Begriffsvereinbarungen

Unter **Produktionsplanung** soll im Folgenden die Planung von Produktions- bzw. Fertigungs- bzw. Betriebsaufträgen (wir verwenden diese Begriffe synonym) verstanden werden. Die **Produktionssteuerung** hat die Steuerung der Produktionsaufträge durch die Fertigungsstätten zum Gegenstand. Ein System, das diese Module und dazu solche zur Produktionsfortschrittskontrolle enthält, heißt auch „Produktionsplanungs- und -steuerungs-System" (**PPS-System**).

Eine **Fertigungsstufe** ist eine Gesamtheit von Fertigungsaggregaten und Handarbeitsplätzen, die zwischen zwei Lagern eingebettet ist, auf deren Bestände dispositorisch Einfluss genommen werden kann. Auf den verschiedenen Fertigungsstufen eines Betriebs werden Produktionsaufträge durchgeführt. Jeder Produktionsauftrag ist also nur auf eine Fertigungsstufe bezogen. Für jeden solchen Auftrag werden ein oder mehrere Teile an das nächste Lager abgeliefert.

Wenn wir von einer höheren Fertigungsstufe sprechen, so meinen wir eine solche, die näher zum Endprodukt hin liegt. Die Grenzfälle sind die höchste und die niedrigste Fertigungsstufe: Nach dem Durchlaufen der höchsten werden die Produkte an das Fertigerzeugnislager abgeliefert. Das Lager vor der niedrigsten Fertigungsstufe ist das des Fremdbezugsmaterials (z. B. Rohstoffe).

Natürlich gibt es daneben kompliziertere Situationen, etwa dass Halbfabrikate auch nach außen verkauft oder dass andere Halbfabrikate zugekauft werden. Diese Sonderfälle bringen jedoch keine grundsätzlichen Schwierigkeiten bei der Produktionsplanung mit sich.

Im Zusammenhang mit der deterministischen Bedarfsauflösung wird zwischen **Primär- und Sekundärbedarf** unterschieden. Die **Primärbedarfe** stehen am Anfang der Bedarfsauflösung und werden von außen (z. B. von der Absatzplanung oder von der Kundenauftragserfassung und -prüfung) an das Bedarfsplanungsprogramm herangetragen. In der Regel wird es sich dabei um Enderzeugnisse handeln, jedoch kann auch ein Primärbedarf an untergeordneten Baugruppen und Einzelteilen vorliegen, beispielsweise im Rahmen des Ersatzteilwesens. Der **Sekundärbedarf** hingegen wird mithilfe der Erzeugnisstrukturen aus dem Primärbedarf abgeleitet.

3.5.1.2 Optimierungsprobleme

Der gesamte Fertigungssektor ist ein einziger Optimierungskomplex. Es wurden unter anderem Modelle für die Ermittlung der günstigsten Losgrößen, der kostenminimalen Sortenschaltung und optimalen Reihenfolge von Fertigungsaufträgen, der optimalen Instandhaltungsintervalle, der Verschnittminimierung oder der optimalen Verfahrenswahl in großer Zahl formuliert (vgl. z. B. [DOM 97], [VOS 03]).

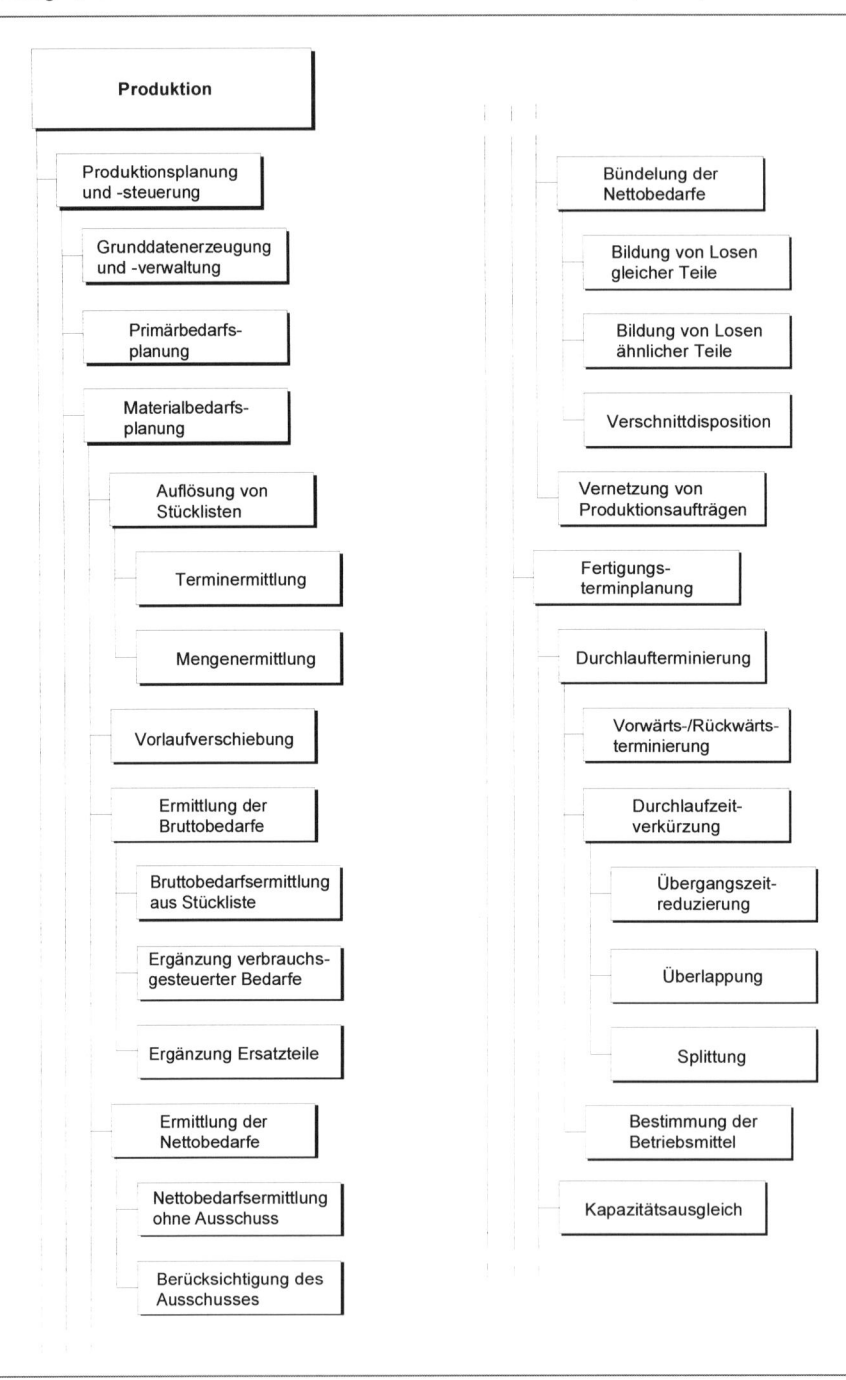

Abbildung 3.5.1/1 Teilfunktionsmodell des Produktionssektors (Teil 1)

- **Produktion**
  - Produktionsplanung und -steuerung
    - Grunddatenerzeugung und -verwaltung
    - Primärbedarfsplanung
    - Materialbedarfsplanung
      - Auflösung von Stücklisten
        - Terminermittlung
        - Mengenermittlung
      - Vorlaufverschiebung
      - Ermittlung der Bruttobedarfe
        - Bruttobedarfsermittlung aus Stückliste
        - Ergänzung verbrauchsgesteuerter Bedarfe
        - Ergänzung Ersatzteile
      - Ermittlung der Nettobedarfe
        - Nettobedarfsermittlung ohne Ausschuss
        - Berücksichtigung des Ausschusses
      - Bündelung der Nettobedarfe
        - Bildung von Losen gleicher Teile
        - Bildung von Losen ähnlicher Teile
        - Verschnittdisposition
      - Vernetzung von Produktionsaufträgen
    - Fertigungsterminplanung
      - Durchlaufterminierung
        - Vorwärts-/Rückwärtsterminierung
      - Durchlaufzeitverkürzung
        - Übergangszeitreduzierung
        - Überlappung
        - Splittung
      - Bestimmung der Betriebsmittel
      - Kapazitätsausgleich

Abbildung 3.5.1/2 Teilfunktionsmodell des Produktionssektors (Teil 2)

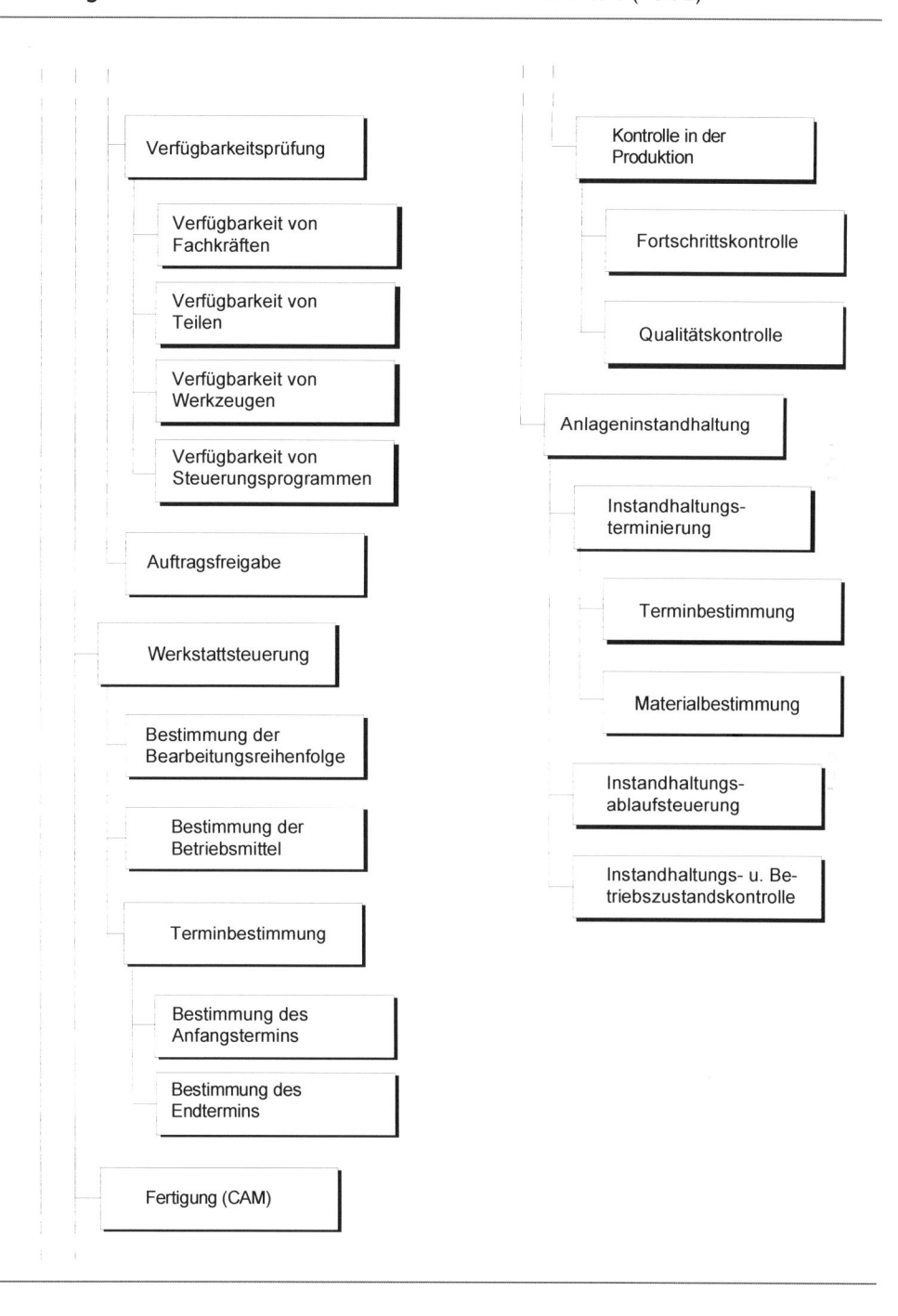

- Verfügbarkeitsprüfung
  - Verfügbarkeit von Fachkräften
  - Verfügbarkeit von Teilen
  - Verfügbarkeit von Werkzeugen
  - Verfügbarkeit von Steuerungsprogrammen
- Auftragsfreigabe
- Werkstattsteuerung
  - Bestimmung der Bearbeitungsreihenfolge
  - Bestimmung der Betriebsmittel
  - Terminbestimmung
    - Bestimmung des Anfangstermins
    - Bestimmung des Endtermins
- Fertigung (CAM)

- Kontrolle in der Produktion
  - Fortschrittskontrolle
  - Qualitätskontrolle
- Anlageninstandhaltung
  - Instandhaltungsterminierung
    - Terminbestimmung
    - Materialbestimmung
  - Instandhaltungsablaufsteuerung
  - Instandhaltungs- u. Betriebszustandskontrolle

Diese Optimierungsmodelle können jedoch nicht isoliert betrachtet werden, insbesondere nicht isoliert für eine Fertigungsstufe, sondern stehen in einer engen Wechselwirkung, die eine simultane Betrachtung erfordert, wenn das theoretische Optimum erreicht werden soll. Das zeigen die folgenden beispielhaften Überlegungen:

1. Durch Zusammenfassung von Bedarfen zu Losen werden zukünftige Bedarfe in einer Periode produziert, die näher an die Gegenwart gerückt ist. Möglicherweise tritt nun gerade in dieser Periode eine Kapazitätsüberlastung ein. Deren Bewältigung ist entweder mit erhöhten Kosten (z. B. Überstunden) verbunden oder erfordert die Zerlegung des Loses in mehrere Teile, von denen einige in späteren Perioden gefertigt werden. In beiden Fällen gehen die Nutzeffekte der Losbildung wieder verloren oder werden zumindest reduziert. Wünschenswert, aber in praxi oft sehr schwierig, wäre eine simultane Termin- und Kapazitätsplanung.

2. Die Losgrößenermittlung verlangt die Angabe der Rüstkosten pro Los. In vielen Fertigungen – so in der **Stahlindustrie** – sind diese Rüstkosten aber nicht konstant, sondern reihenfolgeabhängig (Problem der optimalen Sortenschaltung).

3. In vielen Branchen treten Abfallprobleme auf, von denen das Verschnittproblem das bekannteste ist. Die **Verschnittoptimierung** hat Einfluss auf die Materialkosten, aber auch auf die Kapazitätsausnutzung. Durch geschickte Kombination von Aufträgen wird in der zur Verfügung stehenden Zeit ein hoher Produktionsdurchfluss erzielt; da zur Produktion des Vormaterials, das durch Verschnitt zu Abfall wird, Kapazitäten vorgelagerter Fertigungsstufen erforderlich waren, kann eine gute Kombination von Aufträgen an einer einzigen Maschine zur Erhöhung der Kapazitätsausnutzung der gesamten Fertigung führen. Das Verschnittproblem steht aber in Verbindung mit der Losgröße; z. B. mögen durch Heranziehen von noch nicht fälligen Aufträgen in die Gegenwart besonders günstige Verschnittkombinationen gelingen. Man erkauft diesen Vorteil mit den Kosten der Lagerung dieser vorgezogenen Auftragsmengen.

4. Die Terminierung der **vorbeugenden Instandhaltung** ist ein besonderes Optimierungsproblem, das aber wieder im Zusammenhang mit der Einplanung der Fertigungsaufträge zu sehen ist, damit einerseits nach Möglichkeit nicht wichtige Fertigungsaufträge durch Maßnahmen der vorbeugenden Instandhaltung verzögert werden und andererseits nicht durch zu langes Hinausschieben von Instandhaltungsmaßnahmen ungeplante und mit hohen Kosten verbundene Ausfälle auftreten.

5. Die Bedingungen der Fertigung stehen in Verbindung mit Optimierungsproblemen aus anderen Funktionsbereichen. Hier sollen nur die Probleme einer Abstimmung zwischen der Produktionsplanung und der Lagerhaltung mit ihren vielen Nebenbedingungen, wie z. B. begrenzte Liquidität, begrenzter Lagerraum oder begrenzte Haltbarkeit der gelagerten Güter, erwähnt werden.

6. In vielen Unternehmen kommen gleichzeitig mehrere Formen der Auftragsauslösung vor (Produktion auf Bestellung mit/ohne Rahmenaufträge(n), kundenanonyme Vorproduktion/kundenauftragsbezogene Endproduktion, Lagervorratsproduktion) [SAM 90].

Die auftretenden Probleme haben die Wissenschaftler der Betriebswirtschaftslehre, Unternehmensforschung und Wirtschaftsinformatik immer wieder gereizt und zu einer Fülle von Modellen geführt.

Nun verlangt schon die isolierte Betrachtung einzelner Optimierungsprobleme zum Teil nach praxisfremden Prämissen oder nach nicht mit vertretbarem Aufwand lösbaren Ansätzen.

Erst recht muss dann eine simultane Betrachtung der Optimierungsaufgaben Modelle hervorbringen, die mit den gegenwärtigen Mitteln nicht rechenbar sind, insbesondere nicht bei häufigem Lauf der Programme für Tausende zu produzierender Teile. Daher will die Einbettung derartiger Modelle in die IIV wohl überlegt sein (vgl. Abschnitt 1.4.1.2).

Das Optimierungsproblem wird noch größer, wenn man die engere betriebswirtschaftliche Betrachtung verlässt und im Sinne des Computer Integrated Manufacturing (vgl. Abschnitt 4.3) auch technische Gestaltungsmöglichkeiten einbezieht. Andererseits erreicht man durch geschickte Segmentierung mehr Transparenz und erleichtert somit die Gestaltung von IV-Systemen; darauf gehen wir in Abschnitt 3.5.2.2 ein.

3.5.2 Produktionsplanung und -steuerung

3.5.2.1 Gültigkeitsbereiche der PPS

In Unternehmen mit komplizierten Fertigungsstrukturen ist zunächst abzuklären, für welche räumlichen und/oder organisatorischen Einheiten geplant bzw. disponiert werden soll.

Das **SAP-System** erlaubt analog zur Lagerhaltung (vgl. Abschnitt 3.4.3) auch bei der PPS unterschiedliche Zusammenfassungen von realen Werken zu fiktiven und ebenso die Aufteilung von größeren Fertigungsstätten in kleinere „zu beplanende" Fertigungssegmente [DIT 09, Kapitel 4.2].

3.5.2.2 Übersicht über PPS

In Anbetracht der in Abschnitt 3.5.1.2 aufgezeigten Schwierigkeiten einer Simultanoptimierung ist es Aufgabe des Systemplaners, die simultane Betrachtung in eine sequenzielle aufzulösen. Zelewski u.a. bezeichnen diesen Weg als „Hierarchisch-sequenzielles PPS-Konzept" [ZEL 08]. Dabei empfiehlt es sich in der Regel, die zeitliche Reihenfolge der Planungsmaßnahmen derjenigen bei personeller Vorgehensweise nachzubilden. Einmal haben sich vermutlich im Rahmen der konventionellen Abwicklung im Laufe der Zeit eine Reihe von Verbesserungen so herausgebildet, dass eine sehr sinnvolle, wenn nicht gar optimale Prozedur zustandekommt, zum anderen erfordert eine dem personellen Verfahren angeglichene IV-Konzeption die wenigsten Änderungen in der Grundorganisation, bringt daher oft die geringsten Umstellungsschwierigkeiten mit sich und wird von den Betroffenen am ehesten angenommen (Akzeptanzproblem). Kritik an dieser sequenziellen Vorgehensweise und alternative Vorschläge findet man z. B. bei Kanet [KAN 88], Kernler [KER 95], Tempelmeier [TEM 98], Zäpfel und Missbauer [ZÄP 88] sowie Zelewski u.a. [ZEL 08].

Einen solchen Prozess der computerunterstützten Produktionsplanung und -steuerung kann man sich in folgende Vorgänge zerlegt vorstellen, wobei wir zunächst **Serienfertigung** unterstellen:

1. Ausgangspunkt ist die Planung der Primärbedarfe (d. h. der Mengen einzelner Endprodukte), die zu bestimmten Terminen versandfertig sein müssen, verbunden mit einer groben Abstimmung zwischen dem Kapazitätsbedarf, der aus dem Produktions- bzw. Absatzprogramm resultiert, und den vorhandenen Kapazitäten.

2. Auflösung der Erzeugnisstrukturen von Primärbedarfsteilen (Fertigprodukte oder Ersatzteile) mithilfe eines Stücklistenauflösungsprogramms (deterministische bzw. bedarfsgesteuerte Disposition, vgl. Abschnitt 3.3.2).

3. Errechnung der Bruttobedarfe an Baugruppen bzw. Teilen auf der nächstniedrigeren Fertigungs- bzw. Dispositionsstufe (vgl. Abschnitt 3.5.2.5.1). Diese Bedarfe liegen um die sogenannte Vorlaufverschiebung früher als die Bedarfe der übergeordneten Baugruppen und Fertigerzeugnisse, weil noch Zeit für Montageprozesse verbraucht wird. Bei gemischten Dispositionssystemen mit Schwerpunkt auf der deterministischen Bedarfsermittlung sind gegebenenfalls die Bedarfe aus der verbrauchsgesteuerten Disposition (vgl. Abschnitt 3.3.2) neben anderen Zusatzbedarfen hinzuzufügen.

4. Ermittlung der Nettobedarfe durch Gegenüberstellung von Bruttobedarfen und Lagerbeständen. Bei der in Punkt 3) erwähnten Kombination ist dafür zu sorgen, dass die gleichen Lagerbestände nur einmal, und zwar entweder bei der verbrauchs- oder bei der bedarfsgesteuerten Disposition, abgesetzt werden.

5. Bündelung der Nettobedarfe. Hier ist vor allem die Bildung von Losen gemeint, jedoch sind darunter auch die Bündelung von Bedarfen über Mitglieder einer Teilefamilie und in einigen Branchen die Zusammenstellung von Verschnittkombinationen zu verstehen.

Die Schritte 3) bis 5) wiederholen sich nun für die einzelnen Stufen, bis die unterste erreicht ist.

Mit Schritt 5) sind die notwendigen Produktionsaufträge mengenmäßig bestimmt sowie die gewünschten Fertigstellungs- bzw. Ablieferungstermine dieser Produktionsaufträge bekannt. Man bezeichnet die Phasen 2) bis 5) auch als „**Materialbedarfsplanung**" (vgl. Abbildung 4.3/1). Nun gilt es, den Beginn der Produktionsaufträge und ihrer Arbeitsgänge zu terminieren („**Terminplanung**"). Hierbei wird meist in mehreren Phasen vorgegangen:

6. Bei der Durchlaufterminierung werden die Arbeitsgänge der Lose mit Blick auf den gewünschten Endtermin und ohne Beachtung von Kapazitätsschranken, wohl aber unter Berücksichtigung der Verknüpfung von Produktionsaufträgen und Arbeitsgängen, terminiert. (Die Vernachlässigung der Kapazitätsgrenzen in verschiedenen Phasen der PPS stößt immer wieder auf Vorbehalte, vgl. zu Kritik und Lösungsvorschlägen z. B. [DRE 94] und die Ausführungen zu APS in Abschnitt 4.4.) Falls festgestellt wird, dass die so errechneten Termine mit den gewünschten bzw. erforderlichen Ablieferungsterminen nicht vereinbar sind, werden verschiedene Programmschritte eingeleitet (z. B. Reduzierung der Übergangszeiten, Splittung der Lose, Überlappung).

7. Wenn sich in Schritt 6) ergibt, dass die Kapazität sehr unterschiedlich ausgenutzt sein wird, ist ein Kapazitätsausgleich zu versuchen.
8. Nun sind die Produktionsaufträge nach Mengen und nach realistischen Grobterminen bestimmt. Diese Produktionsaufträge werden abgespeichert.
9. Vor der Freigabe zur Produktion muss das System überprüfen, ob alle hierzu benötigten Ressourcen verfügbar sind.
10. Relativ kurz vor dem fälligen Beginn der Fertigung werden die Aufträge freigegeben.
11. Es gilt jetzt, die Produktionsaufträge den Betriebsmitteln zuzuteilen und feinzuterminieren, nun aber im Gegensatz zur Durchlaufterminierung unter Beachtung der Kapazitätsgrenzen. Bei der Fertigungs- bzw. Werkstattsteuerung handelt es sich um diese Feindisposition einschließlich der Reaktion auf Störfälle in der Werkstatt, aber auch um die Abstimmung der Produktions- mit den Transportvorgängen. Die zum geeigneten Zeitpunkt veranlasste Ausgabe der Fertigungsdokumente bildet die Grundlage für die Administration der Aufträge und Arbeitsgänge in der Werkstatt.
12. Es schließt sich die eigentliche, oft stark automatisierte Produktion (**CAM, C**omputer **A**ided **M**anufacturing) an.
13. Während der Produktionsvorgänge und danach werden in den Programmmodulen Produktionsfortschritts- und Produktionsqualitätskontrolle die aus den Fertigungsstätten zurückkehrenden Informationen verarbeitet, um den terminlichen Fortschritt zu überwachen, gegebenenfalls bei Verzögerungen der Herstellung Mahnungen auszugeben sowie Umdispositionen vorzubereiten und um die Qualität zu sichern.

Selbstverständlich sind nicht in jedem Fall alle Module erforderlich. Insbesondere kann man auf den Schritt 7) in vielen Fällen verzichten und den Kapazitätsausgleich dem Teil 11) überlassen, wenn im Allgemeinen wenig Kapazitätsüberlastungen zu befürchten sind oder wenn durch andere Programme, wie z. B. die Terminprüfung im Rahmen der Auftragserfassung oder eine leistungsfähige Primärbedarfsplanung, Kapazitätsanforderungen und vorhandene Kapazität in etwa aufeinander abgestimmt wurden.

Zwischen dem PPS-System und der physischen Produktion (Ausführung der geplanten Fertigungsaufträge) werden zuweilen „**Manufacturing Execution Systems**" (**MES**) gesehen. Die Begriffsbildung ist denkbar unscharf [SCHM 05]. Sie reicht von umfassenden Anwendungssystemen, die „alle Prozesse von der Automatisierungsebene bis zur Managementebene" bzw. umgekehrt „vom Produktionsplan bis zum Sensor" beinhalten [SIE 03], über die Teilintegration von Qualitätssicherung, Fertigungsleitstand und Betriebsdatenerfassung [KUR 10] bis zum bloßen Synonym zur Fertigungssteuerung [GRE 02]. Die von Software-Häusern angebotenen Produkte [MUS 03] lassen auch Verwandtschaften zu CAM (vgl. Abschnitt 3.5.2.8), zur Leitstandstechnik (vgl. Abschnitt 3.5.2.7.2), zu Shop-Floor-Control-Systemen (vgl. Abschnitt 3.5.2.7.2) und zur Fortschrittskontrolle (BDE/MDE/PDE, vgl. Abschnitt 3.5.2.9.1) erkennen.

Vergleichsweise einfach ist die Produktionsplanung zwangsläufig bei **Einzelfertigung**, wie man sie oft im **Apparate- und Vorrichtungsbau**, in der **Labortechnik** oder im **Reparaturdienst** antrifft. Da keine oder nur wenig standardisierte Teile mit Erzeugnisstrukturen und Arbeitsplänen vorkommen, entfallen die Schritte 1) bis 5) von vornherein. Das Produktionsplanungssystem besteht im Wesentlichen aus einer Durchlaufterminierung (Schritt 6) auf der Basis der **Netzplantechnik**, wobei die Netzplantätigkeiten einschließlich Zuordnung zu Betriebsmitteln und Kapazitätsbedarf erst nach Eintreffen des Auftrags eingegeben werden. Anschließend kann die Kapazität personell ausgeglichen werden (Schritt 7).

Je nach Fertigungstyp müssen die Elemente der Serien- und die der Einzelfertigung unterschiedlich kombiniert werden, abhängig von dem Punkt, an dem die kundenanonyme Produktion endet und die kundenwunschbezogene beginnt („Kundenauftrags-Entkopplungspunkt", „Vorratsentkopplungspunkt", „Variantenentstehungspunkt") (Abbildung 3.5.2.2/1). Eine weitere Ausdifferenzierung dieser Typologie findet man in [BRA 06].

Abbildung 3.5.2.2/1   Kundenauftrags-Entkopplungspunkt [BAA 95]

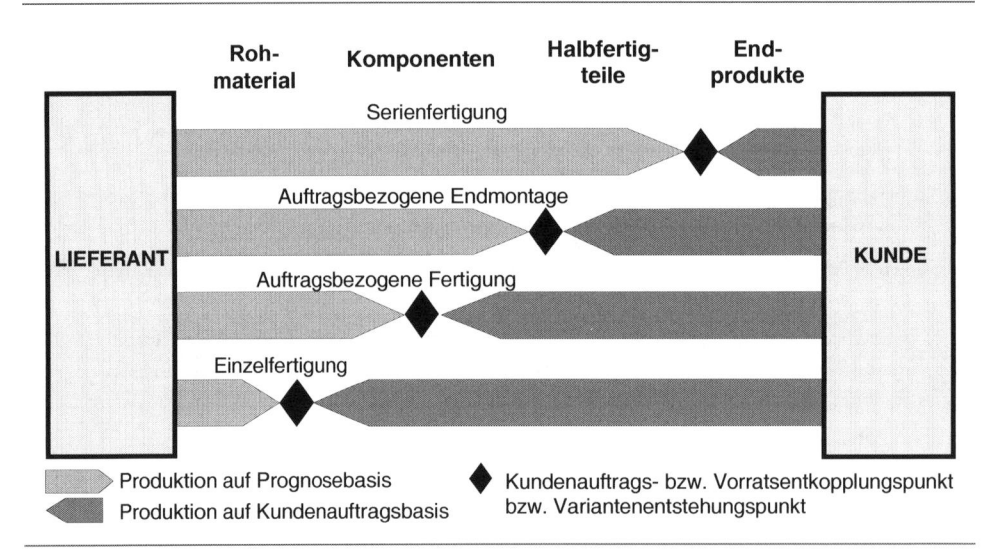

Bei der bisherigen Darstellung wurde davon ausgegangen, dass im Wesentlichen ein zentrales IV-System plant und steuert. Die zunehmende Durchdringung der Fertigung mit Automaten auf verschiedenen Ebenen (DNC-Maschinen, CNC-Maschinen, Roboter, Fertigungszellen, Flexible Fertigungssysteme (FFS), Fahrerlose Transportsysteme (FTS) usw.) erzwingt eine solche Vielfalt von Planungs- und Steuerungsprozeduren sowie von zugehörigen Datenflüssen und von vorübergehender Datenspeicherung, dass ein zentrales System überfordert wäre. Andererseits erleichtert insbesondere die Mikroelektronik die Dezentralisierung der Steuerungsprogramme und -dateien. Diese beiden Entwicklungen fließen in dem Konzept einer **hierarchischen Produktionsplanung und -steuerung** zusammen (vgl. auch [STA 07c]). Dabei gibt jeweils das übergeordnete Modul dem nachgeordneten Baustein Eckdaten, insbesondere Start- und Endtermine, für Teiloperationen vor. Rückmeldungen sorgen dafür, dass die Daten auf dem neuesten Stand sind. Innerhalb dieses Rahmens wird auf jeder Ebene autonom disponiert; vor allem wird versucht, Störungen auf der jeweiligen Hierarchiestufe aufzufangen und nicht „nach oben" weiterzuleiten. Systeme der hierarchischen PPS beinhalten die Gefahr, dass durch die zu starke Modularisierung in der Praxis das theoretische Optimum allzu weit verfehlt wird. Eine noch stärkere Dezentralisierung kommt zustande, wenn kleinere Anwendungssysteme, sogenannte **Agenten**, für Kundenaufträge, Betriebsaufträge, Betriebsmittel usw. handeln und hierzu in Netzen kommunizieren [WEI 94] (vgl. Abschnitt 3.5.2.7.3.7). Eine Systematik der Dezentralisierungsvarianten findet man bei [FER 95].

3.5.2.3 Grunddatenerzeugung und -verwaltung

Die nachfolgend behandelten Grunddaten werden vor allem, jedoch nicht ausschließlich, von der Produktionsplanung und -steuerung benutzt. Wegen der besonderen Komplexität wird ihrer Erzeugung und Verwaltung ein eigener Abschnitt gewidmet.

Die zentralen Produktionsgrunddaten sind Materialstamm, Stücklisten, Arbeitspläne einschließlich solcher für die Qualitätssicherung (Prüfpläne) und Betriebsmittel (Maschinen, Anlagen, Werkzeuge). Je nach Grunddaten-Organisation werden die Arbeitsplätze in der Fertigung zusätzlich zu den Kostenstellen-Stammsätzen geführt; Ähnliches kann für Kapazitäten und Qualitätsmerkmale gelten, die man dann von den Betriebsmittel- und Produktdaten trennt.

In Unternehmen der **Metallindustrie** sind teure Werkzeuge beachtliche Kostentreiber. Werkzeugplanung, -bewirtschaftung, -disposition und -einsatz (zuweilen zum „**Werkzeugmanagement**" zusammengefasst) verlangen ähnliche IV-Unterstützung wie die Materialplanung. Daraus resultieren spezielle Anforderungen an die Werkzeug-Stammdatenverwaltung. Zum Beispiel müssen Hinweise auf Soll-Lagerorte, Dispositionsarten, Standzeiten und gegebenenfalls Zuordnungen zu Kunden- und Betriebsaufträgen gespeichert werden [GEI 97].

Wegen der kurzen Lebenszyklen der Erzeugnisse führen Aufbau und Pflege der Grunddaten in vielen Unternehmen zu einem erheblichen Aufwand. Von daher ist IV-Unterstützung geboten. Hierzu ergeben sich vor allem fünf Ansatzpunkte:

1. Bei der Neuanlage eines Stammsatzes, einer Relation usw. präsentiert das IV-System Vorbilder; beispielsweise wird beim Anlegen eines neuen Materialstammsatzes der des Vorgängerprodukts auf den Bildschirm gebracht.

2. Die Grunddaten für die Produktionsplanung und -steuerung werden aus anderen Anwendungssystemen heraus gewonnen. Ein wichtiges Beispiel ist die Ableitung von Stücklisten und Ausschnitten der Teiledaten (z. B. Geometrie-Daten) aus einem per CAD (vgl. Abschnitt 3.1.3) entworfenen Erzeugnis.
3. Man ermittelt Stammdaten wissensbasiert; hier ist insbesondere daran zu denken, aus den Kundenspezifikationen auf der Basis eines Baukastenprinzips Variantenstücklisten (siehe unten) und die zugehörigen Arbeits- und Prüfpläne zu gewinnen.
4. Verschiedene Instanzen erarbeiten die Grunddaten; sie sind durch ein WMS (vgl. Abschnitt 1.5.1) verbunden.
5. Die vorhandenen Grunddatenbestände werden vom IV-System ausgewertet; hierzu zählen Information-Retrieval-Funktionen, die es z. B. erlauben, mit vielfältigen Deskriptoren-Kombinationen nach schon früher angelegten und eventuell wieder verwendbaren Stücklisten, Arbeitsplänen, Prüfvorschriften usw. zu suchen oder solche Grunddaten aufzufinden, die längere Zeit nicht mehr verwendet worden sind und deshalb archiviert werden sollten.

Stücklisten oder **Erzeugnisstrukturen** zeigen die Zusammensetzung eines Produktes aus chemischen, physikalischen und/oder technischen Bestandteilen. Sie treten in vielen Erscheinungsformen auf [GRO 04, S. 36-38]. Die bei weitem wichtigste ist die Stückliste im **Maschinenbau** (siehe dazu als Beispiel die Strukturstückliste in Abbildung 3.5.2.3/1). Ähnliche Konstrukte sind die Zutatenliste in der **Textilindustrie** und die Rezeptur in der **Chemieindustrie**.

Abbildung 3.5.2.3/1   Erzeugnisstruktur nach Fertigungsstufen

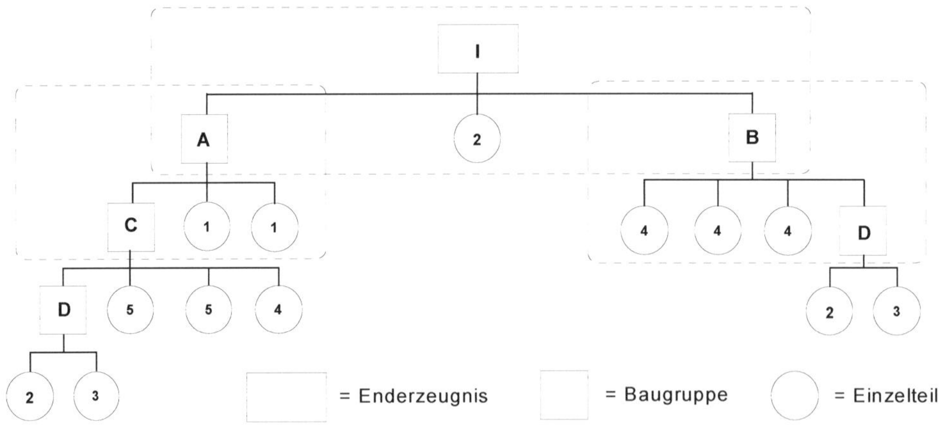

In der IV spielt die **Strukturstückliste** eine wesentlich größere Rolle als andere Arten, wie etwa die Mengenübersichtsstückliste. Unter den verschiedenen Typen der Strukturstückliste hat sich die Baukastenstückliste am stärksten durchgesetzt, weil sie den bei der Speicherung

von Erzeugnisstrukturen oft verwendeten Verkettungstechniken am ehesten entspricht. Dabei ist der strukturelle Aufbau der Zusammenbauten jeweils nur bis zur nächstniedrigeren Stufe dargestellt, wie dies in Abbildung 3.5.2.3/1 die mit gestrichelten Linien umgebenen Felder andeuten. Das **SAP-System** kennt neben „echten" Baugruppen, die auch im Lager als Bestand geführt werden, „Dummybaugruppen". Letztere dienen nur dazu, die Erfassung einiger Einzelpositionen zu vermeiden, indem diese zu einer Gruppe aggregiert werden. Ein Beispiel ist der Teig in der **Schokoladenherstellung**, der bald weiterverarbeitet werden muss.

Variantenstücklisten finden vor allem in solchen Betrieben (z. B. in der **Automobilindustrie**) Verwendung, in denen ein Grundtyp eines Erzeugnisses in vielen Varianten hergestellt wird. Daraus resultiert eine erhebliche Komplexität. Die Maßnahmen, hier Fehler zu vermeiden, bezeichnet man auch als **Komplexitätsmanagement**.

Variantenstücklisten bauen teilweise auf der Entscheidungstabellentechnik auf. Ihre Weiterentwicklung ist die **regelbasierte Variantenstückliste**, bei der Elemente der Expertensystem-Methodik genutzt werden [TRE 86/SCHW 96]. Beispielsweise würde in solchen Regeln festgeschrieben, welche Folgerungen für die Bestandteile der elektrischen Ausstattung eines Produkts daraus entstehen, dass in einem Exportmarkt die Stromversorgung anders als in Deutschland ist.

Im Hinblick darauf, dass in vielen Branchen versucht wird, die Vorteile der Massenproduktion in der Fertigung mit denen einer starken Kundenorientierung und -individualisierung bzw. Personalisierung zu vereinen (Mass Customization, vgl. Abschnitt 3.2.2.3), ergeben sich besondere Herausforderungen an die Entwicklung von Datenmodellen für variantenreiche Erzeugnisse. In [YEE 03] ist das Beispiel einer sogenannten **Product Family Architecture (PFA)** für den **Bekleidungshersteller Esquel Enterprises Ltd.** in Hongkong beschrieben. Neben den üblichen Stücklisteninformationen (Strukturen und Mengen, mit denen untergeordnete Materialien und Baugruppen in übergeordnete eingehen) findet man auch „XOR"-Beziehungen, mit denen z. B. zum Ausdruck gebracht werden kann, dass niemals ein Steg in einem kragenlosen Hemd vorkommen kann. In einer PFA müssen ähnlich wie beim objektorientierten Ansatz des Software-Engineering auch Vererbungsmechanismen möglich sein. Wenn beispielsweise ein Textilerzeugnis als Ganzes bügelfrei oder waschmaschinenfest sein soll, muss dies für alle Komponenten gelten.

SAP ERP kennt **Mehrfachstücklisten**. In ihnen wird berücksichtigt, dass ein Erzeugnis durch verschiedene Produktionsprozesse hergestellt werden kann. Bei der Stücklistenposition wird gespeichert, welche Alternativen bei welchen Losgrößen vorteilhaft sind. Einen Überblick dazu und zu anderen Besonderheiten der Stücklistenspeicherung im **SAP-System** findet man bei Gronau [GRO 99, S. 83-87 und 118].

In Großunternehmen, speziell in solchen mit hoher Variantenzahl der Enderzeugnisse, kann es notwendig sein, den Teileumfang nach verschiedenen, mehr auf die Aufbauorganisation des Betriebs ausgerichteten Gesichtspunkten in Stücklisten zu gliedern. Häufig anzutreffen ist die Unterscheidung in **Verkaufs-, Konstruktions- und Produktionsstücklisten**. Beispielsweise wird in einem Automobilunternehmen die Baugruppe „Lenkung" im Verkauf nach „Normalausführung" und „Servolenkung" klassifiziert, die Konstruktionsabteilung versteht darunter sämtliche mit der Lenkungsfunktion zusammenhängenden Teile, für die Fertigung gehören dagegen bestimmte Teile der Lenkung zur Baugruppe „Vorderachse". Manchmal werden getrennte **Ersatzteilstücklisten** geführt, weil Ersatzteile gegenüber Fertigungsteilen Unterschiede aufweisen können, z. B. in der Oberflächenbehandlung, und deshalb auch eine andere Teilenummer benötigen. Eine getrennte **Versandstückliste** mag nötig werden, wenn man Maschinen oder Anlagen erst beim Kunden montiert. Es muss dann feststellbar sein, in welchen Behältern sich die einzelnen Teile befinden [GRU 89]. Eine weitere Überlegung geht dahin, **Demontagestücklisten** aufzubauen (vgl. Abschnitt 3.7.4). Diese können die Komponenten komplexer Erzeugnisse (z. B. Automobile), die bei der Entsorgung den gleichen Weg nehmen, in Gruppen zusammenfassen. Bei der computergestützten Stücklistenverwaltung gilt es, sicherzustellen, dass im Bildschirmdialog die verschiedenen Ausführungsformen voneinander abgeleitet werden können.

Bei der Variantenkonfiguration im **SAP-System** werden eine sogenannte **Maximalstückliste** und ein sogenannter **Maximalarbeitsplan** angelegt [SCHE 02]. Die Maximalstückliste enthält alle möglichen Komponenten des Produkts und ähnlich der Maximalarbeitsplan alle möglichen Arbeitsvorgänge. Zwischen den Merkmalen kann ein Beziehungswissen hinterlegt werden. Wenn z. B. eine bestimmte Motorleistung ausgewählt wurde, kommt auch nur ein bestimmtes Bremssystem infrage. Bei der Erfassung des Kundenauftrages werden die Merkmale des zu konfigurierenden Erzeugnisses erfasst. Das System ermittelt dann aus der Maximalstückliste die individuelle Auftragsstückliste, die zur Produktionsplanung aufgelöst wird. Gleiches geschieht für den Arbeitsplan.

Für viele Zwecke der betrieblichen IV ist es nützlich, die Beschreibungen eines Produktes und vor allem einer Produktvariante getrennt von dem eigentlichen Erzeugnis zu behandeln. In der Stammdatenverwaltung brauchen dann nicht mehr Materialstammsätze für jede Variante mit ihren spezifischen Merkmalskombinationen angelegt zu werden, wodurch der Speicher- und der Veränderungsbedarf wegen der erheblichen Kombinatorik „explodieren" würden.

Eine Reihe von Funktionen können auf der Ebene der **Merkmale** durchgeführt werden. Ein Beispiel ist die Bedarfsvorhersage (etwa alle MP3-Player in grün oder mit UKW-Empfang, alle Mobil-Telefone mit Kamera, alle PKW mit Schiebedach, alle Milchspeise-Produkte mit Süßstoff-Zusatz). **SAP** nennt das „Characteristic Based Forecasting (CBF)" [DIC 05].

Wenn ein Merkmal in der Produktion und in der Distribution einen gravierenden Engpass darstellt, wird sich auch die Verfügbarkeitsprüfung in ihren verschiedenen Erscheinungsformen, etwa ATP oder CTM (vgl. Abschnitt 4.4), auf ein solches Merkmal beschränken, z. B. wenn in der Elektronik-Fertigung CMOS-Chips immer wieder ein Engpass sind.

Auch die Entscheidung, welche Erzeugnisse man aufgrund der Absatzplanung auf Vorrat („kundenanonym") oder welche nur nach Kundenbestellung produziert, bis hin zur Festlegung des Kundenauftrags-Entkopplungspunktes (vgl. Abschnitt 3.5.2.2) mag man von solchen Merkmalen abhängig machen.

Statt einzelner Merkmale kann auch eine kleinere Zahl von gut definierbaren Merkmalskombinationen einer Prognose bzw. Planung zugrunde gelegt werden. In der **Fahrzeugindustrie** sind das z. B. die sogenannten Pakete (etwa „Sicherheitspaket" mit Antiblockiersystem, Airbag, Schleuderschutz oder „Sportpaket" mit Spoiler, härterer Federung, Sportlenkrad usw.).

In manchen Branchen ist der Produktionsprozess noch nicht so gut beherrscht, dass ein Erzeugnis mit bestimmten Merkmalen in Auftrag gegeben werden kann und dieses dann auch tatsächlich entsteht. Dies gilt z. B. für bestimmte Qualitäten von **Edelstahl** (vgl. Abschnitt 3.6.2), **Wälzlager**, die mit sehr engen Toleranzen gefertigt werden müssen (vgl. Abschnitt 3.6.2), oder die „zweite Wahl" in der **Textilindustrie**. In solchen Konstellationen liefert erst die Qualitätskontrolle Aufschluss darüber, in welche Merkmalsklasse ein Produkt oder ein Produktionslos einzusortieren ist. Naturgemäß spielt das vor allem dort eine Rolle, wo die Merkmale stetige und nicht diskrete Ausprägungen haben.

Invertiert man die Stückliste, so erhält man den **Teileverwendungs-** bzw. **Materialverwendungsnachweis**. Ihm ist für eine bestimmte Materialposition zu entnehmen, in welche Baugruppen und Enderzeugnisse sie eingeht. Man benötigt ihn z. B., wenn der einzige Lieferant eines Fremdbezugteils Lieferschwierigkeiten hat und die Folgen für die eigene Auftragsabwicklung festgestellt werden müssen. Ferner dient er Rationalisierungsmaßnahmen (vgl. Abschnitt 3.1.3).

Die seit langem eingeführte Unterscheidung von Stücklisten und Arbeitsplänen wird zum Teil wieder aufgehoben. Man gelangt dann zu **Produkt-Prozess-Modellen** (**PPM**). Ausführungen und Beispiele findet man bei [STA 07b]. Eine Weiterentwicklung von PPM-Modellen ist die **Production Data Structure** von **SAP**. Zusätzlich zu den Erzeugnis-strukturen und den Arbeitsplänen können dort auch Hinweise zur Fabrikorganisation, insbesondere die Verkettung einzelner Arbeitsstationen bei der Fließfertigung, abgelegt werden.

3.5.2.4 Primärbedarfsplanung

Die Primärbedarfsplanung sorgt für einen groben Abgleich zwischen gewünschten Absatz- bzw. Produktionsmengen und vorhandenen Fertigungskapazitäten. Eine frühzeitige Abstimmung von Kapazitätsangebot und -bedarf soll die Überlastung der Werkstattsteuerung durch unrealistisch geplante Produktionsaufträge verhindern und damit an einem wichtigen PPS-Problem ansetzen.

Durch Investition in Kapazitäten, Einplanung von Überstunden, verstärkten Fremdbezug oder auch durch Reduk-tion der geplanten Absatzmengen kann gegebenenfalls verhindert werden, dass in der Produktion der nächsten Monate zu viele Engpässe entstehen, die Kapitalbindung wächst, Liefertermine versäumt werden usw.

Um den Kapazitätsbedarf des geplanten Absatzprogramms zu ermitteln, existieren verschiedene Verfahren, deren Anwendbarkeit vom Mengengerüst des einzelnen Betriebs abhängt [MER 92].

Das System der **SAP AG** verwendet unter anderem sogenannte Grobplanungsprofile, die in einer Matrix die Ressourcenbeanspruchung durch ein Erzeugnis oder eine Produktgruppe abbilden [HEI 90]. Die Perioden sind spaltenweise, die beanspruchten Ressourcen zeilenweise abgetragen. Der Begriff Ressource umfasst nicht nur Personal- und Maschinenkapazitäten, sondern jedes begrenzt vorhandene Einsatzmittel. Ein Matrix-Element sagt somit aus, wie viele Einheiten einer Ressource das betrachtete Erzeugnis in welcher Periode verbraucht.

Abbildung 3.5.2.4/1   Primärbedarfsplanung

Wichtigste Eingaben:	Prognoseparameter
Wichtigste Anzeigen und Ausdrucke:	Primärbedarfe
Wichtigste Dialogfunktionen:	Simulation alternativer Produktionsprogramme (Veränderung von Absatzmengen und Kapazitäten)
Nutzeffekte:	Rationalisierung der Produktionsprogrammplanung, Abstimmung Kapazitätsangebot und -bedarf rechtzeitig möglich, weniger Terminverschiebungen, weniger Engpässe

Weil bereits bei mittleren Betrieben das Mengengerüst der Produktion eine Primärbedarfsplanung mit unverdichteten Daten enorm erschwert, wenn nicht verhindert, ist erwägenswert, sich auf Engpasskapazitäten und Materialien bzw. Erzeugnisse zu konzentrieren, die gravierenden Einfluss auf den gesamten Produktionsprozess haben. Das **SAP-System** enthält unter anderem folgende Funktionalitäten, um die Primärbedarfsplanung auch bei größerer Erzeugnisvarianz und anderen ungünstigen Bedingungen flexibel zu halten:

1. Leitteileplanung: Bestimmte Enderzeugnisse und wichtige Baugruppen werden als Leitteile gekennzeichnet. Nur diese plant man mit verfeinerten Methoden.

2. Planung auf unterschiedlichen Stücklistenebenen, z. B.:

    a. Es wird aus der geplanten Produktion der Leitteile der Bedarf auf der unmittelbar darunterliegenden Stücklistenstufe errechnet, jedoch die weitere Stücklistenstruktur nicht „nach unten durchwandert". Dies spart Rechenzeit, hält die Planung transparent und vermeidet die sogenannte „MRP-Nervosität" auf den unteren Stufen, wo sich auch leichtere Änderungen auf der Enderzeugnisebene über multiplikative Verknüpfungen (viele Teile pro Fertigprodukt) stark auswirken können. Theoretische Betrachtungen dazu stellen Schneider, Buzacott und Rücker an [SCHN 05].

b. Man plant auf der Ebene der obersten Baugruppen, jedoch nicht deren Endmontage zum Kundenprodukt („Vorplanung ohne Endmontage" [DIT 09]). Der Montageprozess wird erst durch den Kundenauftrag angestoßen. Dies trägt dem Problem Rechnung, dass bei kundenwunschorientierter Fertigung auf der Enderzeugnisstufe eine große Vielfalt existiert, sodass dort auch die statistische Basis nicht gesichert werden kann. Beinhalten diese heterogenen Endprodukte aber viele gemeinsame Baugruppen, so hat man auf der zweitobersten Stücklistenstufe günstigere Planungsvoraussetzungen.

3. Merkmalsvorplanung: Der Planprimärbedarf des Produktes wird mit Einsatzwahrscheinlichkeiten für die Variantenteile versehen. Zum Beispiel geht man davon aus, dass 30 Prozent der zu fertigenden Telefone einen eingebauten Anrufbeantworter haben [DIT 09]. Diese Form kommt dann infrage, wenn konfigurierbare Erzeugnisse angeboten werden, auch bei der Mass Customization (vgl. Abschnitt 3.2.2.3).

Weitere Hilfsmittel der Primärbedarfsplanung sind Module zur Absatzprognose, zur Simulation (um unterschiedliche Produktionsprogramme zu bewerten), Matrizenrechnungen, wie sie in Band 2 im Zusammenhang mit der Unternehmensplanung dargestellt sind, und Routinen zur Verdichtung der Detailinformationen. Soweit das Mengengerüst nicht zu groß und zu kompliziert ist, kommen Modelle der mathematischen Programmierung infrage [STA 98]. Nach einer Analyse von Fandel u.a. enthielten 1997 in etwa 15 Prozent aller untersuchten PPS-Systeme Modelle der linearen Programmierung zur Primärbedarfsplanung [FAN 97, S. 136].

Die Primärbedarfsplanung ist in engem Zusammenhang mit dem **MRP II-Konzept** zu sehen [WIG 84/MER 92]. MRP II steht für „Manufacturing Resource Planning". Die Zahl „II" dient der Unterscheidung zum Material Requirements Planning (Materialbedarfsplanung, MRP I, siehe unten). Konzeptionell umfasst MRP II die Primärbedarfsplanung und die nachfolgend beschriebenen Module der Produktionsplanung und -steuerung.

Abbildung 3.5.2.4/2 zeigt den schematischen Ablauf der Primärbedarfsplanung innerhalb eines MRP II-Konzepts [FOX 84]. Dabei wird auf den oberen Planungsebenen mit stark verdichteten Positionen (z. B. Produkthauptgruppen) gearbeitet. Beim Übergang zum Primärbedarf (**MPS, Master Production Schedule**) leitet man daraus die Planzahlen für die einzelnen Teile ab, die dann auch den Lagerbeständen gegenübergestellt werden können.

Das skizzierte Vorgehen ist interaktiv. Bei Voß und Woodruf [VOS 03] findet man einen Algorithmus, der es unter bestimmten Bedingungen erlaubt, einen guten oder optimalen Plan automatisch zu generieren.

Das MRP II-Konzept betont deutlich das Bestreben, die Kapazitäten genau zu dimensionieren bzw. auszulasten („Ressourcenökonomie"). Man mag das als Ausfluss einer gewissen „Philosophie" in der amerikanischen Unternehmensführung deuten. Hingegen dominieren in anderen Kulturkreisen andere Planungsansätze. Nach einer Studie von Türk [TÜR 99] beispielsweise lag in Deutschland der Akzent mehr auf MRP I, und in Japan wurden Steuerungen auf der Grundlage flexibler Fertigungssysteme in den Vordergrund gerückt. (Wir haben hier ein Beispiel der Kultur-Bezogenheit von IV-Systemen.)

Abbildung 3.5.2.4/2   Schematischer Ablauf in einem MRP II-Konzept

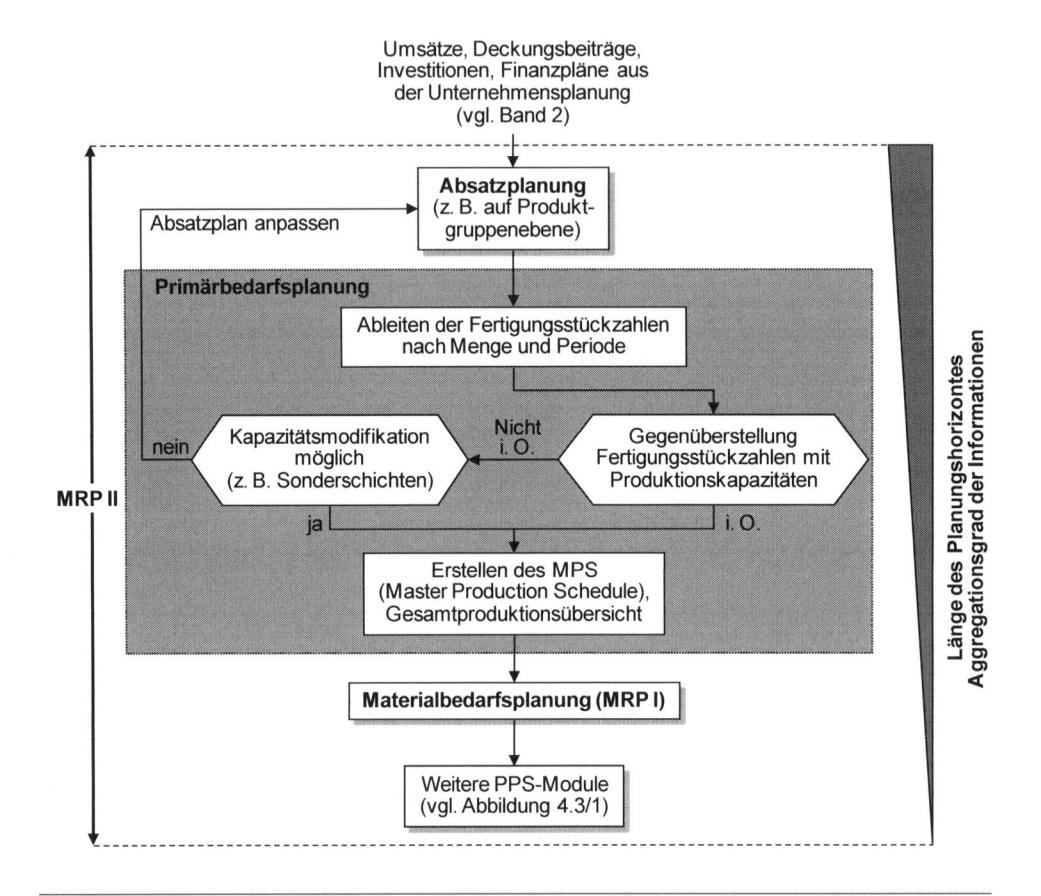

Mit fortschreitender Plan-Realisierung lösen die eintreffenden Kundenaufträge die Planungen ab („Plan Consumption", „Forecast Consumption" [DIC 06, S. 83-92]). Das Anwendungssystem sollte in dieser Phase hochrechnen und Warnungen ausgeben, wenn die Planmengen wahrscheinlich nicht ausreichen oder eine Überbevorratung droht.

In Abbildung 3.5.2.4/3, Figur (a), trifft in der Periode 25 ein großer Kundenauftrag ein. Es ist nun festzulegen, ob dieser Auftrag als Realisierung der geplanten Auftragseingänge 1 und/ oder 2 und/oder 3 und/oder 4 betrachtet wird. Beispielsweise könnte der Kundenauftrag die Planmengen 2 und 3 „absorbieren". Das System würde dann schließen, dass der Planauftrag 1 nicht mehr erfüllt sei, während ein späterer Kundenauftrag gegen Planauftrag 4 zu verrechnen wäre. Da Planauftrag 1 als zu optimistisch gewertet wird, würde dies in einem integrierten System zur Folge haben, dass (im Sinne eines Regelkreises) in der nächsten Periode vorsichtiger geplant wird. So geschieht es im **SAP-System**.

Durch Verrechnungsparameter kann der Disponent bei der Systemparametrisierung („Customizing") bestimmen, ob nur frühere Planaufträge (im Beispiel 1 und 2), nur spätere (3 und 4), nur solche innerhalb einer Toleranzgrenze (2 und 3) oder Kombinationen dieser Alternativen der Verrechnung zugrunde liegen sollen.

In Simulationsstudien anhand von **SAP ERP** wurde gezeigt, dass eine unglückliche Parameter-Regulierung zu außerordentlich hoher Kapitalbindung in der Fertigung führen kann. Bei [DIT 09] findet man Einstellhinweise dazu.

Abbildung 3.5.2.4/3 Verrechnung von Kundenaufträgen und Planaufträgen [DIT 09]

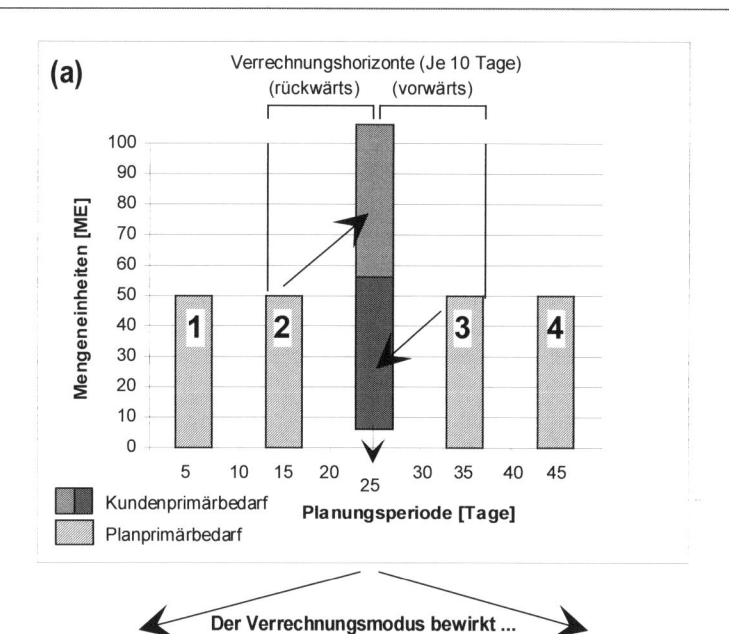

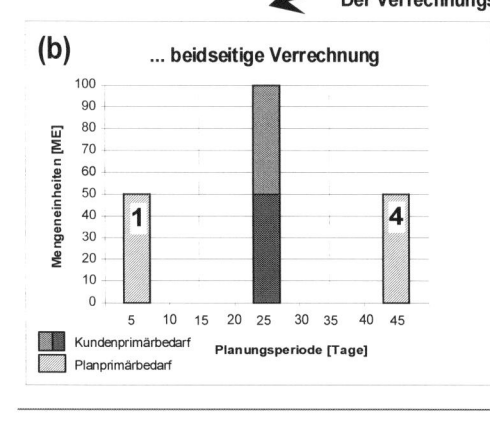

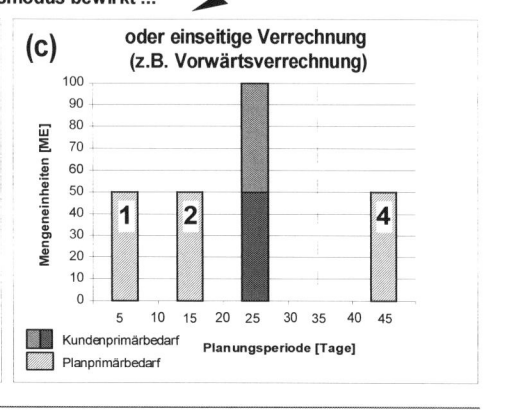

3.5.2.5 Materialbedarfsplanung (MRP I)

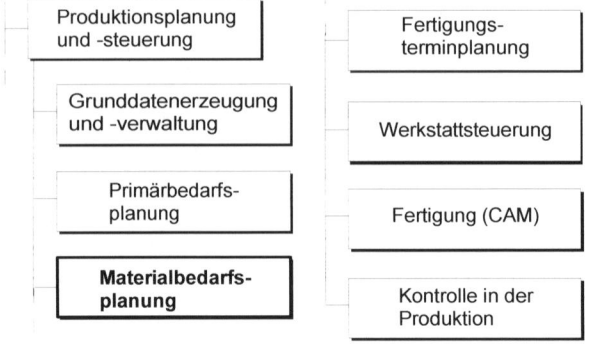

Die von der Auftragserfassung und/oder Absatzplanung bereitgestellten Brutto-Endproduktbedarfe müssen in der ersten Phase der Produktionsplanung unter Verwendung von Stücklisten in ihre Bestandteile bis hin zum Verpackungs-material zerlegt werden.

Die sich aus der Auflösung ergebenden Bruttobedarfe werden den vorhandenen Lager- und Werkstattbeständen gegenübergestellt. Das Ergebnis sind die periodengerechten Nettobedarfe.

3.5.2.5.1 Auflösung von Stücklisten

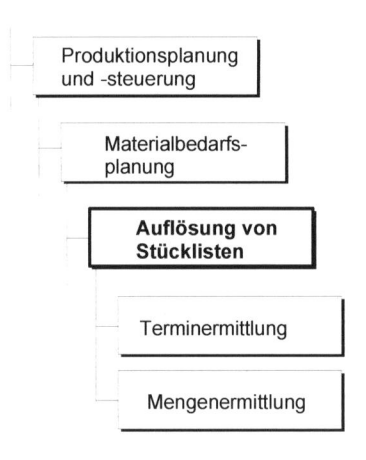

Aufgabe der Erzeugnisstrukturauflösung ist es, aus dem nach Menge und Termin bekannten Bedarf eines übergeordneten Teils den Bedarf eines untergeordneten Teils abzuleiten. Dabei ist zunächst zu entscheiden, nach welchem Verfahren die Auflösung im engeren Sinne geschehen soll. Die Auflösung von Strukturstücklisten kann nach dem Fertigungsstufen-Verfahren oder nach dem Dispositionsstufen-Verfahren organisiert sein:

1. Beim **Fertigungsstufen-Verfahren** erfolgen die Bedarfsrechnung und der Abgleich des errechneten Bruttobedarfs mit den Lagerbeständen für jedes Teil in der Reihenfolge der Fertigungsstufen. Da manche Teile in verschiedenen Fertigungsstufen auftreten können (z. B. die Baugruppe D und die Teile 2, 3, 4 in Abbildung 3.5.2.3/1), müssen die Bedarfe eines Teils auf jeder Stufe ihres Vorkommens mit den vorhandenen Beständen abgeglichen werden. Dies bedingt einen erhöhten Verarbeitungsaufwand (z. B. wiederholte Zugriffe auf ein und denselben Materialstammsatz bzw. Vormerkspeicher). Es kann auch zu Fehlern in der Auftragsdisposition kommen, wenn ein vorhandener Lagerbestand dem Bedarf einer hohen Fertigungsstufe zugeordnet wird, während man die Bedarfe niedriger Stufen, die meist zeitlich früher bereitgestellt werden müssen, eigens neu fertigt.

2. Beim **Dispositionsstufen-Verfahren** werden die gesamte Bruttobedarfsrechnung und der Abgleich mit den Beständen nach Dispositionsstufen durchgeführt. Als Dispositionsstufe eines Teils bezeichnen wir die unterste Fertigungsstufe im gesamten Produktspektrum, auf der dieses Teil vorkommt. In Abbildung 3.5.2.5.1/1 ist die Stückliste aus Abbildung 3.5.2.3/1 nach Dispositionsstufen umorganisiert.

Die Dispositionsstufen-Methode vermeidet die oben genannten Probleme des Fertigungsstufen-Verfahrens. Ein Nachteil ist darin zu sehen, dass jedes Teil bei seiner Einspeicherung in den Dispositionsstufenaufbau einzugliedern und durch ein Stufenmerkmal (im Materialstammsatz) zu kennzeichnen ist. Hierdurch kann der Änderungsdienst erschwert werden.

Abbildung 3.5.2.5.1/1 Erzeugnisstruktur nach Dispositionsstufen

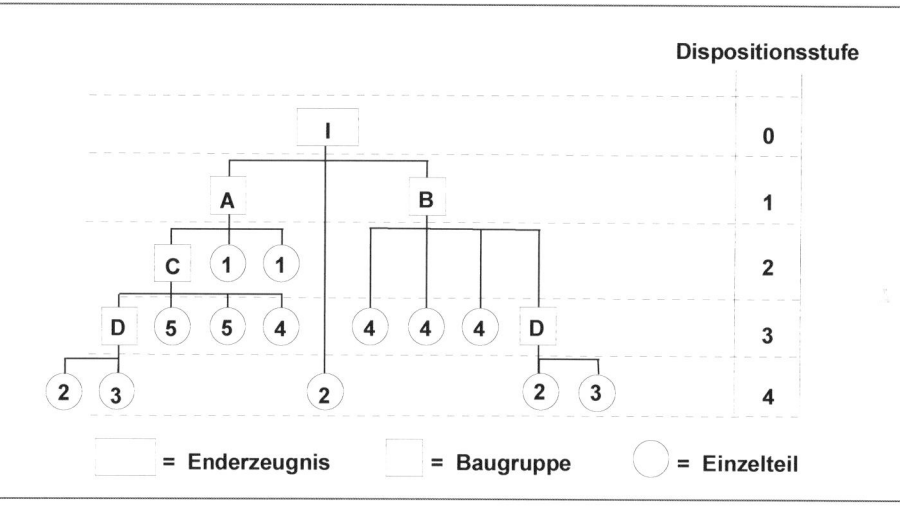

Eine weitere Differenzierung von Bedarfsauflösungsverfahren erfolgt danach, ob stets der ganze Primärbedarf aufgelöst wird oder ob sich die Auflösung auf die Ermittlung von Bedarfsänderungen (**Differenzplanung** oder **Net-change-Prinzip**) (vgl. z. B. [RÜC 92]) beschränkt. Eine Variante des Net-change-Prinzips, die im **SAP-System** benutzt werden kann, besteht darin, dass nur bis zu einem parametrisierbaren Horizont neu disponiert wird.

Schließlich ist im Zusammenhang mit der programmgesteuerten Bedarfsermittlung von Bedeutung, ob die Möglichkeit des Online-Eingriffs besteht, wobei der Sachbearbeiter z. B. nach Abarbeitung einer Dispositionsstufe noch einen Zusatzbedarf einfügen kann, um eine momentan schlecht ausgelastete Kapazitätseinheit zu füllen.

In Produktionsbereichen mit **chemischen und physikalischen Umwandlungsprozessen** entspricht der Stücklistenauflösung die **Ausbeuterechnung**. Wegen der unter Umständen sehr diffizilen Abhängigkeiten von Schwankungen der Rohstoffqualität und vom Zustand der Apparaturen ergeben sich jedoch viele Besonderheiten. Daher speichert man in der Chemie- und Pharmaindustrie zusätzliche Produktionskoeffizienten als Input-Output-Relationen oder Hinweise auf Kuppelprodukte [LOO 97]. Nähere Hinweise findet man bei Hahn und Laßmann [HAH 99].

3.5.2.5.2 Vorlaufverschiebung

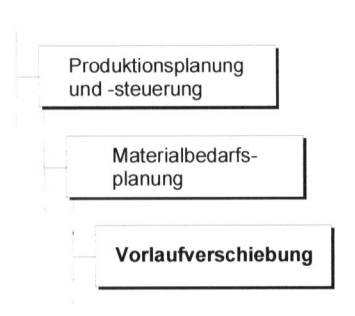

Die bei der Stücklistenauflösung ermittelten Sekundärbedarfe einer niedrigeren Stufe müssen auf der Zeitachse um eine bestimmte Strecke in Richtung Gegenwart „verschoben" werden. Diese Vorlaufzeit entspricht im einfachsten Fall der Durchlaufzeit auf der höheren Produktionsstufe: Wenn ein Endprodukt I zum Werkskalendertag 187 abzuliefern ist und die Zeit zur Montage (= höchste Produktionsstufe) 15 Tage beträgt, müssen die zu montierenden Baugruppen spätestens am Werkskalendertag 172 (= 187 - 15) von der zweithöchsten Produktionsstufe bereitgestellt werden; unter dem Gesichtspunkt der Bedarfsplanung heißt dies, dass der entsprechende Bedarf an den Baugruppen zum Werkskalendertag 172 auftritt. Die Durchlaufzeit pro Produktionsstufe i lässt sich in Abhängigkeit von der Bedarfsmenge Q mithilfe folgender Formel errechnen:

$$t_{d_i} = \sum_{j=1}^{m}(t_{r_{i,j}} + Q_i \cdot t_{b_{i,j}} + t_{ü_{i,j}}) \text{ mit}$$

t_d = Durchlaufzeit in der Produktionsstufe i
t_r = Rüstzeit ⎫
t_b = Bearbeitungszeit (Stückzeit) ⎬ pro Arbeitsgang j einer Produktionsstufe
$t_ü$ = Übergangszeit ⎭
Q = Bedarf der Stufe
m = Anzahl der Arbeitsgänge pro Produktionsstufe und Teil

Die Daten zu dieser Berechnung erhält das Programm durch Zugriffe auf die verschiedenen Arbeitsgänge der Arbeitsplandatei.

Bei der Vorlaufverschiebung kann sich zeigen, dass Materialien bereits in der Vergangenheit hätten bereitgestellt (d. h. eingekauft oder produziert) werden müssen. Es tritt damit ein ähnliches Problem auf wie bei der Durchlaufzeitverkürzung beschrieben (vgl. Abschnitt 3.5.2.6.1). Das System **SAP ERP** schaltet in dieser Situation von einer Rückwärts- auf eine Vorwärtsterminierung um, wobei man aber in Kauf nimmt, dass komplizierten Vernetzungen von Arbeitsgängen nicht genügend Rechnung getragen wird. Dies ist dann erträglich, wenn ein Arbeitsgang nicht unbedingt auf die Bereitstellung von Halbfabrikaten durch eine davor liegende Operation angewiesen ist, weil für die betreffende Komponente ausreichend Sicherheitsbestand existiert.

3.5.2.5.3 Ermittlung der Bruttobedarfe

Werden in einem integrierten System die Teile hauptsächlich über Stücklistenauflösung berechnet, so können gegebenenfalls noch folgende Bestandteile hinzugefügt werden:

1. Bedarfe, die im Rahmen der Materialdisposition **verbrauchsgesteuert** ermittelt werden.

2. **Primärbedarfe, z. B. an Ersatzteilen**, die entweder als konstante, auf Erfahrung beruhende Werte angesehen oder aus den Vergangenheitsabsatzmengen der Enderzeugnisse abgeleitet werden (vgl. Abschnitt 3.3.2.1).

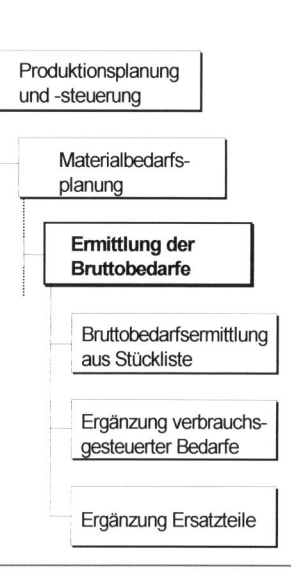

Abbildung 3.5.2.5.3/1   Stücklistenauflösung, Vorlaufverschiebung und Bruttobedarfsermittlung

Wichtigste Eingaben:	Zusatzbedarfe, Parameter zur Steuerung der Vorlaufverschiebung
Wichtigste Anzeigen und Ausdrucke:	Bruttobedarfe, Stücklisten (ganz und in Ausschnitten, Teileverwendungen)
Wichtigste Dialogfunktionen:	Änderung der Vorlaufverschiebung mit Anzeige von Terminänderungen auf unteren Stufen und der Folgen für die Kapitalbindung
Nutzeffekte:	Rationalisierung der Bedarfsermittlung, Vorbereitung sinnvoller Dispositionsentscheidungen

3.5.2.5.4 Ermittlung der Nettobedarfe

Nach der Errechnung der Bruttobedarfe einer Stufe werden diese den Lagerbeständen gegenübergestellt. Je nach Verfeinerung der Lagerbestandsführung (vgl. Abschnitt 3.4.3) ergeben sich bei der Nettobedarfsermittlung unterschiedliche Vorschriften, nach denen vom Bruttobedarf Bestände abgesetzt werden.

1. Wird für die Komponenten ein Werkstattbestand geführt, so ist bei der Nettobedarfsermittlung der Teile neben dem Lagerbestand auch der Werkstattbestand periodengerecht vom Bruttobedarf der Baugruppe zu subtrahieren.

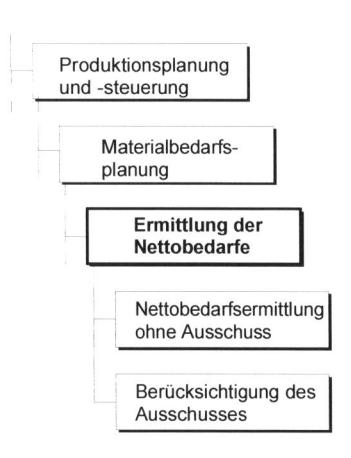

2. Bei kritischen Teilen kann neben den normalen Lagerbeständen ein Reservierungsbestand für geplante Aufträge gehalten werden, der z. B. im Anschluss an die Verfügbarkeitskontrolle (vgl. Abschnitt 3.5.2.6.3) gebildet wird. Diese Reserve mindert den Nettobedarf des Auftrags, für den sie angelegt wurde.

3. Allgemeine, d. h. nicht einzelnen Aufträgen zugewiesene Sicherheitsbestände dürfen beim Übergang vom Brutto- zum Nettobedarf nicht subtrahiert werden.

4. Erwartet man in einer bestimmten Periode den Zugang einer bestellten Lieferung (aus Eigenfertigung oder Fremdbezug), so kann diese als Bestellbestand bei der Nettobedarfsermittlung vom Bruttobedarf periodengerecht abgezogen werden.

Das Ergebnis der Abgleichsrechnung sind die für den Planungszeitraum ermittelten Nettobedarfe.

Abbildung 3.5.2.5.4/1 Nettobedarfsermittlung

Wichtigste Eingaben:	
Wichtigste Anzeigen und Ausdrucke:	Nettobedarfe, Ausschussprozentsätze, Ausnahmemeldungen
Wichtigste Dialogfunktionen:	
Nutzeffekte:	Rationalisierung der Bedarfsermittlung, Vorbereitung sinnvoller Dispositionsentscheidungen

Der **Zusatzbedarf für Ausschuss** wird meist wie folgt bestimmt: Das System beobachtet den anfallenden Ausschuss, und zwar entweder über die getrennt registrierten zusätzlichen (ungeplanten) Entnahmen vom Lager (vgl. Abschnitt 3.4.3) oder über die Differenzen zwischen entnommenen Teilen des Lagers der untergeordneten Stufe und den Ablieferungen von Baugruppen der übergeordneten Stufe an das nächstreifere Lager. Der Ausschuss wird ins Verhältnis zur Gutmenge gesetzt, wobei sich folgender Ausschussfaktor F_a ergibt:

$$F_a = \frac{Ausschuss}{Nettobedarf - Ausschuss}$$

Diesen Faktor braucht man in der Regel nur in bestimmten Zeitintervallen zu überprüfen. Er kann, falls Änderungen eingetreten sind, mithilfe der Exponentiellen Glättung fortgeschrieben werden. Der Zusatzbedarf für Ausschuss errechnet sich dann durch Multiplikation des Nettobedarfs mit F_a.

Bei ausgeprägter **Entsorgungsplanung** (vgl. Abschnitte 3.7.4 und [RAU 97]) ist oft mit hinreichender Genauigkeit abzuschätzen, welche Rezyklate in die Produktion zurückfließen. Diese können wie ein Bestellbestand berücksichtigt werden.

Abbildung 3.5.2.5.4/2 zeigt Schema und Zahlenbeispiel einer Brutto- und Nettobedarfsrechnung für eine Baugruppe mit einigen der von uns oben aufgezeigten Besonderheiten. Der Vollständigkeit halber wurde bei der Darstellung auch die Zusammenfassung der Nettobedarfe in Losen berücksichtigt.

Während der Nettobedarfsermittlung können einfachere **Analyse-Module** mitlaufen und Hinweise auf **Ausnahme-Konstellationen** geben, z. B. wenn der erforderliche Starttermin von Aufträgen in die Vergangenheit fällt, Bestellungen offen sind, obwohl dem Bedarf genügend Lagerbestand gegenübersteht, oder eine offene Bestellung nicht ausreicht, den Periodenbedarf zu decken (es muss versucht werden, die Bestellmenge zu erhöhen).

Abbildung 3.5.2.5.4/2 Schema einer Brutto- und Nettobedarfsrechnung

Perioden-Nr.		1	2	3	4	5	6
Gesamter Sekundärbedarf einer Baugruppe (aus Stücklistenauflösung)		700	550	1300	800	900	700
+ Verbrauchsgesteuerter Bedarf		270	400	300	140	340	250
+ Primärbedarf (Ersatzteile)		130	200	100	60	160	50
= Bruttobedarf		**1100**	**1150**	**1700**	**1000**	**1400**	**1000**
Lagerbestand - Sicherheitsbestand - Reservierungen *)	3000 300 900						
= Verfügbarer Lagerbestand	1800	1800	700		300	600	
Bestellbestand - Erwarteter Ausschuss (10%)	900 90						
- Zugänge aus Recycling				50		100	
= Disponierbarer Bestellbestand	810				450	360	
= Nettobedarf (Zwischensumme)		**-**	**400**	**1250**	**340**	**700**	**1000**
+ Zusatzbedarf (gerundet) für Ausschuss (10%, Faktor 0,11)		-	44	137	37	77	110
= Erweiterter Nettobedarf		**-**	**444**	**1387**	**377**	**777**	**1110**
Losgrößenbestimmung		-	2208	-	-	1887	-

*) Dieser Reservierungsbestand wird in den Perioden 4 und 5 zu verfügbarem Lagerbestand.

Periodengerechter Bedarf für die weitere Verplanung bzw. Auflösung

3.5.2.5.5 Bündelung der Nettobedarfe

Abbildung 3.5.2.5.5/1 Losgrößenermittlung (bei Eigenfertigung)

Wichtigste Eingaben:	Losgrößenverfahren, Parameter (z. B. Höchst-Bevorratungszeit, Bestellkosten, Rundungsvorschriften)
Wichtigste Anzeigen und Ausdrucke:	Ermittelte Lose, Verschnittpläne
Wichtigste Dialogfunktionen:	Änderung von Parametern der Losgrößenbildung mit Anzeige der Kosten und der Bevorratungsdauer, Bündelung von ähnlichen Teilen
Nutzeffekte:	Rationalisierung der Produktionsplanung, Minimierung der losgrößenabhängigen Kosten, Durchlaufzeitverkürzung, optimale Verschnittdisposition, Nutzung der Möglichkeiten einer Teilefamilienbildung

3.5.2.5.5.1 Bildung von Losen gleicher Teile

Bei der Berechnung von Produktionslosen im Rahmen der mengenmäßigen Planung von Produktionsaufträgen können grundsätzlich jene Verfahren verwendet werden, die wir bereits im Lagerhaltungs- und Beschaffungssektor bei der Bildung von Einkaufslosen erwähnt haben (vgl. Abschnitt 3.3.2.3). Zusätzlich zu den im Lagerhaltungssektor schon behandelten Besonderheiten der Losgrößenrechnung sind in der Produktionsplanung noch folgende Varianten und Probleme zu berücksichtigen:

1. Wenn im Materialstammsatz ein Änderungs- oder Auslauftermin gespeichert ist, muss verhindert werden, dass man mehr fertigt, als bis zu diesem Termin verbraucht wird.

2. Es werden Parameter gesetzt und abgefragt, die Grenzen zu bestimmten Mindest- oder Höchstlosgrößen fixieren. **Mindestlosgrößen** können z. B. erwünscht sein, wenn festgestellt wurde, dass im mittel- oder langfristigen Durchschnitt der Rüstzeitanteil in einer Produktionsstätte zu hoch war und dadurch zu viel Fertigungskapazität verloren ging. Falls aber kurzfristige Kapazitätsengpässe zu überwinden sind, kann sich die Festlegung von **Höchstlosgrößen** empfehlen, z. B. gemessen in der Zeitstrecke, über die Zukunftsbedarfe zu einem gegenwärtig aufzulegenden Los „gerafft" werden dürfen. Dadurch erreicht man, dass die aktuell knappe Kapazität nicht zu stark durch die Produktion für zukünftige Bedarfe belegt wird. Auch aus Lagerkapazitäts- oder Liquiditätsgründen können Höchstlosgrößen ratsam sein.

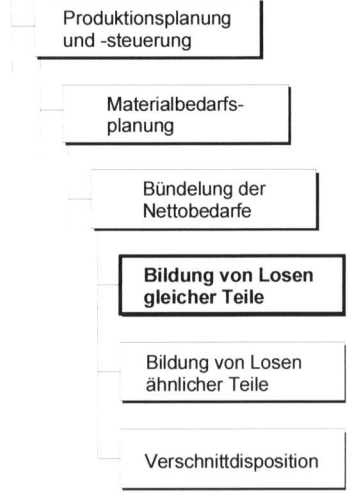

Nachdem einerseits durch moderne Fertigungstechnologien die Rüstzeiten bzw. -kosten an Bedeutung verlieren, die Lagerhaltungskosten wegen hoher Realzinsen, Lagerraumkosten, rascher technischer Veralterung und Verderb eher an Gewicht zunehmen und schließlich immer kürzere Durchlaufzeiten angestrebt werden, tendieren viele Betriebe in einer Reihe von Branchen, etwa im **Maschinenbau**, zu minimalen Losgrößen. Wie Knolmayer und Lemke [KNO 90] in einer detaillierten Simulationsuntersuchung gezeigt haben, ist diese Politik vor allem bei höheren Kapazitätsauslastungsgraden nicht ungefährlich. In anderen Branchen, z. B. in der **Halbleiter- oder allgemeinen Elektro-**, der **Chemie-, Pharma-** oder **Stahlindustrie**, sind die Rüstzeiten nach wie vor sehr hoch. Bei hoch automatisierten DNC-Drehbänken können die Rüstzeiten rund 150 Minuten betragen, während ein Werkstück in ca. 15 Minuten gedreht ist [KNO 92].

Theoretisch interessant ist der Ansatz des **OPT-Verfahrens** (**O**ptimized **P**roduction **T**echnology) [COX 98], [DET 97], [GOL 90], [JAC 84], [MUL 98]. Um nach Möglichkeit keinerlei Kapazität von Engpassmaschinen zu verlieren, wird dort mit großen, an nicht kritischen Arbeitsstationen hingegen mit kleinen Losen gearbeitet (vgl. auch Abschnitt 3.5.2.7.3.5).

In Unternehmen, in denen kurze Durchlaufzeiten an relativer Bedeutung im Vergleich zu minimalen Produktionskosten gewinnen, ist es erwägenswert, sogenannte **durchlaufzeitminimale Losgrößen** zu ermitteln. Zimmermann zeigt, wie dies mithilfe der Warteschlangentheorie möglich ist. Grundüberlegung ist folgende: Bei großen Losen steigen die mittleren Durchlaufzeiten der gesamten Produktion an, weil sich das Risiko erhöht, dass während der Bearbeitung eines großen Loses an einem Engpass Folgemaschinen unausgelastet bleiben und dadurch Produktionskapazität eingebüßt wird. Hingegen führen sehr kleine Lose dazu, dass Produktionskapazität für Umrüstvorgänge geopfert wird, was ebenfalls durchlaufzeitverlängernd wirkt [ZIM 87].

3.5.2.5.5.2 Bildung von Losen ähnlicher Teile

In Betrieben, die wirtschaftliche Losgrößen durch Zusammenziehen von mehreren Bedarfswerten eines Teils nicht bilden können, z. B. weil keine Mehrfachverwendung eines Materials vorkommt und gleiche Sachnummern nur sehr selten zu mehreren Terminen hintereinander angesprochen werden, oder in Unternehmen, die verstärkt flexible Fertigungssysteme einsetzen (vgl. Abschnitt 3.5.2.8), mag eine wirtschaftliche Produktionsmenge durch Zusammenziehen von Bedarfswerten ähnlicher Komponenten zu einer Teilefamilie erreicht werden. Voraussetzung für dieses Zusammenziehen ist, dass sich die Teile nacheinander hne nennenswerte zusätzliche Rüstzeit fertigen lassen. Dann kann man eine Programmkomponente Losbildung nach Teilefamilien vorsehen, die im Wesentlichen der gewöhnlichen Losbildung entspricht. Derartige Verfahrensbausteine sind jedoch nur dann verwendbar, wenn über die Teilenummer, eine Relation oder eine Verkettung die zusammengehörenden Teile einer bestimmten Familie erkannt werden können.

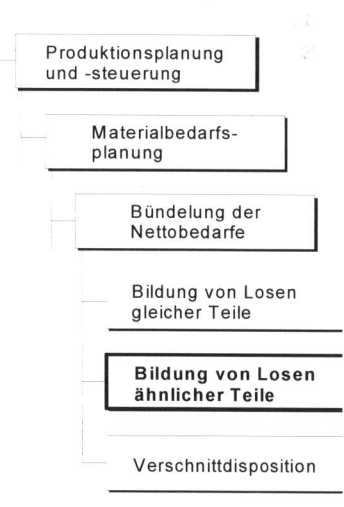

3.5.2.5.5.3 Verschnittdisposition

Das Verschnittproblem tritt vor allem in der **Glas-, Kunststoff-, Leichtmetall-, Papier-** und **Textilindustrie** auf, wo es gilt, gegebene Kunden- oder Produktionsaufträge so zu kombinieren, dass möglichst wenig Verschnitt anfällt. In der **Flachglasindustrie** empfiehlt es sich, die Reihenfolge, in der die Scheiben verpackt werden, schon beim Schneiden zu berücksichtigen. Folgt auf einem Gestell eine große Scheibe auf eine wesentlich kleinere, so könnte die Verpackung instabil werden [LAS 01].

Für die Lösung des Verschnittminimierungsproblems existiert eine Reihe von Algorithmen. Eine Übersicht über zugehörige Softwarepakete – gegliedert nach branchenspezifischen Anforderungen – geben Dyckhoff und Finke [DYC 92].

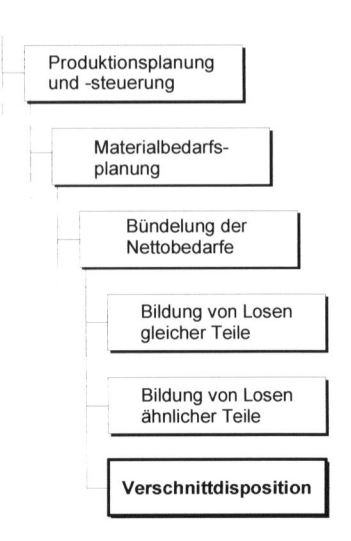

```
┌─────────────────────────┐
│ Produktionsplanung      │
│ und -steuerung          │
└─────────────────────────┘
┌─────────────────────────┐
│ Materialbedarfs-        │
│ planung                 │
└─────────────────────────┘
┌─────────────────────────┐
│ Bündelung der           │
│ Nettobedarfe            │
└─────────────────────────┘
┌─────────────────────────┐
│ Bildung von Losen       │
│ gleicher Teile          │
└─────────────────────────┘
┌─────────────────────────┐
│ Bildung von Losen       │
│ ähnlicher Teile         │
└─────────────────────────┘
┌─────────────────────────┐
│ **Verschnittdisposition** │
└─────────────────────────┘
```

Wir wollen nun anhand eines praxisbezogenen Beispiels [MEY 96, S. 8-10] die Lösung eines Verschnittminimierungsproblems mithilfe der linearen Programmierung aufzeigen:

Ein Betrieb erzeugt bei jedem Maschinenlauf 10 m lange und 40 cm breite Bahnen eines Spezialpapiers, die anschließend auf eine vom Kunden gewünschte Breite geschnitten werden. Für die Planungsperiode liegen vier Kundenaufträge vor: 5 Bahnen à 20 cm, 2 Bahnen à 16 cm, 5 Bahnen à 8 cm und 12 Bahnen à 6 cm Breite, alle in einer Länge von 10 m. Aus einer Reihe von möglichen Produktionsaufträgen gilt es nun die Kombination herauszufinden, mit der der Materialverlust, der beim Zuschneiden entsteht, minimiert wird. Schritte des Algorithmus sind:

1. Man versucht möglichst systematisch, alle effizienten Zuschnittalternativen aufzulisten. Eine Zuschnittalternative ist eine Möglichkeit, eine 40-cm-Bahn so zu teilen, dass mindestens eine der nachgefragten Bahnen entsteht; „effizient" heißt eine Alternative, wenn aus dem abgeschnittenen Material kein weiterer Kundenauftrag befriedigt werden kann. Abbildung 3.5.2.5.5.3/1 zeigt alle 17 effizienten Alternativen im Beispiel. Die Werte in den Zeilen geben an, wie viele kundenspezifische Bahnen beim Zerschneiden einer gefertigten Bahn von 40 cm Breite entstehen.

| Abbildung 3.5.2.5.5.3/1 | | | | | | | | | | | | | | | | | Effiziente Zuschnittalternativen |

Nach-	Zuschnittalternative																	erfor-
frage	1	2	3	4	5	6	7	8	9	10	11	12	13	14	15	16	17	derlich
20 cm	2	1	1	1	1	0	0	0	0	0	0	0	0	0	0	0	0	5
16 cm	0	1	0	0	0	2	2	1	1	1	1	0	0	0	0	0	0	2
8 cm	0	0	2	1	0	1	0	3	2	1	0	5	4	3	2	1	0	5
6 cm	0	0	0	2	3	0	1	0	1	2	4	0	1	2	4	5	6	12
Abfall m²	0	0,4	0,4	0	0,2	0	0,2	0	0,2	0,4	0	0	0,2	0,4	0	0,2	0,4	

2. Nun ist zu entscheiden, welche der Alternativen als Produktionsauftrag ausgeführt werden soll. Dazu führen wir mit der Entscheidungsvariablen x_j ($j = 1, 2, ..., 17$) die gesuchte Anzahl der Realisationen einer effizienten Zuschnittalternative j ein und mit u_i ($i = 1, 2, 3, 4$) eine mögliche Überschussproduktion (in Anzahl der Bahnen) bei den vier nachgefragten Abmessungen. (Es kann gezeigt werden, dass mit der Überschussproduktion, die mangels Auftrag zunächst gelagert wird, der Gesamtabfall eventuell geringer ausfällt als bei strenger Beachtung der Nachfrage.) Mit den x_j, u_i und den Koeffizienten bzw. Konstanten aus Abbildung 3.5.2.5.5.3/1 lautet das LP-Modell zur Bestimmung eines optimalen Zuschnittplans:

Zielfunktion:
$$Z = 0{,}4x_2 + 0{,}4x_3 + 0{,}2x_5 + 0{,}2x_7 + 0{,}2x_9 + 0{,}4x_{10} + 0{,}2x_{13} + 0{,}4x_{14} + 0{,}2x_{16} + 0{,}4x_{17} + 2u_1 + 1{,}6u_2 + 0{,}8u_3 + 0{,}6u_4 \to \min!$$

Nebenbedingungen:

$$2x_1 + x_2 + x_3 + x_4 + x_5 - u_1 = 5$$

$$x_2 + 2x_6 + 2x_7 + x_8 + x_9 + x_{10} + x_{11} - u_2 = 2$$

$$2x_3 + x_4 + x_6 + 3x_8 + 2x_9 + x_{10} + 5x_{12} + 4x_{13} + 3x_{14} + 2x_{15} + x_{16} - u_3 = 5$$

$$2x_4 + 3x_5 + x_7 + x_9 + 2x_{10} + 4x_{11} + x_{13} + 2x_{14} + 4x_{15} + 5x_{16} + 6x_{17} - u_4 = 12$$

$$x_1, x_2, ..., x_{17}, u_1, u_2, u_3, u_4 \geq 0, \text{ ganzzahlig}$$

Dieses Modell hat mehrere optimale Lösungen, nach denen 7 Bahnen zu fertigen sind und $Z = 3{,}6$ m² Abfall entstehen. Eine Lösung ist: $x_1 = 3$, $x_6 = 1$, $x_{11} = 1$, $x_{15} = 2$, $u_1 = 1$, $u_2 = 1$; alle anderen x_j und $u_i = 0$. Die Zuschneideanweisung für diese Lösung lautet dann also: „Zerschneide 3 Bahnen in je 2 20-cm-Streifen; eine Bahn in 2 16-cm- und einen 8-cm-Streifen; eine Bahn in einen 16-cm- und 4 6-cm-Streifen; 2 Bahnen in je 2 8-cm- und 4 6-cm-Streifen. Lagere je einen Streifen von 20 cm und 16 cm Breite."

In Branchen, in denen das Verschnittproblem auftaucht, sehen die Lieferbedingungen oft vor, dass in bestimmten Grenzen über- oder unterliefert werden kann. Eine sinnvolle Zielsetzung ist dann, den **relativen** Verschnitt als Quotienten zwischen Verschnitt und Liefermenge zu minimieren. Da nun sowohl Verschnitt als auch Liefermenge zunächst unbekannt sind, ergibt sich ein nichtlinearer Ansatz, speziell ein Ansatz der Quotientenprogrammierung.

Wie schon das obige Rechenbeispiel zeigt, muss die Verschnittoptimierung auf Materialbestandsdaten zugreifen.

> **PRAKTISCHE BEISPIELE**
>
> 1. Für die Stahlwerke **Ergste-Westig GmbH** wurde ein System entwickelt, bei dem die unter anderem vom Kunden nach Kilogramm und Breite definierten Streifen aus Rollen von Federbandstahl geschnitten werden. Das System sucht zunächst geeignete Chargen und ist hierzu mit einem **SAP-System** integriert. Die rechnergestützte Materialsuche kann sich über verschiedene Lagerorte erstrecken (vgl. Abschnitt 3.4.3). Anschließend wird das Problem durch ein Modell der ganzzahligen linearen Programmierung gelöst. In einem gesonderten Post-Processing wird jedes einzelne Schnittmuster daraufhin überprüft, ob es fertigungstechnische Restriktionen, z. B. bezüglich der Banddicke, verletzt [STE 04].
>
> 2. Die Firma **EK-Pack Folien GmbH** stellt **Kunststoffverpackungen** her, die meist kundenindividuell sind (vgl. auch Abschnitt 3.9.2.3.1). Mehrere Auftragspositionen mit gleichem Material, aber verschiedenen Breiten, werden für bestimmte Arbeitsgänge unter einer Vorgangsnummer zusammengefasst und aus möglichst großen Mutterrollen gefertigt. Dem Arbeitsvorbereiter hilft eine grafische Darstellung dabei, die Aufträge mit den Maschinen zu kombinieren und eine klare Vorgabe für die Fertigung abzuleiten [KAL 07].

Besondere Probleme entstehen in der **Textilindustrie**, weil dort kaum rechteckige Teile vorkommen, sondern kurvige Muster, z. B. für Hemden-Rückenteile. Folgende Lösung ist denkbar [RIE 77]: Zunächst gilt es, eine Datenbank mit Schnitt- bzw. Archivbildern (Schnittbildarchiv) aufzubauen. Bei der Bearbeitung eines Auftrags sucht ein spezielles CAD-System aus dem Archiv das am ehesten passende Schnittmuster heraus. Gleichzeitig wird ein Vorschlag unterbreitet, ob dieses Muster der Produktion zugrunde gelegt oder ein individuelles entwickelt werden soll. Hierzu zieht das Anwendungssystem unter anderem auch die Kriterien „Kosten für Schnittbild-Neuerstellung" und „Materialkosten" heran: Wenn aufgrund eines ungünstigen Schnittbilds viel Stoffabfall pro Stück entsteht, fällt dieser Verschnitt bei einem kleinen Auftrag im Vergleich zu den Kosten eines neuen Schnittbilds weniger ins Gewicht. Bei einem Großauftrag kehrt sich die Situation um.

Sind auf einer bestimmten Produktionsstufe Verschnittdispositionen zu treffen, so können sie wie folgt in die IIV eingegliedert werden:

1. Bei der Bedarfsauflösung der höheren Stufe wird das benötigte Vormaterial nach Menge, Art (z. B. Papierqualität, Metalllegierung) und Dimension spezifiziert.

2. Auf der betrachteten Stufe werden zunächst die Bruttobedarfe den Lagerbeständen gegenübergestellt und damit Nettobedarfe gewonnen.

3. Wenn der Nettobedarf ermittelt ist, wird mithilfe des Verschnittminimierungsmodells versucht, möglichst günstige Verschnittkombinationen zu finden.

4. Die gefundenen Verschnittkombinationen bestimmen das benötigte Vormaterial und damit den Ausgangspunkt der Bedarfsermittlung für die nächste Stufe.

5. Eventuell kann sofort ein NC-Programm für die Werkzeugmaschine generiert werden (ein Beispiel für die Produktion von **Heizkörpern** findet man in [HEI 80]).

3.5.2.5.6 Vernetzung von Produktionsaufträgen

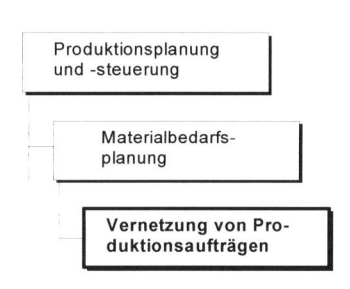

Durch die Bedarfszusammenfassung und die im vorhergehenden Kapitel behandelte Losgrößenbildung werden in den Nettobedarfen der Baugruppen und Einzelteile die Bedarfe für die verschiedensten Baugruppen höherer Stufen, Enderzeugnisse und Kundenaufträge vereint. Grundsätzlich ist es durch Wiederholung der Bedarfsauflösung möglich, diese Zusammenfügung jederzeit nachzuvollziehen. Jedoch kann es wünschenswert sein, die Information, welcher Bedarf und damit welcher Produktionsauftrag bzw. welche Fremdbestellung zu welchem Bedarf auf den höheren Stufen gehört, durch eine einfache Datenbankabfrage zu erhalten. Anlässe hierfür sind:

1. Es treten bei einem Produktionsauftrag Verzögerungen auf. Dann muss ermittelt werden, welcher Kunde davon betroffen sein wird oder welche Teilmenge bei einer eventuell notwendig werdenden Splittung eines Loses vorerst zurückgestellt werden kann.

2. In manchen Branchen ist es für das Werkstattpersonal während des Fertigungsprozesses wichtig, zu wissen, in welche Enderzeugnisse oder Kundenaufträge eine gerade bearbeitete Materialposition einmünden wird, weil man dann schwierige Ad-hoc-Entscheidungen leichter treffen kann, z. B. wenn ein Teil qualitativ gerade an der Grenze zwischen „gut" und „unbrauchbar" liegt und sich die Frage stellt, ob man es Ausschuss werden lassen soll.

Eine Weiterführung der hier beschriebenen Vernetzung, die vor allem für das Lieferketten-Management infrage kommt, ist das Pegging (vgl. Abschnitt 4.4).

3.5.2.6 Fertigungsterminplanung

3.5.2.6.1 Durchlaufterminierung

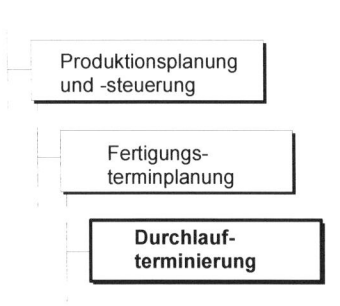

Das Ergebnis der in den vorhergehenden Kapiteln behandelten Programmbausteine sind die in einem bestimmten Planungszeitraum zu fertigenden Lose. Dabei ist bekannt, wann der durch sie repräsentierte Bedarf gedeckt sein muss, mit anderen Worten: Man kennt den spätestmöglichen Fertigstellungstermin der Produktionsaufträge. Über die Vernetzung (vgl. Abschnitt 3.5.2.5.6), die letztlich die Erzeugnisstruktur widerspiegelt, stellt das System die gegenseitige Abhängigkeit der Endtermine fest.

Es ergibt sich eine netzplanartige Struktur, wie sie z. B. in den Abbildungen 3.5.2.6.1/2 und 3.5.2.6.1/3 dargestellt ist.

Aufgabe der Terminierung ist es nun, die Produktionsaufträge und ihre einzelnen Arbeitsgänge so einzuplanen, dass die Endtermine erreicht werden. Man kann die Funktion der Durchlaufterminierung auch so begreifen, dass **aus den geplanten Endterminen** der Betriebsaufträge **Beginntermine** der Arbeitsgänge **abzuleiten** sind. Das Programmmodul Durchlaufterminierung legt dazu mithilfe der in der Arbeitsplandatei gespeicherten Informationen fest, welche Arbeitsgänge und welche Betriebsmittel für die Herstellung bzw. Montage eines Auftrags notwendig sind und wie lange ein Betriebsmittel, ein Arbeitsplatz oder eine andere Kapazitätseinheit dadurch zeitlich belastet wird. Dabei werden nur die Verknüpfungen des Netzplans berücksichtigt, jedoch keine Kapazitätsgrenzen. Abbildung 3.5.2.6.1/1 zeigt Phasen der Durchlaufterminierung und ihre Einbettung in die PPS-Vorgangskette.

Die Durchlaufterminierung vernetzter Aufträge kann **progressiv** oder **retrograd** erfolgen.

Die **Vorwärtsterminierung** (progressives Verfahren) ermittelt, startend mit der Gegenwart, im Zeitablauf vorwärts schreitend den Endtermin des Auftrags, indem Operation für Operation dem Verlauf der Fertigung entsprechend aneinander gereiht wird. Das progressive Verfahren hat den Nachteil, dass alle Komponenten so früh wie möglich, d. h. in vielen Fällen früher als notwendig, produziert und dann unter Umständen gelagert werden, wodurch unnötig hohe Lagerzeiten entstehen. Abbildung 3.5.2.6.1/2 zeigt diesen Sachverhalt für den Fall, dass die drei Produktionsaufträge A, B und C (Teilefertigung) abgeschlossen sein müssen, bevor der Produktionsauftrag M (Montage) beginnen kann.

Die **Rückwärtsterminierung** (retrogrades Verfahren) bestimmt, ausgehend von einem vorgegebenen Endtermin, die notwendigen Starttermine der Arbeitsgänge, die dann den Charakter von Spätest-Startterminen haben (vgl. Abbildung 3.5.2.6.1/3). Jeder Auftrag soll so spät begonnen werden, dass eine rechtzeitige Fertigstellung zum vorgegebenen Ablieferungstermin gerade noch möglich ist. Dadurch wird der Nachteil des progressiven Verfahrens vermieden, jedoch die Gefahr heraufbeschworen, dass bei einer Störung des Produktionsprozesses (z. B. durch Maschinenausfall) der gewünschte Endtermin nicht eingehalten werden kann. Im Zuge der Bemühungen, die Kapitalbindung zu minimieren, wird die retrograde Methode der progressiven oft vorgezogen.

Eine Kombination aus Vorwärts- und Rückwärtsterminierung stellt die **Mittelpunktsterminierung** dar. Der Zeitpunkt eines bestimmten Arbeitsgangs wird fix vorgegeben, z. B. weil es sich um einen Engpass handelt. Von diesem Punkt aus werden die vorhergehenden Operationen rückwärts- und die nachfolgenden vorwärtsterminiert.

Produktionssektor

Abbildung 3.5.2.6.1/1 Phasen und Integrationsbeziehungen der Durchlaufterminierung

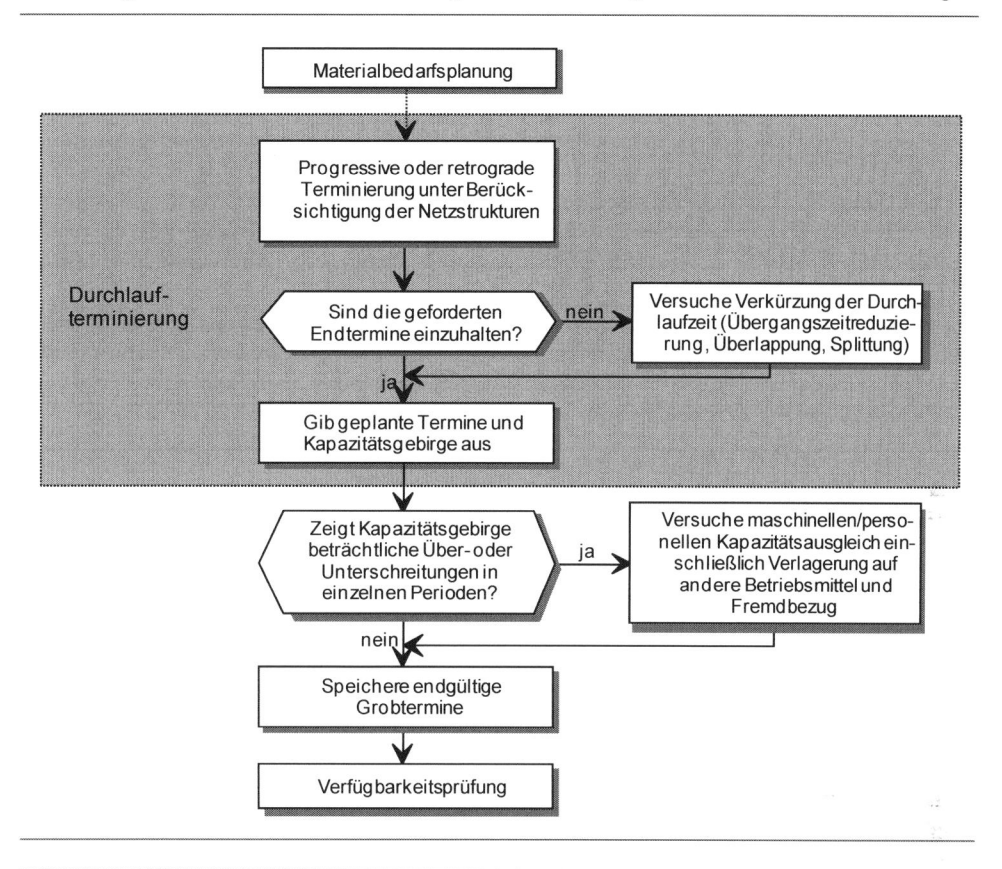

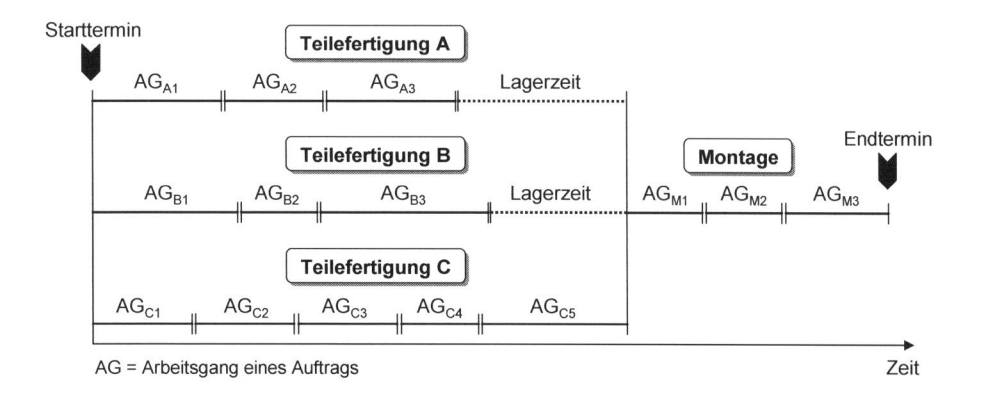

```
                    ┌──────────────────────┐
                    │ Materialbedarfsplanung│
                    └──────────┬───────────┘
                               ▼
                    ┌──────────────────────┐
                    │ Progressive oder retrograde │
                    │ Terminierung unter Berück-  │
                    │ sichtigung der Netzstrukturen│
                    └──────────┬───────────┘
                               ▼
Durchlauf-      ┌──────────────────┐  nein   ┌──────────────────────────┐
terminierung    │ Sind die geforderten ├────────▶│ Versuche Verkürzung der Durch-│
                │ Endtermine einzuhalten?│         │ laufzeit (Übergangszeitreduzie-│
                └──────────┬───────────┘         │ rung, Überlappung, Splittung) │
                          ja                    └──────────────────────────┘
                           ▼
                ┌──────────────────────┐
                │ Gib geplante Termine und │
                │ Kapazitätsgebirge aus    │
                └──────────┬───────────┘
                           ▼
                ┌──────────────────┐   ja    ┌──────────────────────────┐
                │ Zeigt Kapazitätsgebirge├────────▶│ Versuche maschinellen/perso-│
                │ beträchtliche Über- oder│        │ nellen Kapazitätsausgleich ein-│
                │ Unterschreitungen in    │        │ schließlich Verlagerung auf   │
                │ einzelnen Perioden?    │         │ andere Betriebsmittel und     │
                └──────────┬───────────┘         │ Fremdbezug                │
                          nein                   └──────────────────────────┘
                           ▼
                ┌──────────────────────┐
                │ Speichere endgültige │
                │ Grobtermine          │
                └──────────┬───────────┘
                           ▼
                ┌──────────────────────┐
                │ Verfügbarkeitsprüfung │
                └──────────────────────┘
```

Abbildung 3.5.2.5.6.1/2 Vorwärtsterminierung

```
Starttermin
    ▼         ┌─────────────────┐
              │ Teilefertigung A │
    │ AG_A1 │ AG_A2 │ AG_A3    │  Lagerzeit
    ├───────┼───────┼──────────┼ . . . . . . . . . . . . . .
                                                              Endtermin
              ┌─────────────────┐            ┌─────────┐          ▼
              │ Teilefertigung B │            │ Montage │
    │ AG_B1 │ AG_B2 │  AG_B3   │  Lagerzeit   │ AG_M1 │ AG_M2 │ AG_M3 │
    ├───────┼───────┼──────────┼ . . . . . . . ┼───────┼───────┼───────┤
              ┌─────────────────┐
              │ Teilefertigung C │
    │ AG_C1 │ AG_C2 │ AG_C3 │ AG_C4 │  AG_C5  │
    ├───────┼───────┼───────┼───────┼─────────┤
                                                                    ──▶
    AG = Arbeitsgang eines Auftrags                                Zeit
```

Abbildung 3.5.2.5.6.1/3   Rückwärtsterminierung

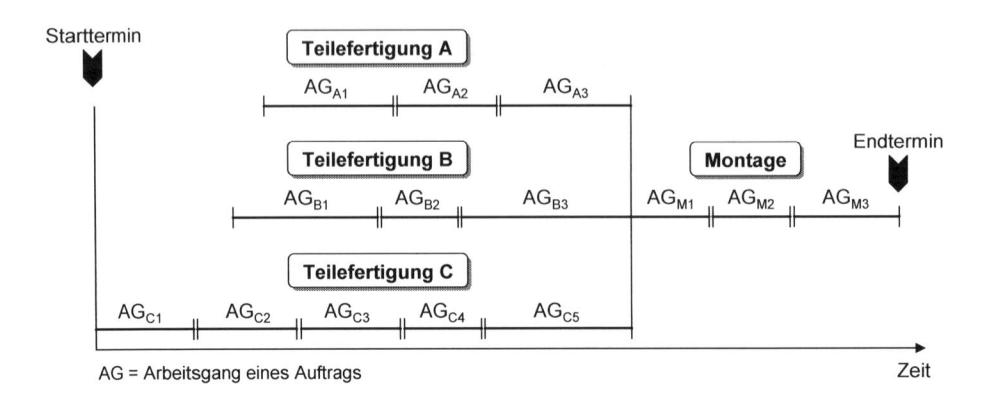

Wenn genügend Spielraum vorhanden ist, liegt zwischen den aus Vorwärts- und Rückwärtsterminierung gewonnenen Anfangsterminen eine Pufferzeit, die ausgewiesen und für die weiteren Dispositionen – etwa auf dem Fertigungsleitstand (Abschnitt 3.5.2.7.2) – nutzbar gemacht werden kann. Die Pufferzeiten werden wie folgt bestimmt: Ausgehend vom geplanten Endtermin wird der späteste Starttermin ermittelt. Dann wird vorwärtsterminiert, wobei das Programm alle in der Durchlaufzeit enthaltenen Liege- bzw. Wartezeiten soweit als möglich reduziert (vgl. unten). Man erhält so den frühesten Endtermin. Die Differenzen zwischen den jeweils frühesten und spätesten Terminen bilden die Puffer, innerhalb derer Termine verschoben werden können, wenn es aus Kapazitätsgründen erforderlich ist (siehe Abbildung 3.5.2.6.1/4).

Wir wollen jetzt annehmen, dass entweder bei einer Vorwärtsterminierung der Wunschtermin (Kundenwunschtermin oder Termin der Ablieferung an eine höhere Lagerstufe) nicht erreichbar ist oder dass man bei der Rückwärtsterminierung „hinter die Gegenwart gelangt". Dann müssen Maßnahmen zur **Durchlaufzeitverkürzung** eingeleitet werden.

Produktionssektor

Abbildung 3.5.2.5.6.1/4   Puffer für Terminverschiebungen

```
|                                  Durchlaufzeit ohne Reduzierung
|              <─────────────────────────────────────────────>
|        Durchlaufzeit
|        maximal reduziert
|  <──────────────────────>
|                                                                              ──> Zeit
Gegenwart =      Spätester    Frühester              Geplanter
frühester        Starttermin  Endtermin              Endtermin
Starttermin
```

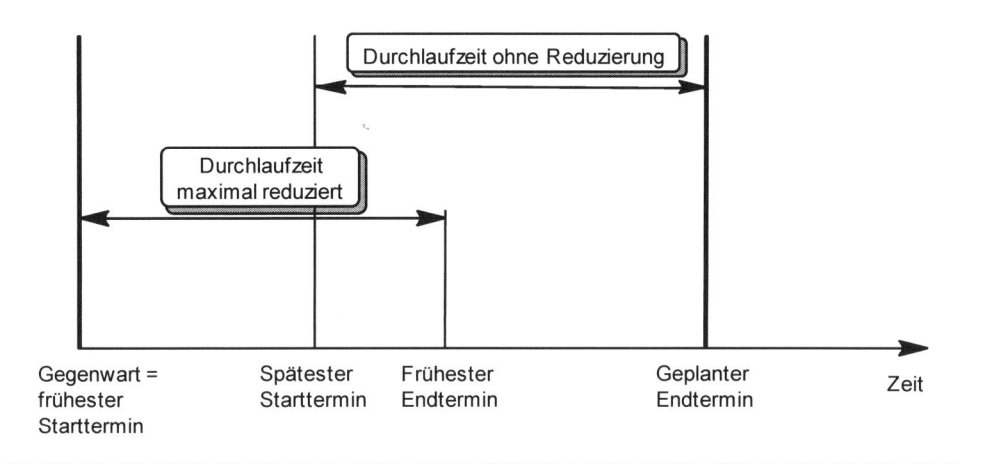

Abbildung 3.5.2.5.6.1/5   Durchlaufterminierung (einschließlich Kapazitätsausgleich)

Wichtigste Eingaben:	Parameter zur Politik bei der Kapazitätsveränderung und zur Übergangszeitreduzierung/Splittung/Überlappung
Wichtigste Anzeigen und Ausdrucke:	Mittelfristige Kapazitätsbelastungsübersicht (Kapazitätsgebirge), Betriebsaufträge, die zur Überlast beitragen, terminlich kritische Fertigungsaufträge, Vorschläge zu Übergangszeitreduzierung/Splittung/Überlappung, Ausweicharbeitsplätze, grobterminierter Ablauf der Fertigungsaufträge
Wichtigste Dialogfunktionen:	Verlagerung von Betriebsaufträgen mit Anzeige des Kapazitätsgebirges und der Verspätungen
Nutzeffekte:	Rationalisierung der Produktionsplanung, gleichmäßige Kapazitätsauslastung, Verminderung von Überstunden, Terminsicherheit

3.5.2.6.1.1 Übergangszeitreduzierung

Die Tatsache, dass bei vielen Produktionsprozessen die eigentliche Bearbeitungszeit nur einen Bruchteil der gesamten Durchlaufzeit eines Loses ausmacht, führt dazu, dass bei drohenden Terminverzögerungen zunächst versucht wird, die übrigen Elemente der Durchlaufzeit – in der Regel die Übergangszeit – zu verkürzen. Die Übergangszeit setzt sich meist aus einer Reihe von Komponenten zusammen:

1. Wartezeit, bevor ein Arbeitsgang begonnen wird (diese Wartezeit ist von der Kapazitätsauslastung abhängig, wird aber vereinfachend meist als konstant angenommen)
2. Prozessbedingte Liegezeit vor dem Arbeitsgang (Rüstzeit)
3. Prozessbedingte Liegezeit nach dem Arbeitsgang (Abrüstzeit, z. B. zum Abkühlen)
4. Wartezeit auf Kontrolle
5. Zeit zur Kontrolle
6. Wartezeit auf Transport
7. Transportzeit zum nächsten Arbeitsplatz

Je nach den Besonderheiten der Fertigung wird man die Differenzierung der Übergangszeit unterschiedlich weit treiben. Wenn die Kontrolle bedeutsam ist und von spezialisierten Mitarbeitern vorgenommen wird, sollte dafür ein separater Arbeitsgang definiert werden.

Für die Berechnung und Speicherung der Übergangszeit gibt es verschiedene Möglichkeiten:

1. Die Übergangszeit wird als Prozentsatz der Stückzeit des vorigen Arbeitsgangs bzw. der gesamten Bearbeitungszeit des Loses angenommen. Diese Lösung kann dann sinnvoll sein, wenn die Liegezeit und Kontrollzeit überwiegen und diese Zeiten wenigstens angenähert eine Funktion der Produktionszeit sind. In diesem Fall erübrigt sich die gesonderte Speicherung der verschiedenen Übergangszeitwerte in den Stammdaten (es genügt ein einziger Faktor).
2. Man speichert die Übergangszeit als Stammdatum in der Arbeitsplandatei. Diese Variante empfiehlt sich, wenn Kontrollzeit und prozessbedingte Liegezeit den größten Teil der Übergangszeit beanspruchen, sich jedoch nicht, wie unter 1) angenommen, proportional zur Stückzeit verhalten, und wenn mit den Arbeitsgängen auch die Betriebsmittel bestimmt sind.
3. Die Übergangszeiten zwischen verschiedenen Betriebsmitteln/Arbeitsplätzen werden in Form einer Matrix, vergleichbar Entfernungstabellen, gespeichert. Dieser Lösung ist der Vorzug zu geben, wenn die Transportzeiten größer sind als die übrigen Zeitkomponen-

ten oder wenn die Übergangszeiten stark streuen und von räumlichen Bedingungen abhängen. (Beispiel: Bestimmte Arbeitsgänge werden in einem räumlich entfernten Werksteil oder bei einem Subunternehmer durchgeführt.)

Im einfachsten Fall werden alle Komponenten um den gleichen Prozentsatz automatisch gekürzt. Dadurch rücken die Soll-Ablieferungstermine näher, Schlupfe werden reduziert. Dies mag in den nachfolgenden PPS-Phasen zu einer höheren Priorität des Auftrags führen (vgl. Abschnitt 3.5.2.6.4 und die Prioritätsregeln 5, 6 und 10 in Abbildung 3.5.2.7.3.1/1).

3.5.2.6.1.2 Überlappung

Bei der Durchlaufterminierung wird angenommen, dass ein Los jeweils als Ganzes auf einem Produktionsaggregat zu Ende bearbeitet wird, bevor es zum nächsten wandert. Bei Terminnot (z. B. wenn auch nach Übergangszeitreduzierung ein gewünschter Endtermin nicht mehr eingehalten werden kann) oder bei sehr kapitalintensiven Losen können jedoch die einzelnen Teile schon zum nächsten Arbeitsplatz transportiert werden, sobald sie den vorhergehenden durchlaufen haben, ohne auf die anderen Teile des Loses zu warten.

Aus technischen Gründen mag die Speicherung und Berücksichtigung der folgenden Restriktionen und Parameter sinnvoll sein:

1. Der Überlappungsanteil soll eine gewisse Mindestzeit überschreiten, sonst lohnt sich der Mehraufwand nicht.
2. Der zweite Arbeitsgang soll erst dann beginnen, wenn im ersten Arbeitsgang bereits eine bestimmte Mindestweitergabemenge bearbeitet wurde, z. B. jene Menge, die einen Transportbehälter füllt.
3. Eine bestimmte Anzahl von Transportvorgängen darf nicht überschritten werden.

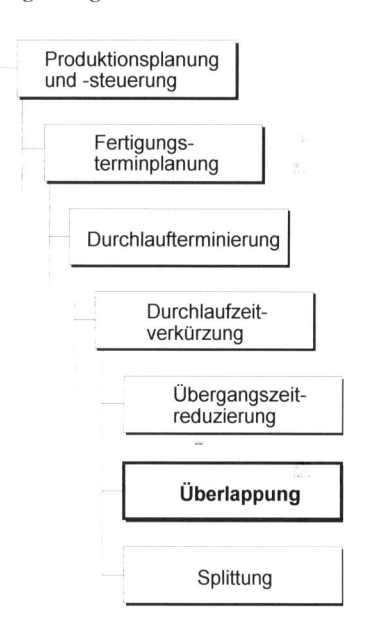

In manchen Fertigungssituationen ist es notwendig, sicherzustellen, dass verschiedene, nacheinander ablaufende Arbeitsgänge innerhalb einer bestimmten Zeitspanne beendet werden, z. B. das Glühen, das Schmieden und das Härten. Bei großen Losen besteht die Gefahr, dass der Beginn des folgenden Arbeitsganges für die ersten Werkstücke zu spät liegt, in unserem Beispiel also, dass die geschmiedeten Werkstücke schon zu stark abgekühlt sind, bevor sie zum Härten kommen. Für derartige Fälle sollte ein IV-System die Angabe einer zeitkritischen Durchlaufzeit, innerhalb derer die Einzeloperationen abgearbeitet sein müssen, und eine Aufteilung des Loses in „Chargen", wobei diese Aufteilung nur für die kritischen Arbeitsgänge gilt, ermöglichen. Die im Vergleich zum Los kleinen Chargen durchlaufen die Arbeitsgänge rascher. Das System terminiert die verschiedenen aufeinander folgenden Arbeitsprozesse an den einzelnen Chargen so, dass sie innerhalb der kritischen Zeit beendet sind.

3.5.2.6.1.3 Splittung

Sind z. B. innerhalb einer Maschinengruppe mehrere gleichartige Maschinen vorhanden, so kann man die zu produzierenden Mengen eines Loses gleichzeitig auf mehreren Maschinen bearbeiten. Wird ein Los auf einer Maschine gefertigt, so beträgt die dafür notwendige Zeit

$$t = t_r + t_b,$$

wobei t_r die Rüstzeit und t_b die Bearbeitungszeit sind.

Teilt man das Los auf n Maschinen auf, so ermittelt sich die neue Zeit zu

$$t' = t_r + \frac{t_b}{n},$$

sodass eine Reduzierung der Durchlaufzeit um

$$t - t' = t_r + t_b - t_r - \frac{t_b}{n} = t_b\left(1 - \frac{1}{n}\right)$$

erreicht wird.

Allerdings entstehen durch das Rüsten mehrerer Maschinen zusätzliche Kosten, sodass sich das Problem ergibt, Terminüberschreitungen und Kostenerhöhungen gegeneinander abzuwägen. Sofern nicht in jedem Einzelfall ein menschlicher Disponent eingeschaltet werden soll, kann man eine parametrisierbare Richtgröße vorsehen, welche Mehrkosten für die Durchlaufzeitverkürzung t-t' in Kauf zu nehmen sind. Sollte die Bewertung der Rüstzeiten mit Rüstkosten schwierig sein, lässt sich der Parameter so gestalten, dass er angibt, bei welchen Verhältnissen zwischen t_r und t_b eine Splittung auf 2, 3, ..., n Maschinen zulässig ist oder ab welcher Losgröße (gemessen an der Stückzahl oder Gesamtbearbeitungszeit) gesplittet werden soll.

Das Programm muss vor der Splittung prüfen, ob die notwendige Zahl von gleichartigen Maschinen und/oder Werkzeugen verfügbar ist.

3.5.2.6.2 Kapazitätsausgleich

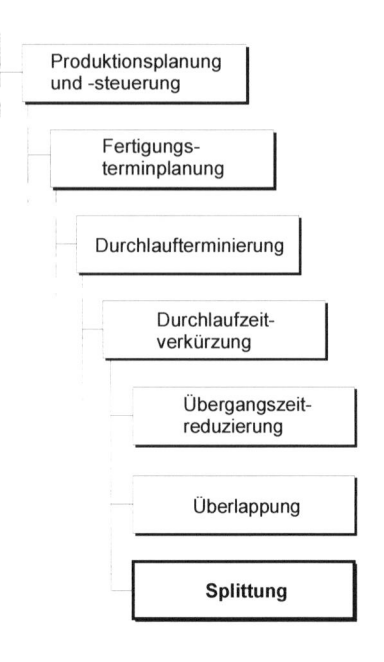

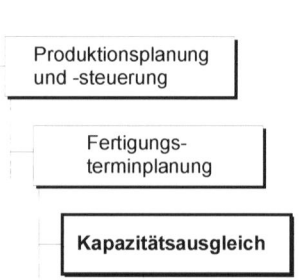

Das nach der Durchlaufterminierung verschiedener Betriebsaufträge für eine Maschine bzw. Maschinengruppe ermittelte Kapazitätsgebirge zeigt oft eine stark schwankende Auslastung (Abbildung 3.5.2.6.2/1), sodass eine stärkere Glättung wünschenswert ist. Für diesen Kapazitätsausgleich sind unterschiedliche Algorithmen vorgeschlagen worden [BRA 73/ BRA 03], [MEY 96, S. 133-140], [STO 68], die prinzipiell in eine Stapelverarbeitung eingebettet werden können.

Wegen der vielen gleichzeitig zu berücksichtigenden Einflussgrößen (alternative Reihenfolgen oder Betriebsmittel, Vergabe an Fremdlieferanten, flexible Arbeitszeiten, terminliche Verschiebung) und auch deshalb, weil es sich um eine Mustererkennungsaufgabe handelt, die der Mensch in mancher Hinsicht besser lösen kann als ein Computer, empfiehlt es sich aber oft, die Glättung im Bildschirmdialog durchzuführen. Dazu liefert der Rechner neben dem Kapazitätsgebirge folgende Informationen:

1. Betriebsaufträge bzw. Arbeitsgänge, die in Perioden terminiert sind, in denen Über- oder Unterlastungen der Kapazität auftreten, neben Hinweisen auf die Verknüpfung dieser Aufträge und Arbeitsgänge mit anderen. Interessant ist in diesem Zusammenhang vor allem, ob diese Aufträge bzw. Arbeitsgänge in Terminnetzen auf dem kritischen Pfad liegen oder Pufferzeiten vorhanden sind. So kann der Planer feststellen, ob eine Verschiebung um eine bestimmte Zeitspanne Folgewirkungen auf andere Arbeitsgänge und Aufträge hat oder nicht.

Die Darstellung ist aber bei mehrstufiger Fertigung recht kompliziert, zumal wenn die genaue Lage der Belastungsspitzen von Reihenfolgeentscheidungen abhängt, die zum Zeitpunkt der Kapazitätsplanung noch nicht getroffen sind. Eine aufwendige Lösung liegt darin, sich zunächst mithilfe von Simulationen einen Überblick über die Alternativen zu verschaffen. Einige pragmatische Hinweise aus der Sicht der **SAP AG** gibt Heinrich [HEI 92].

Es mag sich empfehlen, das Belastungsprofil in Teilsummen darzustellen. Zu den Teilmengen gehören z. B. freigegebene Aufträge mit festem Endtermin, geplante Aufträge mit festem Endtermin oder noch nicht zu Aufträgen gewordene Angebote mit einer gewissen Erfolgswahrscheinlichkeit [SCHÖ 01].

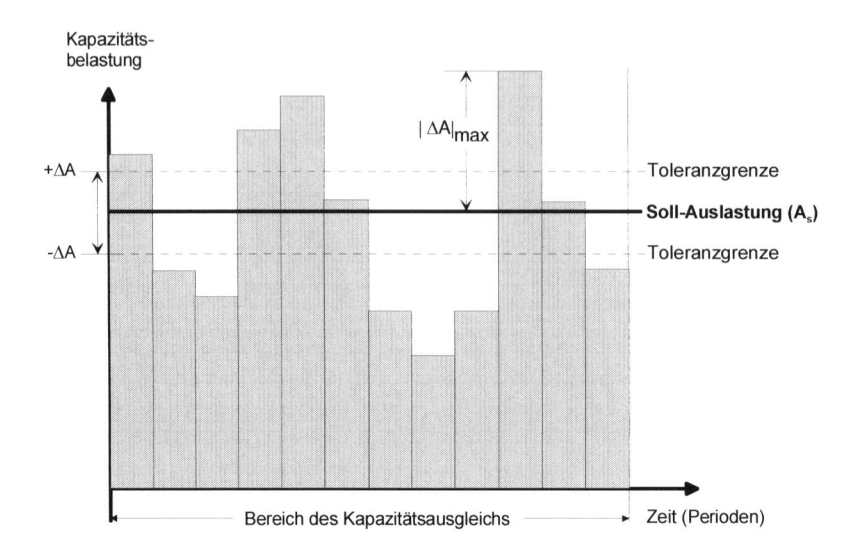

Abbildung 3.5.2.6.2/1 Kapazitätsgebirge mit Abweichungen vom Soll-Wert

[Figure: Kapazitätsbelastung dargestellt als Balkendiagramm über Zeit (Perioden) mit Soll-Auslastung (A_s), Toleranzgrenzen $+\Delta A$ und $-\Delta A$, maximaler Abweichung $|\Delta A|_{max}$ und Bereich des Kapazitätsausgleichs]

2. Verfügbarkeit von Sicherheitsbeständen

3. Kosten von kapazitätserweiternden Maßnahmen, z. B. durchschnittliche Kosten einer Überstunde

4. Ausweichmöglichkeiten, z. B. vorübergehend stillgelegte Betriebsmittel

5. Kapazitätssummenkurven

Der Planer entscheidet nun vorweg, ob er entweder die Kapazität A_S (Soll-Auslastung) an den Bedarf anpassen oder erst eine Glättung im Rahmen der vorhandenen Kapazität versuchen möchte. Im zweiten Fall liegt es nahe, zum einen Über- und Unterlastungen innerhalb eines Toleranzkorridors +/-ΔA unbeachtet zu lassen und zum anderen die Perioden mit der stärksten Abweichung $|\Delta A|_{max}$ von der vorhandenen Kapazität zuerst zu untersuchen. Bei Überlastungen ist eine Verschiebung von Tätigkeiten entweder in Richtung Gegenwart oder in Richtung Zukunft möglich. Welche Verlagerungsrichtung vorwiegend infrage kommt, kann in Anlehnung an Brankamp [BRA 73/BRA 03] von der Summenkurvendifferenz ΔS_T abhängig gemacht werden. Die Summenkurven einer Kapazitätseinheit erhält man, indem über dem Planungszeitraum die vorhandenen und die angeforderten Kapazitäten getrennt addiert werden (Abbildung 3.5.2.6.2/2), wobei für die Ordinate ein Prozentmaßstab zu wählen ist. Wenn die Summenkurve der Kapazitätsanforderungen der Kurve der vorhandenen Kapazitäten voreilt (gestrichelte Linie), ist tendenziell bis zu dieser Periode eine Kapazitätsüberlastung gegeben, und daher werden im Zweifel Arbeitsgänge in die Zukunft verschoben. Umgekehrt erfolgt dann, wenn die Kurve der benötigten Kapazität der der vorhandenen nacheilt (gepunktete Linie), eine Verlagerung in Richtung Gegenwart.

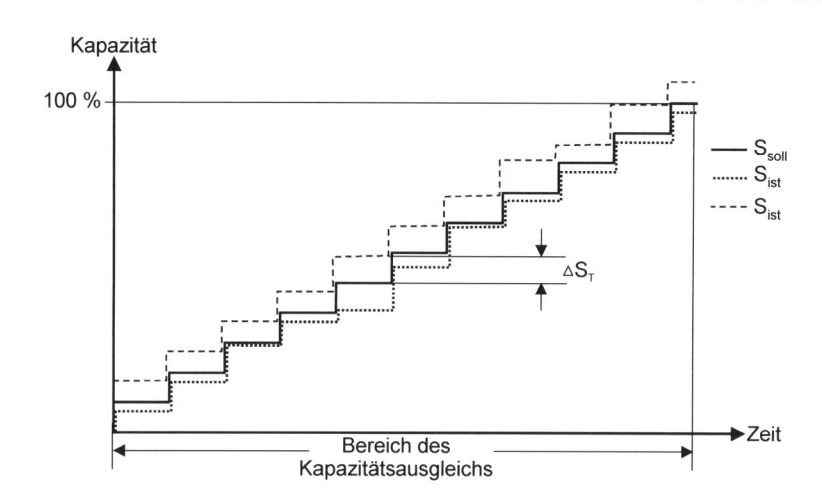

Abbildung 3.5.2.6.2/2 Grafische Darstellung der Ist- und Soll-Kapazitätssummenkurven

[Diagramm: Treppenförmige Kapazitätssummenkurven mit Achsen "Kapazität" (bis 100 %) und "Zeit", zeigt S_{soll}, S_{ist}, S_{ist}, Differenz ΔS_T, Bereich des Kapazitätsausgleichs]

Damit die Kapazität in verschiedenen Detaillierungsgraden abgeglichen werden kann, empfiehlt es sich, das Leistungsvermögen so abzuspeichern, dass eine systematische hierarchische Verdichtung (z. B. Maschine, Maschinengruppe, Werkstatt, Werk) möglich ist. Beispiele dazu, wie dies im **SAP-System** gelingt, sind in [SAP 11] beschrieben.

Will man bei Kapazitätsengpässen nicht nur Betriebsaufträge auf der Zeitachse verschieben, sondern andere Möglichkeiten wählen (z. B. eine bisher nicht eingeplante Maschine mit gleichen Bearbeitungsfähigkeiten, technologische Alternativen der Bearbeitung oder Vertauschung von Arbeitsgängen), so setzt dies voraus, dass derartige Ausweichmöglichkeiten in den Arbeitsplänen gespeichert sind.

3.5.2.6.3 Verfügbarkeitsprüfung

In integrierten Systemen besteht die Möglichkeit, im Rahmen der Terminierungsrechnung die Verfügbarkeit der benötigten Fachkräfte, untergeordneter Teile, Werkzeuge und Steuerungsprogramme zu prüfen. Besondere Probleme ergeben sich, wenn auch festzustellen ist, ob ein Maschinenbediener mit einer bestimmten fachlichen Ausbildung (Skillcode) bereitsteht: In vielen Unternehmen spricht sich der Betriebsrat gegen eine Speicherung differenzierter „Skill"-Merkmale aus.

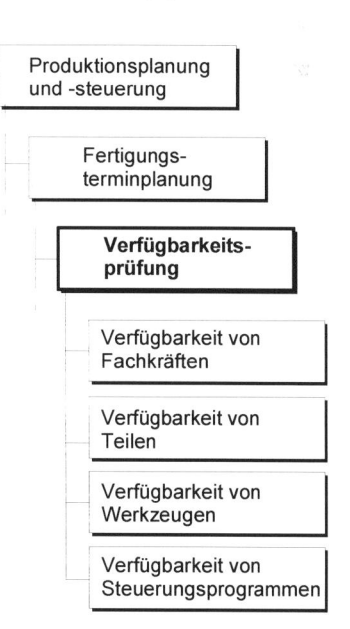

*[Baumdiagramm rechts: Produktionsplanung und -steuerung → Fertigungsterminplanung → **Verfügbarkeitsprüfung** → Verfügbarkeit von Fachkräften / Verfügbarkeit von Teilen / Verfügbarkeit von Werkzeugen / Verfügbarkeit von Steuerungsprogrammen]*

In Branchen mit besonderen Auflagen, die durch Unfall- oder Umweltgefährdung oder generell durch hohe Ansprüche an Präzision und Zuverlässigkeit geprägt sind (z. B. **Pharma, Biotechnik, Gentechnik, Medizintechnik, Luft- und Raumfahrt**), zählen zu den Ressourcen, deren pünktliche Verfügbarkeit zu prüfen ist, auch die einschlägigen Dokumente.

Im einfachsten Fall wird nur festgestellt, ob der augenblicklich vorhandene Lagerbestand ausreicht, die Produktionsaufträge der Periode zu decken, für die die Feinplanung durchzuführen ist und für die Veranlassungen auszugeben sind. In verfeinerten Versionen wird die Verfügbarkeitsprüfung mit der Produktionsfortschrittskontrolle für Teile, die auf den niedrigeren Produktionsstufen hergestellt werden, bzw. mit der Bestellüberwachung kombiniert. Dadurch ist es möglich, auch Teile als verfügbar zu betrachten, die zwar noch nicht in dem Entnahmelager eingetroffen sind, jedoch rechtzeitig vor Produktionsbeginn dort erwartet werden. Unter Umständen kann das Programm kritische Teile oder auch Werkzeuge **reservieren**. Werden im Anschluss an die Verfügbarkeitsprüfung die vorgefertigten Teile reserviert, ist es nicht gleichgültig, in welcher Reihenfolge man für die Betriebsaufträge die Verfügbarkeit von Ressourcen feststellt [SCHE 97]. Damit sich knappe Teile oder Werkzeuge im Zweifel für die **wichtigen** Aufträge heranziehen lassen, ist für diese als erstes die Verfügbarkeitsprüfung durchzuführen.

Ähnlich wie bei der Kapazitätsterminierung empfiehlt es sich bei der Verfügbarkeitsprüfung, möglichst aussagekräftige Informationen über Fehlteile und erwartete Ablieferungen am Bildschirm anzuzeigen, aber die weitere Veranlassung dem Disponenten zu übertragen.

Abbildung 3.5.2.6.3/1 Verfügbarkeitsprüfung

Wichtigste Eingaben:	Umreservierungen, Freigabe von ungedeckten Fertigungsaufträgen
Wichtigste Anzeigen und Ausdrucke:	Ungedeckte Fertigungsaufträge, fehlende Teile, mangelnde Lieferbereitschaft von Lagern, Warnungen vor voraussichtlich mangelnder Lieferbereitschaft, Bestellungen mit Anzeige des Lieferanten, Reservierungen
Wichtigste Dialogfunktionen:	Umreservierung von knappen Teilen mit Anzeige der Kapazitätsauslastung und Terminverzögerungen
Nutzeffekte:	Verhinderung von Störungen bei der Realisierung des Produktionsplans, bessere Kapazitätsauslastung, Hinweise auf Mängel im Dispositionssystem

Eine hoch entwickelte Form der Verfügbarkeitsprüfung ist die sogenannte **ATP**-(**A**vailable-**t**o-**P**romise-)Logik. Sie spielt vor allem im Zusammenhang mit Supply Chain Management (vgl. Abschnitt 4.4) eine große Rolle und wird dort behandelt.

3.5.2.6.4 Auftragsfreigabe

Aufträge, für die die Verfügbarkeitsprüfung positiv verlaufen ist, sind für die eigentliche Produktion freizugeben. Das Modul „Auftragsfreigabe" sorgt dafür, dass das zeitliche oder mengenmäßige Auftragsvolumen, welches der Werkstatt übergeben wird, bestimmte von der Kapazität abhängige Grenzen nicht überschreitet.

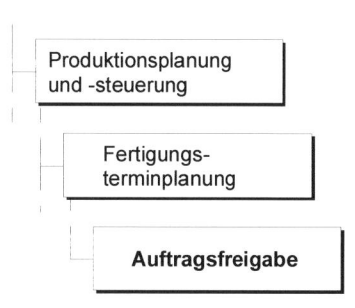

Eine geeignete und sowohl theoretisch als auch empirisch gut fundierte Methode ist die **Belastungsorientierte Auftragsfreigabe**. Die Belastungsorientierte Einplanung hat ihren Ausgangspunkt bei dem folgenden Dilemma, das auch als **Lead-Time-Syndrom** [ZÄP 87] bekannt ist: Da die Durchlaufzeiten von den Ergebnissen der Produktionsplanung (z. B. der Größe der Lose und damit dem Anteil der Rüstzeiten) abhängen, muss man in der zeitlich früheren Grobplanung (Durchlaufterminierung) mit Näherungswerten arbeiten, die wegen der Unsicherheit im Allgemeinen aufgerundet sind. Dies führt zu frühzeitiger Auftragsfreigabe und dies wiederum zu großen Warteschlangen vor den Produktionsstationen bzw. zu höheren Werkstattbeständen. Wie sich mit den Hilfsmitteln der Warteschlangentheorie nachweisen lässt, steigt die mittlere Durchlaufzeit mit den mittleren Beständen. Die Konsequenz ist, dass die Aufträge noch früher freigegeben werden usw. Mit der Belastungsorientierten Auftragsfreigabe strebt man an,

- einerseits immer gerade soviel Arbeit einzuplanen, dass an den Arbeitssystemen keine Unterbeschäftigung entsteht,

- andererseits aber den Werkstattbestand möglichst gering zu halten.

Die Belastungsorientierte Freigabe arbeitet mit wenigen, statistisch fundierten Parametern [WIE 97].

Das IV-System stellt pro Kapazitätseinheit (das wird in der Regel der Arbeitsplatz sein) ständig den Belastungsverlauf und den Leistungsverlauf einander gegenüber. Der Belastungsverlauf ergibt sich aus den kumulierten Arbeitsinhalten (Rüst- und Stückzeiten) der an die Kapazitätseinheiten gegebenen Aufträge, der Leistungsverlauf aus den abgearbeiteten und rückgemeldeten Aufträgen (Abbildung 3.5.2.6.4/2). Die vertikale Differenz zwischen den Verläufen markiert die Werkstattbestände. Sie bestimmt bei gegebener Kapazität auch die Durchlaufzeit (horizontale Differenz).

Abbildung 3.5.2.6.4/1 Auftragsfreigabe

Wichtigste Eingaben:	Freigabeparameter, Vorgriffshorizont, Belastungsschranke
Wichtigste Anzeigen und Ausdrucke:	Auftragsbestand vor der Werkstatt, Belastungs-/Leistungsverläufe, aktuelle Kapazitätsauslastung
Wichtigste Dialogfunktionen:	Kapazitätsauslastung bei alternativer Einplanung
Nutzeffekte:	Bessere und gleichmäßigere Kapazitätsauslastung, sicherere Termineinhaltung, Verringerung der Kapitalbindung, Durchlaufzeitverkürzung in der Werkstatt

Da zum Ausgleich von Störungen und Fehlschätzungen Arbeitsvorräte („Auftragspolster") gebildet werden sollen, teilt man eine Belastung (gemessen z. B. in Produktionsstunden) zu, die größer als das in der Planperiode abzuarbeitende Volumen ist. Das Verhältnis zwischen Belastung und Kapazität heißt Belastungsschranke und ist die zentrale Steuerungsgröße. Das System füllt nun die Kapazität unter Berücksichtigung der noch nicht rückgemeldeten alten Aufträge bis zur Belastungsschranke mit den oben genannten „Kandidaten" an, wobei die Aufträge in der Reihenfolge ihrer Beginntermine „eingelastet" werden.

Abbildung 3.5.2.6.4/2 Belastungs- und Leistungsverlauf

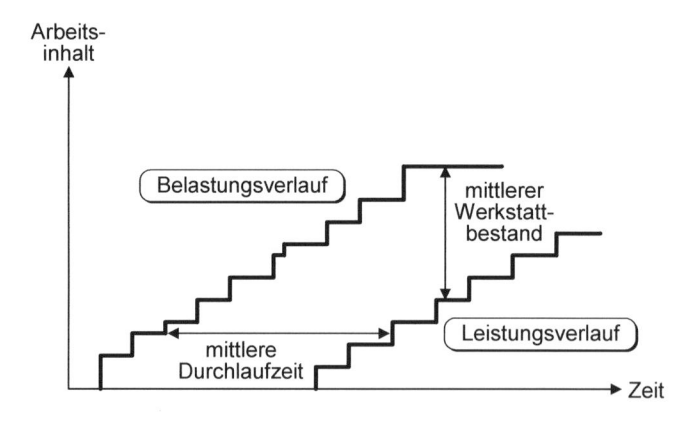

Neben der „0/1-Entscheidung" zwischen der völligen Freigabe eines Auftrags und der „Nicht-Freigabe" gibt es auch Zwischenlösungen. Oft ist von einer Komponente nicht der gesamte Bedarf vorrätig, jedoch eine Teilmenge. Dann ist zu entscheiden, ob der Auftrag gar nicht, teilweise oder ganz produziert wird (im letzten Fall setzt man darauf, dass sich die fehlenden Stücke noch nach der Freigabe beschaffen lassen). Diese Entscheidung kann man, abhängig von der Kapazitäts- und der Sicherheitssituation, einem **wissensbasierten System** (**WBS**) anvertrauen, das sowohl die Kapazitätslage als auch die Sicherheitsbestände und die Auftragssituation berücksichtigt. Abbildung 3.5.2.6.4/3 zeigt Regeln aus einem solchen wissensbasierten System (vgl. auch [HAR 95]).

Abbildung 3.5.2.6.4/3 Regeln zur Auftragsfreigabe

Sicherheitsbestand der knappen Komponenten reicht normalerweise aus	Maximale Engpasskategorie	Fehlmengen-freigabeschlüssel
nein	III	N
nein	II	M
nein	I	M
ja	III	F
ja	II	F
ja	I	F

Engpasskategorie:
III Betriebsmittel wird häufig zum Engpass
II Betriebsmittel wird manchmal zum Engpass
I Betriebsmittel wird selten zum Engpass

Fehlmengenfreigabeschlüssel:
N Keine Auftragsfreigabe
M Freigabe, soweit Komponenten vorrätig
F Vollständige Freigabe

3.5.2.7   Werkstattsteuerung

Die eingeplanten Produktionsaufträge müssen unter Berücksichtigung neuester Entwicklungen bei Terminen, personellen und maschinellen Ressourcen feindisponiert werden. Man nennt diesen Vorgang Werkstattsteuerung, Kapazitätsterminierung, manchmal auch Ablaufplanung, Produktions- oder Fertigungssteuerung. Im Gegensatz zur Durchlaufterminierung wird bei der Werkstattsteuerung nicht mehr mit der Vereinfachung „Kapazität ist unendlich groß" operiert (vgl. Abschnitt 3.5.2.6.1). In der amerikanischen Fachliteratur bezeichnet man mit Blick auf die unterschiedlichen Prämissen zur Kapazität die Durchlaufterminierung mit „infinite load", die Kapazitätsterminierung hingegen mit „finite load".

Abbildung 3.5.2.7/1   Werkstattsteuerung

Wichtigste Eingaben:	Umdisposition, Änderungsmeldungen, Prioritäten
Wichtigste Anzeigen und Ausdrucke:	Laufkarten, Lohnscheine, Materialentnahmescheine, Materialablieferungsscheine, Arbeitsgangbeschreibungen, Bereitstellungsmeldungen, Betriebsmittelbelegungsplan, Warteschlangen vor Betriebsmitteln, Fertigungsauftragsablaufplan, Auftragsstatus, Prioritäten, KANBAN-Karten, Änderungsbelege

Wichtigste Dialogfunktionen:	Änderung von Prioritäten und Kapazitäten (Einplanung von Eilaufträgen) mit Anzeige der Termineinhaltung und Warteschlangen, Simulation von Umdispositionsalternativen
Nutzeffekte:	Rationalisierung der Erstellung von Durchführungsdokumenten, bessere und gleichmäßigere Kapazitätsauslastung, sicherere Termineinhaltung, Reduktion der Kapitalbindung, Umrüstkostenminimierung, Rationalisierung der Fertigungsablaufplanung, Durchlaufzeitverkürzung in der Werkstatt

3.5.2.7.1 Aufgaben der Werkstattsteuerung

Der Werkstattsteuerung liegen unterschiedliche Aufgabenstellungen zugrunde:

1. Gesucht ist jene Bearbeitungsreihenfolge der Aufträge an einem Arbeitsplatz, die bestimmte Ziele erfüllt. Solche Ziele können sein:

   – Minimale Gesamtdurchlaufzeit der Lose
   – Minimale Kapitalbindung in der Produktionsstätte
   – Minimale Leerkosten/maximale Kapazitätsauslastung
   – Minimale Umrüstkosten
   – Maximale Terminsicherheit
   – Einfache Steuerungsverfahren
   – Möglichst einfache Berücksichtigung wechselnder unternehmenspolitischer Zielsetzungen, z. B. der zeitweiligen Bevorzugung einzelner Kundengruppen

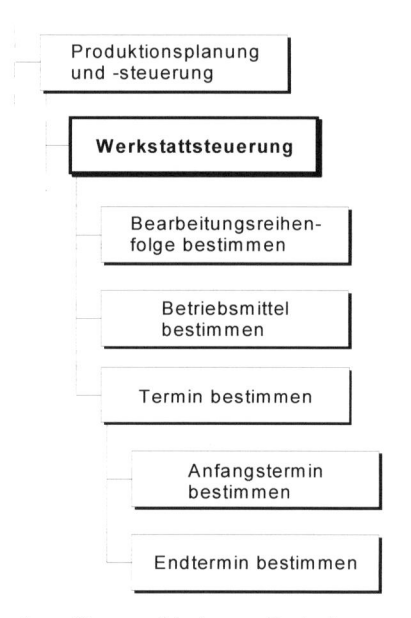

Es ist davon auszugehen, dass in den einzelnen Branchen die verschiedenen Optimierungsziele ein unterschiedliches Gewicht haben. Beispielsweise spielt die Umrüstkostenminimierung in der **Chemieindustrie**, in der **Papierverarbeitung** oder in **Walzwerken** mit stark kundenwunschorientierter Fertigung eine größere Rolle als in vielen anderen Branchen (vgl. auch Abschnitt 3.5.2.5.5.1). Die Ziele mögen auch nach Arbeitsplätzen differenziert sein: An Engpassmaschinen will man keine Kapazität durch unnötiges Umrüsten verlieren, während an anderen Arbeitsplätzen Durchlaufzeitaspekte größere Bedeutung haben. Schließlich kann bei verschiedenen Unternehmensstrategien und in unterschiedlichen Konjunkturphasen das Gewicht schwanken: In der Krise ist überschüssige Kapazität vorhanden, also sind Einbußen durch ungünstige Rüstfolgen eher zu verschmerzen (Opportunitätskosten Null), während die Terminsicherheit in den Vordergrund tritt, damit die Kunden nicht verärgert werden. Ähnliches gilt, wenn ein Unternehmen in einen neuen Markt eindringen möchte. Hingegen ist in der Hochkonjunktur die Ausschöpfung der Produktionskapazitäten vorrangig. Da das Oberziel der Unternehmen die Rentabilitätsmaximierung ist, sollten alle Unterziele, die damit in engem Zusammenhang stehen, vor allem diejenigen, welche eine geringe Kapitalbindung fördern, besonders beachtet werden.

2. Die Arbeitsgänge verschiedener Aufträge wurden bei der Durchlaufterminierung meist nicht einer einzigen Maschine, sondern einer Maschinengruppe, bestehend aus vielen Betriebsmitteln mit gleicher Funktion, zugeteilt. Diese Aggregate sind aber bei den meisten Unternehmen verschieden alt und/oder besitzen einen anderen Grad der Automation. Es resultieren stark unterschiedliche variable Maschinenstundensatzanteile. Infolgedessen kommt unter Umständen der optimalen **Betriebsmittelauswahl** bei der Kapazitätsbelegung große Bedeutung zu.

3. Auf der Basis der ersten beiden Aufgaben muss man Beginn- und Endzeitpunkte der Arbeitsgänge bestimmen, und zwar mit höherer Genauigkeit als bei der Durchlaufterminierung.

Die drei Funktionen sind interdependent, woraus eine beachtliche Komplexität erwächst. Vollautomatische, von einem Zentralrechner geführte Dispositionssysteme wurden deshalb bisher kaum entwickelt; in einigen Fällen hat man mit entsprechenden Versuchen Fehlschläge erlitten.

3.5.2.7.2 Formen der Werkstattsteuerung

Es lassen sich vier Ansätze unterscheiden:

1. Das Unternehmen verzichtet auf jegliche Rechnerunterstützung und führt die Werkstattsteuerung **rein personell** durch. Dies dominiert vor allem in Industriebetrieben, die die Fertigung stark segmentieren und mit **teilautonomen Gruppen** arbeiten.

2. Man lässt dem Werkstattpersonal einen möglichst weiten **Dispositionsspielraum**, überwacht aber mithilfe der BDE (vgl. Abschnitt 3.5.2.9.1), ob durch unvorhergesehene Störfelder ungünstige Auswirkungen auf übergeordnete Pläne entstehen. Beispielsweise bevorzugen manche Meister eine Optimierung der Reihenfolge nach Rüst-Gesichtspunkten zulasten einer plangemäßen Abwicklung und gefährden so möglicherweise den Endtermin. Das Maschinenbauunternehmen **Renk AG** verfährt wie folgt: Gerät ein Auftrag wegen einer solchen Disposition eines Meisters in Terminnot, so zeigt ein IV-System dies der übergeordneten Planungsinstanz an, die dann den zuständigen Fertigungsleiter veranlasst, diesen Auftrag zu priorisieren. Für die Umsetzung gilt weiterhin das Prinzip der Selbstregelung durch den verantwortlichen Meister [PAB 05].

3. Die Aufträge werden über ein zentrales System unter Zuhilfenahme der in Abschnitt 3.5.2.7.3 beschriebenen Grundmodelle eingeplant.

4. Man richtet einen **Leitstand** ein. Elektronische Leitstände als interaktives Mensch-Maschine-System unterbrechen einerseits die automatische Informationsweitergabe zwischen den Komponenten eines PPS-Systems von der Primärbedarfsplanung bis zur Fertigungsdurchführung. Sie sind andererseits notwendig, weil sich die vielfältigen

(Um-)Dispositionen algorithmisch nicht beherrschen lassen und zentrale Systeme auf Anforderungen aus der Fertigung nicht ereignisgerecht reagieren können.

Einen Überblick zur Funktionalität von Leitständen erhält man bei [KUR 10]. Er hat herausgefunden, dass die Einsatzdomäne von Leitständen eher die Einzel- und Kleinserienfertigung, weniger die Großserien- und kaum die Massenfertigung ist [HOF 02].

Zentrales Element eines Leitstands ist ein grafischer Farbbildschirm, der eine Reihe von Balkendiagrammen (Gantt-Charts) zeigt, beispielsweise in jeder Zeile die Belegung einer Kapazitätseinheit über der Zeitachse und in jeder Spalte die Zusammensetzung der Kapazitätsbelegung an einem Arbeitsplatz aus verschiedenen Betriebs- oder Kundenaufträgen (vgl. Abbildung 3.5.2.7.2/1). Mit Farben oder Schraffuren kann man weitere Informationen einbringen, wie etwa den Status eines Betriebsauftrags (geplant, in Arbeit, wartend, gestört). Auf diese Weise lassen sich z. B. die Kapazitätsauslastung, die Länge von Warteschlangen, aktive Transportmittel und der Füllungsgrad von Pufferlagern abbilden („elektronische Plantafel") oder die Vielzahl der BDE-Meldungen zu wenigen aussagekräftigen Signalen bzw. Kennzahlen verdichten.

Die Planungsarbeit am elektronischen Leitstand umfasst beispielsweise die Prüfung, ob die für den Start eines Auftrags benötigten Ressourcen bereitstehen (Verfügbarkeitsprüfung in einem sehr engen Zeitraster), die Zuordnung eines Auftrags zu einem Arbeitsplatz und zu einem bestimmten Starttermin, die Eingabe von Prioritätsregeln, nach denen ein Belegungsplan automatisch generiert wird, die Auswahl aus Umdispositionsmaßnahmen, die das IV-System anbietet, und die Simulation alternativer Maschinenbelegungen („Welche Aufträge werden in welchem Maß verspätet, wenn auf Maschine XYZ ein Eilauftrag von zwei Tagen Dauer eingeschoben wird?").

In [DER 09] findet man eine Plantafel des Schreibgeräteherstellers Montblanc, der vor allem für die Gruppenarbeit entwickelt wurde, d. h. ganz unterschiedliche Mitarbeiter können sich dort Informationen etwa zu Warteschlangen vor Fertigungsstationen selbst abholen.

Die Multimedia-Technik erlaubt es, mit relativ bescheidenen technischen Mitteln die grafischen Darstellungen durch Stand- (z. B. Fotos) oder Bewegtbilder (Video-Sequenzen) zu ergänzen. So macht sich das Leitstand-Personal bei Störungen eine Vorstellung von den Verhältnissen am betroffenen Arbeitsplatz. Da hiermit der Arbeiter überwacht werden kann, bedarf die Einführung einer besonders sorgfältigen Absprache mit dem Betriebsrat. Beispielsweise kann man sich darauf einigen, die Bilder erst dann zum Leitstand zu übertragen, wenn der Werker vor Ort eine entsprechende Taste bedient [KUR 92].

In großen Fertigungsstätten muss man mit mehreren Leitständen arbeiten, die auch sehr unterschiedliche Fertigungsziele zu verfolgen haben.

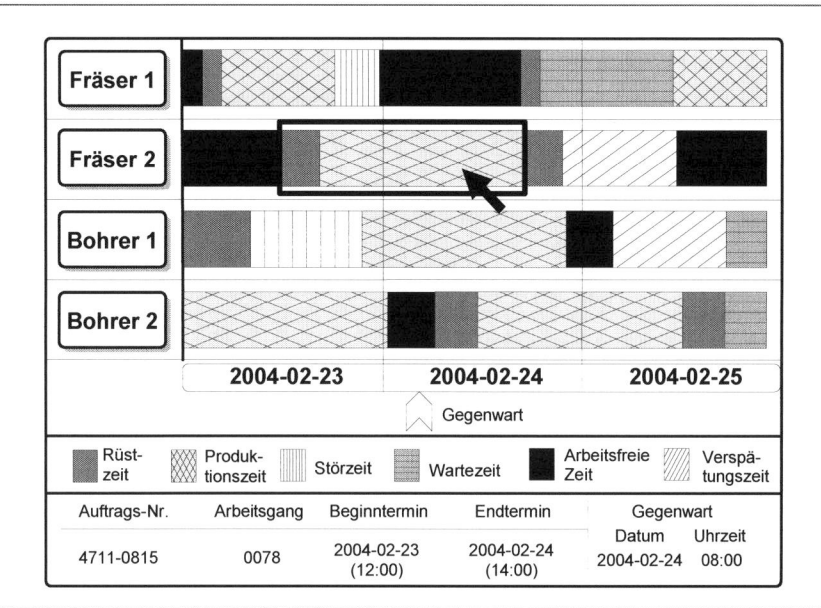

Abbildung 3.5.2.7.2/1 Schema-Darstellung eines typischen Leitstands

Fräser 1			
Fräser 2			
Bohrer 1			
Bohrer 2			
	2004-02-23	2004-02-24	2004-02-25

Gegenwart

Legende: Rüstzeit · Produktionszeit · Störzeit · Wartezeit · Arbeitsfreie Zeit · Verspätungszeit

Auftrags-Nr.	Arbeitsgang	Beginntermin	Endtermin	Gegenwart Datum	Uhrzeit
4711-0815	0078	2004-02-23 (12:00)	2004-02-24 (14:00)	2004-02-24	08:00

PRAKTISCHES BEISPIEL

Bei dem Automobilhersteller **AUDI AG** in Ingolstadt/Neckarsulm wurde das PPS-System durch verschiedene Leitstände ergänzt [BER 92/EDE 11]. Man will damit erreichen, dass bei gleicher Komplexität höhere Detaillierungsgrade der Gewerke erreicht bzw. steigende Komplexitäten durchgehend beherrscht werden.

1. Der Karosseriebau-Leitstand ist für die selektive Steuerung der Fahrzeugaufträge in den Karosseriebau-Aufbau zuständig. In seinen Auftragsvolumina berücksichtigt er die zeitlichen Auftragsfreigaben hinsichtlich der Just-in-time-relevanten Fertigungskomponenten (z. B. kundenspezifische Kabelstränge (KSK)) und die Karosseriebau-Betriebsmittel. Der Modellmix wird so gelegt, dass die nachgelagerten Bereiche (Lackiererei/ Montage) entsprechend den vereinbarten Programminhalten/Restriktionen so produktiv wie möglich fertigen. Dabei hat die Einhaltung der geplanten Auftragsfertigstellung und Auftragsreihenfolge, wie sie aus den Kunden-Lieferterminen folgt (definiertes baubares Programm mit Produktionsscheiben bzw. Perlenkette, weil die zu produzierenden Pkw wie Perlen an einer Kette durch die Halle gezogen werden), absolute Priorität. Eine Änderung seitens des Kunden ist bis zu sechs Arbeitstagen vor geplanter Fertigstellung im Werk möglich.

2. Der Leitstand des Karossen-Verteil-Zentrums versucht die Lackiererei optimal mit Farbblöcken zu versorgen: Fahrzeuge mit gleicher Farbe sollen in Losen lackiert werden, damit möglichst wenig Farbwechsel entstehen. Dieser Leitstand entkoppelt darüber hinaus den Karosseriebau von der Lackiererei.

3. Der KAROLA (Karossenlager)-Leitstand beschickt drei Montagelinien mit der Optimierungsstrategie „Gleichverteilung von arbeitsintensiven Ausstattungen" (Ausgleich von Belastungsspitzen und -tälern in diesem personalintensivsten Bereich). Ziel ist, die einzelnen Arbeitsgruppen so zu belegen, dass ohne Zusatzpersonal bzw. temporäre Leerlaufzeiten die geforderte qualitative Ausbringung jederzeit sichergestellt ist und die geplante Fahrzeugreihenfolge erreicht wird.

Es gibt bei AUDI weitere Leitstände, so im Motor-Getriebe-Verteil-Zentrum und im Versand der lackierten TT-Karosserien (Auslagerreihenfolge in Ingolstadt ist die Auflagereihenfolge im ungarischen Werk Györ; Just-in-sequence, vgl. Abschnitt 3.6.5). Alle Leitstände haben die von den „oberen" Planungsstufen (z. B. Vertrieb) „heruntergeladenen" Termine zu beachten, um letztlich eine exakte Einhaltung der Liefertermine bzw. Auftragsreihenfolge zu gewährleisten und die Logistik in stabil-nivellierte Prozesse zu bringen.

Die Weiterentwicklungen erstrecken sich unter anderem auf die Verfeinerung von Optimierungsprogrammen bei der Korrektur von Reihenfolgepositionierungen und -verletzungen sowie auf neue Techniken zur Visualisierung von Messergebnissen und zugehörigen Maßnahmen.

Die Feinplanungsarbeiten auf den Leitständen werden erst durch ein leistungsfähiges BDE-Netz (vgl. Abschnitt 3.5.2.9.1) ermöglicht.

Als Weiterentwicklung der Leitstands-Methodik und -Technik, aber ebenso als Bindeglied zwischen der Werkstattsteuerung und der computerunterstützten Fertigung, der Betriebsdatenerfassung oder der Produktions- bzw. Prozessleitsysteme (vgl. Abschnitt 3.5.2.8) mag man **Shop-Floor-Control-Systeme (SFC)** begreifen. Sie werden zum Teil als eigenständige große Standardsoftware-Produkte angeboten [KIL 00]. Abbildung 3.5.2.7.2/2 zeigt einen Vorschlag zur Einbettung von SFC-Systemen in die IIV des Industriebetriebs.

3.5.2.7.3 Methoden und Modelle der Werkstattsteuerung

Theorie und Praxis haben eine große Vielfalt an Werkstattsteuerungsverfahren hervorgebracht. Einen genaueren Überblick gibt Hellingrath [HEL 02]. Die Methoden lassen sich auf sieben Grundmodelle zurückführen; innerhalb dieser Modelle mag man die Arbeit unterschiedlich zwischen Mensch und Maschine aufteilen (personelle, interaktive oder automatische Fertigungslenkung). Der Systemplaner stellt sich aus den Grundmodellen ein individuelles Verfahren zusammen. Diese Festlegung wird nicht zuletzt auch vom Grad der Vorhersagbarkeit der Produktion beeinflusst. Fallen zahlreiche Entscheidungen (z. B. über die Zuordnung Auftrag-Maschine) aus technischen Gründen (z. B. in Abhängigkeit von der Qualität des Zwischenerzeugnisses) erst im Verlauf des Produktionsprozesses, so wählt man ein gröberes Modell, das personellen Entscheidungen größeren Raum lässt, als dann, wenn der Produktionsablauf einwandfrei vorausbestimmbar ist und Änderungen wenig wahrscheinlich sind.

Abbildung 3.5.2.7.2/2   Einbettung von SFC-Systemen in die industrielle IV
[KIL 00, hier S. 40]

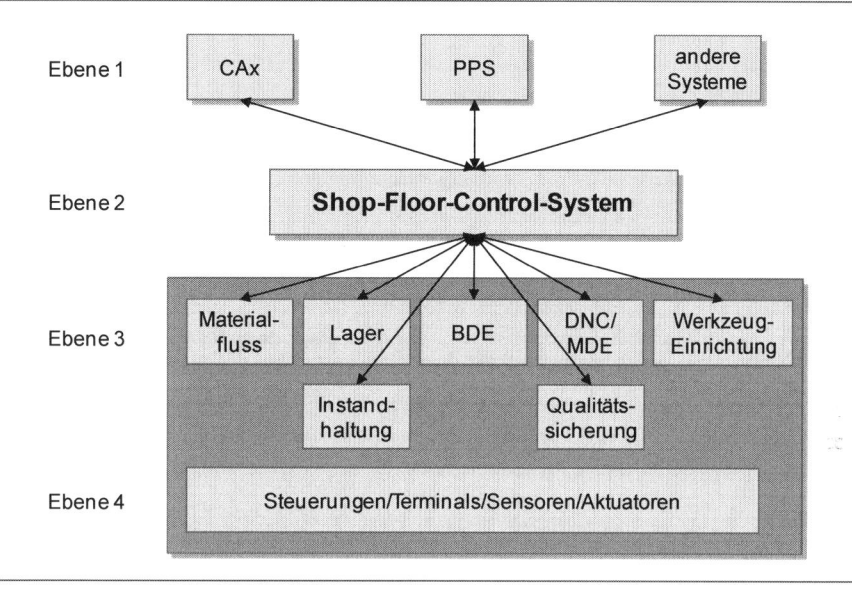

3.5.2.7.3.1 Grundmodell I: Prioritätsregelsteuerung

Im Mittelpunkt des Verfahrens stehen Prioritätsregeln, mit deren Hilfe ein (mehrere) Optimierungsziel(e) erreicht werden soll(en). Einen Überblick zu bekannten Vorschriften zeigt Abbildung 3.5.2.7.3.1/1 [HAU 89].

Prioritätsregeln lassen sich danach unterscheiden, welche Informationen man zu deren Berechnung heranzieht und ob diese zeitabhängig (dynamisch, Regel (5)) oder -unabhängig (statisch, Regel (1)) sind. Die Berechnung kann z. B. lediglich Informationen der betrachteten Warteschlange nutzen („lokale Regel", Regel (3)) oder auch auf Informationen über Warteschlangen anderer Maschinen zugreifen („globale Regel", Regel (13)).

Unterteilt man die Regeln bezüglich ihrer Ziele, so streben die Regeln (5), (6), (7), (9), (10), (11) und (12) eine hohe Termintreue, die Vorschrift (1) eine geringe Durchlaufzeit an, während (8) ein geringes Arbeitsvolumen in der Fertigung gewährleisten soll. Wurden die Zeitpuffer eines Fertigungsauftrags reduziert, so wirkt sich eine Verspätung unmittelbar auf die Termineinhaltung aus. Diesem Aspekt trägt die Regel (10) Rechnung. (11) soll verhüten, dass sich Verspätungen bei einem Arbeitsgang auf viele andere Arbeitsgänge auswirken und somit zu einer großen Unruhe im bestehenden Termingefüge führen. Regel (13) maximiert die Kapazitätsauslastung. Eine niedrige Kapitalbindung erzielt die Regel (14). In die gleiche Richtung wirkt auch die Regel (8), da die Aufträge zum Ende ihres Fertigungsprozesses beschleunigt werden, wenn sie das meiste Kapital binden. Die Regel (15) soll die Umrüstkosten minimieren. Regel (17) verhindert, dass Dispositionseffekte wieder verloren gehen.

Abbildung 3.5.2.7.3.1/1	Typische Prioritätsregeln

Höchste Priorität hat der Fertigungsauftrag (in der Auftragswarteschlange vor einer Maschine)

1) mit der kürzesten Fertigungszeit (KFZ),
2) mit der längsten Fertigungszeit (LFZ),
3) der zuerst in der Warteschlange vor der Maschine war (first come – first served; FCFS),
4) der zuerst in der Fertigungsstätte eingetroffen ist (first in system; FIS),
5) dessen geplanter Fertigstellungstermin am nächsten liegt,
6) bei dem die Differenz zwischen der Zeitstrecke bis zum geplanten Endtermin und der Summe der Bearbeitungszeiten aller noch offenen Arbeitsgänge am kleinsten ist (Schlupfzeitregel),
7) mit der größten Zahl der noch zu erledigenden Arbeitsgänge,
8) mit der geringsten Zahl der noch zu erledigenden Arbeitsgänge,
9) bei dem die Summe der Bearbeitungszeiten aller noch offenen Arbeitsgänge am größten ist,
10) bei dem in der Phase „Durchlaufterminierung" die Übergangszeiten am stärksten reduziert worden sind,
11) der die größte Stufenzahl hat (wenn das bearbeitete Teil in kein anderes einmündet, ist die Stufenzahl 1; geht das Teil in ein anderes ein, das dann nicht in ein drittes einmündet, so ist die Stufenzahl 2; wenn jedoch auch das zweite Teil noch in ein weiteres montiert wird, so ist die Stufenzahl 3 usw.),
12) bei dem aus Erfahrung die Störanfälligkeit am größten ist,
13) der nach der Bearbeitung auf der gerade betrachteten Maschine zu einer Maschine wandert, vor der die wenigsten Aufträge warten (Kritische-Maschinen-Regel); bei der Steuerung von Fertigungszellen erhält üblicherweise nicht die Einheit Priorität, vor der keine Aufträge warten, sondern die, hinter der der Puffer geräumt ist,
14) der bis zum betrachteten Arbeitsgang das meiste Kapital gebunden hat,
15) der an den gerade bearbeiteten Auftrag mit den geringsten Umrüstkosten anschließt,
16) bei dem der Arbeitsgang bereits angearbeitet und dann unterbrochen wurde,
17) bei dem der anstehende Arbeitsgang mit einem Arbeitsgang des gleichen Produktionsauftrags überlappt ist, der (an einem anderen Arbeitsplatz) bereits begonnen hat,
18) der die höchste, von außen als Parameter vorgegebene („externe") Prioritätsziffer besitzt.

Dem Wunsch, dass die Unternehmensleitung eingreifen kann, trägt die Regel (18) Rechnung. Die Erfahrung lehrt, dass oft undifferenziert jedem Kunden die höchste externe Priorität zugeordnet wird. Bei dem **Kfz-Zulieferer Benecke-Kaliko AG** in Hannover werden deshalb die höheren Prioritäten nur von Gruppen- und Abteilungsleitern vergeben, wobei auch diese nur einen bestimmten Prozentsatz der Produktionsaufträge auf diese Weise bevorzugen dürfen. Die höchste externe Priorität kann nur der Abteilungsleiter der Disposition in Abstimmung mit allen betroffenen Stellen verleihen, und auch dies nur in Ausnahmefällen [KEP 05].

Die Regeln (1), (2), (3) und (4) sind einfach zu administrieren, jedoch ist nur schwer vorherzusagen, welche Effekte sie in Bezug auf die Optimierungsziele in einer praktischen Datenkonstellation haben. Daher wurden in zahlreichen Simulationsstudien die Auswirkungen der Regeln bei unterschiedlichen Fertigungssituationen untersucht [HAU 93]. Obwohl sich die Erkenntnisse nicht prinzipiell verallgemeinern lassen, zeigte die Regel (1) relativ gute und robuste Ergebnisse. Dies wird man sich beim Entwurf eines vergleichsweise einfachen Systems zunutze machen. Hingegen wirkt die FCFS-Vorschrift („Regel des täglichen Lebens") in der industriellen Produktion eher ungünstig [HUQ 99].

In **kombinierte Prioritätsregeln** gehen die einzelnen Vorschriften mit Gewichtungsfaktoren ein. Dadurch wird erreicht, dass man das „Gemisch" von Zielsetzungen, das für die praktische Produktionsplanung charakteristisch ist, abbilden und durch Modifikation der Gewichtungsfaktoren auch verändern kann.

Als Beispiel einer mit Gewichtungsfaktoren ausgerüsteten kombinierten Prioritätsregel, bei der einzelne Elemente vom Rechner im Zeitablauf selbsttätig verändert werden (dynamisch kombinierte Prioritätsregel), diene die folgende Formel:

$$P(ges) = G(R) \cdot R - G(S) \cdot (ET - PT - RB) + G(P) \cdot P$$

Es bedeuten:

P(ges) = Gesamte (kombinierte) Priorität

R = In der Durchlaufterminierung für den Auftrag benutzter Reduzierungsfaktor

ET = Endtermin des Arbeitsganges laut Durchlaufterminierung

PT = Termin des Programmlaufs

RB = Restliche Bearbeitungszeit des Teils

P = Externe Priorität

S = Schlupf

Die G-Werte bezeichnen die Gewichtungsfaktoren.

Das so gesteuerte System verhält sich deshalb in der Prioritätsvergabe dynamisch, weil sich der Klammerwert (ET - PT - RB = S) mit dem Programmlaufzeitpunkt verändert, d. h., ein bisher noch nicht zugeteilter Auftrag bekommt im Zeitablauf eine höhere Priorität und damit höhere Zuteilungschancen. Setzt man G(S) hoch, so wird relativ hohe Pünktlichkeit erreicht. Kombiniert man in ähnlicher Weise die Schlupfzeitregel mit der KFZ-Regel (siehe oben Regeln (1) und (6)), so resultiert für viele Aufträge eine große Termintreue bei geringer Streuung der Terminabweichungen, wodurch gewisse Vorteile bei der Durchlaufzeit erzielt werden. Wie Zimmermann an einem instruktiven Beispiel zeigt, kann die falsche Wahl der Gewichte schwerwiegende Folgen haben (vgl. [ZIM 87, S. 94]).

Um Terminvorgaben für die Werker und die Betriebsmittel zu erhalten, bildet man die Werkstatt als ein System von Warteschlangen nach. Dies kann sowohl innerhalb des Kapazitätsterminierungsprogramms als auch in einem eigenständigen, ankoppelbaren Modul erfolgen [FRI 94]. Ein Simulationslauf „spielt" den Fertigungsfortschritt im Zeitraffer durch, d. h., die Aufträge werden entsprechend den vorgegebenen Prioritäten aus den Warteschlangen zur Bearbeitung ausgewählt und die bearbeiteten Aufträge in die Warteschlange der Nachfolgemaschine eingeordnet. Die sich dabei ergebenden Start- und Endtermine übernimmt ein Protokoll von der mitlaufenden Simulationsuhr.

Eine Alternative dazu ist, auf die Vorab-Simulation zu verzichten und in Echtzeit maschinell über den als nächstes anzuwählenden Auftrag zu entscheiden, sobald eine Maschine frei wird.

Das Grundmodell I ist einfach zu verstehen. Wenn eine pünktliche und genaue Betriebsdatenerfassung vorhanden ist, lässt sich damit die Steuerung rasch an die neueste Datenlage anpassen. Die Kritik an diesem Verfahren bezieht sich auf folgende Probleme:

1. Es ist schwer, eine geeignete Prioritätsregel auszuwählen bzw. die Parameter der Regel, insbesondere bei kombinierten Regeln, einzustellen [PAB 85, S. 57].

2. Die Pflege der vielen Parameter ist arbeitsaufwendig.

3. Die Wirkungen der Regeln sind schwer abschätzbar. Teilweise können sich überproportionale Wirkungen durch eine Art Selbstverstärkungseffekt ergeben, zum Teil „verpufft" der Effekt durch den Einfluss von Störgrößen. Zum Beispiel hatte Pabst für die **Renk AG** ermittelt, dass kein signifikanter Zusammenhang zwischen der Auftragspriorität des **IBM**-Standardprogramms CAPOSS-E und der Wartezeit bestand [PAB 85, S. 118].

4. Wenn die Auftragsfreigabe so parametrisiert ist, dass im Interesse niedriger Werkstattbestände und kurzer Durchlaufzeiten (vgl. Abschnitt 3.5.2.6.4) die Kapazität nicht zu stark belastet wird, unterscheiden sich die Prioritätsregeln in ihrer Wirkung verhältnismäßig wenig [HAU 89].

3.5.2.7.3.2 Grundmodell II: Betriebsmittelzuteilung und Reihenfolgesteuerung

Das Grundmodell II kommt insbesondere dort infrage, wo die Produktionsaufträge nur wenige Betriebsmittel belasten, wo alternative Zuordnungen Arbeitsgang – Fertigungsressource möglich sind und wo die Umrüstungsreihenfolge als Optimierungsproblem eine erhebliche Rolle spielt, z. B. in verschiedenen Unternehmen der **Papierverarbeitung**, bei der Herstellung **integrierter Schaltkreise** auf **Siliziumscheiben** [MÖN 03] oder bei Reaktoren in der **Chemieindustrie** [SCHÖ 07], wo man auch vom **Kampagnenprinzip** oder von **Prozessor-orientiertem Ressourcenmanagement** spricht. Betriebsmittel sind nicht nur Fertigungsaggregate im engeren Sinn, sondern z. B. auch Krane. Im SAP Business by Design können Fahrzeuge berücksichtigt werden [KÜT 11]. Allgemein findet man derartige Situationen vor allem in hoch automatisierten Betrieben vor. Die Betriebsmittel sollten räumlich nicht so weit voneinander entfernt sein, dass durch die Zuweisung von Arbeitsgängen zu Maschinen mit großer Wahrscheinlichkeit ungünstige innerbetriebliche Transportwege entstünden. Ausgangspunkt dieses Ablaufplanungsmodells sind wieder Produktionsaufträge, die in der Grobterminierungsphase nur mit ihren vorläufigen Anfangs- und Endterminen versehen wurden. Aufgaben des Programms sind die Zuteilung der Arbeitsgänge zu den Betriebsmitteln und die Ermittlung einer günstigen Reihenfolge dieser Aufträge.

In den Produktionsvorschriften seien Eignungsziffern $e^{(m)}$ gespeichert, die angeben, wie sich technologisch und im Hinblick auf die Kosten die einzelnen Betriebsmittel m für die Arbeitsgänge eignen. Diese Ziffern kann man mithilfe eines Vergleichs von technischen Merkmalen der Arbeitsgänge und der Maschinen automatisch gewinnen. Hinweise auf die dazu benutzten Methoden (Schlüsselvergleich und Einzelgrößenvergleich) und weitere Literatur findet der Leser bei [KUR 77]. Das Kapazitätsterminierungsprogramm versucht, zunächst die bestgeeignete Maschine zu belegen, und weicht bei Kapazitätsüberlastung der günstigsten Maschine auf die nächstbeste aus.

Ist die Differenz der Eignungsziffern $D_e = e^{(mp)} - e^{(mq)}$ von zwei für die Operation möglichen Betriebsmitteln p und q hoch, so versucht das Programm, auch Kapazitätsreserven der bestgeeigneten Maschine zu nutzen, z. B. diese Maschine im Gegensatz zu anderen zweischichtig zu belegen. Ist D_e niedrig, was annähernde Gleichwertigkeit in Bezug auf einen bestimmten Produktionsauftrag bedeuten möge, so wird die Schichtgrenze nicht überschritten, sondern unmittelbar die nächstgeeignete Maschine belegt.

Nach der Zuordnung der Arbeitsgänge zu den Betriebsmitteln wird die optimale Reihenfolge an den einzelnen Maschinen gesucht. In vielen Fällen der Praxis liefert ein einfaches Sortieren völlig befriedigende Ergebnisse: Sehr oft übertrifft ein Merkmal im Einfluss auf die Umrüstkosten alle anderen Kriterien. In der **Stahlindustrie** ist es möglich, klar zwischen „leichtem" (z. B. Nachstellen), „mittlerem" (z. B. Umstellen) und „schwerem" (z. B. Umbauen) Sortenwechsel zu unterscheiden. Beispielsweise nehmen die Umbauten beim Wechsel zwischen Sorten mit unterschiedlicher Form wesentlich mehr Zeit in Anspruch als zwischen solchen gleicher Form, aber unterschiedlicher Abmessung. Weiterhin kann man bei der Festlegung der Walzreihenfolge so vorgehen:

1. Alle Aufträge, die mit einer Kaliberfolge gewalzt werden können, müssen aneinandergereiht sein.

2. Innerhalb dieser Folge ist die Sequenz so zu wählen, dass die Änderung der Abmessung möglichst wenig Zeit beansprucht.
3. Liegen mehrere Aufträge für eine Abmessung vor, so muss zum Einfahren des Kalibers mit dem Walzen weicher Güten begonnen werden.

In der **Textilveredelung** ist die Farbe ein die Umrüstkosten beherrschendes Merkmal. Beim Einfärben empfiehlt es sich, die Produktionsaufträge so zu sortieren, dass die hellste Farbe zuerst und die dunkelste zuletzt kommt. Die Bottiche müssen dann weniger sorgfältig gesäubert werden, es fallen also minimale Umrüstkosten (hier: Reinigungskosten) an.

Ein Beispiel für ein schwieriges Zuordnungsproblem tritt bei Bestückungsprozessen in der **Elektronikmontage** auf. Hier ist simultan über die Belegung des Bauelemente-Magazins des Bestückungsautomaten und die Reihenfolge der einzelnen Bestückungsoperationen bzw. die Wegeführung des Bestückungskopfes zu entscheiden. Dabei hat man komplexe Bewegungsabläufe und kinematische Besonderheiten zu berücksichtigen. Die einzelnen Bauelemente haben unterschiedliche Taktzeiten. Rüstaufwand entsteht, wenn wegen der begrenzten Magazinkapazität Zuführeinrichtungen von Bauelementtypen gegeneinander ausgetauscht werden müssen. Es werden daher möglichst solche Aufträge ausgewählt und aufeinander folgend eingeschleust, die hinsichtlich der zu bestückenden Bauelementtypen ähnlich sind. Schließlich existieren für einen Fertigungsauftrag alternative Arbeitspläne. Im Vordergrund steht eine gleichmäßige Auslastung der Anlagen. Fertigungsaufträge werden zu den gering beanspruchten Maschinen dirigiert, wobei allerdings auch die durch die Zuordnung verursachte Rüstzeit zu berücksichtigen ist. In [GRU 00/GÜN 09/ROT 95] sind verschiedene Optimierungsmethoden und Heuristiken (auf grafentheoretischer Basis) für dieses Problem angegeben.

In der **Chemieindustrie** bzw. allgemeiner bei einem Betriebstyp „Prozessfertigung" treffen mehrere Aufgaben in vielschichtiger Form zusammen. Beispielsweise gibt es dort Mehrzweckanlagen mit erheblichen Rüstzeiten, Kuppelproduktion, begrenzte Haltbarkeiten oder reihenfolgeabhängige Reinigungsprozesse. So entstehen etwa in Werken der **Röhm GmbH & Co. KG**, in denen Produkte der **Methacrylatchemie** hergestellt werden, Probleme durch stark reihenfolgeabhängige Rüstzeiten. Sie liegen bei einem Produktwechsel auf den Extrudern zwischen wenigen Minuten bis zu mehreren Tagen für aufwendige Reinigungsarbeiten [STO 01]. Schließlich zwingen die hohen Kosten der Betriebsmittel zu einer besonders guten Kapazitätsauslastung. Wie Blömer zeigt, werden hierfür sehr individuelle und anspruchsvolle mathematische Verfahren benötigt [BLÖ 99].

Das hier beschriebene Problem einer von der betriebswirtschaftlichen und technischen Disposition her möglichst günstigen Zuordnung von Werkstücken bzw. Produktionsaufträgen zu Betriebsmitteln kompliziert sich naturgemäß, wenn auch die **Zuordnung der Arbeiter** zu den Produktionsaufträgen bzw. Betriebsmitteln variabel und damit Gegenstand der Kapazitätsterminierung ist (vgl. auch Abschnitt 3.10.3). Hier wird man wohl nur mit Dialogsystemen operieren können, die sich bei Experimenten als sehr geeignete Hilfen der Ablaufplanung erwiesen haben.

Da das Grundmodell II in der Lage ist, größere Kapazitätsüberschreitungen bei einzelnen Betriebsmitteln auszugleichen, dürfte sich ein Kapazitätsausgleich im Rahmen der Grobterminierung gemäß Abschnitt 3.5.2.6.2 meist erübrigen.

3.5.2.7.3.3 Grundmodell III: Lokale Suchverfahren

Lokale Suchverfahren gehören zur Klasse der Heuristiken. Sie streben eine gute, aber keine beweisbar optimale Lösung des Planungsproblems an. Ziel dieser Methoden ist es – wie in Grundmodell II – Fertigungsaufträge den Betriebsmitteln zuzuteilen und die Bearbeitungsreihenfolge zu bestimmen. Als wesentliche Vertreter gelten **Tabu Search**, **Simulated Annealing** und **Threshold Accepting**. Weiterhin kann man dieser Gruppe auch die **genetischen Algorithmen** zuordnen (vgl. Grundmodell IV). Diese Verfahren werden deshalb als lokale oder Nachbarschafts-Suchverfahren bezeichnet, weil sie, ausgehend von einem oder mehreren bestehenden Feinplänen, einen besseren „benachbarten" Feinplan suchen. Hierbei akzeptieren sie auch temporär schlechtere Lösungen, um lokalen Suboptima zu entkommen. Die Algorithmen brechen ab, sobald eine vorgegebene Zahl an Iterationsschritten erreicht oder keine Verbesserung mehr erzielt wird. Die wesentlichen Komponenten dieser Methoden sind die Bewertungsfunktion für einen Feinplan sowie die Definition einer Nachbarschaftsumgebung und eines Nachbarschaftsschritts, um von einem Plan zum nächsten zu gelangen. Beispielsweise könnte man in einem gegebenen Plan die Reihenfolge zweier Fertigungsaufträge auf einer Maschine vertauschen. Der Nachbarschaftsschritt ist dann die Reihenfolgevertauschung, die Nachbarschaftsumgebung umfasst alle Feinpläne, die durch je eine Vertauschung entstehen. Eine Einführung in die Methoden und ihre Verwendung im Fertigungssektor findet sich bei Zäpfel und Braune [ZÄP 05].

3.5.2.7.3.4 Grundmodell IV: Simulation und genetische Algorithmen

Nachdem es das verbesserte Preis-Leistungs-Verhältnis der Hardware in Verbindung mit „In-Memory-Computing" (vgl. Abschnitt 1.4.1) immer mehr erlauben wird, für die Werkstattsteuerung erhebliche Rechenkapazität zur Verfügung zu stellen, und dies auch dezentral auf Leitständen, wird eine große Zahl (Größenordnung einige Tausend) alternativer Maschinenbelegungen simuliert, wobei keine Verzögerungen in Entscheidungsprozessen, z. B. bei Ad-hoc-Umdispositionen, in Kauf zu nehmen sind [DIC 09]. Nach der Untersuchung von Fandel u.a. enthielten mehr als 70 Prozent der PPS-Systeme Simulationskomponenten [FAN 97, S. 514]. Das System oder der Disponent kann unter den höchstbewerteten Simulationsergebnissen eine Steuerungsalternative auswählen [MIL 94]. Das wissensbasierte Zugangssystem **SIMULEX** [BEL 93], [BEL 96] versucht, dem Werkstatt- bzw. Leitstand-Personal den Umgang mit den Simulatoren dadurch zu erleichtern, dass es die Auswahl der zu simulierenden Alternativen, die Einstellung der Simulationsparameter (z. B. Schrittweite bei der Veränderung der Variablen, Zahl der Stichproben) und den Start des Laufs vereinfacht; eine ebenfalls wissensbasierte **Abgangskomponente** bereitet den vielfältigen Output der Simulationsläufe benutzergerecht auf und interpretiert ihn [MER 90].

> **PRAKTISCHES BEISPIEL**
>
> In der **Milch verarbeitenden Industrie** hat die Reihenfolge, in der Produktionsaggregate mit den Erzeugnissen belegt werden, entscheidenden Einfluss auf den Reinigungsaufwand (Beispiel: Bei der Folge „Vanille-Jogurt" → „Schokolade-Jogurt" ist der Reinigungsaufwand geringer als bei umgekehrter Sequenz). Haltbarkeitsrestriktionen diktieren Zeitspannen, die bei der Anlagen- und Tankbelegung zu beachten sind. Außerdem werden die Produkte zum spätestmöglichen Zeitpunkt erzeugt, damit das Haltbarkeitsdatum der im Handel liegenden Ware möglichst weit entfernt ist.
>
> Bei der **Danone GmbH**, Werk Ochsenfurt, werden über 200 Varianten von Jogurts und Desserts hergestellt, abgefüllt und verpackt. Es wurde zusammen mit dem **Fraunhofer-Institut für Produktionstechnik und Automatisierung (IPA)** ein Simulationsmodell entwickelt, mit dessen Hilfe für die wöchentlichen Dispositionen unterschiedliche Aggregatbelegungen analysiert und geplant werden. So lässt sich etwa prüfen, ob ein Engpass durch Vertauschen von Aufträgen zu beheben ist [GRA 04/GRA 05].

In Branchen, in denen zum einen der Kunde starken Einfluss auf die Varianten nimmt und in denen sich die Bedingungen häufig ändern, z. B. weil wegen Schwierigkeiten im Zuliefernetz (Supply Chain, vgl. Abschnitt 4.4) mit wiederholten Terminverschiebungen zu rechnen ist, stellt sich die Aufgabe, Puffer bei der Ressourcenbelegung zu disponieren und zur Not kurzfristig zu variieren. Größere Puffer gewährleisten bessere Termineinhaltung, kleinere wirken kapitalsparend. In [GAH 11] findet man ein Simulationskonzept, welches am Beispiel der Flugzeugindustrie erprobt wurde.

Eine Sonderform der Simulation, die sich besonders für die Werkstattsteuerung – auch auf Leitständen – eignet, sind die **genetischen Algorithmen (GA)**. Ein GA [APP 94] erzeugt systematisch eine Vielzahl von Kombinationen. Dabei werden die neuen Lösungen – vergleichbar einem Fortpflanzungsprozess in der Natur – durch leichte Modifikationen aus den bisherigen gewonnen. Es gibt also „Eltern" und „Kinder". Die Resultate werden mithilfe einer sogenannten Fitness-Funktion (siehe unten) bewertet. Die absolut beste Lösung speichert man in einem „goldenen Käfig" ab. Analog einer „Darwinschen Auslese" vernichtet der Algorithmus alle schlecht evaluierten „Zeugungsresultate", sodass nur die gut bewerteten die Chance haben, „ihr Erbgut weiterzugeben". Entsteht beim nächsten Zeugungsvorgang eine Alternative, die besser als jene im Käfig ist, so verdrängt sie den „Käfiginsassen". Um zu verhindern, dass der Prozess in der Nähe eines Suboptimums „hängen bleibt", kann man zufallszahlengesteuert nach einigen Iterationen völlig neue „Eltern" produzieren, d. h. solche, die nicht durch leichte Modifikationen der „Großeltern" entstanden sind („Mutation"). Der Algorithmus hat den wichtigen Vorteil, dass man ihn so lange laufen lassen darf, wie Zeit für die Entscheidung zur Verfügung steht, denn mit fortschreitender Rechenzeit kann nie ein schlechteres, wohl aber ein besseres Ergebnis erzielt werden. Außerdem lässt sich die Methode gut parallelisieren, indem man verschiedene Lösungspopulationen auf mehreren vernetzten Computern berechnet.

Schöneburg und Heinzmann haben an einem Praxisfall demonstriert, wie man genetische Algorithmen mit einem Expertensystem kombinieren kann, um die Reihenfolge bei der

Produktion von **Dieselmotoren** zu disponieren [SCHÖ 92]. In Untersuchungen für die **Mannesmann Sachs AG**, einem Zulieferer der **Automobilindustrie**, wurde gezeigt, dass genetische Algorithmen die Reihenfolge-Bestimmung in der Montage unter komplizierten Bedingungen (Änderungen der Kundenabrufe, Störungen der Zulieferung) verbessern können [MED 99]. In die Fitness-Funktion zur Bewertung alternativer Belegungspläne werden die Rüst- und Lagerkosten sowie Strafkosten pro verspätet ausgeliefertes Los und Tag aufgenommen. In [KIE 99] findet man Anwendungen in der **Chemieindustrie**, [BIE 95] und [NIS 94] beschreiben weitere Applikationen.

Es gibt Steuerungsmethoden, bei denen mit einer relativ groben Erstplanung begonnen wird. Dann beschränkt man sich ganz auf die laufende Anpassung an das Fertigungsgeschehen. Auf eine verfeinerte Einplanung wird verzichtet, wenn die Wahrscheinlichkeit hoch ist, dass sich der Plan doch nach kurzer Zeit erledigt, z. B. weil eine Fertigungszelle ausfällt oder ein Eilauftrag einzuschieben ist. Charakteristisch sind die Maxime „**rescheduling instead of scheduling**" und Schlagworte wie „**reactive scheduling**" [DOR 98, S. 280] oder „**turnpike scheduling**" [BEL 96] (Ziel ist es, nach einer Störung möglichst bald zur ursprünglichen Disposition zurückzukehren). Die Untersuchung, welche Ausweichmaßnahme welche Auswirkungen auf die Fertigungskosten und die Durchlaufzeit hat, ist ein wichtiges Anwendungsfeld der Simulation [BEL 93], [BLA 00].

3.5.2.7.3.5 Grundmodell V: Constraint-directed Search

Im Gegensatz zu klassischen PPS-Systemen und auch OR-Verfahren gibt man bei **Constraint-directed Search** die Prämisse auf, dass Betriebsaufträge und Arbeitsgänge in einen Kranz von Restriktionen (fixe Endtermine, die aus früheren Planungsphasen und Kundenwünschen abgeleitet sind, Kapazitätsschranken, Schichtpläne, Vorräte an Materialien) einzupassen seien. Vielmehr prüft ein Verfahren systematisch, welche Nachteile entstehen, wenn eine Restriktion verletzt wird, und reiht Lösungen nach aufsteigendem Schaden. Diese Prozedur, die dem intuitiven Vorgehen vieler Praktiker der Fertigungssteuerung entspricht, wurde vor allem im Zusammenhang mit dem ISIS/OPIS-Projekt zur wissensbasierten Steuerung von Fertigungsvorgängen in einem Turbinenwerk von **Westinghouse Electric Company** erprobt [FOX 82/FOX 84].

Die Verallgemeinerung des Constraint-directed Search ist das **Constraint Management**, welches durch eine starke Orientierung an Engpässen aller Art charakterisiert ist [STA 07a], [TAY 99] und auf der „OPT-Philosophy" (vgl. Abschnitt 3.5.2.5.5.1) basiert. Vor allen Dispositionen wird vorab geprüft, ob sie von den Ressourcen her realisierbar sind, z. B. per Simulation.

3.5.2.7.3.6 Grundmodell VI: KANBAN

Beim **KANBAN-Verfahren** wandert eine sogenannte KANBAN-Karte zwischen einer Quelle und einer Senke. Quellen und Senken sind die einzelnen Zwischenlager, Einzelteilfertigungen, aber auch einzelne Arbeitsplätze usw. innerhalb einer größeren Werkstatt. Die Senke meldet ihren Bedarf dadurch, dass sie ihn in die Karte einträgt und der Quelle die entsprechende Karte übergibt. Beim Eintreffen dieser Karte beginnt die Quelle, das geforderte Material her- bzw. bereitzustellen und in der vorgeschriebenen Menge in einen standardisierten Behälter zu legen. Sobald die verlangte Anzahl im Behälter ist, schickt man ihn zusammen mit der Karte zur Senke. Wenn bei der Senke ein vorgegebener Mindestbestand unterschritten ist, wird die KANBAN-Karte zur Quelle zurückgeleitet, und es beginnt ein neuer Erzeugung-Transport-Verbrauch-Zyklus.

Vom Prinzip her ist KANBAN ein sehr flexibles Verfahren für weitgehend personelle Steuerung, jedoch sind Kombinationen mit konventionellen IV-unterstützten Systemen [MEI 84] bekannt. Das IV-System kann auf der Grundlage der übergeordneten Planung Tagespläne für die einzelnen Regelkreise und dazu die notwendige Zahl von KANBAN-Karten ausgeben [ALA 00], [MAK 97]. Der Umlauf der Karten wird durch Terminaleingaben an bestimmten Messpunkten überwacht, sodass Daten für die Produktionsfortschrittskontrolle gewonnen werden. Mit dieser Lösung läuft man aber Gefahr, die Flexibilität des ursprünglich personellen KANBAN-Systems wieder einzubüßen.

Der nächste Automationsschritt besteht darin, dass die Entnahme eines Bestandes an einem Terminal eingegeben und dann sofort vom Computer der nächste KANBAN-Auftrag zur Füllung der Lücke erzeugt wird und auf elektronischem Wege zum Bildschirm der Quelle („logische KANBAN-Karte") gelangt.

In **SAP ERP** ist ein Kontroll-Bildschirm vorgesehen, der den Status der Behälter (voll, leer, in Veränderung, auf Transport) zeigt [ZWE 11].

KANBAN eignet sich vorwiegend für Großserien- und Massenfertigung, wobei die Bedarfe nicht zu starken Schwankungen unterliegen dürfen. Starre Kapazitäten sind hinderlich. Wie Zäpfel und Hödlmoser [ZÄP 92] mit Simulationsexperimenten gezeigt haben, lässt sich KANBAN aber auch bei der Fertigung von standardisierten Varianten in Klein- bzw. Mittelserien wirtschaftlich einsetzen, insbesondere wenn keine bzw. nur kurze Rüstzeiten anfallen.

3.5.2.7.3.7 Grundmodell VII: Verhandlung von Agenten

Den einzelnen Fertigungssegmenten, die aus bestimmten Betriebsmitteln (Maschinen, Flexiblen Fertigungssystemen, Bearbeitungszentren, Fertigungsinseln usw.) bestehen, sind kleine und untereinander vernetzte Expertensysteme zugeordnet. Da sie für „ihre" Objekte handeln, bezeichnet man sie als Agenten. Neben solchen, die für Betriebsmittel tätig sind, kann es auch Agenten für Kunden, Kundenaufträge, Betriebsaufträge oder Produkte geben. Diese verteilten Systeme kommunizieren untereinander beispielsweise über einen gemeinsamen Speicher, das sogenannte Blackboard. In diesem werden Zwischenergebnisse oder Angebote bekannt gemacht. So versucht man, günstige Maschinenbelegungen und Reihenfolgen zu finden [MÖN 06], [ZEL 98]. Die Agenten des an der Universität Erlangen-Nürnberg entwickelten Systems **DEPRODEX** (**De**zentrale-**Prod**uktionssteuerungs-**Exper**ten) verhandeln während des Produktionsprozesses laufend miteinander. Es lassen sich kooperierende und konkurrierende Agenten unterscheiden. Wesentliches Element bei kooperierenden Agenten ist der intelligente Austausch von Zeitpuffern. Bei konkurrierenden Agenten wird der Produktionsprozess als Markt betrachtet, auf dem die Nachfrage verschiedener Fertigungsaufträge auf das jeweils aktuell verfügbare Angebot an Fertigungsaggregaten trifft. Weigelt konnte zeigen, dass diese Art von dezentraler Steuerung vor allem Vorteile hat, sobald das Ziel dominiert, Durchlaufzeiten zu verkürzen und Verspätungen zu minimieren [WEI 94, S. 133].

3.5.2.7.3.8 Zur Auswahl von Verfahren

Vergleiche zwischen den vielen Alternativen sind schwierig und bisher selten. In [SCHU 98/SCHU 00] wurden einige Methoden anhand von ähnlichen Prototypen evaluiert. Dabei schnitten Expertensystem-Ansätze verhältnismäßig gut ab, was die Planungsqualität angeht, während Prioritätsregeln eine Reihe von pragmatischen Vorteilen (z. B. Pflegeaufwand) zeigten.

Nach wie vor ist es nicht einfach, alle Einzelheiten der Fertigungslogistik in einem Optimierungsmodell abzubilden, sodass Mensch-Maschine-Dialogen große Bedeutung zukommt.

3.5.2.7.4 Administrative Abwicklung

Das Anwendungssystem, das eines der sieben Grundmodelle zum Kern hat, gibt vor Beginn eines Produktionsauftrags jene Fertigungsdokumente aus, die für die Durchführung erforderlich sind. Eventuell überlässt man den genauen Termin der Ausgabe nicht dem Programm, sondern gestaltet das System so, dass der Meister von seinem Terminal aus zum geeigneten Zeitpunkt die Ausgabe veranlassen („abrufen") kann.

Als wichtigste Fertigungsdokumente sind zu nennen:

1. Laufkarte

2. Lohndokumente

3. Materialentnahmescheine

4. Materialablieferungsscheine

5. Materialbereitstellungsmeldungen, Werkzeugbereitstellungsmeldungen

6. Eventuell spezielle Fertigungsvorschriften bzw. Arbeitsgangbeschreibungen

7. Unter Umständen besondere Rückmeldedokumente (siehe nächster Abschnitt)

Hinzu kommen der endgültige Betriebsmittelbelegungs- und der endgültige Fertigungsauftragsablaufplan, der in Betrieben mit einfacherer Fertigungsstruktur auch den für die jeweilige Werkstatt oder Kostenstelle relevanten Ausschnitt aus der Stückliste (Fertigungsstückliste) enthalten kann. Gleichzeitig mit der Ausgabe der Fertigungsdokumente werden die nun veranlassten Arbeitsgänge in einen Vormerkspeicher „Veranlasste Fertigungsaufträge" übertragen. Wenn häufige Änderungen des maschinell ermittelten Fertigungsablaufs zu erwarten sind und danach möglichst schnell ein neuer Ablaufplan generiert werden soll, muss für eine einfache Rückmeldung der Änderungen gesorgt werden. In diesem Fall können Änderungsmeldungen verlangt werden.

Der völlige Ersatz von Papieren durch Bildschirmanzeigen oder per Sprachein- und -ausgabe („papierlose Werkstatt") ist ein Fernziel vieler Industriebetriebe.

3.5.2.8 Fertigung (CAM)

Der Begriff **CAM** (**C**omputer **A**ided **M**anufacturing) wird nicht nur für die IV-Unterstützung der physischen Produktion im engeren Sinne benutzt, sondern umfasst im Allgemeinen auch die Automation der Funktionen Transportieren/Materialfluss, Lagern, eventuell Prüfen und Verpacken in den Fertigungsstätten selbst; CAM beinhaltet jedoch beispielsweise nicht die Qualitätssicherung im Wareneingang (vgl. Abschnitt 3.3.5) oder die Steuerung von Hochregallagern beim Versand.

Die Stellung von CAM bei der Fertigungsdurchführung innerhalb der integrierten IV (vgl. auch Abbildung 4.3/1) wird durch zwei Merkmale charakterisiert:

1. Es wird angestrebt, mit CAM den Materialfluss im Unternehmen über mehrere Phasen zu begleiten (vgl. Abbildung 3.5.2.8/1). In einem umfassenden CAM-System werden die Betriebsmittel automatisch mit Werkzeugen gerüstet, die Stillstands- und Bearbeitungszeiten erfasst und verbrauchte oder defekte Werkzeuge erkannt sowie ausgewechselt. Weiterhin werden die Werkstücke bzw. das Material entsprechend der Fertigungssteuerung den Lagern entnommen, den Betriebsmitteln in günstiger Reihenfolge zugeführt (z. B. in einem **F**lexiblen **F**ertigungs**s**ystem (**FFS**) bzw. in **F**lexiblen **F**ertigungs**z**ellen (**FFZ**)) und die physischen Fertigungsprozesse gesteuert (z. B. das Setzen eines Schweißpunktes durch einen Roboter, die Drehgeschwindigkeit des Bohrers einer CNC/DNC-Maschine). Darüber hinaus gewinnt das System automatisch Daten zur Produktionsfortschritts- und -qualitätskontrolle (z. B. automatische Prüfung von elektrischen Schaltungen) sowie zur Überwachung des technischen Betriebszustands (Betriebszustandsmonitoring) (vgl. MDE und PDE in Abschnitt 3.5.2.9.1), dirigiert **F**ahrerlose **T**ransport**s**ysteme (**FTS**), bestimmt die geeignete Form und Größe des Verpackungsmaterials, verpackt schließlich das Fertigerzeugnis und stellt es für den Versand bereit. Man gelangt so zur „menschenarmen" Fabrik, in der der Mensch lediglich kontrollierende Tätigkeiten ausübt.

Die Koordination obliegt oft einem Leitrechner bzw. einem **Produktionsleitsystem**, das aus mehreren vernetzten Computern bestehen kann. Ein Leitsystem als CAM-Komponente ist nicht mit einem Leitstand als Teil eines PPS-Systems (vgl. Abschnitt 3.5.2.7.2) gleichzusetzen, wenn auch gewisse Verwandtschaften, z. B. bezüglich der grafischen Aufbereitung von Informationen, vorhanden sind. Abbildung 3.5.2.8/2 vermittelt einen Eindruck von der Komplexität eines Produktionsleitsystems. Man erkennt deutlich die Aufgabenteilung zwischen Leit- und Steuerungsebene. Das Pendant zum Produktionsleitsystem im Fertigungsunternehmen stellt das Prozessleitsystem in der **Prozessindustrie** (z. B. **Chemieindustrie**) dar.

Abbildung 3.5.2.8/1 Materialfluss

| Wareneingang | Lager (z. B. Umlaufregale) | Teilefertigung (z. B. Drehen mit CNC) | Montage (z. B. Bestückung durch Roboter) | Prüffeld (z. B. Messdatenverarbeitung) | Verpackung (z. B. Wiegen) | Versand |

Transportvorgänge (Zuführen von Paletten)

Materialfluss

Lieferant ⟶ Unternehmen ⟶ Kunde

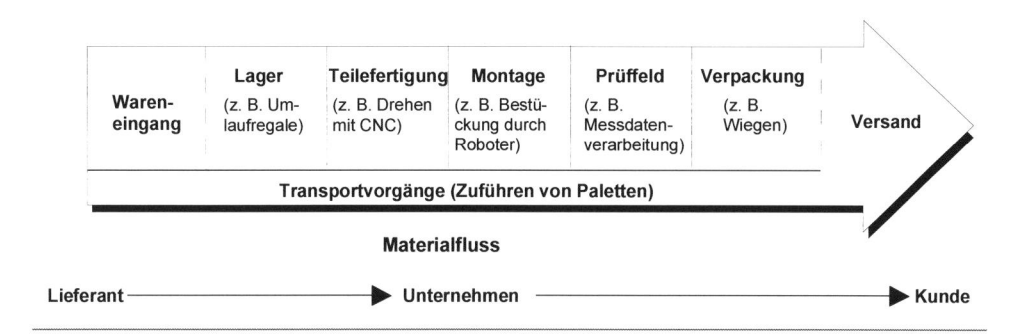

Da Transferstraßen oft zu starr sind, um an häufige Produktwechsel angepasst zu werden, und Ausfälle schwerwiegende Konsequenzen haben, sucht man Mittelwege zwischen Werkstatt- und Fließfertigung: Flexible Mehrzweck-Werkzeugmaschinen werden abhängig von Varianten der Kundenaufträge, von der aktuellen Auslastung der Arbeitsplätze und von Störungen eingesetzt und über automatische Transportvorrichtungen angesteuert. Die Ablaufplanung ist dann sehr kompliziert. Bei der DaimlerChrysler AG wurde dazu prototypisch ein Multi-Agentensystem (vgl. Abschnitt 3.5.2.7.3.7) entwickelt, in dem Werkstücke sich in Abhängigkeit von ihrem Bearbeitungszustand die geeigneten Betriebsmittel suchen, die Betriebsmittel jedoch die Werkstücke ablehnen können, wenn ihre Kapazität überlastet ist. In Versuchen wurden mit diesem System ein höherer Durchsatz und eine größere Flexibilität erreicht [BUS 00/SCHO 00].

Für die Reihenfolgeplanung setzt man Prioritätsregeln (vgl. Abschnitt 3.5.2.7.3.1) ein. Mit ihrer Hilfe trifft das System eine Planungsentscheidung zum spätestmöglichen Zeitpunkt, wobei als Entscheidungsgrundlage stets der aktuelle Systemzustand herangezogen wird. Öcbayrak und Bell [ÖCB 03] stellen ein mehrstufiges Expertensystem vor: Zunächst werden die Aufträge mithilfe von Prioritätsregeln geplant. Anschließend arbeitet das System auf der Basis von Präferenzen des Steuerungspersonals eine Werkzeugversorgungsstrategie aus. Dabei ist unter anderem zwischen dem Full-kitting und dem Differential-kitting auszuwählen: Beim Full-kitting wird ein Werkzeugsatz an einer Maschine nur einem Auftrag zugeordnet und nach der Bearbeitung als Ganzes entfernt; beim Differential-kitting werden jene Werkzeuge nicht ausgewechselt, die für folgende Aufträge brauchbar sind.

2. Bei der Einbettung von CAM in die Informationsarchitektur des Industriebetriebs konstruiert man oft Hierarchien. Abbildung 3.5.2.8/3 zeigt die Informationsarchitektur eines Automobilherstellers mit ihrer Stufigkeit. Eine ähnliche Hierarchie der Firma FAG Kugelfischer AG beschreibt Lang [LAN 94].

Wesentlich ist eine intensive Informationsübertragung zwischen den Rechnern verschiedener Hierarchieebenen, Fertigungs-, Transport-, Lager- und Prüfaggregaten. Da diese Betriebsmittel zumeist von sehr vielen unterschiedlichen Herstellern stammen, setzt ihre Vernetzung aufwendige Maßnahmen an den Schnittstellen voraus. Mit Protokollen wie MAP (Manufacturing Automation Protocol) wird versucht, die Kommunikation auf der Grundlage eines einheitlichen und offenen Standards durchzuführen [GRU 01].

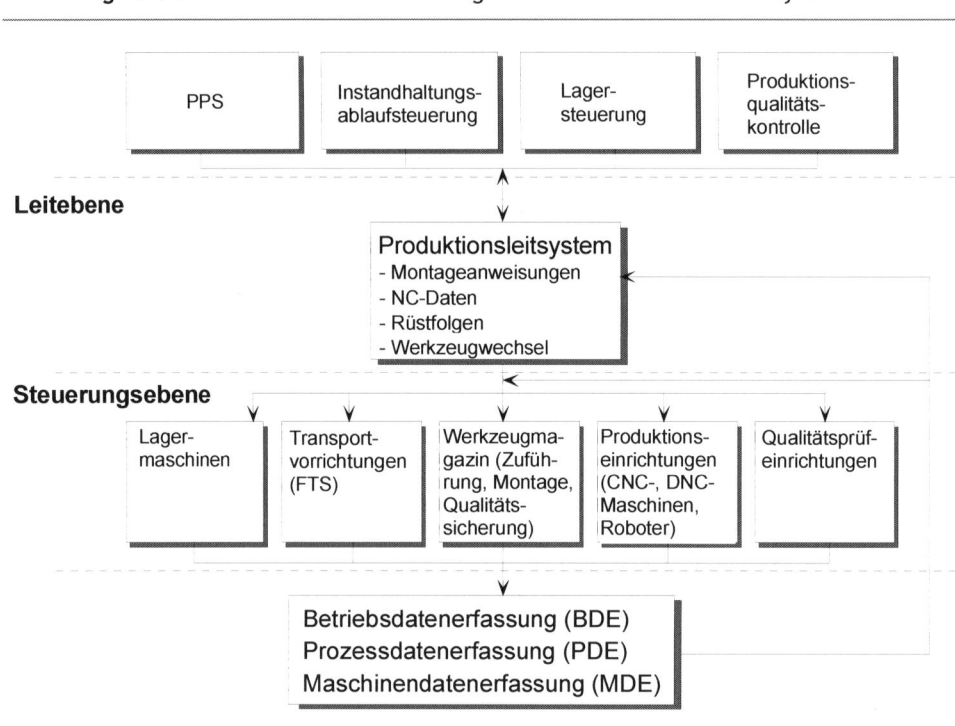

Abbildung 3.5.2.8/2   Funktionen und Integration eines Produktionsleitsystems

```
Leitebene
    PPS | Instandhaltungs-ablaufsteuerung | Lagersteuerung | Produktionsqualitätskontrolle
                            ↕
                    Produktionsleitsystem
                    - Montageanweisungen
                    - NC-Daten
                    - Rüstfolgen
                    - Werkzeugwechsel

Steuerungsebene
    Lagermaschinen | Transportvorrichtungen (FTS) | Werkzeugmagazin (Zuführung, Montage, Qualitätssicherung) | Produktionseinrichtungen (CNC-, DNC-Maschinen, Roboter) | Qualitätsprüfeinrichtungen

                    Betriebsdatenerfassung (BDE)
                    Prozessdatenerfassung (PDE)
                    Maschinendatenerfassung (MDE)
```

Mit CAM sind interessante Entwicklungen hinsichtlich des Informationstransfers zwischen Mensch, Computer und den physikalischen sowie chemischen Vorgängen in der Fertigung verbunden. Einige Beispiele sind:

1. Die Übermittlung vom Menschen gesprochener Steuerungsanweisungen über Spracheingabe.
2. Warnungen an das Überwachungspersonal mithilfe von Sprachausgabe.
3. Die detaillierte Benutzerführung durch optische Anzeigen.

4. Anweisungen, die ein Computer in Abhängigkeit von der Erzeugniskonfiguration an Montagearbeitsplätzen ausgibt. Sie erlauben bei ausgeprägter Baukastenfertigung eine Art „Real-time-Produktion": Die Fertigung läuft unmittelbar nach Erhalt des Kundenauftrags an. Ausreichende Kapazitäten vorausgesetzt, kann die Produktionsplanungsphase übersprungen werden. Das Erzeugnis wird z. B. während eines Telefonanrufes des Kunden rechnergestützt konfiguriert. Abhängig von der Konfiguration sorgt ein Logistiksystem dafür, dass die benötigten Komponenten an die Montageplätze transportiert und dort sofort zusammengefügt werden [BYL 94].
5. Die Erfassung des Zustands von physikalisch-chemischen Eigenschaften eines Zwischenfabrikats in der **Chemieindustrie** über sogenannte intelligente oder Bio-Sensoren.
6. Die automatische Identifikation eines Erzeugnisses bei der Variantenproduktion über Transponder-Boxen (vgl. Abschnitt 3.5.2.9.1) bzw. RFID (vgl. Abschnitt 3.4.5.2).
7. Das Erfassen von Objekten und ihrer Konturen mithilfe von Mustererkennungsverfahren.

Abbildung 3.5.2.8/3 Einbettung von CAM in die Informationsarchitektur eines Automobilherstellers

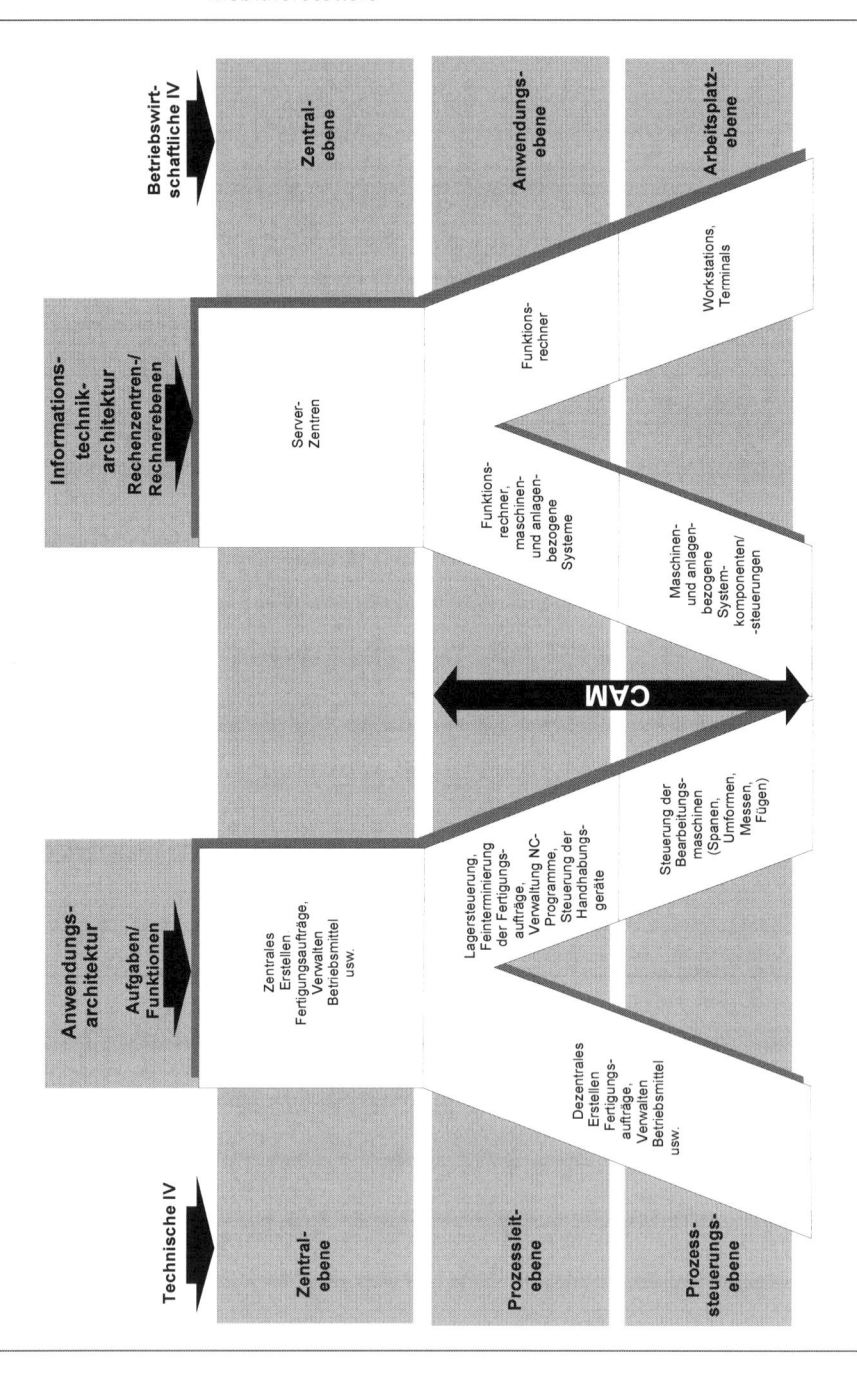

PRAKTISCHE BEISPIELE

1. Im Augsburger Werk produziert die **Fujitsu Technology Solutions GmbH** PCs, Server, Notebooks, Workstations, Tastaturen und zugehörige Komponenten. Auf schnell umrüstbaren Fertigungs- und Prüflinien wird jeweils in Komplett- oder Einzelschrittmontage gefertigt.

   Angeliefertes Material wird von einem Warenzugangsbahnhof zu einem festgelegten Materialpuffer transportiert. Das für die Materialbereitstellung verantwortliche Personal stellt der Produktion in sogenannten „Kitting-Kisten" alle PC-Komponenten für die Montage zur Verfügung, lediglich das Chassis wird gesondert angefahren. Für größere Lose werden die Teile separat angeliefert. Quelle des Materialnachschubs ist ein Zentrallager. Ausgewählte Komponenten liefern Partnerbetriebe „just in time".

   Das **SAP R/3-System** übergibt die Kundenaufträge an die Produktion in einem stündlichen Zyklus. Die anschließende Feinsteuerung dieser Kundenaufträge übernimmt das interne Programm **PKAM** (**P**rozessunterstützung für **k**unden**a**uftragsorientierte **M**ontage). Dieses verteilt die täglichen Aufträge auf die einzelnen Fertigungslinien und meldet deren Erfüllung online an das R/3-System.

   Beim Start erhält jeder Auftrag eine Nummer, die als Barcode am Montagechassis mitläuft. Aufträge werden nur an die Produktion weitergegeben, wenn sich das benötigte Material an den produktionsnahen Lagerorten befindet. PKAM steuert jetzt jeden Auftrag anhand eines Arbeitsplans (mit den darin definierten Montageschritten) über alle notwendigen Stationen bis zum Versand und zu der Fertigmeldung an **SAP ERP**.

   Den Nachschub ordert R/3 nach Bedarf-, Verbrauchs- und KANBAN-Prinzipen in Abgleich mit der Auftragssituation und den Materialvorräten im Lager.

   Für das kaufmännische Controlling wird ebenfalls R/3 eingesetzt. Qualitätsdaten werden auf dem PC-System **FUCHS** (**Fu**nktionsorientiertes technisches **C**ontrolling in der **H**erstellung und Qualitäts**s**icherung) ereignisaktuell erfasst und ausgewertet [LEH 11].

2. Bei der **INDEX-Werke GmbH & Co. KG Hahn & Tessky** in Esslingen sind die betriebswirtschaftlichen IV-Systeme (z. B. Verkauf, Materialwirtschaft, PPS, Personalwirtschaft) und die technischen (z. B. NC-Programmierung, CAD) als Client-Server-Systeme implementiert. Für den DNC-Betrieb von nahezu 80 numerisch gesteuerten Maschinen sind an den örtlich getrennten Produktionsstätten mehrere Leitsysteme vorhanden. Daneben sind die Werkzeugvoreinstellungsgeräte in den DNC-Informationsfluss integriert, sodass auch die Werkzeugdaten rechnerintern weiterverarbeitet werden können.

   Die Anforderung der NC-Programme erfolgt von einem DNC-Terminal, das der jeweiligen Werkzeugmaschine zugeordnet ist, über Funk, LAN oder Wireless-LAN (WLAN). Welches NC-Programm aktuell benötigt wird, gibt die Werkstattsteuerung vor. Das Programm wird dann von einem NC-Programm-Pool der Arbeitsvorbereitung (AV) abgerufen und auf die Steuerung übertragen [HEL 11].

In ähnlicher Weise werden bei dem **Automobilzulieferer Dekorsy**, der z. B. Bedienblenden für Klimaanlagen herstellt, Maschinenprogramme und Auftragsdaten zusammen an die Spritzgussmaschine übertragen [WUR 08].

3. Die **Pfizer Manufacturing Deutschland GmbH** betreibt im Werk Freiburg eine Fertigungsanlage, deren Aufbau- und Ablaufschema Abbildung 3.5.2.8/4 zeigt.

Man erkennt ein Drei-Ebenen-Konzept, wobei die Funktionen Wiegen, Mischen, Granulieren und Trocknen sowie Tablettieren unter Nutzung der Schwerkraft durchgeführt werden. Integriert ist ferner ein Hochregallager, von dem volle Container auf Ebene 2 gebracht werden können. Ebene 2 ist die „Beschickungsebene". Dort werden die Ausgangsmaterialien für die Arbeitsgänge bereitgestellt. Auf Ebene 1 („Prozess-Ebene") finden die genannten Arbeitsgänge statt. Auf Ebene 0 läuft das vollautomatische Containerhandling ab. Die Container fangen die gemischten oder granulierten Massen auf und werden durch ein Transportsystem auf die Beschickungsebene zurückgesandt, von wo aus man die Materialien wieder der Prozessebene zur Weiterverarbeitung zuführt.

Ein PPS-System verwaltet unter anderem die Zusammensetzung der Erzeugnisse, Bestände und Aufträge. Es übergibt die Fertigungsaufträge an ein sogenanntes Auftragsdurchsetzungs-System, das die Produktion und die Lager steuert, die Fertigungs- und Transportmittel belegt und Rückmeldungen erfasst [WAL 11].

Abbildung 3.5.2.8/4   Ablaufschema im CIM-Konzept der Pfizer GmbH [WAL 11]

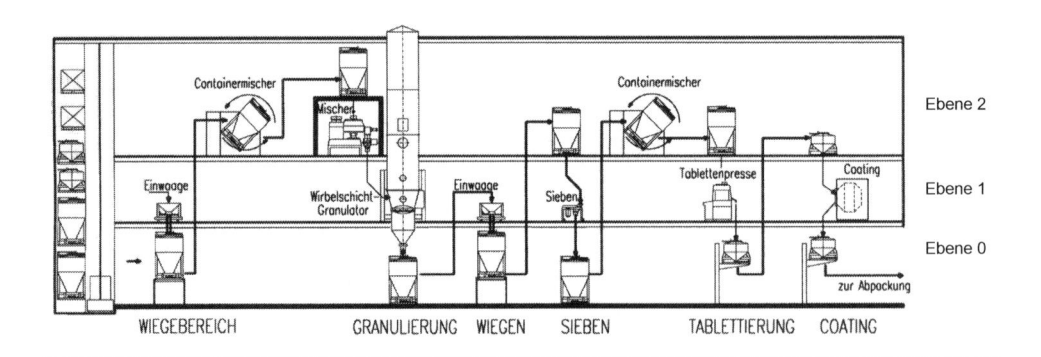

3.5.2.9 Kontrolle in der Produktion

3.5.2.9.1 Voraussetzungen für die Kontrolle – Betriebsdatenerfassung

Die **Betriebsdatenerfassung (BDE)** ist Voraussetzung für die Produktionsfortschritts- und -qualitätskontrolle.

Wegen des großen Umfangs der in den Produktionsstätten anfallenden Daten ist die Betriebsdatenerfassung ein ähnlich wichtiger Eingangspunkt in die Integrierte IV wie die Kundenauftragserfassung (Abschnitt 3.2.4). Für die Sammlung der in der Produktion anfallenden Daten hat sich eine Vielzahl von Hard- und Software-Kombinationen herausgebildet. Stark verbreitet sind Belege, die mithilfe optischer oder magnetischer Zeichenerkennung gelesen werden. Vor allem dann, wenn nicht nur die Tatsache zu melden ist, dass eine geplante Etappe im Produktionsdurchlauf erreicht wurde, sondern mehrere Ist-Daten (benötigte Zeit, Zahl der Ausschussstücke usw.) eingegeben werden, hat das gewöhnliche Bildschirmterminal Vorteile. Mit der Vielzahl der zu erfassenden Daten wächst die Gefahr, dass die Erfassungs-Bildschirme überfüllt und unübersichtlich werden. Daher mag es sinnvoll sein, die Benutzungsoberflächen nach Rollen (z. B. Qualitätskontrolleur, Fertigungssteuerer usw.) zu differenzieren [DEI 09]. Wachsende Bedeutung gewinnen die Datenerfassung unmittelbar an der Maschine (**MDE, Maschinendatenerfassung**) sowie die integrierte Verarbeitung von Daten aus der Prozessautomation für die Produktionsfortschrittskontrolle (**PDE, Prozessdatenerfassung**) und für die Qualitätssicherung. Letztere umfasst eine integrierte oder direkte Verbindung zu Messgeräten oder Statistikmodulen (vgl. [ROS 94, S. 278]). Manche Geräte erlauben eine Verdichtung der Massendaten bereits vor Ort (im Messgerät bzw. BDE-Terminal).

Ein typisches BDE-System, z. B. im Maschinenbau, arbeitet wie folgt: Über Terminals in der Werkstatt melden sich die Arbeiter durch Bedienung der Tasten „Kommt" und „Geht" an und ab, wobei sie sich selbst durch einen maschinenlesbaren Werksausweis identifizieren. Beginn und Ende von Aufträgen bzw. Arbeitsgängen sowie Gemeinkostenzeiten werden ebenfalls durch besondere Tasten bekannt gegeben. Unterbrechungsgründe, Zeitüberschreitungen sowie Kontrollbefunde gibt man über eine Zifferntastatur oder durch Berührung von Menü-Flächen ein. Die Daten der Betriebsaufträge werden den Auftragsbegleitdokumenten, die z. B. mit einem Barcode gekennzeichnet sind, entnommen. Beispiele für Richtigkeits- und Plausibilitätsprüfungen sind: Ein Mitarbeiter meldet einen Arbeitsgang an, obwohl er sein Kommen noch nicht eingetastet hat (der Mitarbeiter hat beim Schichtbeginn vergessen, das Terminal zu bedienen), es wird eine Arbeitsgangfolge als beendet erklärt, deren Start noch nicht eingegeben wurde, eine Planzeit wird über eine Toleranzschwelle hinaus überzogen, ohne dass ein Grund hierfür geliefert wird, die Zahl der abgelieferten Stücke ist im Vergleich zur Losgröße sehr niedrig (nicht plausibler hoher Ausschuss), Aufträge werden in einer falschen, dem Arbeitsplan oder der Feinterminierung nicht entsprechenden Reihenfolge angemeldet.

Multimedia-Technik gestattet es, Rückmeldungen um **Sprachsequenzen** zu ergänzen (vgl. Abschnitt 3.5.2.7.2).

Wenn das Produkt in Abhängigkeit von speziellen Kundenwünschen („Extras") konfiguriert wird, entsteht das Problem, dass das einzelne Erzeugnis an mehreren Stellen in Produktion, Lager und Versandvorbereitung identifiziert werden muss, wobei aus Kontrollgründen auch die Produkteigenschaften (Beispiel: „Ist die Diebstahlsicherung schon eingebaut?") elektronisch zu erfassen sind. Für solche Zwecke haben sich der sogenannte **Programmierbare Identträger** und insbesondere die **RFID**-Technik bewährt (vgl. Abschnitt 3.4.5.2).

> **PRAKTISCHES BEISPIEL**
>
> Beim **Stahlhersteller Thyssen Krupp Steel** werden jährlich hunderttausende von Brammen (große, gegossene Stahlblöcke) bewegt, die auf ihrem Transport zu inländischen Häfen und Lagern, Weiterverarbeitungswerken und Kunden jederzeit lokalisierbar sein müssen. Jede Bramme wird mit einem RFID-Chip versehen, der – z. B. bei Verladeprozessen noch in Bewegung – besonders schnell gelesen werden kann. Die erfassten Daten, z. B. zu Stahlsorte, Abmessungen, Besteller und Bestimmungsort, werden in einem zentralen IT-System abgelegt [FEI 08].

Voraussetzungen einer erfolgreichen BDE-Einführung hat Kunz [KUN 92] systematisiert.

3.5.2.9.2 Produktionsfortschrittskontrolle

Der Produktionsfortschritt wird dadurch kontrolliert, dass über die Betriebsdatenerfassung aus der Fertigung zurückkehrende Meldungen verarbeitet und bei den veranlassten Fertigungsaufträgen gebucht werden.

Zweckmäßigerweise verwendet man solche Dokumente, die ohnehin aus anderen Gründen dem IT-System zugeführt werden müssen. Das sind bei einer feinnervigen Terminüberwachung bzw. bei zeitlich langen Arbeitsgängen die Lohnscheine, mit denen jeder einzelne Arbeitsgang abgemeldet werden kann. Besondere Rückmeldedokumente sind angebracht, wenn es nicht gelingt, die Arbeiter zur pünktlichen und vollständigen Ablieferung ihrer Lohnscheine zu bewegen. Oft übernehmen dann Bestätigungen von Qualitätskontrollstellen, dass ein Produktionsauftrag zu einer bestimmten Zeit eine bestimmte Station des Fertigungsablaufs passiert hat, die Meldefunktion der Lohndokumente. In den meisten Fertigungen, insbesondere wenn deutliche Fertigungsstufen definiert sind und die Lager ordnungsgemäß mithilfe von Materialentnahme- und -ablieferungsscheinen verwaltet werden, genügt jedoch die Verfolgung der Produktionsaufträge zwischen diesen Stufen mit Materialbewegungsdokumenten.

Das Programm Produktionsfortschrittskontrolle überprüft die Daten der Produktionsaufträge und gibt Terminmahnungen aus. Dabei empfiehlt es sich, nähere Angaben über den Auftrag vorzusehen, etwa den Ablaufplan, den letzten als vollzogen gemeldeten Arbeitsgang (diese Angaben erleichtern das Auffinden des Loses im Betrieb), Bemerkungen über eventuell zeitkritische Arbeitsgänge bzw. Pufferzeiten oder den voraussichtlichen Termin, zu dem die Lagerbestände an den Teilen auslaufen, die das Ergebnis des angemahnten Produktionsauftrags sind. In eleganten Lösungen wird bei verspäteten Betriebsaufträgen mithilfe der Zeiten noch ausstehender Arbeitsgänge (aus den Produktionsvorschriften) und des dem Kunden bestätigten Termins (aus dem Vormerkspeicher Kundenauftrag) geprüft, ob die Verzögerung im Produktionssektor die Nichteinhaltung eines Kundenauftragstermins zur Folge haben kann. In diesem Fall besteht die Möglichkeit, einen Hinweis an den Vertrieb oder unmittelbar eine Benachrichtigung an den Kunden auszugeben. Umgekehrt kann man dem Kunden die Möglichkeit einräumen, den Durchlauf seines Auftrags im Internet zu verfolgen.

Arbeitet man in der Durchlaufterminierung (Abschnitt 3.5.2.6.1) oder in der Verfügbarkeitsprüfung (Abschnitt 3.5.2.6.3) mit Reservierungen, so muss das Programm Produktionsfortschrittskontrolle die Kapazitäten oder Werkzeuge wieder entlasten bzw. freigeben.

Abbildung 3.5.2.9.2/1 Produktionsfortschrittskontrolle

Wichtigste Eingaben:	Besondere Rückmeldedokumente/Bestätigungen, Lohnscheine, Materialentnahmescheine, Materialablieferungsscheine (aus der Fertigung zurückkehrend), Störungsmeldungen nach Dauer und Ursache, Gemeinkostenzeiten
Wichtigste Anzeigen und Ausdrucke:	Verspätete Aufträge, Terminmahnungen, Auswirkungen von Verspätungen auf höhere Fertigungsstufen und Kundenaufträge, Mitteilungen an Kunden, Soll-Ist-Termine der abgeschlossenen Aufträge, offene Aufträge (Werkstattauftragsbestand), Arbeitsvorrat pro Arbeitsplatz, Belastungsanalysen pro Arbeitsplatz (Soll-Ist-Leistung), Nachweis der ausgegebenen Werkzeuge, zu klärende Eingabefehler, Protokolle der Eingabeprüfung, Gleitzeitstand, Kapitalbindung in der Werkstatt
Wichtigste Dialogfunktionen:	
Nutzeffekte:	Sicherstellen des planmäßigen Fertigungsablaufs und der Liefertreue, rechtzeitige Information der Kunden, Personaleinsparungen, Reduktion unerwünschter Prozesslager

PRAKTISCHES BEISPIEL

Die **Veka AG**, ein Hersteller von Kunststoff-Profilsystemen für Fenster und Türen, stattet ihre Mitarbeiter in der Produktion mit mobilen Endgeräten aus. So können sie z. B. auch unterwegs Anliefertermine von Bauteilen abrufen oder das unternehmensweite Adressbuch einsehen. Ein Server alarmiert Schichtleiter bei Störungen in der Produktion, wenn sie außer Haus sind [BLO 09].

3.5.2.9.3 Produktionsqualitätskontrolle (CAQ)

Die Sicherung der Fertigungsqualität umschreibt man mit dem Terminus **CAQ (Computer Aided Quality Assurance)**. Allerdings ist dies eine enge Verwendung des CAQ-Begriffs. In einem weiteren, vom sogenannten **Total Quality Management (TQM)** geprägten Verständnis umfasst CAQ auch die Steuerung der Produktqualität im Entwurfsstadium (vgl. Abschnitt 3.1.5.2), die Güteprüfung im Wareneingang (vgl. Abschnitt 3.3.5) und die Wartung oder die Durchführung von Reparaturen in der Nachkauf-Phase (vgl. Abschnitt 3.7). Es muss im Sinne einer Modulintegration (vgl. Abschnitt 1.1) versucht werden, in diese Programmkomplexe möglichst viele gemeinsame Bausteine bzw. Methoden einzubinden, beispielsweise solche zur Planung von Stichproben oder zur diagnostischen Behandlung der Messergebnisse. So sind Verfahren der dynamischen Prüfung (vgl. Abschnitt 3.3.5) ursprünglich in der Wareneingangskontrolle entstanden und wurden nach und nach in andere Qualitätskontroll-Prozesse, insbesondere in der Teilefertigung und in der Montage, übertragen.

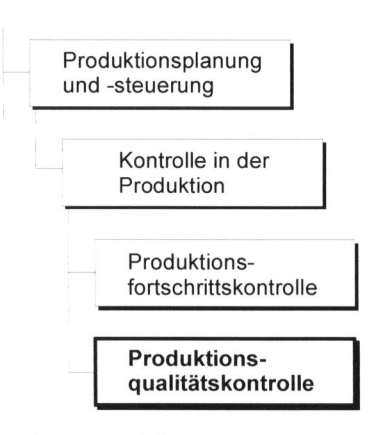

Im Idealfall erstellt ein Programm bei der Ausgabe der Fertigungsdurchführungsdokumente individuelle Prüfauflagen (elektrische Messungen, Oberflächenprüfungen, physikalische/ chemische oder biologische/ mikrobiologische Untersuchungen), z. B. im Zusammenhang mit der Fehlerhäufigkeit bei dem Teil, an dem Arbeitsplatz oder gar bei dem Arbeiter in der jüngeren Vergangenheit. Veranlasst das System Stichproben, so kann man mit derartigen Ausdrucken den bei Kontrollen oft erwünschten Überraschungseffekt erreichen. Es ist auch denkbar, dass die Prüfauflagen darauf abgestimmt werden, wie gravierend sich bei einem bestimmten Kundenauftrag in Abhängigkeit von der aktuellen Terminsituation zu spät gefundene Mängel auswirken.

Abbildung 3.5.2.9.3/1 Produktionsqualitätskontrolle (CAQ)

Wichtigste Eingaben:	Prüfparameter, Annahme-/Ablehnungs-/Nacharbeits-/Zweite-Wahl-Entscheidung, Gut- und Fehlermeldungen, Stichprobentabellen, Prüfprioritäten
Wichtigste Anzeigen und Ausdrucke:	Prüfvorschriften, Terminsituation, Annahme-/Ablehnungsentscheidung, Qualitätszeugnisse für Kunden, Lieferanten, TÜV usw., Prüfstatistiken, Regelkarten zur grafischen Dokumentation der Qualitätsentwicklung über der Zeit, fehlende und lückenhafte Prüfvorschriften, NC-Messprogramme
Wichtigste Dialogfunktionen:	

Nutzeffekte:	Unterstützung der Qualitätssicherung, Gewinnung von Daten zur Betriebsmittelpflege, Senkung der Prüfkosten, Vermeiden von Störungen in der Fertigung, Rationalisieren der Prüf- und Testarbeiten, gute Auslastung von Prüf- und Testgeräten, Verkürzung von Liege- und Durchlaufzeiten in den Prüfstellen

PRAKTISCHES BEISPIEL

Beim **Waagenhersteller Bizerba GmbH & Co. KG** werden wegen Lötfehlern ausgesteuerte Platinen automatisiert an einen Sonderarbeitsplatz geleitet. Dort erscheint im richtigen Moment auf der defekten Platine ein roter Punkt, den ein über Kopf angeordneter Laser erzeugt. An dieser Stelle muss eine Spezialkraft nachlöten. Zusätzlich wird der Bestückungsplan auf einem Monitor sichtbar, damit sie sich besser orientieren kann [GRA 11].

Bei hoch automatisierten Fertigungsvorgängen, in denen sowohl mechanische als auch elektronische und physikalisch-chemische Teilprozesse vereint sind, wie z. B. in der **Leiterplattenfertigung**, ist es oft relativ einfach, zu beurteilen, ob das Endprodukt gut oder Ausschuss ist. Jedoch fällt es schwer, von Mängeln des Erzeugnisses auf die verursachende Stelle in der Produktion (z. B. eine falsch geregelte Temperatur) zu schließen. Hier können wissensbasierte Systeme helfen.

Im innersten Qualitätsregelkreis – unmittelbar am Betriebsmittel – setzt man Module der **Statistischen Prozessregelung** (**SPC**, **S**tatistical **P**rocess **C**ontrol) ein. SPC befindet anhand einfacher statistischer Kennzahlen, ob ein Prozess beherrscht, d. h. frei von systematischen Einflüssen, oder aber nur durch bekannte Störungen beeinflusst ist. Ohne SPC war die häufige Berechnung der Kennzahlen unrentabel [KÖP 88]. SPC-Pakete enthalten unter anderem folgende Funktionen: Übernahme von Daten aus Messgeräten über entsprechende Schnittstellen, Überwachung von Trends und Streuungen mit statistischen Methoden, Berechnung von Grenzen, bei denen personelle Eingriffe erforderlich sind, Dokumentation von Ereignissen (z. B. Störungen, Beginn und Ende von Unterbrechungen), Weitergabe von Korrekturdaten an die NC-Steuerung und Ausgabe von Informationen an das Personal in der Fertigung mithilfe von Grafiken.

In der **Prozess-**, vor allem in der **Pharmaindustrie**, zielt CAQ hauptsächlich auf die Reinheit der Stoffe, auf die Dosierungsgenauigkeit und auf die Dokumentation. Die Qualitätsregeln erstrecken sich auch auf die Fertigungshygiene und die Freigabe zum Versand. Ebenso kann der mit dem Probenumlauf verbundene Verwaltungsaufwand nur durch IV-Einsatz bewältigt werden. LIMS-Systeme (vgl. Abschnitt 3.1.7) liefern dem Musterzieher produktabhängig den Musterziehungsplan, nehmen Identifikationsdaten auf und drucken Etiketten, diese oft maschinenlesbar.

Da die Qualitätskontrolleure einerseits in vielen Fällen beide Hände zur Bewegung der Prüfobjekte und -werkzeuge benötigen, andererseits aber oft nur wenige standardisierte

Meldungen („Teilenummer", „Gut", „Ausschuss" oder „Nacharbeit") eingeben müssen, ist die Qualitätsprüfung ein interessantes Einsatzfeld für Spracheingabesysteme.

Die erforderlichen personellen Bewertungen (z. B. Nachbearbeitung, Verschrottung, Zuordnung zur zweiten Wahl) sollten – etwa auf der Grundlage von Entscheidungstabellen – vom System vorbereitet und am Bildschirm präsentiert werden. Die vom Sachbearbeiter getroffene Entscheidung stößt im integrierten System weitere Aktionen an, so z. B. Nachbestellungen der verworfenen Produkte beim PPS-System oder Zubuchung zu den Zweite-Wahl-Beständen.

Abbildung 3.5.2.9.3/2 zeigt den Inhalt einiger Qualitätsmeldungen, die das Modul **QM** (**Q**uality **M**anagement) von **SAP ERP** erstellt.

Es kann im praktischen Fall wichtig sein, möglichst rasch gewarnt zu werden, wenn sich an einer bestimmten Stelle des Fertigungsprozesses (z. B. weil ein Werkzeug abgenutzt ist) die Fehler zu häufen beginnen. Dann ist ein Echtzeitsystem zu erwägen, das die jeweils neuesten Eingaben der Qualitätskontrolleure sofort statistisch verarbeitet und gegebenenfalls am Arbeitsplatz der Führungskraft Warnsignale ausgibt.

Bei sicherheitskritischen Komponenten, z. B. Lasern in medizintechnischen Geräten, müssen Messergebnisse der Qualitätskontrolle in Dokumenten festgehalten werden, die die ganz unterschiedlichen gesetzlichen Vorschriften in den Ländern der Kunden erfüllen (nationale Compliance-Anforderungen, z. B. der US-Arzneimittelbehörde FDA). Dazu werden zertifizierte Dokumentationssysteme verwendet, die immer neu zu überprüfen sind [THA 09].

Abbildung 3.5.2.9.3/2 Qualitätsmeldungen von SAP ERP

1) Kopfdaten (unter anderem Art, Status der Meldung)

2) Partnerdaten (unter anderem Verantwortliche für Meldung)

3) Positionsdaten (unter anderem Fehlerart, -ursache, -ort)

4) Ausfall- und Störungsdaten (Angabe von Zeiten und Folgeausfällen)

5) Maßnahmendaten (unter anderem vorgegebene oder vorgeschlagene Maßnahmen zur Behebung des Problems; die Lösungsvorschläge werden personell festgelegt und beziehen sich entweder auf den Meldungskopf oder nur auf einzelne Fehlerpositionen). Einer Maßnahme kann ein Partner zugeordnet werden. Maßnahmen werden in Textform beschrieben oder als vordefinierter Code aus einem Katalog entnommen.

6) Terminübersichten

3.5.3 Anlageninstandhaltung

3.5.3.1 Instandhaltungsterminierung

Wenn die Produktionsprozesse einschließlich der zu- und abführenden Transportvorgänge mithilfe von IV-Systemen stark automatisiert und beschleunigt sind, machen Störungen der Betriebsmittel besonders viele Nutzeffekte zunichte. In der **Lebensmittelindustrie** müssen z. B. beim Ausfall einer Milchabfüllanlage die vorbestellten LKW den Hof leer verlassen, der Einzelhandel wird nicht beliefert und die Marke unter Umständen beschädigt [WOL 08]. Daher besitzt die Anlageninstandhaltung in der Integrierten Informationsverarbeitung hohen Stellenwert.

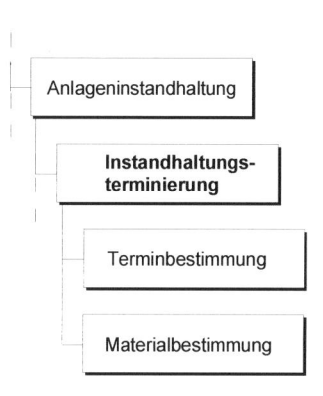

Wir wollen annehmen, dass durch ein Planungsmodell – wie in Band 2 beschrieben – festgelegt und bei den Betriebsmittelstammdaten gespeichert ist, in welchen Abständen welche vorbeugenden Instandhaltungsarbeiten an den Betriebsmitteln vorgenommen werden sollen. Damit sind Rahmentermine für die Instandhaltungsmaßnahmen gegeben, die nun vom Programm Instandhaltungsterminierung in detailliertere Termine umgewandelt werden müssen. Es zeigen sich einige Analogien zu PPS-Systemen, die zur Begriffsbildung „**Instandhaltungsplanung und -steuerung (IPS)**" geführt haben. Wegen der engen methodischen Verwandtschaft zwischen PPS- und IPS-Funktionen ist es erwägenswert, die Instandhaltung mit PPS-Standardprogrammen zu administrieren und zu disponieren. Ein wesentliches Problem ist die Abstimmung von Fertigungs- und Instandhaltungsplan. Sie ist besonders dort wichtig, wo im Drei- oder Vier-Schicht-Betrieb gearbeitet wird und infolgedessen die Instandhaltungsmaßnahmen nicht dann stattfinden können, wenn die Produktion ruht. Wird der Produktionsplan **vor** dem Instandhaltungsplan aufgestellt, so versucht die Instandhaltungsterminierung, den genauen Durchführungszeitpunkt in einen solchen Zeitraum zu legen, in dem das zu inspizierende bzw. zu wartende Betriebsmittel nicht oder nur wenig genutzt wird. Zeigt der Produktionsplan hingegen keine derartigen Lücken, so verlangt das Programm eine menschliche Entscheidung, ob ein Fertigungsauftrag oder eine Instandhaltungsoperation verzögert werden soll. Wenn die Instandhaltungsintervalle im Vergleich zum Vorschauzeitraum der Produktionsplanung groß sind, lässt man zuerst den Instandhaltungsplan generieren. Die für Instandhaltungsmaßnahmen abzuzweigende Kapazität muss das System dann von der disponiblen Produktionskapazität subtrahieren.

In vielen Branchen ist eine periodische Instandhaltungsstrategie mit lang- oder mittelfristig planbaren Intervallen nicht möglich, sodass erst nach Aufnahme des Istzustands bzw. nach einer Aktion der Termin der nächsten festzulegen ist.

Bei großen Anlagen mit komplizierten Wechselwirkungen zwischen äußeren Einwirkungen und Komponenten ist zu erwägen, mithilfe lernender Verfahren, etwa Künstlicher Neuronaler Netze, Störungsmuster zu identifizieren. Auf dieser Grundlage lassen sich dann die nächsten Wartungstermine planen. In http://www.steigprog.xxl-produkte.net/ wird dies am Beispiel von Offshore-Windenergieanlagen demonstriert, bei denen unter anderem die Windlast, der Zustand des Getriebes und der des Generators einander beeinflussen.

Der Produktstruktur als Grunddaten eines PPS-Systems entspricht im IPS-System bedingt die Anlagenstruktur. Abbildung 3.5.3.1/1 zeigt ein Beispiel aus einer Beschreibung zum Modul **PM** (**P**lant **M**aintenance) von **SAP ERP**. Nach oben kann diese Struktur erweitert werden, wenn in einem Konzern oder Unternehmen mehrere Werke arbeiten [STE 00].

Abbildung 3.5.3.1/1   Anlagenstruktur [GRO 04, S. 130]

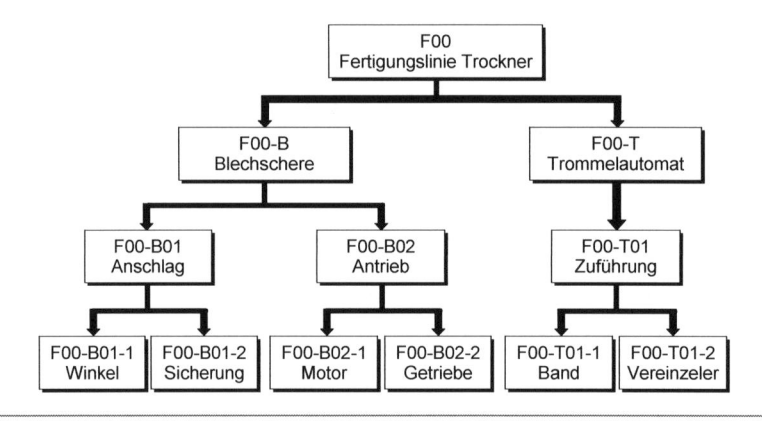

```
                    F00
              Fertigungslinie Trockner
              ┌──────────┴──────────┐
           F00-B                  F00-T
         Blechschere          Trommelautomat
        ┌────┴────┐                │
     F00-B01   F00-B02          F00-T01
     Anschlag  Antrieb          Zuführung
     ┌──┴──┐   ┌──┴──┐          ┌──┴──┐
  F00-B01-1 F00-B01-2 F00-B02-1 F00-B02-2 F00-T01-1 F00-T01-2
   Winkel  Sicherung   Motor    Getriebe   Band   Vereinzeler
```

PRAKTISCHES BEISPIEL

Die **CeramTec AG**, ein Hersteller von keramischen Bauteilen, hat die Instandhaltung (IH) in die geplante IH und die sogenannte autonome IH aufgespalten. In Letzterer werden überwiegend solche Arbeiten verwaltet, die vom Maschinenbediener selbst, meist in kürzeren Intervallen und mit wenig Aufwand, durchgeführt werden können, etwa das Abschmieren. Hierfür wurden visuell gut vorbereitete Wartungspläne erstellt, die direkt an der jeweiligen Anlage aushängen. Der Bediener unterschreibt vor Ort die Ausführung, Meister und Fertigungsleiter zeichnen gegen.

Aufwendigere IH-Tätigkeiten werden mithilfe des **SAP-Systems PM** geplant, verwaltet und rückgemeldet. In dem System sind Intervalle bzw. geplante Termine für die Maßnahmen hinterlegt, und zwar zusammen mit Toleranzen, welche proportional zur Größe des Intervalls bemessen wurden. Das System druckt rechtzeitig vor dem geplanten Termin Aufträge aus, ferner Übersichten für die einzelnen Wartungstechniker über ihre Belastung in den nächsten vier Wochen. Falls darin Kapazitätsüberlastungen sichtbar werden, kommt es zu Gesprächen zwischen dem Leiter des Instandhaltungs-Controllings und den für die Produktion Verantwortlichen, die z. B. zur Folge haben mögen, dass Überstunden vereinbart werden.

Die Instandhaltungstechniker melden mithilfe eines Scanners, in dem zuerst die mit einem Barcode versehene Anlage erfasst wird, unter anderem die benötigte Zeit, Codes für das Schadensbild, solche zur Kennzeichnung des defekten Bauteils sowie solche zur Beschreibung der Störungsursache an das **SAP-System**. Mithilfe der anderen **SAP**-Module werden über die Kostensätze für die Handwerkergruppen (etwa Maschinenbediener, Schlosser, Elektriker) die entstandenen Kosten der eigenen Handwerker, der Fremdhandwerker, aber auch für Ersatzteile in **SAP-PM** abgebildet. Die zusätzlichen Vorbeugungsaktionen erwiesen sich als sinnvoll, weil die Zahl der Ad-hoc-Reparaturen sank (vgl. Band 2) [BÖT 11].

Abbildung 3.5.3.1/2   Instandhaltungsterminierung

Wichtigste Eingaben:	Prioritäten, Veranlassung von Reparaturen nach ungeplanten Ausfällen
Wichtigste Anzeigen und Ausdrucke:	Instandhaltungsplan, Anfragen an Disponenten, Instandhaltungskapazität, Warteschlangen, Instandhaltungslohnscheine, Bereitstellungsmeldungen für Ersatzteile, Dokumentation von Instandhaltungsmaßnahmen, z. B. für TÜV oder Versicherer
Wichtigste Dialogfunktionen:	Alternative Abstimmungen Produktions-/Instandhaltungsplan
Nutzeffekte:	Kostensenkung der Instandhaltungsmaßnahmen bzw. Erhöhung der Kapazitätsausnutzung der Betriebsmittel, Unterstützung der Produktionsplanung, gleichmäßige Ausnutzung der Instandhaltungskapazität

3.5.3.2   Instandhaltungsablaufsteuerung

Im Unterschied zur Instandhaltungsterminierung, die eher der Durchlaufterminierung eines PPS-Systems entspricht, berücksichtigt die Instandhaltungssteuerung in Analogie zur Werkstattsteuerung den aktuellen Zustand. Sie liegt insofern im Grenzgebiet zwischen Betriebswirtschaft und Technik, als Termine und technische Merkmale zugleich beachtet werden müssen. In einfacheren Versionen gibt man die Nummer der ausgefallenen oder zu wartenden Maschine zusammen mit der Ausfallursache oder der Wartungsart ein. Der Rechner generiert entsprechende Arbeitsanweisungen (technische Anweisungen/Instandhaltungsdurchführungsdokumente).

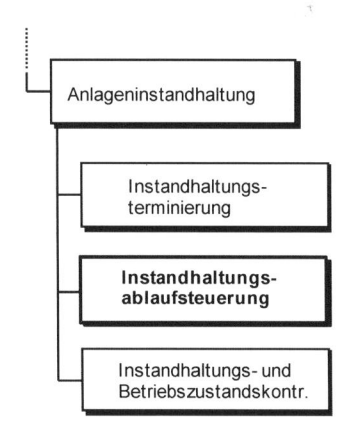

Anlageninstandhaltung
- Instandhaltungsterminierung
- **Instandhaltungsablaufsteuerung**
- Instandhaltungs- und Betriebszustandskontr.

Gewisse Rationalisierungs- und Optimierungseffekte ergeben sich, wenn die sonst gleichartigen Instandhaltungsoperationen von Fall zu Fall unterschiedlich sind. Ein Beispiel hierfür ist die Strategie, im Rahmen einer Gesamtauswechslung solche Einzelteile nicht zu berücksichtigen, die kurz vorher nach einem ungeplanten Ausfall bereits ausgetauscht werden mussten („opportunistische Instandhaltungsstrategie").

Moderne Sensor-Technik erlaubt es in Verbindung mit wissensbasierten Diagnosesystemen relativ gut, differenzierte Vorbeugungsmaßnahmen einzuleiten. Bei Spezialfahrzeugen der **Mineralölindustrie** [ZHU 96] werden mechanische, hydraulische, elektrische und elektronische Parameter registriert. In Abhängigkeit von dem Muster der Messwerte kann das wissensbasierte System entscheiden, welche Reparaturmaßnahme sofort einzuleiten ist. Beispiele für gemessene Größen sind ein erweitertes Lagerspiel, Spannungsabfall, Druckabfall, Ölverlust oder Temperaturanstieg. Bei Werkzeugmaschinen bieten sich Messungen zum Schwingungspegel an [OV 05]. Man spricht in diesem Zusammenhang – etwa in der **Flugzeugindustrie** – auch von **OCM** (**O**n **C**ondition **M**aintenance) oder von „Condition Monitoring" [DOL 85]. Es ist erwägenswert, Ferndiagnosen über das Internet durchzuführen.

Freilich entstehen durch Fernwartung über das Internet neue Sicherheitslücken, wenn die Zugänge nicht ausreichend geschützt sind.

Abbildung 3.5.3.2/1   Instandhaltungsablaufsteuerung

Wichtigste Eingaben:	Prioritäten
Wichtigste Anzeigen und Ausdrucke:	Laufende Instandhaltungsaufträge, Anwesenheit von Instandhaltungspersonal, Verfügbarkeit von Ersatzteilen, technische Anweisungen
Wichtigste Dialogfunktionen:	Änderung von Prioritäten mit Anzeige der Termineinhaltung, Warteschlangen und Kapazitätsbelastung
Nutzeffekte:	Sichere Realisierung des Instandhaltungsplans, Beitrag zur Senkung der Instandhaltungskosten, Rationalisierung der Instandhaltungs- und Betriebszustandskontrolle

3.5.3.3   Instandhaltungs- und Betriebszustandskontrolle

Die Ausgabe der Instandhaltungsanweisungen registriert das Instandhaltungsablaufsteuerungsprogramm in einem Vormerkspeicher, der durch die Instandhaltungsdurchführungsmeldungen gelöscht wird. Das Überwachungsprogramm überprüft periodisch die Vormerkdaten und mahnt überfällige Meldungen an. Diese Überwachung ist nicht nur wünschenswert, um die pünktliche Durchführung der

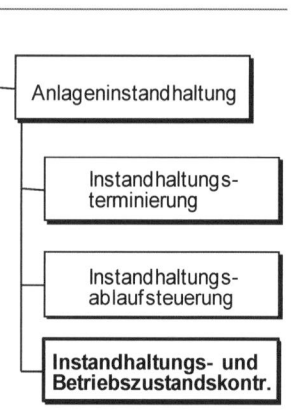

Aktionen sicherzustellen, sondern auch, um die Ablieferung der statistischen Daten an das IV-System und somit eine zuverlässige Betriebszustandskontrolle zu gewährleisten.

Die gemeldeten Daten können in Form von Zeitangaben (z. B. Technikerstunden) oder Wertgrößen den Instandhaltungsbudgets bzw. -etats gegenübergestellt werden.

Sehr unterschiedliche Pionierlösungen zur Nutzung neuerer Informationstechnik, vor allem der mobilen Daten- und Sprachverarbeitung, gibt es mit dem Ziel, dass das Instandhaltungspersonal die Hände für seine Kerntätigkeit frei behält. Man denke etwa an einen Wartungstechniker in einer **Flugzeugwerft**, der vom Kopf bis zu den Füßen im Triebwerk einer Großraummaschine steckt und dort mit einem Schraubenschlüssel hantiert. Er mag einen PDA mit Spracheingabefunktion umgeschnallt haben und kann bei Bedarf z. B. auch eine Checkliste abrufen oder ein Foto aufnehmen.

Noch moderner sind in die Arbeitskleidung (Weste, Gürtel) integrierte tragbare Computer („Wearable Computer") [NEI 09].

Abbildung 3.5.3.3/1   Instandhaltungs- und Betriebszustandskontrolle

Wichtigste Eingaben:	Instandhaltungsdurchführungsdokumente (Instandhaltungslohnscheine, -materialscheine) aus dem Betrieb
Wichtigste Anzeigen und Ausdrucke:	Laufende Instandhaltungsaufträge, Durchführungsmahnungen, Soll-Ist-Vergleiche der Instandhaltung, Maschinenzustandsberichte, aufgelaufene Instandhaltungskosten, Ausnutzung des Instandhaltungsetats
Wichtigste Dialogfunktionen:	
Nutzeffekte:	Sicherstellen der Realisierung des Instandhaltungsplans und der Datenerfassung für statistische Zwecke

3.5.4 Anmerkungen zu Abschnitt 3.5

[ALA 00]   Alabas, C., Altiparmak, F. und Dengiz, B., The optimization of number of kanbans with genetic algorithms, simulated annealing and tabu search, in: IEEE Neural Networks Council (Hrsg.), Proceedings of the 2000 Congress on Evolutionary Computation, IEEE, Piscataway 2000, S. 580-585.

[APP 94]   Appelrath, H.J. und Bruns, R., Genetische Algorithmen zur Lösung von Ablaufplanungsproblemen, in: Reusch, B. (Hrsg.), Fuzzy Logik – Theorie und Praxis, Berlin-Heidelberg 1994, S. 25-32.

[BAA 95] Baan Deutschland GmbH, Triton – Die Standardsoftware, o.O. 1995, S. 2.

[BEL 93] Belz, R., Entscheidungsunterstützung auf Leitstandsebene durch wissensbasierte Simulation, Dissertation, Nürnberg 1993.

[BEL 96] Belz, R. und Mertens, P., Combining Knowledge-Based Systems and Simulation to Solve Rescheduling Problems, Decision Support Systems 17 (1996) 2, S. 141-157.

[BER 92/EDE 11] Bergmeister, J., Leitstandeinsatz zur Entstörung von PPS-Abläufen am Beispiel der AUDI AG, in: Mertens, P., Wiendahl, H.-P. und Wildemann, H. (Hrsg.), PPS im Wandel, München 1992, S. 277-311; persönliche Auskunft von Herrn E. Edenharter, AUDI AG.

[BIE 95] Biethahn, J. und Nissen, V. (Hrsg.), Evolutionary Algorithms in Management Applications, Berlin u.a. 1995.

[BLA 00] Blazejewski, G., Produktionssteuerung mittels modularer Simulation, Chemnitz 2000.

[BLO 09] Blonski, M., Störungsfreier Betrieb, Kommunikationsgestützte Fertigungsprozesse, IT&Production (2009) 3, S. 44-45.

[BLÖ 99] Blömer, F., Produktionsplanung und -steuerung in der chemischen Industrie, Wiesbaden 1999.

[BÖT 11] Persönliche Auskunft von Herrn J. Böttcher, CeramTec AG.

[BRA 73/BRA 03] Die Originalbeschreibung entstammt: Brankamp, K., Terminplanungssystem für Unternehmen der Einzel- und Serienfertigung, 2. Aufl., Würzburg-Wien 1973, S. 106-133; persönliche Auskunft von Herrn K. Brankamp, Prof. Dr.-Ing. K. Brankamp Unternehmensberatung GmbH.

[BRA 06] Brabazon, P.G. und MacCarthy, B., Order Fulfillment Models for the Catalog Mode of Mass Customization – A Review, in: Blecker, T. und Friedrich, G., (Hrsg.), Mass Customization, New York 2006, S. 211-232.

[BUS 00/SCHO 00] Bussmann, S. und Schild, K., Self-organizing manufacturing control: An industrial application of agent technology, Proceedings of the 4th International Conference on Multi-Agent Systems (ICMAS 2000), Boston 2000, S. 87-94; Schoop, R. und Neubert, R., Agent-oriented material flow control system based on DCOM, Proceedings of the 3rd IEEE International Symposium on Object-Oriented Real-Time Distributed Computing (ISORC 2000), Newport Beach 2000.

[BYL 94]   Bylinski, G., Die digitale Fabrik, FOCUS 2 (1994) 50, S. 154-160.

[COX 98]   Cox, J.F. und Spencer, M.S., The constraints management handbook, Boca Raton/Falls Church 1998.

[DEI 09]   Deisenroth, R., Rollenorientierte Desktops, Fehlende Akzeptanz – ein Problem der Vergangenheit, IT&Production (2009) 8, S. 28-29.

[DER 09]   Derlin, F. und Gillessen, A., Feinjustierung der Fertigung, Wechselnde Engpässe im Griff, IT&Production (2009) 9, S. 36-37.

[DET 97]   Dettmer, H.W., Goldratt's Theory of Constraints. A systems approach to continuous improvement, Milwaukee 1997.

[DIC 05]   Dickersbach, J.T., Characteristic Based Planning with mySAP SCM, Scenarios, Processes, and Functions, Berlin 2005.

[DIC 06]   Dickersbach, J.T., Supply Chain Management with APO – Structures, Modelling Approaches and Implementation of mySAP SCM 4.1, 2. Aufl., Berlin 2006.

[DIC 09]   Dickersbach, J.T., Algorithmus kontra Mensch, Planer in der Verantwortung, IT&Production (2009) 8, S. 30-31.

[DIT 09]   Dittrich, J., Mertens, P., Hau, M. und Hufgard, A., Dispositionsparameter in der Produktionsplanung mit SAP, 5. Aufl., Braunschweig-Wiesbaden 2009.

[DOL 85]   Dolny, L.J. und DeHoff, R.L., Maintenance Information Management System (MIMS) – Strategic Maintenance Decision Support, Maintenance Management International 5 (1985) o.A., S. 31-40.

[DOM 97]   Domschke, W., Scholl, A. und Voß, S., Produktionsplanung, 2. Aufl., Berlin u.a. 1997.

[DOR 98]   Dorn, J., Kerr, R. und Thalhammer, G., Maintaining robust schedules by fuzzy reasoning, in: Drexl, A. und Kimms, A. (Hrsg.), Beyond Manufacturing Resource Planning (MRP II), Berlin 1998, S. 279-306.

[DRE 94]   Drexl, A., Fleischmann, B., Günther, H.-O., Stadtler, H. und Tempelmeier, H., Konzeptionelle Grundlagen kapazitätsorientierter PPS-Systeme, Zeitschrift für betriebswirtschaftliche Forschung 46 (1994) 12, S. 1022-1045.

[DYC 92]   Dyckhoff, H. und Finke, U., Cutting and Packing in Production and Distribution, A Typology and Bibliography, Heidelberg 1992, S. 75-138.

[FAN 97] Fandel, G., François, P. und Gubitz, K.-M., PPS- und integrierte betriebliche Softwaresysteme, Grundlagen, Methoden, Marktanalyse, 2. Aufl., Berlin u.a. 1997.

[FEI 08] Feinbier, L., Thyssen überwacht Brammen, Computerzeitung Nr. 47 vom 17.11.2008, S. 16.

[FER 95] Ferstl, O.K. und Mannmeusel, T., Dezentrale Produktionslenkung, CIM Management 11 (1995) 3, S. 26-32.

[FOX 82/FOX 84] Fox, M.S., Allen, B. und Strohm, G., Job-Shop Scheduling: An Investigation in Constraint-Directed Reasoning, in: AAAI (Hrsg.), Proceedings of the Second National Conference on Artifical Intelligence, Pittsburgh 1982, S. 155- 158; Fox, M.S. und Smith, S.F., ISIS – A Knowledge-Based System for Factory Scheduling, Expert Systems 1 (1984) 1, S. 25-49.

[FOX 84] Fox, K.A., MRP II Providing a Natural „Hub" for Computer-Integrated Manufacturing Systems, Industrial Engineering 16 (1984) 10, S. 44-51.

[FRI 94] Fritsche, B., Mit der Fabrik im Rechner zur schlanken Produktion, Zeitschrift für wirtschaftliche Fertigung 89 (1994) 1-2, S. 21-23.

[GAH 11] Gahm, C. und Kruse, J., Konzeption und Umsetzung eines DSS zur robusten Ressourcenbelegungsplanung im Spezialmaschinenbau, in: Bernstein, A. und Schwabe, G., (Hrsg.), Proceedings of the 10th International Conference on Wirtschaftsinformatik, Vol. 1, Zürich 2011, S. 272-281.

[GEI 97] Geib, T., Geschäftsprozeßorientiertes Werkzeugmanagement, Wiesbaden 1997, insbes. S. 78-91.

[GOL 90] Goldratt, E.M., What is the thing called Theory of Constraints and how should it be implemented?, Croton-on-Hudson 1990.

[GRA 04/GRA 05] Graupner, T.-D., Bornhäuser, M. und Bierschenk, S., Kapazitäts- und Belegungsplanung in der Nahrungsmittelindustrie unter Verwendung der Rückwärtssimulation, in: Mertins, K. und Rabe, M. (Hrsg.), Gesellschaft für Informatik/Fachausschuss 4.5: Arbeitsgemeinschaft Simulation – Experiences from the Future: New Methods and Applications in Simulation for Production and Logistics, Frankfurt a.M. 2004, S. 219-228; Graupner, T.-D., Digitale Fabrik geht fremd: Lebensmittelindustrie plant taktische Kapazitäten und operative Produktion mit Simulationslösungen, IT&Production 5 (2005) IV, S. 30-31.

[GRE 02]	Grebe, S., Produktionsplanungssoftware: Was hat sie mit der Automatisierungswelt zu tun?, IT&Production 3 (2002) V+VI, S. 30.
[GRO 99]	Gronau, N., Management von Produktion und Logistik mit SAP R/3, 3. Aufl., München-Wien 1999.
[GRO 04]	Gronau, N., Enterprise Resource Planning und Supply Chain Management, München-Wien 2004.
[GRU 89]	Grupp, B., Stücklisten- und Arbeitsplanorganisation mit Bildschirmeinsatz, 4. Aufl., Wiesbaden 1989, S. 137.
[GRU 00/GÜN 09/ ROT 95]	Grunow, M., Optimierung von Bestückungsprozessen in der Elektronikmontage, Wiesbaden 2000; vgl. auch Günther, H.-O. und Tempelmeier, H., Produktion und Logistik, 8. Aufl., Berlin 2009; ein ähnliches Problem beschreibt A. Rothhaupt (Modulares Planungssystem zur Optimierung in der Elektronikfertigung, München-Wien 1995).
[GRU 01]	Grund, K., Manufacturing Automation Protocol (MAP), in: Mertens, P. u.a. (Hrsg.), Lexikon der Wirtschaftsinformatik, 4. Aufl., Berlin u.a. 2001, S. 290.
[HAH 99]	Hahn, D. und Laßmann, G., Produktionswirtschaft, 3. Aufl., Heidelberg 1999, S. 436-440.
[HAR 95]	Hartinger, M., Die Pflege der Parameter von Standardsoftware am Beispiel des PPS-Systems IBM CIMAPPS, Wiesbaden 1995, insbes. S. 95-96.
[HAU 89]	Haupt, R., Survey of Priority Rule-Based Scheduling, OR Spektrum 10 (1989) 11, S. 3-16.
[HAU 93]	Haupt, R. und Schilling, V., Simulationsgestützte Untersuchung neuerer Ansätze von Prioritätsregeln in der Fertigung, Wirtschaftswissenschaftliches Studium 22 (1993) 12, S. 611-616.
[GRA 11]	Persönliche Auskunft von Herrn T. Graf, Bizerba GmbH & Co. KG.
[HEI 80]	Heicken, K. und König, W., Integration eines heuristisch-optimierenden Verfahrens zur Lösung eines eindimensionalen Verschnittproblems in einem EDV-gestützten Produktionsplanungs- und -steuerungssystem, OR Spektrum 1 (1980) o.A., S. 251-259.
[HEI 90]	Heinrich, C.E., MRP II realisiert mit SAP R/2, in: SAP (Hrsg.), Internationaler Software-Congress am 12. und 13.06.1990 in Karlsruhe.

[HEI 92]	Heinrich, C.E., MRP II-Realisierung mit dem SAP-System R/2, in: Mertens, P., Wiendahl, H.-P. und Wildemann, H. (Hrsg.), PPS im Wandel, München 1992, S. 51-94.
[HEL 02]	Hellingrath, B., Entscheidungsunterstützung für die Auftragsablaufplanung, Dortmund 2002, hier insbes. Kap. 4.
[HEL 11]	Persönliche Auskunft von Herrn W. Heller, INDEX-Werke GmbH & Co. KG Hahn & Tessky, basierend auf: Herrscher, A. und Walter, W., Unterschiedliche Maschinen mit einem System programmieren, Werkstatt und Betrieb 123 (1990) 2, S. 113-118; Walter W., CAD-NC-Kopplung mit CAD-Funktionalität, ZWF CIM 84 (1989) 1, S. 38-42; Walter W., DNC und Organisation, ZWF CIM 84 (1989) 6, S. 310-315.
[HOF 02]	Hoff, H. und Endres, S., Dezentrale IT in der Fertigung? – Orientierungshilfe im Markt der Fertigungssteuerungssysteme, FB/IE 51 (2002) 4, S. 148-152.
[HUQ 99]	Huq, Z., Conventional Shop Control Procedures to Approximate JIT Inventory Performance in a Job Shop, Journal of Manufacturing Systems 18 (1999) 3, S. 161-174.
[JAC 84]	Jacobs, F.R., OPT Uncovered: Many Production Planning and Scheduling Concepts can be applied with or without the Software, Industrial Engineering 16 (1984) 10, S. 32-43.
[KAL 07]	Kalic, S., Aufbruch mit Kontrolle und Steuerung, IT&Production (2007) 12, S. 50-52.
[KAN 88]	Kanet, J.J., Fifth Generation Manufacturing Control, in: Oliff, M.D. (Hrsg.), Intelligent Manufacturing, Menlo Park u.a. 1988, S. 277-290.
[KEP 05]	Persönliche Auskunft von Herrn U. Kepper, Benecke-Kaliko AG.
[KER 95]	Kernler, H., PPS der 3. Generation – Grundlagen, Methoden, Anregungen, 3. Aufl., Heidelberg 1995, S. 21-23.
[KIE 99]	Kießwetter, M., Ablaufplanung in der chemischen Industrie, Optimierung mit Evolutionären Algorithmen, Wiesbaden 1999.
[KIL 00]	Kilimann, T. und Schütte, L., Shop Floor Control Systeme im Vergleich: Zwei Märkte mit starken Überschneidungen?, PPS Management 5 (2000) 4, S. 40-45.
[KNO 90]	Knolmayer, G. und Lemke, F., Auswirkung von Losgrößenreduktionen auf die Errechnung produktionswirtschaftlicher Ziele, Zeitschrift für Betriebswirtschaft 60 (1990) 4, S. 423-442.

[KNO 92]   Knolmayer, G., Minimale Losgrößen – Maximale Wirtschaftlichkeit?, in: Mertens, P., Wiendahl, H.-P. und Wildemann, H. (Hrsg.), PPS im Wandel, München 1992, S. 313-351.

[KÖP 88]   Köppe, D., Forderungen an die Integrationsfähigkeit von CAQ-Systemen, CIM Management 4 (1988) 3, S. 14-19.

[KÜT 11]   Küting, K., Hagemann Snabe, J., Rösinger, A. und Wirth, J., Geschäftsprozessbasiertes Rechnungswesen, 2. Aufl., Stuttgart 2011, S. 220.

[KUN 92]   Kunz, J., Voraussetzungen für eine erfolgreiche BDE-Einführung, Zeitschrift für wirtschaftliche Fertigung 87 (1992) 7, S. 387-390.

[KUR 77]   Kurt, H. und Twellmann, W., Der informierte Produktionsbetrieb, in: Kriens, B. (Hrsg.), Von der Konstruktion bis zur automatischen Produktion, IBM-Form K12-1134-0, 1977, Kapitel 1.

[KUR 92]   Kurbel, K., Multimedia-Unterstützung für die Fertigungssteuerung, Zeitschrift für wirtschaftliche Fertigung 87 (1992) 12, S. 664-668.

[KUR 10]   Kurbel, K., Enterprise Resource Planning und Supply Chain Management in der Industrie, 7. Aufl., München u.a. 2010.

[LAN 94]   Lang, G., CIM-Realisierung in der KFZ-Zulieferindustrie, in: Corsten, H. (Hrsg.), Handbuch Produktionsmanagement, Wiesbaden 1994, S. 607-618.

[LAS 01]   Lassmann, W. und Schleiff, Th., Ausgewählte Lösungsmethoden für zweidimensionale Zuschnittprobleme mit Reihenfolgerestriktionen in der Flachglasindustrie, in: Jahnke, B. und Wall, F. (Hrsg.), IT-gestützte betriebswirtschaftliche Entscheidungsprozesse, Wiesbaden 2001, S. 261-270, hier insbes. S. 263.

[LEH 11]   Persönliche Auskunft von Herrn R. Lehmann, Fujitsu Technology Solutions GmbH.

[LOO 97]   Loos, P., Produktionslogistik in der chemischen Industrie, Wiesbaden 1997, Kap. 5.1.

[MAK 97]   Mak, K.L. und Wong, Y.S., A genetic approach to Kanban assignment problems, Journal of Information & Optimization Sciences 18 (1997) 3, S. 359-381.

[MED 99]   Meder, H., Ein Erfahrungsbericht zum Einsatz von Computational Intelligence in der PPS-Feinsteuerung, in: Nagel, K., Erben, R.F. und Piller, F.T. (Hrsg.), Produktionswirtschaft 2000, Wiesbaden 1999, S. 461-470.

[MEI 84]   Meinders, J., Planung und Steuerung von KANBAN-Systemen mit Modularprogrammen, in: gfmt (Hrsg.), Just-in-Time-Produktion, Passau 1984, S. 341-356.

[MER 90]   Mertens, P., Zugangssysteme als Weg zur Beherrschung komplexer DV-Anwendungen, in: Reuter, A. (Hrsg.), GI – 20. Jahrestagung I, Informatik auf dem Weg zum Anwender, Berlin u.a. 1990, S. 73-87.

[MER 92]   Mertens, P. und Bissantz, N., MRP II – Möglichkeiten und Grenzen, in: Mertens, P., Wiendahl, H.-P. und Wildemann, H. (Hrsg.), PPS im Wandel, München 1992, S. 7-35.

[MEY 96]   Meyer, M. und Hansen, K., Planungsverfahren des Operations Research, 4. Aufl., München 1996.

[MIL 94]   Milberg, J. und Tetlmayer, H., Simulation zur Unterstützung von PPS-Systemen – Simulationsgestützte Produktionsregelung, in: Corsten, H. (Hrsg.), Handbuch Produktionsmanagement, Wiesbaden 1994, S. 821-833, insbes. S. 828.

[MÖN 03]   Mönch, L. und Schmalfuß, V., Anforderungen an MES für komplexe Produktionsprozesse, Industrie Management 19 (2003) 2, S. 32-35.

[MÖN 06]   Mönch, L., Agentenbasierte Produktionssteuerung komplexer Produktionssysteme, Wiesbaden 2006.

[MUL 98]   McMullen Jr., T.B., Introduction to the Theory of Constraints (Toc) Management System, Boca Raton 1998.

[MUS 03]   Mussbach-Winter, U. und Wiendahl, H.-H., Was leisten MES-Lösungen heute?, Merkmale ihrer Planungs- und Steuerungskonzepte, Industrie Management 19 (2003) 2, S. 14-18.

[NEI 09]   Neider, C. und Matysczok, C., Wie tragbare Computer die Arbeitswelt revolutionieren, IT&Production (2009) 1+2, S. 74-76.

[NIS 94]   Nissen, V., Evolutionäre Algorithmen: Darstellung, Beispiele, betriebswirtschaftliche Anwendungsmöglichkeiten, Wiesbaden 1994.

[ÖCB 03]   Öcbayrak, M. und Bell, R., A knowledge-based decision support system for the management of parts and tools in FMS, Decision Support Systems 35 (2003) o.A., S. 487-515.

[OV 05]   O.V., Integriertes Condition Monitoring, VDMA Nachrichten Nr. 07/05, S. 62.

[PAB 85]	Pabst, H.-J., Analyse der betriebswirtschaftlichen Effizienz einer computergestützten Fertigungssteuerung mit CAPOSS-E in einem Maschinenbauunternehmen mit Einzel- und Kleinserienfertigung, Frankfurt u.a. 1985.
[PAB 05]	Persönliche Auskunft von Herrn H.-J. Pabst, FH München.
[RAU 97]	Rautenstrauch, C., Fachkonzept für ein integriertes Produktions-, Recyclingplanungs- und -steuerungssystem (PRPS-System), Berlin u.a. 1997, insbes. Kapitel 6.
[RIE 77]	Riemer, W. und Hartung, A., On-line-Optimierung für den Zuschnitt in der Textil- und Bekleidungsindustrie, IBM Nachrichten 27 (1977) 237, S. 289-295.
[ROS 94]	Roschmann, K., Geitner, U.W. und Paßmann, M., Betriebsdatenerfassung 1994 - Teil 2: Systematische BDE-Marktübersicht, Fortschrittliche Betriebsführung/Industrial Engineering 43 (1994) 6, S. 268-311.
[RÜC 92]	Rück, R., Stockert, A. und Vogel, F.O., CIM und Logistik im Unternehmen, Praxiserprobtes Gesamtkonzept für die rechnerintegrierte Auftragsabwicklung, München-Wien 1992.
[SAM 90]	Sames, G. und Büdenbender, W., Entwicklung einer Handlungsanleitung zur Gestaltung von ganzheitlichen PPS-Konzepten bei inhomogener Auftragsabwicklungsstruktur, Bericht des Forschungsinstituts für Rationalisierung an der Rheinisch-Westfälischen Technischen Hochschule Aachen, Aachen 1990.
[SAP 11]	SAP AG (Hrsg.), SAP-Bibliothek – Kapazitätsplanung in der Leitteile- und Materialbedarfsplanung, http://help.sap.com/printdocu/core/Print46c/de/data/pdf/PPCRPMRPMPS/PPCRP_MRPMPS.pdf, Abruf am 04.10.2011.
[SCHE 97]	Scheer, A.-W., Wirtschaftsinformatik – Referenzmodelle für industrielle Geschäftsprozesse, 7. Aufl., Berlin u.a. 1997, S. 288.
[SCHE 02]	Scheibler, J., Vertrieb mit SAP, Bonn 2002, S. 393.
[SCHM 05]	Schmidt, L. und Döring, T., Manufacturing Execution Systems und deren Integration mit ERP-Systemen, in: Mönch, L. und Beyer, J. (Hrsg.), Aspekte der Wirtschaftsinformatik, San Diego-Erlangen 2005, S. 253-272.
[SCHN 05]	Schneider, H.M., Buzacott, J.A. und Rücker, T., Operative Produktionsplanung und -steuerung, München-Wien 2005, S. 111-113.

[SCHÖ 92]　　　　Schöneburg, E., und Heinzmann, F., PERPLEX: Produktionsplanung nach dem Vorbild der Evolution, WIRTSCHAFTSINFORMATIK 34 (1992) 2, S. 224-232.

[SCHÖ 01]　　　　Schönsleben, P., Integrales Informationsmanagement, 2. Aufl., Berlin u.a. 2001, S. 414.

[SCHÖ 07]　　　　Schönsleben, P., Integrales Logistikmanagement, 5. Aufl., Berlin u.a. 2007, insbes. Abschnitt 7.3.

[SCHU 98/SCHU 00]　　Schultz, J., Vergleich eines wissensbasierten, eines evolutionären, eines konnektionistischen und eines Prioritätsregelansatzes zur Unterstützung der Ablaufplanung, Dissertation, Nürnberg 1998; Schultz, J. und Mertens, P., Untersuchung wissensbasierter und weiterer ausgewählter Ansätze zur Unterstützung der Produktionsfeinplanung – ein Methodenvergleich, WIRTSCHAFTSINFORMATIK 42 (2000) 1, S. 56-65.

[SIE 03]　　　　Siersdorfer, D., Bausteine für die IT-gestützte Produktion, Industrie Management 19 (2003) 2, S. 28-31.

[STA 98]　　　　Stadtler, H., Hauptproduktionsprogrammplanung in einem kapazitätsorientierten PPS-System, in: Wildemann, H. (Hrsg.), Innovationen in der Produktionswirtschaft – Produkte, Prozesse, Planung und Steuerung, München 1998, S. 169-192.

[STA 07a]　　　　Stadtler, H. und Kilger, C., Supply Chain Management and Advanced Planning, 4. Aufl., Berlin u.a. 2007.

[STA 07b]　　　　Stadtler, H., Production Planning & Scheduling, in: Stadtler, H. und Kilger, C. (Hrsg.), Supply Chain Management and Advanced Planning, 4. Aufl., Berlin u.a. 2007, Kapitel 11.

[STA 07c]　　　　Stadtler, H., Supply Chain Management – An overview, in: Stadtler, H. und Kilger, C. (Hrsg.), Supply Chain Management and Advanced Planning, 4. Aufl., Berlin u.a. 2007, Kapitel 1.

[STE 00]　　　　Stengl, B. und Ermatinger, R., SAP R/3-Instandhaltung, Bonn 2000, S. 63.

[STE 04]　　　　Steinzen, I., Koberstein, A. und Suhl, U., Ein Entscheidungsunterstützungssystem zur Verschnittoptimierung von Rollenstahl, in: Suhl, L. und Voß, S. (Hrsg.), Quantitative Methoden in ERP und SCM, Paderborn 2004, S. 127-143.

[STO 68]　　　　Stommel, H.J., Ein dynamisches Verfahren zur gekoppelten lang- und mittelfristigen Termin- und Kapazitätsplanung des gesamten

	Auftragsdurchlaufs in der Einzel- und Kleinserienfertigung, Ablauf- und Planungsforschung 9 (1968), S. 23-41.
[STO 01]	Stockrahm, V., Schocke, K.-O. und Lautenschläger, M., Werksübergreifende Planung und Optimierung mit SAP APO, in: Buchholz, W. und Werner, H. (Hrsg.), Supply Chain Solutions, Stuttgart 2001, S. 261-274, hier S. 265.
[TAY 99]	Tayur, S., Ganeshan, R. und Magazine, M., Quantitative models for supply chain management, Boston 1999.
[TEM 98]	Tempelmeier, H., MRP^{rc}-Auftragsgrößenplanung bei Werkstattproduktion, in: Wildemann, H. (Hrsg.), Innovationen in der Produktionswirtschaft – Produkte, Prozesse, Planung und Steuerung, München 1998, S. 193-216, hier insbes. S. 195-201.
[THA 09]	Thamer, J., Qualitätsprozesse planen und steuern, Erfolgsrezepte im Produktionsprozess, IT&Production (2009) 9, S. 32-33.
[TRE 86/SCHW 96]	Trefzger, W., Anforderungen an ein PPS-System für Variantenfertiger, HMD 23 (1986) 129, S. 18-28; vgl. auch: Schwarze, S., Configuration of Multiple-Variant Products, Zürich 1996.
[TÜR 99]	Türk, K., Informationssysteme der Produktion und ihre Unterstützung durch Gruppenarbeit zur Steigerung der Wettbewerbsfähigkeit, Berlin 1999.
[VOS 03]	Voß, S. und Woodruf, D.L., Introduction to Computational Optimization Models for Production Planning in a Supply Chain, Berlin u.a. 2003, S. 45-78.
[WAL 11]	Persönliche Auskunft von Herrn H. Waldvogel, Pfizer Manufacturing Deutschland GmbH.
[WEI 94]	Weigelt, M., Dezentrale Produktionssteuerung mit Agenten-Systemen, Wiesbaden 1994.
[WIE 97]	Wiendahl, H.-P., Fertigungsregelung, München-Wien 1997.
[WIG 84/MER 92]	Wight, O.W., Manufacturing Resource Planning: MRP II – Unlocking America's Productivity Potential, 2. ed., Essex Junction 1984; zur Vertiefung des MRP II-Konzepts vgl. Mertens, P., MRP II – Ein Beitrag zur Kapazitätswirtschaft im Industriebetrieb, in: Corsten, H., Köhler, R., Müller-Merbach, H. und Schröder, H.-H. (Hrsg.), Kapazitätsmessung, Kapazitätsgestaltung, Kapazitätsoptimierung – eine betriebswirtschaftliche Kernfrage, Stuttgart 1992, S. 27-46.

[WOL 08]   Wolfrum, H., Kennen Unternehmer die Potenziale ihrer Anlagen?, IT&Production (2008) 10, S. 28-29.

[WUR 08]   Wurst, S., Fertigung in Echtzeit, IT&Production (2008) 8, S. 52-53.

[YEE 03]   Yee, M., Wai, W.W.K., Ng, M.S.T., Au, R.W.Y. und Tseng, M.M., Applying Mass Customization Techniques into Mass Production Apparel Business, in: Reichwald, R., Piller, F. und Tseng, M. (Hrsg.), Proceedings of the 2003 World Congress on Mass Customization and Personalization (MCPC'03), München 2003, S. 26.

[ZÄP 87]   Zäpfel, G. und Missbauer, H., Produktionsplanung und -steuerung für die Fertigungsindustrie – ein Systemvergleich, Zeitschrift für Betriebswirtschaft 57 (1987), S. 882-900, hier S. 892.

[ZÄP 88]   Zäpfel, G. und Missbauer, H., Bestandskontrollierte Produktionsplanung und -steuerung, in: Adam, D. (Hrsg.), Fertigungssteuerung I, Wiesbaden 1988, S. 23-48.

[ZÄP 92]   Zäpfel, G. und Hödlmoser, P., Läßt sich das KANBAN-Konzept bei einer Variantenfertigung wirtschaftlich einsetzen?, Zeitschrift für Betriebswirtschaft 62 (1992) 5, S. 437-458.

[ZÄP 05]   Zäpfel, G. und Braune, R., Moderne Heuristiken der Produktionsplanung am Beispiel der Maschinenbelegung, München 2005.

[ZEL 98]   Zelewski, S., Multi-Agenten-Systeme – ein innovativer Ansatz zur Realisierung dezentraler PPS-Systeme, in: Wildemann, H. (Hrsg.), Innovationen in der Produktionswirtschaft, München 1998, S. 133-166.

[ZEL 08]   Zelewski, S., Hohmann, S. und Hügens, T., Produktionsplanungs- und -steuerungssysteme, München 2008, Abschnitt 4.2.

[ZHU 96]   Zhu, K.X., Sensor-based Condition Monitoring and Predictive Maintenance – An Integrated Intelligent Management Support System, Intelligent Systems in Accounting, Finance and Management 5 (1996) 4, S. 241-258.

[ZIM 87]   Zimmermann, G., PPS-Methoden auf dem Prüfstand, Landsberg 1987, S. 69.

[ZWE 11]   Persönliche Auskunft von Herrn W. Zwerger, SAP AG.

3.6 Versandsektor

3.6.1 Überblick

In diesem Kapitel werden Funktionen und Prozesse behandelt, die **nach** der Produktion liegen und dazu beitragen, dass die richtige Ware zum richtigen Zeitpunkt beim Kunden eintrifft.

Abbildung 3.6.1/1 Teilfunktionsmodell des Versandsektors

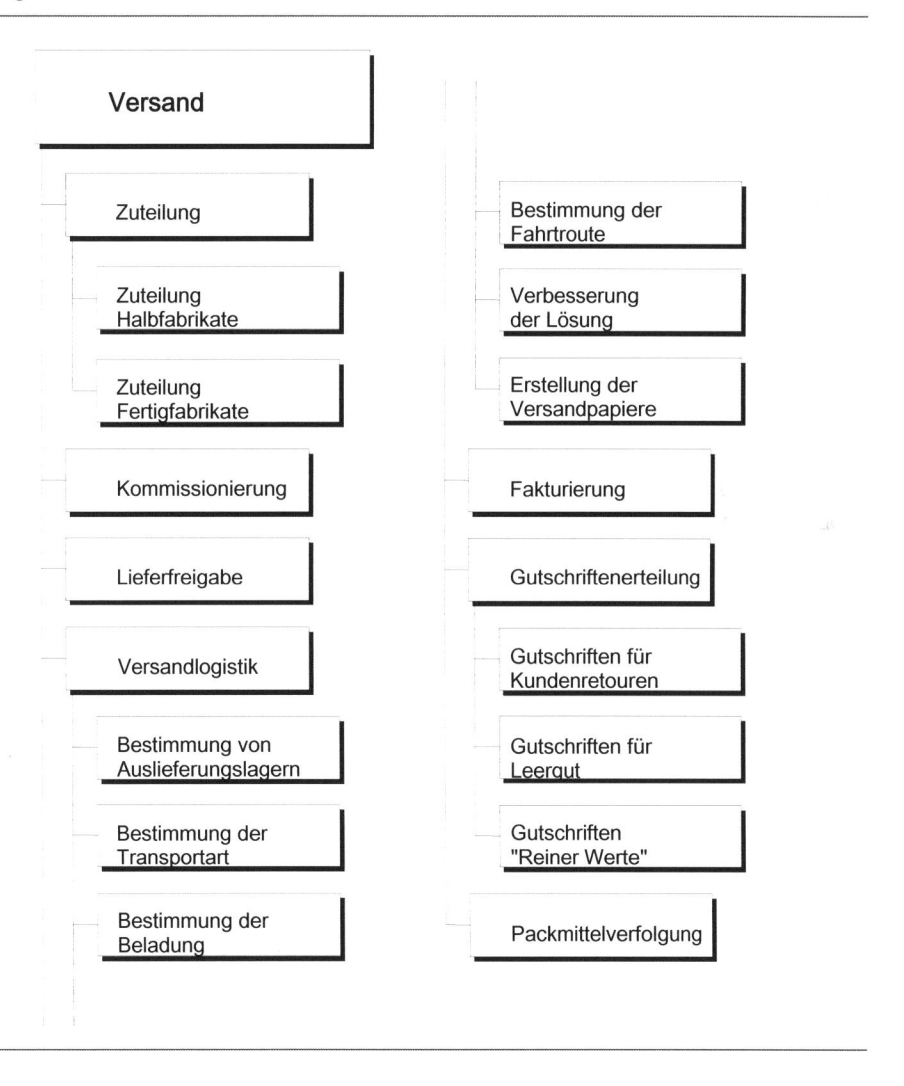

Versand
- Zuteilung
  - Zuteilung Halbfabrikate
  - Zuteilung Fertigfabrikate
- Kommissionierung
- Lieferfreigabe
- Versandlogistik
  - Bestimmung von Auslieferungslagern
  - Bestimmung der Transportart
  - Bestimmung der Beladung
- Bestimmung der Fahrtroute
- Verbesserung der Lösung
- Erstellung der Versandpapiere
- Fakturierung
- Gutschriftenerteilung
  - Gutschriften für Kundenretouren
  - Gutschriften für Leergut
  - Gutschriften "Reiner Werte"
- Packmittelverfolgung

Wir gehen wie in Abschnitt 3.2.1 (Vertrieb) davon aus, dass der Betrieb stark kundenwunschorientiert fertigt. Dann setzt sich die Vorgangskette aus den folgenden Teilfunktionen und den zugehörigen Programmen zusammen:

1. Sobald Produkte im Fertigerzeugnislager eingetroffen sind oder vom Programm Produktionsfortschrittskontrolle gemeldet wird, dass die Fertigstellung bevorsteht, nimmt das Modul Zuteilung eine geeignete Zuordnung von Fertigerzeugnissen zu Kundenaufträgen vor.
2. Die Komponente Lieferfreigabe stellt fest, ob Teillieferungen versandt werden sollen.
3. Das Anwendungssystem Versandlogistik ermittelt eine geeignete Versandart und erstellt die Lieferdokumente (auf Papier oder als elektronisch zu versendende Nachricht).
4. Die Daten der Lieferdokumente werden dem System gemeldet, das daraufhin im Programmkomplex Fakturierung die Rechnung erstellen kann.
5. Meist ist neben der Fakturierung auch die Bearbeitung der Gutschriften in das integrierte System einzubeziehen.
6. Soweit man mit dem Produkt Packmittel an den Kunden sendet, die im Eigentum des Versenders bleiben und zurückzuliefern sind, kommt ein Programm in Betracht, das den Rücklauf der Packmittel kontrolliert.

Abhängig von den Kundenbeziehungen und von der Fertigungsorganisation sind zahlreiche Varianten des Prozesses möglich, z. B.:

1. Teillieferungen spielen oft nur eine geringe Rolle, sodass man dann auf ein Dispositionsprogramm Lieferfreigabe verzichten kann.
2. In vielen Fällen sind beim Versand keine besonderen Entscheidungen zu treffen, sodass nicht ein Versandlogistikprogramm, sondern nur ein Veranlassungsprogramm zum Erstellen der Versanddokumente erforderlich ist.
3. Bei Vorfakturierung (vgl. Abschnitt 3.6.6) erübrigt sich im Vergleich zu 2) auch das Ausfertigen von Lieferscheinen.
4. Bei reiner Kundenauftragsfertigung brauchen Fertigfabrikate nicht den Kundenaufträgen zugeteilt zu werden; somit wird auch das Zuteilungsprogramm nicht benötigt.

3.6.2 Zuteilung

Zuteilungsüberlegungen sind immer dann anzustellen, wenn keine vollständige Kundenauftragsfertigung von der untersten Produktionsstufe an gegeben ist. In der Folge sollen vor allem Zuteilungen von Fertigwaren zu Kundenaufträgen behandelt werden. Das Zuteilen wird zuweilen auch als „Sammeln" bezeichnet. Darin kommt der Ablauf des Prozesses zum Ausdruck: Die aus der Produktion gemeldeten

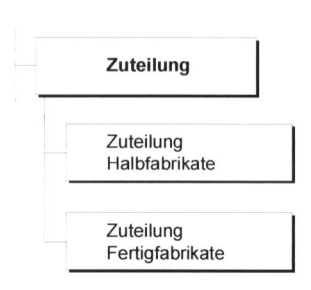

Erzeugnisse werden im elektronischen Speicher des Kundenauftrags verbucht, bis der Auftrag komplett ist, oder mit anderen Worten: Im Kundenauftragsspeicher werden Artikelposten gesammelt.

Die Zuteilungsrechnung ist meist mit der Beachtung von auftragsindividuellen Prioritäten verbunden.

Abbildung 3.6.2/1 Zuteilung

Wichtigste Eingaben:	Zuteilungsrichtlinien/Prioritäten
Wichtigste Anzeigen und Ausdrucke:	Lagerbestände, offene Kundenaufträge, Kundenstammdaten, Zuteilungsübersicht
Wichtigste Dialogfunktionen:	Simulation von Zuteilungsalternativen mit Anzeige der nicht lösbaren Fälle
Nutzeffekte:	Befreiung von personeller Dispositionsarbeit, Optimierungseffekte bei der Lagerhaltung, flexible Berücksichtigung vertriebspolitischer Ziele

Im einfachsten Fall sortiert das Zuteilungsprogramm bei jedem Lauf die neu eingetroffenen Kundenaufträge nach Lieferterminen und innerhalb der Liefertermine nach kunden- oder auch auftragsgrößenabhängigen Prioritäten. Dann werden aus den vorhandenen effektiven Lagerbeständen (Ablieferung aus der Fertigung) die anstehenden Kundenaufträge so lange bedient, wie der Vorrat reicht.

Das beschriebene einfache Verfahren ist vor allem dann empfehlenswert, wenn die Durchlaufzeiten in der Produktion kurz und damit eventuell neu eintreffende Kundenaufträge kurzfristig zu bedienen sind oder wenn im Allgemeinen keine geplanten Lager existieren, sondern nur Zwangslager (z. B. durch Minderqualitäten oder Retouren) entstehen, die rasch geräumt werden sollen.

Folgende Varianten und Verfeinerungen sind zu erwägen:

1. Die Zuteilung geschieht nicht schematisch bei dem Lauf des Zuteilungsprogramms, der auf den Auftragseingang folgt, sondern eine bestimmte Zeit vor dem Auslieferungstermin des Kundenauftrags.
2. Statt der effektiven Fertiglagerbestände legt man die **disponiblen Fertiglagerbestände** der Zuteilungsrechnung zugrunde. Zu erwartende Ablieferungen (dem Anwendungssystem bekannt aus den laufenden Fertigungsaufträgen) werden bereits berücksichtigt und ebenfalls zugeteilt. Die zeitpunktartige Betrachtung wird also auf eine Zeitstrecke ausgedehnt. Hierdurch gelingt es, den Umsatz zu steigern und die Lagerhaltungskosten zu senken: Wenn man keine Zeitstreckenbetrachtung anstellt, muss ein Terminauftrag aus der nächsten ankommenden Ablieferung der Fertigung bedient werden. Die Ware

bleibt dann bis zum Herannahen des Liefertermins am Lager, oder sie wird dem Kunden frühzeitig gesandt und später bzw. mit einem langen Zahlungsziel fakturiert. Sofortaufträge müssen unter Umständen abgelehnt werden, weil die am Lager befindliche Fertigware für einen Terminauftrag reserviert ist. Hätte man dagegen „elektronisch völlige Übersicht", so würde man jedem Terminauftrag gerade diejenige Ablieferung zuteilen, die zum letzten Termin am Fertiglager eintrifft, zu dem noch eine pünktliche Belieferung des Kunden gewährleistet ist. Davor ankommende Fertigprodukte können für Sofortaufträge verwendet werden.

3. Die oben angedeutete Sortierung nach Terminen und innerhalb der Termine nach Prioritäten genügt oft nicht, um alle Forderungen des Vertriebs zu erfüllen. Beispielsweise kann es wünschenswert sein, bestimmten Kunden auf alle Fälle Fertigprodukte zu reservieren, sobald sie einen Auftrag gegeben haben. Diese Ware soll also auch dann schon zugeteilt werden, wenn dadurch ein anderer Auftrag mit früherem Termin Not leidend wird und man zudem eine Ablieferung aus der Fertigung erwartet, die bei pünktlichem Eintreffen noch rechtzeitig käme, um den Auftrag des bevorzugten Kunden zu decken. In solchen Fällen muss ein System verwendet werden, das neben der Termindringlichkeit andere Prioritäten berücksichtigt.

PRAKTISCHES BEISPIEL

Die **Schaeffler Gruppe** in Herzogenaurach wählt die zuzuteilenden Wälzlagervarianten mithilfe eines Operations-Research-Verfahrens aus. Es basiert auf Modellen der gemischt-ganzzahligen Programmierung und berücksichtigt eine Vielzahl an zuweisungsrelevanten Restriktionen bzw. vertriebslogistischen Zielen, wie z. B. Kundenwunschtermine, spezifische Kundenverpackungen, Homogenität der Lieferungen, Mindestzuteilungsmengen, Feinabrufe im Zuge von Rahmenverträgen etc. Täglich fließen bis zu 300.000 Kundenauftragspositionen in bis zu 16.000 Zuteilungsanstöße ein und werden online entschieden. Durchschnittlich existieren je Kundenauftragsposition vier Alternativen. Das im Vergleich zur vormals angewandten Heuristik erschlossene Optimierungspotenzial zeigt sich unter anderem in geringeren Fertigwarenbeständen und Lieferzeiten bei höherer Liefertreue. Ferner sank die Anzahl mangelhafter Zuteilungen, die einer personellen Nachbearbeitung bedürfen [BRÄ 97/SIE 05/STÜ 11].

In verschiedenen Branchen stellt sich die Aufgabe, nach Erhalt eines Kundenauftrags geeignete **Halbfabrikate** zu suchen, die zu dem vom Kunden gewünschten Endprodukt weitergefertigt werden können. Dieses Problem ist in der Regel noch komplizierter als die Zuteilung von Enderzeugnissen, denn oft gilt es, zwischen einer größeren Zahl von Alternativen zu entscheiden, weil durch geeignete Fertigungsgänge die verschiedensten Halbfabrikate weiterverarbeitet werden können, um das Fertigfabrikat zu erhalten.

3.6.3 Kommissionierung

Das Kommissionieren von Materialpositionen bei der Lagerentnahme in der Reihenfolge, in der die Teile auf den zu erfüllenden Kundenaufträgen vermerkt sind, führt oft zu langen Laufwegen und damit geringer Produktivität der Lagerarbeiter, weil die räumliche Anordnung der Materialien im Lager eine andere ist als die Sequenz auf dem Kundenauftrag.

In solchen Fällen kann folgende Organisation vorteilhaft sein: In einem Programm werden die Positionen der Kundenaufträge eines bestimmten Kommissionierintervalls (z. B. eines Tages) in **Entnahmeschübe** (z. B. sechs Schübe pro Tag) aufgeteilt. Innerhalb eines jeden Entnahmeschubes sind die Kundenauftragspositionen nach Lagerstellen (z. B. Regalgruppen) sortiert. Anschließend erhält das Kommissionierungspersonal Anweisungen auf tragbare elektronische Geräte über Lichtsignale („pick per light", siehe unten) oder per Sprachausgabe („pick per voice") gesandt. Zahlen und Texte aus dem IT-System können auf eine sogenannte Datenbrille projiziert werden, die die reale Sicht auf die Umgebung nicht beeinträchtigt. Stimmt die von einem Sensor erfasste Entnahmemenge nicht mit der Sollmenge überein, so leuchtet ein Fehlersignal auf [RET 10]. Anhand dieser Anweisungen kommissioniert man vor. Die auf diese Weise sehr rationell vorkommissionierte Ware wird an eine zentrale Stelle (z. B. Sortierregal) in der Nähe der Versandrampe transportiert und erst dort nach Kundenaufträgen umsortiert. Die Tendenz geht dahin, die Artikel – z. B. mithilfe eines Balkencode- oder Funketiketts – maschinell zu identifizieren und dann diesen Sortierprozess zu automatisieren. Eine Möglichkeit, die Richtigkeit der Kommissionierung zu prüfen, liegt darin, die zusammengestellte Sendung automatisch zu wiegen, das Gewicht zum Computer zu übertragen und dort mit dem theoretischen Gewicht zu vergleichen, das sich durch Summation der Artikelgewichte ergibt; hierzu müssen diese Gewichte im Materialstamm gespeichert sein.

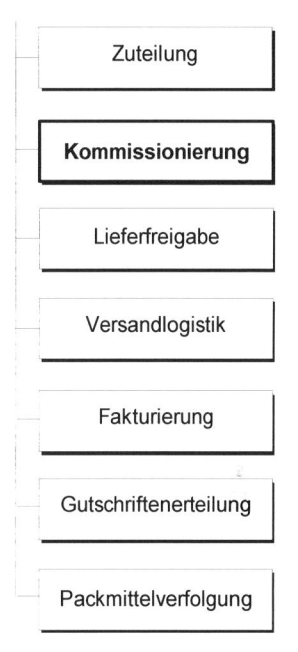

Weiterreichende Systeme identifizieren nicht nur die zu versendenden Artikel, sondern auch die **Verpackungseinheiten,** wählen automatisch Behälter aus, die für die Sendung geeignet sind, und führen diese beispielsweise mithilfe fahrerloser Transportsysteme an der richtigen Stelle mit der Ware zusammen.

> **PRAKTISCHES BEISPIEL**
>
> Bei der spanischen Tochtergesellschaft der **AVON Cosmetics GmbH**, die auch die Aufträge aus Deutschland und Frankreich ausliefert, werden die flach liegenden Kartonzuschnitte in Karton-Aufstellmaschinen automatisch geformt und mit Heißleim verklebt. Der ebenfalls automatisch am Karton aufgebrachte Balkencode wird am „Orderstart" gescannt und automatisch mit dem Balkencode der Kunden-Auftragspapiere „verheiratet".

Mithilfe von Laser-Scannern und der entsprechenden Steuerung fördert das System jeden Auftragskarton individuell in die benötigten Kommissionier-Bereiche. Die Kommissioniererinnen erhalten an ihrem Computer-Bildschirm eine grafische Darstellung, die ihnen zeigt, zu welchem Regalfach sie sich wenden müssen. Diejenigen Fächer, aus denen für den Auftrag Ware zu entnehmen ist, werden innen beleuchtet, und an einer Digitalanzeige sieht das Einsammelpersonal, wie viele Einheiten (z. B. Lippenstifte, Tuben) zu „picken" und in den Karton zu legen sind. Nach der Entnahme aller benötigten Artikel in einer Einsammelstation genügt ein Tastendruck, um den Arbeitsgang als beendet zu melden. Der Karton wird dann automatisch zum nächsten benötigten Platz transportiert. Während des Kartontransportes wird bereits der Bedarf für den nächsten Karton angezeigt und von der Pickerin eingesammelt. Die Kommissionierplätze und den Arbeitsablauf hat man nach dem **Methods-Time-Measurement (MTM)**-Verfahren gestaltet. Die Auftragsdaten überträgt das System dann an den Host-Computer für die einzelnen AVON-Niederlassungen und an die Paketdienste und Spediteure. Diese können so den Versand disponieren und andererseits die Sendungen bis zur Auslieferung an die AVON-Beraterin über Internet verfolgen [HAB 96/GUI 11].

3.6.4 Lieferfreigabe

Es ist Aufgabe des Programms Lieferfreigabe, festzustellen, ob die vom Zuteilungsprogramm zu den Kundenbestellungen akkumulierten Lieferpositionen zum Versand gebracht werden müssen bzw. können.

Als Erstes ist zu prüfen, ob eine Liefersperre gesetzt ist (z. B. weil der Kunde eine Rechnung nicht bezahlt hat). Dann sind in einer Art Rückwärtsterminierung (vgl. Abschnitt 3.5.2.6.1), die von dem dem Kunden zugesagten Lieferdatum ausgeht, die Zeitpunkte für Beginn und/oder Ende einzelner Vorgänge im Lieferprozess zu ermitteln. Abbildung 3.6.4/1 vermittelt einen Eindruck des zugehörigen Bausteins im **SAP-Modul SD** (**S**ales and **D**istribution). Die Transitzeit ist die reine Transportzeit und hängt von der Route ab. Die Richtzeit wird für Kommissionierung und Verpackung benötigt.

Dabei sind folgende Situationen zu unterscheiden:

1. Rechtzeitig vor dem bestätigten Liefertermin ist der Kundenauftrag komplett lieferbereit und kann freigegeben werden.
2. Es ist zum spätestmöglichen Lieferzeitpunkt **keine** der im Rahmen des Kundenauftrags bestellten Positionen lieferbar, eine Entscheidung über die Freigabe erübrigt sich.
3. Zum spätestmöglichen Lieferzeitpunkt ist der Kundenauftrag nur **teilweise** versandbereit. Nun ist eine Entscheidung fällig, ob Teillieferungen versandt werden können und sollen. Dabei mögen in das Programm die folgenden Typen von Entscheidungsregeln aufgenommen werden:

a. Eine Teillieferung erfolgt, wenn ein bestimmter **Prozentsatz** der Bestellung zum Versand kommen kann. (Es wäre z. B. unsinnig, wenn in einem Unternehmen, das **fototechnische Papiere** herstellt, eine zufällig vorhandene angebrochene Packung von fünf Stück eines Artikels als Teillieferung eines Kundenauftrags von 2.000 Stück versandt würde.) Der Parameter Grenzprozentsatz kann vom Artikel oder von der absoluten Größe der Bestellung abhängig gemacht werden.
b. Eine Lieferung, die streng genommen eine Teillieferung ist, wird als volle Befriedigung des Kundenauftrags betrachtet, wenn die Restmenge einen parametrisierten Grenzprozentsatz unterschreitet. (In vielen Branchen wäre es sinnlos, eine aus technischen Gründen verbleibende Restmenge von z. B. 0,5 Prozent des Auftrags nachzuliefern.)
c. Ob eine Teillieferung erfolgt, wird in Abhängigkeit von einem bei den Kundenstammdaten gespeicherten Merkmal entschieden. (Möglicherweise hat sich der Kunde Teillieferungen grundsätzlich verboten.)
d. Die Aufteilung wird mithilfe eines Modells bestimmt, das gleichzeitig die Datenkonstellation bei der Versandlogistik, z. B. die Auslastung von Versandkapazitäten, berücksichtigt (vgl. nächstes Kapitel).

Abbildung 3.6.4/1 Rückwärtsterminierung im Lieferprozess [BER 01]

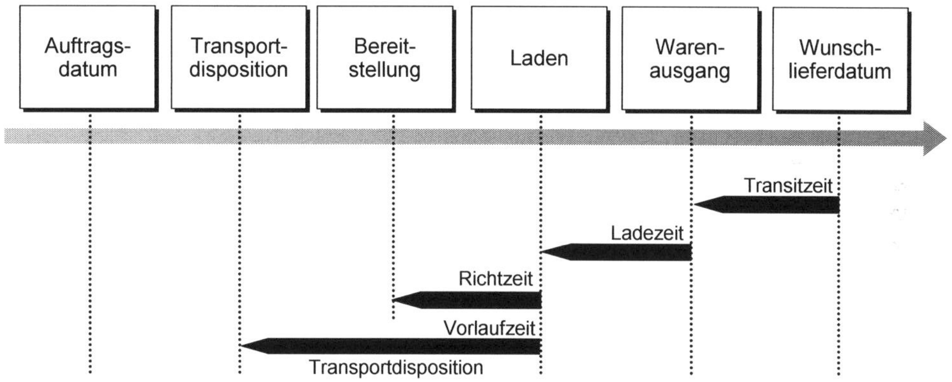

Ferner verbleibt naturgemäß die Möglichkeit, alle Teillieferungsentscheidungen durch den Benutzer, etwa im Bildschirmdialog, treffen zu lassen.

Abbildung 3.6.4/2 Lieferfreigabe

Wichtigste Eingaben:	Freigabeparameter, Liefersperren
Wichtigste Anzeigen und Ausdrucke:	Lagerbestände, offene Kundenaufträge

Wichtigste Dialogfunktionen:	Einteilung in Teillieferungen nach Anzeige von Kundenaufträgen und Ablieferungsterminen veranlasster Fertigungsaufträge
Nutzeffekte:	Befreiung von personeller Dispositionsarbeit, Optimierungseffekte beim Abwägen zwischen zusätzlichen Transportkosten bei mehr Teillieferungen und zusätzlicher Kapitalbindung bei weniger Teillieferungen, gleichmäßige Auslastung der Versandkapazitäten

3.6.5 Versandlogistik

Die Aufgabe eines Versandlogistikprogramms ist am weitesten gesteckt, wenn es gilt, einen optimalen Belieferungsplan der Kunden- und Außenlagerergänzungsaufträge für n Kunden und m Außenlager mit t Transportmitteln aus l Lagern zu finden. Diese Aufgabe lässt sich jedoch noch nicht in einem Simultanmodell behandeln; vielmehr wird sequenziell vorgegangen, es werden einzelne Modellbausteine zu einer Gesamtlösung zusammengefügt. Solche Bausteine sind:

1. Auswahl der Auslieferungslager (soweit diese nicht schon im Zuteilungsprogramm vorgenommen wurde)

2. Auswahl der Transportart

3. Berechnung der Ladung und Fahrtroute

4. Verbesserung der Lösung durch Veränderung der Versandmengen (Versand von Teillieferungen oder von nicht fälligen Kundenaufträgen)

Versandlogistik
- Bestimmung von Auslieferungslagern
- Bestimmung der Transportart
- Bestimmung der Beladung
- Bestimmung der Fahrtroute
- Verbesserung der Lösung
- Erstellung der Versandpapiere

Naturgemäß bergen diese sequenzielle Behandlung im Prozess und die damit verbundene Aneinanderreihung von Suboptima die Gefahr in sich, dass man infolge gegenläufiger Zielsetzungen bei den Lösungen der Teilprobleme das Gesamtoptimum beträchtlich verfehlt. Schon die Reihenfolge der Schritte ist nicht zwingend. So bestimmt z. B. die **Rauch Möbelwerke GmbH** in Abhängigkeit von den mit dem Kunden vereinbarten Lieferwochen zuerst die Sendungen, die mit einem Fahrzeug auszuliefern sind (Touren), und optimiert anschließend die Fahrtroute. Erst in einem nächsten Schritt werden den Touren Speditionen und Fahrzeuge zugeordnet [BUS 05].

In den meisten IV-Konzeptionen wird jedoch das Problem nicht in dem hier dargestellten Umfang zu behandeln sein, z. B. weil keine Außenlager vorhanden sind oder nur eine Versandart infrage kommt. Weiterhin wird man in der Praxis meist deshalb nicht zu weit vom theoretischen Optimum entfernt liegen, weil die von vielen Kunden fest vorgegebenen Versandvorschriften den kombinatorischen Umfang einengen.

Abbildung 3.6.5/1 Versandlogistik

Wichtigste Eingaben:	Dispositionsrichtlinien
Wichtigste Anzeigen und Ausdrucke:	Versandanweisungen/-stücklisten, Lagersammelscheine (Picklisten), Anweisungen an Prozessrechner zur Auslagerung, Versandanzeigen, Frachtpapiere, Lieferscheine, Aufkleber, Fuhrparkeinsatzplan, Postgebühren, Speditions-/Bahntarife
Wichtigste Dialogfunktionen:	Personelle Versanddisposition nach Anzeige von Kundenaufträgen und Fuhrparkkapazitäten oder maschinellen Vordispositionen, Simulation alternativer Entscheidungen
Nutzeffekte:	Transportkostenersparnisse, frühzeitige Information der Kunden, Rationalisierungseffekte beim Generieren von Versandpapieren

Allerdings wird die Aufgabe dadurch erschwert, dass aus Gründen einer günstigen Versanddisposition eventuell die im Programm Lieferfreigabe getroffene Entscheidung in Bezug auf Teillieferungen revidiert werden muss (siehe oben Punkt 4). Streng genommen müssten Lieferfreigabe und Versanddisposition in einem Simultanmodell behandelt werden.

Der **erste Programmteil** ist vergleichsweise einfach. Man wird zunächst abfragen, ob die notwendigen Bestände in dem zum Kunden nächstgelegenen Außenlager vorrätig sind. Wenn das nicht zutrifft, ist das nächstentfernte Lager zu überprüfen usw. Diese einfache Vorgehensweise ist unter den Bedingungen der Praxis meist ausreichend, wenn sie auch nicht zwangsläufig zum Optimum führt. Die folgenden Beispiele verdeutlichen, welche Fehldispositionen eintreten können:

1. Im zweitnächsten Lager ist ein hoher Überschuss vorhanden, den es schnellstmöglich abzubauen gilt.
2. Wenn man das zweitnächste Lager heranzieht, kommt ein besonders kostengünstiger Transport zustande, weil die betrachtete Lieferung gerade die Vollladung eines Transportmittels mit günstigem Transportweg bewirkt.
3. Zusammen mit der Belieferung eines Kunden aus dem Zentrallager kann ein in der Nähe des Kunden gelegenes Außenlager nachbevorratet werden.

Es ist zu prüfen, ob die ATP-Module aus einem SCM-System (vgl. Abschnitt 4.4) in die Versandlogistik aufgenommen werden können.

Der **zweite Programmteil** erfordert ein sehr kompliziertes und unternehmensindividuelles Modell. Unter den Transportmitteln stehen meist betriebseigene Lastkraftwagen, hinzugemietete Fahrzeuge, Spediteure sowie die Bahn, gegebenenfalls mit verschiedenen Frachttarifen, zumindest aber Waggonladungen und Stückgut, in Konkurrenz. Dabei liegt das Optimum oft darin, mit Lastkraftwagen oder Waggons Sammelladungen an einen Knotenpunkt zu bringen und dort als Stückgut an die einzelnen Kunden weiterzuleiten. Schwierigkeiten können dadurch entstehen, dass man als Zielfunktion des Auswahlprozesses meist die Minimierung der Transportkosten hat, jedoch die Entscheidung auch durch die Dringlichkeit des Liefertermins beeinflusst wird.

Ist die Zahl der Kunden nicht zu groß und unterliegt der Kundenbestand nicht häufigen Änderungen, so bleibt zu erwägen, ob man den Untersuchungsaufwand bei der Stammdatenaufnahme und den Speicherbedarf in Kauf nimmt und für jeden Kunden gute oder – wenn möglich – optimale Belieferungsvorschriften unter diversen Bedingungen (z. B. verschieden enge Liefertermine und unterschiedliche Liefermengen) mit den Kundenstammdaten ablegt. Es lassen sich durch diese Hilfslösung die Wechselwirkungen zwischen den Lieferungen an benachbarte Kunden, etwa durch Zusammenladen in einen LKW, nicht berücksichtigen.

Die **Dr. Städtler Transport Consulting GmbH & Co. KG** hat ein System zur Tourenplanung und Disposition entwickelt. Die Sendungen eines Planungszeitraums werden mithilfe des Tourenplanungssystems **TRAMPAS** [FAL 95] zu optimalen Touren zusammengestellt. Dabei werden die gültigen gesetzlichen Vorschriften (Lenk- und Ruhezeiten) ebenso wie Restriktionen des eigenen Betriebs oder des Kunden berücksichtigt. Die ermittelten Fahrten werden einerseits mit den Kosten des Werkverkehrs und andererseits mit den Konditionen der Spediteure bewertet. Die Software teilt dann die Touren der jeweils günstigsten Transportmöglichkeit (Werkverkehr oder Spedition) zu. Der Disponent kann sich die Ergebnisse der Planung und anderes auf digitalisierten Landkarten ansehen, die Planung personell ändern oder aus alternativ berechneten Touren die günstigste heraussuchen [STÄ 11]. Mit Einsatz eines Telematiksystems auf dem LKW können über Schnittstellen neue Aufträge/Touren an den Fahrer übermittelt und umgekehrt aktuelle Störungen (Annahmeverweigerung/Stau etc.) vom Fahrer sofort an die Disposition gemeldet und mögliche Handlungsalternativen „angestoßen" werden. Auf diese Weise wird der warenbegleitende Informationsfluss online bis zum Kunden verlängert [NIE 07].

Im **dritten Programmteil** werden für die gegebenenfalls im zweiten Teil ausgewählten Transportmittel die optimale Ladung und Route bestimmt. Dieses Problem wird in der angelsächsischen Literatur oft als „**Vehicle Scheduling**" oder „**Truck Dispatching**" bezeichnet.

Als Beispiel sei hier ein von Dantzig und Ramser entworfener und von Clarke und Wright [CLA 64/MAT 78/TEM 83] wesentlich verbesserter sogenannter **Savings-Algorithmus** verbal skizziert. Dieser ist in der Praxis relativ stark verbreitet und zusammen mit dem **Sweep-Algorithmus** [DOM 97] Ausgangspunkt einer Vielzahl von verwandten Methoden. Gegeben ist die Anzahl der Transportmittel, wobei diese Transportmittel unterschiedliche Kapazitäten haben dürfen. Ferner muss bekannt sein, welche Mengen vom Zentrallager zu welchen Kunden zu befördern sind und wie groß die Entfernung zwischen allen Punkten ist, d. h. zwischen dem Zentrallager und den einzelnen Kunden und zwischen den Kunden untereinander. Das Verfahren bestimmt den kürzesten Gesamtweg, der von den Transportmitteln befahren wird, um alle anstehenden Lieferungen zu versenden. In der Ausgangslösung ist angenommen, dass jeder Bestimmungsort einzeln vom Zentrallager aus beliefert wird. Der Algorithmus ermittelt dann, welche Ersparnisse (Savings) resultieren, wenn man zwei Orte nicht mehr getrennt vom Zentrallager, sondern auf einer Rundreise anfährt. Dabei wird überprüft, ob durch diese Zusammenfassung mehrerer Lieferungen die Kapazitätsgrenzen der Transportmittel überschritten werden. Es wird nun jene Zusammenfassung von zwei Orten gewählt, die die höchste Ersparnis bringt. Anschließend versucht das Verfahren, die Rundreise auf weitere Orte auszudehnen, bis das Optimum gefunden ist.

Algorithmen wie den beschriebenen hat man sich als Bestandteil größerer Programmkomplexe, wie etwa dem „Transportation Planning and Vehicle Scheduling" von **SAP**, das Teil des **APO** (vgl. Abschnitt 4.4) ist, vorzustellen, in denen mithilfe von Einzelprogrammen weitere Teilentscheidungen getroffen und Nebenbedingungen berücksichtigt werden können (vgl. auch [STU 98]). Solche Restriktionen sind: Öffnungszeiten der Kundenbetriebe, gewünschte Liefertermine bzw. -fenster, Priorität der Lieferung, Ent-/Beladezeiten, Standzeiten beim Kunden, Öffnungszeiten der Depots, maximale Fahrzeiten, Lenkzeiten, Fahrzeugkapazitäten, Fahrzeugbesonderheiten (Hebebühne, Kühlwagen), Verfügbarkeit spezieller Be- und Entlade-Einrichtungen an der Senke.

Bei Gefahrguttransporten kann ein IV-System gefährliche Kombinationen vermeiden helfen. Ein Beispiel ist der Versuch von **SAP**, Behälter auf Gefahrguttransporten selbstständig über Funketiketten darauf überprüfen zu lassen, ob sie richtig aufgestellt wurden oder ob gefährliche, reaktive Substanzen zu nahe beieinander gelagert werden [ZEN 11]. (Es ist dies ein Beispiel für das „Internet der Dinge".)

Der **vierte Programmteil** soll die Möglichkeit eröffnen, die durch die sequenzielle Behandlung des Problems erhaltene Lösung in Richtung auf ein Gesamtoptimum zu verbessern. Das kann dadurch geschehen, dass man die Liefermengen in gewissen Grenzen variabel hält; einmal ist es möglich, Teillieferungen zu versenden, zum anderen können noch nicht fällige Kundenaufträge vorgezogen werden. Daneben stellen Vorratslieferungen an Außenlager flexible Mengen dar. Für derartige Programme empfiehlt sich unter Umständen die Arbeit mit einfachen Entscheidungstabellen, in denen die Entfernungen vom Auslieferungslager zum Kunden und dazu die Mindeststückzahl oder Mindestmenge verzeichnet sind, ab denen sich ein Teilversand lohnt.

Sieht man solche Teilungen und Aufstockungen von Liefermengen vor, so ist in einer integrierten Konzeption auf Überschneidungen zwischen Lieferfreigabe und Versandlogistikprogramm zu achten.

Ähnlich wie in der Produktion (Abschnitt 3.5.2.7.2) oder am Arbeitsplatz des „Treasurers" (Abschnitt 3.8.2) mag es zweckmäßig sein, den industriellen Versand von einem Leitstand, dem **Distributionsleitstand**, aus zu steuern. Dies gilt besonders dann, wenn die Versand- mit der Beschaffungslogistik integriert werden soll. (Die Versandfahrzeuge holen unterwegs Zulieferungen ab.) Die Informationen zu Fahrzeugbewegungen werden auf diesem Leitstand gesammelt und grafisch präsentiert. Anforderungen an Distributionsleitstände sind:

1. Grafische Benutzungsoberfläche mit Darstellungs- und Eingriffsmöglichkeiten ähnlich der von Plantafeln
2. Tourenplanungsmethodenbank mit statischen und dynamischen Verfahren (z. B. Savings-Algorithmus und schnelle Einfüge- bzw. Vertauschungsheuristiken) [FAL 95]
3. IT-Anbindung der Fahrer und Fahrzeuge
4. Darstellung von Alarmen (z. B. Blinksignale bei Verspätungen)
5. Verbindung zu Fahrzeugortungssystemen

Als hoch entwickelter Dispositionsleitstand mag das in Band 2 skizzierte **Supply Chain Cockpit** aus **SAP SCM** angesehen werden.

So kann der Disponent flexibel in Echtzeit eilige Lieferungen einplanen, Routenverläufe aufgrund unvorhersehbarer Gegebenheiten modifizieren und auf Störungen bei der Auslieferung reagieren [DER 93].

Wegen der komplizierten Mischung aus quantifizierbaren und qualitativen Einflussfaktoren, die die Versandlogistik auszeichnet, liegt der Einsatz von Expertensystemen nahe [BOR 93]. Es konnte an einem Beispiel aus der Möbelindustrie gezeigt werden, dass die XPS-Methodik alternativen Entscheidungsunterstützungssystemen (lineare Programmierung, genetische Algorithmen) überlegen war [MER 94].

Die Resultate der Zuordnung von Touren zu Fahrzeugen und Fahrern können den Fahrern auf Listen bekannt gemacht werden. Es besteht jedoch auch die Möglichkeit, die Tourendaten in einen **Bordcomputer** zu laden. Dieser informiert den Fahrer über die nächste Anlaufstelle mit dem Abladetermin ebenso wie über die dort notwendigen Aktionen, so etwa die Menge der abzuladenden Kisten oder das zurückzunehmende Leergut, und gegebenenfalls kurzfristige Umdispositionen. Eine Integration mit dem Navigationssystem des Fahrzeugs ist erwägenswert, sodass sich der Fahrer nicht um die Route kümmern muss. Weitere Beiträge zur Kostensenkung und zur Verkürzung von Transportzeiten dürften sich in der Zukunft durch die Kombination herkömmlicher Navigationssysteme mit Datenbanken ergeben, welche spezielle Informationen für LKW-Fahrten enthalten. Dazu gehören etwa die Durchfahrthöhe von Brücken, Gewichtsbeschränkungen oder Sperrungen von Gefahrguttransporten. Diese Lösung entspricht der in Abschnitt 3.5.2.8 für die Produktion erwähnten, bei der einem Maschinenbediener auf einem Display die nächste Operation angezeigt wird.

Für die Datenerfassung während des Versandvorgangs, z. B. für die Zwecke der Qualitätssicherung, Logistik oder Kostenrechnung, ergeben sich interessante Möglichkeiten.

> **PRAKTISCHES BEISPIEL**
>
> Im **Volkswagenwerk** Braunschweig werden Lenkungen produziert. Die teuren Erzeugnisse (z. B. komplette Achsensysteme) liefert das Werk zu beachtlichen Teilen „just in time" und „just in sequence" an die weltweiten Fertigungsstandorte. Dafür wurden unter anderem für einzelne innerbetriebliche Lieferstrecken KANBAN-Systeme eingerichtet. Die Standorte der LKW auf dem Werksgelände müssen für die Dispositionen besonders genau ermittelt werden. Mit GPS gelingt es, die Fahrzeuge bis auf 5 qm zu lokalisieren [SEM 08]. Sensoren im Fahrzeug können zahlreiche Daten messen, die gespeichert und von einer IT-Anlage übernommen werden.

In der **Lebensmittelindustrie** protokollieren RFID-Verfahren die physikalischen Daten in der Transportkette, z. B. die Temperatur (Kühlkette). Am Endpunkt der Lieferung werden die Messreihen ausgelesen, sodass man Produkte, die nicht ordnungsgemäß transportiert wurden, aussondern kann [OV 09]. Auch Fahrtenschreiber-Diagramme lassen sich mit Spezialgeräten automatisch auswerten [OV 87/SIE 87]; man mag dies mit der Betriebs- bzw. Maschinendatenerfassung (vgl. Abschnitt 3.5.2.9.1) vergleichen. Wenn die Fahrzeuge Systeme mitführen, die Bordrechner mit Beleglesereinrichtungen kombinieren, können diese Geräte die Funktion der klassischen Fahrtenschreiber ergänzen, wobei sich zusätzlich Unterbrechungsgründe eingeben lassen. Erfasst man – z. B. mithilfe eines Balkencode-Lesers – die verladenen und entladenen Kartons, verweigerte Warenannahmen und ungeplante Retouren, so sind die Voraussetzungen für eine rationelle Lagerbestandsführung und Inventur des Ladeguts geschaffen. Bei der Beladung werden Versuche, nicht für die Tour bestimmte Waren irrtümlich mitzunehmen, sofort erkannt. Beim Empfänger kann der Auslieferungsfahrer in jenen Fällen, wo erst an Ort und Stelle entschieden wird, wie viel der Käufer abnimmt, Lieferscheine und Rechnungen ausdrucken lassen. Nach Rückkehr in das Depot werden die gespeicherten Transferdaten vom Bordrechner in das zentrale IT-System übertragen. Neben Soll-Ist-Vergleichen auf Zeit- bzw. Mengenbasis ist auch eine unmittelbare Bewertung mit Standardsätzen, z. B. für die Kilometerkosten, denkbar.

Die exakte Verfolgung des Produkttransports ist auch zum Eindämmen von Fälschungen wichtig. Das **Institut für Integrierte Produktion Hannover GmbH** befasst sich mit elektronischen Echtheitszertifikaten für Arzneimittel. Gleichzeitig mit dem Bedrucken einer Faltschachtel wird eine nur wenige Mikrometer dicke RFID-Antenne aus leitfähiger Silberfarbe aufgetragen und mit dem RFID-Chip verbunden. In der Versandkette kann registriert werden, welche Messpunkte (z. B. ein Exporteur) erreicht werden. Die dort erzeugten Informationen speichert man wiederum auf dem RFID-Transponder und auch in einer zentralen Datenbank. So lässt sich jedes individuelle Produkt verfolgen [OV 08a].

Im Zuge des sogenannten Reengineering von Logistikketten prägen sich auch neue Formen der Arbeitsteilung zwischen Abnehmern, Zulieferern, Spediteuren und Lagerhaltern aus. Es lassen sich folgende Intensitätsstufen unterscheiden:

1. Bei enger Zusammenarbeit zwischen dem versendenden Industriebetrieb und dem Spediteur übermittelt der Produzent detaillierte Sendungsdaten zum Teil bereits **vor** der Fertigstellung des Erzeugnisses. Der Spediteur nutzt diese Daten zur eigenen Touren-

planung und erstellt die Versanddokumente. Wenn das Fahrzeug an der Rampe vorfährt, bringt es die Warenbegleitpapiere und die Etiketten mit. Eine derartige Dienstleistung bietet z. B. **Kraftverkehr Nagel** an [SZI 91/HAN 05].

2. Die Rechner der beteiligten Institutionen tauschen mittels Fernübertragung gegenseitig Daten aus. Dieses Konzept soll vor allem verhindern, dass die Informationsflüsse langsamer sind als die Güterbewegungen; vielmehr werden „vorauseilende Informationsflüsse" angestrebt.

PRAKTISCHE BEISPIELE

1. Die **Automobilindustrie** ist Vorreiter bei Just-in-time- bzw. Just-in-sequence-Bevorratungsmethoden. Der Rechner des Fahrzeugherstellers ruft in Abhängigkeit vom Montagefortschritt Komponenten, z. B. Sitze, bei der Anlage des Produzenten dieser Baugruppen ab. Der Zulieferer versendet seine Erzeugnisse nicht nur sehr kurzfristig; vielmehr werden diese über entsprechende Schnittstellen (Wareneingangsschleusen, Förderanlagen) unmittelbar in der Reihenfolge an die Montagebänder transportiert, in der sie einzubauen sind (vgl. Abschnitt 3.3.3.2).

2. Das System **ATLAS** (**A**utomatisiertes **T**arif- und **L**okales Zoll**a**bwicklungs**s**ystem) schafft die Voraussetzungen für eine elektronische Kommunikation zwischen Wirtschaft und Zollverwaltung [BUN 11]. Papiergebundene Zollanmeldungen und Verwaltungsakte einschließlich der Bescheide über Einfuhrabgaben wurden durch elektronischen Datenaustausch ersetzt. Die Zollanmeldungen werden der Zollstelle (angeschlossen sind unter anderem die deutschen Flughafenzollstellen, die für den Außenhandel besonders wichtigen Seehäfen Bremen/Bremerhaven und Hamburg sowie Zollstellen an Straßen-Grenzübergängen) elektronisch übermittelt. Die Stelle bearbeitet den Vorgang und sendet den Bescheid über die Einfuhrabgabe zurück. Vor allem für kleine und mittlere Unternehmen wird eine Eingabeseite im Internet zur Verfügung gestellt.

Da die Anmeldungen beträchtlich vor der Ware bei der Zollstelle landen und in der Regel bearbeitet sind, wenn der Transport eintrifft, entfallen Verzögerungen.

3. Sendungen werden über das Internet aufgegeben, die Frachtpapiere am Bildschirm angezeigt. Auch kleine Unternehmen können an solchen Systemen teilhaben und den Weg der Sendungen verfolgen. Eine derartige Lösung wird z. B. von der deutschen Niederlassung der **Federal Express Europe, Inc.** angeboten.

4. Der Versender disponiert mithilfe seines Systems die Transporte für den Spediteur. Er stellt damit nicht nur sicher, dass mit möglichst niedrigen Kosten und in den kürzestmöglichen Zeiten transportiert wird; vielmehr kann das IV-System nach der Disposition durch Aufruf eines gespeicherten Tarifwerks auch die Frachtkosten vorausberechnen und dem Spediteur eine Gutschrift erteilen. Es entfallen dadurch sowohl die Fakturierung beim Spediteur als auch die Rechnungsprüfung beim Versender. Will man nicht so weitgehen, so werden in der IT-Anlage des Versenders die vorausberechneten Frachtkosten vorgemerkt, bis die Rechnung des Spediteurs eingetroffen ist.

> Die Rechnungsprüfung gestaltet sich dann rationell und zuverlässig. Ein entsprechendes Standardprogramm ist in [ENG 85] beschrieben, eine praktische Anwendung in der **Volkswagen AG** zusammen mit den Integrationsbeziehungen findet man bei [SCHN 85].
>
> 5. Die Spediteure übernehmen weitere Aufgaben von den Versenderbetrieben bis hin zu einer führenden Rolle im **Supply Chain Management** (vgl. Abschnitt 4.4). Ausgewählte IV-Aufgaben hierzu sind: Erfassung der Bestellungen, z. B. über das Internet, Erzeugen und Übermitteln von Transferdaten über die Lagerbewegungen bei Kunden, die im Computer des Herstellerbetriebs für die Absatzprognose benutzt werden, Fakturierung und Übergabe von Daten für die Buchhaltung des Herstellerbetriebs.

Der Programmteil Versandlogistik endet mit dem Ausdruck von Versandanweisungen, Versandanzeigen, Lieferscheinen und Transportdokumenten. Unter Umständen lässt man vor dem Versand noch einmal das Programm Bonitätsprüfung aufrufen (siehe Abschnitt 3.2.4).

3.6.6 Fakturierung

Die Fakturierungsprogramme erstellen die Kundenrechnungen aus den Auftrags- und Versanddaten sowie den Kunden- und Materialstammdaten. Dabei sind die unterschiedlichsten Abzüge (z. B. Rabatte, Boni) und Zuschläge (z. B. für Verpackung, Transport) zu berücksichtigen.

Je nachdem, welche Daten den Rechnungsbetrag bestimmen, sind verschiedene Versionen der Fakturierung im Rahmen der IV vorzusehen.

Genügen zur Rechnungsschreibung die Auftragsdaten allein, so wählt man die **Vorfakturierung**. In diesem Fall kann die von der IT-Anlage gedruckte Rechnung in das Versandlager gebracht werden, dort als Versandanweisung dienen und die Ware als Lieferschein begleiten.

Werden erst im Augenblick der Versandabwicklung alle Daten für die Rechnungsschreibung bekannt (z. B. weil die Ware bei der Versandbereitstellung vermessen oder gewogen werden muss oder weil bei Produkten mit täglich schwankenden Preisen die Preisstellung vom genauen Versandzeitpunkt abhängt), so sind Versandanweisung und Faktura getrennte Dokumente. In diesem Fall führt man in der Regel dem IV-System eine Kopie des personell ausgefertigten oder maschinell ausgestellten und personell ergänzten Lieferscheines zu. Die Rechnung wird separat verschickt, damit sich die Warensendung nicht verzögert („**Nachfakturierung**"). Zuweilen vereinbart man mit jenen Kunden, mit denen eine intensive Geschäftsbeziehung gepflegt wird, Sammelrechnungen, in denen alle Lieferungen einer Periode zusammengefasst werden.

- Zuteilung
- Kommissionierung
- Lieferfreigabe
- Versandlogistik
- **Fakturierung**
- Gutschriftenerteilung
- Packmittelverfolgung

Die Vorfakturierung hat gegenüber der Nachfakturierung eine Reihe von Vorteilen, sodass sie im Zweifel günstiger ist:

1. Die Trennung von Lieferscheinschreibung und Faktura bei Nachfakturierung führt zu höheren Maschinenlaufzeiten und personellen Folgearbeiten, letztere erhöhen das Fehlerrisiko.
2. Die Rechnungen können der Ware beigelegt werden, dadurch entfallen Portokosten.
3. Da die Rechnungen früher beim Kunden eintreffen und normalerweise entsprechend früher reguliert werden, ergeben sich Liquiditätsvorteile.
4. Bei der Wareneingangskontrolle des Kunden kann die Prüfung auf Übereinstimmung zwischen Rechnung, Lieferschein und gelieferter Ware vereinfacht werden.

Komplikationen in den sonst vergleichsweise einfachen Fakturierprogrammen treten durch Sonderbedingungen bei Erzeugnissen und/oder Kunden sowie dann auf, wenn Besteller, Warenempfänger, Rechnungsempfänger und Zahlender nicht identisch sind, wie es z. B. im Gefolge der Fachhandels-Zusammenschlüsse häufig vorkommt. Nun hat das Fakturierprogramm eine von Fall zu Fall unterschiedliche Zahl von Ausfertigungen der Rechnung auszudrucken, wobei die diversen Ausfertigungen unterschiedliche Empfänger enthalten müssen. Weitere Erschwernisse können sich durch kunden- und/oder artikelindividuelle Zuschläge für Fracht, Metallpreisentwicklung (börsenabhängig), Währungsrisiken oder Ähnliches ergeben.

Unter Umständen wird man noch innerhalb des Fakturierprogramms die Umlage der Abzüge (z. B. kundenbezogene Rabatte) auf die einzelnen Rechnungspositionen vornehmen, etwa um in der Betriebsergebnisrechnung (vgl. Abschnitt 3.9.2.4) artikelbezogene Nettoerlöse ausweisen zu können.

Abbildung 3.6.6/1 Fakturierung

Wichtigste Eingaben:	Versanddokumente (Meldung der Versandkosten)
Wichtigste Anzeigen und Ausdrucke:	Einzel- und Sammelrechnungen, Lastschriften einschließlich Datenträger für die Kreditinstitute, Rechnungsausgangsbücher, Wareneingangsscheine für zurückkehrende Packmittel (als Rücklaufdatenträger)
Wichtigste Dialogfunktionen:	
Nutzeffekte:	Sicherstellen der vollständigen Fakturierung von versandter Ware, Rationalisierung der Fakturierung

Das Versenden von Rechnungen in Papierform erfordert Prozesskosten für das Drucken der Dokumente, das Falzen und Kuvertieren sowie das Porto, Posten, die sich über die vielen Fakturen zu erheblichen Beträgen summieren. Daher liegt es nahe, Rechnungen per E-

Post zu versenden (E-Billing). Da sie sofort beim Sachbearbeiter im Kundenbetrieb eintreffen und dieser sie im Fall von Rückfragen direkt weiterleiten kann, ergeben sich auch beim Kunden Ersparnisse, und oft wird früher gezahlt. Weil ausgehende digitale Rechnungen mit einer qualifizierten elektronischen Signatur versehen sein müssen, um vom Finanzamt anerkannt zu werden, und hierfür nicht nur beim Lieferanten, sondern auch beim Rechnungsempfänger eine entsprechende Infrastruktur eingerichtet werden muss, schaltet man für das Fakturieren auch spezielle Dienstleister ein [OV 08b].

Eine weitere Erscheinungsform der zwischenbetrieblichen Integration beim Prozess Fakturierung – Debitorenbuchhaltung – Lieferantenrechnungsprüfung – Kreditorenbuchhaltung – Bezahlung ist das **Electronic Bill Presentment and Payment** (**EBPP**): Die Rechnung wird vom Lieferanten auf einen Bildschirm im Kundenbetrieb, dort z. B. in der Abteilung Lieferantenrechnungsprüfung, gesendet.

Wie Schömburg und Breitner untersucht haben, verläuft die Einführung elektronischer Rechnungen, eine an sich nahe liegende und erhebliche Rationalisierungseffekte versprechende Lösung, in Deutschland sehr langsam. Ein Grund sind fehlende Normen, die vor allem dort zu Zusatzaufwand führen, wo die Kunden stets wechseln [SCHÖ 10]. Zu ähnlich enttäuschenden Ergebnissen gelangte eine Studie der **BearingPoint GmbH** [SIL 10].

3.6.7 Gutschriftenerteilung

Das Programm Gutschriftenerteilung kann man sich als ein stark vereinfachtes Fakturierprogramm vorstellen, in dem einige Vorzeichen umgekehrt sind. Es ist sorgfältig zwischen solchen Gutschriften, die mit Kundenretouren zusammenhängen, Gutschriften für Leergut und reinen Wertgutschriften zu trennen. Diese Differenzierung ist zum einen erforderlich, um die Verbuchung auf getrennten Konten zu gewährleisten, und zum anderen, um im Fall von Retouren den richtigen Anschluss an das Lagerbestandsführungsprogramm (vgl. Abschnitt 3.4.3) sicherzustellen.

Gutschriftenerteilung
- Gutschriften von Kundenretouren
- Gutschriften von Leergut
- Gutschriften "Reiner Werte"

Abbildung 3.6.7/1 Gutschriftenerteilung

Wichtigste Eingaben:	Wertgutschriften, Gutschriften für Retouren und Leergut, Sondertexte
Wichtigste Anzeigen und Ausdrucke:	Gutschriftenanzeigen, Rückstellungen
Wichtigste Dialogfunktionen:	
Nutzeffekte:	Garantie der Vollständigkeit von Buchhaltung und Lagerbestandsführung

3.6.8 Packmittelverfolgung

Bei wertvollen Verpackungen, die Eigentum des Versenders bleiben, kann es sinnvoll sein, den Packmittelrücklauf mithilfe der IV zu überwachen. Das Programm Packmittelverfolgung erhält seine Eingabe durch Verbindung mit der Fakturierung; man wird Art und Menge der dem Kunden gelieferten Packmittel auf der Rechnung aufführen. Das System überprüft periodisch die Vormerkdaten „Versandte Packmittel" und schreibt gegebenenfalls Mahnungen. Wenn für die Verpackung Pfand genommen wird, wie es z. B. für die **Getränkeindustrie** typisch ist, kann die Packmittelverfolgung mit der Pfandabrechnung verknüpft werden. Das Programm speichert dann nicht nur Mengen-, sondern auch Wertangaben über das bei den Kunden befindliche Leergut. Wird eine Leergutposition gelöscht, weil anzunehmen ist, dass das Packmittel nicht mehr zurückkehrt, so ist der Pfandwert an das Debitorenbuchhaltungsprogramm (vgl. Abschnitt 3.9.5.1) zu transferieren.

- Zuteilung
- Kommissionierung
- Lieferfreigabe
- Versandlogistik
- Fakturierung
- Gutschriftenerteilung
- **Packmittelverfolgung**

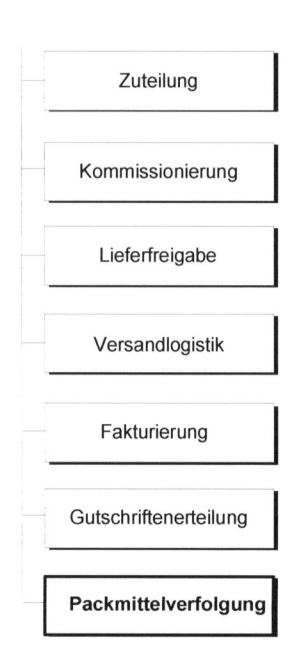

Abbildung 3.6.8/1 Packmittelverfolgung

Wichtigste Eingaben:	Wareneingangsscheine über zurückgekehrte Packmittel, Löschungen für Packmittel, die nicht mehr zurückerwartet werden
Wichtigste Anzeigen und Ausdrucke:	Mahnungen
Wichtigste Dialogfunktionen:	
Nutzeffekte:	Senkung der Kosten für nicht rechtzeitig bzw. überhaupt nicht zurückgesandte Packmittel, Verminderung der Vorratshaltung an Packmitteln, Beiträge zum Umweltschutz

3.6.9 Anmerkungen zu Abschnitt 3.6

[BER 01] Bernhardt, C., Vorteile einer Backend-Integration, in: e-SAP.de Consulting Team (Hrsg.), Internet Selling, Bonn 2001, S. 193.

[BOR 93] Borkowski, V., Vergleiche zwischen einem Expertensystem und alternativen Entscheidungsunterstützungs-Methoden in der Vertriebslogistik, Dissertation, Nürnberg 1993.

[BRÄ 97/SIE 05/STÜ 11] Bräunling, P., Integrierte Marketinglogistik am Beispiel der optimalen Zuteilung variantenreicher Komponenten in der Wälzlagerfabrikation – Eine praktische Anwendung der gemischtganzzahligen Programmierung, Dissertation, Nürnberg 1997; persönliche Auskünfte von Herrn D. Sieverdingbeck, FAG Kugelfischer AG & Co. oHG, und Herrn M. Stürken, Schaeffler Technologies GmbH & Co. KG.

[BUN 11] Bundesministerium der Finanzen (Hrsg.), ATLAS, http://www.zoll.de/DE/Fachthemen/Zoelle/ATLAS/Internetzollanmeldungen/internetzollanmeldungen_node.html, Abruf am 04.10.2011.

[BUS 05] Persönliche Auskunft von Herrn A. Buschek, Rauch Möbelwerke GmbH.

[CLA 64/MAT 78/TEM 83] Clarke, G. und Wright, J.W., Scheduling of Vehicles from a Central Depot to a Number of Delivery Points, Operations Research 12 (1964), S. 568-581; vgl. auch: Matthäus, F., Tourenplanung – Verfahren zur Einsatzdisposition von Fuhrparks, Darmstadt 1978; Tempelmeier, H., Quantitative Marketing-Logistik, Berlin u.a. 1983, S. 256-280.

[DER 93] Derigs, U. und Grabenbauer, G., Rechnergestützte Vertriebstourenplanung, HMD 30 (1993) 173, S. 116-127, insbes. S. 126.

[DOM 97] Domschke, W., Logistik: Rundreisen und Touren, 4. Aufl., München-Wien 1997, S. 236-239.

[ENG 85] Engelniederhammer, H., Steuerung, Kontrolle und Abrechnung von Speditionstransporten in der Beschaffungs- und Versandlogistik, in: Diruf, G. (Hrsg.), Logistische Informatik für Güterkehrsbetriebe und Verlader, Berlin u.a. 1985, S. 120-133.

[FAL 95] Falk, J., Ein Multi-Agentensystem zur Transportplanung und -steuerung bei Speditionen mit Trampverkehr – Entwicklung und Vergleich mit zentralisierten Methoden und menschlichen Disponenten, Dissertation, Nürnberg 1995.

[HAB 96/GUI 11]	Haberl, D., Hochleistungs-Kommissionierung im Kosmetikunternehmen, VDI Berichte (1996) 1263, S. 93-138; persönliche Auskunft von Herrn H. Guist, AVON Cosmetics GmbH.
[MER 94]	Mertens, P., Vergleich zwischen Methoden der künstlichen Intelligenz und alternativen Entscheidungsunterstützungstechniken, Die Unternehmung 48 (1994) 1, S. 3-16.
[NIE 07]	Persönliche Auskunft von Herrn H. Niemann, Dr. Städtler Transport Consulting GmbH & Co KG.
[OV 87/SIE 87]	O.V., Tour-Start nur mit Datenkassette, VDI-Nachrichten 41 (1987) 33, S. 12; Siebenlist, J., Elektronik rationalisiert den Fuhrpark, VDI-Nachrichten 41 (1987) 45, S. 33.
[OV 08a]	O.V., Der Fälschung auf der Spur, Dynamische Kennzeichnung zum Produktschutz, Jahresbericht 2008 des Instituts für Integrierte Produktion Hannover Gmbh&Co. KG, S. 16-17.
[OV 08b]	O.V., E-Rechnungen kommen billiger, Computer-Zeitung Nr. 10 vom 03.03. 2008, S. 10.
[OV 09]	O.V., Funk-Chips füttern Informationssysteme, is report 13 (2009) 11, S. 36-39.
[RET 10]	Rett, J., „Datenbrille" mit integrierter Software unterstützt Fertigungsprozesse, Wirtschaftsinformatik und Management 6/2010, S. 16-25.
[SCHN 85]	Schnelle, H. und Kuhn, D., Einbettung eines Prüfungssystems für Eingangsfrachten in die logistische Organisation eines Automobilunternehmens, in: Diruf, G. (Hrsg.), Logistische Informatik für Güterverkehrsbetriebe und Verlader, Berlin u.a. 1985, S. 134-150.
[SCHÖ 10]	Schömburg, H. und Breitner, M.H., Elektronische Rechnungen zur Optimierung der Financial Supply Chain: Status Quo, empirische Ergebnisse und Akzeptanzprobleme, in: Schumann, M., Kolbe, L.M., Breitner, M.H. und Frerichs, A. (Hrsg.), Tagungsband Multikonferenz Wirtschaftsinformatik (MKWI), 23.-25.02.2010, Göttingen 2010, S. 1253-1264.
[SEM 08]	Semmann, C., Flüssig statt überflüssig, LOG (2008) 6, S. 20-23.
[SIL 10]	Silatke, U., Die elektronische Rechnungsverarbeitung – eine aktuelle Bestandsaufnahme, Information Management and Consulting 25 (2010) 4, S. 81-84.

[STÄ 11]	Dr. Städtler Transport Consulting GmbH (Hrsg.), Tourenplanung und Fuhrparkmanagement, http://www.staedtler-logistik.de/fileadmin/mehrwerbereich/Tourenplanung.pdf, Abruf am 04.10.2011.
[STU 98]	Stumpf, P., Tourenplanung im speditionellen Güterfernverkehr, Nürnberg 1998, insbes. Kapitel 4 und 7.
[SZI 91/HAN 05]	Szibor, L. und Tienel, A., Information vor Ware – die Vernetzung eines logistischen Dienstleisters mit seinen Kunden und seinen Niederlassungen, Information Management 6 (1991) 2, S. 38-41; persönliche Auskunft von Herrn D. Hanke, Kraftverkehr NAGEL Kurt Nagel GmbH & Co.
[ZEN 11]	Persönliche Auskunft von Herrn P. Zencke, SAP AG.

3.7 Kundendienstsektor

3.7.1 Überblick

Abbildung 3.7.1/1 Teilfunktionsmodell des Kundendienstsektors

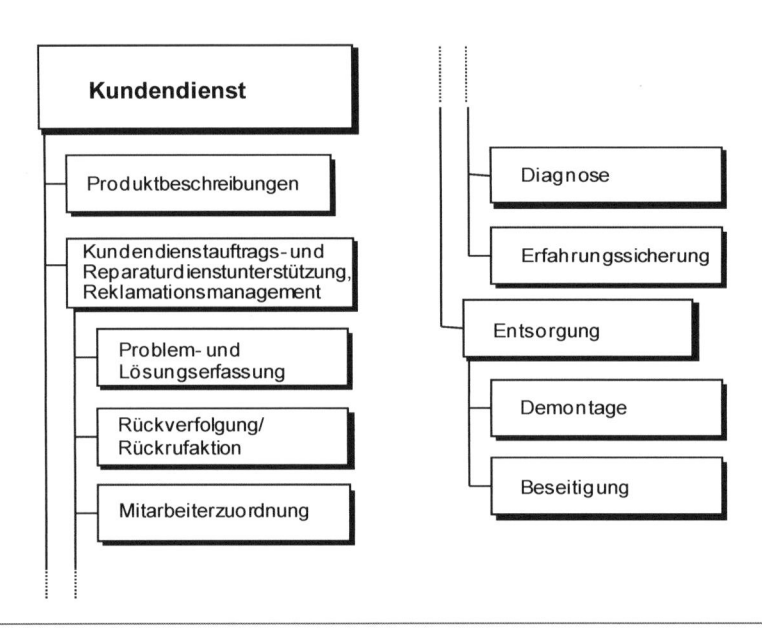

```
Kundendienst
├── Produktbeschreibungen
├── Kundendienstauftrags- und
│   Reparaturdienstunterstützung,
│   Reklamationsmanagement
│   ├── Problem- und Lösungserfassung
│   ├── Rückverfolgung/Rückrufaktion
│   └── Mitarbeiterzuordnung
├── Diagnose
├── Erfahrungssicherung
├── Entsorgung
│   ├── Demontage
│   └── Beseitigung
```

Im Kundendienstsektor (Nachkauf- bzw. After-Sales-Phase des Kundenbedienungszyklus) spielen vor allem die Verwaltung von Produktbeschreibungen, die Unterstützung des Reparaturdienstes, die Bearbeitung von Reklamationen und „Kundenproblemen" sowie die Entsorgung eine Rolle.

3.7.2 Produktbeschreibungen

Bei komplexen technischen Produkten bereitet die Übergabe von Produktbeschreibungen, Bedienungs- und Wartungshandbüchern erhebliche Schwierigkeiten. Beispielsweise wird berichtet, dass die technische Dokumentation eines Großraumflugzeugs in Papierform wegen ihres Umfangs nicht vom gleichen Flugzeug transportiert werden könnte. Hier ist die Lieferung von optischen Speicherplatten vorteilhaft.

> **PRAKTISCHES BEISPIEL**
>
> Die **BMW Group** setzt einen elektronischen Teilekatalog (ETK) auf Basis einer DVD ein. Nach Eingabe der Fahrgestellnummer erhält der Ersatzteilverkäufer am Bildschirm eine Zeichnung des Fahrzeugs, in der er das benötigte Teil kennzeichnen kann. Das System schließt selbst von der Fahrgestellnummer auf das Modell bzw. seine Variante. Weitere technische Informationen können über das Internet von der Zentrale eingeholt werden. Umfangreiche Diagnoseinformationen stehen im **DIS** (**D**iagnose **I**nformations**S**ystem im Werkstatttester) bereit. Die Daten werden ebenfalls über das Internet distribuiert [KRÄ 11].

Die Firma **Xerox GmbH** bietet ein „**Print-on-Demand**" von Handbuch-Passagen unter Verwendung von Desktop-Publishing-Software an. Es werden also nicht dicke Kataloge vorrätig gehalten, sondern nur die aktuell benötigten Seiten ausgedruckt.

Eine interessante Lösung sind rechnergestützte Handbücher, die auf den aktuellen Zustand des Produkts zugreifen können. Ein Analysemodul vergleicht diesen mit gespeicherten Produktbeschreibungen und erleichtert es dem Benutzer, die relevanten Informationen aufzufinden (z. B. ist denkbar, bei Bedienungsfehlern – abhängig von den momentanen Einstellparametern einer Werkzeugmaschine – Erläuterungstexte anzuzeigen). Besonders bei komplexen Tätigkeiten, wie sie unter anderem bei Störungen notwendig sind, kann wertvolle Zeit eingespart und die Akzeptanz von schriftlichen Anweisungen erhöht werden. Ein ausführliches Beispiel für eine Störfallbehandlung in einem **Kernkraftwerk** ist in [SIM 93] enthalten.

> **PRAKTISCHES BEISPIEL**
>
> Die **ABB Turbo Systems Ltd.** wartet und repariert weltweit die von ihr verkauften Turbolader von Schiffs-Dieselmotoren. Ein Service innerhalb von 24 Stunden ist garantiert und gilt als wesentliches Verkaufsargument. Die über die ganze Welt verteilten Stationen, vor allem in Häfen, ermitteln geeignete Wartungstermine mit einem System „Maintenance Scheduler". Das dezentrale Instandhaltungspersonal ruft auf einem Internetportal die Konfiguration des jeweiligen Laders ab und schlägt technisch geeignete und auf Lager vorrätige Ersatzteile vor, zeigt technische Zeichnungen und Vorschriften und erleichtert die unmittelbare Dokumentation der Maßnahmen. Die Fakturierung ist integriert [KAG 11].

3.7.3 Kundendienstauftrags- und Reparaturdienstunterstützung, Reklamationsmanagement

Wenn Kunden Mängel reklamieren, Reparaturaufträge erteilen oder generell in der Nachkauf-Phase Hilfe suchen, entsteht oft eine kritische Situation. IV-Unterstützung, die eine rasche Problemlösung ermöglicht, ist willkommen. Daher spricht man auch von einem **Problem-Management-System**. Die benötigten Funktionalitäten lassen sich unterteilen (I) in solche zur Erfassung von Problemen und dazu bekannten Lösungen, (II) in die Zuordnung von Mitarbeitern (z. B. Auskunftspersonen, Juristen, Reparaturpersonal), (III) in Diagnosehilfen und (IV) in die Sicherung des Erfahrungsguts (Schadensursachen, bewährte Lösungen, Kosten). In der nachfolgenden Prozesssicht (in Anlehnung an [MER 91]) gehören die Schritte 1) bis 3) zur Teilfunktion (I), die Phasen 4) bis 6) zu (II), die Schritte 7) bis 10) zu (III) und die Vorgänge 12) bis 15) zu (IV). Hinzu kommen die administrativen Aufgaben 11), 16) und 17).

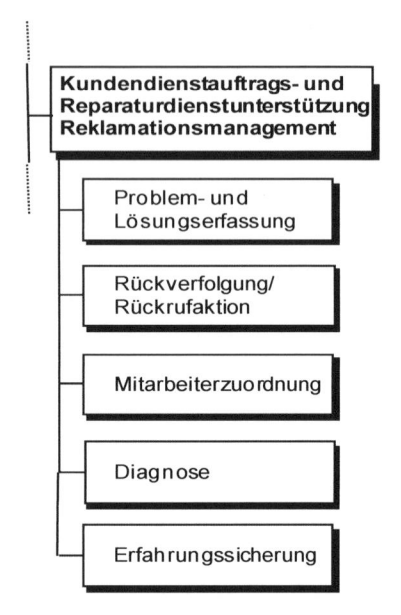

Kundendienstauftrags- und Reparaturdienstunterstützung Reklamationsmanagement
- Problem- und Lösungserfassung
- Rückverfolgung/Rückrufaktion
- Mitarbeiterzuordnung
- Diagnose
- Erfahrungssicherung

1. Erfassen von Problemen, die ein Kunde oder ein Außendienstmitarbeiter meldet (Datum, Kunde, Symptome, Dringlichkeit/Priorität, freie Texte), über Bildschirmmasken; Anlegen von Vormerkdaten. Soweit beim Reklamationsprozess Produkte in großer Zahl zum Industriebetrieb zurückgesandt werden (Retouren), ist es erwägenswert, Spracheingabesysteme zu verwenden. Das Personal kann dann gleichzeitig aus dem Begleitschreiben den Grund für die Retoure ablesen und behält die Hände frei, um das Teil zu prüfen (vgl. auch eine ähnliche Anwendung in der Qualitätskontrolle, Abschnitt 3.5.2.9.3).

Ähnlich wie im Abschnitt 3.5.3.3 über Instandhaltungs- und Betriebszustandskontrolle skizziert, gilt es, möglichst viele Informationen an der Maschine zu erfassen und zum Betreuer in der Zentrale zu übertragen. Neuere Techniken wie Intranet/Internet, Bildkompression und Web-Kameras erlauben es, zunehmend neben Daten aus der Maschinensteuerung auch Bilder, etwa von Haarrissen, zu überspielen. Umgekehrt werden über das WWW Störanalysen zurückgegeben oder Informationsbanken zu den sogenannten **FAQ** (**F**requently **A**sked **Q**uestions) sowie auch Lehrpassagen (Teleteaching) angeboten. Praktische Beispiele aus dem **Maschinenbau** findet man z. B. in [MÜL 99].

PKW-Hersteller bieten Systeme an, bei denen die ausgelieferten Wagen mit einem Server des Automobil-Unternehmens kommunizieren. Beispielsweise können so Fahrzeuge, die einen Unfall erlitten haben, ihre Position an eine Notruf-Zentrale beim Hersteller funken (veranlasst durch das Auslösen des Airbags), auch wenn der Fahrer bewusstlos ist.

> **PRAKTISCHES BEISPIEL**
>
> Die Kundendienstmitarbeiter der **Hansa-Flex Hydraulik GmbH**, eine Produzentin von **Hydraulikschläuchen**, führen sogenannte **EDA**'s (Enterprise Digital Assistants) mit sich. Sie füllen ihre Arbeitsscheine mit einem digitalen Stift aus, der eine Kamera und ein Speichermodul enthält. Die erfassten Daten, wie z. B. Schadensursachen, benötigte Ersatzteile oder auch Unterschriften von Kunden, werden per GPS an einen zentralen Server übertragen [MAY 09].

2. Erfassen von Problemlösungen.
3. Anzeigen von potenziellen Verknüpfungen zu ähnlichen offenen Problemen bzw. zu Problemlösungen, Kundendaten oder Produktdaten.
4. Rückverfolgung von Ursachen in der Lieferkette und gegebenenfalls Rückrufaktion. Viele Qualitätsmängel finden ihre Ursache in fehlerhaften Fremdbezugsmaterialien, die wiederum auf Verunreinigungen von Rohstoffen zurückgehen mögen. Nicht nur zur raschen Problembehebung, sondern zum Teil auch aus rechtlichen Gründen muss es in gewissen Branchen möglich sein, die Lieferkette über mehrere Stellen zurückzuverfolgen („Tracing", vgl. Abschnitt 3.4.3 und [KNA 05]). Nach einer Studie von **AMR Research** war die Mehrzahl der befragten **Lebensmittel- und Getränkeunternehmen** 2007 an mindestens einem Produktrückruf beteiligt. Daraus resultierten erhebliche Gewinnminderungen im höheren zweistelligen Millionenbereich. Moderne Rückverfolgbarkeits-Systeme unterstützen **Lebensmittelunternehmen** z. B. bei der Aufgabe herauszufinden, wann ein Apfel geerntet, bei welcher Temperatur er transportiert und in welcher Charge von welchem Produkt er verwendet wurde [OV 08].

> **PRAKTISCHES BEISPIEL**
>
> Das **European Egg Consortium** und der Handelskonzern **Metro** dokumentieren mit dem System **Online Service - Food Safety** (OS-FS, Online-Datenbank für Lebensmittelsicherheit) von **T-Systems** die Bewegung von Eiern in Deutschland in einer Lieferkette, in die unter anderem Futtermittelhersteller und -lieferanten, Legebetriebe, Packstellen, Weiterverarbeiter, Prüfstellen, Einzelhandel und Verbraucher eingegliedert sind. So kann z. B. bei Nahrungsmittelvergiftungen durch Eier leichter festgestellt werden, welches Futtermittel den Hühnern gegeben worden war. Die Betriebe in der Kette müssen sich gegenüber dem zentralen System authentifizieren und können sich über den Webbrowser einloggen. Die nachfolgenden Chargen nehmen bei ihren Meldungen jeweils Bezug auf die Vorchargen. So meldet z. B. ein Futtermittelhersteller seine Chargeninformationen, der Legebetrieb die Herkunft des Futters [HEI 06]. Ein Hilfsmittel derartiger Produktverfolgung ist die Eierkennzeichnung gemäß EU-Vermarktungsnormen für Eier. Dieser Code enthält die Haltungsform (z. B. 1 = Freilandhaltung der Hühner), das Erzeugerland (DE = Deutschland) und eine siebenstellige Nummer für den Legebetrieb und den Stall [KLI 11].

5. Die Rückrufaktion wird nicht zuletzt wegen zunehmender Regelungsdichte in der EU sehr wichtig. Ein Beispiel ist die EU-Verordnung 178/2002. Gründe sind Gefahren für die Gesundheit (z. B. durch Vergiftungen, Unfallrisiken oder Umweltbelastung). Die hohen Kosten solcher Maßnahmen wecken die Bereitschaft zu Investitionen in die IV, z. B. in der Nahrungsmittelindustrie [LAW 11]. Zumindest bei höherwertigen Artikeln, z. B. Geräten der Konsumelektronik, müssen die zurückkehrenden Objekte (Produkt, Komponente) im Wareneingang verbucht, mit dem Kundenstammsatz verknüpft und einer Qualitätskontrolle unterzogen werden. Hierfür lassen sich die in Abschnitt 3.3.5 beschriebenen Anwendungssysteme des Beschaffungssektors, gegebenenfalls leicht modifiziert, einsetzen. Analog kommen für den Versand des überarbeiteten oder getauschten Erzeugnisses die Programmkomplexe des Versandsektors, z. B. Lieferscheinschreibung (Abschnitt 3.6) infrage. Es gibt jedoch auch Standardsoftware für einzelne Branchen, z. B. für die Pharmaindustrie [IBS 11].

6. Benachrichtigung von Mitarbeitern, die an der Problemlösung mitwirken müssen (Abbildung 3.7.3/1), über ein WMS. Gegebenenfalls sind in Echtzeit Warnungen an Instanzen auszugeben, um eine Fehlerfortpflanzung zu vermeiden. Beispielsweise sind Bestände an verunreinigten Rohstoffen zu sperren, falsch eingestellte Produktionsprozesse anders zu parametrisieren, bereits eingeleitete Versandvorgänge, die das gleiche fehlerhafte Erzeugnis betreffen, Werbemaßnahmen und Zahlungserinnerungen beim betroffenen Kunden zu stoppen. Anhaltspunkte für eine maschinelle Zuweisung sind Zugehörigkeit von Außendienstmitarbeitern zu Kunden und Regionen oder von Entwicklungsingenieuren zu Produktbereichen, Mitarbeiter, die früher Informationen in den Problem-Vormerkspeicher eingetragen haben, oder Zuordnungen von Spezialisten zu Problemtypen. Dem Empfänger der E-Mail sind vielfältige Informationen anzubieten (z. B. Anfahrroute, betroffene Komponente, Daten zur Instandhaltungshistorie, Verweise auf ähnliche Probleme). In [SCHA 10] ist eine Konzeption beschrieben, in der RFID-Daten zu einem bei einer „Pick-up-Station" abzuholenden Ersatzteil und solche zum auszuwechselnden Modul eines elektronischen Geräts gesendet werden. Der Techniker kann so mithilfe von RFID-Transpondern an den Teilen berührungslos, schnell und zuverlässig prüfen, ob er die richtige Komponente gefunden hat.

Abbildung 3.7.3/1   Instanzen bei der Reklamationsbearbeitung

1) Vertriebsaußendienst (unmittelbarer Ansprechpartner des Kunden)
2) Technischer Außendienst (technische Klärung, technische Abhilfemaßnahmen)
3) Konstruktion (Klärung der Ursache, Einleiten von Lernprozessen zur Verbesserung des Erzeugnisses)
4) Disponent in der Logistik (Klärung von Falschlieferungen)
5) Produktionsplanung (Einplanung eines Ersatzerzeugnisses)
6) Buchhaltung (Rückstellung für Gewährleistungen, Gutschriften)

7. Terminkalenderfunktionen, die neben der Verfügbarkeit von Mitarbeitern auch Kundenwünsche (z. B. Schichtzeiten oder Produktionspausen) berücksichtigen. Gleichzeitig können notwendige Ressourcen wie Fahrzeuge oder Spezialwerkzeuge für diesen Zeitpunkt reserviert werden.

8. Teilautomatische Diagnosehilfen, insbesondere auch wissensbasierte (vgl. [PUP 91]).

9. Information-Retrieval-Funktionen, z. B. um alle offenen Probleme, Verträge, Fehler-Historien oder die Verfügbarkeit von Ersatzteilen zu sehen, die bestimmte Kunden, Regionen, Produkte und Problemtypen betreffen, Anzeige der n am stärksten gewichteten offenen Probleme oder der m ältesten Probleme und Ähnliches.

10. Verbindungen zu Recherchen in internen und externen Datenbanken bzw. im WWW, wobei im günstigsten Fall die Deskriptoren aus der Problembeschreibung abgeleitet werden.

11. Erstellen eines Kostenvoranschlags, eventuell ergänzt durch einen Vergleich mit alternativen Lösungen (Ersatz- oder Neuinvestitionen).

12. Gegebenenfalls Bilden einer Rückstellung für den Reparatur- oder Garantieaufwand.

13. Nachkalkulation der durch Kundenprobleme ausgelösten Kosten im Sinne einer Vorgangs- bzw. Prozesskostenrechnung, wozu man in der Regel einfache Tabellen mit Verrechnungssätzen führt (vgl. Abschnitt 3.9.2.3.2). Die Zahl, die Art und die Kosten der Beschwerden und Garantieleistungen können pro Produkt und/oder pro Kunde gespeichert werden und bilden eine Grundlage für die Produkt- und Kundenpflege.

14. Archivierung/Sicherung der Problemlösungsgeschichte in einem DMS (wichtig insbesondere in Branchen, in denen erhebliche Produkthaftpflicht existiert bzw. fehlende oder fehlerhafte Problemlösungen Gefahren für Menschen oder Umwelt mit sich bringen); Fortschreiben von Statistiken.

15. Schließen eines Problem-Vormerkspeichers, verbunden mit der Archivierung (siehe Punkt 1.) und einer Nachricht an betroffene Mitarbeiter und Kunden; eventuell Ausgabe von mehr oder weniger individuellen Briefen.

16. Statistiken, z. B. über Wachstum oder Rückgang von Problemen, Verhältnis Neueröffnung/Schließung von Problemen. Deutliche Abweichungen sollten hervorgehoben werden, um möglichst früh Gegenmaßnahmen zur Schadensbegrenzung einleiten zu können.

17. Automatische Wiedervorlage von ungelösten Problemen.

Der Kundendienst ist in seiner Gänze ein wichtiger Anwendungsfall des IV-gestützten Wissensmanagements (vgl. Band 2).

Stauss und Seidel [STA 07] empfehlen, das System im Interesse des Qualitätsfortschritts (**Total Quality Management**) so auszulegen, dass es „Druck ausübt", um die vollständige Erfassung aller Informationen zu gewährleisten. So könne das Programm bei jedem Start mahnen. Auf der gleichen Ebene liegt auch die Technik der Eskalationsstufen, bei der das

Problem in der Organisationshierarchie „nach oben klettert", sobald Verzögerungen eintreten (vgl. das Beispiel der **Xerox GmbH** weiter unten).

Die Außendienst-Techniker müssen möglichst bald von neu eingetroffenen Service-Anforderungen verständigt werden, damit sie gegebenenfalls ihre Tages- und Reisepläne ändern, um besonders eilige Reparaturen oder solche in der Nähe eines anderen Kunden vorzuziehen.

> **PRAKTISCHES BEISPIEL**
>
> Der Mobilfunkanbieter **O₂ Germany** hat seine Außendienstmitarbeiter mit einem Personal Digital Assistant ausgestattet, der sowohl Sprachtelefonie als auch Datenübertragung erlaubt. Jeder Außendienstmitarbeiter erhält kurz nach Störungsmeldung seine Arbeitsaufträge mit Angaben zum Problem und Einsatzort einschließlich Lage von Gebäuden, Zugang zum Sendemast auf dem Dach und benötigte Ersatzteile und Werkzeuge [PEL 06a].

In vielen Unternehmen konzentrieren sich mehrere der aufgeführten Funktionen auf den Arbeitsplatz eines Kundenberaters, der vom Kunden über Telefon, E-Mail und Ähnlichem angesprochen wird. Diesen Platz bezeichnet man oft als **Help Desk**. Eine große Herausforderung liegt darin, die Arbeit an diesem „Tisch" stark zu automatisieren. Hierbei spielen neben CTI (vgl. Abschnitt 3.2.2.1) auch Methoden der Künstlichen Intelligenz (Expertensysteme, Case-Based Reasoning, Künstliche Neuronale Netze) eine wichtige Rolle.

> **PRAKTISCHE BEISPIELE**
>
> 1. Die **Bosch Thermotechnik GmbH Junkers Deutschland** bietet wärmetechnische Anlagen an. Die rund 230 Servicetechniker sind auf Regionen in Deutschland aufgeteilt. Sie arbeiten von zu Hause aus. Sie können sich via Notebook auf einem SAP Netwear Server einwählen, der als Web-Schnittstelle zum **SAP-CRM-System** fungiert.
>
> Über das Call Center erhält der für die betreffende Region zuständige Disponent die Problemmeldung eines Kunden. Er vereinbart mit diesem einen Termin und legt dann im **SAP-CRM-System** einen Kundendienstauftrag an. Er wird der Agenda eines verfügbaren Technikers hinzugefügt. Wenn dieser den Server abfragt, bekommt er zusammen mit dem Auftrag (Datum und Uhrzeit, wann die Reparatur auszuführen ist) Informationen über Auftraggeber, Kontierung, Rechnungsempfänger, technische Daten der Anlage sowie Angaben über frühere Reparaturen an diesem Gerät. Nach der Ausführung meldet der Techniker seine Arbeitszeit sowie das verbrauchte Material und fügt einen Bericht über durchgeführte Arbeiten an. Das zentrale System prüft die Eingabedaten und fakturiert. Gleichzeitig wird für die Gehaltsabrechnung des Technikers die Arbeitszeit erfasst.
>
> Der Servicetechniker kann auch über eine Teileliste auf seinem Notebook Bestellungen und Rücksendungen zu Ersatzteilen aufgeben, wobei er über die Logistik individuell befindet; sperrige Teile werden üblicherweise direkt zum Kunden gesandt, Kleinmaterial ins Kundendienstfahrzeug angeliefert [LÄP 01/LEH 11].

2. Bei der **Xerox GmbH**, Neuss, deren Geschäftsschwerpunkt auf der Dokumentenverarbeitung liegt, verfolgen integrierte Systeme (**QMS** (**Q**uery **M**anagement **S**ystem) und **Xecure** (**Xe**rox **Cu**stomer **Re**lationship)) Kundenanfragen und -reklamationen bis zu ihrer Erledigung [SCHR 92/PEP 08].

   Circa 1000 Anfragen oder Reklamationen gehen monatlich ein, meist telefonisch. Sie können von jedem Xerox-Mitarbeiter angenommen und bearbeitet werden. Je nach Art der Anfrage (z. B. Reklamation einer Rechnung, eines Geräts oder Rückfragen zu einem Vertrag) wird der Vorgang einem bestimmten Unternehmensbereich zugewiesen. Die Weiterleitung der Vorgänge an den zuständigen Mitarbeiter wird durch Xecure selbstständig gesteuert. Der Mitarbeiter, der die Reklamation erhält, hat Zugriff auf alle notwendigen Daten (Verträge, Maschinenbestand, Rechnungen), um den Vorgang zu bearbeiten.

   Mit dem Kunden wird innerhalb von 24 Stunden Kontakt aufgenommen, die Vorgehensweise und ein Erledigungsdatum werden mit ihm abgestimmt.

   Die ergriffenen Maßnahmen, Lösungen und Ursachen werden im System dokumentiert.

   Wird der Vorgang vom zuständigen Mitarbeiter nicht termingemäß bearbeitet, so gelangt die Anfrage nach 48 Stunden an den nächsten Vorgesetzten und nach weiteren 48 Stunden an die Geschäftsführung (Eskalation).

   Da die Historie der Kundenanfragen und -probleme gespeichert ist, kann sich der Außendienst auf den nächsten Kundenbesuch sehr gut vorbereiten. Xerox profitiert davon, dass die in der Datenbank festgehaltenen Reklamationsursachen eine gute Grundlage für Qualitätsverbesserungsmaßnahmen bieten. Der Nutzen für den Kunden liegt in einer schnellen und kompetenten Bearbeitung von Anfragen und Reklamationen sowie in der Behebung von Reklamationsursachen [KER 11].

3. Die **Sauer-Danfoss GmbH & Co. OHG** stellt mobile Antriebssysteme her. Sie unterhält in der Nähe von Bratislava/Slowakei ein Financial Service Center, wo das interne und externe Rechnungswesen von 13 Standorten in Europa betrieben werden. Pro Woche gehen im Durchschnitt über 500 Anfragen aus der Unternehmensgruppe und von Kunden ein, beispielsweise zur Behandlung eines Rabatts in Verbindung mit einem Mangel an einem gelieferten Produkt. Verwendet wird die IT-Service-Management-Lösung von **Numara**. Zu jeder Anfrage wird ein Vormerkspeicher („Ticket") angelegt; dieser wird geschlossen, wenn der Geschäftsvorfall zur Zufriedenheit des internen oder externen Kunden erledigt ist. Im Interesse einer raschen Reaktion (entsprechend den sogenannten **S**ervice **L**evel **A**greements (**SLA**)) sollen alle Anfragen spätestens innerhalb von fünf Tagen beantwortet sein. Um dies zu erleichtern, kann das System bestimmte Regeln verwalten, Kundenprofile erfassen und speichern sowie Rechte benutzerspezifisch zuweisen. Sobald ein Angestellter eine komplexe Frage nicht sofort zu beantworten vermag, wird sie an Experten im sogenannten Second Level Support weitergeleitet. Man hat Eskalationsstufen definiert: Wenn eine Person eine bestimmte Zeit lang nicht auskunftsbereit oder -fähig ist, wird der Vorgang an eine andere oder an einen Vorgesetzten weitergeleitet (siehe Abschnitt 3.7.3) [WAW 08].

Abbildung 3.7.3/2 Kundendienstauftrags- und Reparaturdienstunterstützung, Reklamationsmanagement

Wichtigste Eingaben:	Informationen zum Problem (Artikel, Datum, Kunde, Symptome, Prioritäten, Dringlichkeit usw.), Problemlösungen, Reparaturmaßnahmen, Ressourcenverbrauch (Zeit, Ersatzteile, Reisekosten) nach abgeschlossener Reparatur
Wichtigste Anzeigen und Ausdrucke:	Kundenbriefe, Problembeschreibungen, Verknüpfung zu bereits vorhandenen Problemen, Problemhistorien, Benachrichtigung inner- und außerbetriebliche Stellen, Lösungsvorschläge, Schätzungen der Reparaturkosten, mögliche Ersatzinvestitionen, benötigte Ersatzteile
Wichtigste Dialogfunktionen:	Herstellen von Problemverknüpfungen, teilautomatisches Erstellen von Problemdiagnosen, Auswahl der an einem Vorgang beteiligten Instanzen
Nutzeffekte:	Rationellere und raschere Bearbeitung von Reparaturen und Reklamationen, Aufzeigen von Schwachstellen aufgrund von Statistiken, Hinweise auf kritische Produkte und Kunden

Problem-Management-Systeme (**PMS**) können auch der Beratung von „internen Kunden", namentlich in internationalen Konzernen, dienen.

PRAKTISCHES BEISPIEL

Der **Chemie- und Konsumgüterhersteller Henkel KGaA** hat ein PMS installiert, welches bei Schwierigkeiten mit der unternehmensinternen Rechnernetz-Infrastruktur hilft (**C**omputing **N**etwork **S**ervices (**CNS**)). Pro Jahr treffen etwa 100.000 Anfragen ein. Das System erstellt ein sogenanntes Ticket, das von einem „Ticketmanagementsystem" an den bestgeeigneten Support-Mitarbeiter (unter weltweit 800) weitergeleitet wird. Eine Komponente des Systems analysiert die Tickets, z. B. hinsichtlich Bearbeitungsdauer oder Zahl der in den Workflow einbezogenen Angestellten [PEL 06b].

3.7.4 Entsorgung

Wesen der Entsorgung ist es, Produkte, die dem Kunden verkauft wurden, am Ende ihrer Nutzungsdauer zu beseitigen. Ein Teil der Erzeugnisse gelangt auf Deponien und in Verbrennungsanlagen, ein anderer wird demontiert und für ein gleiches oder ähnliches Produkt wieder- bzw. weiterverwendet (**Recycling**). Abbildung 3.7.4/1 verdeutlicht das mit Demontage und Beseitigung verbundene Aufgabenspektrum sowie die intensiven Integrationsbeziehungen (vgl. dazu auch [KUR 97], [RAU 97/RAU 99]).

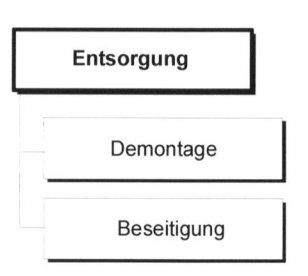

Abbildung 3.7.4/1 Aufgabengebiete einer integrierten Entsorgungssicherung

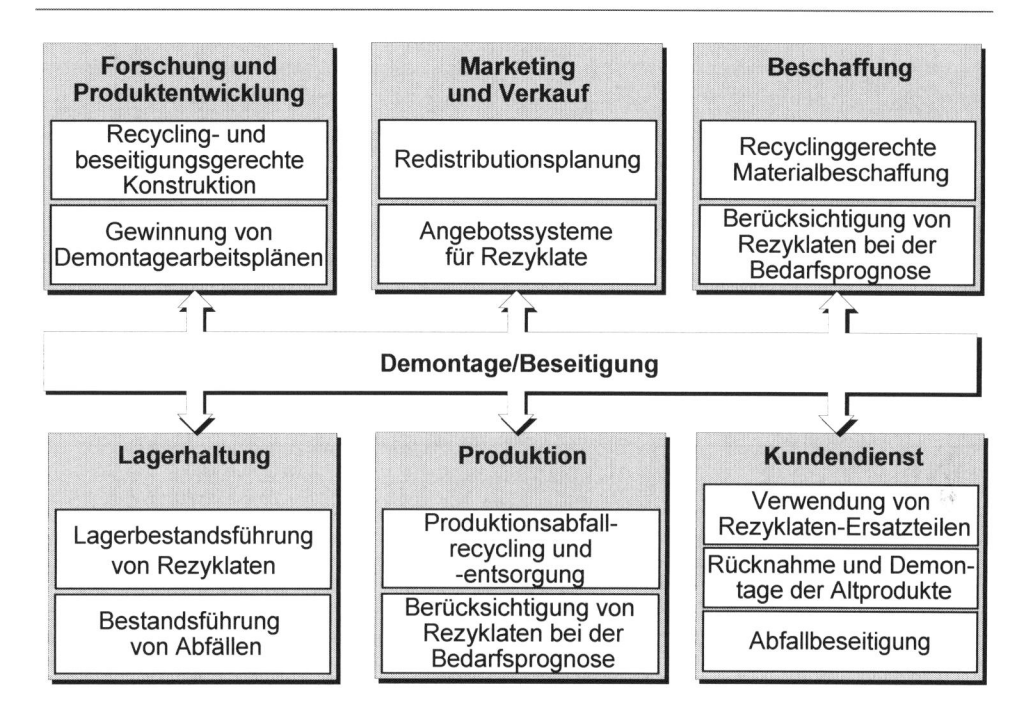

Forschung und Produktentwicklung	Marketing und Verkauf	Beschaffung
Recycling- und beseitigungsgerechte Konstruktion	Redistributionsplanung	Recyclinggerechte Materialbeschaffung
Gewinnung von Demontagearbeitsplänen	Angebotssysteme für Rezyklate	Berücksichtigung von Rezyklaten bei der Bedarfsprognose

Demontage/Beseitigung

Lagerhaltung	Produktion	Kundendienst
Lagerbestandsführung von Rezyklaten	Produktionsabfallrecycling und -entsorgung	Verwendung von Rezyklaten-Ersatzteilen
Bestandsführung von Abfällen	Berücksichtigung von Rezyklaten bei der Bedarfsprognose	Rücknahme und Demontage der Altprodukte
		Abfallbeseitigung

Wir behandeln die Entsorgung aus zwei Gründen in diesem Kapitel: Zum einen bildet die Beseitigung das Schlussglied der Wertschöpfungskette, zum anderen sind Demontageaspekte bei den verschiedenen Serviceleistungen zu berücksichtigen. Hat ein Produkt das Ende seiner Verwendungszeit erreicht, sei es durch technischen Defekt oder weil es für den Kunden keinen Nutzen mehr stiftet, so ist es zu entsorgen. Der Außendiensttechniker transportiert beispielsweise eine Anlage ab, oder er zerlegt sie vor Ort im Kundenbetrieb, wobei er eventuell nochmalig einsetzbare Teile für eine Neuinstallation heranzieht. Diesen Entscheidungsverbund kann die IV unterstützen. Besonders für die Zerlegung beim Kunden ist ein Demontagesystem sehr hilfreich. Für die Analyse, welche Teile und Baugruppen auszubauen und zu sortieren sind, gilt es neben technischen auch ökonomische Gesichtspunkte zu beachten. Das am Bereich Wirtschaftsinformatik I der Universität Erlangen-Nürnberg entwickelte System **DISRINS** (**Dis**mantling and **R**ecycling **In**formation **S**ystem) [SCHE 95] ermittelt unter Einbeziehung der anfallenden Entsorgungskosten und der Wiederverwendungsmöglichkeiten von Komponenten die wirtschaftlich beste Lösung. Dazu erstellt es aus vorhandenen Produktdaten **Demontagearbeitspläne** und **-stücklisten**. Der Techniker erfasst hierzu den individuellen Anlagenzustand. Ausgehend von diesem Zustand sowie vom Zerlegeaufwand schlägt DISRINS eine Recyclingmethode (Produkt- oder Materialrecycling) und die Demontagetiefe vor.

Eine Aufgabe der Informationsverarbeitung ist es, international zugängliche Informationsbanken zu schaffen, aus denen die Demontageunternehmen ersehen können, welche Demontage-Vorgänge sich bei unterschiedlichen Fahrzeugtypen unterschiedlicher Hersteller – eventuell noch differenziert nach dem Alter des Wagens – lohnen. Im **International Dismantling Information System (IDIS)** kooperieren 24 Kfz-Hersteller. Es werden Daten für mehr als 600 Fahrzeugtypen und rund 40.000 Teilen gespeichert, sodass sich z. B. Schrotthändler informieren können [IDI 11].

Abbildung 3.7.4/2 Entsorgung

Wichtigste Eingaben:	Zustand der Bauteile und Verbindungen, Entsorgungskosten je Materialart
Wichtigste Anzeigen und Ausdrucke:	Demontagestücklisten, Demontagearbeitspläne, Lagerbestand an Rezyklaten, Wiedergewinnungsrate, nicht demontagegerechte Verbindungen, infrage kommende Entsorgungsunternehmen und Transporteure, Entsorgungsnachweise, Begleitscheine
Wichtigste Dialogfunktionen:	Suche nach Alternativen
Nutzeffekte:	Rasche Ermittlung der wirtschaftlichen Zerlegeschritte, Vorbereitung sinnvoller Demontageentscheidungen, Hinweise auf demontagekritische Verbindungen, Einsparungen durch Weiterverwendung, Auswahl der kostengünstigsten umweltgerechten Beseitigungsform, Beitrag zum Umweltschutz

Mit dem **Asset Redeployment Management System (ARMS)** werden über das Internet zum Verkauf anstehende Altanlagen offeriert (z. B. Equip Net Direct: http://www.equipnetdirect.com/).

Für diejenigen Komponenten, die Sonderabfälle darstellen und zu entsprechenden Entsorgungseinrichtungen (Sonderabfalldeponie bzw. -verbrennungsanlage) transportiert werden müssen, schreiben Gesetze und Verordnungen komplizierte Verfahren vor. Die Entsorgung muss vorab für jede Sonderabfallart mit einem Nachweis von der zuständigen Behörde genehmigt bzw. bei ihr angezeigt werden. An diesem Entsorgungsnachweis-Prozess sind mehrere Instanzen (Genehmigungsbehörde, Entsorger) zu beteiligen, sodass sich zwischenbetriebliche Integration, speziell ein zwischenbetriebliches WMS, anbietet [WEW 98]. Die notwendigen Schreiben lassen sich von der IV vorbereiten und die genehmigten Nachweise in einer Datenbank verwalten. Begleitscheine werden aus den Daten eines Entsorgungsnachweises gewonnen und sind vom Transporteur mitzuführen. Ein Teil der für die Formulare erforderlichen Informationen kann aus Demontagestücklisten (vgl. Abschnitt 3.5.2.3) übernommen werden, sodass ein Sachbearbeiter nur noch wenige weitere Daten hinzufügen muss. Die Dienstleister, die den Abfall transportieren, haben unterschiedliche Transportgenehmigungen, insbesondere wenn es um Gefahrgüter geht („**Gefahrguttrans-**

porte"). Hier kann der Rechner bei der Auswahl des Transporteurs helfen. Dazu müssen die Transportgenehmigungen in den Lieferantenstammsätzen abgelegt sein.

3.7.5 Anmerkungen zu Abschnitt 3.7

[HEI 06] Heinemann, J., Du bist, was du isst, IT-Director vom 13.01.2006, http://www.manager-magazin.de/it/itdirector/0,2828,394922,00.html, Abruf am 04.10.2011.

[IBS 11] IBS Software, http://www.ibs-software.de, Abruf am 04.10.2011.

[IDI 11] IDIS Konsortium (Hrsg.), Mehr zu IDIS, http://www.idis2.com/, Abruf am 04. 10.2011.

[KAG 11] Kagermann, H., Österle, H. und Jordan, J.M., IT-driven Business Models, Hoboken 2011, S. 33-34.

[KER 11] Persönliche Auskunft von Herrn P. Kersten, JDC GmbH & Co. KG.

[KLI 11] Persönliche Auskunft von Herrn F. Klingenberg, METRO Group Köln.

[KNA 05] Knapp, M. und Auerbach, M., foodtracer: Verbesserung der Chargenrückverfolgung in der Lebensmittelindustrie – Entwicklung von Strategien und Systemen nach Inkrafttreten der EU-Verordnung 178/2002, FIR+IAW-Zeitschrift „Unternehmen der Zukunft" Nr. 2 (2005), S. 8-9.

[KRÄ 11] Persönliche Information von Herrn R. Krämer, Autohaus Friedrich GmbH, Lauf a. d. Pegnitz.

[KUR 97] Kurbel, K. und Rautenstrauch, C., Integration des Produktrecycling in die Produktionsplanung und -steuerung, in: Weber, J. (Hrsg.), Umweltmanagement, Aspekte einer umweltbezogenen Unternehmensführung, Stuttgart 1997, S. 299-320.

[LÄP 01/LEH 11] Läpple, R., Heiße Aufträge kommen beim Junkers-Service online, Computer Zeitung 32 (2001) 19, S. 14; persönliche Auskunft von Herrn W. Lehmann, Bosch Thermotechnik GmbH.

[LAW 11] Lawson (Hrsg.), Food & Beverage, http://www.lawson.com/Industries/Food-and-Beverage, Abruf am 04.10.2011.

[MAY 09] May, O., Kundenservice optimal koordinieren, IT für Arbeitsabläufe von Servicetechnikern, IT&Production (2009) 3, S. 48-49.

[MER 91] Mertens, P., Problem-Management-Systeme, WIRTSCHAFTSINFORMATIK 33 (1991) 1, S. 72.

[MÜL 99]　　　　　Müller, B., Ferngesteuerte Hilfe, NET-INVESTOR (1999) 10, S. 74-77.

[OV 08]　　　　　O.V., Vermeidbare Produktrückrufe, IT&Production (2008) 10, S. 27.

[PEL 06a]　　　　Pelkmann, T., O_2 macht mobil, softlab Magazin Nr. 2 (2006), S. 10-13.

[PEL 06b]　　　　Pelkmann, T., Henkels Helpdesk, softlab Magazin Nr. 1 (2006), S. 10-14.

[PUP 91]　　　　　Puppe, F., Einführung in Expertensysteme, 2. Aufl., Berlin u.a. 1991, insbes. Kapitel 10.

[RAU 97/RAU 99]　Rautenstrauch, C., Fachkonzept für ein integriertes Produktions-, Recyclingplanungs- und Steuerungssystem (PRPS-System), Berlin u.a. 1997; Rautenstrauch, C., Betriebliche Umweltinformationssysteme, Grundlagen, Konzepte und Systeme, Berlin u.a. 1999.

[SCHA 10]　　　　Scharfe, C., Fischer, D., Markscheffel, B., Stelzer, D. und Somoza, R., Einsatzmöglichkeiten der RFID-Technologie im Technischen Außendienst, in: Schumann, M., Kolbe, L.M., Breitner, M.H. und Frerichs, A. (Hrsg.), Tagungsband Multikonferenz Wirtschaftsinformatik (MKWI), 23.-25.02.2010, Göttingen 2010, S. 2387-2398.

[SCHE 95]　　　　Scheuerer, A., Beiträge zur Steuerung des betrieblichen Recyclings unter besonderer Berücksichtigung eines Informationssystems zur Unterstützung von Demontageprozessen, Dissertation, Nürnberg 1995.

[SCHR 92/PEP 08]　Schrader, A., Den Pannen auf der Spur, Office Management (1992) 12, S. 44-46; Pepels, W., Grundzüge des Beschwerdemanagement, in: Helmke, S. und Dangelmaier, W. (Hrsg.), Effektives Customer Relationship Management, 4. Aufl., Wiesbaden 2008, S. 103-118.

[SIM 93]　　　　　Simon, L., Dynamische, situationsbezogene Hypertext-Handbücher für komplexe Tätigkeiten, Sankt Augustin 1993.

[STA 07]　　　　　Stauss, B. und Seidel, W., Beschwerdemanagement, 4. Aufl., München-Wien 2007.

[WAW 08]　　　　Wawrzinek, S., Jeder Geschäftsvorfall wird in einer Wissensdatenbank festgehalten, Computer Zeitung vom 26.05.2008, S. 18.

[WEW 98]　　　　Wewers, T., Zwischenbetrieblich integriertes Workflow-Management – dargestellt am Beispiel von Geschäftsprozessen bei der Sonderabfallentsorgung, Dissertation, Nürnberg 1998.

3.8 Finanzsektor

3.8.1 Überblick

Im Vergleich zu anderen Funktionsbereichen gibt es im eigentlichen Finanzierungssektor (ohne Rechnungswesen) nur wenige administrative und dispositive Aufgaben, die ganz oder teilweise automatisiert werden können. Als Beispiel beschreiben wir die Finanz- und Liquiditätsdisposition, die Unterstützung des Geld- und Devisenhandels und die Administration von Hauptversammlungen.

Zuweilen wird der Zentralbereich Finanzen in Konzernen als „Bank im Unternehmen" begriffen, die über ein Portal erreichbar ist.

Abbildung 3.8.1/1   Teilfunktionsmodell Finanzsektor

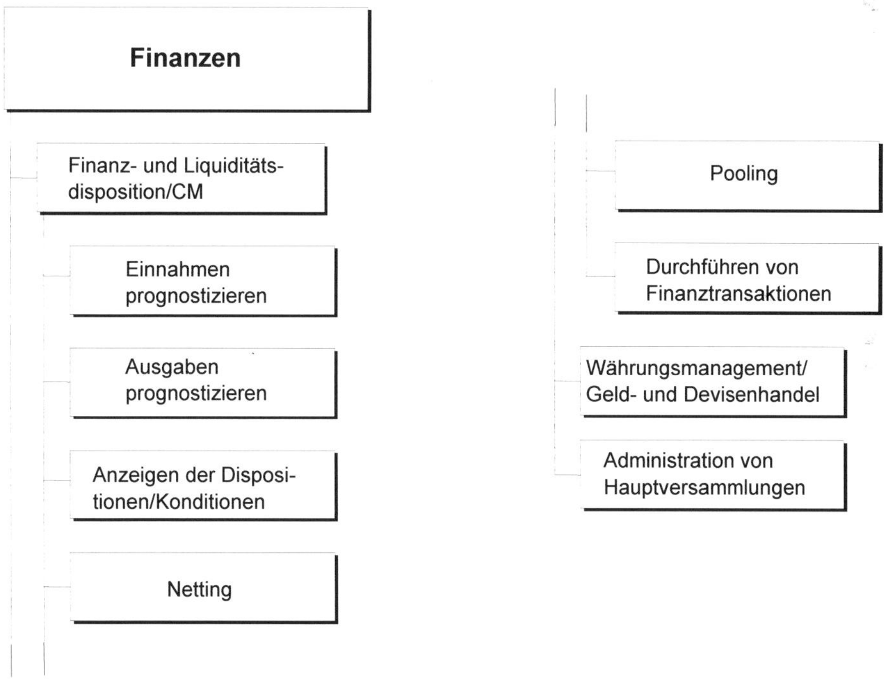

```
Finanzen
├── Finanz- und Liquiditäts-        ├── Pooling
│   disposition/CM                  │
├── Einnahmen                       ├── Durchführen von
│   prognostizieren                 │   Finanztransaktionen
├── Ausgaben                        ├── Währungsmanagement/
│   prognostizieren                 │   Geld- und Devisenhandel
├── Anzeigen der Disposi-           └── Administration von
│   tionen/Konditionen                  Hauptversammlungen
└── Netting
```

PRAKTISCHES BEISPIEL

Der Konzernbereich Finanzen der **Bayer AG** hat sich zu einem global agierenden Finanzdienstleister innerhalb der Unternehmensgruppe entwickelt. Hierzu wurde zusammen mit Lehrstühlen der **Universitäten Karlsruhe und Gießen** ein Portalsystem im Bayer-Intranet aufgebaut. Zielgruppen sind Mitarbeiter des zentralen Bereichs ebenso wie die Finanzabteilungen der weltweiten Beteiligungsgesellschaften. Das Portal ist zum einen ein Informationssystem – gezeigt werden externe Finanzdaten, wie z. B. Wechsel- und Aktienkurse, und Unternehmensdaten wie etwa Nettoverschuldung und Finanzplanungsinformationen – zum anderen werden zahlreiche Prozesse des Finanzbereichs abgebildet. Dazu zählen die Kreditvergabe von der Muttergesellschaft an eine Tochter oder die Absicherung internationaler Geschäfte gegen Wechselkursschwankungen [ELS 11/WEI 11].

3.8.2 Finanz- und Liquiditätsdisposition/Cash Management

Vor allem in Hochzinsphasen streben die Industriebetriebe eine Finanz- und Liquiditätsdisposition mit Tagesgenauigkeit (Tagesfinanzstatus) an.

Für die Finanzdisposition stehen in der IIV die folgenden Daten bereit: Absatzplan, Auftragsbestand, Forderungsbestand, Bestand an Verbindlichkeiten, Bestellobligo, Kostenplan, regelmäßig wiederkehrende Zahlungen, wie z. B. Lohn- und Gehaltszahlungen oder Mieten, Investitionsplan. Damit ist eine Basis für die Prognose der Massenzahlungen geschaffen. Die Zusammenhänge auf der **Einnahmenseite** sind in Abbildung 3.8.2/1 oben gezeigt.

Gegebenenfalls kann man diese Kette nach links um die Angebote verlängern, wenn anzunehmen ist, dass jeweils ein bestimmter Teil der Offerten in einer gewissen zeitlichen Verteilung zu Aufträgen führt und sich damit ein computergestütztes Prognosesystem aufbauen lässt.

Ein Teil der Daten ist deterministischer Natur, und zwar vor allem die Entstehung der Forderungen aus Aufträgen, soweit Soll-Liefertermine gegeben sind. Die übrigen Werte müssen stochastisch vorhergesagt werden. Als Prognoseverfahren für diese stochastischen Größen eignet sich die Technik der Verweilzeitvorhersage. Das Verfahrensprinzip kann man sich an dem folgenden, stark vereinfachten Beispiel klarmachen [LAN 12]:

Wurde festgestellt, dass von 10.000 € Forderungsbetrag durchschnittlich 3.000 € sofort, 5.000 € mit Zielinanspruchnahme von einer Woche, 1.800 € mit Zielinanspruchnahme von zwei Wochen und 200 € nach drei Wochen gezahlt werden, so speichert man diese Relation in dem Verweilzeitvektor (30, 50, 18, 2) (die Elemente des Vektors addieren sich zu 100 Prozent). Mithilfe des Vektors lässt sich nun prognostizieren, wann welche Anteile neuer Debitorenpositionen zu Einzahlungen führen: Entstehen z. B. zu einem bestimmten Zeitpunkt neue Forderungen in Höhe von 200.000 €, so lautet die Vorhersage: 60.000 € (= 30 Prozent von 200.000 €) werden sofort eingezahlt, 100.000 € nach einer Woche, 36.000 € nach zwei Wochen und 4.000 € nach drei Wochen.

Abbildung 3.8.2/1 Zusammenhänge auf der Einnahmen- und Ausgabenseite

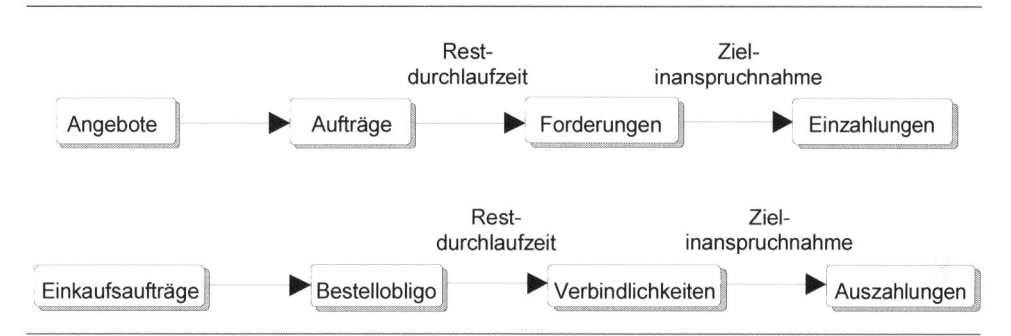

Angebote → Aufträge →(Restdurchlaufzeit)→ Forderungen →(Zielinanspruchnahme)→ Einzahlungen

Einkaufsaufträge → Bestellobligo →(Restdurchlaufzeit)→ Verbindlichkeiten →(Zielinanspruchnahme)→ Auszahlungen

Auf der **Ausgabenseite** existiert eine ähnliche Kette (Abbildung 3.8.2/1 unten). Auch diese Kette mag in günstigen Fällen nach links verlängert werden, und zwar dann, wenn im Rahmen der rechnerunterstützten Produktions- und Beschaffungsplanung auch geplante Einkaufsaufträge gespeichert sind. Im Gegensatz zur Einnahmenseite kann man auf der Ausgabenseite mit hinreichender Genauigkeit die Mehrzahl der Daten als deterministisch betrachten, weil die Höhe der Beträge und die Zahlungszeitpunkte meist bekannt sind. Dabei ist allerdings angenommen, dass die Politik der Unternehmung bei der Begleichung von Verbindlichkeiten konstant bleibt, d. h. entweder mit Skonto gezahlt oder generell das Ziel ausgenutzt wird. Im anderen Fall ist der Termin, zu dem die Kreditoren bezahlt werden, als stochastisch zu betrachten. Man wird dann mit einer diskreten Verteilung operieren (z. B. „40 Prozent der Kreditorenwerte werden mit Skonto, 60 Prozent mit Ziel beglichen").

Im Anschluss an die Liquiditätsprognose ist die Kombination finanzwirtschaftlicher Maßnahmen zu suchen, die unter Berücksichtigung von liquiditätspolitischen Nebenbedingungen den höchsten Gewinn verspricht. Dies kann mit einem Dialogsystem geschehen, wie es beispielsweise Detlefsen in Gestalt von **FIPLA** entwickelt hat [DET 79]. Diesem sind die Alternativen der Geldaufnahme (z. B. Lieferantenkredit, Kontokorrentkredit, Wechseldiskontkredit, Darlehen, Verkauf von Wertpapieren) und die Alternativen der Geldanlage (z. B. Festgeld, Kauf von Wertpapieren) zuzuführen. Je nach Wunsch des Benutzers berechnet das System automatisch einen Vorschlag zur Geldaufnahme bzw. -anlage oder ermittelt die Konsequenzen von Dispositionsmöglichkeiten, die der Planer selbst zusammenstellt. Beim automatischen Vorschlag versucht das Verfahren, die finanzwirtschaftlichen Maßnahmen nach Termin und Betrag so zu bestimmen, dass die Liquiditätsbestände nach Berücksichtigung einer Sicherheitsreserve an die Nulllinie angenähert werden, jedoch stets mit einem Haben-Saldo. Bei der zweiten Variante wird dem Planer zuerst am Bildschirm der Katalog aller in FIPLA eingebauten finanzwirtschaftlichen Maßnahmen angezeigt. Das System errechnet, sofern es sich um eine Alternative der Geldaufnahme handelt, neben anderem die Kapitalkosten, den frühestmöglichen Rückzahlungstermin sowie die neuen Liquiditätsbestände; geht es um eine Geldanlage-Alternative, so werden unter anderem die absoluten Finanzerträge, die Rendite und die neuen Liquiditätsbestände ermittelt.

In großen Unternehmen wirkt erschwerend, dass sich die Liquiditätsdisposition auf eine größere Zahl von Konten erstrecken muss. Aufgabe des Disponenten („Treasurer") ist es dann, die Salden auf den verschiedenen Konten so einzustellen, dass die Differenz „Habenzinsen - (Sollzinsen + Gebühren)" maximiert wird.

Die Liquiditätsplanung ist teilweise Voraussetzung für das **Cash Management (CM)**, weil aus ihr Daten übergeben werden, die man benötigt, um Zahlungsströme auf die richtigen Konten zu dirigieren (die sogenannte **Liquiditätsvorschau** mag man als eine kurzfristige Ableitung der Liquiditätsplanung begreifen).

Zahlreiche Banken bieten Dienstleistungen für die Funktion CM an, mit deren Hilfe es möglich wird, die jüngsten Vorgänge auf den diversen Konten auch unterschiedlicher in- und ausländischer Kreditinstitute in geordneter Form in den Rechner des Industriebetriebs zu spielen und auf dem Bildschirm des Finanzdisponenten sichtbar zu machen. Beispiele solcher Informationen sind Saldenbestände (Balance-Report), eventuell getrennt nach verfügbaren (Valuten-)Salden, Saldenentwicklung in den letzten Tagen, Umsatzdetails und Verfügungsrahmen.

Ein CM-System kann über diese Informationsfunktion hinaus unter anderem aus folgenden Modulen bestehen [FRO 91/GEH 97]:

1. Dispositionsmodul

    Es übernimmt die Konsolidierung von Konten, Leading und Lagging (siehe unten) und erstellt Prognosen. Hierzu benötigt die Komponente neben Informationen über Kontostände auch solche über Devisengeschäfte (Kassa- bzw. Termingeschäfte) und Kredite. In das Modul kann eine kurzfristige Prognose der Zahlungsströme integriert sein.

2. Geldmarktmodul

    Es zeigt die Tages-, Termin- und Festgelder mit den getroffenen Dispositionen und Konditionen an.

3. Finanzmodul

    Es realisiert das Netting und Pooling (siehe unten).

4. Transaktionsmodul

    Hier können automatische Überweisungen angestoßen werden.

Unter **Leading und Lagging** versteht man das Beschleunigen bzw. Verzögern von Zahlungsvorgängen, insbesondere in Konzernen. Ziel dieser Beschleunigungen und Verzögerungen kann es zum einen sein, Geldbeträge an jene Orte zu bringen, wo sie kurzfristig die höchsten Erträge erwirtschaften. Zum anderen mögen so (zu Bilanzstichtagen) steuerliche Gestaltungsspielräume genutzt werden. Schließlich dient Leading und Lagging dem Management von Währungsrisiken; beispielsweise wird der Unternehmensverbund möglichst rasch aus einer abwertungsgefährdeten Währung „fliehen" [EIS 94, S. 36-37]. Hierdurch entfallen Kurssicherungskosten.

Beim **Netting** melden alle angeschlossenen Unternehmungen ihre gegenseitigen Forderungen mit der Angabe von Schuldner, Fälligkeit und Währung einer zentralen Verrechnungsstelle, die die Salden ermittelt. Diese Rechenergebnisse führen dann zu Überweisungen der Unternehmen mit negativen Salden an diejenigen mit positiven. Beim **Pooling** werden kleine Beträge, die auf den verschiedensten Konten verstreut sind, auf wenigen Konten zusammengefasst.

Als Vorarbeit zur interaktiven Disposition kann ein IV-System auf der Grundlage vorgegebener Entscheidungsregeln bestimmte Vorschläge unterbreiten.

Beispiele für solche Entscheidungsregeln sind:

1. Stelle den Saldo auf den Konten x, y, z immer sofort auf Null.
2. Halte auf den Konten u und v einen „Bodensatz" von b €.
3. Überweise Überschüsse von Konto p auf Konto q und gleiche Soll-Salden auf Konto p durch Überweisungen von den Konten r, s und t (in dieser Reihenfolge) aus.

Derartige Anweisungen können auch bereits dem CM-System der Bank gegeben werden. Das Programm zur Finanz- und Liquiditätsdisposition ist so zu schreiben, dass nach der Disposition der Konten die notwendigen Umbuchungen und Überweisungen durch Eingabe weniger Befehle veranlasst werden. Man kann computergestützt periodisch Ex-post-Analysen der getroffenen Dispositionen durchführen.

Große Industrieunternehmen zentralisieren ihren Zahlungsverkehr in einer eigenen Bank.

> **PRAKTISCHES BEISPIEL**
>
> Der Zahlungsverkehrsprozess wesentlicher Konzerngesellschaften der **BMW Group** wurde über eine „Payment Factory" (PFA) zentralisiert und um ein Verrechnungssystem „In-House Verrechnung" ergänzt (Abbildung 3.8.2/2). Das Konzern-Treasury übernimmt hierbei insbesondere die Steuerung des Liquiditäts- und Währungs(FX=Foreign Exchange)-Managements.

Abbildung 3.8.2/2 Integrierter Zahlungsprozess bei der BMW Group

```
                    ┌─────────────────────┐
  ┌─────────┐  ──▶  │ In-House Verrechnung│  ──▶  ┌──────────────────┐
  │ Banken  │       │   Payment Factory   │       │ Konzern-Treasury │
  └─────────┘  ◀──  └─────────────────────┘  ◀──  └──────────────────┘
                            ↕
                    ┌─────────────────────┐
                    │ Konzerngesellschaften│
                    └─────────────────────┘
```

Der Prozess in der PFA bündelt alle Ausgangszahlungen und Lastschriften der **BMW Group**, um u.a. Skaleneffekte bei den Zahlungsverkehrsbanken zu erreichen. Weiterhin ermöglicht dies eine Steuerung der Volumina, die über einzelne Geschäftsbanken ausgeführt werden sollen.

Durch die Zentralisierung der Zahlungen können konzerninterne Zahlungen erkannt und einer internen Verrechnung zugeführt werden. Damit werden die Zahlungen nicht über den externen Bankenkreislauf abgewickelt, und so sinken die Transaktionsgebühren der Gruppe.

Eingehende Zahlungen werden weitgehend über die lokalen Konten der Konzerngesellschaften gesteuert und mithilfe von Banken im Wege des Pooling auf sogenannte Masterkonten des Konzerns übertragen. Solche Zahlungseingänge, die sich automatisch verarbeiten lassen, können auch direkt auf den Masterkonten verbucht werden [BAM 11].

Es wird zuweilen befürchtet, dass die Nutzung eines CM-Systems den Industriebetrieb in zu starke Abhängigkeit von der anbietenden Bank bringen könnte. Bedient man sich andererseits verschiedener CM-Angebote, so müsste der Finanzdisponent mehrere Programme an seinem Arbeitsplatz benutzen. Es bietet sich dann an, die Informationen aus den unterschiedlichen Quellen auf einem „**Finanzleitstand**" oder „**Liquiditätsleitstand**" zusammenzustellen. Das CM geht so in das Währungsmanagement und in den rechnergestützten Geld- und Devisenhandel (siehe Abschnitt 3.8.3) über.

Abbildung 3.8.2/3 Finanz- und Liquiditätsdisposition/Cash Management

Wichtigste Eingaben:	Umbuchungen, Schecks, Überweisungen, Entscheidungsregeln, Wechselkurse, Zinssätze
Wichtigste Anzeigen und Ausdrucke:	Valutengerechter Bankkontenüberblick (einschließlich Fremdwährungsinformation), Umsätze, offene Devisenpositionen, maschinelle Dispositionsvorschläge, Dispositionsbericht, Ex-post-Analysen, Z1-Meldungen an Bundesbank (grenzüberschreitende Zahlungen), Geldanlageinformationen, Wechselobligo

Wichtigste Dialogfunktionen:	Umbuchungen, Simulation von alternativen Dispositionen, Abschätzung der Folgen von Datenänderungen (z. B. Abwertungen)
Nutzeffekte:	Zinsgünstige Anlage liquider Mittel, Vermeiden von unnötigen Kontoüberziehungen, Ausnutzung von Wechselkursgefällen, Hinweise auf Währungsrisiken/bessere Absicherung gegen Währungsrisiken, Vermeiden von Fernschreib- und Telefonkosten, Reduzierung der „Bodensatzsalden" auf den Unternehmenskonten, Optimierung des Anlagen- und Kreditportefeuilles, Verbesserung der konzerninternen Transaktionen, Transparenz von Eventualverpflichtungen

3.8.3 Währungsmanagement/Geld- und Devisenhandel

In international operierenden Großunternehmen sind oft spezielle Abteilungen eingerichtet, die einerseits einen beachtlichen Überblick über Forderungen, Verbindlichkeiten und Währungskurse im internationalen Raum benötigen und andererseits sehr kurzfristig (um-)disponieren müssen. Internationale Konzerne unterhalten häufig mehrere hundert Bankbeziehungen, in denen Geschäfte in zahlreichen Währungen abgewickelt werden [OV 00]. Gleichzeitig fallen viele leicht formalisierbare Verwaltungstätigkeiten an, wie z. B. das Versenden von Bestätigungen. Schließlich verlangt das mit den internationalen Transaktionen verbundene Risiko nicht zuletzt aufgrund des **Ge**setzes zur **Kon**trolle und **Tra**nsparenz im Unternehmensbereich (**KonTraG**) eine stringente Terminüberwachung und die Aufbereitung von Informationen für die Kontrolle, ob Unternehmensleitlinien zu den Finanztransaktionen eingehalten wurden bzw. „Schieflagen" drohen. Das Währungsmanagement muss mit der Finanz- und Liquiditätsdisposition gut integriert sein, denn Devisengeschäfte haben immer auch Folgen für die Liquiditätssituation. Ein geschlossenes IV-System kann diese Anforderungen gut erfüllen. Im **SAP-System** sind diese Administrations- und Dispositionsfunktionen auf die Module **FI** (**Fi**nancial Accounting), **TR** (**Tr**easury) und **MRM** (**M**arket **R**isk **M**anagement) verteilt.

Zur Kursabsicherung stehen verschiedene Instrumente zur Verfügung, wie z. B. Devisentermingeschäfte, Forderungsverkauf und/oder Kreditaufnahme bzw. Geldaufnahme in Fremdwährungen [ADA 01/WEY 01].

Abbildung 3.8.3/1 Geld- und Devisenhandel

Wichtigste Eingaben:	Spotkurse, Swapsätze, Terminkurse, Interbankenzinssätze, Währungskurse, Marktinformationen, Parameter zur Durchführung von Finanztransaktionen (z. B. Limits, Toleranzgrenzen)
Wichtigste Anzeigen und Ausdrucke:	Bestätigungen, Auftragspapiere, Fälligkeitstermine und -informationen, Hinweise bei Überschreiten von Toleranzgrenzen, Übersichten über Forderungen und Verbindlichkeiten
Wichtigste Dialogfunktionen:	Umbuchungen, Alternativrechnungen (Termin-/Kassakurse)
Nutzeffekte:	Ausnutzung von Wechselkursgefällen (Arbitragechancen), Absicherung gegen Währungsrisiken, Optimierung von Finanztransaktionen, Reduktion des Verwaltungsaufwands

PRAKTISCHES BEISPIEL

Die **Lufthansa AG** erfasst und konsolidiert monatlich konzernweit alle Währungsströme, die vor allem aus dem weltweiten Ticket-Verkauf stammen. Mit Ausnahme des Dollar, mit dem man Flugzeuge und Treibstoff bezahlt, erzielt man in allen anderen Währungen Überschüsse. Zur Disposition benutzt man die **Plattform 360 T**. Darüber lassen sich von bis zu 75 angeschlossenen Banken Währungskurse gleichzeitig einholen, ohne zu telefonieren. So erreicht man eine erhebliche Steigerung der Transparenz, die dann Grundlage von günstigen Abschlüssen ist [OV10].

3.8.4 Administration von Hauptversammlungen

Nicht zu unterschätzende administrative Aufgaben, die mit IV-Systemen unterstützt werden können [KRE 94], treten bei Hauptversammlungen (HV) großer Aktiengesellschaften auf.

Es liegt nahe, den Einsatz des Internet zu prüfen („**Virtuelle Hauptversammlung**"). Eine einfache Möglichkeit besteht darin, die Versammlung im WWW in Echtzeit zu übertragen – ganz oder in Ausschnitten – oder zumindest Vorträge und Präsentationen nach der Versammlung als Video-on-Demand zur Verfügung zu halten. Unternehmen können ihre Aktionäre zusätzlich zur Veröffentlichung im Bundesanzeiger per E-Mail benachrichtigen und so auf den teuren postalischen Versand der HV-Einladungen verzichten. Erlaubt ist auch, dass ein Aktionär sein Votum zu einzelnen Abstimmungen noch während der HV über das Internet abgibt. Bei der **Daimler AG** registriert er sich hierzu auf einer von der Gesellschaft eingerichteten Website. Wenn einem

Anteilseigner z. B. die Rede des Vorstandsvorsitzenden nicht gefallen hat, mag er dies zum Anlass nehmen, den Vorschlag für die Dividende abzulehnen. Eine solche Lösung gestattet es vor allem internationalen Anlegern, sich an Abstimmungen zu beteiligen. Bei Aktiengesellschaften, die eine derartige Organisation schon haben, zeigt sich, dass die seit Jahren zu beobachtende rückläufige physische Präsenz auf den HV durch Teilnahme über das Internet kompensiert werden kann. Das Verfahren setzt erhebliche Sorgfalt bei dem Aufbau des Kommunikationssystems voraus, denn wenn es in dem Moment zusammenbricht, in dem der Aktionär dem Stimmrechtsvertreter eine Weisung erteilen will, könnte ein Anfechtungsgrund gegeben sein [KEU 02], [MAT 01].

Es ist zu erwarten, dass die Beteiligung von Aktionären an Hauptversammlungen ohne physische Anwesenheit einfacher wird, denn eine Richtlinie der EU [EUR 07/BÜC 08] sieht eine wesentliche Erleichterung der Stimmabgabe über das Internet vor. Die Gesellschaften machen den Aktionären Unterlagen, die bisher mit der „gelben Post" zugestellt wurden, wie etwa bei der Vorbereitung von Verschmelzungen, auf der Homepage zugänglich. Der Aktionär loggt sich mit einem Zugangscode ein, kann die Hauptversammlung verfolgen und über Schaltflächen seine Stimme abgeben oder auch Fragen an den Vorstand richten.

Abbildung 3.8.4/1   Verwaltung von Hauptversammlungen

Wichtigste Eingaben:	Teilnehmerdaten
Wichtigste Anzeigen und Ausdrucke:	Hinterlegungsbescheinigungen/Eintrittskarten, Anwesenheitslisten, aktuelle Präsenz, Statistiken, Stimmkarten, Protokolle
Wichtigste Dialogfunktionen:	
Nutzeffekte:	Rationalisierung der HV-Abwicklung

3.8.5   Anmerkungen zu Abschnitt 3.8

[ADA 01/WEY 01]   Adam-Müller, A. und Franke, G., Währungsmanagement, in: Gerke, W. und Steiner, M. (Hrsg.), Handwörterbuch des Bank- und Finanzwesens, 3. Aufl., Stuttgart 2001, S. 2179-2193; Weyel, W., Devisenhandel, in: Gerke, W. und Steiner, M. (Hrsg.), Handwörterbuch des Bank- und Finanzwesens, 3. Aufl., Stuttgart 2001, S. 541-551.

[BAM 11]   Persönliche Auskunft von Herrn J. Bamberg, BMW Group.

[DET 79]   Detlefsen, K., Computerunterstützte kurzfristige Finanzplanung in Industrieunternehmen, München 1979.

[EIS 94]   Eistert, T., Cash Management Systeme – Funktionen, Strategien, Marktüberblick, Wien 1994.

[ELS 11/WEI 11]   Elsner, H., Managing the Evolution of Corporate Portals - A User-Centric Approach, Karlsruhe 2011; persönliche Auskunft von Herrn C. Weinhardt, Karlsruher Institut für Technologie.

[EUR 07/BÜC 08]   EU-Richtlinie 2007/36 des europäischen Parlaments und des Rates vom 11. Juli 2007 über die Ausübung bestimmter Rechte von Aktionären in börsennotierten Gesellschaften; Bücker, T., Aktionäre dürfen mit einem Doppelklick abstimmen, Frankfurter Allgemeine Zeitung vom 19.11.2008, S. 23.

[FRO 91/GEH 97]   Frotzler, F.X., Cash-Management, Wien 1991, S. 175; Gehrke, N., Nitsche, M. und Specht, O., Informationssysteme im Rechnungswesen und der Finanzwirtschaft, Ludwigshafen 1997, S. 168-196.

[KEU 02]   Keunecke, U., Das Große wagen – die erste Internet-Hauptversammlung Deutschlands, in: Zetzsche, D. (Hrsg.), Die Virtuelle Hauptversammlung, Berlin 2002, S. 263-276, hier S. 265.

[KRE 94]   Kretzschmar, M. und Rottach, S., HV 2000: Ein modernes EDV-Verfahren zur Unterstützung von Hauptversammlungen größerer Aktiengesellschaften, WIRTSCHAFTSINFORMATIK 36 (1994) 2, S. 107-116.

[LAN 12]   Eine genauere Beschreibung des Prognoseverfahrens findet sich bei: Langen, H. und Weinthaler, F., Prognose mithilfe von Verweilzeitverteilungen, in: Mertens, P. und Rässler, S. (Hrsg.), Prognoserechnung, 7. Aufl., Heidelberg 2012, Kapitel 7.

[MAT 01]   Mattauch, C., Weniger dumme Fragen, Wirtschaftswoche 55 (2001) 17, S. 112-114.

[OV 00]   O.V., Währungsrisiken werden häufig unterschätzt, Frankfurter Allgemeine Zeitung vom 04.12.2000.

[OV10]   O.V., Devisengeschäfte per Mausklick, Frankfurter Allgemeine Zeitung vom 30.09.2010, S. 21.

3.9 Sektor Rechnungswesen

3.9.1 Überblick

Im Sektor Rechnungswesen ist zunächst zwischen den Programmen für die Kosten- und Leistungsrechnung und denen für die Buchhaltung zu unterscheiden. Einen Prozessschritt vor der Buchhaltung liegt die Lieferantenrechnungskontrolle.

Klammert man die Kostenplanung als Gegenstand des zweiten Bandes aus, so verbleiben als Hauptanwendungsgebiete der IV bei der Kosten- und Leistungsrechnung die Kostenstellen- bzw. Betriebsabrechnung, die Kostenträgerrechnung (Vor-/Nachkalkulation) sowie die Betriebsergebnisrechnung. Die Kostenarten„rechnung" ist weniger eine Rechnung im engeren Sinn; vielmehr handelt es sich im Kern um eine Klassifikation, die sich in der Organisation der Datenhaltung niederschlägt. Deshalb haben wir ihr hier keinen eigenen Abschnitt gewidmet.

Die **Buchhaltungsprogramme** stellen die Daten der Kostenarten zur Verfügung, mit deren Hilfe das **Kostenstellenrechnungsprogramm** die Betriebsabrechnung aufbauen kann.

Die zum Fertigungssektor gehörenden Stammdaten geben gleichzeitig das Mengengerüst für die elektronische **Vorkalkulation** ab. Dieses Mengengerüst wird mithilfe der in der Betriebsabrechnung ermittelten Durchschnittssätze (Lohn-, Maschinenstunden- und Gemeinkostensätze) und der in der Materialbewertung (vgl. Abschnitt 3.4.2) gebildeten Größen bewertet. Durch Addition der Einzelpositionen gelangt das Vorkalkulationsprogramm zu einem Vorkalkulationswert für die Einzelteile, Baugruppen und Enderzeugnisse.

Die automatische **Nachkalkulation** von Produkten und Dienstleistungen geht in der Regel von den Ist-Werten für den Arbeitszeit- und Materialverbrauch aus, wie sie mithilfe der BDE/MDE/PDE (vgl. Abschnitt 3.5.2.9.1) gemeldet werden, und bewertet die Ist-Mengen mit den Ansätzen aus der letzten Betriebsabrechnung bzw. der Materialbewertung. Eine Sonderform der Nachkalkulation ist die **Prozesskostenrechnung** (Nachkalkulation von Prozessen).

Durch Gegenüberstellung von Informationen aus der Fakturierung und aus der Kostenstellen- bzw. Kostenträgerrechnung wird die **Betriebsergebnisrechnung** vorbereitet. Die für sie charakteristische Betrachtung verschiedener Objekte (z. B. Kunden, Regionen, Artikelhauptgruppen, Auftragsgrößen) lässt sich mithilfe der IV relativ rationell erreichen.

Für die Zukunft ist zu erwarten, dass die einzelnen Kostenrechnungsverfahren immer mehr integriert und mit Daten- und Methodenbanken verbunden werden. Hierüber wird im zweiten Band berichtet.

Besondere Herausforderungen ergeben sich in **internationalen** Konzernen dadurch, dass Teilsysteme für die Niederlassungen und Tochtergesellschaften verbunden werden müssen, die nach unterschiedlichen Rechtsvorschriften, Währungen und Sprachen ausgerichtet sind [TEU 00].

Abbildung 3.9.1/1 Teilfunktionsmodell des Sektors Rechnungswesen

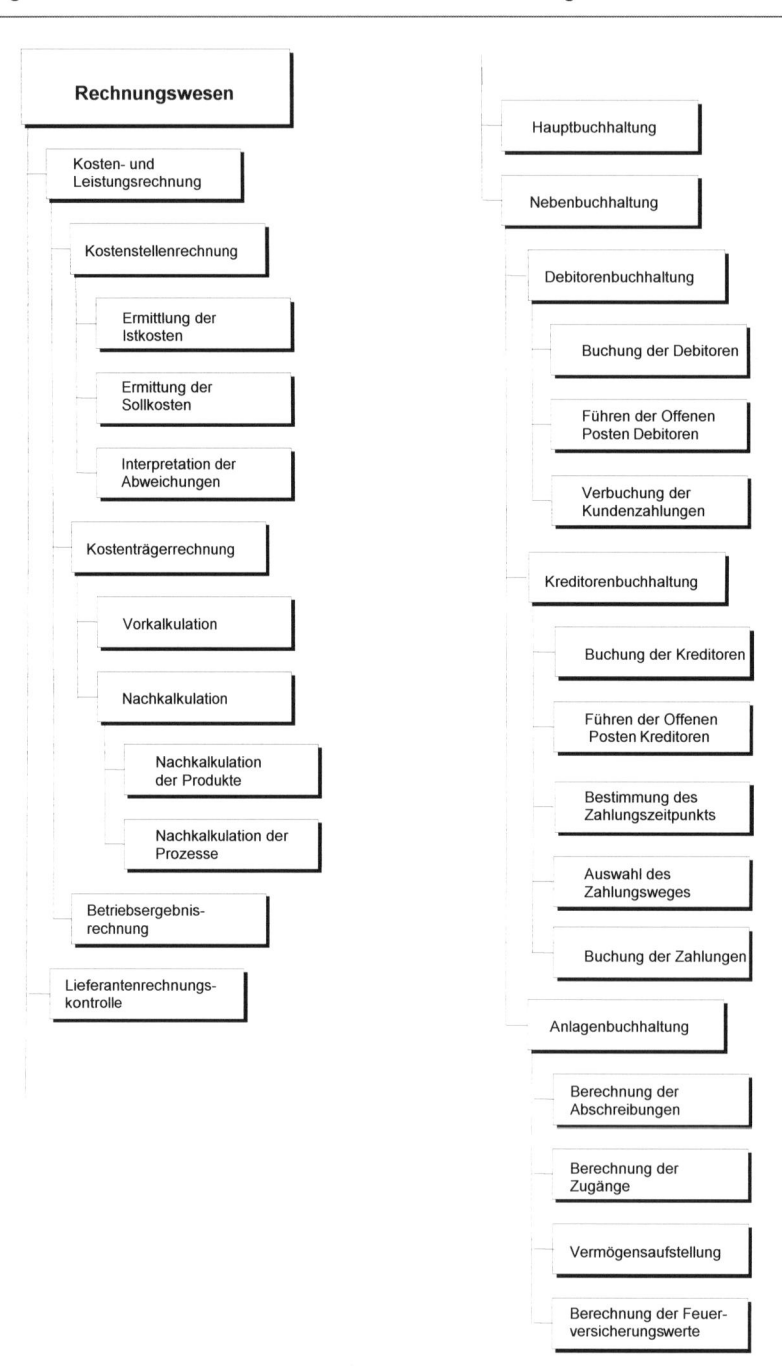

- **Rechnungswesen**
  - Kosten- und Leistungsrechnung
    - Kostenstellenrechnung
      - Ermittlung der Istkosten
      - Ermittlung der Sollkosten
      - Interpretation der Abweichungen
    - Kostenträgerrechnung
      - Vorkalkulation
      - Nachkalkulation
        - Nachkalkulation der Produkte
        - Nachkalkulation der Prozesse
    - Betriebsergebnisrechnung
    - Lieferantenrechnungskontrolle
  - Hauptbuchhaltung
  - Nebenbuchhaltung
    - Debitorenbuchhaltung
      - Buchung der Debitoren
      - Führen der Offenen Posten Debitoren
      - Verbuchung der Kundenzahlungen
    - Kreditorenbuchhaltung
      - Buchung der Kreditoren
      - Führen der Offenen Posten Kreditoren
      - Bestimmung des Zahlungszeitpunkts
      - Auswahl des Zahlungsweges
      - Buchung der Zahlungen
    - Anlagenbuchhaltung
      - Berechnung der Abschreibungen
      - Berechnung der Zugänge
      - Vermögensaufstellung
      - Berechnung der Feuerversicherungswerte

3.9.2 Kosten- und Leistungsrechnung

3.9.2.1 Vorbemerkung

Erst die IIV gibt die Möglichkeit zur raschen und wirtschaftlichen Realisierung moderner Kostenrechnungsverfahren, denn in integrierten Systemen erhalten die Kostenrechnungsprogramme einen sehr großen Teil der Eingabedaten in maschinell lesbarer Form. Auch die in verschiedenen Versionen angebotenen Geräte, die die automatische Bereitstellung von Input-Daten für die Kosten- und Leistungsrechnung auf maschinell lesbaren Datenträgern erleichtern, z. B. Telefonvermittlungsanlagen oder Maschinen zur Auswertung von Fahrtenschreibern (vgl. Abschnitt 3.6.5), begünstigen die Realisierung eleganter Kostenrechnungssysteme.

3.9.2.2 Kostenstellenrechnung

Besonderheiten einer Kostenstellenrechnung, die Teil einer IIV ist, sind:

1. Es ist relativ leicht möglich, eine große Zahl von Kostenstellen zu definieren, z. B. um recht differenzierte **Arbeitsplatzkosten- und Maschinenstundensatzrechnungen** durchzuführen. Die Maschinenlaufzeiten können durch Integration mit den Programmen des Produktionssektors vergleichsweise genau und rationell ermittelt werden.

2. Den Istkosten kann man automatisch bestimmte Sollkosten gegenüberstellen. Im Rahmen einer IIV sind dabei zwei Varianten denkbar:

    a. Die Sollkosten ergeben sich durch Multiplikation der Ist-Zeiten mit Soll-Preisen, z. B. Maschinenstundensätzen. In diesem Fall bezieht das Programm die Ist-Zeiten beispielsweise aus der MDE (vgl. Abschnitt 3.5.2.9.1).

    b. Die Sollkosten entstehen durch Multiplikation der auf einer Fertigungsstufe abgelieferten Ist-Mengen mit deren Kalkulationselementen. Die abgelieferten Ist-Mengen entnimmt das Programm den im Rahmen der Materialbewertung und der Lagerbestandsführung eingelesenen Materialablieferungsdaten. Die Kalkulationselemente sind dieselben, die vom Vorkalkulationsprogramm benutzt werden. Die Sollkosten lassen sich in die Anteile einzelner Kostenarten oder Kostenartengruppen aufsplitten, z. B., indem die Vorkalkulationselemente sehr differenziert gespeichert werden. Man mag die Sollkosten auch als „Gutschriften" und daran anschließend die Differenz zwischen Gutschriften und Istkosten als „Bereichserfolg" auffassen (vgl. die Interpretation im zweiten Band).

3. Neben den Kostenabweichungen kann das IV-System auch Abweichungen der Verbrauchsmengen und der Leistungen ermitteln und so Hinweise zur Interpretation der Differenzen liefern. Auch hierauf wird im zweiten Band eingegangen.

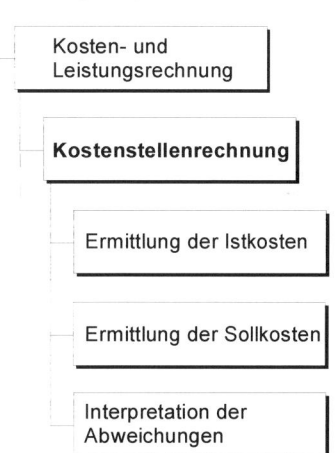

Abbildung 3.9.2.2/1   Kostenstellenrechnung

Wichtigste Eingaben:	
Wichtigste Anzeigen und Ausdrucke:	Betriebsabrechnung (Bereichserfolgsrechnung), Nachweis von Umlagen
Wichtigste Dialogfunktionen:	
Nutzeffekte:	Genaue, relativ verursachungsgerechte Kostenverteilung, Rationalisierung und Beschleunigung der Kostenrechnung

3.9.2.3   Kostenträgerrechnung

3.9.2.3.1   Vorkalkulation

Zur Vorkalkulation stehen im Rahmen einer integrierten Konzeption drei Datenbestände zur Verfügung (vgl. Abbildung 3.9.2.3.1/1):

1. Materialstämme
2. Erzeugnisstrukturen (z. B. Stücklisten)
3. Arbeitspläne mit den Arbeitsgängen, den zu benutzenden Betriebsmitteln und den zugehörigen Zeiten

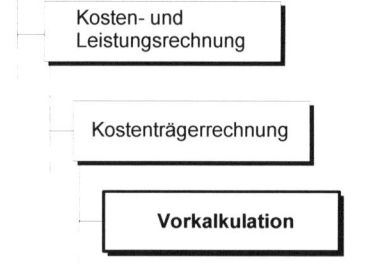

Wegen der Produktionsplanungsprogramme müssen diese Dateien zwangsläufig stets auf dem neuesten Stand gehalten werden – ein Vorteil, der aus der Sicht der exakten Kalkulation hoch zu bewerten ist.

Das hier vorzustellende Programm benutzt die Vorarbeit des Programms Kostenstellenrechnung, das die jeweils neuesten Istkosten pro Leistungseinheit (z. B. pro Fertigungsminute) ex post ermittelt.

Unter Benutzung dieses Ansatzes durchwandert das System die Erzeugnisstruktur „von unten nach oben", vom Rohstoff- und Fremdbezugsteil zum Fertigerzeugnis, und fügt Bauteil für Bauteil zusammen.

Auf dem Weg zum Vorkalkulationswert des Enderzeugnisses werden auch die Vorkalkulationswerte der Zwischenprodukte (Baugruppen) gewonnen und gespeichert.

Vielfach, z. B. bei **Walzwerkprodukten**, bei denen keine diskreten Erzeugnisse definiert, sondern in fast stetiger Form alle möglichen Abmessungen und Legierungen bestellt werden können, ordnet man diesen Erzeugnissen deskriptive Schlüssel zu. Das Programm analysiert die Schlüssel und verzweigt in Abhängigkeit von ihren Elementen in **Tabellen**, in denen die Vorkalkulationswerte und/oder einfache Rechenvorschriften zu finden sind. Ein Beispiel findet sich bei Distler [DIS 77]. Um die Tabellenwerte zu gewinnen, müssen Komponenten mit ähnlichen Kosten zusammengeführt werden. Dies geschieht z. B. mithilfe der Clusteranalyse (siehe unten). Zur Eingabe der Erzeugnisbeschreibung und der Kalkulationsparameter (z. B. alternative Auftragsgröße, Versandart) kann ein Dialogsystem dem menschlichen Kalkulator am Bildschirm spezielle Fragen stellen. Diese Kalkulationsmethode hat den Nachteil, dass der Änderungsdienst nicht einfach ist.

Abbildung 3.9.2.3.1/1 Vorkalkulation

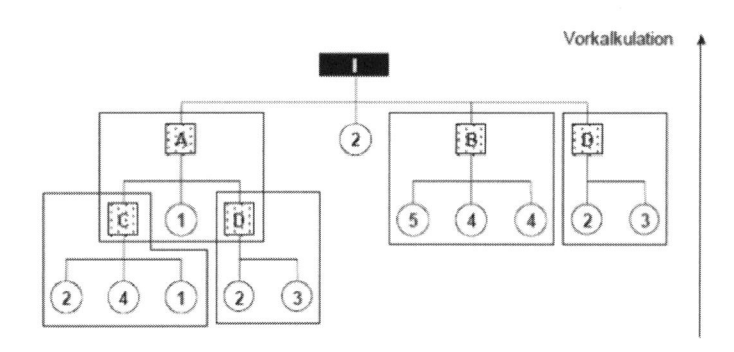

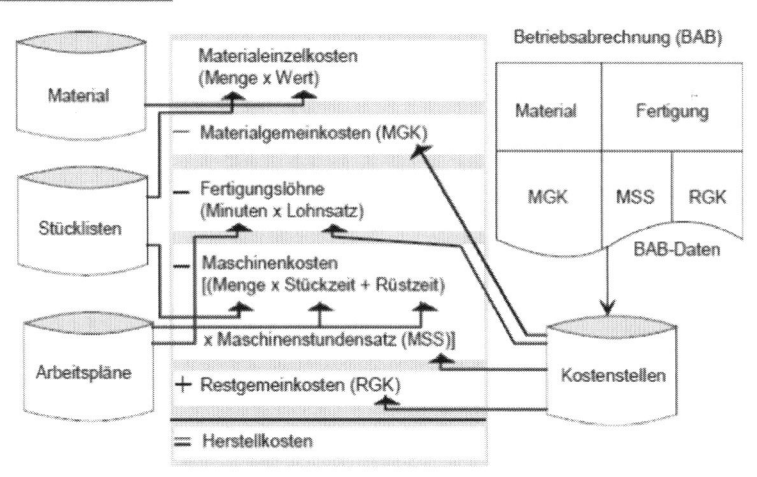

PRAKTISCHES BEISPIEL

Die Firma **EK-Pack Folien GmbH** stellt **Kunststoffverpackungen** her, die meist kundenindividuell sind. Es müssen etwa 25.000 Artikelstammdaten verwaltet werden. Beim Erfassen eines Auftrags werden die Artikel- und Produktionsdaten aufgrund von Angaben des Kunden automatisch aus sogenannten Stammtabellen gefüllt, die unter anderem Rohstoffdaten, Kleberezepturen oder die Arbeitsplandaten der zu durchlaufenden Veredelungsstufen enthalten. Für die automatische Verbindung zwischen den Stammtabellen und den Artikelstammsätzen benutzt man Software der Firma **DS-Datentechnik und Softwareentwicklung Müftahi GmbH**. Auf dieser Grundlage ist eine sehr detaillierte, automatische Vorkalkulation mit allen Material- und Maschinenkosten, sonstigen Gemeinkosten sowie weiteren Zu- und Abschlägen möglich. Der Mitarbeiter kann im Einzelfall den Preis von Rohstoffen oder bestimmte Prozentsätze anpassen, ohne dass alle Artikelstammsätze geändert werden [KAL 07/MÜF 11].

Eine dritte Möglichkeit besteht darin, auch die Tabellen zu vermeiden und stattdessen mithilfe der **Regressionsrechnung** aus Kenngrößen des Produkts Vorkalkulationswerte abzuleiten. Dieses Verfahren verlangt die sorgfältigsten Vorbereitungsarbeiten, hat aber den Vorteil eines geringen Speicherbedarfs und eines nicht so aufwendigen Änderungsdienstes wie bei der Lösung mithilfe von Tabellen. Es ist dort empfehlenswert, wo sehr viele Kalkulationen erforderlich sind und viele Einflussgrößen wirken, aber nur begrenzte Genauigkeit gefordert wird [REC 97].

Wir wollen das Prinzip sowohl des Tabellenverfahrens als auch der Regressionsmethode an einem Beispiel zeigen, in dem beide Vorgehensweisen vereint sind [WID 62]. Es sollen die Herstellkosten eines pneumatischen Transportsystems gemäß Abbildung 3.9.2.3.1/3 berechnet werden. Für die Kosten der Baugruppen Gebläse, Motor, Schleusen und Abscheider sind (hier nicht abgebildete) Tabellen angelegt. Dort findet das Anwendungssystem einen Kostenbetrag in Abhängigkeit von der Größe bzw. Leistung (z. B. Fördermenge pro Zeiteinheit) des Teilaggregats.

Abbildung 3.9.2.3.1/2 Vorkalkulation

Wichtigste Eingaben:	Beschreibung vorzukalkulierender Erzeugnisse, fiktive Kostengüterpreise
Wichtigste Anzeigen und Ausdrucke:	Vorkalkulation
Wichtigste Dialogfunktionen:	Variation von Ansätzen mit Anzeige der Wirkung auf Gesamtkosten
Nutzeffekte:	Rationalisierung der Kalkulation, schnelle und vollständige Kalkulation mithilfe der neuesten Grunddaten, rasche Analyse der Auswirkung von Änderungen der Kostengüterpreise

Abbildung 3.9.2.3.1/3 Pneumatischer Transport (schematische Skizze)

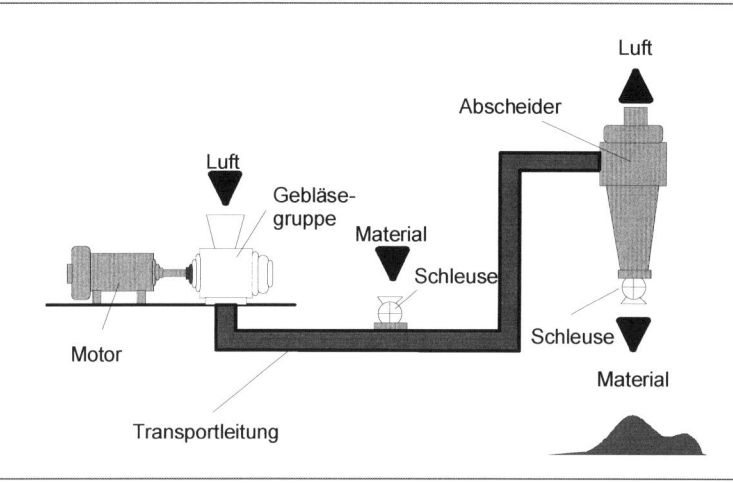

Im Gegensatz dazu wird die Baugruppe Leitung nicht über Tabellen, sondern mithilfe der Regressionsrechnung kalkuliert. Die Leitung kann im Detail erst bei der endgültigen Konstruktion angelegt werden. Im Angebotsstadium ist daher die Genauigkeit der Kalkulation begrenzt, somit wird man die Regressionsrechnung ohne unzumutbare Informationsverluste heranziehen.

Es zeigte sich im praktischen Fall, dass die Regressionsfunktion

$$k_L = f(D,s) \text{ mit}$$

k_L = Kosten pro Meter Leitungslänge
D = Leitungsdurchmesser
s = Wandstärke

brauchbare Ergebnisse brachte. Die Koeffizienten der Funktion wurden mithilfe der technischen Unterlagen sowie der Nachkalkulationsdaten bereits ausgeführter Anlagen bestimmt.

Ein wichtiger Schritt bei der Ermittlung einer geeigneten Regressionsfunktion ist die Parametrisierung der Einflussfaktoren. Relativ unproblematisch ist die Festlegung der quantitativen Wirkungsgrößen, wie z. B. der Werte D und s in der obigen Beziehung oder in der **Möbelindustrie** der Schleiflänge in mm und der Anzahl der Bohrlöcher. Hilfslösungen muss man hingegen für die qualitativen Einflussgrößen finden, wie für die Form des Schleifgegenstands (gerade, leicht oder stark geschweift). Zu deren Quantifizierung gibt es die Möglichkeit, für jede Ausprägung den Mittelwert der beobachteten Fertigungszeit über eine Versuchsserie hinweg zu bestimmen. Unter der Voraussetzung, dass die so errechneten Mittelwerte signifikant voneinander abweichen, werden sie stellvertretend für die ursprünglichen Merkmalsausprägungen in den Regressionsansatz eingebracht.

Grobe Kalkulationsverfahren wie das oben beschriebene wurden bisher verhältnismäßig unsystematisch für sehr unterschiedliche Objekte entwickelt. Infolgedessen gibt es Methoden, die an geometrische Formen (z. B. rotationssymmetrische Teile) oder an Technologien gebunden sind. Einen Überblick und Hinweise auf Spezialliteratur erhält man bei Gröner [GRÖ 93].

Eine vierte Möglichkeit ist die **Suchkalkulation**. Dabei werden die Kosten des zu kalkulierenden Teils durch Zugriff auf die Kosten vorhandener, gespeicherter Teile ermittelt. Falls der Kalkulationsgegenstand noch nicht vorhanden ist, sucht das Verfahren nach den Kosten für ein ähnliches Objekt. Dazu ist die Ähnlichkeitsbestimmung in einem mehrdimensionalen Merkmalsraum geeignet. Bei der Recherche über **Absolutmaße** werden für alle zur Suche herangezogenen Deskriptoren gültige Wertebereiche angegeben (z. B. Länge zwischen 100 und 200 mm) und logisch (und, oder, nicht) verknüpft. Die entsprechenden Vergleiche können über konventionelle Datenverwaltungssysteme durchgeführt werden. Bei der Objektsuche über **Relativmaße** betrachtet man nicht die absoluten Merkmalsausprägungen, sondern deren Verhältnisse zueinander. So kann man z. B. geometrisch ähnliche, aber unterschiedlich große Teile finden. Von ihnen wird über Kostenfunktionen, die mit Regressionsrechnungen ermittelt wurden, auf das aktuelle Produkt hochgerechnet. Bei der Suche über **Distanzmaße** berechnet das System den Abstand des aktuellen Objekts zu allen Gegenständen im Merkmalsraum. Hierzu kann man beispielsweise die aus der Clusteranalyse bekannten Maße verwenden. Im einfachsten Fall wird das Teil mit dem geringsten Abstand zum Kalkulationsobjekt als das ähnlichste angesehen; seine Kosten werden ohne Rücksicht auf den Abstand als Prognosewert für den Kalkulationsgegenstand benutzt. Es lassen sich aber auch mehrere ähnliche Objekte der Datenbasis heranziehen und die Kosten für den Kalkulationsgegenstand aus den Kosten dieser Nachbarobjekte interpolieren.

Einen guten Überblick über Verfahren der rechnergestützten Suchkalkulation vermittelt Kiewert [KIE 90].

Die Kalkulation alternativer Produkte wurde zur Kostenermittlung alternativer **Kombinationen** von Produkten und Prozessen weiterentwickelt. Hierzu gibt es Dialogsysteme [EIS 90], die Fertigungsprozessoptionen über Menüs anbieten und nach der Auswahl die zugehörigen Standardkosten aggregieren.

Auch mit **Case-Based Reasoning** (vgl. Abschnitt 3.2.2.3) werden neue Fälle auf bekannte und gespeicherte zurückgeführt. Inhaltlich wird im Wesentlichen das Gleiche angestrebt wie bei der Suchkalkulation, die Algorithmen unterscheiden sich jedoch zum Teil stark. Beispiele zu Kostenschätzungen und zu Preisforderungen mit CBR finden sich bei [BRO 94/MEY 01], [BUT 05].

Die Vorkalkulationswerte können im Rahmen der IIV gleichzeitig als Soll-Werte in der Kostenstellenrechnung fungieren (vgl. Abschnitt 3.9.2.2). Daneben sind Routinen denkbar, die im Rahmen von **Target Costing** (vgl. Abschnitt 3.1.3) die Vorkalkulationswerte den Zielkosten gegenüberstellen, welche sich durch Abzug des angestrebten Gewinns vom anvisierten Verkaufspreis ergeben würden [SAK 94].

3.9.2.3.2 Nachkalkulation

Die Kostenträgerrechnung wird im Prinzip ähnlich aufgebaut wie die Kostenstellenrechnung.

Die aus der Materialbestandsführung und aus der Entgeltabrechnung automatisch angelieferten Daten der Materialentnahme- und der Lohndokumente enthalten die Einzelkosten, die auf den Kostenträgerkonten verbucht werden. Je nach dem gewählten System der Kostenrechnung verzichtet man auf die Verbuchung von Gemeinkosten auf den Trägerkonten ganz oder berücksichtigt diese Kostenbestandteile durch Zuschläge auf die Einzelkosten bzw. durch Bewertung von Zeitleistungen (z. B. mit Maschinenstundensätzen).

Falls die Betriebsdatenerfassung rasche Rückmeldungen gewährleistet, kann die Kalkulation von Betriebs- oder Kundenaufträgen nach Durchlaufen jeder Fertigungsstufe fortgeschrieben werden („**mitlaufende Kalkulation**"). Diese Verfahrensvariante ist besonders dann interessant, wenn bei gravierenden Kostenüberschreitungen frühzeitig Warnungen ausgegeben werden sollen.

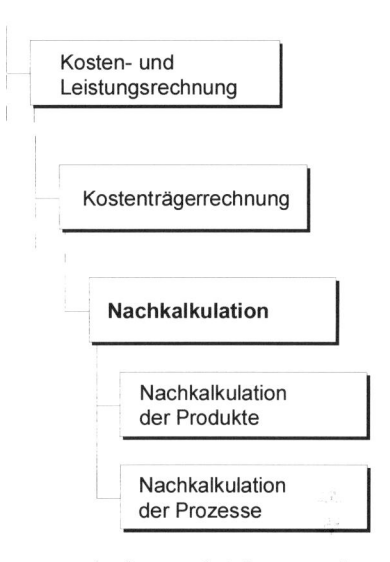

Bei der traditionellen Kostenträgerrechnung werden die einzelnen Teile eines Erzeugnisses kalkuliert und dann die Herstellkosten dieser Teile entsprechend der Erzeugnisstruktur zu denen der Baugruppe addiert. Die Kosten der Baugruppen werden wieder zu denen übergeordneter Baugruppen akkumuliert usw. Wie Abbildung 3.9.2.3.2/1 im oberen Teil verdeutlicht, kann man dann nicht mehr erkennen, wie stark einzelne Kostenarten an den Gesamtkosten der übergeordneten Fabrikate (in der Abbildung P2 und P3) beteiligt sind. Bei **Primärkostenrechnungssystemen** werden zusätzlich die Einzelbeiträge der Kostenarten festgehalten und getrennt verdichtet (Abbildung 3.9.2.3.2/1 unten). So ist z. B. feststellbar, wie viel Energiekosten ein Enderzeugnis über alle Fertigungsstufen hinweg enthält, und man kann abschätzen, wie sich prognostizierte Preisänderungen bei einzelnen Einsatzgütern auf die Herstellkosten der Produkte auswirken. Methodisch besteht eine gewisse Verwandtschaft zwischen der Primärkostenauflösung und dem in Band 2 beschriebenen Matrizenmodell als Verfahren der Unternehmensplanung. Details finden sich auch bei Lackes [LAC 89]. Ein Beispiel aus der **Chemieindustrie** ist bei [TEM 80] und [NUD 80] beschrieben.

Während man durch Kombination von BDE/MDE/PDE und Maschinenstundensatzrechnung die Kosten der Fertigungsvorgänge heute sehr genau verfolgen kann, gilt dies weniger für die Abläufe außerhalb der Produktion, etwa für die Beschaffungs- und Versandlogistik. Gerade in hoch automatisierten Unternehmen ist der Anteil dieser Kosten ständig gestiegen. Die **Prozesskostenrechnung** bzw. **-kalkulation**, zuweilen auch allgemeiner Prozesskostenmanagement genannt [HOR 93], [KAP 99], [MÄN 95], zielt darauf ab, den in solchen Bereichen anfallenden Gemeinkostenblock verursachungsgerecht zu verrechnen und für Kostenstellen-übergreifende Prozesse zusammenzufassen. Insbesondere sollen Vorgangsketten mit Kosten bewertet werden, die für den Erfolg des Unternehmens gleichzeitig wichtig und umstritten sein mögen, z. B. die Entwicklung einer Produktvariante oder die Bearbeitung einer Reklamation.

Abbildung 3.9.2.3.2/1 Darstellung der Primärkostenauflösung

Traditionelle Kostenträgerrechnung

P1		P2		P3	
Energie	E1	Energie	E2	Energie	E3
Rohstoff	R1	Produkt	P1	Produkt	P1
Rohstoff	R2	Rohstoff	R1	Produkt	P2
		Rohstoff	R3	Rohstoff	R1
				Rohstoff	R2

Primäre Auflösung

P1		P2	P3
Energie	E1	Energie (E1 + E2)	Energie (E1 + E2 + E3)
Rohstoff	R1	R1 (P1, P2)	R1 (P1, P2)
Rohstoff	R2	R2 (P1)	R2 (P1, P3)
		R3 (P2)	R3 (P2)
			R4 (P3)

Vorarbeiten zur Prozesskostenrechnung sind:

1. Die Ermittlung von Kosten pro Zeiteinheit in den beteiligten Instanzen, wie die Kosten pro Stunde eines Mitarbeiters im Vertriebsaußendienst. Derartige Kostensätze kann ein IV-System durch einfache Divisionskalkulation aus den Kostenstellenkosten (vgl. Abschnitt 3.9.2.2) gewinnen, wenn in Zeiterfassungssystemen (vgl. z. B. Abschnitt 3.10.3) erhobene Arbeitsstunden gespeichert sind. Da die Analyse der Prozesskosten oft mit strategischen Überlegungen einhergeht (etwa Straffung des Produktionsprogramms durch Verminderung der Varianten), sollte man nicht unbedingt die Zahlen der letzten Betriebsabrechnung heranziehen, sondern einen geglätteten Wert aus der jüngeren Vergangenheitszeitreihe ableiten.

2. Die Identifikation der wichtigsten Teilprozesse der Kostenstelle und die Bestimmung ihrer Zeitbedarfe. Recht problematisch ist im Allgemeinen herauszufinden, wovon die Kosten eines Prozesses (hauptsächlich) abhängen, welches also die Kostentreiber sind

[DAU 93]. Foster und Gupta schlagen für die Gemeinkosten im Fertigungsbereich die Dreiteilung in „volume-, complexity- und efficiency-based cost driver" vor [FOS 90]. Renner unterscheidet ablaufabhängige (z. B. Anzahl der Störungen), komplexitätsabhängige (Anzahl der Varianten) und auftragsspezifische (Sonderwünsche) Kostentreiber [REN 91]. Die IV-Unterstützung bei der Diagnose der Einflüsse ist nicht einfach. Vorarbeiten sind Notizen der Mitarbeiter, Zeitanalysen (mit der Stoppuhr) oder Multimomentaufnahmen; sie alle dürften in praxi auf mehr oder weniger große Vorbehalte des Personals und des Betriebsrats stoßen. Daher kann versucht werden, durch Vergleich der Ausbringung pro Zeiteinheit (z. B. pro Monat) einer Abteilung bei unterschiedlichem Tätigkeitsspektrum (z. B. differenziert nach Zahl der Varianten, der Eilaufträge, der Störungen) auf Zeitbedarfe zu schließen. Hier wäre Computerunterstützung für die statistischen Prozeduren möglich. Am stark vereinfachten Beispiel des Prozesses „Inventur aufnehmen" sei die Idee skizziert: Eine Gruppe „Inventur" habe im März 3.000 Teile inventarisiert und 300 Bestandsdifferenzen geklärt. Im April wurden 2.600 Teile aufgenommen und 400 Abweichungen untersucht. In erster Näherung könnte man folgern, dass die 100 zusätzlichen Inventurdifferenzen die Zeit für 400 Inventurmaßnahmen verbraucht haben, dass mithin eine Klärung den vierfachen Aufwand einer normalen Inventur verlangt.

3. Bei der Bestimmung der Kostentreiber gilt es, zwischen zwei gegenläufigen Entwicklungen abzuwägen: Eine größere Zahl erhöht die Genauigkeit; beschränkt man sich auf wenige, so fallen weniger Kosten für die Datenbeschaffung und -haltung sowie das Verfahren selbst an. Hierzu sind Optimierungsmodelle entwickelt worden [LEV 96].

In **SAP ERP** (Teilmodul Prozesskostenrechnung, CO-OM-ABC) wird versucht, die Ressourcentreiber aus anderen Modulen zu übernehmen, z. B. die Anzahl der Bestellungen, Wareneingänge und Kundenaufträge aus dem **SAP-Logistik-Informationssystem LIS** [MÖH 99].

Wenn man die Kosten von Prozessen ermittelt hat, können verschiedene Alternativrechnungen, z. B. zur Umgestaltung von Vorgangsketten („Business Process Reengineering"), durchgeführt werden. Ein Instrument dazu ist der **PROZESSMANAGER** der **Horváth & Partner GmbH** [GÜN 03].

In dem Maße, wie auch für die weniger strukturierten administrativen Prozesse Workflow-Management-Systeme implementiert sind, können die dafür anfallenden Rechen- und vor allem Dialogzeiten sowie das Kommunikationsvolumen (Zahl der ausgetauschten E-Mail-Botschaften) als Mengengerüst für die Gewinnung von Prozesskostensätzen weitgehend automatisch registriert werden. Beispielsweise lässt sich die in Abschnitt 3.7.3 beschriebene Reklamationsbearbeitung als Prozess verstehen. Kennt das System die durchschnittlichen Kosten einer Reklamationsbearbeitung und dazu die Zahl der Reklamationen pro Kunde, so gewinnt es „Deckungsbeiträge nach Reklamationen" und wird damit die schwierige Entscheidung fundieren, ob die Geschäftsbeziehung zu Kunden, die zum Querulieren neigen, abgebrochen werden soll.

Abbildung 3.9.2.3.2/2 Nachkalkulation

Wichtigste Eingaben:	Zeitanteile (für Prozesskostenrechnung)
Wichtigste Anzeigen und Ausdrucke:	Kostenträgerrechnung für Produkte und Prozesse, Überschreitungen bei laufenden Fertigungsaufträgen mit Hochrechnungen
Wichtigste Dialogfunktionen:	Alternativrechnungen für veränderte Primärkosten
Nutzeffekte:	Rationalisieren und Beschleunigen der Kostenrechnung, Entscheidungshilfen für das Gestalten von Prozessen und Vorgangsketten

In technischen Zusammenhängen werden kleinere Komponenten eines Prozesses zuweilen als Funktionen bezeichnet. Die Nachkalkulation und Überwachung der Kosten solcher Funktionen erfolgen mithilfe der **Funktionskostenrechnung**. Beispielsweise sei die Abdichtung eines Getriebes oder die Schmierung eines Lagers zu kalkulieren. Die Resultate von Funktionskostenrechnungen können in der entwicklungsbegleitenden Vorkalkulation (vgl. Abschnitt 3.1.3) eine Rolle spielen, zumal die Kombination solcher Funktionen der Denkweise des Konstrukteurs entspricht.

3.9.2.4 Betriebsergebnisrechnung

Die computergestützte Betriebsergebnisrechnung als besonders wichtiges Hilfsmittel des Controllers vereint Elemente von Administrations- und Kontrollsystemen. Sie erhält ihre Daten aus folgenden Quellen:

Die Informationen der Rechnungszeilen, wie sie aus der Fakturierung kommen (Artikel, Menge und Preis), dazu die aus dem Rechnungskopf stammenden Daten, die für alle Zeilen der Rechnung gemeinsam gelten (Kunde, Datum, Rabatt und Auftragsgröße), werden in unterschiedlicher Weise verdichtet (siehe unten).

Aus der Kostenstellen- und aus der Kostenträgerrechnung werden Kosteninformationen hinzugespielt.

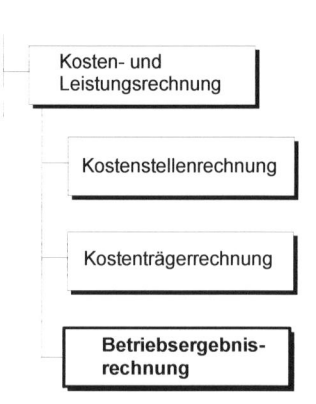

Wenn die Kostenrechnung hinreichend differenziert ist, lassen sich nun Betriebsergebnisse als Differenz zwischen Erlösen und Einzelkosten verschiedener Stufen ermitteln, so z. B. das Betriebsergebnis in einem Exportland.

Es empfiehlt sich, sogenannte Einzelposten zu speichern, die man sich als Zeilen oder Spalten der Ausgangsrechnung vorstellen kann, gegebenenfalls ergänzt um einige Informationen aus der Kostenartenrechnung, wie z. B. der variablen Kosten pro Stück. Abbildung 3.9.2.4/1 zeigt ein Beispiel in Anlehnung an das **SAP**-Modul CO.

Sektor Rechnungswesen

Abbildung 3.9.2.4/1 Einzelposten

Merkmalsausprägungen 1 -7							Wertposten 1 -6					
Rennräder	LeMondRacer	Süd	Fachhandel	Manz	900	5.1.11	5	1000	80	100	150	670
Rennräder	LeMondRacer	Nord	Discounter	Gutkauf	5000	9.1.11	15	3000	150	110	450	2290
Rennräder	RacerJunior	Süd	Fachhandel	Jahn	800	7.1.11	10	1000	50	80	240	630
Mountainbikes	RockyM	Süd	Discounter	Hypermarkt	1100	8.1.11	4	1000	50	100	250	600
Mountainbikes	SkyCarboM	Süd	Fachhandel	Manz	2300	5.1.11	1	1250	62,5	180	300	707,5
Artikelgruppe	Artikel	Region	Kundengruppe	Kunde	Auftragsnummer	Datum	Menge	Bruttoerlöse	Erlösschmälerungen	Provisionen	var. Kosten	DB I
Merkmale							**Kennzahlen**					

Ausgehend von diesen Einzelposten wird dann verdichtet. Die Herausforderung an die IV liegt darin, dass hierbei sehr viele Hierarchien gebildet werden können (z. B. Rechnungszeile – Artikel – Artikelgruppe – Sparte – Unternehmen – Konzern; Rechnungszeile – Artikel – Auftrag – Kunde – Region – Unternehmen; Rechnungszeile – Rechnung – Kunde – Vertreter – Region – Sparte). In verschiedenen Phasen des Betriebslebens sind immer wieder andere Verdichtungsschemata interessant. Die Betriebsergebnis-Software muss also vielseitig parametrisierbar sein und dem Controller die Ad-hoc-Definition der Aggregationen erlauben. In [FRI 03] ist beschrieben, wie im **SAP-System** Merkmale, wie z. B. der Vertriebsbezirk oder die Artikelgruppe, dazu dienen, ganz unterschiedliche Ergebnisobjekte zu definieren. Andererseits entstehen durch die Vielzahl der Betrachtungen gewaltige Mengen an Zahlen. Hier ist es Aufgabe von rechnergestützten Analysesystemen, auf besonders bemerkenswerte Datenkonstellationen (z. B. mangelhafter Stufendeckungsbeitrag des Artikels 2551 in der Region Südbaden und dort insbesondere bei Discounthändlern) hinzuweisen. Ein methodisches Hilfsmittel hierzu ist das Data Mining [LUS 99/WIT 00]. In Band 2 ist skizziert, wie ein wissensbasiertes System diese Aufgabe übernehmen kann.

Abbildung 3.9.2.4/2 Betriebsergebnisrechnung

Wichtigste Eingaben:	Verdichtungsstufen, Hierarchien, Aggregationsparameter
Wichtigste Anzeigen und Ausdrucke:	Betriebsergebnis, Erlöse, Einzelkosten verschiedener Hierarchiestufen, Kennzahlen, Soll-Ist- und Periodenvergleich
Wichtigste Dialogfunktionen:	Navigieren durch die Hierarchien
Nutzeffekte:	Erstellen der Betriebsergebnisrechnung nach flexiblen Verdichtungskriterien, Schaffen einer Datengrundlage für Kontrollsysteme

3.9.3 Lieferantenrechnungskontrolle

Für die Lieferantenrechnungskontrolle stehen in der IIV folgende Daten bereit:

1. Preise in den Materialstammdaten
2. Lieferantenabhängige Konditionen in den Lieferantenstammdaten
3. Bestelldaten in den Vormerkdaten Bestellungen
4. Daten des Wareneingangs in den Vormerkdaten Wareneingang
5. Lieferantenrechnungen

Der Vergleich der genannten Daten ermöglicht folgende Prüfungen:

1. Übereinstimmung zwischen Bestell- und Liefermengen
2. Übereinstimmung zwischen gelieferten und fakturierten Mengen
3. Übereinstimmung zwischen den angebotenen Preisen und Konditionen und den Preisen und Konditionen der Lieferung
4. Rechnerische Richtigkeit der Lieferantenrechnung
5. Sperrung der Rechnung oder des Lieferanten

Findet das Programm Unstimmigkeiten oder Sperrungen, so gibt es alle ihm bekannten Daten an den Sachbearbeiter aus. Bei den Lieferantenstammdaten registriert es für die Zwecke der Lieferantenbeurteilung die Fehler (vgl. Band 2).

Die Grundgedanken der **dynamischen Stichprobenprüfung** in der Wareneingangskontrolle (vgl. Abschnitt 3.3.5) lassen sich, wie bei der Volkswagen AG untersucht [BÄR 89], auf die Lieferantenrechnungsprüfung übertragen.

Sobald die Gefahr besteht, dass sich die Prüfung der Lieferantenrechnungen bzw. die Freigabe der Rechnungen zur Bezahlung verzögert, etwa weil die Qualitätskontrolle zu langsam arbeitet, soll das Programm anzeigen, dass der Verlust des Skontos droht.

In Sonderfällen kann ein Programmmodul die Forderung des Lieferanten vorausberechnen und in einem Vormerkspeicher auf die Lieferantenfaktura warten lassen. Ein solcher Sonderfall liegt z. B. bei der Abrechnung von Speditionsleistungen vor (vgl. auch Abschnitte 3.3.3.2 und 3.6.5).

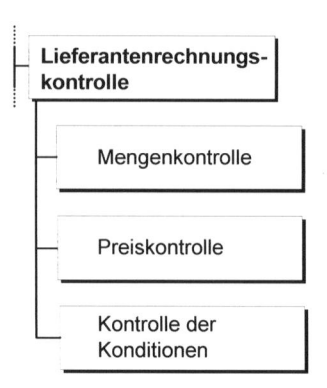

Abbildung 3.9.3/1 Lieferantenrechnungskontrolle

Wichtigste Eingaben:	Lieferantenrechnungen, Sperrungen
Wichtigste Anzeigen und Ausdrucke:	Fehlerhafte Lieferantenrechnungen zur Überprüfung, Arbeitsvorrat von Rechnungsprüfern
Wichtigste Dialogfunktionen:	Aufteilen von Differenzbeträgen bei Rabatten und Ähnlichem auf die Rechnungspositionen
Nutzeffekte:	Rationalisieren der Lieferantenrechnungsprüfung, personelle Prüfungen nur noch im Ausnahmefall, Erstellen von Unterlagen für die Lieferantenbeurteilung

3.9.4 Hauptbuchhaltung

In die IIV lässt sich eine Hauptbuchhaltung gut einfügen:

Ein großer Teil der Eingabedaten wird von anderen Programmen in maschinell lesbarer Form bereitgestellt, so z. B. verdichtete Buchungssätze vom Debitoren- und Kreditorenbuchhaltungsprogramm, Buchungssätze für Lohn, Gehalt, Ausbildungsbeihilfen und Provisionen vom Entgeltabrechnungsprogramm, für Renten durch das Rentenabrechnungsprogramm und für die Materialbuchungen durch das Materialbewertungsprogramm. Weitere Buchungssätze können weitgehend im Hauptbuchhaltungsprogramm selbst generiert werden.

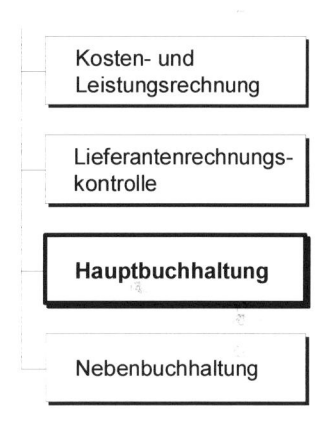

Personell müssen erfahrungsgemäß nur noch etwa 30 Prozent der Vorfälle, darunter vor allem die Ein- und Auszahlungen, eingegeben werden. Charakteristisch ist z. B. der Erfahrungswert der **DATEV eG**, bei der 100 Eingabesätze zu durchschnittlich 270 Buchungssätzen führen.

Die Buchungsdaten müssen ohnehin dem Rechner zugeführt werden, damit andere Programme im integrierten System ablaufen können, z. B. die Finanz- und Liquiditätsplanung, die Materialbewertung und die Lieferantenrechnungskontrolle.

In einem integrierten Prozess bestehen sehr gute Abstimmungsmöglichkeiten, die die Sicherheit der Buchhaltung erhöhen (z. B. der Abgleich zwischen der Hauptbuchhaltung und den Nebenbuchhaltungen oder zwischen dem Debitorenkonto und der Summe der Vormerkposten (Offene Posten) Debitoren).

Im Übrigen wird durch Dialogbuchhaltungen auch die Eingabe der verbleibenden, personell zuzuführenden Buchungsvorgänge rationalisiert. Der Buchhalter wird dabei von Position zu Position geleitet, das AS macht auf fehlerhafte Eingaben sofort aufmerksam, sodass der Mensch korrigieren kann, solange er noch in den Detailvorgang eingearbeitet ist. Weiterentwicklungen im Bereich der Dialogbuchführung nutzen **XPS**, um oftmals in elektronischer Form eintreffende Belege automatisch in Buchungssätze zu überführen. So macht sich ein bei der **DATEV eG** entwickeltes System **„Buchungsassistent"** die Technik des **CBR** zunutze. Merkmale der von Banken rückübertragenen Kontoauszüge werden mit in einer Lerndatei hinterlegten Eigenschaften bereits in der Vergangenheit kontierter Geschäftsvorfälle abgeglichen, um einen Buchungssatzvorschlag zu generieren [MIE 95]. Das System erkennt auch Zahlen und Texte in Belegen, die per Fax eintrafen. Der Buchungsassistent unterlegt die erkannten Felder farblich, sodass der menschliche Buchhalter rasch erkennt, wo Fehler entstanden sein könnten [STA 08].

Die Struktur von Hauptbuchhaltungsprogrammen ist im Vergleich zu der der meisten anderen Programme einfach: Die in den Transferdaten festgehaltenen Buchungen werden – soweit sie nicht schon die Kontennummern mitbringen – mithilfe von Tabellen, welche die Kontierungsvorschriften enthalten, kontiert. Oft führt ein Buchungsvorfall zu mehreren Einzelbuchungen auf verschiedenen Konten. Wird z. B. an einen Vermieter eine Summe überwiesen, welche aus der Miete für mehrere Gebäude und damit Kostenstellen zusammengesetzt ist, so soll das System den Zahlungsausgang automatisch nach einem bestimmten Schlüssel auf den Kostenkonten der Gebäude gegenbuchen. Im Modul FI des **SAP-Systems** können hierzu sogenannte Kontierungsmuster hinterlegt werden [FOR 02, S. 233-237]. Das Ergebnis sind Buchungssätze, die das Programm erst nach Konten sortiert und dann bucht und journalisiert. Es können automatische Buchungen generiert werden, z. B. für Rechnungsabgrenzungsposten. Man mag vorsehen, dass Kleinstdifferenzen automatisch ausgebucht werden. In international stark verflochtenen Unternehmen werden Fremdwährungsbeträge umgerechnet. Das Programm lässt sich bis zur Ausgabe von Tagesbilanzen und Tagesgewinn- und -verlustrechnungen ausbauen. Die Zusammenfassung solcher Tagesabschlüsse pro Monat kann wiederum eine Vorstufe des Monatsabschlusses bilden.

Für die **Konzernkonsolidierung** ist reichhaltige Software verfügbar. Einem solchen Programm werden die Anteile im Eigen- und im Fremdbesitz mitgeteilt. Daraus ermittelt das System die gesamte Konzernstruktur, also auch Enkelverhältnisse oder wechselseitige Beteiligungen. Gewünscht werden möglicherweise Zwischenkonsolidierungen für **Teilkonzerne**. Das System übernimmt die Kapital-, die Schulden- und die Ertragskonsolidierung und eliminiert dabei Zwischenergebnisse, z. B. von Beteiligungen, oder differenziert nach Anlage- und Umlaufvermögen. Bei internationalen Konzernen rechnet es die Währungen um.

Der Konsolidierungsprozess lässt sich noch weniger als die Aufstellung einer Einzelbilanz automatisieren, da zahlreiche Optionen bestehen, denen das Anwendungssystem durch Parameterangebote gerecht werden muss. Beispielsweise kann die **Währungsumrechnung** auf der Grundlage von Stichtags- oder historischen Kursen erfolgen. Es gibt verschiedene

Konsolidierungsmethoden (z. B. die **deutsche**, die **angelsächsische** oder die **Equity-Methode**). Daher sollte das Konzernkonsolidierungs-Programm Möglichkeiten für Alternativrechnungen bieten und die Ergebnisse in aussagekräftiger Form nebeneinander stellen. Damit wird die Grundlage für Untersuchungen auf Konzernebene geschaffen, wie sie in Band 2 für Einzelunternehmen beschrieben sind (vgl. auch [PEL 94]).

Die **eXtensible Business Reporting Language (XBRL)** basiert auf der Internetsprache **XML**. Sie erlaubt die Kommunikation von Finanzdaten unter Verwendung von digital eindeutigen Datenstrukturen. Diese werden in Strukturbäumen (Taxonomien) abgebildet, die Kontenrahmen vergleichbar sind. Da die XBRL international genormt ist, kann sie in multinationalen Konzernen die Funktion des Kontenrahmens übernehmen. Dadurch und auch weil die Taxonomien in einer wachsenden Zahl von Sprachen vorliegen, werden Vereinheitlichungen, z. B. bei der Angliederung einer neuen ausländischen Tochtergesellschaft („Post-Merger-Integration"), erleichtert [DEB 09/NUN 11].

Häufig vorkommenden Fehlern lässt sich durch ein Dialogsystem vorbeugen, in dem eine „intelligente Checkliste" abgearbeitet wird. Das Programm Abschlussüberwachung der **DATEV eG**, das vor allem auf kleinere und mittlere Betriebe ausgerichtet ist, fragt z. B., ob alle Privatentnahmen vollständig erfasst und verbucht oder alle Inventurdifferenzen geklärt und buchhalterisch behandelt wurden. Je stärker die IV integriert ist, desto mehr verschwinden derartige Fehlerursachen [MEY 97/MEY 03].

Abbildung 3.9.4/1   Hauptbuchhaltung

Wichtigste Eingaben:	Geschäftsvorfälle, Texte für Sonderbuchungen, Beteiligungen im Konzernverbund, Parameter für Konsolidierungsbuchungen, Währungsrelationen
Wichtigste Anzeigen und Ausdrucke:	Journale, Konten, Umsatzsteuervoranmeldungen, Tages-, Monats- und Jahresabschlüsse, Cashflow-Nachweise, Kontenstände bei Banken, Zwischenkonsolidierungen
Wichtigste Dialogfunktionen:	Alternativen bei Konsolidierung
Nutzeffekte:	Rationalisierung der Finanzbuchhaltung, Bereitstellung von Daten für die Finanz- und Liquiditätsplanung, höhere Tagfertigkeit

3.9.5 Nebenbuchhaltung

3.9.5.1 Debitorenbuchhaltung

Die Debitorenbuchhaltung besteht aus drei Teilen:

1. Verbuchung der vom Fakturierprogramm und dem Gutschriftenerteilungsprogramm transferierten Geschäftsvorfälle auf den Konten der Nebenbuchhaltung Debitoren. Die kumulierten Buchungen werden dem Hauptbuchhaltungsprogramm weitergereicht.

2. Führung der Offenen Posten Debitoren. Aufgrund der vom Fakturierprogramm bereitgestellten Informationen über den Kunden, die Rechnung und das Ausgangsdatum wird ein Offener Posten Debitoren gebildet. Diesen Vormerkspeicher überwacht das Programm periodisch, und bei Überschreitung von Fälligkeitsterminen werden aufgrund gespeicherter Textkonserven versandfertige Mahnungen ausgeschrieben, soweit nicht aus besonderen Gründen (z. B. nach einem Zahlungsaufschub) ein Sperrvermerk bei den Kundenstammdaten enthalten ist. Eventuell lässt man zunächst einen Mahnvorschlag auf dem Bildschirm erscheinen, den der Buchhalter oder ein Mitarbeiter des Vertriebs durch eine entsprechende Tastatureingabe zum Ausdruck freigibt oder auch verwirft. Die Zahl der Karenztage kann eine Funktion der Mahnstufe (erste, zweite Mahnung usw.) sein. In Abhängigkeit von Mahnsumme und/oder Mahnstufe werden Mahngebühren und Verzugszinsen in Rechnung gestellt und fakturiert. Zur Mahnung kann man entweder einen kompletten Kontoauszug oder nur eine Aufstellung der fälligen Posten ausgeben. In einigen Unternehmen kommt ein Hinweis über schleppendes Zahlungsverhalten an die zuständigen Außendienstmitarbeiter infrage. Das Zahlungsverhalten der Kunden lässt sich mit besonderen Kennziffern quantifizieren.

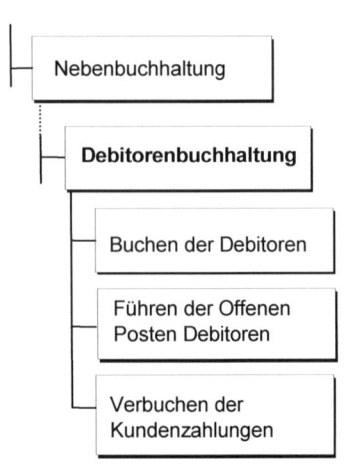

3. Verbuchung der Kundenzahlungen.

Recht problematisch ist das Modell des **Zahlungsausgleichs**. In den meisten Unternehmen gelingt es entweder bei einem sehr hohen Prozentsatz der eingehenden Zahlungen nicht, sie mit einer einzigen Abfrage (z. B. Vergleich der auf dem Zahlungsbeleg angegebenen Rechnungsnummer mit der im Offenen Posten gespeicherten Rechnungsnummer) einer Rechnung zuzuordnen, oder die Zuordnung gelingt, es sind dann aber Differenzen zwischen dem Rechnungs- und dem Zahlungsbetrag zu klären. In einer Untersuchung der Firma **B. Braun Melsungen AG** erwiesen sich bis zu 30 Prozent der Zahlungseingänge als unvollständig oder nicht formgerecht ausgefüllt [SCHÄ 97]. In Abbildung 3.9.5.1/1 sind die häufigsten Ursachen derartiger Schwierigkeiten aufgeführt.

Abbildung 3.9.5.1/1   Ursachen der Schwierigkeiten beim Zahlungsausgleich in der Debitorenbuchhaltung

Der Kunde

1) zahlt mit einer Akontozahlung einen runden Betrag,
2) addiert bei der Zusammenfassung mehrerer Rechnungen falsch,
3) fasst mehrere Rechnungen in einer Zahlung zusammen, gibt aber die Nummern der Rechnungen nicht an,
4) saldiert ohne Vermerke mit Gutschriften,
5) trägt an Stelle der Rechnungsnummer die Bestellnummer ein,
6) verrechnet sich bei der Ermittlung des Skontos oder
7) zieht unberechtigt Skonto ab.

Bei der Konzeption des Debitorenprogramms ist zunächst eine Analyse anzustellen, welche Fehlerarten am häufigsten vorkommen. Dann wird man sich überlegen, welche Fehler durch einfache Programmabfragen, z. B. den Vergleich zwischen der Bestellnummer des Offenen Postens Debitoren mit der vom Kunden auf dem Zahlungsbeleg angegebenen Nummer, gefunden werden.

Hinsichtlich der Zahlungsbeträge und Betragsdifferenzen sind folgende Aktionen des Programms vorzusehen (Abbildung 3.9.5.1/2 zeigt die Behandlung von Differenzen zwischen Rechnung und Zahlung):

Abbildung 3.9.5.1/2   Behandlung von Differenzen zwischen Rechnung und Zahlung

			Zahlungsbetrag =		
Rechnungsbetrag brutto	Rechnungsbetrag minus Skonto (netto)	Zwischen Brutto- und Nettobetrag	Kleiner als Nettobetrag		Zuordnung oder Beitragsklärung gelingt nicht
Offenen Posten ausgleichen	Offenen Posten ausgleichen, Skonto- und Steuerbuchung (Mehrwertsteuerbereinigung) erstellen	Offenen Posten ausgleichen, Skonto- und Steuerbuchung nur in der Höhe des tatsächlichen Abzugsbetrags generieren	Toleranzgrenze (absolut oder in Prozent) eingehalten?		Dem Buchhalter zur personellen Bearbeitung anzeigen
			Ja	Nein	
			Offenen Posten ausgleichen, Vermerk in Kundenstammsatz speichern (wegen Wiederholung)	Teilausgleich vornehmen oder an Sachbearbeiter leiten	

Im Rahmen einer Dialogbuchhaltung wird das Anwendungssystem verschiedene Ausgleichsmöglichkeiten zwischen mehreren offenen Rechnungen und Zahlungen versuchen und die alternativen Ergebnisse dem Buchhalter am Bildschirm zur Entscheidung präsentieren. Eventuell können die nicht ausgleichbaren Posten so angeordnet werden, dass der Ausdruck als Kundenbrief dient.

Soweit Kunden ein **Jahresumsatz-Bonus** gewährt wird, kann das Debitorenbuchhaltungsprogramm den Bonus errechnen und die Auszahlung anstoßen. (Es ist auch eine Integration mit dem Fakturier- oder Gutschriftenprogramm denkbar.) Wenn der Bonus nach Umsatzstufen gestaffelt ist, sollte das Anwendungssystem den Vertrieb oder den Kunden periodisch informieren, wie weit er noch von der nächsten Stufe entfernt ist. Dies wird ihn möglicherweise zu zusätzlichen Bestellungen veranlassen (vgl. [KLE 75, S. 104]).

Abbildung 3.9.5.1/3 Debitorenbuchhaltung

Wichtigste Eingaben:	Kundenzahlungen, Texte für Sonderbuchungen, Mahnparameter und Mahnsperren
Wichtigste Anzeigen und Ausdrucke:	Journale, Konten, Wechselobligo von Kunden, Zahlungserinnerungen, Hinweise über Zahlungsverhalten an Außendienst, nicht zuordenbare Zahlungen, Konditionen für Kunden, Bonusbenachrichtigungen, Zahlungsverkehrsdokumente für Boni, Mitteilungen über Verrechnungen, Ankündigungen von Bankeinzügen, Geldeingangsvorschau
Wichtigste Dialogfunktionen:	Aufteilung von Akontozahlungen, Ausbuchungen nach Anzeige von Daten zur „Zahlungsgeschichte" des Kunden, Formulierung von Mahntexten in Sonderfällen
Nutzeffekte:	Rationalisierung der Debitorenbuchhaltung, Verbesserung der Liquidität durch planmäßiges Mahnen, Bereitstellung von Daten für die Finanz- und Liquiditätsplanung

Das Internet in Verbindung mit einer verstärkten Neigung von Betrieben, Funktionen und Prozesse, die keine strategische Bedeutung haben, auszugliedern („outzusourcen"), hat zu neuen Erscheinungsformen bei der Bezahlung geführt [SEI 03]. Beispielhaft soll hier das **Konsolidator-Modell** herausgegriffen werden: Der Konsolidator ist ein externer Dienstleister, der die Rechnungsinformationen unterschiedlicher Unternehmen in maschinell lesbarer Form erhält, diese konsolidiert bzw. aggregiert und den Transaktionspartnern bzw. Kunden einen Zugang zu diesen Informationen, z. B. per Webbrowser, ermöglicht.

Der Konsolidator überträgt entweder die vom Verkäufer empfangenen Rechnungsdaten an den Käufer, oder letzterer ruft die Informationen auf einer Internetplattform des Konsolidators auf. Nach Prüfung beauftragt der Kunde den Dienstleister, die Zahlung abzuwickeln.

Die verschiedenen Modelle („thick consolidator" oder „thin consolidator") unterscheiden sich vor allem darin, ob Detailinformationen von vornherein übermittelt werden oder ob man sich zunächst auf Zusammenfassungen (z. B. alle Rechnungen eines Kalenderabschnitts) beschränkt und dem Käufer die Möglichkeit gibt, in Zweifelsfällen auch Detailinformationen zur Rechnungsprüfung abzurufen. Dienstleistungen der Konsolidatoren über die reine Geschäftsabwicklung hinaus umfassen z. B. die Aufbereitung der Massendaten zu Führungsinformationen. All diese Aufgaben lassen sich auch in Niedriglohn-Ländern erledigen („Offshoring").

Die Geschäftsprozesse, die mit der Finanzierung sowie mit den Ein- und Auszahlungsströmen bei größeren Kundenaufträgen verbunden sind, versucht man in Teilsystemen zu integrieren, für die zuweilen die Bezeichnung **Financial Supply Chain** gewählt wird (vgl. [PFA 03/SKI 03]). Vorgänge in einer solchen Kette sind unter anderem: Bonitätsprüfung (vgl. Abschnitt 3.2.4), Vorfinanzierung durch Kreditinstitute, Kreditsicherung durch Banken, Debitorenverbuchung, Mahnung, Zahlung und Verbuchung des Zahlungseingangs, Absicherung der Forderung (z. B. durch **Hermes**). Man beachte, dass – etwa bei größeren Auslandsgeschäften – viele Institutionen eingeschaltet sein können (neben dem Lieferanten und seinen Kunden in- und ausländische Kreditinstitute, Notare, halbstaatliche und staatliche Stellen wie Wirtschaftsministerien, Bürgschaftsgeber, Grundbuchämter, Kreditauskunfteien und andere). Dadurch ergeben sich beträchtliche Herausforderungen für die zwischenbetriebliche Vernetzung. In [MED 05] ist eine Lösung beschrieben, bei der ein **Hersteller medizinischer Geräte** an ein russisches Krankenhaus liefert. Ein unabhängiges Projektmanagement-Unternehmen koordiniert und kontrolliert die Zahlungen und damit zusammenhängende Finanzierungsmaßnahmen, z. B. Akkreditive. Man setzt dazu ein Portal auf Basis von Microsoft-Produkten ein.

3.9.5.2 Kreditorenbuchhaltung

Am Beginn der Kreditorenbuchhaltung steht die Prüfung, ob eine Lieferantenrechnung in Ordnung geht (vgl. Abschnitt 3.3.5 zur Wareneingangsprüfung). Die Firma **Readtsoft**, die auf die „Purchase-to-Pay-Prozesskette" spezialisiert ist, bietet ein „Lieferschein-Cockpit" an. Der Sachbearbeiter kann zwischen einem vom SAP-System generierten Buchungsvorschlag, den Bestelldaten und den eingescannten Lieferscheinen „navigieren" [OV 09].

Die Kreditorenbuchhaltung ist dem Debitorenbuchhaltungsprogramm sehr ähnlich. Das Zahlungsausgleichsmodul entfällt, dafür ist ein Dispositionsmodul vorzusehen, mit dem die **Zahlungen zum optimalen Zeitpunkt** vorgenommen werden. Hierzu empfiehlt es sich, einen Parameter einzuprogrammieren, mit dessen Hilfe die

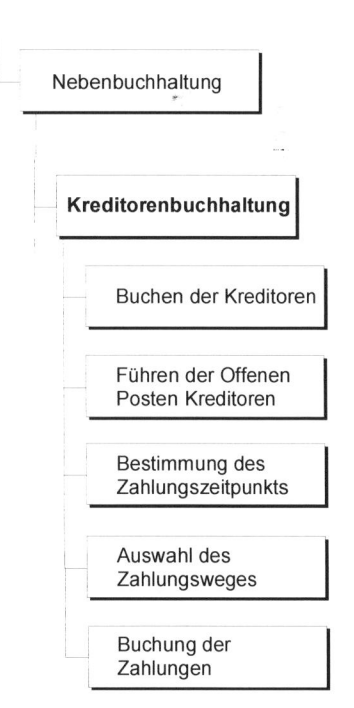

Unternehmensleitung allgemeine Richtlinien zum Zahlungsverhalten geben kann, insbesondere in Abhängigkeit von der Liquiditätslage. Dieser Parameter steuert die Zahlungstermine so an, dass mit oder ohne Inanspruchnahme von Skonto bezahlt oder dass ein bestimmter Sicherheitsspielraum von wenigen Tagen (zur Abdeckung von Verzögerungen der Zustellung von Zahlungen an die Gläubiger) erweitert oder verengt wird. Unter den üblichen Zahlungskonditionen kann man das Modul auch starr auslegen. Es veranlasst dann die Zahlung zum letzten Tag, zu dem noch die Inanspruchnahme des Skontos erlaubt ist. Es ist auch möglich, mit einem Parameter zu arbeiten, der die Lieferanten in Prioritätsklassen einstuft. Bei Liquiditätsengpässen werden die Verbindlichkeiten von Lieferanten mit höchster Priorität bevorzugt bezahlt bzw. zur Bezahlung vorgeschlagen.

In eleganten Konzeptionen überträgt man dem Kreditorenbuchhaltungsmodul auch die **Auswahl des Zahlungswegs** und formuliert einfache Richtlinien, welche die Auswahl der Bankkonten in Abhängigkeit vom jeweiligen Ist-Kontostand oder von den prognostizierten Erwartungs-Kontenständen vornehmen.

An Lieferanten übersandte Schecks sind bis zu ihrer Gutschrift als Offene Posten zu führen (Scheckobligo), weil sie zu einer Belastung des eigenen Kontos führen werden.

Das Programm gibt zur Unterstützung der Liquiditätsdisposition Zusammenstellungen der Geldbedarfe für Kreditorenzahlungen aus.

Bei engen und dauerhaften Geschäftsbeziehungen kann **auf Lieferantenrechnungen ganz verzichtet** werden: Ein Programm beim Kunden bewertet die Wareneingänge und erteilt den Lieferanten Gutschriften. Dadurch wird der beträchtliche Aufwand für die Lieferantenrechnungskontrolle vermieden, jedoch entstehen dem Lieferanten Kosten für die Kontrolle der Gutschriften. So verfährt z. B. die **AUDI AG** (vgl. Abbildung 3.3.3.2/2 und Abschnitt 3.6.5).

Eine Barriere vor der Integration liegt in der Tatsache, dass ca. 80 Prozent der Eingangsrechnungen in Deutschland noch in Papierform kommen. Die durchschnittlichen Prozesskosten bei der personellen Eingabe liegen nach einer Studie bei 9 € pro Rechnung [SCHE 04]. Hier setzen teilautomatische Verfahren an.

> **PRAKTISCHES BEISPIEL**
>
> Das Logistikunternehmen **Deutsche Post AG** arbeitet mit dem Softwarepaket **Invoice CENTER** aus dem Hause **Open Text Document Technologies GmbH** (früher **Océ Document Technologies**). Die Lieferantenrechnungen (etwa 4.000 pro Tag) werden eingescannt. Am Bildschirm überprüft eine Person, ob das digitale Bild gut gelesen und maschinell verarbeitet werden kann; dies ist z. B. nicht der Fall, wenn einzelne Buchstaben an den Rändern unscharf oder große Bereiche wegen eines Musters im Hintergrund geschwärzt sind. Im nächsten Schritt erkennt die Komponente **DOKuStar** die einzelnen Daten der Rechnung, z. B. den Mehrwertsteuerbetrag. Ein wissensbasiertes System arbeitet mit Regeln, wonach links oben im Allgemeinen der Absender, in diesem Fall also der Lieferant, steht, oder „ReNr" die Rechnungsnummer markiert. Es kann Sprachvarianten

identifizieren: Enthält der Text beispielsweise mehrere „é", so wird es sich mit hoher Wahrscheinlichkeit um einen französischen Lieferanten handeln. 70 bis 90 Prozent der Informationen werden auf Anhieb erkannt. Die aufbereiteten Informationen werden an das **SAP-Buchhaltungssystem** übergeben und münden dort in den **SAP Business Workflow**. Die Buchhalter arbeiten mit einer Bildschirmmaske und prüfen den vom System generierten Buchungsvorschlag. Das System kann Hinweise geben, ob es sich bei dem Buchungsvorschlag eher sicher oder unsicher „fühlt". Hierzu bedient es sich weiterer im integrierten System möglicher Vergleiche, etwa zwischen der Bestellung aus dem Einkaufssystem und der Lieferantenrechnung [SCHA 11].

Es wird daran gearbeitet, die wissensbasierten Verfahren durch Trainingsalgorithmen zu verfeinern (ICR = Intelligent Character Recognition) [KAM 09].

Abbildung 3.9.5.2/1   Kreditorenbuchhaltung

Wichtigste Eingaben:	Richtlinien zum Zahlungsverhalten
Wichtigste Anzeigen und Ausdrucke:	Journale, Konten, Zahlungsverkehrsdokumente, Datenträger für Kreditinstitute, Zusammenstellung des Geldbedarfs für Kreditorenzahlungen, Saldenbestätigungen
Wichtigste Dialogfunktionen:	
Nutzeffekte:	Rationalisierung der Kreditorenbuchhaltung und des Zahlungsverkehrs, optimale Inanspruchnahme der Zahlungsziele

3.9.5.3 Anlagenbuchhaltung

Die wichtigsten Aufgaben eines Anlagenbuchhaltungsprogramms sind:

1. Abschreibungsrechnung, eventuell getrennt nach mehreren Zwecken (handelsrechtliche, steuerliche und kalkulatorische). Dabei können einige kleinere Verfeinerungen relativ einfach programmiert werden, wie z. B. **Indexrechnungen**, um Wiederbeschaffungswerte zu berücksichtigen bzw. **Scheingewinne** zu ermitteln, oder der Übergang von der degressiven zur linearen Abschreibung zum optimalen Zeitpunkt mit dem Ziel, möglichst rasch Buchwerte zu vermindern. Bei der Ermittlung der **kalkulatorischen Abschreibungen** sollten verschiedene Größen, wie z. B. die zugrunde gelegte Nutzungsdauer, parametrisierbar sein, damit un-

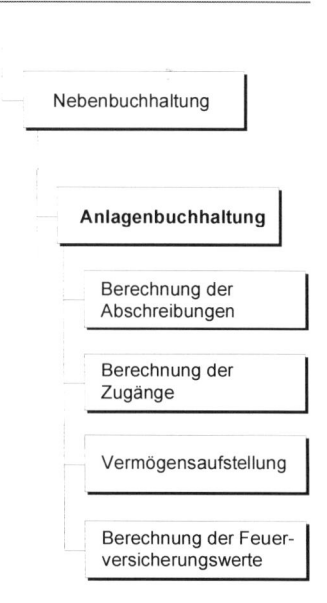

Nebenbuchhaltung

Anlagenbuchhaltung

Berechnung der Abschreibungen

Berechnung der Zugänge

Vermögensaufstellung

Berechnung der Feuerversicherungswerte

terschiedlichen Anforderungen und Vorschriften, beispielsweise bei der Kalkulation öffentlicher Aufträge, Rechnung getragen werden kann. Ferner ist eine Trennung in fixe und variable Abschreibungsbestandteile wünschenswert. Den variablen Anteil kann man z. B. von der Kapazitätsauslastung abhängig machen, die sich aus der Produktionsplanung oder über die Maschinendatenerfassung ergibt.

Grundlage einer exakten Abschreibungsrechnung ist eine sorgfältige Gliederung der Vermögensgegenstände. Im **SAP-System** werden neben den „Technischen Anlagen" Anlagen im Bau, Geringwertige Wirtschaftsgüter, Leasinganlagen, Immaterielle Anlagen, Finanzanlagen und Immobilien unterschieden. Zum Beispiel ist bei Anlagen im Bau keine normale, sondern nur eine steuerliche Sonderabschreibung möglich. Geringwertige Wirtschaftsgüter werden in der Regel im Zugangsjahr voll abgeschrieben. Bei Finanzanlagen sind keine planmäßigen Abschreibungen erlaubt.

2. Berechnung einer **Vermögensaufstellung** einschließlich Ermittlung des steuerlichen Einheitswertes des Betriebsvermögens.

3. Ermittlung der **Feuerversicherungswerte** über die Indexwerte des Statistischen Bundesamts oder der Versicherer, mit denen die Anschaffungs- oder Herstellwerte multipliziert werden.

In internationalen Konzernen ergibt sich das Problem, dass das Bewertungsrecht in den Sitzländern unterschiedlich ist. Das **SAP-System** speichert die daraus für den Konzern folgenden Regelungen in einem speziellen Verzeichnis, dem „Bewertungsplan" [FOR 02, S. 308-309].

Komplikationen der Anlagenbuchhaltung mögen sich ergeben, wenn **Subventionen** in Anspruch genommen werden. Eine Lösung besteht darin, nur die um einen staatlichen Investitionszuschuss geminderten Anschaffungs- bzw. Herstellkosten zur Basis der Abschreibungsrechnung zu machen [SCHE 10].

Abbildung 3.9.5.3/1   Anlagenbuchhaltung

Wichtigste Eingaben:	Werte neuer Anlagen, Sonderabschreibungen
Wichtigste Anzeigen und Ausdrucke:	Konten, Abrechnungen von Zu- und Abgängen, Anlagenübersichten (Anlagenspiegel) für die Bilanzierung, Versicherungswerte
Wichtigste Dialogfunktionen:	Ermittlung des Abschreibungsvolumens bei verschiedenen Abschreibungsstrategien
Nutzeffekte:	Rationalisierung der Anlagenbuchhaltung

3.9.6 Anmerkungen zu Abschnitt 3.9

[BÄR 89] Bär, W., Rechnungsprüfung auf der Basis von Stichproben – Einsatz des Systems Account bei der VW AG, in: Scheer, A.-W. (Hrsg.), Rechnungswesen und EDV, 10. Saarbrücker Arbeitstagung 1989, Heidelberg 1989, S. 210-229.

[BRO 94/MEY 01] Brown, C.E. und Gupta, U.G., Applying Case-Based Reasoning to the Accounting Domain, International Journal of Intelligent Systems in Accounting, Finance and Management 3 (1994) 3, S. 205-221; Meyer, S., Verarbeitung unscharfer Informationen für die fallbasierte Kostenschätzung im Angebotsengineering, Dissertation, Chemnitz 2001.

[BUT 05] Butterwegge, G., Informationsverarbeitung in den Phasen von Markttransaktionen mit konfigurierbaren Gütern, Aachen 2005, Abschnitt 4.3.

[DAU 93] Daube, K., CIM-orientierte Kostenrechnung, Berlin 1993, S. 211.

[DEB 09/NUN 11] Debreceny, R., Felden, C., Ochock, B., Piechocki, M. und Piechocki, M., XBRL for Interactive Data, Berlin-Heidelberg 2009; Nunnenkamp, G. und Paffenholz, M., Finanzkommunikation im 21. Jahrhundert, Frankfurter Allgemeine Zeitung vom 11.07.2011, S. 10.

[DIS 77] Distler, J., Das Kostenrechnungssystem der Stahlwerke Röchling-Burbach als Hilfsmittel der Betriebssteuerung unter besonderer Berücksichtigung der Richtkostenrechnung, Stahl und Eisen 97 (1977) 7, S. 342-349.

[EIS 90] Eisele, R., Konzeption und Wirtschaftlichkeit rechnerintegrierter Planungssysteme, München-Wien 1990.

[FOR 02] Forsthuber, H., SAP-Finanzwesen für Anwender, Praktische Einführung in SAP FI 4.6, Bonn 2002.

[FOS 90] Foster, G. und Gupta, M., Manufacturing Overhead Cost Driver Analysis, Journal of Accounting and Economics 12 (1990) 12, S. 309-337.

[FRI 03] Friedl, G., Hilz, C. und Plendl, B., Controlling mit SAP R/3, Wiesbaden 2003, S. 145-148.

[GRÖ 93] Gröner, L., Entwicklungsbegleitende Vorkalkulation, Heidelberg u.a. 1993, insbes. Kapitel 2.

[GÜN 03] Günther, M., IT-gestütztes Prozesskostenmanagement als Basis effizienter Unternehmensanalyse, Zeitschrift für Controlling & Management, Sonderheft 2/2003, S. 40-47.

[HOR 93] Horváth, P., Kieninger, M., Mayer, R. und Schimank, C., Prozeßkostenrechnung – oder wie die Praxis die Theorie überholt, Die Betriebswirtschaft 53 (1993) 5, S. 609-628.

[KAL 07/MÜF 11] Kalic, S., Aufbruch mit Kontrolle und Steuerung, IT&Production (2007) 12, S. 50-52; persönliche Auskunft von Frau E. Müftahi, DS Datentechnik und Softwareentwicklung Müftahi GmbH.

[KAM 09] Kampffmeyer, U. und Schiklang, M., Invoicing-Systeme rentieren sich ab 300 Rechnungen im Monat, is report 13 (2009) 12, S. 14-18.

[KAP 99] Kaplan, R.S. und Cooper, R., Prozesskostenrechnung als Managementinstrument, Frankfurt-New York 1999.

[KIE 90] Kiewert, A., Kostenfrüherkennung in der Konstruktion durch Kopplung von CAD und Kostenrechnung, in: Scheer, A.-W. (Hrsg.), Rechnungswesen und EDV, 11. Saarbrücker Arbeitstagung 1990, Heidelberg 1990, S. 350-378.

[KLE 75] Klein, H., Elektronische Datenverarbeitung im Vertrieb, Stuttgart-Wiesbaden 1975.

[LAC 89] Lackes, R., EDV-orientiertes Kosteninformationssystem, Wiesbaden 1989, S. 204-230.

[LEV 96] Levitan, A. und Gupta, M., Using Genetic Algorithms to Optimize the Selection of Cost Drivers in Activity-based Costing, International Journal of Intelligent Systems in Accounting, Finance and Management 5 (1996) 5, S. 129-145.

[LUS 99/WIT 00] Lusti, M., Data Warehousing und Data Mining – Eine Einführung in entscheidungsunterstützende Systeme, Berlin 1999; Wittmann, T., Hunscher, M., Kischka, P. und Ruhland, J., Data Mining – Entwicklung und Einsatz robuster Verfahren für betriebswirtschaftliche Anwendungen, Frankfurt 2000.

[MÄN 95] Männel, W., Prozesskostenrechnung, Wiesbaden 1995.

[MED 05] Mederer, M., Mertens, P., Große-Wilde, J. und Zeller, A.J., Portalgestütztes Risikomanagement in der Exportfinanzierung – Konzeption und Realisierung, Banking and Information Technology 6 (2005) 2, S. 30-40.

[MEY 97/MEY 03]	Meyer-Pries, L., Computergestützte Abschlussüberwachung im Rahmen des Abschlusserstellungsprozesses durch den steuerberatenden Berufsstand, Dissertation, Nürnberg 1997; persönliche Auskunft von Herrn L. Meyer-Pries, DATEV eG.
[MIE 95]	Miebach, J., Nutzung von EDIFACT im steuerlichen Berufsstand unter besonderer Berücksichtigung der Buchungssatzgenerierung, Dissertation, Nürnberg 1995.
[MÖH 99]	Möhrlen, R. und Kokot, F. (Hrsg.), SAP R/3 Controlling, München 1999, S. 232.
[NUD 80]	Nuding, K., Die flexible Plankostenrechnung als Primärkostenrechnung, in: Kilger, W. und Scheer, A.-W. (Hrsg.), Plankosten- und Deckungsbeitragsrechnung in der Praxis, Würzburg-Wien 1980, S. 94-116.
[OV 09]	O.V., Belegverarbeitung im Bestell-, Liefer- und Rechnungswesen, is report 13 (2009) 3, S. 29-31.
[PEL 94]	Pelka, J., Konzernbuchführung, Stuttgart 1994.
[PFA 03/SKI 03]	Pfaff, D., Skiera, B. und Weitzel, T., Datenintegration in Finanzprozessen, in: Dittrich, K., König, W., Oberweis, A., Rannenberg, K. und Wahlster, W. (Hrsg.), Informatik 2003, Innovative Informatikanwendungen, Beiträge der 33. Jahrestagung der Gesellschaft für Informatik e. V. (GI), Band 1, Bonn 2003, S. 165-168; Skiera, B., König, W., Gensler, S., Weitzel, T., Beimborn, D., Blumenberg, St., Franke, J. und Pfaff, D., Financial-Chain-Management – Prozessanalyse, Effizienzpotenziale und Outsourcing, Frankfurt 2003.
[REC 97]	Rechberg, U. von, Systemgestützte Kostenschätzung, Eine Controlling-Perspektive, Wiesbaden 1997.
[REN 91]	Renner, A., Kostenorientierte Produktionssteuerung, Anwendung der Prozeßkostenrechnung in einem datenbankgestützten Modell für flexibel automatisierte Produktionssysteme, München 1991, S. 107.
[SAK 94]	Sakurai, M. und Keating, P.J., Target Costing und Activity-Based Costing, Controlling 6 (1994) 2, S. 84-91.
[SCHA 11]	Persönliche Auskunft von Herrn J. Schacht, Open Text Document Technologies GmbH.
[SCHÄ 97]	Persönliche Auskunft von Herrn G. Schäfer, B. Braun Melsungen AG.
[SCHE 04]	Schellhase, Th., Rechnung per Mausklick, is report (2004) 10, S. 26-29.

[SCHE 10]   Scheffler, W., Besteuerung von Unternehmen, Band II, 6. Aufl., Heidelberg 2010.

[SEI 03]   Seischek, S., Schäfer, S., Wagner, M. und Seibt, D., Electronic Bill Presentment and Payment, Das Wirtschaftsstudium 32 (2003) 1, S. 90-97.

[STA 08]   Staub, M., Assistent mit Kompetenz, DATEV-Magazin Nr. 2/2008, S. 50-51.

[TEM 80]   Tempus, H., Optimale Produktionsplanung mit Hilfe der Grenzplankostenrechnung in einem Unternehmen der chemischen Industrie, in: Kilger, W. und Scheer, A.-W. (Hrsg.), Plankosten- und Deckungsbeitragsrechnung in der Praxis, Würzburg-Wien 1980, S. 233-250.

[TEU 00]   Bei Teufel u.a. ist skizziert, wie die Währungsproblematik im Kostenstellenrechnungs-Modul des SAP-Systems angegangen wird: Teufel, T., Röhricht, J. und Willems, P., SAP-Prozesse: Finanzwesen und Controlling, München u.a. 2000, S. 212.

[WID 62]   Widmer, U.H., Kostenprognosen mit mathematisch-statistischen Methoden für Angebotskalkulation und Budget, Zürich 1962, S. 108-109.

3.10 Personalsektor

3.10.1 Überblick

Wenn man von Planungs- und Kontrollsystemen absieht und sich auf die Administrations- und Dispositionssysteme beschränkt, können im Personalsektor sieben Typen von Anwendungssystemen beschrieben werden:

Abbildung 3.10.1/1 Teilfunktionsmodell des Personalsektors

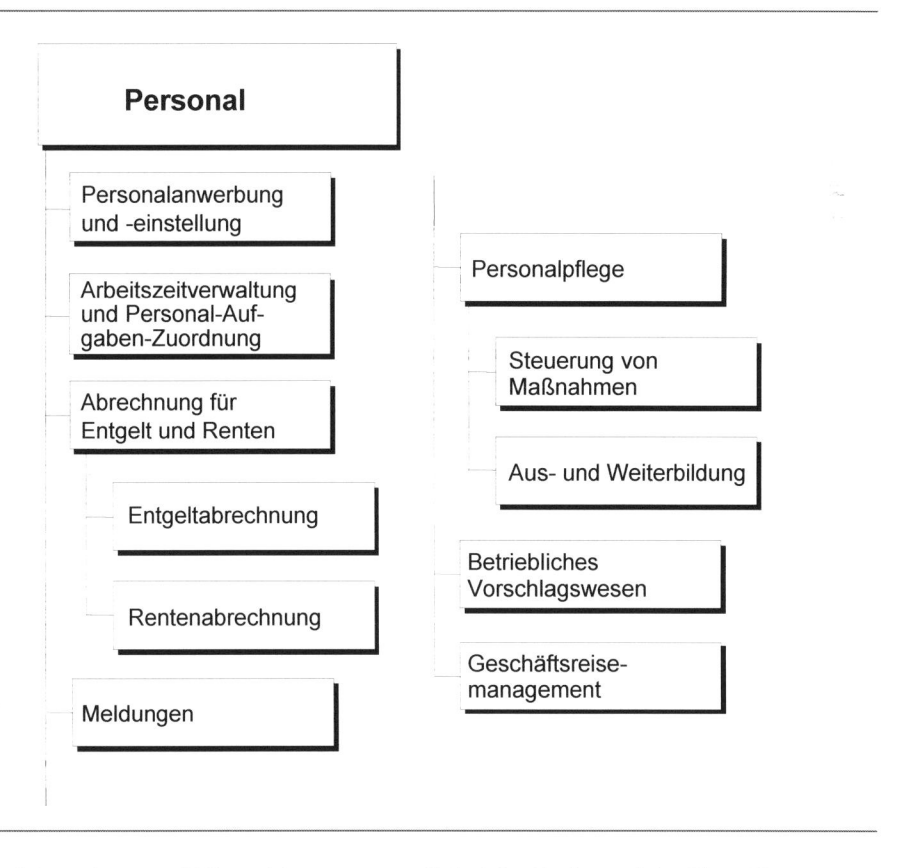

```
Personal
├── Personalanwerbung und -einstellung
├── Arbeitszeitverwaltung und Personal-Aufgaben-Zuordnung
├── Abrechnung für Entgelt und Renten
│   ├── Entgeltabrechnung
│   └── Rentenabrechnung
├── Meldungen
├── Personalpflege
├── Steuerung von Maßnahmen
├── Aus- und Weiterbildung
├── Betriebliches Vorschlagswesen
└── Geschäftsreisemanagement
```

1. Administrations- und Dispositionssysteme, die bei der Suche und der Einstellung neuer Mitarbeiter helfen.
2. Systeme zur Arbeitszeitverwaltung und zur Personal-Aufgaben-Zuordnung (vgl. das Beispiel SP-EXPERT in Abschnitt 3.10.3).
3. Abrechnungssysteme für Entgelt und Renten. Die Hauptaufgabe liegt hier bei Berechnungen.

4. Meldesysteme. Mit ihrer Hilfe werden vielfältige Meldungen über Bestands- und Bewegungsdaten im Personalbereich an betriebsexterne Instanzen erzeugt.

5. Systeme zur Personalpflege. Sie tragen dazu bei, die termingerechte Durchführung von Maßnahmen zu sichern.

6. Administrationssysteme zum betrieblichen Vorschlagswesen.

7. Systeme zur Administration und Disposition von Geschäftsreisen (Travel Management).

Eine gewisse Schwerpunktverlagerung von den Positionen 3) und 4) zu den Punkten 1), 2) und 4) bis 6) hat dazu geführt, dass man diesen IV-Anwendungskomplex auch als **Human-Resource-Management-System** (**HRMS**) bezeichnet. **SAP** verwendet die Bezeichnung **Human Capital Management** (**HCM**).

Um die Personalverwaltung zu rationalisieren und zu beschleunigen, neigen insbesondere große Unternehmen dazu, einen Teil der Aufgaben, sowohl was Dateneingabe als auch Auskunftserteilung betrifft, von Verwaltungskräften auf die Mitarbeiter selbst zu verlagern („Employee-Self-Service"). Beispiele sind die Meldung von Adress- oder Familienstandsänderungen, der Wechsel der Mobilfunknummer und Auskünfte über den Stand von Arbeitszeitkonten. Hilfsmittel ist ein Mitarbeiter-Portal. Die Herausforderung besteht darin, dieses Portal im Wege der Individualisierung so benutzungsfreundlich zu gestalten, dass auch in administrativen Prozeduren nicht geschulte Betriebsangehörige problemlos damit umgehen können. Zum Beispiel können ausländische Mitarbeiter wählen, ob sie in ihrer Muttersprache kommunizieren möchten. Andererseits kann das Unternehmen die Individualisierung nicht so weit treiben, dass Zehntausende von Portal-Versionen nach Aufbau und Inhalt unterschiedlich sind. Ein Lösungsweg besteht darin, dass man die Portale mit speziellen Konfiguratoren ausstattet, mit deren Hilfe der Mitarbeiter in gewissen Grenzen seine eigenen Vorlieben und Abneigungen zur Geltung bringt.

3.10.2 Personalanwerbung, -einstellung und -freistellung

Soweit Stellenangebote auf elektronischem Wege an ausgewählte Medien und sogenannte Jobbörsen gehen (**SAP** spricht in diesem Zusammenhang von „Posting Management"), können die im Industriebetrieb in ein Bildschirm-Menü eingegebenen Daten automatisch verteilt werden. In der Komponente **HCM** wird das Arbeitsplatzprofil benutzt, um in einer Datenbasis der Bewerber (Talent-Pool), die Teil des sogenannten E-Recruting ist, zu suchen. Es wird angestrebt, die eintreffenden Bewerbungen durch Profilvergleiche teilautomatisch zu filtern. Dies ist dann leichter, wenn auch die Jobbörsen die Bewerbungen in stark strukturierter Form (z. B. Art der bisher ausgeübten Tätigkeiten getrennt vom „Vom-bis-Feld") erfassen. Oft wandern die Bewerbungsinformationen in einem Workflow zu den Instanzen, deren Bewertung eingeholt werden soll. Der Stand des Durchlaufes (z. B. Termin von Vorstellungsgesprächen) muss abgefragt werden können. Wenn Personen eingestellt werden, sollten die gespeicherten Daten automatisch in die Mitarbeiterstammsätze übertragen werden, um personelle Datenerfassungs-Vorgänge zu erübrigen. In großen Unternehmen sind oft zahlreiche Instanzen von dem Eintritt des neuen Belegschaftsmitglieds zu verständigen, sodass sich ebenfalls ein WMS anbietet.

Zumindest Unternehmen, die von Bewerbern stark gesucht sind, bauen sich Bewerber-Datenbanken auf („Talent Relationship Management"). So speichert man im **Philips-Konzern** Bewerbungen, die nicht zu einem Stellenangebot führen, ein Jahr lang. Tritt ein neuer Personalbedarf auf, so wird gegen diesen Datenbestand abgeglichen [OV 05].

Da auch das Vertragsanbahnungsverhältnis unter das Allgemeine Gleichbehandlungsgesetz fällt, ist es sehr wichtig, die Datensätze so zu definieren, dass nur formale Qualifikationen (z. B. Sprachkenntnisse, Branchenwissen, Studienfach) gespeichert werden. Viele Betriebe vermeiden es, Datenfelder für die Nationalität oder auch für Fotos anzulegen, weil diese als Indiz gewertet werden könnten, dass bei Auswahlentscheidungen unzulässige Merkmale beigezogen werden. Dem gleichen Zweck dienen Bibliotheken mit juristisch geprüften Ausschreibungsvorlagen und besondere Dokumentationen des Bewerbungsverfahrens zur Beweisführung vor Arbeitsgerichten [OV 07]. Die Dispositionen beim **Personalabbau** sind heikel, IT-Unterstützung ist schwer möglich.

	Personalanwerbung- und -einstellung
	Arbeitszeitverwaltung und Personal-Aufgaben-Zuordnung
	Abrechnung für Entgelt und Renten
	Meldungen
	Personalpflege
	Betriebliches Vorschlagswesen
	Geschäftsreisemanagement

PRAKTISCHES BEISPIEL

Die **SAP AG** hat in ihrer eigenen Personalverwaltung für **Aufhebungsverträge** ein spezielles System entwickelt: Interessierte Arbeitnehmer melden sich im Intranet. Sie erhalten ein Werkzeug zur Berechnung der Abfindung. Die Gesellschaft entscheidet, welche Anträge angenommen werden [KRU 09].

Abbildung 3.10.2/1 Personalanwerbung, -einstellung und -freistellung

Wichtigste Eingaben:	Personalbedarf mit Merkmalen, Profile von Kandidaten und Bewerbern, Resultate von Überprüfungen, Tests, Vorstellungsgesprächen, Auskünfte/Referenzen, Absprachen mit Bewerbern (z. B. Ausbildungsstationen, vorgesehene Kurse)
Wichtigste Anzeigen und Ausdrucke:	Gespeicherte Kandidaten, offene Stellen, Adressen und Profile von Jobbörsen, Stand des Durchlaufs von Bewerbungen, Bilanz der offenen Stellen und Personalabbau-Ziele
Wichtigste Dialogfunktionen:	Alternative Zuordnungen

Nutzeffekte:	Gute Ausnutzung des Kandidaten- und Bewerberpools, verbesserte Zuordnung von Menschen und Arbeitsplätzen, mehr Fairness beim Stellenabbau

3.10.3 Arbeitszeitverwaltung und Personal-Aufgaben-Zuordnung

IV-Lösungen gestatten es, die **Anwesenheitszeiterfassung** zu verfeinern. Insbesondere können die beiden Hauptanforderungen an Gleitzeitsysteme, „ausreichende Information des Mitarbeiters über den Stand seines Zeitkontos" und „Übernahme der Arbeitszeiten in die Entgeltabrechnung", leichter erfüllt werden. Von den vielen möglichen und realisierten Konzepten sei hier ein solches mit einem dedizierten Gleitzeitrechner herausgegriffen: Beim Kommen und Gehen zieht der Mitarbeiter seinen maschinenlesbaren Werksausweis durch ein Zeiterfassungsterminal. Daraus wird die Personalnummer entnommen und zusammen mit der Uhrzeit gespeichert. Dabei überprüft das Anwendungssystem den Kommt-Geht-Rhythmus und macht den Arbeitnehmer gegebenenfalls auf Unstimmigkeiten aufmerksam (vgl. auch die Integration von Anwesenheitszeit- und Betriebsdatenerfassung in Abschnitt 3.5.2.9.1). Gleichzeitig können dem Mitarbeiter die aufgelaufene Anwesenheitszeitsumme und der Soll-Ist-Saldo angezeigt werden. Sonder-, Fehl- und Korrekturzeiten lassen sich an einem besonderen Terminal eingeben. Zum Schluss der täglichen Gleitzeitspanne wird ein Tagesabschluss erstellt, aus dem auch zu ersehen ist, bei welchen Mitarbeitern die Geht-Meldung fehlt. Am Ende der Erfassungsperiode (z. B. Monat) ermittelt das Anwendungssystem den Gleitzeitsaldo. Ist die Zahl der vorgearbeiteten Stunden größer als der zulässige Maximalwert, so wird nur mit dem Maximalwert weitergearbeitet. Die gespeicherten Anwesenheitsdaten können für die Entgeltabrechnung genutzt werden [OV o.J.].

Flexible und differenzierte Formen der Arbeitszeit [OEC 10] schaffen besondere Herausforderungen für die IV. Die Systeme sind durch enge Verzahnung von Arbeitszeitplanung, Einsatzdisposition, Anwesenheitszeitkontrolle und Entlohnung gekennzeichnet. Eine Übersicht ist bei Wildemann [WIL 90] zu finden.

Zur computergestützten Administration und Disposition der flexiblen Arbeitszeit müssen die Tarif- bzw. Betriebsvereinbarungen mithilfe sogenannter **Zeitmodelle** abgespeichert werden. (Eine Vielzahl von Anregungen erhält man bei [LIN 01].) Bei den Stammdaten eines jeden Mitarbeiters ist zu vermerken, welches von gegebenenfalls mehreren Modellen für ihn gültig ist.

Abbildung 3.10.3/1 Arbeitszeitverwaltung und Personal-Aufgaben-Zuordnung

Wichtigste Eingaben:	Stundenmeldungen, Anwesenheits- und Abwesenheitsmeldungen
Wichtigste Anzeigen und Ausdrucke:	Meldungen über Anwesenheitszeiten, Zeitsalden, Gleitzeitkonten, Urlaubskonten, Kontrollberichte zur Einhaltung von Arbeitszeit-Vereinbarungen, Jubiläen
Wichtigste Dialogfunktionen:	Simulation alternativer Aufteilungen der Arbeitszeit auf Mitarbeitergruppen und Kostenstellen
Nutzeffekte:	Beherrschung komplizierter Arbeitszeitregelungen, Entlastung von Disponenten, stärkere Berücksichtigung von individuellen Wünschen und Restriktionen

Auf der Grundlage der gespeicherten Daten kann das IV-System vor allem folgende Aufgaben übernehmen [RÖD 85]:

1. Anzeige der aktuellen Zeitsalden von Mitarbeitern und Mitarbeitergruppen für die einzelnen Belegschaftsmitglieder und für die Personalverwaltung (vergleichbar der Anzeige von Gleitzeitkontoständen).

2. Frühwarnung durch Hochrechnung der Zeitsalden, sodass rechtzeitig Maßnahmen ergriffen werden können, die die Einhaltung der vereinbarten Durchschnittswerte sichern.

3. Überprüfung, ob Einstellungen bzw. Ausscheiden einzelner Mitarbeiter oder auch neue Arbeitszeitdispositionen bei einzelnen Mitarbeitern oder Mitarbeitergruppen Restriktionen verletzen, etwa vereinbarte Durchschnittswerte oder die Bedingung, dass von einer Gruppe von Arbeitsplätzen in der Kundendienstzentrale jederzeit mindestens einer besetzt sein muss.

4. Ausgabe von Kontrollberichten (z. B. zu Krankenständen) für die Personalverwaltung und den Betriebsrat.

Der maschinenlesbare Werksausweis kann auch für weitere Zwecke, wie z. B. zur **Zugangskontrolle** zu Rechenzentren und Lagern oder für die Bezahlung von Kantinenverpflegung oder Benzin an Werkstankstellen, benutzt werden.

> **Praktisches Beispiel**
>
> CC ist ein Mitarbeiterausweis der **Siemens AG**. Die Abkürzung steht für Company Card, Corporate Card und Contactless Chip. Durch Konzentration wichtiger Funktionen wie Zutrittskontrolle, Zeiterfassung und elektronische Geldbörse auf einer Chipkarte wird das Medium zum komfortablen und sicheren Universalschlüssel für die Mitarbeiter. Das Zutrittskontroll- und Zeiterfassungs-System der Siemens AG wurde unter ande-

rem um die Funktionen Zugang zu vertraulichen Dokumenten, Kantinenmanagement (vgl. Abschnitt 3.11.4), Tankdatenerfassung und elektronische Geldbörse erweitert [EDE 11].

Bei sehr flexiblen Arbeitszeitmodellen benötigt der Betrieb nicht nur ein Administrationssystem mit der genannten Funktionalität; vielmehr erwartet man auch Dispositionshilfen.

Die (teil-)automatische Personal-Aufgaben-Zuordnung und die damit verbundene Speicherung von Mitarbeiterprofilen [MOS 79/NIE 79/CLE 79] sind hinsichtlich der Algorithmen der IT-Werkzeuge, etwa EXCEL [GÜN 09/GÜN 10], und auch des Datenschutzes umstritten. Erörterungen hierzu haben Heinrich und Pils [HEI 79] angestellt. Hier bieten sich wissensbasierte Systeme an, die z. B. auf einem „Personalleitstand" Vorschläge zur Zuordnung von Arbeitnehmern zu Schichten bzw. Aufgaben unterbreiten oder die Veranlassungen des menschlichen Disponenten überprüfen.

Das wissensbasierte System **SP-EXPERT** der **Interflex Datensysteme GmbH & Co. KG** hält in seiner Datenbasis die Qualitätsanforderungen der Arbeitsplätze sowie die Fähigkeiten der Mitarbeiter und deren Einsatzpräferenzen. Minimal- und Maximalanforderungen der Arbeitsplätze werden in sogenannten Profilbibliotheken abgelegt. Mit unterschiedlichen Prognoseverfahren kann man die kurzfristige Veränderung des Personalbedarfs abschätzen. Benutzerdefinierte bzw. parametrisierbare Regeln sorgen unter anderem dafür, dass weder maximale Arbeitszeiten über- noch minimale Pausenzeiten unterschritten werden oder dass einem Nachtdienst nicht unmittelbar ein Tagdienst folgt. Im Zweifel werden jenen Mitarbeitern bestimmte Aufgaben zugeteilt, deren Zeitkontostand niedrig ist und die hinreichend qualifiziert sind, eine Funktion am Arbeitsplatz zu besetzen. Für einem Arbeiter kurzfristig zugemutete Einsätze bzw. Umdispositionen seiner Freizeit können ihm besondere Punkte gegeben und diese dann in Gutschriften auf seinem Zeitkonto umgewandelt werden. Mit SP-EXPERT lassen sich die Auswirkungen von geänderten Schichtzyklen oder alternativen Arbeitszeitmodellen auf den Betrieb simulieren [FEL 98/FEL 07].

In den bisherigen Betrachtungen sind wir davon ausgegangen, dass die Mitarbeiter eines Unternehmens den Arbeitsplätzen des gleichen Betriebes zuzuordnen sind und umgekehrt. Es ist nicht ausgeschlossen, dass in Zukunft mehrere Unternehmen einer Region als „Extended Enterprise" auftreten. Ein Unternehmen mit vorübergehendem Überschuss an Personal würde dieses an ein benachbartes mit temporärem Personalbedarf abtreten. Dabei mögen die zahlreichen Jobbörsen im Internet, die ein breites Spektrum an Arbeitskräften vermitteln, ein Hilfsmittel sein [MAI 00].

3.10.4 Abrechnung für Entgelt und Renten

3.10.4.1 Entgeltabrechnung

In diesem Abschnitt sollen die Programme zur Lohn-, Gehalts-, Ausbildungsbeihilfe-, Provisions- und Rentenabrechnung gemeinsam kurz behandelt werden. Die Übernahme dieser Programme auf die automatisierte Informationsverarbeitung ist vergleichsweise einfach, man kann hier wie kaum an anderen Stellen personelle Abläufe kopieren bzw. gesetzliche und Tarifvertrags-Vorschriften „abprogrammieren". Rationalisierungsvorteile sind oft leicht nachweisbar. Allerdings sind durch die Vielzahl von gesetzlichen Bestimmungen, die Verfeinerung der Tarifverträge, das größere Spektrum an gesetzlichen, tariflichen und freiwilligen vermögenswirksamen Leistungen, Erfolgsbeteiligungen und Ähnliches sowie vor allem auch durch die verhältnismäßig rasche Änderung der Vorschriften erhebliche Probleme bei der Weiterentwicklung und Pflege der IV-Systeme entstanden.

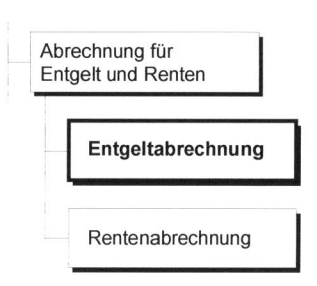

Aufgaben der Entgeltabrechnungsprogramme sind die Auflösung aller Formen der Gruppenentlohnung (z. B. von Gruppenprämien), die Ermittlung der Bruttolöhne, -gehälter und -provisionen sowie der Ausbildungsbeihilfen aufgrund von Leistungs- und Anwesenheitszeiten oder Mengen- bzw. Umsatzleistungen (bei der Provisionsabrechnung), die Ermittlung von Lohnbestandteilen für besondere Tätigkeiten, wie z. B. für „Springer" an Montagebändern, die Bestimmung von Zuschlägen, wie z. B. Feiertagszuschlägen, und Prämien, die Feststellung von Entgelten in Sonderperioden, insbesondere Kurzarbeit, die Berechnung von Nettolöhnen und -gehältern unter Berücksichtigung der Steuern (eventuell mit gleitendem Lohnsteuerjahresausgleich, Einrechnung von Vor-Arbeitgeber-Daten und Progressionsvorbehalt bei Lohnersatzleistungen), Sozialabgaben und sonstigen Abzügen, die Feststellung privatrechtlicher Lohnabzüge, z. B. bei Verpfändung oder Verzinsung/Tilgung von Arbeitgeberdarlehen, sowie die Feststellung der Erfolgsanteile und vermögenswirksamen Leistungen.

Neuere Modelle der Erfolgs- und Vermögensbeteiligung sind oft sehr kompliziert.

> **PRAKTISCHES BEISPIEL**
>
> Im Rahmen des 2010 eingeführten **Share Matching Plan (SMP)** bietet die **SAP AG** ihren Mitarbeitern Gelegenheit, SAP-Aktien mit einem Abschlag von 40 Prozent zu kaufen. Es kann ein bestimmter Prozentsatz vom jährlichen Grundgehalt eingezahlt werden. Nach einer dreijährigen Veräußerungssperre erhält man zu je drei Aktien eine vierte gratis. Die Einzelheiten sind nicht leicht zu verfolgen. Daher kalkuliert/simuliert das IV-System den Kaufpreis der Aktien, diverse steuerliche Implikationen und mögliche Gewinne. Diese und andere Informationen kann der Angestellte auf einem Mitarbeiter-Portal abrufen, welches mit anderen Portal-Teilen („Portlets"), wie z. B. virtuellen Schwarzen Brettern oder sogenannten **B2E** (**Business-to-Employee**)-**Marktplätzen**, gekoppelt ist. Im Auftrag der SAP verwaltet die Bank **UBS** die Depots. Von ihrem Portal aus können die Belegschaftsmitglieder in das Online-Banking der **UBS** wechseln [BRE 11/SAP 11].

Im Normalfall werden die Abrechnungen für alle Mitarbeiter periodisch im Stapelbetrieb durchgeführt. Es sollten aber auch Einzelabrechnungen im Dialog möglich sein, etwa wenn ein Gastarbeiter kurzfristig in seine Heimat zurückkehren möchte und dafür seinen Lohn und seine Papiere braucht.

Abbildung 3.10.4.1/1   Entgeltabrechnung

Wichtigste Eingaben:	Lohnscheine, Vorschüsse, Sonderzahlungen, Sonderabzüge (z. B. Pfändungen), Korrekturmeldungen zu vergangenen Abrechnungen (z. B. Nachzahlungen)
Wichtigste Anzeigen und Ausdrucke:	Stammdaten von Mitarbeitern, Lohnabrechnungen, Gehaltsabrechnungen, Provisionsabrechnungen, Abrechnungen der Ausbildungshilfen, Darlehensabrechnungen, Krankenkassen-Abrechnungslisten, Meldungen für die Sozialversicherung, Meldungen für die Statistischen Ämter, z. B. Verdiensterhebung, Lohnsteuerkarten-Aufkleber, Überweisungen (mit Sammlern) für Entlohnung sowie vermögenswirksame Leistungen, Begleitzettel für Datenträgeraustausch mit Banken, Kontoauszüge für Arbeitgeber-Darlehen
Wichtigste Dialogfunktionen:	
Nutzeffekte:	Rationalisierung der Entgeltabrechnung, Verfeinerung der Entlohnungssysteme

Verschiedentlich wird die Auffassung vertreten, dass die IIV eine stärkere Differenzierung der Lohnsysteme erlaube. Beispielsweise sind Provisionsabrechnungen auf der Basis von Deckungsbeiträgen oder **Rangstufenprovisionen** [KLE 75] leichter möglich. Da der Entgeltabrechnungsaufwand nicht mehr die gleiche Bedeutung hat wie früher, kann man sogar den Gedanken realisieren, der zuweilen mit der psychologischen Theorie von den Bedürfnisschichten vorgetragen wird, nämlich die gleiche Arbeit, die von verschiedenen Mitarbeitern im gleichen Bereich geleistet wird, nach unterschiedlichen, auf die Persönlichkeit und Wünsche der einzelnen Arbeitnehmer zugeschnittenen Prämiensystemen, zu entlohnen. Reizvoll in diesem Zusammenhang erscheint auch der sogenannte **Cafeteria-Ansatz**, der dem Mitarbeiter innerhalb eines bestimmten finanziellen Rahmens die Möglichkeit eröffnet, die Zusammensetzung verschiedener Entgeltbestandteile und anderer betrieblicher Leistungen selbst zu bestimmen (z. B. freie Mahlzeiten, Firmenwagen, Versicherungen) [BER 07]. Wegen der gerade in Deutschland sehr komplizierten Ausstrahlungen auf die Belastung mit Steuern und Sozialabgaben mag es sich bei anspruchsvolleren Cafeteria-Systemen, vor allem wenn Kombinationen von Leistungen (z. B. Dienstwagen und Direktversicherung) erlaubt sind, empfehlen, ein spezielles wissensbasiertes Beratungssystem einzusetzen; Anregungen findet man bei Edinger [EDI 02].

Meistens enthalten Programme der Entgeltabrechnung Module zur Abwicklung des zugehörigen Zahlungsverkehrs.

3.10.4.2 Rentenabrechnung

Aufgabe des Programms **Rentenabrechnung** ist es, die den Versorgungsempfängern zustehenden Bezüge zu ermitteln, eine entsprechende Abrechnungsmeldung und die zugehörigen Dokumente zu drucken und durch Aufbau von Transferspeichern die Verbuchung vorzubereiten.

In vielen Lebenssituationen benötigen Mitarbeiter **Auskünfte über Rentenanwartschaften**, so z. B., wenn sie gravierende berufliche Veränderungen erwägen. In diese Berechnungen fließt eine Vielzahl von Daten ein (betriebsspezifische Versorgungsregelungen, Kürzungsvorschriften einschließlich der Berücksichtigung einer Rente aus der gesetzlichen Sozialversicherung bzw. einer befreienden Lebensversicherung). Das **SAP**-Modul HCM sieht eine eigene Komponente „BAV" für die betriebliche Altersversorgung mit einer speziellen Datenbank vor, in der alle Bewegungsdaten (unter anderem Vergütungen, Arbeitszeiten) pro Mitarbeiter festgehalten werden [LÜB 01]. Aufgabe der IV ist es nicht nur, mit diesen Daten zu rechnen; vielmehr fehlen oft einige Zahlen. In solchen Fällen muss das Programm mit Näherungswerten operieren, etwa mit einem Faktor, der im jährlichen Rentenanpassungsgesetz der Bundesregierung publiziert wird.

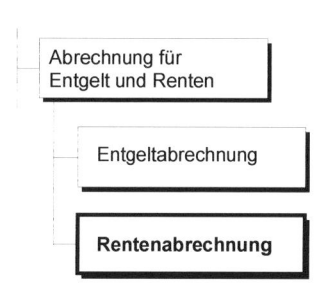

Zur Rentenabrechnung im weiteren Sinne gehört auch die Bereitstellung von Werten für die Berechnung der **Pensionsrückstellung**. Es ist zu beachten, dass hierfür nicht nur die Daten der jeweiligen Versorgungsempfänger, sondern auch die der noch aktiven Rentenanwärter herangezogen werden müssen.

Abbildung 3.10.4.2/1   Rentenabrechnung

Wichtigste Eingaben:	
Wichtigste Anzeigen und Ausdrucke:	Abrechnungsmeldungen, Überweisungen (mit Sammler) für Rentner
Wichtigste Dialogfunktionen:	
Nutzeffekte:	Rationalisierung der Rentenabrechnung

3.10.5 Meldungen

Im Personalsektor sind, zum Teil aus gesetzlichen Gründen, zahlreiche Meldungen notwendig, die meist nichts anderes als Ausdrucke bestimmter Felder der Personaldatenbasis darstellen. Wichtige Meldungen sind Abbildung 3.10.5/1 zu entnehmen [OLF 10].

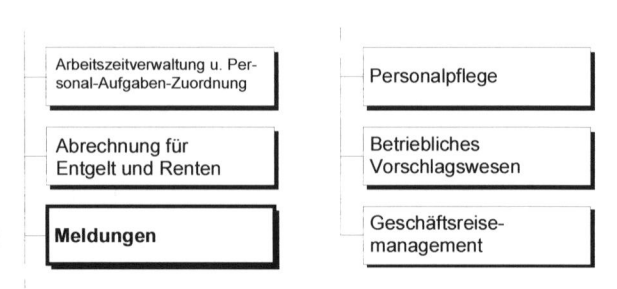

Abbildung 3.10.5/1 Typische Mitteilungen von Meldeprogrammen

1) Meldungen an das Arbeitsamt

2) Lohnnachweise für die Berufsgenossenschaften

3) Meldungen an die Industrie- und Handelskammer (IHK)

4) Lohnsteueranmeldungen beim Finanzamt

5) Entgeltnachweise an die Sozialversicherungen

3.10.6 Personalpflege

3.10.6.1 Steuerung von Maßnahmen

Die in der Personaldatenbank festgehaltenen Informationen dienen im Sinne Aktionsorientierter IV (vgl. Abschnitt 1.1) als Grundlage für Aufforderungen, die der Computer kurz vor der geplanten Durchführung ausdruckt oder in die elektronischen Briefkästen der Betroffenen stellt.

Die Termine können fest gespeichert sein oder vom Programm so ermittelt werden, dass sich eine möglichst gleichmäßige Belastung jener Personen und Institutionen einstellt, die für die Maßnahme verantwortlich sind. Beispiele dazu enthält die Abbildung 3.10.6.1/1.

Gegebenenfalls können die Veranlassungen von Rücklaufdokumenten begleitet oder selbst als solche gestaltet sein, um die neuen Informationen rationeller in die Datenbank zu übertragen.

Personalsektor 333

Abbildung 3.10.6.1/1 Typische Aufforderungen im Rahmen der Personalpflege

Aufforderungen

1) an die Belegschaftsmitglieder, sich bestimmten medizinischen Routine-Untersuchungen zu unterziehen

2) an Führungskräfte, die neuesten formalen Beurteilungen ihrer Mitarbeiter durchzuführen und zu melden

3) an Führungskräfte, die Beförderung von Mitarbeitern im Rahmen eines formalisierten Aufstiegssystems zu erwägen

4) an die Personalabteilung, die Versetzung von Mitarbeitern an andere Arbeitsplätze im In- und Ausland im Rahmen eines sogenannten Job-Rotation-Plans vorzubereiten

5) an die Personalabteilung, wegen Fristablauf bestimmte Maßnahmen einzuleiten (Beispiele: Ablauf von Probezeiten, Gehaltsveränderungen durch Alterssprünge, Sonderzahlungen bei Jubiläen, Ablauf der Arbeitserlaubnis bei „Nicht-EU-Ausländern")

6) zum Besuch von Lehrveranstaltungen im Rahmen eines Aus- und Weiterbildungskonzeptes

3.10.6.2 Aus- und Weiterbildung

In den Aus- und Weiterbildungsabteilungen größerer Unternehmen gilt es, eine Vielzahl von Personal-, Veranstaltungs- und Ressourcendaten zusammenzuspielen, um die Weiterbildungsmaßnahmen zu disponieren und einschlägige Zuordnungsprobleme zu lösen. Hinzu kommen unter dem Stichwort **Computer-Based Training (CBT)** bzw. „**E-Learning**" alle Formen des computergestützten Lernens. Diese stehen in aller Regel allein, sie sind also nicht in die Integrierte Informationsverarbeitung des Industrieunternehmens eingebettet. (Allenfalls werden die Ergebnisse von Kursen in den Personalstammsätzen vermerkt.) Einen guten Überblick erhält man bei [BOD 93].

Es bestehen Verbindungen mit dem in Band 2 behandelten Wissensmanagement.

PRAKTISCHES BEISPIEL

In verteilten Vertriebsorganisationen (Werksniederlassungen, Händlernetz) der **Automobilindustrie** ist es notwendig, permanent zu schulen und die Basisausbildung der Verkäufer laufend um Aktuelles zu ergänzen. Z. B. mögen sich zu einem neuen Modell unerwartet nach einem kritischen Testbericht in einer Zeitschrift Fragen der Kunden häufen oder ein Wettbewerber startet eine Werbekampagne mit einer neuen Finanzierungsoption, zu der ein eigener Verkaufsberater ein probates Gegenargument weiß, das allen Kollegen „verraten" werden soll. **Opel** nutzt eine Kombination aus Wikipedia-Elementen und Podcasts. Im „Werks-Wiki" werden Erfahrungen aus Verkaufsgesprächen vorstrukturiert nach typischen Fragestellungen und Opel-Modell abgelegt. Wie im Wikipedia üblich, sind die Eintragungen jederzeit erweiterbar. Andererseits produziert ein Redaktionsteam kurze Nachrichtensendungen (Podcasts), z. B. aus Anlass von Modellstarts, Verkaufs-Sonderaktionen oder neuen Maßnahmen des Gesetzgebers (z. B. Feinstaubplakette). Hierzu nutzen die Redakteure das in den „Wikis" angesammelte Wissen. Die Sendungen werden auf einen nur den Händlern zugänglichen Server gestellt. Die Verkaufsberater haben die Wahl, mit welchen Medien sie die Podcasts hören wollen. Dabei spielt wegen der Mobilität der MP3-Player eine große Rolle; Podcasts haben auch den Vorteil, dass sie während längerer Autofahrten gehört werden können. Eine zentrale Instanz befragt die Adressaten regelmäßig zu ihren Erfahrungen mit den Tipps aus den Podcasts. Diese fließen in das Wiki ein, wodurch der „elektronische Erfahrungsschatz wächst" [MAG 08].

Das folgende Beispiel verdeutlicht die Aufgaben des **Seminarmanagements**.

PRAKTISCHES BEISPIEL

In der **Hilti Deutschland GmbH** erleichtert ein „Seminarmanager" die Planung von Aus- und Weiterbildungsmaßnahmen [BRÜ 91/KÄP 11]. Das Anwendungssystem verknüpft die Teilnehmer-, Seminar- und Referentendateien sowie die Informationen über Raumangebote. In der Raum-Stammdatei sind über die Platzkapazität hinaus auch die Ausrüstungsmerkmale gespeichert (z. B.: „Ist ein Beamer vorhanden?"); diese Datei erstreckt sich auf unternehmensinterne Besprechungszimmer ebenso wie auf Säle in Hotels und andere Veranstaltungsstätten. Alle relevanten persönlichen Daten der Mitarbeiter werden in der Teilnehmerdatei gespeichert. Aus dieser überträgt das System Auszüge in die Personalstammsätze, z. B., wenn eine Mitarbeiterin einen Kurs absolviert hat. Die Referentendatei gibt Auskunft über die Verfügbarkeit von Dozenten zu bestimmten Themen und hält Beurteilungen über bereits abgehaltene Seminare vor.

Eine Aufgabe des „Seminarmanagers" ist es, Bedingungen abzuprüfen, so z. B., ob Mindest-Teilnehmerzahlen erreicht werden, die angemeldeten Teilnehmer fachliche Voraussetzungen (etwa vorherigen Besuch eines anderen Kurses) erfüllen oder ob eine bestimmte Räumlichkeit den technischen Anforderungen einer Schulungsveranstaltung entspricht. Das System übernimmt administrative Aufgaben, wenn Bedingungen nicht erfüllt sind. So benachrichtigt es z. B. Mitarbeiter, die auf einer Warteliste stehen, sobald ein Platz frei wird. Fällt ein Seminar aus, so versucht es, die Angemeldeten auf eine andere Schulungsveranstaltung umzubuchen. Die Kosten der Aus- und Weiterbildungsmaßnahmen werden den Teilnehmern automatisch zugeschlüsselt. So kann die Bildungscontrollerin „auf Knopfdruck" alle Seminare und Teilnehmer des Abrechnungsmonats zusammen mit den Kosten der Maßnahme sehen und erkennen, welche Beträge das Unternehmen in das Training einzelner Mitarbeiter investiert hat.

Der „Seminarmanager" erfasst alle Neueinstellungen im Unternehmen und ordnet automatisch Einschulungsseminare, z. B. „Willkommen bei Hilti", zu. Aus der sogenannten Seminarhistorie kann jeder Mitarbeiter seine Weiterbildungsmaßnahmen ersehen. Das System generiert Auswertungen für die Vorgesetzten, damit sie den Personalentwicklungsbedarf für das Folgejahr ermitteln und finanziell planen können.

Abbildung 3.10.6.2/1 Aus- und Weiterbildung

Wichtigste Eingaben:	Mitarbeiter-Zielgruppen, -Präferenzen, Umdispositionen
Wichtigste Anzeigen und Ausdrucke:	Statistiken, Interessenten- und Wartelisten, Dispositionsvorschläge
Wichtigste Dialogfunktionen:	Planung der Raumbelegung, Umdispositionen
Nutzeffekte:	Reduzierter Verwaltungsaufwand, Lösung von Zuordnungsproblemen, vereinfachte Abwicklung

3.10.7 Betriebliches Vorschlagswesen

Mehrere Veranlassungen sind auch mit dem betrieblichen Vorschlagswesen verbunden [WAC 90/SCHO 91]. Beispielsweise werden Eingangsbestätigungen, Aufforderungen zur Bewertung an einzelne Gutachter oder an Evaluierungsausschüsse und Mitteilungen an die Einreicher ausgegeben. Bei Terminüberschreitungen können die Gutachter automatisch erinnert werden. Um zu gewährleisten, dass besonders dringende Probleme priorisiert werden, kann man ein „innerbetriebliches Web 2.0" organisieren: Die Vorschläge werden nach Sachverhalten geordnet „gebloggt" und nur jene an die zuständigen Instanzen weitergeleitet, zu denen eine Mindestanzahl an Kommentaren hinzugefügt wurde. Im Zentrum eines solchen Systems steht ein Vormerkspeicher, der nach dem Eintreffen des betrieblichen Verbesserungsvorschlags eröffnet und in dem jeder Bearbeitungsschritt festgehalten wird. Durch Auswertung des Vormerkspeichers erhalten Führungskräfte Hinweise auf betriebliche Schwachstellen, die in der Mitarbeiterschaft bekannt sind. Dieser Prozess eignet sich gut für ein WMS.

Abbildung 3.10.7/1 Betriebliches Vorschlagswesen

Wichtigste Eingaben:	Verbesserungs-/Veränderungsvorschläge, Verteiler, Termine
Wichtigste Anzeigen und Ausdrucke:	Eingangsbestätigungen, Bewertungsaufforderungen, Mitteilung an Einreicher
Wichtigste Dialogfunktionen:	Bewertung von Vorschlägen
Nutzeffekte:	Aufzeigen von Schwachstellen im Unternehmen, systematisches Erfassen von Vorschlägen, Mitarbeiter-Motivation durch zügige Reaktion auf Vorschläge

3.10.8 Geschäftsreisemanagement

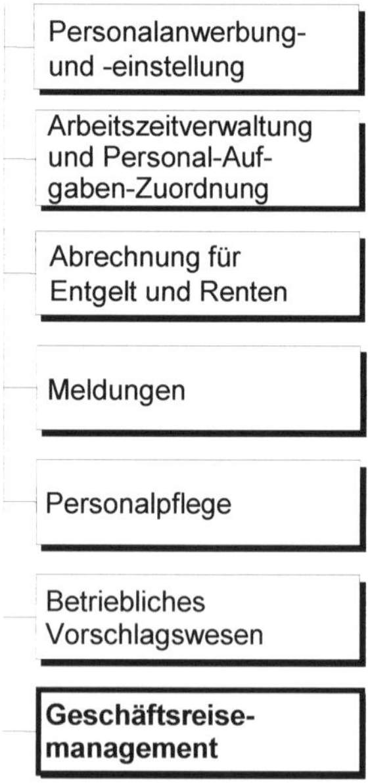

In großen, meist international tätigen Unternehmen fällt eine so erhebliche Zahl von Geschäftsreisen an, dass sich deren Administration und Disposition mit einem IV-System lohnen. Nach Angaben des Bundesverbands der Deutschen Industrie fielen 2010 in Deutschland über 150 Mio. Geschäftsreisen an. Für die Erstattung von kleinen Spesen entstehen überproportionale Prozesskosten (für 6 € Spesen 40 €) [TAR 11]. Auch geringe Effizienzgewinne in diesem Bereich können daher insgesamt zu erheblichen Einsparungen führen [MEY 03].

Den Geschäftsreiseprozess kann man sich in einem sogenannten **TMS** (**T**ravel-**M**anagement-**S**ystem [MEY 01]) wie folgt abgebildet vorstellen.

Zunächst spezifiziert der Reisende seinen Reisewunsch am Bildschirm. Nach seiner Rückkehr findet er in seiner Mailbox ein Reiseabrechnungsformular vor, das mit allen verfügbaren Daten aus der Reservierung bereits vorausgefüllt ist („Prepopulation"). Er überprüft lediglich diese Daten und fügt Barauslagen hinzu. Eine zusätzliche Vereinfachung ergibt sich durch den Einsatz einer SmartCard, die nicht nur als Kreditkarte dient, sondern auch alle getätigten Transaktionen im Detail auf dem integrierten Chip festhält, sodass diese nach Abschluss der Reise direkt in die Abrechnung übertragen werden können.

Das Reiseabrechnungssystem ermittelt automatisch Spesensätze und Steuerabzüge, leitet den Vorgang an den Vorgesetzten zur Genehmigung und anschließend an die Finanzbuchhaltung zur Auszahlung weiter.

Eine besondere Herausforderung liegt in der zwischenbetrieblichen Integration der IV-Systeme von Reisedienstleistern und Kreditkartenunternehmen mit denen des Industriebetriebs.

Sowohl die im Rahmen der Reservierung als auch die bei der Reiseabrechnung gespeicherten Daten können als Basis für ein **Travel-Management-Führungsinformationssystem** (**„Travel Data Warehouse"**) auf der Ebene der Planungs- und Kontrollsysteme dienen (vgl. Band 2).

> **PRAKTISCHES BEISPIEL**
>
> Bei der **Daimler AG** ist der Reisende über das Intranet mit dem SAP Travel Management als Web-Applikation verbunden. Die „Online-Booking-Engine" (OBE) von **SAP** ermöglicht den direkten Zugriff auf das Computer-Reservierungs-System (CRS) des Reisedienstleisters **AMADEUS**. Reisende können hier ohne vorherigen Reiseantrag Flüge, Hotels, Mietwagen sowie bei der Deutschen Bahn buchen. Darüber hinaus sorgt eine Schnittstelle zwischen **SAP OBE** und dem zentralen Konzern-Reisebüro (Travel Service Center) für einen ständigen Datenaustausch. Die Rückmeldungen filtert die Booking-Engine hinsichtlich Reiserichtlinien und bevorzugter Reiseanbieter. Der Reisende bekommt schließlich die verfügbaren und zulässigen Möglichkeiten zur Auswahl angezeigt. Die gewählte Alternative wird nun reserviert und das Ticket ausgestellt. Der Angestellte erhält einen Reiseplan mit allen relevanten Informationen, den er sich ausdrucken kann [ECK 11].

Abbildung 3.10.8/1 Geschäftsreisemanagement

Wichtigste Eingaben:	Buchungsdaten (Datum/Uhrzeit der Reise, Verkehrsmittel, Abfahrts- und Zielort, Kostenstelle usw.), Mitarbeiter-Präferenzen
Wichtigste Anzeigen und Ausdrucke:	Reisedokumente, Mitarbeiter mit bestimmtem Reiseziel („Boten")
Wichtigste Dialogfunktionen:	Zusammenstellung der Reiseroute und Verkehrsmittel
Nutzeffekte:	Rationalisierung der Geschäftsreiseverwaltung, Koordination von Geschäftsreisen

3.10.9 Anmerkungen zu Abschnitt 3.10

[BER 07]   Berthel, J. und Becker, F.G., Personal-Management, Grundzüge für Konzeptionen betrieblicher Personalarbeit, 8. Aufl., Stuttgart 2007, S. 474-477.

[BOD 93]   Bodendorf, F. und Hofmann, J., Computer in der betrieblichen Weiterbildung, München-Wien 1993, S. 210.

[BRE 11/SAP 11] Persönliche Auskunft von Herrn J.-St. Breuker, SAP AG; SAP, http://www.sap.com/corporate-de/investors/Stock/stockoptions/, Abruf am 13.07.2011.

[BRÜ 91/KÄP 11] Brückner, M., Auf Knopfdruck schlägt das Programm geeignete Mitarbeiter für Schulungen vor, Wirtschaftswoche 45 (1991) 33, Beilage Karriere, S. K3; persönliche Auskunft von Frau E. Käppel, Hilti Deutschland GmbH.

[ECK 11]   Persönliche Auskunft von Frau I. Eckel, BCD Travel Germany GmbH.

[EDI 02]   Edinger, T., Cafeteria-Systeme, Ein EDV-gestützter Ansatz zur Gestaltung der Arbeitnehmerentlohnung, Dissertation, Erlangen-Nürnberg 2002.

[EDE 11]   Persönliche Auskunft von Frau B. Ederer, Mitglied des Vorstands der Siemens AG.

[FEL 98/FEL 07] Feldmann, H.-W., Droth, D. und Nachtrab, R., Personal- und Arbeitszeitplanung mit SP-EXPERT, WIRTSCHAFTSINFORMATIK 40 (1998) 2, S. 142-149; persönliche Auskunft von Herrn H.-W. Feldmann, Interflex Datensysteme GmbH & Co. KG.

[GÜN 09/GÜN 10] Günther, M., Workforce Management in der Logistik, in: Pradel, U.-H., Süssenguth, W., Piontek, J. und Schwolgin, A.F. (Hrsg.), Praxishandbuch Logistik, Erfolgreiche Logistik in Industrie, Handel und Dienstleistungsunternehmen, Köln 2009, Kap. 14.6; Günther, M., Workforce Management an einem Praxisbeispiel aus der Produktion, in: Schumann, M., Kolbe, L.M., Breitner, M.H. und Frerichs, A. (Hrsg.), Tagungsband Multikonferenz Wirtschaftsinformatik (MKWI), 23.-25.02.2010, Göttingen 2010, S. 2321-2332.

[HEI 79]   Heinrich, L.J. und Pils, M., Betriebsinformatik im Personalbereich, Würzburg-Wien 1979, S. 112.

[KLE 75]   Klein, H., Elektronische Datenverarbeitung im Vertrieb, Stuttgart-Wiesbaden 1975, S. 144-146.

[KRU 09]   Kruker, M., In den Köpfen gespeichert, Wirtschaftswoche 63 (2009) 12, S. 62-63.

[LIN 01]   Linnenkohl, K. und Rauschenberg, H.-J., Arbeitszeitflexibilisierung, 4. Aufl., Heidelberg 2001.

[LÜB 01]   Lübke, C. und Ringling, S., Personalwirtschaft mit mySAP HR, Prozessorientierte Einführung – Rollenbasierte Anwendung, Bonn 2001, hier insbes. Kap. 9.

[MAG 08]   Magnus, S. und Hatz, M., Podcasts in der Vertriebsschulung bei Opel, in: Back, A., Gronau, N. und Tochtermann, K. (Hrsg.), Web 2.0 in der Unternehmenspraxis, München 2008, S. 234-243.

[MAI 00]   Maier, M., Kronewald, K. und Mertens, P., Vernetzte Jobbörsen und Unternehmensnetzwerke – eine Vision, WIRTSCHAFTSINFORMATIK 42 (2000) Sonderheft, S. 124-131.

[MEY 01]   Meyer-Ewald, S., Travel-Management-System (TMS), in: Mertens, P. u.a. (Hrsg.), Lexikon der Wirtschaftsinformatik, 4. Aufl., Berlin u.a. 2001, S. 481.

[MEY 03]   Persönliche Auskunft von Herrn S. Meyer-Ewald, Siemens AG.

[MOS 79/NIE 79/CLE 79]   Moser, G., Das Assignment-Problem im Personal-Informations-Entscheidungs-System, in: Reber, G. (Hrsg.), Personalinformationssysteme, Stuttgart 1979, S. 204-264; Niehaus, R.J., Computerunterstützte Personal-Zuordnungsmodelle: Gegenwärtiger Stand und Entwicklungstendenzen, ebenda, S. 265-279; Cleff, S.H., Das Cleff Job Matching System. Entstehungsgeschichte und gegenwärtiger Entwicklungsstand, ebenda, S. 372-396.

[OEC 10]   Oechsler, W.A., Personal und Arbeit, 9. Aufl., München-Wien 2010.

[OLF 10]   Olfert, K., Personalwirtschaft, 14. Aufl., Ludwigshafen 2010.

[OV o.J.]   O.V., Die Darstellung beruht teilweise auf Unterlagen der Firma J. Hengstler KG.

[OV 05]   O.V., Bachelor haben die gleichen Chancen, WISU 34 (2005) 10, S. 1146.

[OV 07]   O.V., Personalsysteme sichern Gleichbehandlung, Computer Zeitung vom 05.03.2007, S. 9.

[RÖD 85] Rödiger, J., Konzeption einer EDV-Unterstützung von Regelungen für neuere Formen der betrieblichen Arbeitszeit, Diplomarbeit, Nürnberg 1985.

[TAR 11] Tartler, J., Dienstreisen sollen einfacher werden, Financial Times Deutschland vom 12.07.2011, S. 11.

[WAC 90/SCHO 91] Wachtel, H.J., BeVOS – ein innovatives EDV-Bearbeitungssystem für das Betriebliche Vorschlagswesen bei Boehringer Mannheim GmbH, in: Bellgardt, P. (Hrsg.), EDV-Einsatz im Personalwesen, Heidelberg 1990, S. 186-206; vgl. auch Scholz, C., Leitfaden PC im Personalbereich, Köln 1991, S. 138-148.

[WIL 90] Wildemann, H. (Hrsg.), Arbeitszeitmanagement und Fertigungsorganisation, 4. Fertigungswirtschaftliches Kolloquium am 13. und 14.11.1990, Tagungsband, München 1990.

3.11 Sektor Anlagenmanagement

3.11.1 Überblick

Abbildung 3.11.1/1 Teilfunktionsmodell des Anlagenmanagements

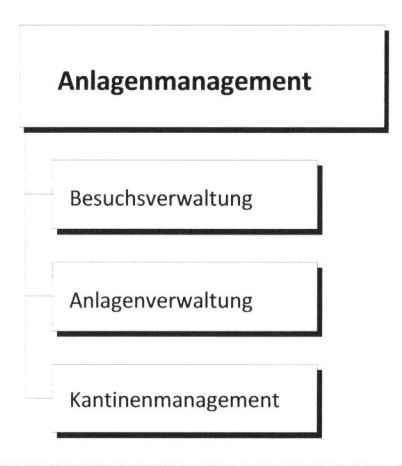

```
Anlagenmanagement
├── Besuchsverwaltung
├── Anlagenverwaltung
└── Kantinenmanagement
```

In diesem Kapitel beschreiben wir Anwendungssysteme, die anlagenbezogene, meist administrative Vorgänge abwickeln. Im Zentrum stehen Gebäude. Dazu gehören auch die Verwaltung von Besuchen, von Gebäuden und im weiteren Sinn auch von Kantinen. In der angelsächsischen Literatur wird der Begriff **Facility Management** oder **Computer Aided Facility Management (CAFM)** benutzt [NÄV 06]. Zum Teil werden auch die Anlagenbuchhaltung (vgl. Abschnitt 3.9.5.3) und die Instandhaltung von Maschinen in der Produktion (vgl. Abschnitt 3.5.3) zum Anlagenmanagement gerechnet.

3.11.2 Besuchsverwaltung

Wenn ein Besucher an der Pförtnerloge vorspricht, kann ein Anwendungssystem nach Eingabe eines Matchcodes prüfen, ob dieser Gast schon bekannt ist und für ihn Stammdaten angelegt sind. Es druckt dann einen Besucherausweis, ergänzt das „**Automatische Gästebuch**" und verständigt gegebenenfalls den innerbetrieblichen Gastgeber über E-Mail. In einer eleganteren Version wird eine schematische Darstellung des Weges von der Pforte zum Zielort im Werksgelände ausgegeben, sodass der Besucher nicht abgeholt oder begleitet werden muss. Das IV-System kann Besucherstatistiken erstellen und hilft bei der Kontrolle der Anwesenheitszeit von Vertragspartnern (z. B. Unternehmensberatern, Handwerkern oder Putzkolonnen). Durch die Überprüfung, ob alle angemeldeten Besucher das Gelände auch wieder verlassen haben, assistiert es dem **Werkschutz**.

> **PRAKTISCHES BEISPIEL**
>
> Am Stammsitz des **Automatisierungsspezialisten Festo AG & Co. KG** in Esslingen treffen sich im TechnologieCenter laufend unterschiedliche Arbeitsteams aus dem In- und Ausland. Die internen Arbeitsstrukturen ändern sich häufig. Über 4.000 Mitarbeiter am Standort und Experten aus 59 Landesgesellschaften nutzen die offenen Kommunikationsstrukturen mit flexibel buchbaren Besprechungs- und Konferenzräumen. Zur Orientierung im Gebäude können Mitarbeiter mit dem Leitsystem **Aleeks** der Firma **ag4** online oder über ihr Mobiltelefon Räume und Arbeitsmittel buchen. Besucher erhalten am Eingang eine SmartCard, auf der ihr Gesprächspartner verzeichnet ist. Im Gebäude verteilte Terminals führen sie zum richtigen Büro. Gleichzeitig verhindern Zugangskontrollen, dass Gäste von außen auf dem Weg zu einem Termin in Gebäudebereiche gelangen, zu denen sie keinen Zutritt haben [STO 02/HAC 11].

Abbildung 3.11.2/1 Besuchsverwaltung

Wichtigste Eingaben:	Besucherdaten
Wichtigste Anzeigen und Ausdrucke:	Besucherausweis, Wegbeschreibung, Besucherstatistiken, -historie
Wichtigste Dialogfunktionen:	
Nutzeffekte:	Rationalisierung der Besuchsverwaltung, Unterstützung des Werkschutzes

3.11.3 Anlagenverwaltung

Unter Anlagenverwaltung verstehen wir hier die rechnergestützte Steuerung und Überwachung von Anlagen, vor allem von modern ausgestatteten Gebäudekomplexen („**intelligente Gebäude**"). Zum großen Teil handelt es sich um die **Regelung physikalischer Prozesse** oder auch allgemein um Beiträge zum betrieblichen Energiemanagement [BRO 07] (unter anderem Kühlwasser- und Lufttemperatur, Jalousieneinstellung als Funktion der Sonneneinstrahlung).

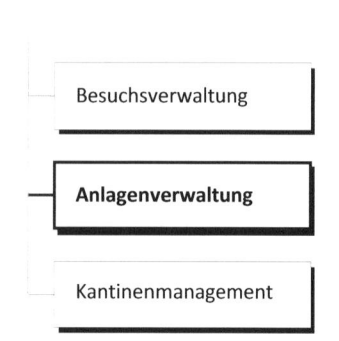

Man mag aber auch Verbindungslinien zur betriebswirtschaftlichen Informationsverarbeitung ziehen. Ein Beispiel sind Zugangskontrollsysteme für sicherheitsrelevante Gebäudeteile. Bei Feueralarm druckt ein Gebäudemanagementsystem situationsbezogene Wegekarten, die die Brandbekämpfung erleichtern.

Datenbanken über den baulichen Zustand von Anlagenteilen oder die Belegung von Räumen (zusammen mit deren Ausstattung, etwa IT-System, Kommunikationstechnik, Sicherheitstechnik einschließlich Schließanlagen, Energieversorgung zusammen mit der Zähler- und Abrechnungsorganisation oder Erleichterungen für Behinderte) sind bei Umzügen oder anderen Reorganisationen hilfreich. Dieses sogenannte **Flächenmanagement** wird durch Elemente der grafischen Datenverarbeitung sowie des CAD (vgl. Abschnitt 3.1.3; zur Verbindung von CAD und Flächenmanagement vgl. auch [BRA 07]) erleichtert: Die Zusammenfassung von Räumen zu Organisations- oder Mieteinheiten gleicht zuweilen einem „Puzzle", und mit den genannten Instrumenten kann man, wie Erfahrungen bei der **Siemens Business Services GmbH & Co. OHG** zeigten, Dispositionsalternativen veranschaulichen [GEY 98] (vgl. auch Band 2). Die Mietverträge und Grundbucheintragungen, die überwacht werden müssen, lassen sich als Vormerkspeicher darstellen.

Ein anderes Modul der Anlagenverwaltung ist das **Vertragsmanagement** mit der Konfiguration von Verträgen aus Norm-Bausteinen, mit der Terminverfolgung, z. B. von Vertragsdauern und Kündigungszeitpunkten (rechtzeitige automatische Wiedervorlage!). Es bezieht sich auf Miet- und Pachtverträge, Betreuungsverträge (Hausverwaltungen), Dienstleistungsverträge (z. B. für Reinigungs- oder Wartungsleistungen) oder Versicherungsverträge [REI 06].

Zuweilen wird auch ein separates Modul **„Reinigungsmanagement"** abgegrenzt. Es zeigt enge Verwandtschaft zur Anlageninstandhaltung (vgl. Abschnitt 3.5.3).

Die von den Benutzern angeforderten Hilfen durch den Hausmeisterdienst bzw. Reparaturen mögen als sogenannte To-do-Liste im Vormerkspeicher festgehalten werden. Diese dienen auch der Kontrolle durch die Unternehmensleitung.

Sowohl die technischen als auch die betriebswirtschaftlichen Ist-Daten, Soll-Ist-Abweichungen und die Dispositionsvorschläge können auf einen **Anlagen- oder Gebäudeleitstand** gespielt werden („Anlagen- oder Gebäudeleittechnik"). Die abgespeicherten Ist-Daten, z. B. über Störungshäufigkeiten und -dauern, geben eine gute Grundlage für die Instandhaltungsplanung (vgl. Abschnitt 3.5.3) ab.

Abbildung 3.11.3/1 Anlagenverwaltung

Wichtigste Eingaben:	Störungen, Service-Anforderungen, Veranlassung von Reparaturen nach ungeplanten Ausfällen
Wichtigste Anzeigen und Ausdrucke:	Belegungspläne, Störungshäufigkeiten, Statistiken (Soll-Ist-Abweichungen), Dispositionsvorschläge, Wegekarten, laufende Instandhaltungsaufträge, Instandhaltungsdurchführungsdokumente

Wichtigste Dialog-funktionen:	
Nutzeffekte:	Energieeinsparung, verbesserte Instandhaltungsplanung, sichere Realisierung des Instandhaltungsplans, höhere Effizienz von technischen Systemen (Klimaanlagen etc.)

PRAKTISCHE BEISPIELE

1. Der **Pharma-Konzern Schering** hat sein CAFM-System in das konzernweite Intranet eingebettet. Zu diesem System gehören unter anderem ein Flächen- und Belegungsmanagement, das Reinigungsmanagement, das Störungsmanagement und eine Buchung von Konferenzräumen. Das CAFM-System ist mit einem Intranet-Telefonbuch verbunden, das es erlaubt, Personen nicht nur anhand ihres Namens zu finden, sondern auch nach Standorten, Gebäuden oder Räumen zu suchen. Beim Störungsmanagement werden die Gruppen „Meldende", „Qualifizierende" (Mitarbeiter der Hotline), „Ausführende" (interne und externe Werkstätten) und „Überwachende" (Controller, Kostenstellenverantwortliche) definiert, welche unterschiedliche Zugangsrechte besitzen und auch auf sie zugeschnittene Informationen zur Verfügung gestellt bekommen [MAY 06].

2. Besonders schwierige Aufgaben sind mit dem Anlagenmanagement der **Flughafen München GmbH** verbunden. Dort stehen vor allem die Verwaltung der Mietverträge, das Reinigungsmanagement und einige Besonderheiten wie die Schließanlagenverwaltung im Mittelpunkt. Eine wichtige Rolle spielt das System **VisMan** (**Vis**ualization and **Man**agement of Buildings, Surface Areas, Technical Facilities) [MAY 06]. Es vereint Elemente von CAD, CAFM und GIS (Geografisches Informationssystem, vgl. Band 2).

3.11.4 Kantinenmanagement

Das Kantinenmanagement verlangt im reduzierten Umfang nach Funktionen, die auch in anderen Bereichen eingesetzt werden. Zu denken ist vor allem an die Beschaffungs-, Essens- und Mitarbeitereinsatzplanung. Eine „intelligente" Essensplanung kann Vorschläge zur Nutzung ungeplanter Bestände generieren. Rezepte mag man als eine spezielle Form von Stücklisten auffassen. Werden elektronisch lesbare Mitarbeiterausweise verwendet, so besteht außerdem die Möglichkeit, die Zahlung des Essens direkt mit dem Gehalt zu verrechnen (vgl. Abschnitt 3.10.4).

- Besuchsverwaltung
- Anlagenverwaltung
- **Kantinenmanagement**

Abbildung 3.11.4/1 Kantinenmanagement

Wichtigste Eingaben:	Wareneingänge, Haltbarkeitsdaten, Warenabgänge
Wichtigste Anzeigen und Ausdrucke:	Essenspläne, Essensstatistiken, -historie
Wichtigste Dialogfunktionen:	Preisermittlung
Nutzeffekte:	Rationalisierung des Kantinenbetriebs, Vemeiden von Verderb bei Nahrungsmitteln

PRAKTISCHES BEISPIEL

Der **Gastronomiebetrieb Eurest Deutschland GmbH** im Industriepark Höchst arbeitet im Bereich der Warenwirtschaft mit einem IV-System, in dem Lieferanten- und Artikelstammdaten sowie Rezepturen für Menüs verwaltet werden. Daraus lassen sich Bestelldaten generieren, Angebotskalkulationen durchführen und Rechnungsdaten überprüfen.

Aus einem intelligenten Kassensystem werden Planungsdaten zum erforderlichen Mengengerüst und zur Personaleinsatzplanung ermittelt (Essensteilnehmer insgesamt, pro Stunde etc.). Zur Zahlung benutzt man elektronisch lesbare Ausweise, welche unter anderem auch der Zugangskontrolle und Zeiterfassung dienen.

Mit dem Einsatz eines elektronischen Ausweises können kundenspezifische Preise festgelegt und die Kosten verursachungsgerecht verteilt werden. Eine weitere Karte, die „Company Card" (eine Kreditkarte), wird eingesetzt, wenn Kundenbetriebe, für die die **Eurest Deutschland** tätig ist, ihrerseits regelmäßige Geschäftspartner bewirten. Die Rechnungsstellung erfolgt am Monatsende [BAU 11].

3.11.5 Anmerkungen zu Abschnitt 3.11

[BAU 11]   Persönliche Auskunft von Frau U. Bauer, Eurest Deutschland GmbH.

[BRA 07]   Braun, H.-P. und Pütter, J., Facility Management, Erfolg in der Immobilienbewirtschaftung, 5. Aufl., Berlin u.a. 2007.

[BRO 07]   Brodkorb, M. und Petala, E., Demand-Side Energiemanagement, IT&Production (2007) 4, S. 25-26.

[GEY 98]   Geyer, H., Erfahrungen aus der Einführung von DV-Systemen für ein Immobilien Controlling, EUROFORUM-Fachkonferenz „EDV-Einsatz im Gebäude- und Immobilien-Management" am 09.07.1998, Freising 1998 (unveröffentlichtes Manuskript).

[MAY 06] May, M. (Hrsg.), IT im Facility Management erfolgreich einsetzen, 2. Aufl., Berlin u.a. 2006.

[NÄV 06] Nävy, J., Facility Management, 4. Aufl., Berlin u.a. 2006.

[REI 06] Reinecke, W. und Schauer, A., Anwendungsfelder, in: May, M. (Hrsg.), IT im Facility Management erfolgreich einsetzen, 2. Aufl., Berlin u.a. 2006, S. 19-43.

[SAP 11] In Anlehnung an: SAP AG (Hrsg.), SAP-Bibliothek – Immobilien (RE), http://help.sap.com/saphelp_470/helpdata/de/2c/27544c456a11d189440000e829fbbd/frameset.htm, Abruf am 04.10.2011.

[STO 02/HAC 11] Storn, A., Licht ohne Schalter, DIE ZEIT vom 06.06.2002; persönliche Auskunft von Frau C. Hackbarth, Festo AG & Co. KG.

4 Funktionsbereich- und Prozessübergreifende Integrationskomplexe

4.1 Produkt-Lebenszyklus-Management (PLM)

Unter Produkt-Lebenszyklus-Management (**P**roduct **L**ifecycle **M**anagement (**PLM**)) wird die Sicht auf den gesamten Produktlebenszyklus verstanden. Ziel ist ein geschlossener Informationskreislauf von der Idee zu einem neuen Produkt bzw. der ersten Anfrage und Angebotsvorbereitung bis hin zur Betriebsphase beim Kunden und zur Entsorgung [EIG 05/HAR 04/SEI 03/ARN 11] bzw. zum Produkt-Stopp.

Um Funktionen, Geschäftsprozesse und Informationssysteme über diesen Zyklus hinweg zu integrieren, gilt es zunächst, sämtliche Erzeugnisdaten zu erfassen und in einem **P**rodukt-**D**aten-**M**odell (**PDM**) abzubilden. Das Grundproblem besteht darin, dass die produktbezogenen Daten und Dokumente von unterschiedlichen Personen aus verschiedenen Quellen zusammengetragen werden und diese heterogene Klassifikationen benutzen sowie mannigfaltige Ausgabeformate erzeugen [ABR 97]. In diesem Sinne hat eine Sachmerkmalstabelle oder ein Werbevideo in der Regel einen anderen Entstehungs- und Änderungsprozess zu durchlaufen als ein Angebotstext oder eine Konstruktionszeichnung. Zudem sollen alle Bezugsgruppen eines Unternehmens miteinander über das gemeinsame Datenmodell kommunizieren, also auch Kunden und Zulieferer. Benutzer- und Rollenmodelle erlauben dabei spezifische Zugriffe und explizite Darstellungen für die einzelnen Nutzergruppen [STÜ 01].

Weiterhin muss das Management von Produktdaten eng mit Techniken zur Lieferkettenplanung (vgl. Abschnitt 4.4) und zur Beschaffung (vgl. Abschnitt 3.3.2.5) zusammenwachsen. Die Anbieter von Software für das Produktdatenmanagement (vgl. Abschnitt 3.1.3) versuchen seit Längerem, ihre Systeme zur unternehmensweiten Plattform für das Lebenszyklus-Management auszubauen. Dabei soll der Zugriff auf alle relevanten Systeme, Funktionen, Prozesse und Informationen über Portale direkt aus der PDM-Benutzungsoberfläche heraus erfolgen. Funktionserweiterungen von Produkt-Daten-Management-Systemen sind in diesem Zusammenhang beispielsweise:

1. Die Verwendung der im Vertrieb gewonnen Erkenntnisse für den Produktentwurf (z. B. „User Invented Products", „Mass Customization"; vgl. Abschnitt 3.2.2.3),
2. der Entwurf von Produkten so, dass sie zum Supply Chain Management passen („Design for SCM", vgl. Abschnitt 4.4),
3. der Zugriff auf elektronische Marktplätze sowie Zulieferer-Kataloge (vgl. Abschnitt 3.3),

4. die Einbindung der technischen Dokumentation, etwa im XML-Format,

5. die Verständigung aller einzuschaltenden Instanzen (bei der **Schiller Automation GmbH & Co. KG**, die **Produktionsanlagen** herstellt und im Kundenbetrieb installiert, generiert das PDM-System automatisch E-Mails an die betroffenen Mitarbeiter, wenn Änderungen an Produktmerkmalen vorgenommen werden [ISE 09]),

6. die Integration von Groupware-Bausteinen,

7. die Abstimmung des Freigabe- und Änderungsmanagements in einer dauerhaften Kunden-Lieferanten-Beziehung (vgl. Abschnitt 4.2),

8. der Kundenservice über das Internet (E-Service), z. B. Fehler-Ferndiagnose [RIC 01],

9. die Verwendung von Daten aus einem Reklamations-Workflow (vgl. Abschnitt 3.7.3) oder aus Entsorgungsinformationssystemen (vgl. Abschnitt 3.7.4) bei der Konstruktion von verbesserten Produkten.

Alle Hersteller von PLM-Werkzeugen bemühen sich um Schnittstellen, die eine Kommunikation zu den Systemen von Geschäftspartnern über das Internet erlauben. Die Herausforderung erkennt man an dem folgenden Beispiel: Bei einem Produzenten von Aluminiumfelgen, der mehrere **Automobilhersteller** beliefert, zeigt sich, dass ein bestimmtes Felgenmodell leicht Risse bekommt. Dieses wird sofort aus dem Programm genommen. Praktisch in Echtzeit muss es in allen im Internet verfügbaren Konfiguratoren (vgl. Abschnitt 3.2), Ersatzteilkatalogen und elektronischen Bestellsystemen unmöglich sein, diese Felge auszuwählen.

PRAKTISCHE BEISPIELE

1. Die **Brötje-Automation GmbH**, ein für die **Flugzeugindustrie** tätiger Anlagenhersteller, hat die früher 40 Aktenordner füllende Maschinen- und Anlagendokumentation auf einer CD gespeichert [HIN 07]. Ein spezielles Information-Retrieval-System erlaubt es z. B. nachzuweisen, welches Bauteil sich an welcher Stelle in der Anlage befindet, welche sicherheitsrelevanten Teile welche Materialprüfung durchlaufen haben und welche Qualitätszertifikate, Prüfprotokolle oder Wartungsanleitungen damit verknüpft sind.

2. Der Lebenszyklus von Produkten, die der **Haushaltsgeräte-Hersteller Miele & Cie. KG** fertigt, endet teilweise erst 20 Jahre nach der Produktion. Miele gibt für Ersatzteile eine bis 15-jährige Liefergarantie. Daher muss die Ersatzteildokumentation die gesamte Historie mit allen Abhängigkeiten zwischen den Einzelteilen enthalten, wozu sich Explosionszeichnungen anbieten.

   In [MUC 06] findet man eine Beschreibung der Datenstrukturen, deren Kern die Hierarchie „Marke (Miele) –> Artikelgruppe (z. B. Wäschetrockner) –> Servicetyp (Varianten aus der Sicht des Kundendienst-Technikers) –> Funktionsgruppe (z. B. Motor) –> Ersatzteil (z. B. Wälzlager)" ist.

> Besondere Herausforderungen ergaben sich durch die Mehrsprachigkeit und die Übernahme der Altbestände aus der Zeit vor Einführung des Systems. Das System wurde mit dem **SAP-Produkt SAP PLM** realisiert.

In Unternehmen, in denen die Produktpflege kompliziert ist, z. B., weil in vielen Exportländern unterschiedliche gesetzliche Auflagen zu verschiedenen Zeitpunkten in Kraft treten oder weil eine Änderung am Produkt erhebliche Auswirkungen auf den Produktionsprozess (drohende Produktionsunterbrechung) und den Vertrieb hat, ist es wünschenswert, dass alle beteiligten Instanzen ihre Absichten und Pläne in einer zentralen Informationsbank festhalten. Abbildung 4.1/1 zeigt den Informationsbedarf von Anwendern einer solchen Informationsbank in der **BMW Group**. Er wurde durch Interviews erhoben [KON 03].

Abbildung 4.1/1 Ausgewählte Fragestellungen im Lebenszyklus-Management eines Automobilherstellers

---

1) Welche Maßnahmen sind zu welchem Zeitpunkt bei welchem Fahrzeugtyp geplant, um z. B. die Gesetzesanforderung „Fußgängerschutz (FGS) in Japan" und/oder „FGS in den USA" zu erfüllen?

2) Welche Maßnahmen setzen bei welchen Fahrzeugtypen im Jahr 201x oder genau zu 01/2014 ein? Bei welchen dieser Maßnahmen handelt es sich um PU-Maßnahmen?

3) Welche Maßnahmen setzen zu welchem Termin z. B. beim 3er-Cabrio und beim Z4 ein?

4) Wann und bei welchen Fahrzeugtypen setzt die Maßnahme „neues Navigationsgerät" ein?

5) Welche Maßnahmen werden noch bei den Modellen der aktuellen 3er-Reihe durchgeführt?

6) Wird die Maßnahme „neuer Dieselmotor M47 D20" beispielsweise bei allen Modellen zu einem vom Marketing geplanten LZ-Termin durchgeführt? Aus welchem Grund setzt die Maßnahme beim 3er-Touring außerhalb der geplanten Termine ein?

Legende: LZ = Lebenszyklus, PU = Produktionsunterbrechung

4.2 Kundenbeziehungsmanagement (CRM)

Hippner und Wilde grenzen den Begriff **CRM** (**C**ustomer **R**elationship **M**anagement) wie folgt ab: „CRM ist eine kundenorientierte Unternehmensphilosophie, die mit Hilfe moderner Informations- und Kommunikationstechnologien versucht, auf lange Sicht profitable Kundenbeziehungen durch ganzheitliche und differenzierte Marketing-, Vertriebs- und Servicekonzepte aufzubauen und zu festigen." [HIP 08]

CRM ergänzt das Ziel, einen hohen Anteil an einem Gesamtmarkt zu gewinnen, durch das Bestreben, einen größeren Anteil am Einkaufsumsatz bedeutender Kunden („Share of Wallet") zu erringen. Zwar könnte eine „normale" Marktanteilserhöhung auch dann erreicht werden, wenn man Kunden mit großer Neigung zum Lieferantenwechsel anwerben würde, dies wäre aber mit hohen Akquisitionskosten verbunden, und außerdem könnte man gerade solche Abnehmer auch wieder rasch verlieren. Konsequenterweise bezieht man den „Share of Wallet" auf sehr langfristige Kundenumsätze („Lifetime-Umsatz") [HIP 08]. (Das Ziel darf aber nicht unkritisch verfolgt werden, weil die traditionelle Strategie, neue Kunden zu suchen, nicht grundsätzlich unterlegen ist [DIL 01].)

Abbildung 4.2/1 verdeutlicht die Integrationsbeziehungen. Im Mittelpunkt steht das **operative CRM** mit Bezügen zur Außendienstunterstützung (vgl. Abschnitt 3.2) und zum Kundendienst (Abschnitt 3.7). Als Informationsbasis können operative Datenbanken oder auch Data Warehouses bzw. Data Marts dienen, die wiederum von den Administrations- und Dispositionssystemen verschiedener Funktionsbereiche, insbesondere des Vertriebs, aber auch der Versandlogistik und des Kundendienstes, gefüllt werden. Das Zusammenspiel der operativen Systeme mit den Datenlagern mag über entscheidungsunterstützende Systeme wie Data Mining oder Database Marketing erfolgen, wie wir sie in Band 2 behandeln. So können z. B. besonders profitable Kunden herausgefunden und die Amortisation von Vertriebskampagnen berechnet werden [MAS 01]. Eine Herausforderung in Unternehmen mit sehr großen Kundenzahlen, wie z. B. solchen der **Telekommunikationsbranche**, besteht darin, mit semantischen Analysen zu erkennen, ob ein Kunde „sauer" ist. Aus dem elektronischen Schriftverkehr müssen also entsprechende Wörter und Formulierungen herausgefiltert werden [BEI 09]. Ein anderer Baustein des CRM ist die Überwachung von Meinungen, die vorhandene oder potenzielle Kunden in Sozialen Netzwerken artikulieren. Ein Werkzeug hierfür ist **Google Alerts** zum Monitoring von Inhalten, mit dem ein Industriebetrieb auf alle Äußerungen aufmerksam werden kann, in denen die eigene Firma, eines ihrer Produkte oder ein Kundenbetrieb genannt werden [HAS 10]. Auch die Identifikation von Beziehungen und Gruppierungen sind möglich, z. B. Cluster mit den Merkmalen von besonders kritischen Kunden [OV 10]. Dieser Teil des CRM wird auch als **analytisches CRM** bezeichnet. Im analytischen CRM werden Kundenkontakte und Kundenreaktionen systematisch gespeichert, um so die nächsten Aktionen gut zu fundieren [NEC 05].

Im oberen Teil der Abbildung erkennt man ein **Kundenzentrum (Customer Interaction Center)** und damit eine Abteilung, welche die Kundenbeziehung auch in stark dezentralisierten Organisationen bis hin zu erweiterten Unternehmen (Extended Enterprises) bündeln soll **(One Face to the Customer/Single Point of Entry)**. Diese Einrichtung bildet die Drehscheibe verschiedener personeller und rechnerunterstützter Kommunikationsvorgänge mit dem Kunden und wird daher auch als **kommunikatives CRM** bezeichnet. Es wird angestrebt, die einzelnen Kanäle nicht isoliert voneinander zu organisieren, sondern leichte Übergänge vorzusehen (**Multi-Channel-Prinzip**). Nachrichtentechnische Hilfsmittel hierzu sind die automatische Weiterleitung aller eingehenden Gespräche zu den einzelnen Mitarbeitern (Automatic Call Distribution), die Verbindung des IV-Systems mit der Telekommunikationsanlage CTI (vgl. Abschnitt 3.2.2.1) und die verzögerungsfreie („real time") Bereitstellung von Informationen aus den operativen Datenbasen und den Data Warehouses,

z. B. über offene Aufträge, den bisherigen Ablauf einer Reklamationsbearbeitung (vgl. Abschnitt 3.7.3) oder die Ergebnisse einer Kundenerfolgsrechnung. Man darf die Unterstützung eines solchen Kundenkontaktzentrums als Verallgemeinerung von Help Desks (vgl. Abschnitt 3.7.3) begreifen.

Abbildung 4.2/1   Architektur eines CRM-Systems (in enger Anlehnung an [HIP 08])

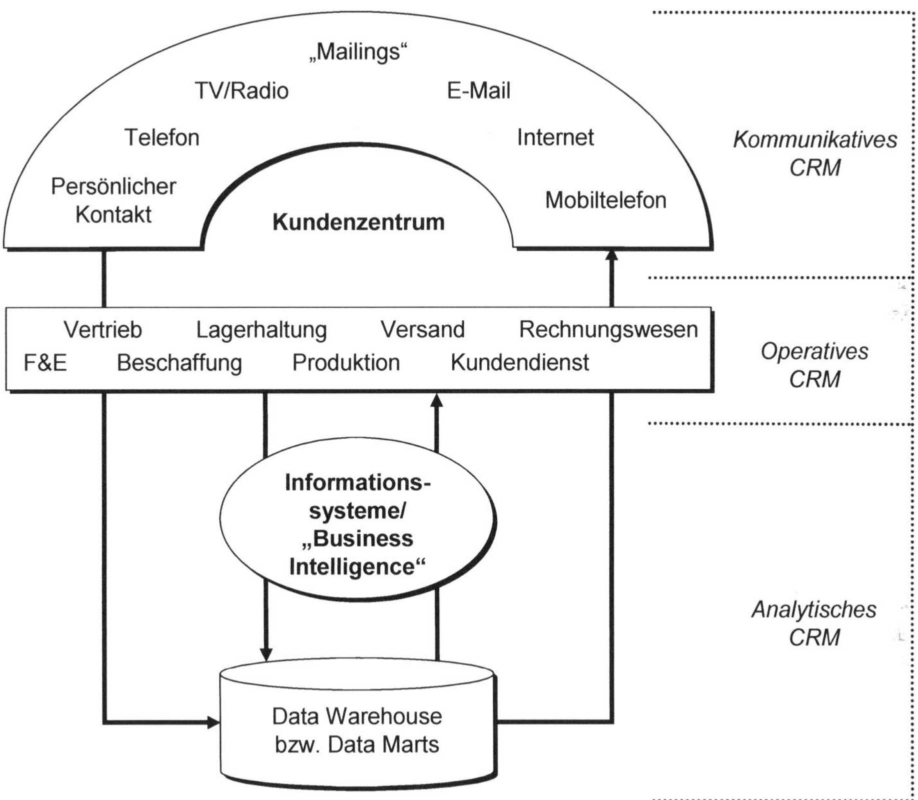

Ziel des **Kampagnenmanagements** ist es, dem richtigen Kunden das richtige Informations- und Leistungsangebot im richtigen Kommunikationsstil über den richtigen Kommunikationskanal zum richtigen Zeitpunkt zu vermitteln [HIP 04, S. 22]. Kampagnenmanagement ist eng mit dem Database Marketing verwandt [ENG 04, S. 340-343] (vgl. Band 2). Eine Herausforderung für die IV-Systeme liegt darin, alle Informationskanäle (z. B. Werbebriefaktionen, E-Mails, Anzeigen in Zeitschriften, Ansprache durch Außendienstmitarbeiter) zu synchronisieren („Mehrkanal-Ansprache", „Multi Channel Integration") [AMB 04]. Das Kampagnenmanagement kann man sich aus den Phasen Kampagnenplanung, Kampagnensteuerung und Kampagnenkontrolle zusammengesetzt denken. Zur Kampagnenplanung dienen vor allem Auswertungen der Kundenhistorie, z. B. mithilfe von Data-Mining-

und Text-Mining-Methoden. Die aus den internen Systemen gewonnenen Informationen müssen hierzu in individueller Weise mit solchen aus externen Quellen verbunden werden (vgl. Band 2). Die Wahl des passenden Kommunikationskanals für eine individuelle Kampagne ist eine weitgehend unstrukturierte Aufgabe (z. B. Kosten-Nutzen-Abwägung eines zusätzlichen Kanals); jedoch lassen sich durch Vergleiche von internen Kundenstammdaten – die vor allem in dezentralisierten Konzernen in unterschiedlichen Systemen gehalten werden – und extern bezogenen Adresslisten peinliche Situationen verhindern, die dann entstehen, wenn Kunden über mehrere Kanäle angesprochen werden. Ein Anliegen der Kampagnensteuerung ist die Auswahl der richtigen Reaktion auf die Rückmeldungen des Kunden, z. B. die automatische Verständigung der infrage kommenden Kontaktperson oder das Ablegen einer standardisierten Information im Kundenstammsatz. Im Gegensatz dazu geht es bei der Kampagnenauswertung darum, die Erfolge und Misserfolge im Sinne eines Führungsinformationssystems in geeigneter Form zusammenzufassen. In der **Telekommunikationsbranche** oder bei **Energieversorgern** werden Kampagnen unter anderem durchgeführt, um Kunden, bei denen es wahrscheinlich ist, dass sie einen ablaufenden Vertrag nicht verlängern, „bei der Stange zu halten" (Kündigungsprävention). Hier wäre ein Erfolgsmaßstab, wie viele Kunden nach der Kampagne den Vertrag verlängert haben. In diesem Zusammenhang wird auch der Begriff „Predictive Analytics" benutzt [MIE 11].

CRM-Systeme lassen sich – oft unter Zukauf von Standardsoftware – „aus einem Guss" entwerfen. Man mag aber auch schon vorhandene Anwendungssysteme aus dem Bereich Marketing und Vertrieb, wie z. B. elektronische Produktkataloge und Angebotssysteme (vgl. Abschnitt 3.2.2.3), das Database Marketing oder Help-Desk-Systeme, nachträglich integrieren. Amberg spricht in diesem Zusammenhang von **selektiven CRM-Systemen** [AMB 02].

Ein einfaches Element des CRM sind Kunden-Datenbanken, die Produzenten und Händler gemeinsam unterhalten. Es spielt dann z. B. keine Rolle, ob eine Kundenanfrage, eine Anregung oder eine Kundenbeschwerde zuerst beim Industrieunternehmen oder beim Händler landet, denn schwerfälliges und fehlerträchtiges Suchen nach der zuständigen Instanz beim Partner und die Weiterleitung von Nachrichten erübrigen sich. Ein solches System ist **Top Drive** der **BMW Group**.

4.3 Computerintegrierte Fertigung (CIM)

Computer Integrated Manufacturing (**CIM**) verbindet vor allem die Funktionsbereiche Produktentwicklung und Produktion, hat aber auch Berührungspunkte zu Vertrieb, Lagerhaltung, Versand und Rechnungswesen (Abbildung 4.3/1). CIM, PLM und Virtuelle Produkt- und Prozessentwicklung (Abschnitt 3.1.4) wachsen mehr und mehr zu integrierten Systemen.

Während der Produktentwicklung werden Grunddaten für das PPS-System, insbesondere die Stücklisten und die Arbeitspläne, generiert.

Weitere Datenaustauschbeziehungen sind unter anderem (vgl. auch [KER 95]):

1. Übergabe der Kundenspezifikationen aus dem Vertrieb an den Konstruktionsarbeitsplatz,
2. Grobkalkulation von Entwurfsalternativen mithilfe von Schnellkalkulationsmethoden (vgl. Abschnitt 3.9.2.3.1),
3. Übergabe der Daten von Produktionsaufträgen, deren Fertigungstermine feststehen, an die Versanddisposition (vgl. Abschnitt 3.6.5).

Vor allem aber begegnen sich beim CIM die betriebswirtschaftliche und die technische IV. Die Integration dieser beiden Verfahrensketten und ihrer Informationsstränge ist aus folgenden Gründen sehr schwierig:

1. Man hat es mit zwei Bereichen zu tun, die historisch oft von verschiedenen Organisationseinheiten des Unternehmens gestaltet wurden.
2. Es sind eine große Zahl von physischen und logischen Prozessen zu verknüpfen, wobei die Hardware- und Softwarebausteine (insbesondere die Steuerung der Betriebsmittel) von ganz unterschiedlichen Herstellern stammen. Hierfür haben sich recht pragmatische Vorgehensweisen ausgeprägt [KÖN 11].
3. Die vielfältigen Integrationsbeziehungen im CRM, vor allem wenn sie auch in den zwischenbetrieblichen Bereich erstrecken, bedingen, dass die Systeme anfällig gegen Attacken von Industriespionen, Terroristen oder Feinden im Krieg sind. 2010 hatte der „Wurm" Stuxnet Aufsehen erregt. Er manipulierte speicherprogrammierte Steuerungen [SCHL 11].

Abbildung 4.3/1 zeigt auf einer mittleren Verdichtungsebene die wichtigsten Anwendungssysteme innerhalb von CIM. Das Bild entstand durch Kombination von Schemata, die auf Scheer [SCHE 90] und den Projektträger Fertigungstechnik Karlsruhe zurückgehen. In der Abbildung erkennt man einerseits in Gestalt der beiden Balken des „X" die Zugehörigkeit der einzelnen Module zur betriebswirtschaftlichen (insbesondere PPS) oder zur technischen IV (auch als CAx-Techniken bezeichnet). Andererseits soll durch die Anordnung des CAM-Bausteins (vgl. Abschnitt 3.5.2.8) im Kreuzungspunkt der Balken symbolisiert werden, dass dort technische und betriebswirtschaftliche IV – zumindest langfristig – kaum noch isoliert betrachtet werden können; dies gilt beispielsweise für die Werkstattsteuerung (vgl. Abschnitt 3.5.2.7), die in manchen Unternehmen als Teil der PPS gesehen wird, in anderen (vor allem hoch automatisierten Betrieben) hingegen aufs Engste mit der technischen Lenkung der physischen Produktion verbunden ist. Auch die Funktionsintegration in MES-Systemen (vgl. Abschnitt 3.5.2.2) ist symptomatisch dafür. Das „X-Bild" ist von oben nach unten zu lesen und symbolisiert so zum einen den Geschäftsprozess „Abwicklung von Kunden- und Produktionsaufträgen"; zum anderen wird die Vorgangskette bei der physischen Ausreifung des Erzeugnisses repräsentiert.

Das Schema gilt in erster Linie für Industriebetriebe, die diskrete Erzeugnisse kundenwunschorientiert herstellen, nur bedingt für die **Prozessindustrie**, ausgesprochene **Einzel-** sowie **Massenfertiger**.

Abbildung 4.3/1 Anwendungssysteme in Computer Integrated Manufacturing

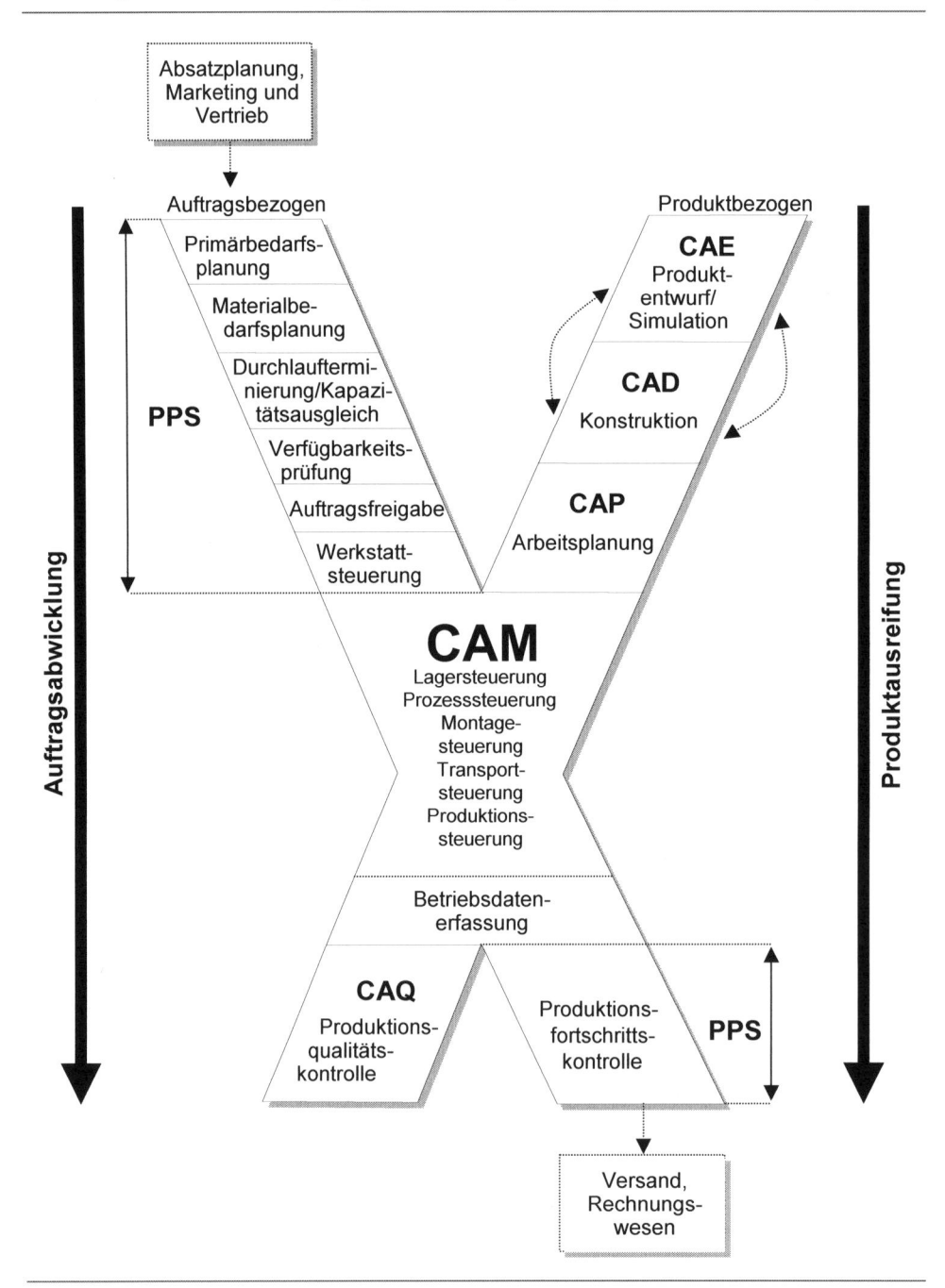

Absatzplanung, Marketing und Vertrieb

Auftragsbezogen

PPS
- Primärbedarfsplanung
- Materialbedarfsplanung
- Durchlaufterminierung/Kapazitätsausgleich
- Verfügbarkeitsprüfung
- Auftragsfreigabe
- Werkstattsteuerung

Produktbezogen

CAE Produktentwurf/Simulation

CAD Konstruktion

CAP Arbeitsplanung

CAM
Lagersteuerung
Prozesssteuerung
Montagesteuerung
Transportsteuerung
Produktionssteuerung

Betriebsdatenerfassung

CAQ Produktionsqualitätskontrolle

Produktionsfortschrittskontrolle   **PPS**

Versand, Rechnungswesen

Auftragsabwicklung

Produktausreifung

4.4 Lieferkettenmanagement (SCM)

Eine besonders systematische Abstimmung von Kunden- und Lieferantenbeziehungen unter Einschluss von Logistikdienstleistern (Spediteuren und Lagerhaltern), welche über bilaterale Zusammenarbeit, wie sie in Abschnitt 3.3.3.2 skizziert ist, weit hinausreicht, stellt das **Supply Chain Management (SCM)** dar [KNO 09]. SCM steht daher nicht nur für eine Integration über Funktionsbereiche hinweg, sondern in besonderem Maße für zwischenbetriebliche Integration (vgl. Abschnitt 1.1).

Die im deutschen Sprachraum übliche Übersetzung „Lieferkettenmanagement" ist nicht glücklich, weil es in vielen Fällen nicht um lineare Strukturen, sondern um Liefernetze geht. Auch in den USA wurden daher Begriffe wie „**Supply Web**" oder „**Value Net**" vorgeschlagen [BOV 00]. Als weniger komplexen Ausschnitt aus dem Lieferkettenmanagement mag man das **Supplier Relationship Management (SRM)** ansehen. Es erstreckt sich auf die Beziehung zwischen jeweils einem Kunden- und einem Lieferantenbetrieb. Im Vergleich zu klassischen Relationen dieser Art wird auf enge und dauerhafte zwischenbetriebliche Integration Wert gelegt. Insoweit kann SRM auch als Pendant zum CRM (vgl. Abschnitt 4.2) begriffen werden [GRO 04].

Im SCM wird eine ganze Lieferkette bzw. ein Liefernetzwerk betrachtet (vgl. Abbildung 4.4/1). Dies bedeutet, dass die unmittelbar mit einem Industriebetrieb zusammenarbeitenden Lieferanten und Kunden, darüber hinaus aber auch auf der Absatzseite die Kunden der Kunden bis hin zum Endverbraucher und auf der Beschaffungsseite die Lieferanten der Lieferanten einschließlich solcher von Dienstleistungen informationstechnisch integriert sein müssen. Das SCM lässt sich bis zur Wiederverwertung (Recycling) bzw. Entsorgung ausdehnen („Reverse Supply Chain" [BLA 04/FLE 05] oder „Supply Loops" [GEY 04]). Beispielsweise führt die den **Automobilherstellern** auferlegte Pflicht, Fahrzeuge am Ende ihres Lebenszyklus zurückzunehmen, dazu, dass in gewissen Grenzen vorhergesagt werden kann, welche Altautos wann auf die Verwertungsbetriebe („Shredder-Betriebe") zukommen und welche Wertstoffe für welche Teilnehmer an dem Liefernetz dann zurückgewonnen werden.

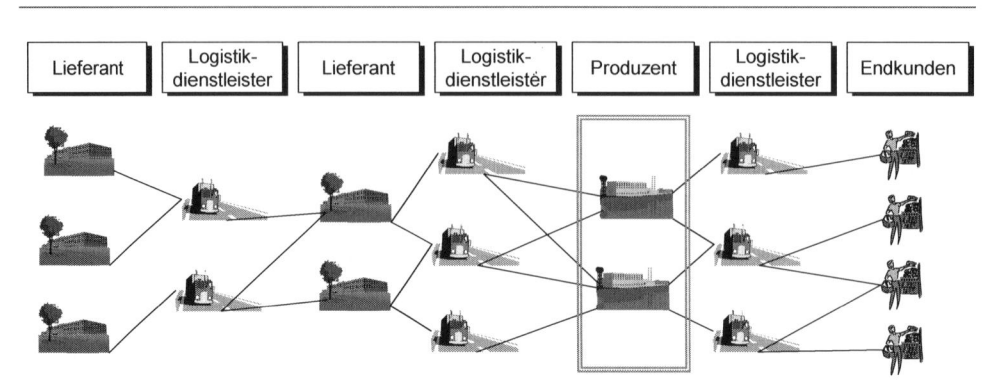

Abbildung 4.4/1 Güterfluss in der logistischen Kette

Abbildung 4.4/2 zeigt ausgewählte Informations- und Warenflüsse in einem Liefernetz, welches von der Firma **Microsoft** betrieben wird, um die Spielekonsole „**XBox**" zu modifizieren und unter anderem durch den weltweit tätigen Elektronik-Auftragsfertiger (Electronic Manufacturing Service, **EMS**) **Flextronics** produzieren zu lassen (Contract Design and Manufacturing, **CDM**).

Abbildung 4.4/2 Supply Chain Management bei Microsoft (XBox)

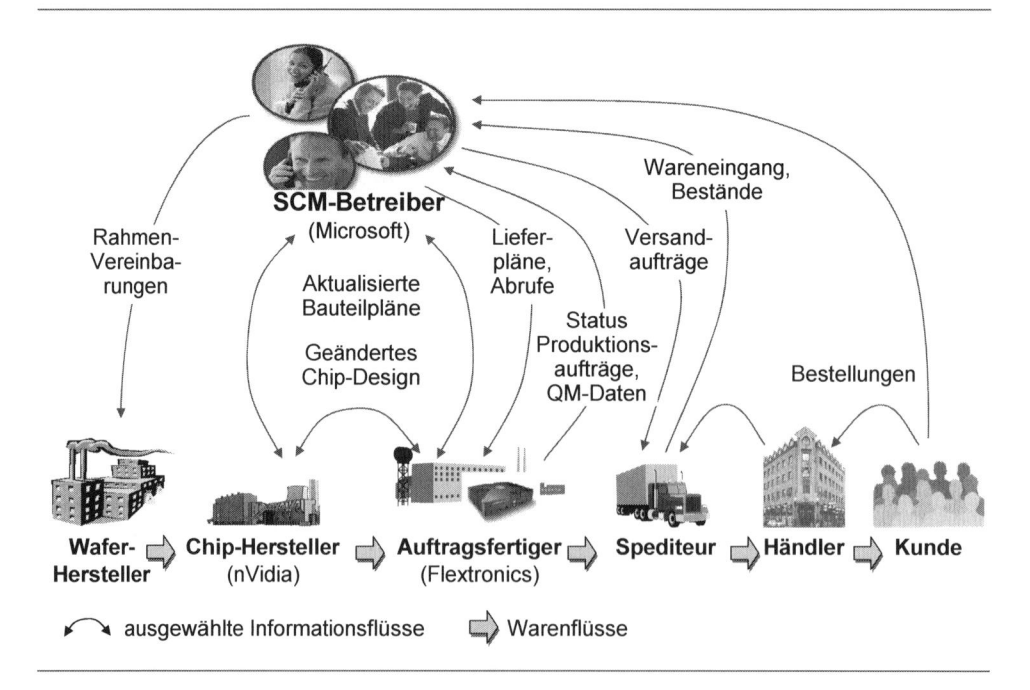

Im Kern wird mit Supply Chain Management angestrebt, Verschwendung entlang der unternehmensübergreifenden Wertschöpfungskette zu vermeiden. Vermeidbare Verschwendungen treten in einer Lieferkette unter anderem dadurch ein, dass

1. ein Unternehmen Informationen nicht kennt, die in den Datenbanken von Partnerbetrieben liegen (z. B. Absatzmengen über der Zeit, Lagerbestände, Bestellgrenzen („s" in Abbildung 3.3.2.2/1), Losgrößenparameter, geplante und laufende Betriebsaufträge mit den Auslieferungsterminen), und dass

2. Partner unabhängig voneinander disponieren und daher in bestimmten Perioden Produktions-, Lager- und Transportkapazitäten über- und in anderen Zeitfenstern unterlastet sind, wegen zu kleiner Losgrößen die Rüstkosten zu hoch werden oder vermeidbare Mehrfach-Transporte resultieren.

Extreme Mehrkosten ergaben sich, weil Zulieferer der **Flugzeughersteller Boeing** und **Airbus** notwendige Grundausstattungen wie Sitze, Toiletten und Bordküchen nicht rechtzeitig liefern konnten. Die Schwierigkeiten beruhten wiederum darauf, dass die Lieferanten mit Verzögerungen bei der Beschaffung einzelner Bauteile zu kämpfen hatten, unter anderem wurden **Espresso-Maschinen**, die in **Bordküchen** eingebaut werden, zu spät bereitgestellt.

Ein einfaches Beispiel verdeutliche die Vorteile eines Informationsaustauschs: Ein Händler ordert einen Artikel, dessen Saisonverlauf von den Schulferien bzw. dem Wiederbeginn des Schuljahrs abhängt, wie folgt: Je 5.000 Stück für die Region Süd im März, für die Region Mitte im April und für die Region Nord im Mai. Der Industriebetrieb weiß im März, dass er als Folge seiner eigenen Einkaufs- und Fertigungssituation diesem Händler in der gesamten Saison nur 10.000 Stück liefern können wird. Typischerweise erfährt der Händler von der mangelnden Lieferbereitschaft erst im Mai beim Versuch, den letzten Auftrag zu erteilen. Knapp zuvor mag der Händler eine mangelnde Nachfrage im Süden registriert und dort eine mit Preisreduktionen verbundene Verkaufsaktion gestartet haben. Hätte er von der beschränkten Lieferfähigkeit des Herstellers gewusst, so wäre die beschaffbare Menge den Regionen anders zugeteilt und auf die Sonderaktion verzichtet worden.

Es kann in Theorie und Praxis gezeigt werden, dass relativ kleine Abweichungen der tatsächlichen von den geplanten Nachfragen bei Endkunden sich in der logistischen Kette aufschaukeln und zu hohen Abweichungen und damit zu einer schlechten Planbarkeit in den Produktions- und Logistiksystemen der vorgelagerten Stufen führen („**Peitschen-**" oder „**Bullwhip-Effekt**" [KNO 09, S. 11 und 22]).

Die Konsequenz, die im SCM aus den skizzierten Problemen mit Bezug auf die IV gezogen wird, ist, dass die Partner gemeinsam einen relativ genau spezifizierten Prozess betreiben.

Als Grundlage des gemeinschaftlichen Prozesses bietet sich das in Band 2 beschriebene Geschäftsmodell „Collaborative Planning, Forecasting and Replenishment (CPFR)" an (vgl. auch [MER 12]). (Hier haben wir die interessante Situation, dass nicht nur Daten, sondern auch Algorithmen zwischenbetrieblich integriert werden, also einen Fall der zwischenbetrieblichen Methodenintegration (vgl. Abschnitt 1.4).)

Praktisches Beispiel

Der **Tubenfabrikant Karl Höll GmbH & Co. KG** erhält von einigen großen Kunden, wie z. B. dem **Pharmakonzern Bayer Health Care AG**, Leverkusen, und weiteren Bayer-Konzerntöchtern weitreichende Auftragsvorschauen via **SAP EDI Infrastructure**. So kann die Firma Höll vorzeitig und zuverlässig auf Änderungen der Verbrauchsvorhersagen mit Anpassungen ihrer Kapazitäten reagieren.

Ein ähnliches webbasiertes System gibt es auch in der Zusammenarbeit mit dem **Lebensmittelhersteller Nestlé AG** für seine Konzerntochter **Thomy Deutschland** in Neuss.

Vorteile liegen in Kosten- und Zeiteinsparungen, indem personelle Prozessschritte und somit auch Erfassungsfehler vermieden werden. Optimierte Lagerbestände führen zur Reduktion des gebundenen Kapitals. Es entsteht ein hoher Grad an Transparenz und Flexibilisierung in der engen Kunden-Lieferanten-Beziehung [HÖL 11].

Wesentliche Merkmale von IV-Systemen zum SCM sind (vgl. auch [GÜN 05]):

1. Umfangreiche, zumindest innerhalb des Liefernetzes genormte Datenkommunikation, wobei die Rechner der beteiligten Unternehmen einander entweder aktiv Daten senden oder aus den Datenbanken der Partnerbetriebe abrufen. Die Partner informieren sich also frühzeitig.

2. Mit **SNP** (**S**upply **N**etwork **P**lanning) werden aufbauend auf überbetrieblich abgestimmte Vorhersagen („Demand Planning") Pläne für die Produktion, die Beschaffung und die Distribution mit mittlerem Planungshorizont (ca. ein bis zwölf Monate) bestimmt. Es handelt sich um eine Variante der Produktionsplanung, wobei jedoch unter anderem die in Abbildung 4.4/3 aufgeführten Unterschiede zu verzeichnen sind. In [STI 01] ist das Vorgehen der **BASF AG** beschrieben. **SAP** bietet hierzu eine Komponente auf der Basis von linearer oder gemischt-ganzzahliger linearer Programmierung an [DIC 06].

3. Systemgesteuerte Abfragen, aus welchen Lagern oder Produktionsstätten ein Auftrag an ein Liefernetz als Ganzes zu bedienen ist. Charakteristisch ist die ATP-Logik.

   ATP steht für **A**vailable-**t**o-**P**romise und beinhaltet die Antwort auf die Frage, ob ein vom Kunden bei Auftragserteilung gewünschter Liefertermin realisierbar ist. Man mag ATP als eine auf den zwischenbetrieblichen Bereich ausgedehnte Termin- und Verfügbarkeitsprüfung (vgl. Abschnitt 3.5.2.6.3) sehen. ATP-Systeme sind theoretisch außerordentlich komplex [KIL 07]. Diese Komplexität ergibt sich zum einen daraus, dass eine große Zahl unterschiedlicher Prüfungen infrage kommt (Abbildung 4.4/4). Zum anderen sind über die Ressourcen eines Betriebes hinaus auch die von Partnern im Liefernetz in Betracht zu ziehen.

   Im **APO** (**A**dvanced **P**lanner and **O**ptimizer; vgl. Band 2) wird von **SAP** ein einschlägiges Methodenpaket angeboten. Ein besonderes Charakteristikum ist ein konfigurierbares Regelwerk; es gibt vor, welche Alternativen in welcher Reihenfolge geprüft werden (z. B. Lieferung eines Ersatzartikels – Wahl des zweitgünstigsten Lagerstandorts – Produktion).

Lieferkettenmanagement (SCM)

Abbildung 4.4/3 Unterschiede SNP – PPS

Eigenschaft	SNP	PPS
Typische Genauigkeit	1 Tag	Minuten
Typischer Planungshorizont	12 Monate	4 bis 8 Wochen
Verfügbarkeit von Ressourcen	In grober Form gespeichert durch einen „Ressourcen-Kalender"	Berücksichtigung von Schichtwechseln, Pausen usw.
Schichtplanung	Nicht explizit berücksichtigt	Detailliert berücksichtigt
Rüstzeiten	Nicht berücksichtigt	Berücksichtigt
Frühester und spätester Start von Produktionsprozessen (Durchlaufterminierung)	Nicht berücksichtigt	Berücksichtigt

PRAKTISCHES BEISPIEL

Der finnische **Papier- und Kartonagenhersteller M-real** überprüft für jeden Kunden- und Lagerauftrag mithilfe einer ATP-Logik die Materialverfügbarkeit. Sofern die Position von einem entfernten Lager geholt werden muss, werden auch die Kapazitäten von möglichen Transportmitteln abgefragt. Bei gebrochener Distribution (mehrere hintereinander geschaltete Transportmittel, wie etwa LKW/Bahn/Schiff, mit differierenden Kapazitätsquerschnitten) untersucht das System den möglichen Flaschenhals (z. B. eine nur wöchentlich befahrene Schiffsroute) und nachfolgend die alternativen Verkehrswege und -mittel. Zur Prüfung der Alternativen wird ein gespeichertes Regelwerk herangezogen [NIE 04/NIE 09].

Abbildung 4.4/4 Alternative Prüfungen bei ATP [MER 99]

1) Beschränkt sich die Prüfung auf einen Lager- und/oder Produktionsort, oder sind auch Querlieferungen von anderen Lokationen zu berücksichtigen?

2) Prüfung auf physisch vorhandene und freie Bestände (statische Betrachtungsweise) oder auch Einbeziehung geplanter Zu- und Abgänge (dynamische Sicht)?

3) Gelten Reservierungen als „zementiert" oder kann umreserviert werden?

4) Beschränkt sich die Prüfung

   a) nur auf Fertigerzeugnisse?

   b) auch auf die Verfügbarkeit von (Haupt-)Baugruppen usw. bis hin zum fremdbezogenen Rohstoff?

5) Ist auch die Möglichkeit in Betracht zu ziehen, fehlende Erzeugnisse bis zum zugesagten bzw. zuzusagenden Liefertermin zu produzieren?

6) Sind auch verfügbare Kapazitäten zur Produktion abzufragen?

4. **CTM (C**apable-to-**M**atch**)** ist eine vor allem in der Hochtechnologie benötigte Heuristik, mit der geprüft wird, wie mehrere Aufträge (meist unterschiedlicher Kunden) erfüllt werden können, wenn sie um knappe Kapazitäten konkurrieren (finite load, vgl. Abschnitt 3.5.2.7). Betrachtet werden Prioritäten von Betriebs- und Kundenaufträgen und Ressourcen (z. B. freie Lagerbestände, Sicherheitsbestände, Produktionskapazitäten). CTM berücksichtigt die Mengen, die von jedem Knoten des Liefernetzes bereitgestellt werden können. Es lassen sich Aufträge an eine oder mehrere Lager oder Produktionsstätten vergeben, um einen Bedarf zu decken. CTM-Softwarepakete arbeiten oft regelbasiert.

Im **SAP-System** schlägt CTM eine erste Lösung vor, bei der Kosten nicht in Betracht gezogen sind. Auch ist eine Umplanung früherer Aufträge nicht vorgesehen. Die endgültige Disposition ist dann personell zu treffen.

5. Wichtiges Ziel ist es, zu verhindern, dass eine lokale Produktionsplanung dann obsolet wird, wenn Zulieferbetriebe Engpässe haben (**Constraint Management**, vgl. Abschnitt 3.5.2.7.3.5). Derartige Konstellationen treten vor allem ein, wenn bei einem (neuen) Erzeugnis die Nachfrage die Erwartungen weit übertrifft, wie es beispielsweise bei direkteinspritzenden Dieselmotoren in der **Automobilindustrie** der Fall war [HEI 01].

Man erhebt die Kapazitäten der eigenen Produktionsstätten, der Logistik, des Vertriebs und der Zulieferer einschließlich der Informationen, wie schnell diese Kapazitäten in welchem Ausmaß zu welchen Kosten auf- und abgebaut werden können. Diese Daten speichert man für alle Ebenen der Produkthierarchie in einer Datenbank. In der Gesamtheit bilden sie das sogenannte Constraint Set. Vor der Einplanung von Sondermaßnahmen, z. B. als Reaktion auf einen Nachfragestoß, werden die Kapazitäten abgefragt und so Restriktionen der Planung festgelegt.

6. **APS** steht für **A**dvanced **P**lanning **S**ystem. Man mag diese Methodenklasse als Fortentwicklung von herkömmlichen Systemen zur Terminierung, Reihenfolgebestimmung und Ressourcen-Zuweisung begreifen. Charakteristische Merkmale von APS sind unter anderem [ALV 99/BÖH 05/WIT 02]:

   a. Starke Orientierung an Engpässen im Sinne des Constraint Management,
   b. Verwendung leistungsfähiger Dispositionsalgorithmen (zum Teil Methoden der mathematischen Optimierung, wie z. B. die lineare Programmierung und die gemischtganzzahlige Programmierung, und darüber hinaus ganz unterschiedliche Heuristiken [BAR 99]), die wiederum dadurch möglich werden, dass beträchtliche Teile des Codes in großen Hauptspeichern resident sind,
   c. Verarbeitung komplexer, vielstufiger Stücklisten,
   d. Berücksichtigung des Pegging (siehe unten),

e. Verbindung der PPS-Systeme verschiedener Werke unter Einschluss der Transportplanung [GÜN 09].

Ein großes Problem liegt darin, dass bei der Abstimmung zwischen produzierenden und handelnden Unternehmen sowie Logistikdienstleistern der Planungshorizont mittelfristig sein muss, aber die zwischenbetriebliche Feinterminierung kurzfristigen Charakter hat. Ein Beispiel aus der **Aluminiumindustrie** zeigt Steinrücke [STE 11], wie das funktionieren kann, wobei er die Kostenminimierung als Zielfunktion wählt. Man erkennt an solchen umfassenden Modellen des Operations Research auch, dass nach wie vor die Rechenzeit keine zu vernachlässigende Größe ist.

Verschiedene Versionen von APS-Systemen sind von der Firma **ILOG** (http://www-01.ibm.com/software/websphere/ilog/) entwickelt und in andere Standardsoftware-Pakete, unter anderem von **IBM**, eingebracht worden (vgl. auch [FLE 07/MEY 07]).

Es ist noch nicht mit genügender Sicherheit abzuschätzen, bei welchem Grad von Komplexität (z. B. Varianten der Erzeugnisse, alternative Fertigungsstätten und Betriebsmittel, begrenzt austauschbare Transportkapazitäten) die theoretisch wünschenswerte Simultanplanung, für die APS-Algorithmen entwickelt wurden, die herkömmliche Sukzessivplanung (vgl. Abschnitt 3.5.2.2) verdrängen kann.

7. Der Vernetzung von Produktionsaufträgen in PPS-Systemen (vgl. Abschnitt 3.5.2.5.6) entspricht beim SCM das **Pegging**. Es stellt die Verbindung zwischen Beschaffungs-, Produktions-, Transport- und Kundenaufträgen dar, wie in Abbildung 4.4/5 gezeigt. Ein Vorteil dieser vom Rechner aufgebauten Grafik liegt darin, dass Überschüsse und Mangellagen, die im Liefernetz auszugleichen sind, rasch erkannt werden. Bei „Dynamic Pegging" können sich die Zuordnungen von Aufträgen laufend ändern, etwa durch eine Auftragsstornierung; hingegen werden sie beim „Fix Pegging" beibehalten, sodass z. B. bestimmte Kundenaufträge immer mit den gleichen Fertigungsaufträgen versorgt werden [DIC 06, S. 26-28].

8. Aufgabe des **Deployment**-Moduls ist es, unter Berücksichtigung von Engpässen bei Produktions- und Versand-Ressourcen in dem Liefernetz faire Lösungen zu finden. Zunächst testet das System, ob der Bedarf die Vorräte überschreitet oder umgekehrt. Ergeben sich Ungleichgewichte, so zieht es vordefinierte Allokations-Regeln (sogenannte Fair-share-Methoden) heran. Beispielsweise wird der Bedarf der einzelnen Senken im Liefernetz zu gleichen Prozentsätzen bedient („Verteilung des Mangels"), oder man baut an den Knoten Übervorräte („Halden") auf, wobei wiederum bestimmte in den Regeln vorgegebene Proportionen zu beachten sind. Das Deployment arbeitet oft mit Constraint-directed Search (vgl. Abschnitt 3.5.2.7.3.5).

Abbildung 4.4/5   Pegging

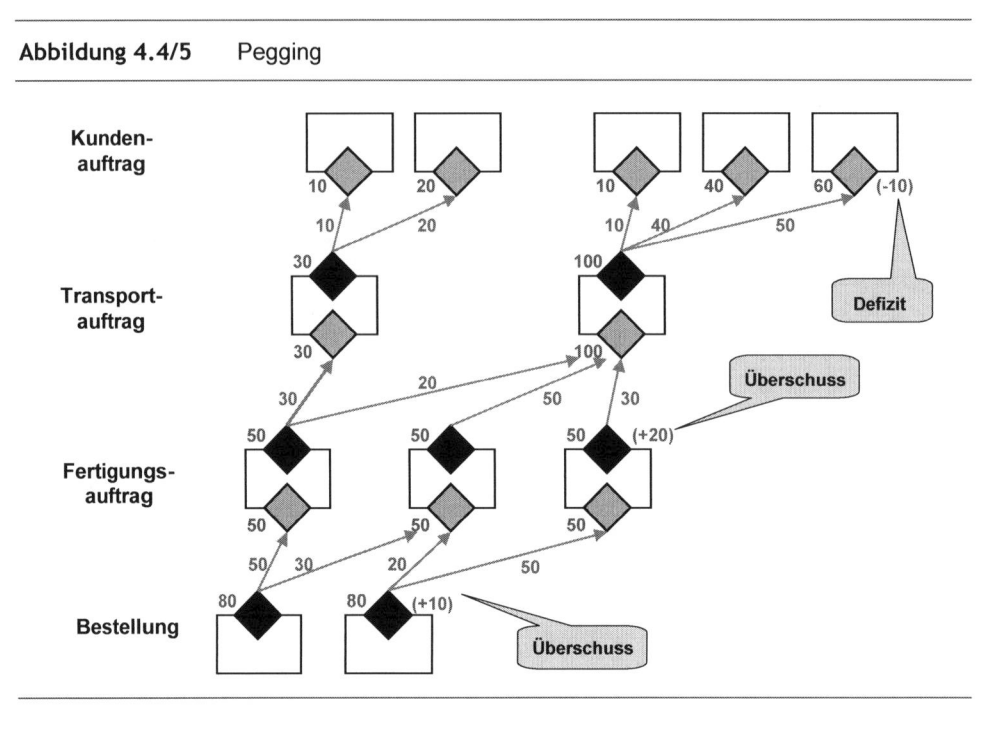

[Diagramm: Pegging-Netzwerk mit den Ebenen Kundenauftrag, Transportauftrag, Fertigungsauftrag und Bestellung. Werte: Kundenauftrag 10, 20, 10, 40, 60 (-10, Defizit); Transportauftrag 30, 100 (+20, Überschuss); Fertigungsauftrag 50, 50, 50; Bestellung 80, 80 (+10, Überschuss).]

PRAKTISCHES BEISPIEL

Die **Saint-Gobain Isover G+H AG** stellt **Mineralwolle-Dämmstoffe** her und ist Zulieferer der **Bauindustrie**. Man verfügt über vier Produktionsstätten sowie mehr als 30 Vertriebs- und Servicecenter („Lokationen"). Die Herstellung muss frühzeitig und langfristig geplant werden, weil kurze Lieferfristen in dem Markt ein entscheidender Wettbewerbsvorteil sind und die optimalen Umrüstfolgen eine große Rolle spielen. Isover hat mehrere Komponenten des **SAP APO** im Einsatz, von denen hier vor allem das SNP skizziert werden soll.

Ausgangspunkt ist eine im Modul **Demand Planning** unter Berücksichtigung von Trend- und Saisonmodellen errechnete Absatzprognose auf der Ebene der Produkte und der Lokationen. Das SNP ermittelt nun einen zulässigen kurz- bis mittelfristigen Plan zur Deckung der geschätzten Absatzmengen. Er beinhaltet sowohl die Mengen, die mit einem Transportmittel zwischen zwei Lokationen bewegt werden müssen, als auch die zu produzierenden und zu beschaffenden Mengen. Verschiedene Versionen eines Plans können erstellt und verglichen werden, wobei man die Resultate von What-if-Simulationen analysiert. Eine CTM-Prozedur teilt priorisierte Kundenaufträge den vorhandenen Beständen zu. Die Bestände werden über die Reichweite gesteuert: Aus der erwünschten Reichweite ergibt sich ein Ziellagerbestand. Dieser wird mit den Lagerkapazitäten verglichen. Wenn die Lösung nicht realisierbar ist, passen Disponenten die Parameter (erwünschte Reichweite/einzelnen Produkten zugewiesene Lagerkapazitäten) an. Die SNP-Komponente erzeugt auch Nachschubaufträge in Form von Umlagerungsbestellungen mithilfe der linearen Programmierung. Ein anschließendes Deployment-Modul erlaubt kurzfristige Umdispositionen, z. B. aufgrund von Problemen in der Fertigung [HOP 05/HOP 11].

9. Vor allem wenn ein Liefernetz sehr eng vermascht ist, besteht die Gefahr, dass Störungen an einer Stelle Kettenreaktionen auslösen. Vor diesem Hintergrund hat sich das **SCEM (S**upply **C**hain **E**vent **M**anagement**)** entwickelt [WIE 01/ZEL 05, S. 31-37]. Ein **Monitor** liefert fortlaufend Informationen über sogenannte Supply-Chain-Objekte und -Ereignisse (Events); die Objekte können real sein, wie z. B. ein physisches Produkt, eine Charge, eine Palette, eine LKW-Ladung, oder abstrakt, wie z. B. eine Bestellung oder ein Transportauftrag. Die **Notify-Komponente** erstattet Ausnahmemeldungen, die die Verantwortlichen auf einen Entscheidungsbedarf hinweisen. Die Entscheidungsfindung wird vorbereitet, indem die Auswirkungen bestimmter Aktionen per Simulation bewertet oder sogar Aktionen empfohlen werden, die auf Optimierungsrechnungen basieren. Dazu ist die neue Situation in Richtung des Materialflusses zum Kunden („downstream") ebenso wie in Gegenrichtung zum Lieferanten („upstream") zu bewerten. Für den Lieferanten mag z. B. der Zwischenfall eine Entlastung bedeuten, da er Engpass-Kapazitäten für andere Abnehmer nutzen kann. Das im „Downstream" betroffene Verteilzentrum bekommt vielleicht ein Problem, wenn die Sicherheitsbestände nicht ausreichen und daher eine Kettenreaktion droht [KIL 98].

PRAKTISCHES BEISPIEL

Colgate-Palmolive GmbH verwendet die **SCEM Engine** von **SAP** für die Distribution von Konsumgütern in den USA. Dabei werden sowohl Transporte zur Warenauslieferung an den Einzelhandel als auch die Nachbevorratung der eigenen Distributionszentren gesteuert. Wenn z. B. ein Spediteur einen ihm angetragenen Transport ablehnt oder Terminänderungen verlangt, wird eine Ausnahmemeldung („Alert") generiert. Ist ein Transportvorgang gestartet worden, so kontrolliert die **SCEM Engine** Beginn und Ende der einzelnen Vorgänge, wie etwa Ankunft und Abfahrt bei Distributionszentren. Hierzu meldet der Fahrer diese Ereignisse z. B. über das Internet. Über den „Event Monitor" des SCEM-Systems können sich Mitarbeiter von Colgate-Palmolive detaillierte Informationen zum Status des Versandvorgangs verschaffen [WIE 01/LAU 11].

Abbildung 4.4/6 enthält beispielhafte Bezüge zwischen SCM und der IV in den Funktionsbereichen. Zahlreiche Beispiele zur Verbindung von SCM-Komponenten zur zwischenbetrieblichen Integration mit innerbetrieblichen IV-Systemen in ganz unterschiedlichen Branchen findet man bei [BOT 03].

Je feinnerviger man die Warenströme lenken und je rascher man auf Störungen reagieren will, desto wichtiger wird es, die Materialien jederzeit lokalisieren zu können. Hier gewinnt die in Abschnitt 3.4.5.2 zum innerbetrieblichen Lagerhaltungssektor beschriebene RFID-Technik auch für die zwischenbetriebliche Integration an Bedeutung.

Trotz vieler Vorteile enthält das SCM-Konzept auch Gefahren: Im Kern verlangt es eine zumindest logische Zentralisierung, und diese mag anderen Tendenzen in der Unternehmensführung widersprechen, welche Dezentralisierung geraten erscheinen lassen, wie etwa generell der elektronische Handel [LEE 99]. Es ist auch nicht auszuschließen, dass zwar insgesamt im Verbund eine Wertsteigerung („Win-win-Situation") eintritt, sich diese aber sehr ungleichmäßig auf „Sieger" und „Verlierer" verteilt, sodass komplizierte Ausgleichsmechanismen erforderlich sind. Schließlich mögen hohe Kosten bei der Auflösung der Infrastruktur des Netzes Ausstiegsbarrieren für die Partnerbetriebe und damit eine verminderte Flexibilität bedeuten („Opportunitätskosten des Verzichts auf die Nutzung des Marktes") [BRE 07]. Eine Reihe weiterer Probleme sind in [KNO 09, S. 8-10] aufgezeigt.

Abbildung 4.4/6 Beispielhafte Bezüge zwischen SCM und der IV in den Funktionsbereichen

Funktionsbereich	Abstimmungsaufgabe	IV-Aufgaben/-Werkzeuge
Forschung sowie Produkt- und Prozess-Entwicklung	Entwicklung von für SCM geeigneten Produkten („Design for SCM")	Ausschreibung der Entwicklungsaufgabe über das Internet, maschinelle Lieferantenbewertung, Groupware [HUA 00]
	Concurrent/Simultaneous Engineering	EDMS, PDMS (Produkt-Daten-Management-System) (vgl. Abschnitt 3.1.3), Kommunikation über das Internet [KYR 99/SIE 00]
	Enge Kooperation beim Änderungsdienst („Product Change Collaboration, PC2") [ORA 11]	WMS (vgl. Abschnitt 1.5.1), Vernetzung von Produktionsaufträgen (vgl. Abschnitt 3.5.2.5.6)
Vertrieb	Austausch von Kundendaten, z. B. zum Zahlungsverhalten, und gemeinsames Erarbeiten von Angeboten	Data Warehouse Target-Costing-System (vgl. Abschnitt 3.1.3)
Beschaffung	„Open Book Policy": Einblick des Kundenbetriebs in die Lagerbestände, Lieferzeiten des Lieferanten [SEA 99]	Data Warehouse, Materialstammsätze, Stücklisten-Speicher, Vernetzung von Produktionsaufträgen
	Aktive Bevorratung durch Partnerbetriebe	VMI (vgl. Abschnitt 3.3.3.2)
Lagerhaltung	Kooperative Administration und Disposition von Lagern („Co-Managed Inventory") [CHR 04]	VMI

Funktionsbereich	Abstimmungsaufgabe	IV-Aufgaben/-Werkzeuge
Produktion	Abstimmung von Produktions- und Lieferkapazitäten, PPS als Teil der Logistik in der SC	APS, ATP, CTM
Versand	Abwägen von Versandoperationen aus entfernten Lagern gegen Produktion vor Ort	ATP
Kundendienst	Abstimmung bei der Entsorgung von Produkten und Teilen	Datenbanken zur Beschreibung von Bauteilen (vgl. IDIS in Abschnitt 3.7.4), Veröffentlichung von Angebot und Nachfrage von Schrott auf elektronischen Marktplätzen, WMS (vgl. Abschnitt 3.7.4), ARMS (vgl. Abschnitt 3.7.4), wobei die Offerten zuerst an die Partner in der SC gehen

4.5 Anmerkungen zu Kapitel 4

[ABR 97]   Abramovici, M., Gerhard, D. und Langenberg, L., Application of PDM Technology for Product Life Cycle Management, in: Krause, F.-L. und Seliger, G. (Hrsg.), Reprints of 4th International CIRP Seminar on Life Cycle Engineering, Berlin 1997, S. 15-29.

[ALV 99/BÖH 05/WIT 02]   Alvord, C.H., The S in APS, IIE Solutions 31 (1999) 10, S. 38-41; Böhnlein, C., Supply Chain Management zur Vermeidung von Friktionsverlusten, in: Thome, R., Schinzer, H. und Hepp, M. (Hrsg.), Electronic Commerce und Electronic Business – Mehrwert durch Integration und Automation, 3. Aufl., München 2005, S. 171-181; Witte, T. und Claus, T., Advances in Production Planning, in: Gabriel, R. und Hoppe, U. (Hrsg.), Electronic Business, Heidelberg 2002, S. 67-80.

[AMB 02]   Amberg, M. und Schumacher, J., CRM-Systeme und Basistechnologien, in: Meyer, M. (Hrsg.), CRM-Systeme mit EAI, Braunschweig 2002, S. 21-59, hier S. 23-26.

[AMB 04]   Amberg, M., Basistechnologien von CRM-Systemen, in: Hippner, H. und Wilde, K.D. (Hrsg.), IT-Systeme im CRM, Wiesbaden 2004, S. 43-73, hier S. 71-72.

[BAR 99]   Barták, R., Constraint programming: In pursuit of the holy grail, Proceedings of WDS99, Prag 1999, http://ktiml.mff.cuni.cz/~bartak/downloads/WDS99.pdf, Abruf am 04.10.2011.

[BEI 09]   Beier, H., Kommunikation mit Weitsicht, IT Director Nr. 10/2009, S. 44-45.

[BLA 04/FLE 05]   Blackburn, J.D., Guide, D.R., Souza, G.C. und Van Wassenhove, L.N., Reverse Supply Chains for Commercial Returns, California Management Review 46 (2004) 2, S. 26-23; Fleischmann, M., van Nunen, J., Gräve, B. und Gapp, R., Reverse Logistics – Capturing Value in the Extended Supply Chain, in: An, C. und Fromm, H. (Hrsg.), Supply Chain Management on Demand, Berlin 2005, S. 167-186.

[BOT 03]   Bothe, M. und Nissen, V. (Hrsg.), SAP APO in der Praxis, Wiesbaden 2003.

[BOV 00]   Bovet, D. und Martha, J., Value nets: Breaking the supply chain to unlock hidden profits, New York u.a. 2000.

[BRE 07]   Bretzke, W.-R., SCM: Sieben Thesen zur zukünftigen Entwicklung logistischer Netzwerke, Supply Chain Management Nr. III (2006), S. 7-15.

[CHR 04]   Christopher, M., Logistics and supply chain management, Strategies for reducing cost and improving service, 3. Aufl., London u.a. 2004.

[DIC 06]   Dickersbach, J.T., Supply Chain Management with APO – Structures, Modelling Approaches and Implementation of mySAP SCM 4.1, 2. Aufl., Berlin 2006, S. 181-189.

[DIC 07]   Dickersbach, J.T., Service Parts Planning with mySAP SCM, Berlin-Heidelberg 2007.

[DIL 01]   Diller, H., Die Erfolgsaussichten des Beziehungsmarketing im Internet, in: Eggert, A. und Fassott, G. (Hrsg.), eCRM – Electronic Customer Relationship Management, Stuttgart 2001, S. 65-85, hier S. 68.

[ENG 04]   Englbrecht, A., Hippner, H. und Wilde, K.D., Marketing Automation – Grundlagen des Kampagnenmanagements, in: Hippner, H. und Wilde, K.D. (Hrsg.), IT-Systeme im CRM, Wiesbaden 2004, S. 333-372.

[FLE 07/MEY 07]	Fleischmann, B., Distribution and Transport Planning, in: Stadtler, H. und Kilger, C. (Hrsg.), Supply Chain Management and Advanced Planning, 4. Aufl., Berlin u.a. 2007, S. 229-244, hier insbes. S. 242; Meyr, H., Rohde, J., Wagner, M. und Wetterauer, U., Architecture of Selected APS, ebenda, S. 341-353.
[GEY 04]	Geyer, R. und Jackson, T., Supply Loops and Their Constraints: The Industrial Ecology of Recycling and Reuse, California Management Review 46 (2004) 2, S. 55-73.
[GRO 04]	Große-Wilde, J., SRM – Supplier Relationship Management, WIRTSCHAFTSINFORMATIK 46 (2004) 1, S. 61-63.
[GÜN 05]	Günther, H.-O., Mattfeld, D.C. und Suhl, L., Supply Chain Management und Logistik – Optimierung, Simulation, Decision Support, Heidelberg 2005.
[GÜN 09]	Günther, H.-D. und Tempelmeier, H., Produktion und Logistik, 8.Aufl., Heidelberg u.a. 2009, vor allem S. 292 und 352.
[EIG 05/HAR 04/SEI 03/ ARN 11]	Eigner, M. und Stelzer, R., Produktdatenmanagement-Systeme, Ein Leitfaden für Product Development und Life Cycle Management, 2. Aufl., Berlin u.a. 2005; Hartmann, G. und Schmidt, U., mySAP Product Lifecycle Management, 2. Aufl., Bonn 2004; Seiler, C.-M., Grauer, M. und Schäfer, W., Produktlebenszyklusmanagement, WIRTSCHAFTSINFORMATIK 45 (2003) 1, S. 67-75; Arnold, V. u.a., Product Life Cycle Management beherrschen, 2. Aufl., Heidelberg u.a. 2011.
[HAS 10]	Hassaballah, M. und Wimmer, A., Neue Kanäle erschließen, Wie Unternehmen das Web 2.0 für ihre Kundenbeziehungen entdecken können, IT-Director Nr. 9/2010, S. 34-37.
[HEI 01]	Heitmann, S., Constraint Management – damit die Krise nicht Normalfall wird, Frankfurter Allgemeine Zeitung vom 20.03.2001.
[HIN 07]	Hinrichs, M., Nachfrage nach Informationen steigt extrem, VDMA Nachrichten Nr. 1 (2007), S. 58-60.
[HIP 04]	Hippner, H., Rentzmann, R. und Wilde, K.D., Aufbau und Funktionalitäten von CRM-Systemen, in: Hippner, H. und Wilde, K.D. (Hrsg.), IT-Systeme im CRM, Wiesbaden 2004, S. 13-42, hier S. 22.

[HIP 08]   Hippner, H. und Wilde, K.D., CRM – Ein Überblick, in: Helmke, S., Uebel, M.F. und Dangelmaier, W. (Hrsg.), Effektives Customer Relationship Management, 4. Aufl., Wiesbaden 2008, S. 3-24.

[HÖL 11]   Persönliche Auskunft von Herrn O. Höll und Frau B. Koch, Karl Höll GmbH & Co. KG.

[HOP 05/HOP 11]   Hoppe, M., Einführung des SAP APO bei der Isover G+H AG, HMD 42 (2005) 243, S. 59-68; persönliche Auskunft von Herrn M. Hoppe, SAP Deutschland AG & Co. KG.

[HUA 00]   Huang, G.Q., Huang, J. und Mak, K.L., Early supplier involvement in new product development on the internet: Implementation perspectives, Concurrent Engineering: Research and Applications 8 (2000) 1, S. 40-49.

[ISE 09]   Isermeyer, U., EDM-Lösung mit Anbindung ans ERP, Abläufe optimieren, IT&Production (2009) 4, S. 36-37.

[KER 95]   Kernler, H., PPS der 3. Generation – Grundlagen, Methoden, Anregungen, 3. Aufl., Heidelberg 1995, S. 229-251.

[KIL 98]   Kilger, C., Optimierung der Supply Chain durch Advanced Planning Systems, Information Management & Consulting 13 (1998) 3, S. 49-55, hier S. 50.

[KIL 07]   Kilger, C. und Schneeweiss, L., Demand Fulfillment and ATP, in: Stadtler, H. und Kilger, C. (Hrsg.), Supply Chain Management and Advanced Planning, 4. Aufl., Berlin u.a. 2007, S. 179-195.

[KNO 09]   Knolmayer, G., Mertens, P., Zeier, A. und Dickersbach, J.Th., Supply Chain Management Based on SAP Systems, Berlin u.a. 2009.

[KÖN 11]   König, H., CAD-Integration in ERP-Systeme, ERP Management 7 (2011) 2, S. 44-45.

[KON 03]   Konias, S., Beiträge zur zentralen Speicherung und Auswertung von Lebenszyklus-Daten in einem Automobilunternehmen, Diplomarbeit, Universität Erlangen-Nürnberg 2003.

[KYR 99/SIE 00]	Kyratsis, E.P. und Manson-Partridge, B.M., Implementing concurrent engineering in supply chain companies and the role of CAE technology, Engineering Designer 25 (1999) 5, S. 4-8; Siemieniuch, C.E. und Sinclair, M.A., Implications of the supply chain for role definitions in concurrent engineering, Human Factors and Ergonomics in Manufacturing 10 (2000) 3, S. 251-272.
[LAN 12]	Langen, H. und Weinthaler, F., Prognose mithilfe von Verweilzeitverteilungen, in: Mertens, P. und Rässler, S. (Hrsg.), Prognoserechnung, 7. Aufl., Heidelberg 2012, Kapitel 7.
[LEE 99]	Lee, H. und Whang, S., Decentralized multi-echelon supply chains: Incentives and information, Management Science 45 (1999) 5, S. 633-640.
[MAS 01]	Maselli, J., CRM made in USA, Informationweek (2001) 14, S. 40-42.
[MER 99]	Mertens, P. und Zeier, A., ATP – Available-to-Promise, WIRTSCHAFTSINFORMATIK 41 (1999) 4, S. 378-379.
[MER 12]	Mertens, P., Zeller, A.J. und Große-Wilde, J., Kooperative Vorhersage in Unternehmensnetzwerken, in: Mertens, P. und Rässler, S. (Hrsg.), Prognoserechnung, 7. Aufl., Heidelberg 2012, Kapitel 27.
[MIE 11]	Mierswa, I., Data Mining erkennt wechselbereite Kunden anhand ihres Verhaltens, is report 15 (2011) 6, S. 16-17.
[MUC 06]	Mucke, H., Ersatzteildokumentation mit mySAP PLM bei Miele, HMD 43 (2006) 249, S. 55-63.
[NEC 05]	Neckel, P., und Knobloch, B., Customer Relationship Analytics, Heidelberg 2005, hier insb. Teil C.
[NIE 04/NIE 09]	Nieminen, S., Multileg Transportation Solution and Global ATP with SAP APO, offizielle Mitschrift des Vortrags auf der SAP Logistics and Supply Chain Excellence 2004, München 2004; persönliche Auskunft von Herrn S. Nieminen, M-real Corporation.
[ORA 11]	Oracle, Agile Software, http://www.oracle.com/agile/index.html, Abruf am 04.10.2011.
[OV 10]	O.V., Wie Twitter & Co. das Kundenbeziehungsmanagement anreichern, is report 14 (2010) 6, S. 46-50.

[RIC 01]   Richter, K. und Krause, L., Erfolgreicher Einsatz von Produktdatenmanagement als Schlüsseltechnologie für E-Business, Industrie Management 17 (2001) 3, S. 81-85.

[SCHE 90]   Scheer, A.-W., CIM – Der computergesteuerte Industriebetrieb, 4. Aufl., Berlin u.a. 1990, S. 2.

[SCHL 11]   Schlüter, N., USA warnen vor Sicherheitslücke in Siemens-Systemen, Financial Times Deutschland vom 26.05.2011, S. 3.

[SEA 99]   Seal, W., Cullent, J., Dunlop, A., Berry, T. und Ahmed, M., Enacting a European supply chain: a case study on the role of management accounting, Management Accounting Research 10 (1999) 3, S. 303-322.

[STE 11]   Steinrücke, M., Integrierte Produktions-, Distributions- und Terminplanung in globalen Supply Chains, Zeitschrift für betriebwirtschaftliche Forschung 63 (2011) 2, S. 19-47.

[STI 01]   Stieglitz, A., Pisczor, J., Steckel, A. und Kraft, J., Herausforderungen einer integrierten Supply Chain Planung in der chemischen Industrie, in: Buchholz, W. und Werner, H. (Hrsg.), Supply Chain Solutions, Stuttgart 2001, S. 275-290, insbes. S. 283-286.

[STÜ 01]   Stürken, M., Collaborative Commerce, in: Mertens, P. u.a. (Hrsg.), Lexikon der Wirtschaftsinformatik, 4. Aufl., Berlin u.a. 2001, S. 97-98.

[WIE 01/LAU 11]   Wieser, O. und Lauterbach, B., Supply Chain Event Management mit mySAP SCM (Supply Chain Management), HMD 38 (2001) 219, S. 65-71; persönliche Auskunft von Herrn B. Lauterbach, SAP AG.

[WIE 01/ZEL 05]   Wieser, O. und Lauterbach, B., Supply Chain Event Management mit mySAP SCM (Supply Chain Management), HMD 38 (2001) 219, S. 65-71; Zeller, A.J., Automatisierung von Diagnose und Therapie beim Controlling von Liefernetzen, Aachen 2005.

Stichwortverzeichnis

(s,Q)-Politik 112
3D-Modell 51, 53, 55, 59

ABB Turbo Systems Ltd. 273
Abbauendes Verfahren 52
Abbildungsmerkmal 42
ABC-Analyse 108, 122, 155
Abgangskomponente 217
Abgleichsrechnung 180, 184
Ablaufplanung 205, 216
Ablaufplanungsmodell 215
Ablaufschema 155
Abruf-Fortschrittszahl 133
Abrüstzeit 196
Absatzplan 286
Absatzprognose 14, 177
Abschlussüberwachung 311
Abschreibungsrechnung 317
Ad-hoc-Workflow 30
adidas AG 86
adidas Group 68
ADM (Außendienstmitarbeiter) 76, 89, 276
Administrationssystem 13, 27
Administrativer Workflow 30
AEC (Architecture, Engineering and Construction) 57
Aerosystems 130
After-Sales-Phase 272
ag4 342
Agent 220
Agile Software 369

Ähnlichteilplanung 61
Akkreditiv 315
Aktionsorientierte IV 332
Akzeptanzproblem 167
Aleeks 342
Alert 363
AMADEUS 337
Analyse
– semantische 350
Analysezertifikat 141
Andler-Formel 121
Anfrageabwicklung 43
Angebotsabwicklung 43
Angebotsauswahl 79
Angebotsdatenbank 81
Angebotseinholung 122
Angebotskalkulation 78
Angebotspreis 83
Angebotsschreibung 78
Angebotssystem 77, 83, 352
Angebotsüberwachung 94
Anlagenbuchhaltung 138, 317
Anlageninstandhaltung 235
Anlagenleitstand 343
Anlagenleittechnik 343
Anlagenmanagement 57, 341
Anwenderstereotyp 87
Anwendungsarchitektur 38
Anwendungsentwicklung 37
Anwendungssystem 13
Anwendungssystem PATRICIA 68
Anwesenheitszeiterfassung 326

AODV (Aktionsorientierte Datenverarbeitung) 21, 23
APO (Advanced Planner and Optimizer) 358, 362
Apps 89
APS (Advanced Planning System) 360, 365
Arbeitsgangbeschreibung 221
Arbeitsplan 61, 81, 201, 298
Arbeitsplanung, generative 61, 69
Arbeitszeitverwaltung 323
Architektur 57
Archivdaten 40, 41
ARIS-Architektur 37
ARMS (Asset Redeployment Management System) 282, 365
Assemble-to-order 90
ATLAS (Automatisiertes Tarif- und Lokales Zollabwicklungssystem) 264
Atos Origin 122
ATP (Available-to-Promise) 85, 100, 202, 259, 359, 365
Atrada Trading Network AG 125
AUDI AG 209, 316
Aufbauendes Verfahren 52
Aufhebungsvertrag 325
Auftragsabwicklung 43
Auftragsauslösung 166
Auftragserfassung 95
Auftragsfreigabe 203
Auftragsprüfung, technische 97
Auftragsstornierung 23
Augmented Reality (AR) 63
Auktion 124
Aus- und Weiterbildung 333
Ausbeuterechnung 181

Ausbildungsbeihilfeabrechnung 329
Auslagerungsstrategie 158
Auslieferungslager 258
Ausschreibung 125
Ausschreibungsvorlagen 325
Ausschuss 184
Autobytel 94
Automatic Call Distribution 350
Automationsgrad 21
Automationslücke 27
Automobilindustrie 59, 60, 66, 131, 134, 173, 219, 264, 348, 355, 360
Automobilzulieferer Dekorsy 228
Autotrol Corporation 62
AVON Cosmetics GmbH 255

Braun Melsungen AG 312
B2B (Business-to-Business) 19
Balance-Report 288
Balkencode 148, 255, 263
Barcode 158, 227
BASF AG 127, 358
Bauindustrie 362
Baukastenstückliste 172
Bauwesen 57
Bayer AG 286
Bayer Health Care AG 358
Bayer-Konzern 136
BDE (Betriebsdatenerfassung) 169, 207, 210, 229, 263, 303
BDE-Meldungen 208
BearingPoint GmbH 267
Bedarfsermittlung 107
 – Mischformen 107
 – verbrauchsgesteuert 107
Beiersdorf AG 62

Belastungsorientierte Auftragsfreigabe 203

Belastungsschranke 204

Belieferungsplan 258

Benecke-Kaliko AG 213

Benutzerführung 224

Benutzermodell 88

Beratungssystem 28

Bereichsintegration 19

Bernhardt 90

Beschaffungsauktion 125

Beschreibungsmittel 37

Bestelladministration 128

Bestelldisposition 107

Bestellgrenze 107, 112, 113, 114

Bestellmenge 107, 118

Bestellmengenermittlung 118

Bestellobligo 65, 109, 286

Bestellpunktverfahren 108

Bestelltermin 112, 113

Bestellung von Angeboten 122

Bestellvorschläge 107

Best-of-breed-Solution 26

Besuchsverwaltung 341

Besuchsberichtswesen 94

Betriebsaufträge 202

Betriebsergebnisrechnung 295, 306

Betriebsmittelauswahl 207

Betriebsmittelbelegungsplan 221

Betriebsmittelverwendungsnachweis 64

Betriebsmittelzuteilung 215

Betriebszustandsmonitoring 222

Bewegungsdaten 40

Bewertungsplan 318

Bewertungsverfahren 149, 150

Bilanz 153

Bildungscontrolling 335

Bio-Sensoren 225

Biotechnik 202

Bizerba GmbH & Co. KG 53, 233

Blackboard 220

Blockauftrag 128

BMW Group 59, 86, 273, 289, 349

Boeing 777 63

Bonitätsprüfung 97, 265, 315

BoostAeroSpace 126

Bordcomputer 262

Bordküche 357

Bordrechner 263

Bosch Thermotechnik GmbH Junkers Deutschland 278

Brandbekämpfung 343

Brauerei 95

Brötje-Automation GmbH 348

Bruttobedarfsermittlung 183

Buchungsassistent 310

Budgetverfolgung 65

Bullwhip-Effekt 357

Bundespatentgericht 68

Business Process Reengineering 305

Buying Front 82

BW (Business Information Warehouse) 18

Bypass-Verfahren 160

CAD (Computer Aided Design) 24, 51, 53, 54, 56, 57, 58, 61, 62, 63, 87, 172, 190, 343

CADCAM 24, 63

CADCAS 54

CAE (Computer Aided Engineering) 51, 58

Cafeteria-Ansatz 330

CAFM (Computer Aided Facility Management) 341, 344
CAGE (Computer Aided Genetic Engineering) 57
CAM (Computer Aided Manufacturing) 24, 58, 62, 222, 353
CAMD (Computer Aided Molecular Design) 57
CAP (Computer Aided Planning) 61, 62
Capgemini 53
CAQ (Computer Aided Quality Assurance) 232
Car Configurator 86
CAS (Computer Aided Selling) 54, 76
Case-Based Reasoning 84
Cash Management 286
Cashflow 311
CASP (Computer Assisted Synthesis Planning) 56
CAx 58, 353
CBF (Characteristic Based Forecasting 174
CBR (Case-Based Reasoning) 278, 302, 310
CBT (Computer-Based Training) 333
CDM (Contract Design and Manufacturing) 356
CEFIC 130
CeramTec AG 236
Chaotische Lagerung 154
Characteristic Based Forecasting 174
Charge 152, 197
Checkliste 66, 79, 311
Chemieindustrie 56, 69, 97, 126, 130, 141, 172, 187, 206, 215, 216, 219, 222, 225, 303
Chipkarte 327

CIM (Computer Integrated Manufacturing) 20, 352, 354
Cisco 124
Clearing 126
Click & Buy 83
Cloud Computing 60
Clusteranalyse 99, 299
CM (Cash Management) 288
CNC-Maschine 63, 170, 222
CO (Controlling) 306
CO_2-Ausstoß 51
CO_2-Emmission 86
Colgate-Palmolive GmbH 363
Collaborative Filtering 86
Collaborative Managed Inventory 100
Collagen 56
Co-Managed Inventory 364
Company Card 327, 345
Complexity-based cost driver 305
Component Reuse 15
Componentware 15
Computer-Reservierungs-System 337
Concurrent Engineering 59, 364
Condition Monitoring 238
Configure & Buy 83
Constraint Management 219, 360
Constraint Set 360
Constraint-directed Search 361
Contactless Chip 327
Content Management 92
Continental AG 126
Controller 306
Controls 130
CO-OM-ABC 305
Corporate Card 327

CPFR (Collaborative Planning, Forecasting and Replenishment) 357
Crash-Verhalten 51
CRM (Customer Relationship Management) 19, 77, 349
Cross-Selling 83
CSCW (Computer Supported Cooperative Work) 59
CTI (Computer Telephony Intgegration) 80, 278, 350
CTM (Capable-to-Match) 360, 365
Customer Focused E-Learning 89
Customer Interaction Center 350
Customizing 26, 179
cvdPartFinder 53

Daimler AG 337
DaimlerChrysler AG 53, 223, 292
Danone GmbH 218
Dassault 64
Data Base Marketing 351
Data Dictionary 38
Data Mart 350
Data Mining 124, 307, 350, 351
Data Warehouse 18, 350, 364
Database Marketing 78, 350
Datenbank 37
 – gemeinsame 13
 – im Internet 53
Datenflussplan 38
Datenintegration 13
DATEV eG 153, 309, 310, 311
Debitorenbuchhaltung 309, 312
Deckungsbeiträge nach Reklamationen 305
Defence 130

Dekomposition 42
Dell 124
Delta Airlines 22
Delta Nervous System 22
Demag Cranes AG 55
Demand Planning 358
Demand-to-warehouse 43
Demontagearbeitsplan 281
Demontagestückliste 174, 281
Demontagetiefe 281
Deployment 361
DEPRODEX 220
Design for SCM 347, 364
Design for X 56
Designstudio 60
Desktop Publishing 53, 273
Desktop Purchasing 107, 124, 129, 130
Desktop Sharing 59
Dessin-Umcolorierung 56
Deutsche Bahn 337
Deutsche Post AG 316
Devisengeschäft 288
DFÜ (Datenfernübertragung) 91, 131, 135
Diagnose InformationsSystem im Werkstatttester (DIS) 273
Diagnosehilfe, wissensbasierte 277
DIEHL Informatik GmbH 130
Dieselmotor 219
Differential-kitting 223
Differenzierung der Lohnsysteme 330
Differenzplanung 181
Digital Manufacturing 63
Digital Mock-up 63
Digitale Fabrik 63
Digitale Signatur 68
Diskriminanzanalyse 70

Dispositionsspielraum 207

Dispositionsstufen-Verfahren 180

Dispositionssystem 13, 27, 29

DISRINS (Dismantling and Recycling Information System) 281

Distributionsleitstand 261

DMS (Dokumenten-Management-System) 30, 277

DNC-Maschine 63, 170, 222

DOKuStar 316

Dr. Städtler Transport Consulting GmbH 260

Dreamliner 63

Dummybaugruppen 173

Dun & Bradstreet 126

Durchlaufterminierung 168, 191, 195
– progressiv 192
– retrograd 192

Durchlaufzeitreduzierung 194

Durchsetzungssystem 228

Dynamic Pegging 361

Dynamisierungsregel 141

Dynamit Nobel Kunststoff GmbH 131

EANCOM 96, 130

E-Billing 267

EBPP (Electronic Bill Presentment and Payment) 267

E-Business (Electronic Business) 21

E-CAD (Elektro-CAD-System) 56

Echtzeitunternehmen 23

eClass 127

ECM (Engineering Change Management) 93

ECM-Cockpit 93

E-Commerce 124

EDIFACT (Electronic Data Interchange for Administration, Commerce and Transport) 20, 96, 128, 130

EDIFICE 130

EDMS (Engineering-Data-Management-System) 58, 364

Efficiency-based cost driver 305

E-Government 135

EG-Umsatzsteuer 153

EH & S (Environment, Health & Safety) 53

Eignungsziffer 215

Eilbestellung 117

Einzelfertigung 170, 208, 353

EK-Pack Folien GmbH 190, 299

E-Learning 333

Elektroindustrie 56, 130, 187

Elektronik-Auftragsfertiger 356

Elektronikindustrie 56, 62, 216

Elektronische Plantafel 208

Elektronischer Marktplatz 53, 125, 365

Elektronischer Postkorb 129

Elektronischer Teilekatalog (ETK) 273

E-Mail 59, 82, 124, 128, 276, 278, 305

Embedded Systems 32

Empfehlungssysteme 86

Employee-Self-Service 324

EMS (Electronic Manufacturing Service) 356

Energieindustrie 91

Energiemanagement 342

Engpassbetriebsmittel 98

Engpassmaschine 187, 206

Enterprise Digital Assistant
– EDA 275

Entgeltabrechnung 329

Entity-Relationship-Methode 38
Entnahme
 – retrograde 148
 – ungeplante 153, 184
Entnahmeschub 255
Entscheidungstabelle 61
Entsorgung 280
Entsorgungsplanung 184
Entwurfsstadium 232
EPK (Elektronischer Produktkatalog) 54, 83, 352
E-Procurement (Electronic Procurement) 124
Equity-Methode 311
E-Recruting 324
Ereignisorientierung 23
ERP-System (Enterprise-Resource-Planning-System) 26
Ersatzteilstückliste 174
Ertragskonsolidierung 310
Erzeugnisstruktur 172, 298
E-Service 348
Eskalation 21, 279
Eskalationsstufen 277
Espresso-Maschine 357
Esquel Enterprises Ltd. 173
eSteel.com 126
E-Tag 157
Eurest Deutschland GmbH 345
European Egg Consortium 275
Event Monitor 363
Event-driven Architecture 39
Expertensystem 54, 55, 57, 124, 153, 173, 218, 223, 262, 278
Expertisesystem 307
Explosionszeichnung 348

Exponentielle Glättung
 – erster Ordnung 110
 – zweiter Ordnung 111
Ex-post-Integration 26
Extended Enterprise 24, 328, 350
eXtensible Business Reporting Language 21, 311

F&E (Forschung und Entwicklung) 49
Schaeffler Technologies GmbH & Co. KG 158
Fabrik, "menschenarme" 222
Facility Management 341
FAG Kugelfischer AG 223
Fahrtroute 258
Fahrzeugindustrie 175
Fair-share-Methode 361
Fakturierung 252, 265
Fallbasiertes Schließen 84
FAQ (Frequently Asked Questions) 274
FCFS-Regel 212
FDA (Food and Drug Administration) 125
Federal Express Europe Inc. 264
Federbandstahl 190
Fehlerfortpflanzung 25, 276
Fehlermöglichkeits- und Einflussanalyse 66
Fehlteilesteuerung 138
Fertiglagerbestand, disponibel 253
Fertigung 222
Fertigungsauftragsablaufplan 221
Fertigungsdokument 221
Fertigungsfortschrittskontrolle 159
Fertigungskosten 120
Fertigungsleitstand 194

Fertigungssteuerung 205
Fertigungsstufe 163, 172, 297
Fertigungsstufen-Verfahren 180
Fertigungsterminplanung 191
Fertigungsvorschrift 62, 221
Fertigungszelle 170
FESTO AG 84, 342
Feuerversicherungswert 318
FFS (Flexibles Fertigungssystem) 170, 177, 187, 222
FFZ (Flexible Fertigungszelle) 222
FI (Financial Accounting) 291, 310
Fifo 149, 150, 158, 159
Fiktives Gesamtlager 151
Filterhilfe 22
Financial Engineering 83, 88
Financial Supply Chain 315
Finanz- und Liquiditätsdisposition 286
Finanz- und Liquiditätsplanung 309
Finanzbuchführung 151
Finanzierungsberatung 88
Finanzleitstand 290
Finite load 205, 360
FIPLA 287
Firewall 38
FIS-Regel 212
Fix Pegging 361
Flächenmanagement 343
Flachglasindustrie 188
Flextronics 356
Flughafen München GmbH 344
Flugzeugindustrie 58, 218, 238, 348
FMEA (Failure Mode and Effects Analysis) 66, 92
Follow-the-sun-Strategy 59
Forderungsbestand 286

Ford-Werke 60
Forecast Consumption 178
Forschungs- und Entwicklungsfortschrittskontrolle 65
Forschungs- und Entwicklungsplanung 49, 66
Forschungs- und Entwicklungsveranlassung 50
Fortschrittszahlen 131, 132, 134
FORWISS (Bayerisches Forschungszentrum für Wissensbasierte Systeme) 87
Fotorealismus 87
Fototechnische Papiere 257
Fraunhofer-Institut für Produktionstechnik und Automatisierung (IPA) 218
Fremdbezug 122, 129, 160, 184
FTS (Fahrerloses Transportsystem) 158, 160, 170, 222
FUCHS 227
Führungsinformation 315
Führungsinformationssystem 352
Fujitsu Technology Solutions GmbH 227
Full-kitting 223
Funketiketten 261
Funktionsbaum 38
Funktionsintegration 14, 22
Funktionskostenrechnung 306
Funktionsmodell 42
Funktionsmodellierung 41
Fußgängerschutz
– FGS 349
FX-Management 289

Gabor Shoes AG 51, 52
Gantt-Charts 208

Ganzzahlige lineare Programmierung 190
Garantieleistung 277
Gästebuch, automatisches 341
Gebäude, intelligente 342
Gebäudeleitstand 343
Gebäudeleittechnik 343
Gebäudemanagement 343
Gebrochene Distribution 359
Gefahrguttransport 261, 283
Gehaltsabrechnung 329
Geld- und Devisenhandel 291
Gemischt-ganzzahlige lineare Programmierung 358
Gemischt-ganzzahlige Programmierung 254, 360
Genehmigungsverfahren 130
Generative Arbeitsplanung 61
Genetische Algorithmen 217, 262
Gentechnik 202
Geolus Search 53
Geräteintegration 18
Gesamtdurchlaufzeit 206
Gesamtumsatzrabatt 123
Geschäftsreiseverwaltung 336
Getränkeindustrie 268
Gewährleistungsanspruch 152
Glasindustrie 188
Gleichbehandlungsgesetz, allgemeines 325
Gleitende wirtschaftliche Losgröße 119
Gleitzeitsystem 326
Google 350
Grobplanungsprofil 176
Großserienfertigung 208, 220
Group Integration 21
Groupware 64

Groupware-System 348
Grundbuchamt 315
Grunddatenerzeugung 171
Grunddatenverwaltung 171
Grundwert 111
Guest Engineering 89
Gutschriftenerteilung 252, 267

Halbleiterindustrie 187, 215
Handelsreisendenproblem 82
Handling Unit 152
Hansa-Flex Hydraulik GmbH 275
Hauptbuchhaltung 309
Hauptversammlung, administrative Unterstützung 292
Haushaltsgeräte-Hersteller Miele & Cie. KG 348
Hausmeisterdienst 343
Help Desk 278, 351
Henkel KGaA 127, 280
Hermes 315
Heuristik 360
Heuristik von Silver und Meal 121
Hewlett-Packard GmbH 60
Hilti Deutschland GmbH 334
Hochregallager 147, 158
Höchstbestandsgrenze 155
Höchstlosgröße 186
Homogenisator 62
Horváth & Partner GmbH 305
HR (Human Resources) 331
HRMS (Human-Resource-Management-System) 324
Hybrides System 125
Hypermediasystem 18, 84

IBM 138, 141, 214
Idea-to-product 43
IDIS (International Dismantling Information System) 282, 365
IGES (Initial Graphics Exchange Specification) 59
IIV (Integrierte Informationsverarbeitung) 13
ILOG 361
Indexrechnung 317
INDEX-Werke GmbH & Co. KG Hahn & Tessky 227
Infinite load 205
Information Retrieval 172, 277
Informationsarchitektur 223
Informationsarchitekturen 38
Informationstechnikarchitektur 38
In-House Bank 289
In-Memory-Computing 28, 217
Instandhaltung, vorbeugende 166
Instandhaltungsablaufsteuerung 237
Instandhaltungsbudget 239
Instandhaltungsdurchführungspapiere 237
Instandhaltungskontrolle 238
Instandhaltungsplanung 17, 19, 235, 343
Instandhaltungssteuerung 235
Institut für Integrierte Produktion Hannover GmbH 263
Integration 13
 – Benutzungsschnittstelle 17
 – horizontal 18
 – innerbetrieblich 19, 20
 – Reichweite 37
 – vertikal 18
 – zwischenbetrieblich 19, 20, 68, 89, 91, 130

Integration Broker 22
Integrationsmodell 37
 – Wesen und Erscheinungsform 37
Integrationsmodellierung 38
Integrationsreichweite 19
Integrationsrichtung 18
Intellectual Property 68
Intelligent Character Recognition
 – ICR 317
Intelligentes Produkt 32
Intelligentes Zeichenbrett 51
Interflex Datensysteme GmbH & Co. KG 328
Intermediär 93
Internet 17, 20, 21, 53, 81, 90, 95, 122, 124, 127, 130, 274, 282, 293, 314, 328, 348
Internet der Dinge 160, 261
Internet-*Ausschreibung* 125
Internet-*Marktplatz* 125
Internet-*Shop* 124
Internet-*Shopping-Mall* 124
Internet-Verkaufsauktion 124
Interorganisationssysteme 20
Intranet 274
Inventur 155, 305
 – permanente 155
Inventurdifferenz 148
Investitionsgüterindustrie 82
Investitionsplan 286
Invoice CENTER 316
IPS (Instandhaltungsplanung und -steuerung) 235

Jahresumsatz-Bonus 314
Jobbörse 324, 328
Job-Rotation 333

Just-in-sequence 210, 263, 264
Just-in-time 227, 263, 264
Just-in-Time-E-Learning 89

Kabelstränge (KSK) 209
Kalkulation 25, 52, 83
 – alternativer Produkte 302
 – mitlaufende 303
Kampagnenmanagement 351
Kampagnenprinzip 215
KANBAN 219, 227
Kantinenmanagement 328, 344
Kapazitätsausgleich 195, 198, 217
Kapazitätsgruppen 99
Kapazitätssummenkurve 200
Kapazitätsterminierung 205
Kapitalbindung 179, 206
Kapitalkonsolidierung 310
Karl Höll GmbH & Co. KG 358
KAROLA 210
Kennametal 55
Kernkraftwerk 273
Kerntechnik 66
KFZ-Regel 212
Kiosksystem 32
Kitting-Kisten 227
Kleinserienfertigung 208
Know-how-Datenbank 82, 84
Koenig & Bauer AG 53
Kommissionierung 255
Kommt-Geht-Rhythmus 326
Kommunikatives CRM 350
Komplexitätsmanagement 173
Konfiguration 83
Konfigurationstest 88
Konfigurationswissen 84

Konfigurator 52, 94, 348
Konsignationsbestand 153
Konsignationsmaterial 152, 153
Konsolidator-Modell 314
Konstruktionsinformationssystem 51
Kontierungsmuster 310
Kontinuierlicher Verbesserungsprozess 141
KonTraG 291
Kontrollsystem 13, 18, 22, 29
Konzeptionelles Modell 37
Konzernkonsolidierung 310
Kopplungsarchitektur 39
Kosmetikindustrie 62
Kosten- und Leistungsrechnung 295, 297
Kostenplanung 24
Kostenstellenrechnung 295, 297
Kostenträgerrechnung 295, 298, 303, 306
Kostentreiber 304
Kraftverkehr Nagel 264
Krankenstand 327
Kreditauskunftei 315
Kreditorenbuchhaltung 315
Kritiksystem 22, 54
Kritische-Maschinen-Regel 212
Kühlkette 263
Kundenanonyme Vorproduktion 166
Kundenauftragsbezogene Endproduktion 166
Kundenauftragsentkopplungspunkt 170, 174
Kundenauftragsfertigung 98, 152, 252
Kundenbedienungszyklus 272
Kundenbeziehungsmanagement 94, 349
Kundendatenbank 81
Kundendienstauftragsunterstützung 274

Kundenkontaktnachbereitung 94
Kundenkontaktunterstützung 77
Kundenprofil 279
Kundenretoure 148, 267
Kundenzentrum 350
Kündigungsprävention 352
Künstliche Intelligenz 27, 65, 278
Künstliche Neuronale Netze 234, 278
Kunststoffindustrie 158, 188

Laborformel 62
Labormanagement-System 69
Labortechnik 170
Lagerabgangsgeschwindigkeit 114
Lagerabgangsprognose 107, 110
Lagerhaussteuerung 158
Lagerspiegel 154
Lagersteuerung 158
Lagerüberweisung 148, 153
Lagerverwaltungssystem 158
Lagging 289
Laufhäufigkeit 17
Laufkarte 221
Laufreihenfolge 17
Leading 289
Lead-Time-Syndrom 203
Leasing 88
Lebensmittelindustrie 80, 95, 125, 235, 263
Legacy System 26
Leichtmetallindustrie 188
Leistungsverlauf 203
Leistungsverrechnung, innerbetriebliche 70
Leitrechner 222
Leitstand 207, 217, 222
Leitsystem 342

Leitteileplanung 176
Lenkung 59
LEONI Bordnetz-Systeme GmbH 134
LFZ-Regel 212
Lieferabruf 131
Lieferantenauswahl 139
Lieferantenkonditionen 121
Lieferantenrechnungskontrolle 308, 309
Lieferantenzugangsretoure 148
Lieferbereitschaftsgrad 115
Liefereinteilung 128
Liefererinnerung 137
Lieferfreigabe 252, 256
Lieferkette 355
Lieferkettenmanagement 355
Lieferkettenplanung 347
Liefernetz 355
Lieferschein 265
Lieferschein-Cockpit 315
Lieferscheinschreibung 266
Liefersperre 256
Lieferüberwachung 107, 137, 153
Lieferverhalten 122
Liegezeit 196
Lifetime-Umsatz 350
Lifo 149, 150, 158
LIMS (Labor-Informations-Management-System) 69, 233
Lineare Programmierung 81, 177, 188, 262, 360, 363
Line-Back-Planning 63
Liquiditätsleitstand 290
Liquiditätsprognose 287
Liquiditätsvorschau 288
LIS (Logistik-Informationssystem) 305
Loewe AG 80

Lokales Suchverfahren 217
Losgröße 112, 118
- Bestimmung bei Rabattgewährung 121
- Ermittlung 118, 186
  - ähnliche Teile 187
  - gleiche Teile 186
- Formel von Harris und Andler 118
- minimale 187
Losgrößenermittlung 14, 166
Lost-Order-Statistik 78
Luft- und Raumfahrtindustrie 202
Lufthansa AG 292
Luftwiderstandsbeiwert c_w 51

Magna Steyr Fahrzeugtechnik 59
Mahnung 137, 156, 312
Maintenance Scheduler 273
Management-Information 139, 148, 152
Mannesmann Sachs AG 219
MAP (Manufacturing Automation Protocol) 224
Marktdatenbank 81
Maschinenbau 56, 123, 172, 187, 229
Maschinenfabrik Rieter AG 92
Maschinenstundensatzrechnung 297, 303
Mass Customization 89, 173, 177, 347
Massendatenverarbeitung 27
Massenfertigung 208, 220, 353
Matchcode 96, 341
Materialablieferungsschein 221, 230
Materialbedarfsplanung 168, 180
Materialbereitstellungsmeldung 221
Materialbeschaffung 43
Materialbewegungsdokument 230
Materialbewertung 138, 147, 149, 309

Materialbewertungsprogramm 309
Materialentnahmedokument 30
Materialentnahmeschein 221, 230
Materialflusssteuerung 160
Materialklassifikation 127
Materialverwendungsnachweis 175
Maximalarbeitsplan 174
Maximalstückliste 174
M-CAD (Maschinenbau-CAD-System) 56
MDE (Maschinendatenerfassung) 169, 222, 229, 263, 297, 303
Medienintegration 18
Medizintechnik 66, 202
Mehrfach-Stückliste 173
Mehrkanal-Ansprache 351
Mehrwertdienst 91
Meldebestand 108
Meldesystem 324
Merck 127
Merkmalsvorplanung 177
MES (Manufacturing Execution System) 169
Message Broker 22
Metall 130
Metallindustrie 69
Metallzerspanung 55
Metering 130
Methacrylatchemie 216
Methodenbank 38, 51, 62, 69, 262, 295
Methodenintegration 14, 131, 357
Metro 275
Microsoft 17, 356
Middleware 22
Mietkauf 88
Milch verarbeitende Industrie 218
Mindestbestand 155

Mindestlosgröße 186

Mineralölindustrie 238

Mitlaufende Kalkulation 303

Mitsubishi Fuso Truck & Bus Corporation 53

Mittelpunktsterminierung 192

MM (Material Management) 93, 123, 150, 153

Möbelindustrie 97, 301

Mobiltelefonie 81

Modellierungstheorie 42

Modulbauweise 38

Modulintegration 15, 232

Modulstruktur 56

Molekulardatenbank 56

MP3-Player 334

M-Plus 90

MPS (Master Production Schedule) 177

M-real 359

MRM (Market Risk Management) 291

MRO (Maintenance, Repair, Operations) 129

MRP I (Material Requirements Planning) 177, 180

MRP II (Manufacturing Resource Planning) 177

MRP-Nervosität 176

MTM-Verfahren 256

MTU Friedrichshafen GmbH 54

Multi Channel Integration 351

Multi-Agentensystem 223

Multi-Channel-Prinzip 350

Multimedia 84, 208, 229

Multimomentaufnahme 305

Mumasy 64

Mustererkennung 160, 225

Musterziehungsplan 233

Nachbarschafts-Suchverfahren 217

Nachfakturierung 265

Nachkalkulation 277, 295, 303

Nachkauf-Phase 232, 272

Nahrungsmittelindustrie 69, 91

Nahrungsmittelvergiftung 275

Navigationshilfe 22

Navigationssystem 262

NC-Programm 55, 58, 63, 191

Nebenbuchhaltung 312

Negative Kommissionierung 159

Nestlé 89

Nestlé AG 358

Net-change-Prinzip 181

Netting 289

Nettobedarf 168

Nettobedarfsermittlung 183

Netweaver 23

NetWeaver Portal 17

Netzplantechnik 170

Netzplantermin 49

Niedriglohn-Länder 315

Normteil 52

Normvorschriften 53

Notar 315

Notify-Komponente 363

Numara 279

Nutzwertanalyse 52

O$_2$ Germany 278

Objektsuche

Océ 316

OCI (Open Catalog Interface) 130

OCM (On Condition Maintenance) 238
ODBC (Open Database Connectivity) 17
Offshore-Windenergieanlage 236
Offshoring 315
OLE (Object Linking and Embedding) 17
One Face to the Customer 350
Online-Booking-Engine 337
Online-Datenbank für
 Lebensmittelsicherheit 275
Online-Patentdatenbanken 60
Open Book Policy 364
Open Innovation 60
Open Innovation Office 60
Open Text Document Technologies
 GmbH 316
Operations Research 27, 254
Operationssystem 13
Opportunistische
 Instandhaltungsstrategie 238
OPT (Optimized Production Technology)
 187, 219
Order-to-product 44

Packmittelverfolgung 252, 268
Papierarme Werkstatt 148
Papierindustrie 188, 359
Papierlose Werkstatt 221
Papierverarbeitung 206, 215
Parametrisierung 26
Passagierflugzeug 63
Patentamt
 – Deutsches 68
 – Europäisches 68
PATRIX 68
Payment Factory 289
PBK (Produktberatungskomponente) 87

PDA (Persönlicher Digitaler Assistent) 18
PDE (Prozessdatenerfassung) 169, 222,
 229, 303
PDMS (Produkt-Daten-Management-
 System) 58, 347, 364
Pegging 191, 360, 361
Peitschen-Effekt 357
Pensionsrückstellung 331
Personal Digital Assistant 278
Personalabbau 325
Personal-Aufgaben-Zuordnung 326
Personalleitstand 328
Personalpflege 332
PFA (Product Family Architecture) 173
Pfandabrechnung 268
Pfizer Manufacturing Deutschland GmbH
 228
Pharmaindustrie 50, 141, 187, 202, 233
Pick per light 255
Pick per voice 255
Pickliste 259
PKAM (Prozessunterstützung für
 kundenauftragsorientierte Montage)
 227
Plan Consumption 178
Planauftrag 179
Planungssystem 13, 28
Plattform 360 T 292
PLM (Product Lifecycle Management) 19,
 347
PM (Plant Maintenance) 236
Podcast 334
Pooling 289, 290
Porsche AG 60
Portal 17, 124, 315
Posting Management 324

Post-Merger-Integration 26, 311
Powerbuying 125
PP (Production Planning) 93, 152
PPM (Produkt-Prozess-Modell) 175
PPS (Produktionsplanung und
 -steuerung) 19, 58, 130, 153, 163, 167,
 235, 359, 365
 – hierarchische 170
Pragmatisches Merkmal 42
PREBEX 91
Predictive Analytics 352
Prepopulation 336
Pre-Sales-Phase 43
Preview Dialing 80
Primärbedarf 163, 168, 183
Primärkostenrechnungssystem 303
Print-on-Demand 273
Prioritätsregel 99, 211, 223
Prioritätsregelsteuerung 211
Problem-Management-System 274
Process Engineering 61
Processware 22
Product Change Collaboration 364
Production Workflows 29
Produkt- und Prozess-Entwicklung 43, 49
Produktbeschreibung 272
Produktcode 157
Produktdatenmanagement 59
Produkt-Daten-Modell 347
Produktdokumentation 54
Produkthaftung 66, 152, 277
Produktion 44
Produktionsabruf 131
Produktionsfortschrittskontrolle 222, 230, 252
Produktionsleitsystem 222

Produktionsplanung 18, 19, 25, 38, 163, 358
Produktionsqualitätskontrolle 222, 232
Produktionsunterbrechung 349
Produktlebenszyklus 347
Produkt-Lebenszyklus-Management 58, 347
Produktmodell 58
Produktpräsentation 83
Produkt-Stopp 347
Profilbibliothek 328
Programmierbarer Identträger 230
Programmintegration 15
Projektsystem 93
Provisionsabrechnung 329
Prozessfertigung 99, 216
Prozessindustrie 62, 222, 233, 353
Prozessintegration 14, 22
Prozesskostenmanagement 303
Prozesskostenrechnung 277, 295, 303
Prozessleitsystem 222
PROZESSMANAGER 305
Prozessmodell 37, 43
Prozessmodellierung 43
Prozessor-orientiertes
 Ressourcenmanagement 215
Prozessportal 17
Prozesssteuerung 158
Prüfauflage 232
Prüfergebnisdaten 139
Prüfvorschrift 139
PU-Maßnahmen 349
Punch-Out-Modelle 85
Purchase-to-Pay-Prozesskette 315

QM (Quality Management) 93, 141, 234
Qualitätsprüfung 69
Qualitätssicherung 66, 171
Qualitätszertifikat 348
Quarantäne 153
Quelle GmbH 87
Querlieferung 359
Query Management System
 – QMS 279
Quick-Response-Konzept 134
Quotientenprogrammierung 189

Rahmenvereinbarung 128
Rahmenvertrag 96
Random-Lagerung 154
Rangstufenprovisionen 330
Rauch Möbelwerke GmbH 258
Reactive scheduling 219
Readtsoft 315
Real Time Inventory 157
Realtime Rendering Software 60
Real-Time-Enterprise 23
Recommender System 86
Recycling 56, 280
Referenzmodell 37
Regalförderzeug 158
Regelung physikalischer Prozesse 342
Regressionsfunktionen 62
Regressionsrechnung 300
Reihenfolgeoptimierung 62
Reihenfolgesteuerung 215
Reinigungsmanagement 343
Reklamation 23, 157, 305, 348
Reklamationsbearbeitung 44
Reklamationsmanagement 274
Renk AG 207, 214

Rentabilitätsmaximierung 207
Rentenabrechnung 329, 331
Rentenanpassungsgesetz 331
Reparaturdienst 170
Reparaturdienstunterstützung 274
Rescheduling instead of scheduling 219
Reservierung 153
Reservierungsbestand 184
Ressourcenökonomie 177
Retoure 274
Reverse Supply Chain 355
Rezeptur 172
Rezyklat 184, 281
RFID 263
RFID (Radio Frequency Identification) 157, 230, 363
Risiko-Prioritäts-Zahl 67
Risk Priority Number 67
RLA (Risk Level Assessment) 93
Robert Bosch GmbH 86, 126
Roboter 222
Roboterprogrammierung 63
Roche Diagnostics GmbH 124
Röhm GmbH & Co. KG 216
Rolle 37
RPN 67
Rücklaufdokument 30, 109, 128, 142, 221, 332
Rückmeldedokument 230
Rückrufaktion 274, 276
Rückstellung 277
Rückwärtsterminierung 192, 256
Rührwerk 62
Rüstzeit 182

Sachmerkmaltabelle 347
Sägezahnlinie 111
Saint-Gobain Isover G+H AG 362
Saisonfaktor 111
Sammelbestellung 121, 125
SAP 17, 53, 93, 108, 123, 126, 141, 150, 152, 153, 158, 159, 167, 173, 176, 178, 179, 181, 182, 190, 199, 201, 220, 227, 234, 236, 256, 262, 278, 291, 305, 306, 318, 324, 325, 329, 331, 337, 358, 360, 363
SAP Business Workflow 317
SAP EDI Infrastructure 358
SAP OBE 337
SAP Travel Management 337
Sauer-Danfoss GmbH & Co. OHG 279
Savings-Algorithmus 260
SCEM (Supply Chain Event Management) 363
SCEM Engine 363
Schaeffler Gruppe 58, 92, 126, 254
Schaeffler Technologies GmbH & Co. KG 158
Schaltkreise
 – integriert 215
Scheingewinn 317
Schering 344
Schiller Automation GmbH & Co. KG 348
Schließanlagenverwaltung 344
Schlupfzeitregel 212
Schnellkalkulationsverfahren 52, 83, 353
Schrotthändler 282
Schuhindustrie 51
Schulartikel 357
Schuldenkonsolidierung 310
Schutzrecht-Verwaltung 68

SCM (Supply Chain Management) 20, 126, 202, 259, 265, 355
SD (Sales & Distribution) 93, 256
Second Level Support 279
Sekundärbedarf 163, 182
Sekundärindex 62
Selbstkonfiguration 86
Selektives CRM-System 352
Seminarmanagement 334
Serienfertigung 168
Service Consumer 16
Service Level Agreement (SLA) 279
Service Provider 16
Service-orientierte Architektur (SOA) 15
Services 15
SFC (Shop Floor Control) 210
Share of Wallet 350
Shredder-Betrieb 355
Sicherheitsarchitektur 38
Sicherheitsbestand 14, 114, 115, 200
Sicherheitsfaktor 115
Sicherheitsgurt 152
Sicherheitsmanagement 53
Sicherheitszeit 114, 116
Siemens AG 327
Siemens Business Services GmbH & Co. OHG 343
Siemens Medical Solutions 100
Signatur, elektronisch 267
Siliziumscheiben 215
Simulated Annealing 217
Simulation 177, 217, 219, 363
SIMULEX 217
Simultaneous Engineering 57, 364
Simultanoptimierung 167
SINFOS 96

SINFOS GmbH 96
Single Point of Entry 350
Skillcode 201
Skip 141
Skonto 287, 313
SmartCard 336
Smartphone 18, 89
SMI (Supplier-Managed Inventory) 100
SNP (Supply Network Planning) 358
Software-Agent 126, 171
solvadis.de 126
Sonderabfall 282
Sortenschaltung 166
Sortenwechsel 215
Soziale Netzwerke 60, 350
Spagetti-Integration 26
SPC (Statistical Process Control) 233
SP-EXPERT 328
Spotkurse 292
Sprachausgabe 95, 224
Spracheingabe 95, 224, 234, 274
Sprachsequenz 229
SRM (Supplier Relationship Management) 355
Stahlindustrie 126, 166, 187, 215
Stammdaten 40
Standard Product and Services Codes 126
Standardarbeitsplan 61
Statistische Prozessregelung 233
Statistisches Bundesamt 135
STEP (Standard For The Exchange Of Product Model Data) 59
Stereoskopische Live-Darstellung 60
Steuerung von Maßnahmen 332
Stichprobenplan 140

Stichprobenprüfung, dynamische 139, 308
Störfallbehandlung 273
Strichcode 157
Stromlaufplan 56
Strukturstückliste 172
Stückliste 298, 360
Stücklistenauflösung 134, 180, 182, 183
Substanz, reaktive 261
Subventionen 318
Subventionsberatung 88
Suchkalkulation 302
Suchmaschine 124, 127
Supply Chain Cockpit 262
Supply Loops 355
Supply Web 355
SupplyOn AG 126
Swapsätze 292
Sweep-Algorithmus 260

Tabu Search 217
Tagesfinanzstatus 286
Talent Relationship Management 325
Talent-Pool 324
Target Costing 52, 302, 364
Technikumsmaßstab 62
tecmath AG 90
Teilautonome Gruppe 207
Teilefamilie 187
Teileverwendungsnachweis 175
Teilkonzern 310
Teillieferung 138, 252, 257
Telekommunikationsbranche 350
Teleteaching 274
Terminprüfung 98
Terminverfolgung 66

TESS (Tool Expert Software System) 55
Text Mining 352
Textilindustrie 51, 56, 91, 97, 130, 134, 172, 173, 175, 188, 190, 216
Thesauri, branchenbezogen 54
Thick consolidator 315
Thin consolidator 315
Threshold Accepting 217
Ticket 279, 280
Ticketmanagementsystem 280
Ticket-Verkauf 292
Time-to-Market-Problematik 59
TMS (Travel-Management-System) 336
To-do-Liste 343
Toolkit 89
Top Drive 352
TQM (Total Quality Management) 232, 277
TR (Treasury) 291
Tracing 275
Trainingsalgorithmen 317
TRAMPAS 260
Transactional Workflow 29
Transferdaten 40, 41
Transitbestand 153
Transponder 225
Transportplanung 16
Travel Data Warehouse 337
Travel Management 336
Travel-Management-Führungsinformationssystem 337
Treasurer 261, 288
Treasury 289
Truck Dispatching 260
Turnpike scheduling 219

TÜV 237
Typ
– kognitiv 88

Übergangszeitreduzierung 196
Überlappung 197
UDDI (Universal Description Discovery and Integration) 16
Umrüstkosten 216
Umweltmanagement 53
Umweltschutz 53, 152
Umwelttechnik 66
UN/SPSC 126
Unternehmensdatenmodell 37
Unternehmensfunktionsmodell 37
Up-Selling 83
User Engineering 89
User Invented Product 347
User Manufacturing 89

Value Net 355
Variantenentstehungspunkt 170
Variantenfertigung 56
Variantenplanung 61, 69
Variantenstückliste 173
VDA (Verband der Automobilindustrie) 131
VDA-Flächenschnittstelle 59
Veba 127
veenion 130
Vehicle Scheduling 260
Veka AG 231
Verbundbestellung 121
Verdichtungsschema 307
Verband Deutscher Maschinen und Anlagenbau (VDMA) 64

Vererbungsmechanismen 173
Verfügbarkeitsprüfung 202, 358
Verkaufs-Assistent 87
Verkaufsauktion 124
Verkürzungsmerkmal 42
Vermögensaufstellung 318
Vernetzung von Produktionsaufträgen 364
Versand 44
Versandanweisung 265
Versandanzeige 265
Versanddokumente 252
Versandlogistik 252, 258
Versandstückliste 174
Verschnittdisposition 188
Verschnittoptimierung 166
Versuchsplanung, statistische 69
Vertragsanbahnungsverhältnis 325
Vertragsmanagement 343
Verweilzeitvektor 287
Verweilzeitverteilung 97, 111
Verweilzeitvorhersage 286
Verwertungsbetrieb 355
Video-Leinwand 136
Virtuelle Fabrik 63
Virtuelle Hauptversammlung 292
Virtuelles Unternehmen 59
VisMan 344
VMI (Vendor-Managed Inventory) 100, 126, 364
Volkswagen AG 131, 265
Volume-based cost driver 305
Vorfakturierung 252, 265
Vorgangsintegration 14
Vorgangskostenrechnung 277
Vorgangssteuerungssystem 21

Vorgehensmodell 37
Vorkalkulation 295, 298, 299
 – entwicklungsbegleitende 306
Vorlaufverschiebung 168, 182
Vormerkdaten 40
Vorplanung ohne Endmontage 177
Vorratsentkopplungspunkt 170
Vorratslieferung 261
Vorschlagswesen, betriebliches 335
Vorwärtsterminierung 192
VR (Virtual Reality) 87

Wagner-Whitin-Algorithmus 121
Währungsmanagement 291
Währungsumrechnung 310
Walzwerk 158, 206, 298
Warehouse Management 147, 152
Warenbörse 125
Wareneingangsprüfung 138, 153
 – dynamische 139
Wearable Computer 239
Web 2.0, innerbetrieblich 335
Web Conferencing 59
Web Services 16
Web-Kamera 100, 274
WebSphere 23
Weltraumtechnik 66
Werkbank, verlängerte 153
Werksausweis 327
Werkschutz 342
Werkstattbestand 152, 183, 203
Werkstattsteuerung 205, 353
Werks-Wiki 334
Werkzeugbereitstellung 221
Werkzeugmanagement 171
Werkzeugversorgung 223

Wertfortschreibung 151
Wertkorrektur 150
Wertschöpfungstiefe 64
Westinghouse Electric Company 219
WFM 23
What-if-Simulation 362
Wiederbeschaffungszeit 112, 113
Wiederholplanung 61
Wiederholteil 52
Wikipedia-Elemente 334
Win-win-Situation 24, 364
Wirkungskettenanalyse 25
Wirtschaftsministerium 315
Wissensbasiertes System 54, 55, 56, 61, 81, 172, 205, 233, 238, 307, 328, 330
Wissensmanagement 277
Wissensportal 17
WLAN (Wireless-LAN) 227
WMS (Workflow-Management-System) 21, 29, 37, 57, 67, 92, 128, 172, 276, 282, 305, 335, 365
WSDL (Web Service Description Language) 16
WWW 124, 277

Xbox 356
XBRL 311
Xerox Customer Relationship
 – Xecure 279
Xerox GmbH 273, 278, 279

XML 311
XML (Extensible Markup Language) 21, 128, 348
XOR-Beziehung 173
XPS 54, 310
XYZ-Analyse 108

Yield-Management 83, 91

Z1-Meldung 290
Zahlungsausgleich 312
Zeiterfassungsterminal 326
Zeitmodell 326
ZF Friedrichshafen AG 126
Zielkostenmanagement 52
Zielkostenrechnung 52
Zollabwicklung 77, 107, 135, 136
Zollanmeldung 135, 264
Zollbehandlungscode 137
Zolllagerwaren 135
Zollpapiere 135
Zollverwaltung 264
Zugangskontrolle 327, 342
Zulagerung 158
Zuschlagskalkulation 52
Zutatenliste 172
Zuteilung 252
Zweite-Wahl-Bestand 234
Zwischenbetriebliche Integration 20, 68, 89, 91, 96, 130, 282, 355, 363

Druck: Canon Deutschland Business Services GmbH
Ferdinand - Jühlke - Str. 7 · 99095 Erfurt